中国地热的发展与未来

国家地热能源开发利用研究及应用推广中心　组编

中国科学技术出版社
·北京·

图书在版编目（CIP）数据

中国地热的发展与未来 / 国家地热能源开发利用研究及应用推广中心组编 . -- 北京：中国科学技术出版社，2023.9

ISBN 978-7-5236-0281-2

Ⅰ.①中… Ⅱ.①国… Ⅲ.①地热能—产业发展—研究—中国 Ⅳ.① F426.2

中国国家版本馆 CIP 数据核字（2023）第 142035 号

审图号：GS 京（2023）1616 号

责任编辑		程　露
封面设计		宗少波
正文设计		中文天地
责任校对		焦　宁
责任印制		徐　飞

出　　版		中国科学技术出版社
发　　行		中国科学技术出版社有限公司发行部
地　　址		北京市海淀区中关村南大街 16 号
邮　　编		100081
发行电话		010-62173865
传　　真		010-62173081
网　　址		http://www.cspbooks.com.cn

开　　本		710mm×1000mm　1/16
字　　数		285 千字
印　　张		27.5
版　　次		2023 年 9 月第 1 版
印　　次		2023 年 9 月第 1 次印刷
印　　刷		北京顶佳世纪印刷有限公司
书　　号		ISBN 978-7-5236-0281-2 / F・1168
定　　价		98.00 元

（凡购买本社图书，如有缺页、倒页、脱页者，本社发行部负责调换）

编 委 会

一、编委会主任
党力强

二、编委会副主任（按姓氏笔画排序）
马 岩　王贵玲　刘久荣　刘世良　刘金侠　李宁波
国殿斌　庞忠和　韩志国

三、编委会委员（按姓氏笔画排序）
于 湲　王 强　王延欣　毛 翔　刘少敏　许天福
孙 锦　杜 利　郑克棪　胡先才　高小荣　宾德智
梁海军　樊 庆

四、编写人（按姓氏笔画排序）
习宇飞　马春红　王树芳　王培浩　王婷灏　井阳阳
石小林　石鸿蕾　卢星辰　邢一飞　邢林啸　朱 喜
任小庆　向 烨　刘志兵　刘晓红　刘慧盈　齐如明
许 勇　孙 婧　纪惟杰　李 昊　李 翔　李 颖
李继江　杨俊伟　吴陈冰洁　男达瓦　何春艳　邹彦荣
汪 浩　宋丹阳　张 瑜　张 薇　张代磊　苑 晓
岳鹏升　官 辉　荆 帅　姜俊花　胥俊杰　贺宇慧
袁振武　袁益龙　徐吉祥　凌安航　高楠安　郭高轩
唐 果　唐显春　曹海峰　崔 青　梁继运　程一帆
廖煜钟

五、主要编写单位

国家地热能源开发利用研究及应用技术推广中心
中国石化集团新星石油有限责任公司
中国科学技术馆
中国科学院地质与地球物理研究所
中国地质科学院
中国地质科学院水文地质环境地质研究所
中国地质调查局浅层地温能研究与推广中心
中国矿业联合会地热开发管理专业委员会
中国石化地热能开发利用重点实验室
自然资源部浅层地热能重点实验室
吉林大学
北京市地质矿产勘查院
北京市科学技术研究院
北京市地质环境监测所
中石化绿源地热能开发有限公司
南京天加能源科技有限公司
西藏自治区地质矿产勘查开发局地热地质大队

六、项目支持

国家重点研发计划变革性技术关键科学问题专项——"中国东部深层高温地热的形成机制、分布特征和资源评价"（2021YFA0716000）

序言一

地热能是一种清洁环保、稳定性好、可循环利用、用途广泛的可再生能源，具有储量大、分布广、稳定可靠等特性。地热能开发利用不受季节、气候、昼夜变化等外界因素影响，采用完全回灌、地下换热等方式开发利用地热能取热不耗水，是一种用之不尽、取之不竭的清洁能源。

能源的利用史伴随着人类发展史。人类的能源利用经历了"火与柴草""煤炭与蒸汽机"和"石油与内燃机"三个阶段，人类社会发展也由农业社会转向工业社会。煤炭能源的利用，带动了钢铁、铁路、军事等工业的迅速发展，有力促进了全球工业化进程。石油的利用不仅直接带动了汽车、航空、航海、军工业、重型机械、化工等工业的发展，也成为全球各国的战略资源，深深影响着全球的金融和经济。但是，煤炭和石油的利用也引发了CO_2等温室气体大量排放、气候变暖等一系列问题。人类在生产、生活过程中排放的大量CO_2是当今主要的温室气体，造成全球气温上升，气候变暖，引发了冰盖融化和极端天气等气候变化和环境变化。

全球气候变暖的问题越来越引起人们重视，全球各国着手制定碳排放目标以共同应对气候变暖问题。2020年，我国向国际社会作出"2030年前实现碳达峰、2060年前实现碳中和"的郑重承诺。随后，我国将"碳达峰、碳中和"纳入当前社会经济发展的重要任务，深化调整产业结构，构建清洁低碳、安全高效的能源体系，推进经济社会发展全面绿色转型。党的二十大将能源安全作为国家安全体系和能力现代化的重要组成部分，提出强化重大基础设施、资源、核等安全保障体系建设，确保能源资源、重要产业链供应链等安全；站在人与自然和谐共生的高度谋划能源绿色发展，提出要加快推动能源结构调整优化，发展绿色低碳产业；积极稳妥推进碳达峰、碳中和，立足我国能源资源禀赋，坚持先立后破，有计划、分步骤实施碳达峰行动，深入推进能源革命。

地热能是可再生能源的重要组成部分。我国地热资源丰富，近年来地热能直接开发利用量连年增长，位居世界第一。大力开发利用地热能不仅对能源结构调整和节能减排具有重要意义，也已经成为中国绿色低碳发展的重要组成部分，是实现"碳达峰、碳中和"的重要途径之一。当前，我国地热产业市场需求旺盛，市场主体不断壮大，地热技术不断进步，政策保障不断强化，产业链条逐步健全，为地热产业发展创造了有利条件，也凝聚了强大的动力。

本书内容涵盖了地热能基础知识、我国地热能分布与开发利用史，21世纪以来地热能发展情况及趋势，总结了发展的经验和问题所在，对我国地热产业发展进行了展望。书中内容兼顾了知识性与专业性，既详细介绍了地热能的定义、分类、常用术语和资源分布情况，也充分展现了地热技术的突破、典型案例分析以及前瞻性研究；兼顾了地热能利用的发展历史与发展动态，按照地热资源分类详细介绍了地热发电、中深层地热供暖、浅层地热能的发展历史和目前的发展现状。

此次，国家地热能源开发利用研究及应用推广中心组织编写本书，希望通过梳理我国地热能开发利用取得的主要成果，总结发展中存在的经验，分析发展中存在的问题，展望地热产业发展的广阔前景。在主要成果方面，主要介绍了中深层地热能供暖、浅层地热能、地热发电、其他地热直接利用的发展现状、示范典型和技术创新，以及温泉洗浴、干热岩前瞻研究和装备制造等发展现状；在总结发展经验方面，主要介绍了促进地热产业发展的平台建立、发展的顶层设计以及取得的科研成果；在分析发展中存在问题方面，主要分析了地热技术瓶颈仍需突破、管理权限仍需理顺，部分"新技术"仍待观察，等等。我们希望通过本书能够让读者深入地了解我国地热产业的发展动态和发展形势，掌握行业信息，学习典型案例，凝聚广泛共识，助力地热产业高质量、规模化发展。

序言二

地热能是赋存于地壳内的天然热能，绿色清洁、可循环利用。当前，地热能作为可再生能源的重要组成部分，已经成为实现"双碳"目标的重要途径之一。

我国地热资源丰富，地热能利用历史源远流长。新中国成立后，地热能开发利用初步得到重视，形成了地热基础理论研究，建成了西藏羊八井地热电站；至21世纪初，随着住房需求大幅提升，建筑用能总量呈逐年上升趋势，地热能开发利用逐步进入供暖领域，并呈现出规模化、专业化的发展特点，产能逐步释放。"十三五"以来，我国地热产业进入快速发展阶段，近年来地热能已经成为北方地区清洁供暖的重要绿色替代能源，并建成一批具有示范性的地热供暖（制冷）项目，地热能开发利用展现了广泛的应用前景。

我国已全面确立：2030年前实现"碳达峰"，2060年前实现"碳中和"目标，全球碳中和共识进一步达成，实现"双碳"目标也成为社会各界关注的热点。在实现"碳达峰""碳中和"的进程中，地热能优势不断显现，减排贡献持续得到聚焦，不仅成为发展可再生能源的重要途径，也成为应对气候变化、优化能源结构和推动经济增长的重要方向。为深入贯彻落实实现"双碳"目标，我国采取了更加有力的政策和措施。2021年9月，中华人民共和国国家发展和改革委员会、中华人民共和国国家能源局印发了《关于促进地热能开发利用的若干意见》，提出了我国今后一个时期地热发展目标和发展方向，为我国地热产业发展设计了高标准的发展路线。2022年6月，国家发改委等9部门联合印发《"十四五"可再生能源发展规划》，提出积极推进地热能规模化开发，明确了地热能规模化开发重点，为我国新时期的地热能开发利用提供了有利的政策环境。与此同时，地热能行业的科技创新进程也按下了快进键，地热科研项目被纳入国家科技项目，积极申请地热能国家重点实验室；伴随着我国技术开发与装备能力的提升，地热能应用也在不断优化升级；即将在北京举办的2023年世界地热大会，将进一步助力我国开展国际地热技术交流，有力推动我国地热能技术交流与进步。

《中国地热的发展与未来》一书，详细回顾了我国地热能的开发利用历史，充分阐述了地热能开发利用发展现状，积极展望了我国地热产业未来发展前景。本书从温泉洗浴、浅层地热能利用、中深层地热供暖、干热岩前瞻研究、地热发电和其他直接利用等领域选取典型案例，为地热能应用提供案例示范；从政策支持、科技进步、市场主体、国际合作和科学普及等方面总结成功的经验和做法，分析存在不足，提出改进方向。全书内容丰富、图文并茂、详略得当，深深地凝结着地热人促进地热产业健康发展的强烈愿望，愿《中国地热的发展与未来》一书的出版发行能够向广大地热工作者提供可资学习、借鉴的途径，并由此进一步扩大地热能开发利用的影响力，对我国地热产业高质量发展有所裨益。

目录
CONTENTS

第一章　地热资源与地热能概述 ·· 001

1.1　世界地热资源分布 ·· 002
　1.1.1　浅层地热能分布 ·· 002
　1.1.2　中深层水热型地热资源分布 ································ 004
　1.1.3　干热岩地热资源分布 ·· 007

1.2　中国地热资源分布 ·· 016
　1.2.1　浅层地热能分布 ·· 017
　1.2.2　中深层水热型地热资源分布 ································ 019
　1.2.3　干热岩地热资源分布 ·· 025

1.3　地热能应用场景 ·· 027
　1.3.1　温泉洗浴康养 ·· 027
　1.3.2　浅层地热能供暖制冷 ·· 032
　1.3.3　中深层地热能供暖 ·· 041

1.3.4　其他地热能直接利用……………………………051

　　1.3.5　地热发电……………………………………………059

第二章　中国地热资源开发利用史……………………083

2.1　历史悠久的温泉利用史……………………………085

　　2.1.1　古代温泉利用………………………………………085

　　2.1.2　中华人民共和国成立前学者的科学探索…………094

2.2　中华人民共和国成立至20世纪末的发展…………098

　　2.2.1　地热事业的发展起步………………………………099

　　2.2.2　地热发电的发展历程………………………………113

　　2.2.3　中深层地热直接利用的发展历程…………………148

　　2.2.4　浅层地热能利用的发展历程………………………161

第三章　21世纪中国地热能的开发与利用……………177

3.1　温泉洗浴康养…………………………………………178

　　3.1.1　结合地区发展建设，形成特色品牌………………179

　　3.1.2　发掘可利用资源，实现可持续发展………………181

　　3.1.3　发挥理疗价值，向多元化利用转化………………184

3.2　浅层地热能供暖和制冷………………………………185

　　3.2.1　浅层地热能发展现状………………………………185

　　3.2.2　浅层地热能开发市场环境现状……………………194

3.3 中深层地热能供暖 ·· 201
3.3.1 中深层地热能供暖发展现状 ···························· 202
3.3.2 中深层地热能供暖技术 ·································· 203
3.3.3 河北省雄县人才家园中深层地热供暖项目 ········ 209

3.4 其他地热能直接利用 ··· 215
3.4.1 山东商河花卉养殖现代农业科技地热供热示范项目 ·· 215
3.4.2 山西省太原市地热水辅助锅炉给水项目 ············ 223

3.5 干热岩开发前瞻研究 ··· 229
3.5.1 干热岩地热资源概况 ······································ 229
3.5.2 干热岩开发发展历程 ······································ 231
3.5.3 干热岩开发前瞻技术与挑战 ···························· 233

3.6 地热发电技术与展望 ··· 242
3.6.1 我国 21 世纪地热发电情况 ····························· 243
3.6.2 技术突破 ·· 247
3.6.3 不同发电系统应用情况 ··································· 255
3.6.4 典型案例 ·· 265

3.7 装备制造 ··· 272
3.7.1 直接利用装备 ·· 272
3.7.2 发电装备 ·· 293

第四章 新时代新征程地热能的未来 ……… 309

4.1 地热能开发利用的新时代 ……… 310
4.1.1 地热能开发利用专项规划 ……… 310
4.1.2 地热能开发利用重点政策 ……… 316
4.1.3 地热产业发展模式布局 ……… 322
4.1.4 地热企业典型 ……… 324
4.1.5 地热国际合作 ……… 333
4.1.6 地热科学普及 ……… 339

4.2 地热能开发利用面临的挑战 ……… 345
4.2.1 地热能开发利用技术研发需求 ……… 345
4.2.2 地热产业发展技术瓶颈仍未突破 ……… 347
4.2.3 地热能开发利用技术发展方向 ……… 349
4.2.4 地热产业发展政策支持力度仍需加大 ……… 353
4.2.5 地热产业市场化推动有待加强 ……… 355
4.2.6 地热产业发展关键环节 ……… 358

4.3 地热能开发利用的新征程 ……… 366
4.3.1 产业发展布局更加精准 ……… 368
4.3.2 科技创新驱动更加强劲 ……… 377
4.3.3 法规建设和监督管理更加深入 ……… 379
4.3.4 财政扶持力度更加显著 ……… 381

  4.3.5 积极社会效益更加突出 ……………………………………… 382

参考文献 ……………………………………………………………… 385

附　录 ………………………………………………………………… 405

附录 1　地热能常用术语 ……………………………………………… 406
  1　地热能及主要类型术语 …………………………………………… 406
  2　地热现象术语 ……………………………………………………… 407
  3　地热地质要素术语 ………………………………………………… 408
  4　地热资源勘探开发与资源评价术语 ……………………………… 411
  5　地热资源利用术语 ………………………………………………… 413

附录 2　中国名温泉开发史统计简表 ………………………………… 416

附录 3　中国温泉之乡（城、都）命名地统计表 …………………… 418

△ 地热现象：高温间歇泉热喷发现象

第一章 地热资源与地热能概述

地热能指赋存于地球内部岩土体、流体和岩浆体中，能够为人类开发和利用的热能。地热能、地热流体及其有用组分共同组成地热资源。一般而言，地热资源可划分为浅层地热能、中深层水热型地热资源和干热岩地热资源。

地热能与其他可再生能源相比，能源利用系数更高。因此，能源界对地热能特别青睐，认为地热能可以作为基础载荷加以应用。

1.1 世界地热资源分布

浅层地热能在地球表面普遍分布，中深层地热资源主要分布在世界的四个区带，干热岩的研究目前仍处于攻关阶段。

1.1.1 浅层地热能分布

浅层地热能是地球内部热能与太阳能共同作用的产物，赋存于地表以下一定深度范围内。垂向上，可按变温层、恒温层和增温层分别论述其分布。平面上，浅层地热能在地球表面普遍分布。

1.1.1.1 垂向分布

由于地球表面气温周期性的变化，地表以下一定深度范围内的地层温度受到其影响，亦呈周期波动，故称之为变温层。变温层的深度一般小于30m，不同温度带、不同类型岩土体有差异。变温层内，以地表吸收的太阳光辐射为主要热源，来自地球深部的热传导影响较弱，其温度有着昼夜、年份、世纪甚至更长的周期性变化，称之为"外热"。从地表向下，太阳辐射的影响逐渐减弱，在达到一定的深度时，这种影响基本消失。此处太阳辐射与地球内热之间的影响达到平衡状态，温度的年变化幅度接近于零，这一深度范围是恒温层，其温度与当地年度平均气温接近。恒温层以下为增温层，该层地温场完全由地球内热控制，地温随深度的增加愈来愈高，其热量的主要来源是地球内部的热能。

从开发利用角度看，浅层地热能的开采深度越深，效果越好。但从经济角度，一般开采深度大多小于200m，主要以恒温层及以下至深度200m，以浅的增温层为主，平均温度略高于当地年平均气温1~5℃，是低品位的地热资源。但其分布广泛，不受地域局限，且资源丰度相对稳定，易采易用，适宜大规模开发。

1.1.1.2 平面分布

理论上，浅层地热能在地表以下皆有分布。但受到气候带、地层岩性、地下水位、流场特征等影响，不同地区呈现不同的浅层地热资源特点。总体来看，地下水位埋藏浅、区域水动力条件较好的地区和砂、卵石层，基岩层厚度大的地区，相较于其他粉土、黏土层的地区具有更好的资源优势，换热效率高，更易于开发利用。在以夏热冬冷为特点的中温带、暖温带地区，浅层地热能同时兼顾夏季制冷和冬季供暖，可利用的资源量更为丰富。

浅层地热能在全球普遍分布，全世界约有54个国家已通过地源热泵系统开发利用浅层地热[①]。

1.1.2 中深层水热型地热资源分布

1.1.2.1 中深层水热型地热资源分布特征

地球内部是一个巨大的能源库，蕴藏着巨大的热能。地表以下深度平均每下降100m，温度大约升高3℃，在地热异常区，温度随深度增加而升高得更快。下地壳的温度为500～1000℃；地幔的温度为1200～3700℃；地核的温度为3700～6000℃。

地热能作为一种埋藏于地下的清洁矿产资源，与地质构造、地层、岩性、地下水等条件有很强的关系，形成了独特的成矿规律和赋存特征。地热资源的分布与板块运动密切相关，板块运动对全球地热带的形成和活动起着重要作用。高温地热资源普遍分布在板块边缘，低温地热资源普遍分布在板块内部。两种类型在活动强度、热源性质、热流值、热结构、流体的水化学特性等方面存在显著差异。

地热资源按温度可分为高温地热资源（大于150℃）、中

[①] John W. Lund and Aniko N. Toth, Direct utilization of geothermal energy 2020 worldwide review. Geothermics, 2020, 90.

温地热资源（90~150℃）、低温地热资源（25~90℃）。其中大于150℃的高温地热资源主要出现在地壳表层各大板块的边缘，如板块的碰撞带、板块开裂部位和现代裂谷带。小于150℃的中低温地热资源则分布于板块内部的活动断裂带、断陷谷和凹陷盆地区。世界地热资源的分布是不均衡的，明显的地热异常区（地温梯度每千米大于30℃）主要分布在板块生长与开裂、大洋扩张脊、板块碰撞衰亡消减带部位。

根据板块界面的力学性质和地理分布，可以将全球地热带划分为四大地热区：环太平洋地热带、地中海—喜马拉雅地热带、大西洋中脊地热带、红海－亚丁湾－东非裂谷地热带。

（1）**环太平洋地热带**。太平洋板块与美洲、欧亚、印度板块的碰撞边界。世界许多著名的地热田，如美国的盖瑟尔斯、长谷、罗斯福；墨西哥的塞罗·普列托；新西兰的怀拉基；日本的松川、大岳等均分布在这一带。

（2）**地中海—喜马拉雅地热带**。欧亚板块与非洲板块和印度板块的碰撞边界。世界上第一座地热发电站——意大利的拉德瑞罗地热田就位于这个地热带；中国的西藏羊八井和云南腾冲地热田也在这个地热带中。

（3）**大西洋中脊地热带**。大西洋海洋板块开裂部位。冰岛的克拉布拉、纳马菲亚尔和亚速尔群岛等一些地热田就位于这个地热带。

（4）**红海－亚丁湾－东非裂谷地热带**。阿拉伯板块与非洲板块之间洋脊扩张带及东非大陆裂谷带，以高热流、活火山作用及断裂活动为特征。它包括吉布提、埃塞俄比亚、肯尼亚等国家的地热田。

除了在板块边界部位形成地壳高热流区而出现高温地热田外，板块内部靠近板块边界部位在一定地质条件下也可形成相对的高热流区。其热流值大于大陆平均热流值 1.46 热流单位，达到 1.7～2.0 热流单位，如中国东部的胶东半岛和辽东半岛、华北平原及东南沿海等地区。

1.1.2.2 中深层水热型地热资源潜力

据国际能源署、中国科学院和中国工程院等机构的研究报告显示，世界地热能基础资源总量 1.25×10^{27} J（折合 4.27×10^8 亿 t 标准煤），其中埋藏深度在 5km 以浅的地热能基础资源量 1.45×10^{26} J（折合 4.95×10^7 亿 t 标准煤）。

地球内部蕴藏着难以想象的巨大能量。据《2016—2020 年中国地热能行业发展状况与投资前景研究报告》估计，地热资源要比水力发电的潜力大 100 倍。可供利用的地热能即使按 1% 计算，仅地下 3km 以内可开发的热能，就相当于 2.9×10^4 亿 t 标准煤的能量。不过世界各地的地热资源分布是不均匀的，有些国家地热资源特别丰富，冰岛就是地热资源丰富的国家。它地处北极圈附近，尽管气候寒冷，但地下却蕴藏着巨大的热能。冰岛的火山活动几乎占到全球的三分之一，在近几个世纪里，平均每五年就有一次火山爆发，有形成地热得天独厚的条件。据统计，冰岛拥有温泉、热泉、蒸汽泉、间歇泉等达 1500 多个。据 2020 年世界地热大会报告显示，冰岛地热能在国家一次能源供应中所占份额为 62%，地热供暖占所有供暖能源的 90% 以上。

1.1.3 干热岩地热资源分布

关于干热岩的定义，不同的学者给出过不同的标准。早期的干热岩定义多基于某个干热岩项目的研究与试验，给出不同的埋深、温度与裂隙发育情况定义。如唐纳德（Donald）在 1995 年根据全球第一个干热岩项目——美国芬顿山（Fenton Hill）项目提出，干热岩需满足埋深范围为 2000～3000m，温度大于 200℃，且无天然裂隙[1]；良吉（Ryokichi）和喜直（Yoshinao）在 1995 年根据日本 Hijiori 干热岩项目提出干热岩仅需满足岩体温度大于 200℃，埋深合理、地层内流体含量较少或无流体[2][3]。随着越来越多干热岩项目的实施，定义对其温度的要求有所降低。许天福等 2016 年提出，干热岩是一种没有水（或含有少量水而不能流动）的高温岩体，很少存在孔隙或裂隙渗透性能极差，其温度范围介于 150～650℃ [4]。

---

[1] Donald Brown. The US hot dry rock program-20 years of experience in reservoir testing. Proceedings of World Geothermal Congress, Italy, 1995, 2607-2611.

[2] Ryokichi Hashizume. Study of hot dry rock geothermal power plant in the kansai area. Proceedings of World Geothermal Congress, Italy, 1995, 2685-2690.

[3] Yoshinao Hori. Project with multi-layer fracturing method for HDR geothermal power (outline and future plan). Proceedings of World Geothermal Congress, Italy, 1995, 2691-2693.

[4] 许天福，袁益龙，姜振蛟，等. 干热岩资源和增强型地热工程：国际经验和我国展望[J]. 吉林大学学报（地球科学版），2016，46（4）：1139-1152.

2018年，中国国家能源局组织地热行业专家编制了国家能源行业标准《NB/T 10097—2018 地热能术语》，规定干热岩指内部不存在或仅存在少量流体，温度高于180℃的异常高温岩体。

干热岩地热开发在世界上已有近50年的研究历史，但以往主要局限在美国、英国、法国、德国、瑞士、日本、澳大利亚等少数国家。全球干热岩项目所处的大地构造背景包括克拉通盆地、前陆盆地、裂谷盆地、弧前盆地、弧后盆地、近现代火山（火山带）和褶皱带地区。克拉通盆地型干热岩主要发育在印澳板块澳大利亚西南部；前陆盆地型干热岩项目主要集中在欧亚板块欧洲部分的阿尔卑斯褶皱带、西欧地台；裂谷盆地型干热岩项目主要分布在欧亚板块阿尔卑斯褶皱带内、北美板块科迪勒拉造山带内；弧前、弧后盆地及火山带内的干热岩项目均集中在环太平洋地区[1]。从1974年Fenton Hill首个干热岩EGS示范工程至今，全球累计建设EGS示范工程60余项（参见图1-1），干热岩地热资源的优越性和开发可行性逐渐得到国际认可。目前，EGS产业化面临的最大技术挑战是如何实现经济可持续开发，这主要受控于现有的储层改造和维护技术难以成功建立大规模、经济可持续的地下热交换系统[2]。国

---

[1] 毛翔，国殿斌，罗璐，等. 世界干热岩地热资源开发进展与地质背景分析[J]. 地质论评，2019, 65（6）: 11.

[2] Pandey, S. N., Vishal, V., Chaudhuri, A., Geothermal reservoir modeling in a coupled thermo-hydro-mechanical-chemical approach: A review. Earth-Science Reviews, 2018, 185: 1157-1169.

际上针对这些技术难题，开展了一系列前沿研究计划。

2006年，受美国能源部资助，麻省理工学院组建的独立专家评估委员会对EGS进行了综合分析研究，以全面评估地热能作为美国未来主要能源的潜力。评估结果显示，实现干热岩地热资源的产业化开发将革新全球能源结构。2015年，美国能源部启动"地热能研究前沿瞭望台（FORGE）计划"，累计投入超过2亿美元，旨在促进和鼓励全球地热研究团体对EGS的革命性研究，最终为地热行业提供一系列可复制的EGS技术解决方案及产业化路径。2016年，美国能源部启动了为期3年的EGS合作实验室项目（EGS Collab Project），投入900万美元，利用可进入的1500m深的采矿巷道建立地下实验室，提高对岩体压裂响应规律的认识，提供中等规模（10m尺度）的实验平台来验证和发展"热－水－力－化（THMC）"模拟方法，并开发新型压裂监测工具[1]。另一方面，为了降低干热岩开发成本，美国提出基于现有水热型地热系统的边缘和深部进行储层建造，可快速实现经济效益，并不断发展和积累地热储层建造技术[2]。为此，美国能源部近几年资助了几个相关EGS示范项目，这种扶持方式可快速增加现有水热田的地热发电

---

[1] Chen, Y., Huang, L.. Optimal design of 3D borehole seismic arrays for microearthquake monitoring in anisotropic media during stimulations in the EGS collab project. Geothermics, 2019, 79: 61-66.
[2] 许天福,袁益龙,姜振蛟,等. 干热岩资源和增强型地热工程：国际经验和我国展望[J]. 吉林大学学报（地球科学版）, 2016, 46（4）：1139-1152.

能力。

美国FORGE计划和EGS Collab项目的实施，旨在填补EGS现今面临的重要科学认识空白，突破限制EGS产业化开发的挑战性技术，最终形成可复制、具有商业推广潜力的干热岩地热工程开发模式。目前，该项目已完成包括高温钻井工具、新型储层刺激改造和完井技术、裂缝网络的监测和管理、诱发地震的预测、应力管理和数值模拟等关键技术的前期研发工作。最近，工程现场已完成大斜度水平井钻井[16A(78)-32]，初步开展了水平井分段压裂技术现场测试，有望取得较好的干热岩储层缝网建造效果。

2013年，欧盟委员会启动了"地平线2020（Horizon 2020）"计划，该计划资助的地热相关项目共11项，总预算达1.34亿欧元，皆在推动欧洲更为全面的地热资源开发利用。2018年，欧洲深部地热技术与创新平台（ETIP-DG）发布了欧洲深部地热能实施计划，投入9.36亿欧元用于支持深部地热资源开发所需的相关前沿技术和装备研发，旨在推动地热资源开发利用以满足欧洲大部分的热力和电力需求。

1.1.3.1 澳大利亚库珀盆地

库珀盆地（Cooper Basin）是一个东北向的构造凹陷，位于南澳大利亚州东北部和昆士兰州西南部，面积约13×10^4 km^2。据估计，库珀盆地地区浅于5km的岩石持有约780万PJ可用热量，相当于2004—2005年总能源消耗的250

万年[①]。

库珀盆地中没有现今的岩浆事件，距今最近的侵入体为石炭纪-二叠纪的花岗闪长岩，其侵入年代约为310—327Ma[②]。沉积层的岩性主要为石炭系-三叠系的河流沉积和浅海沉积，并夹有煤层（厚度最大可达120m），热导率较低，约为$1.4Wm^{-1}k^{-1}$[③]；而基底的高产热花岗岩具有更高的热导率（$4Wm^{-1}k^{-1}$）。沉积层的厚度最大为2500m，从南到北逐渐减小。在基底岩体之上的钻孔，测得的大地热流值均>$100mWm^{-2}$，但是与岩体边缘钻孔测得的热流值最小仅为$33mWm^{-2}$[④]。这说明，此处的温度异常主要来源于基底的高产热花岗岩（HHPG：High heat producing granite, 放射性生热率>$5\mu Wm^{-3}$），其放射性生热率最大值可高达$10\mu Wm^{-3}$[⑤]。

此外，库珀盆地中的热源除了高产热花岗岩的放射性产

[①] BAHADORI A, ZENDEHBOUDI S, ZAHEDI G. A review of geothermal energy resources in Australia: current status and prospects. Renewable and Sustainable Energy Reviews [J]. 2013, 21: 29-34.

[②] MARSHALL V J. Petrological, geochemical and geochronological characterisation of heat-producing granites. Heat Producing Granite [J]. 2014.

[③] SIEGEL C, SCHRANK C E, BRYAN S E, et al.. Heat-producing crust regulation of subsurface temperatures: A stochastic model re-evaluation of the geothermal potential in southwestern Queensland, Australia. Geothermics [J]. 2014, 51: 182-200.

[④] BEARDSMORE G The influence of basement on surface heat flow in the Cooper Basin. EXPLORATION GEOPHYSICS [J]. 2004, 35: 223-235.

[⑤] ROTH J, LITTKE R Down under and under Cover-The Tectonic and Thermal History of the Cooper and Central Eromanga Basins (Central Eastern Australia). Geosciences [J]. 2022, 12.

热,还有一部分来自构造运动产热。例如,帕拉拉纳(Paralana)断层上盘的多期次(从中元古代至今)构造运动也是该区热流异常的重要热源[①]。

1.1.3.2 美国芬顿山

Fenton Hill干热岩工程位于瓦勒斯破火山口126万年前形成的主要环形裂缝以西3.06km处,圣安东尼奥山(San Antonio Mtn)西南6.92km处(见图1-2)。破火山口后流纹岩圆顶一次喷发56万年前在沿环形裂缝喷发,由于火山作用的影响,芬顿山的基底岩石受到火山口扩散出来的热液和热能影响已经持续了至少数百万年。

芬顿山具有很高的干热岩潜力:据Fenton Hill的GT-2钻井温度编录,深度2932m处的温度已高达197℃。根据已有钻孔GT-2、EE-1和EE-2的岩心编录可知:深度为0～730m处,主要为古生代沉积物;730m以深,岩性转变为前寒武基底。前寒武纪基底主要由片麻岩构成。由于黑云母和绿泥石含量高,大多数颜色较深。它们含有粉红色的微斜层。在某些层位有增厚片麻岩。2600m以浅,可见片麻岩与黑云母片岩互层,局部演化为角闪岩。在2590～3000m的间隔内观察到大量黑云母花岗闪长岩。EE-2钻孔真实垂直深度3779～3781m的岩心由黑云母二长花岗岩组成,含有基性

---

① ARMIT R J, AILLERES L, BETTS P G, et al. High-heat geodynamic setting during the Palaeozoic evolution of the Mount Painter Province, SA, Australia: evidence from combined field structural geology and potential-field inversions. Geophysical Journal International[J]. 2014, 199: 253-275.

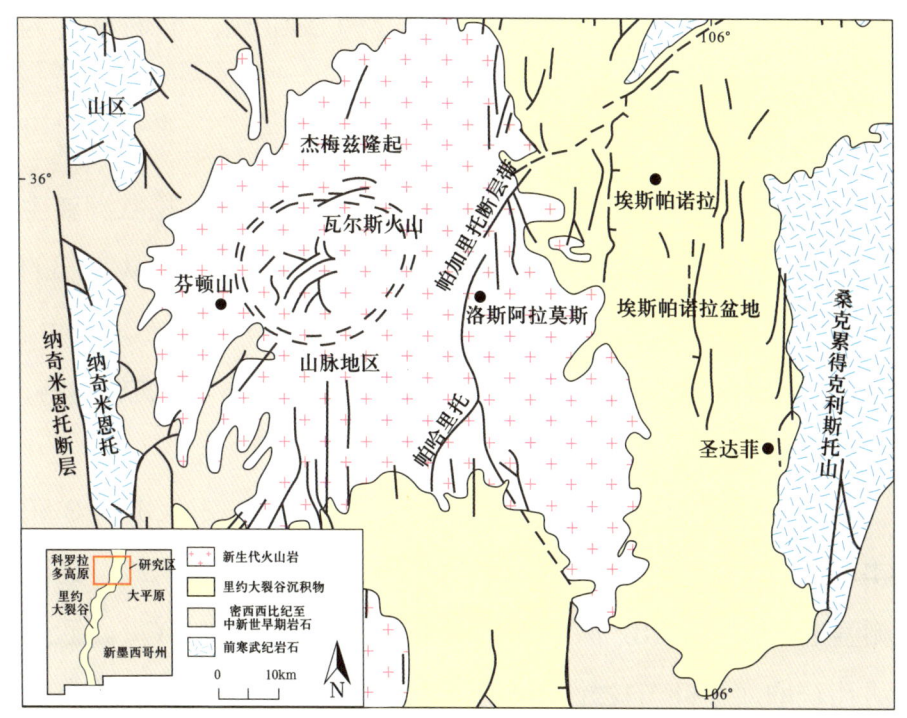

△ 图1-2 美国新墨西哥州芬顿山（Fenton Hill）的地质和构造简图[①]

变质火山岩的捕虏体。花岗岩为中粗粒，浅灰色或粉红色，主要由石英、微斜长石和少量黑云母和绿泥石组成。浅白质到富含黑云母的蒙长花岗岩以小岩脉的形式出现，厚度从几厘米到15米不等。

美国的洛斯阿拉莫斯国家实验室（Los Alamos National Laboratory）于1974年施工 Fenton Hill 井揭示干热岩热储 Phase Ⅰ，成功实现了9个月的持续循环测试。1980年，发现深度更大、温度更高的热储 Phase Ⅱ。这两个热储

---

① KELKAR S, WOLDEGABRIEL G, REHFELDT K 2016. Lessons learned from the pioneering hot dry rock project at Fenton Hill, USA. Geothermics[J], 63: 5-14.

均位于前寒武花岗岩岩石中，深度为3500m，平均温度为240℃[1]。

1.1.3.3 法国上莱茵地堑

上莱茵地堑（URG：Upper Rhine Graben）是欧洲新生代裂谷系的一部分，是一个北北东向的裂谷构造。它从南部的巴塞尔（瑞士）延伸到北部的美因茨（德国），全长300km。URG的Soultz-sous-Forêts（SSF）具有显著的热异常，这些异常由平行于地堑方向的正断层控制[2]。

在SSF已有四口深钻：GPK-1、GPK-2、GPK-3和GPK-4，其中后三个钻孔延伸到5km深（见图1-3）。钻孔测温结果表明，SSF深度5km处的温度可达到200℃[3]。通过钻孔获取了SSF的岩性纵向分布：SSF的顶部1.5km是由较厚的第四系、古近系-新近系沉积物；随后是中生代-古生代沉积岩。这层可划分为两层：下三叠系沉积岩和二叠纪沉积岩[4]。下三叠系沉积岩厚约350m，由河流沉积组成。二叠纪则

---

[1] Lu, S. M., A global review of enhanced geothermal system (EGS). Renewable & Sustainable Energy Reviews, 2018, 81: 2902-2921.

[2] KUNAN P, RAVIER G, DALMAIS E, et al. Thermodynamic and Kinetic Modelling of Scales Formation at the Soultz-sous-Forêts Geothermal Power Plant. Geosciences [J]. 2021, 11.

[3] VIDAL J, GENTER A Overview of naturally permeable fractured reservoirs in the central and southern Upper Rhine Graben: Insights from geothermal wells. Geothermics [J]. 2018, 74: 57-73.

[4] HOOIJKAAS G R, GENTER A, DEZAYES C Deep-seated geology of the granite intrusions at the Soultz EGS site based on data from 5 km-deep boreholes. Geothermics [J]. 2006, 35: 484-506.

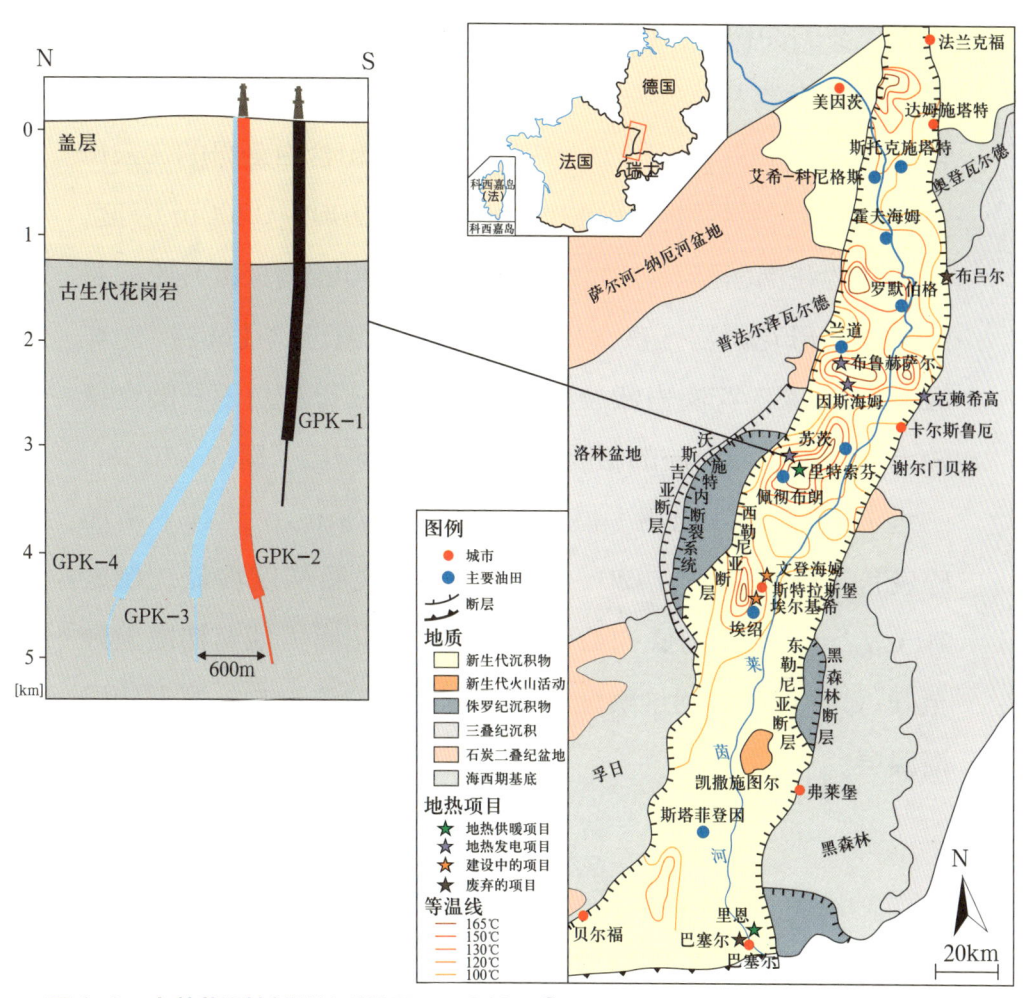

△ 图1-3 上莱茵河地堑的地质简图及已有钻孔[①]

---

① GLAAS C Mineralogical and structural controls on permeability of deep naturally fractured crystalline reservoirs: insights from geothermal wells (Upper Rhine Graben) [M]. 2021.

代表更多的冲积陆相沉积，填充华力西造山运动的古盆地。最下面是花岗岩基底，基底为含钾长斑晶的二长花岗岩，局部富集黑云母（深度约为1420~4700m）和含白云母的二云母花岗岩（深度在4700~5000m）。在2700~3200m深度，是同样的花岗岩断裂和热液蚀变。从4700m的深度开始，是细粒二云母花岗岩（富含角闪石），侵入到斑状花岗岩[1]。在5000m以深，花岗岩断裂程度较低，黑云母和角闪石的含量较大。由于热液对流的影响，上部两个沉积层（厚约1400m）的地温梯度异常地高（最高达>100℃/km）；而其下覆破碎花岗岩（深度为1420~4700m）的地温梯度极低，仅为10℃/km。更深的低孔隙度、低渗透率花岗岩地温梯度上升至30℃/km，表明这部分岩体并未受到对流影响，属于传导增温层。

1.2　中国地热资源分布

我国地热资源丰富，以中低温地热资源为主，高温地热资源为辅。中低温地热资源主要分布在大型沉积盆地和山地的断

---

[1] GERARD A, GENTER A, KOHL T, et al. The deep EGS (Enhanced Geothermal System) project at Soultz-sous-Forêts (Alsace, France). Geothermics [J]. 2006, 35: 473-483.

裂带上，高温地热资源主要分布在西藏南部、云南、四川西部和我国台湾地区（见图1-4）。其中，分布在盆地特别是大型沉积盆地的地热资源储量大，极具开发前景。

1.2.1 浅层地热能分布

我国陆区幅员辽阔，南北向和东西向跨越多个气候带，包括东部大平原半湿润气候带，内蒙古高原、陕甘黄土高原半干旱气候草原带，西北内陆盆地干旱气候沙漠带，华东、华中及西南丘陵山地潮湿气候带，东南、华南海洋气候亚热带和青藏高原冰漠及高山草原带等几类。不同的气候带之间浅层地温场呈现不同特征，南北、东西向的恒温带特征温度呈现典型的规律性。自北向南恒温带温度呈明显的上升趋势，自西向东则受海拔影响明显，高原地区温度较低，东部山地、平原区趋于一致。恒温带的温度与年平均气温接近，且呈现相同的变化趋势，说明恒温带温度受太阳辐射影响最大，陆区各地恒温带温度平均比当地年平均气温高1.85℃。局部地区，受地层、构造的变化，恒温层温度也表现出不同的特点，断裂的存在一般会使浅部地层的温度增高。而地下水流场的影响则相对复杂，地温受水流的影响与水温趋于一致，从而使地温在空间上呈现差异性。土层、砂层温度变化过渡平顺，而基岩地区则比较剧烈。在一定程度上，基岩浅埋区的地温略大于深埋区[①]。

---

① 王贵玲，张薇，梁继运，等. 中国地热资源潜力评价［J］. 地球学报，2017，38（4）：449-459.

我国陆地浅层地温场（200m 深度内）的地温梯度总体分布特征为北高南低（见图 1-5）。南方地温梯度平均值为 2.45℃/100m，北方大部分地区地温梯度由西向东逐渐升高，平均值为 3℃/100m[①]。导热系数在中国东部和中部的丘陵山区较高，在松辽平原较低，黄淮海平原和内蒙古、陕甘的黄土高原的平均值相对接近，从黏土层到砂层的中位平均值在 1.60～2.00W/m·K 之间，这主要是由含水量的变化引起的。比热容呈现区域上的均一性。在第四纪、新近纪和古近纪地层中的黏土、粉土和砂层中，中国西南岩溶丘陵地区的比热容普遍低于其他地区，中国东部和中部丘陵地区的比热容则略高于其他地区，中值范围为 0.88～1.48kJ/kg·K。在岩石中，比热容中值集中在 1.00kJ/kg·K 左右。

浅层地热能可进行冬季供暖和夏季制冷循环利用。全年集中利用区主要分布在京津冀、山东、江苏、安徽、河南、陕西和东北部分地区，位于地下水条件较好、经济条件发达的区域。这些区域对浅层地热能需求量大，适宜集中规模化开发利用。全年分散利用区主要分布在华北、东北、长江中下游等地，因环境、经济条件限制，适宜小规模分散式开发利用。分散式冬季供暖区分布于东北北部、西北大部分地区及青藏高原地区，这些地区夏季需求量小，人口相对稀少，宜进行分散式冬季供暖；分散式夏季制冷区分布于南部沿海和西南部分地区，该地

[①] 王婉丽，王贵玲，朱喜，等. 中国省会城市浅层地热能开发利用条件及潜力评价[J]. 中国地质, 2017, 44（6）: 12.

区冬季需求量小，宜进行分散式夏季制冷[①]。总的来说，我国中东部北京、天津、河北、山东、河南、辽宁、上海、湖北、湖南、江苏、浙江、江西、安徽等13个省（市）适宜大规模开发利用，上述地区约80%的土地面积适宜利用浅层地热能。

1.2.2 中深层水热型地热资源分布

受构造、岩浆活动、地层岩性、水文地质条件等因素的影响，我国中深层水热型地热资源总体分布不均匀，但具有明显的地带性和规律性[②]，以中低温地热资源为主，高温地热资源为辅。水热型地热资源可分为沉积盆地型和隆起山地型两类。沉积盆地型地热资源主要分布于储集条件好的松辽盆地、下辽河盆地、渤海湾盆地、河淮盆地、苏北盆地、江汉平原、汾渭盆地和环鄂尔多斯断陷盆地等地区，一般储层多、厚度大、分布广、储量丰富，均为中低温地热资源，极具开发潜力。隆起山地型地热资源主要分布于我国的西藏南部、四川西部、云南西部、台湾、东南沿海和胶辽半岛等地区[③]，一般规模较小。其中，藏南、川西、滇西和我国台湾地区分布高温地热资源，已发现高温地热系统200多处[④]，东南沿海和胶东、辽东半岛等地区山地的断裂带上则为中低温地热资源。

---

①② 王婉丽，王贵玲，朱喜，等. 中国省会城市浅层地热能开发利用条件及潜力评价［J］. 中国地质，2017，44（6）：12.
③ 陈墨香，汪集旸，邓孝. 中国地热资源——形成特点和潜力评价［M］. 北京：科学出版社，1994.
④ 廖志杰. 腾冲火山和地热［J］. 地质论评，1999，45（S1）：934-939.

我国陆区分布有大面积的中、新生代沉积盆地，不同盆地沉积环境及热结构的差异造成了其地热资源的多样性。东部地区的渤海湾盆地、松辽盆地、苏北盆地等，由于软流圈上拱，地壳变薄沉积巨厚，赋存多层地热储层，主要有中生界砂岩孔隙型热储和古生界、中上元古界碳酸盐岩岩溶型热储，大地热流值较高，约 60～83mW/m²。中部地区的四川盆地、江汉平原和鄂尔多斯盆地等，地壳厚度总体较大，中生界砂岩孔隙型热储和古生界碳酸盐岩岩溶型热储为主要热储层，大地热流值较低，约 40～60mW/m²，深凹陷地带赋存有中温热卤水，其余多为低温热水；西部地区的塔里木盆地、柴达木盆地、准噶尔盆地等，地壳厚度大，新生界砂砾岩孔隙型热储和古生界碳酸盐岩岩溶裂隙型热储为主要热储层，大地热流值低，约 34～51mW/m²，地热水矿化度较高，多为卤水；北部地区的海拉尔与二连盆地等，地壳厚度较大，大地热流值约 44～90mW/m²，处于国内平均水平[1]。

我国地处环太平洋地热带的西太平洋岛弧形板缘地热带以及地中海—喜马拉雅陆陆碰撞型板缘地热带的交汇部位，受构造活动控制，按温泉出露的情况来划分，隆起山地型地热资源有四个水热活动密集带，分别为藏南—川西—滇西水热活动密集带、台湾水热活动密集带、东南沿海地区水热活动密集带和胶辽半岛水热活动密集带[2]。

---

[1][2] 多吉，王贵玲，郑克棪. 中国地热资源开发利用战略研究 [M]. 北京：科学出版社，2017.

1.2.2.1 中低温地热资源典型区

我国中低温地热资源主要分布在大中型沉积盆地和山地的断裂带上。分布于沉积盆地内的地热资源，热储温度多低于150℃，热量传递方式以传导为主，因地热资源储集条件好、储层多、厚度大、储量大，是开发潜力最大的地热资源类型。分布于断裂构造带上的地热资源，通常由导水断裂带控制，热量传递方式以对流为主，地热资源储量较小。

1.2.2.1.1 典型沉积盆地型中低温地热资源

渤海湾盆地属于新生代大型沉积盆地，其基底是古生界和前古生界，是一个典型的多旋回盆地，地热资源分布面积大、地热梯度高，是典型的沉积盆地型中低温地热资源区，具有很大的开发潜力和应用前景。

渤海湾盆地热源主要来自上地幔热传导及其上部花岗岩壳放射性元素的衰变。盖层由新生界第四系构成。新生界沉积层厚度巨大，沉积层中既有由大量粗碎屑物质组成的高孔隙度和高渗透性的砂岩储集层，又有大量由细颗粒物质组成的隔水层，后者对储集层起着积热和保温的作用。大型盆地还具有利于热水聚存的水动力环境，地下水从山前地带向盆地内部长距离缓慢径流运移的过程中可以充分吸取岩层的热量，因此，渤海湾盆地具有理想的热水聚存环境。同时，渤海湾盆地断裂发育，主要的深大断裂有北东向的郯庐断裂带北段，太行山东麓断裂，沧东断裂带和聊兰（聊城－兰考）断裂带，东西向的断裂有宝坻－昌黎断裂，齐河－上饶断裂和黄河断裂，平原内部有许多次级大断裂。断裂形成的凹凸相间的构造格局，使地热流体重新分配聚集，断裂是地热流体的主要通道，同时也有利于地热流体向凸起区汇聚，凹陷区巨厚的低热导率地层，阻碍了热流的传导；而凸起区高热导率地层则有利于热流的传导，从而导致了热流向凸起区汇聚，所以渤海湾盆地凸起区地温相对较高，凹陷区地温相对较低，形成了新近系低温热水储层，古近系地压型地热储层和基岩岩溶裂隙中低温热水储层[1][2]。

渤海湾盆地主要热储有新近系明化镇组热储、馆陶组热储和古生界、中上元古界基岩热储，由于均有厚度巨大的沉积层掩盖，属于圈闭型热储。其中古生界和中上元古界碳酸盐岩热储层经历过数次地壳升降运动，普遍遭受风化剥蚀和岩溶作用，岩溶裂隙发育且基岩热储被新生界沉积层掩盖，有利于储集层的聚热和保温，在基岩隆起带部位构成有重要开发利用价值的区域，资源潜力巨大。盖层地温梯度在凸起区高，为3.5～8.8℃/100m，凹陷区稍低为2.5～3.5℃/100m。古生界和中上元古界地温梯度一般为1～3℃/100m。古生界和中上元古界碳酸盐岩热储层有效孔隙度3%～6%，单井涌水量150～1500m^3/d，井口水温34～80℃，最高可达104℃[3]。

---

[1] 康琳, 吕文斌, 王来宾, 等. 河北省平原区地热资源形成机制[J]. 信息记录材料, 2017, 18（8）: 174-175.
[2] 关锌. 地热资源经济评价方法与应用研究[M]. 北京: 中国地质大学, 2013.
[3] 王琰, 李郡, 李丽, 等. 河北省平原区基岩热储资源特征分析[J]. 信息记录材料, 2017, 18（5）: 65-66.

1.2.2.1.2 典型隆起山地型中低温地热资源

东南沿海地区为典型隆起山地型中低温地热资源区，在大地构造上分属于扬子板块和华南板块。区内三叠纪的浙闽造山带和白垩纪的闽粤沿海造山带由西向东延伸，地壳厚度趋于减薄，地壳厚度为31.8～27.6km，大地热流值较高，为63.2～95.7mW/m²，这表明该区内深部活动性较强。

东南沿海处于太平洋板块和欧亚板块的结合处，太平洋板块的俯冲，使得岩石圈底部形成了不稳定的地幔热对流扰动。随着地幔热流向浅部岩石圈的传输，底辟的软流圈地幔逐渐冷却从而形成新增生的岩石圈地幔，随着新增生岩石圈地幔的逐渐冷却，岩石圈发生张裂下陷，从而发育出大量有利于热流传输的深大断裂（热控构造）[1][2]，在该区主要分布有三组构造断裂，其中以北东走向最发育的为新华系，北西向构造多是等间距断裂的北西向断裂，瓯江、闽江、晋江、韩江、榕江、西江（下游）、右江等水系都与北西向断裂有关。规模较大的北西向断裂有：三都－松溪断裂；福州－南平断裂；晋江断裂；上杭－饶平断裂；潮海断裂组；惠阳断裂组；白坭－沙湾断裂；西江断裂；雷琼断裂组；钦廉断裂组；右江断裂带[3][4]。同

---

[1] 王贵玲，蔺文静. 我国主要水热型地热系统形成机制与成因模式［J］. 地质学报，2020，94（7）：1923-1937.
[2] 关锌. 地热资源经济评价方法与应用研究［D］. 北京：中国地质大学，2013.
[3] 王贵玲，蔺文静. 我国主要水热型地热系统形成机制与成因模式［J］. 地质学报，2020，94（7）：1923-1937.
[4] 关锌. 地热资源经济评价方法与应用研究［D］. 北京：中国地质大学，2013.

时，该区燕山期侵入岩和火山岩发育，且第四纪以来台湾岛弧向西北推挤，北西向张裂发育，在岩体内形成了深破碎带，成为热水运移的通道[①]，为温泉的形成创造了良好的构造条件。

东南沿海为板内地区，该区的温泉均为中低温地热资源。热储温度大都为110～130℃，热水循环深度不超过4km，热田面积狭小，一般为0.3～0.5km^2，最大者不超过10km^2。热泉的水温为55～91.5℃，水量为1～20m^3/s，水化学类型多为HCO_3-Na、$HCO_3 \cdot SO_4$-Na 和 Cl-Na 型，矿化度为0.17～13.5g/L。

1.2.2.2 高温地热资源典型区

藏滇地热带是我国典型的高温地热资源区。喜马拉雅碰撞带是晚白垩世末至始新世新特提斯洋洋盆闭合后，叠置在欧亚板块南缘的新生代陆内强烈变形带——喜马拉雅构造带、雅鲁藏布江构造带和冈底斯－念青唐古拉构造带。印度板块和欧亚板块长期碰撞，造成了青藏高原的整体隆升。随着印度板块持续、强烈向北俯冲，加积楔不断增厚，并向印度前陆方向扩展，在加积、增厚的过程中，不同物性层间产生剪切滑动或拆离，因剪切生热而转化为热系统，进一步导致碰撞带壳底层增温，温度可达1000～1350℃，这足以导致陆壳底层岩石的局部熔融，熔融区随着加积楔的扩大而扩展形成高温熔融层或岩浆垫[②]。

[①] 张朝锋，郭文，王晓鹏. 中国地热资源类型和特征探讨［J］. 地下水，2018，40（4）：1-5.

[②] 关锌. 地热资源经济评价方法与应用研究［D］. 北京：中国地质大学，2013.

欧亚板块长期碰撞所形成的构造变形生成下地壳深融型岩浆源区和中部的局部低速熔融层的同时，在上地壳的一定深度内，生成了浅层侵位的岩浆囊和不同深度的局部带状熔融体，成为区内典型水热系统的热源，构成了青藏高原及其周缘地区所特有的壳幔热结构。大气降水和融雪水作为补给源，冷水在下渗过程中，经局部熔融层加热温度升高。随着流体温度升高，气体成分不断加入，地热流体开始向上运移。基岩裂隙既是地热流体运移的通道，又是地热流体储集的场所，形成深部热储，形成陆－陆碰撞带高温热储的特有模式[1]。

1.2.3 干热岩地热资源分布

干热岩在我国分布广泛，储量巨大，是未来地热开发的重要领域。中国地质调查局开展的评价结果显示，我国陆地3~10km深度范围内的干热岩中赋存的地热资源量总计为2.5×10^{25}J，相当于860万亿t标准煤，占世界干热岩资源总量的1/6左右。按2%的可开采资源量计算，约相当于我国2021年能源消耗总量的3300倍。

根据地质构造背景、热源机制、开发利用条件等，可将我国干热岩资源分为高放射性产热型干热岩、沉积盆地型干热岩、近代火山型干热岩和强烈构造活动带型干热岩四种类型[2]

---

[1] 王贵玲，蔺文静. 我国主要水热型地热系统形成机制与成因模式[J]. 地质学报，2020，94（7）：1923-1937.
[2] 甘浩男，王贵玲，蔺文静，等. 中国干热岩资源主要赋存类型与成因模式[J]. 科技导报，2015，33（19）：22-27.

（见图 1-6）。

高放射性产热型干热岩主要分布于放射性元素衰变产热较高的酸性岩体分布区。我国酸性岩体广泛分布，主要出露在东部地区的粤、闽、桂、赣、湘等省份。其中粤、闽两省的花岗岩面积占全国的 30%～40%，是我国最主要的花岗岩分布区。另外，华南地区不同时期形成的多种类型的花岗岩和众多沉积盆地的存在，也是我国高放射性产热型干热岩的重点勘查靶区[①]。

沉积盆地型干热岩主要分布于沉积盆地内的基底隆起区。由于盖层厚度大，阻止了热量的散失，以及隆起区基岩的热流汇聚作用而形成干热岩资源。由于盖层地温梯度较高，干热岩资源一般和水热型地热资源共生。通过对我国主要盆地的地热地质背景及区域社会经济发展水平的综合分析，我们发现东部地区具有良好的干热岩资源赋存背景的华北平原、松辽盆地，可作为我国沉积盆地型干热岩勘查开发的优先区域[②]。

近代火山型干热岩与火山活动密切相关。火山喷发滞留于地壳内的岩浆囊对上覆地层进行烘烤加热，使得地表具有明显的水热活动现象，在较浅的地方就能获得较高的温度，易在地下一定深度内形成干热岩资源。我国近代火山主要分布在腾冲、雷琼、长白山、五大连池、大同－赤峰等地区，大都属于冷壳热幔型热结构，其热源特征与底部岩浆活动历史和岩浆

---

①② 蔺文静，王贵玲，邵景力，等．我国干热岩资源分布及勘探：进展与启示[J]．地质学报，2021，95（5）：1366-1381．

活动特征密切相关。目前仅我国台湾、云南腾冲等部分地区存在有明确证据的火山活动或岩浆余热控制的高温地热系统[①]。

强烈构造活动带型干热岩资源主要分布在青藏高原。我国处于欧亚板块的东南隅，受欧亚板块和印度洋板块的挤压，板块边界构造带形成一系列深至上地幔的大断裂。断裂对于酸性侵入岩隆起具有重要的指示作用，由于酸性侵入体保持着较高辐射热，有利于干热岩资源的形成。新生代以来青藏高原不断隆升，局部存在岩浆底侵，引起大量的上地幔物质上涌，使得地壳浅层处于高温状态，为干热岩资源的形成提供了热源基础。

1.3 地热能应用场景

地热能的应用场景广泛。温泉作为一种地热资源，自古以来就被人们作为水疗和养生的天然资源加以应用。直至目前，地热能的应用已经遍及发电、供暖、制冷和温室种植等各种领域。

1.3.1 温泉洗浴康养

温泉是一种地下矿泉水，它是地层深处的高温岩浆水在沿

---

① 蔺文静，王贵玲，邵景力，等. 我国干热岩资源分布及勘探：进展与启示 [J]. 地质学报，2021，95（5）：1366-1381.

岩石的裂隙涌出地表过程中与地下水混合而成[①]。世界各国均珍惜温泉资源的利用。以日本为例，温泉是其日常生活中重要的生活要素[②]，温泉疗养更成为日本各个社会阶层休闲娱乐、健康养生之道，甚至是一种备受欢迎的社交方式[③]。

温泉中含有丰富的矿物质，且大部分处于离子状态，可通过人体皮肤进入机体，从而达到预防和促进健康的目的[④]。由于温泉从深部地下提取到地面，除温度较高外，还富含硼、硅、锶、氟、锂、碘等多种矿物质，具有一定的医疗、保健、养生作用，经常用温泉进行洗浴，对心血管硬化、坐骨神经痛、慢性风湿性关节炎、湿疹、牛皮癣、慢性胃炎及慢性支气管炎等病有一定疗效。氢泉、硫水氢泉洗浴可治疗神经衰弱、关节炎和皮肤病等。长期使用温泉洗浴，可改善人体环境、增强体质、延缓衰老、有益健康，大大提高居民的生活质量。

温泉可以为人类提供理想的热能，也可开辟为疗养胜地。自古以来人们就知道温泉可以治病，人们把温泉作为水疗及养生的天然资源[⑤]。由于温泉的医疗作用及伴随温泉出现的特殊的

[①] 周申晋. 谈谈温泉的医疗作用 [J]. 科技简报，1981（02）.
[②] 王霞. 温泉天国——日本 [J]. 日语知识，2008（04）.
[③] 庄宇. 日本的温泉理疗研究, 科学开发中国地热资源——科学开发中国地热资源高层研讨会论文集中国能源研究会地热专业委员会会议论文集，2018.
[④] 徐玉艳，曾奇兵，张爱华. 温泉泡浴改善亚健康人群的元素代谢 [A]. 中国毒理学会第九次全国毒理学大会论文集 [C]. 2019.
[⑤] 郭世先，葛本伟，陈辉，等. 温泉与健康. 中国地理学会2004年学术年会暨海峡两岸地理学术研讨会论文摘要集 [C]. 2004.

地质、地貌条件，使温泉常常成为旅游胜地，吸引大批疗养者和旅游者[1]。依托温泉浴疗，可以开发游泳馆、水上乐园、康乐中心、会议中心、疗养中心、温泉饭店、温泉度假村、高级宾馆等一系列娱乐旅游项目。温泉旅游是休闲旅游的一种方式，现代社会不断增大的工作和生活压力，使得生理和心理皆处于亚健康状态的人群正在增多。因此，作为完全来自大自然的温泉以及温泉周围的优美环境，可以使人们置身大自然中，放松身心，摆脱亚健康状态，起到修身养性和促进疾病的健康恢复作用[2]。

我国利用温泉治疗疾病的历史悠久，含有各种矿物元素的温泉众多。我国中西部的许多地区既拥有医疗矿水资源，又拥有温泉旅游观光资源，不少已成为著名的矿泉旅游疗养胜地，如陕西省西安市临潼的华清池、河南省的汝州市、内蒙古自治区的阿尔山等地，均在温泉区建有疗养院。近年来，温泉旅游更是成为旅游中的新热点，国内相继出现了众多的温泉旅游区、温泉度假山庄、温泉洗浴场所等以温泉为主题的休闲度假场所[3]。

1.3.1.1 温泉水质标准

温泉水因水温、水质的不同，用于浴疗、康养对身体产生的效果也不同，见表1-1、表1-2。早期只是凭个人身体的感

---

[1] 郭义民，程云雷，韩振杰，等．洛阳地热［M］．北京：地质出版社，2020.
[2] 崔节荣．温泉旅游与健康［J］．韶关学院学报，2011（12）．
[3] 许新立．温泉如何洗凝脂——基于女性需求特点的温泉设计构想［J］．旅游时代，2008，10．

受，有选择地进行浴疗康养，但随着社会的进步，不断总结不同温泉水质的浴疗养、康养效果，制定了相关的理疗（医疗）矿水水质标准，以规范温泉水资源的开发利用。

我国正式提出理疗（医疗）矿水水质标准，见于《地热资源地质勘查规范》GB/T 11615-1989，该规范经 2010 修订后，其附录 E（资料性附录）理疗热矿水水质标准即当前地热资源地质勘查实际应用的理疗热矿水水质标准。于 2016 年修编的《天然矿泉水资源地质勘查规范》GB/T 13727-2016 中，提出了理疗天然矿泉水水质指标。

1.3.1.2 温泉分类

（1）按温度划分

表 1-1 地热资源温度分级

温度分级		温度（t）界限 /℃	主要用途
高温地热资源		t ≥ 150	发电、烘干、采暖
中温地热资源		90 ≤ t < 150	烘干、发电、采暖
低温地热资源	热水	60 ≤ t < 90	采暖、理疗、洗浴、温室
	温热水	40 ≤ t < 60	理疗、洗浴、采暖、温室、养殖
	温水	25 ≤ t < 40	洗浴、温室、养殖、农灌

注：表中温度是指主要储层代表性温度。

（2）按矿化度划分

淡温泉（矿化度 <1.0g/L）；

微咸温泉（矿化度 1.0 ~ <3.0g/L）；

咸温泉（矿化度 3.0 ~ <10.0g/L）；

盐水温泉（矿化度 10.0 ~ <50.0g/L）；

卤水温泉（矿化度 > 或 = 50.0g/L）。

（3）按 pH 值划分

酸性温泉（pH 值 <5.0）；

弱酸性温泉（pH 值 5.0 ~ <6.5）；

中性温泉（pH 值 6.5 ~ <8.0）；

弱碱性温泉（pH 值 8.0 ~ <10.0）；

强碱性温泉（pH 值 > 或 =10.0）。

表 1-2 常见医疗矿水的医疗作用及适应性病症简表

矿水名称	医疗作用	适应性病症
氡水	主要是氡及其分解产物 ^{218}Po、^{214}Pb、^{214}Bi 等所发出的 α、β、γ 射线对机体产生的效应	高血压、冠心病、内膜炎、心肌炎、关节炎、神经炎、皮肤病等
碳酸水	对心血管疾病有较好疗效，对肥胖病及各种代谢障碍疾病有良好疗效	Ⅰ-Ⅱ度循环机能不全、Ⅰ-Ⅱ期高血压、轻度冠心病、心肌炎、血栓后遗症、多发性神经炎、慢性盆腔炎、创伤等
硫化氢水	所含硫化氢的作用所致，适用于浴疗	循环机能不全、早期脑血管硬化、多发性神经炎、风湿性关节炎、骨关节病、慢性盆腔炎、湿疹、皮肤瘙痒、创伤等
铁水	适用于饮用及浴用	皮肤病、慢性妇科病
碘水	浴后可降低血脂，使脑磷脂明显下降	动脉硬化、甲状腺功能亢进、风湿性关节疾病、皮肤病等
溴水	能抑制中枢神经系统并有镇静作用	神经官能征、植物神经紊乱症、神经痛、失眠症等
硅水	对皮肤黏膜有洁净洗涤消退作用	湿疹、牛皮癣、荨麻疹、瘙痒症、阴道炎、附件炎、妇女生殖器官黏膜疾病等

1.3.2 浅层地热能供暖制冷

浅层地热能广泛分布于全球各地，是一种储量巨大、清洁环保、前景广阔的新型可再生能源资源。其赋存在地壳浅部空间的岩土体和水中，向下接受地球内热的不断供给，向上既接受太阳、大气循环蓄热的补给，又向大气中释放过剩的热量。因此，从宏观地质的角度上讲，地球天然温度场分布、水圈、大气圈、太阳等对它都有影响，表现在地温的高低与板块构造的活动性、纬度、水循环、大气循环等密切相关，是多因素耦合作用下的复杂变化过程。浅层地热能的开发利用可被称为浅层地热能的"收支"。

1.3.2.1 浅层地热能的应用

浅层地热能的利用古已有之，在民间就有许多，例如人们熟悉的菜窖，还有在夏天用井水冰镇西瓜，多是利用了浅部地层的恒温及保温特性。追溯历史，更是不乏建筑应用形式，如窑穴、窑洞、地坑等。我国河南的仰韶（距今约7000年）、裴李岗（距今约8000年）等文化遗址，都不约而同出现了窑穴、半穴居的房屋遗址，还都有大量的陶穴存在。延安时期毛主席住过的窑洞和陕西现在还保留的大量窑洞，都是环保、冬暖夏凉的节能建筑，被国外许多专家、学者称赞为具有生态意义的环保居住环境。从全球范围来看，浅层地热能的应用甚至还有地下城建筑形式。土耳其居里美西南的德林库尤地下城，建设于柔软的火山层，距今已有3000多年，深至55m的地下空间挖凿有 1200 多个房间,有储藏室、葡萄酒窖、卧室、厨房、教堂、学校等,天然的浅层地热能为地下城提供了温度适宜的环境,为当地村民防御入侵、长久居住提供保障。

时至今日,人类文明飞速发展,现代化城市建设日新月异,原位利用浅层地热能早已不能满足人们日益增长的美好生活需求。借助现代科技手段,浅层地热能的利用早已从"原位用"转变为"输送用";从单一的"保温"转变为多用途;从利用困难到开发便捷;从局部小范围利用到大规模开发,使得全世界更多的人享受到了浅层地热能带来的好处。近年,浅层地热能不断融入区域能源发展,进行能源智慧化利用,更是有效地促进了全球能源结构调整,为应对全球气候变化作出了卓越的贡献。

现代浅层地热能的开发利用依托地源热泵技术得以实现。热泵是热量传输工具,通过向地源热泵系统输入能量,将低品位端热量输送至高品位端,从而实现热量在地源端与应用端间的转移。因此,对于地源热泵系统的应用端来讲,既可获得供热效果,亦可获得制冷效果,按需使用。在当前技术发展水平下,为获得较高的经济性和节能性,系统应用端主要为建筑供热(含生活热水)、制冷、温室及水产的种植养殖等。

1.3.2.2 地源热泵类型

地源热泵根据利用热源的种类和形式不同可分为:地埋管地源热泵或称土壤耦合热泵,地下水地源热泵,地表水地源热泵。

（1）地埋管地源热泵

地埋管地源热泵以大地作为热源和热汇，热泵的地源侧换热器埋于地下，与大地进行冷热交换。根据地下热交换器的布置形式，主要分为竖直埋管、水平埋管和蛇形埋管三类。

竖直埋管换热器通常采用的是 U 形方式，近年来也有套管式等新型埋管，按其埋管深度可分为浅层（<30m）、中层（30～100m）和深层（>100m）三种。竖直埋管换热器热泵系统的优势：①占地面积小；②土壤的温度和热特性变化小；③需要的管材最少，泵耗能低。

水平埋管换热器有单管和多管两种形式。其中单管水平换热器占地面积最大，虽然多管水平埋管换热器占地面积有所减少，但管长应相应增加来补偿相邻管间的热干扰。

蛇形埋管方式优缺点类似于水平埋管换热器，有的文献将其归入水平埋管换热器一类。

（2）地下水地源热泵

在地埋管地源热泵得到发展之前，欧美国家最常用的地源热泵系统是地下水地源热泵系统。目前在民用建筑中已使用较少，主要应用在商业建筑中。最常用的系统形式是采用水－水式板式换热器。早期的地下水地源热泵系统采用的是单井系统，即将地下水经过板式换热器后直接排放。在水资源匮乏地区这样做，一则浪费地下水资源，二则容易造成地层塌陷，引起地质灾害。于是，产生了对井系统，一个抽水井，一个回灌井。地下水地源热泵系统的优势是造价比地埋管地源热泵系统低、系统效率高，另外水井很紧凑，技术也相对比较成熟。

（3）地表水地源热泵

地表水地源热泵系统以江、河、湖、海以及再生水（污水）为冷热源，主要有开路和闭路系统。在寒冷地区，开路系统并不适用，只能采用闭路系统。总的来说，地表水地源热泵系统具有相对造价低廉、泵耗能低、维修率低以及运行费用少等优点。

1.3.2.3 地源热泵发展

国外对地源热泵的研究开展得较早，最早可以追溯到1912年瑞士的专利，而该技术始于英美两国。1946年，美国人发明了世界上第一台地源热泵。1978年，美国布鲁克海文国家实验室制定了土壤源热泵的研究计划，并发表了一些研究成果，主要是对土壤源热泵实际运行的实验计算机模拟。1981年，田纳西大学安装了水平盘管式土壤源热泵，对土壤源热泵进行了大量的研究并取得一定的成果。在这一时期，欧洲启动了30个工程研究开发项目，发展地源热泵设计方法，安装技术并积累运行经验。所有的地源热泵系统主要用于冬季采暖且主要是水平埋管，这些早期的研究主要集中于土壤的传热性质、换热器形式、影响埋管换热的因素等方面。

从地源热泵的应用情况来看，北欧国家主要偏重于冬季采暖，而美国则注重冬夏联供，由于美国的气候与中国很相似，因此研究美国的地源热泵应用情况对我国的地源热泵发展有着借鉴意义。美国大部分地源热泵系统采用了冬季采暖、夏季制冷的全年运行方式，随着地源热泵技术的进步和工程应用，其研究工作也逐渐深入，出现了强化换热技术、复合式地源热泵技术等。

20世纪90年代，国外学者对地埋管换热器的研究主要集中在地埋管换热器与土壤间的强化换热以及回填材料对地下埋管换热器性能的影响方面。这一时期，1995年，古（GU）和奥尼尔（O'Neal）在回填材料和土壤界面加上了一系列的解除条件，把圆柱源射线性解析推广到非均匀空间，对由回填材料和岩土材料不同引起的侧面非均匀性求了近似解。1997—1999年间，艾伦（Allan）及古等人对回填材料的研究主要是比较不同回填材料的埋管换热器性能的影响。1998年古和O'Neal利用等效直径，解决了U型管的两管之间热负荷不平衡传热非均匀性问题。

早期的地源热泵研究主要集中于土壤的传热特性、地埋管换热器形式等方面。20世纪80年代到90年代初，美国开展了冷热联供地源热泵技术方面的研究工作。许多文献发布了地源热泵不同形式的地下埋管换热器的换热过程计算机模拟计算方法，其中仅地埋管换热器的设计计算模型，据不完全统计就约有30种。这些模型有一维的、动态的，有采用集总参数法，也有用一维、二维、三维有限差分格式或二维有限元法等计算流体力学数值模拟法建立的。

国内对地源热泵的一系列研究工作始于20世纪80年代，主要集中于以下几个方面：地下埋管换热器的传热模型和传热研究；夏季瞬态工况数值模拟的研究；热泵装置与部件的仿真模型的理论和实践研究；地源热泵空调系统制冷工质替代研究；其他能源如太阳能、水电等与地热源联合应用的研究；地源热泵系统的设计和施工；地源热泵系统的经济性能和运行特性的研究；地源热泵系统与埋地换热器的技术经济性能匹配方面机组整体性能的研究；土壤热物性测试土壤导热系数的试验研究等。

随着国家对可再生能源应用以及建筑节能的不断重视，地源热泵这项绿色环保技术必将引起更广泛的重视。总体而言，地源热泵系统发展存在以下发展趋势：地下水源热泵的应用将会越来越少，而土壤源热泵、地表水源热泵、工业余热等热泵系统的应用将会不断增加；更高层次的专家整合，更详细的专业划分；地方政府协调机构更加专业；地源热泵系统稳步发展，实现从数量的稳步增长到质量稳步提升跨越；国际合作不断增强，不断成熟完善的国际新技术出现；专注地源热泵系统设计、施工、运行的专业化公司出现，产业规模不断扩大；新型热泵系统不断出现。

1.3.2.4 浅层地热能的供热与制冷

20世纪70年代，世界石油危机出现，为了寻找新的能源资源优势，地热能的开发迎来了转机。地源热泵技术得到了世界各国的重视。其使用可以有效提高能源资源利用效率，减少排放。

利用地源热泵技术开发浅层地热能为建筑供热和制冷，是浅层地热能利用的最主要方式。在不同类型的地热能中，浅层地热能被认为是低焓（与深部相比浅地层岩土体温度相对较低），但其分布广泛、开发便捷，与传统空调和热水系统相比，这种地热能可同比节省50%～75%的传统能源。因此，这种应用形式对于建筑能耗尤其是采暖空调能耗过高的地区，具有十分重要的意义，在很大程度上能够替代燃煤、燃气、燃油等常规采暖方式，节省能耗，降低污染物排放以及改善大气环境质量。

20世纪90年代以来，地源热泵在北美和欧洲迅速普及。由于欧洲的中部和北部气候寒冷，地源热泵主要应用于采暖和提供生活用水。美国地下水源热泵在1994年、1995年、1996年、1997年、2006年和2007年的生产量分别为5924台、8615台、7603台、9724台、64000台和50000台，基本呈直线上升趋势，截至2009年美国在运行的地源热泵系统约为100万台，得益于美国地方政府出台了许多相应的措施鼓励地源热泵的发展。2015年，美国累计安装地源热泵机组约140万台，2010—2015年年均增长10万台。

1990—1996年，加拿大家用地源热泵以每年20%的速度增长。据估算，2004年加拿大的地源热泵装机机组为35000台，2005年为37000台，2005年以来加拿大的地源热泵市场急剧增加，其主要原因是能源价格上升、联邦政府支持和各地方政府有针对性的补贴。

21世纪初期，瑞典地源热泵的发展速度是世界上最快的，在2000年地热直接利用能量排名居世界第十位，到2005年迅速跃居世界排名第二位。除此之外，德国、奥地利、芬兰等国地源热泵市场增加也很快。到了2015年，瑞典、德国、法国、瑞士四国引领欧洲浅层地热能产业发展，地源热泵装机容量占整个欧洲的64%。

日本的一些市政建设项目和公益性建筑（如医院、养老院、道路等）曾利用地源热泵系统实现供暖、制冷、热水供应、道路融雪等综合性服务，效果十分明显。由于地下水回灌、地面沉降、初投资成本较高等问题，地源热泵系统的发展受到一定条件的约束，还没有被完全推广。20世纪80年代以后，日本利用地表水、城市生活废水和工业废水的水源热泵系统向建筑物集中供热或制冷，目前应用较多的是海水源热泵系统。2001年热泵热水器开始进入日本家庭，政府对消费者给予一定补助，很受用户欢迎。

地源热泵进入俄罗斯市场也较晚，目前，仍未被俄罗斯接受，被认为是一种外来事物，不是传统热源的合理替代物，主要原因是其国内的有机燃料充足且价格低廉。

进入21世纪后，我国地源热泵有了较大的发展，尤其是近些年增长飞速。2014年装机容量已位居世界第一位。浅层地热能的开发利用水平和规模领先世界，带动了全球浅层地热能开发的快速发展。

根据2020年世界地热大会的统计，截至2020年，直接利用地热能的国家/地区已从1995年的28个增至88个（见图1-7）。

中国地热的发展与未来

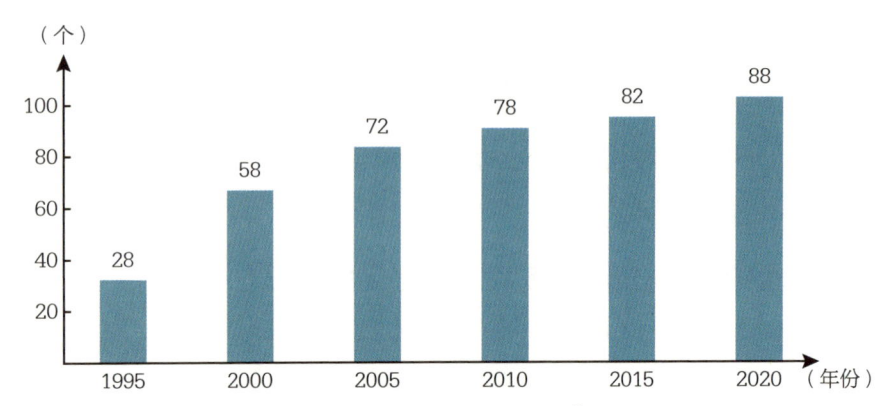

△ 图1-7 全球直接利用地热能的国家/地区数量[①]

2020年，全球地热直接利用折合装机容量为1.08亿kW，较2015年增长52%；地热能利用量为1 020 887TJ/yr（约合2835.8亿kWh/yr），较2015年增长72.3%。排名前五国家为：中国（占43.44%）、美国、瑞典、土耳其、日本（见图1-8、图1-9）。其中，地源热泵（浅层地热能）利用量占比约58.8%。

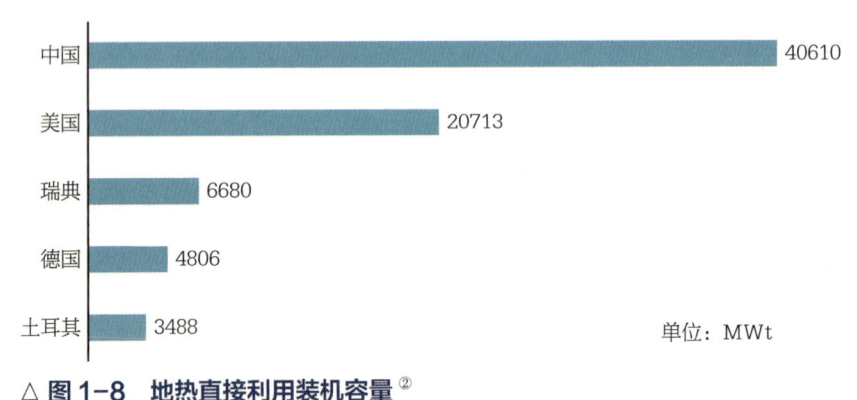

中国 40610
美国 20713
瑞典 6680
德国 4806
土耳其 3488

单位：MWt

△ 图1-8 地热直接利用装机容量[②]

---

① 数据来源于世界地热大会。
② 数据来源于世界地热大会。

第一章 地热资源与地热能概述

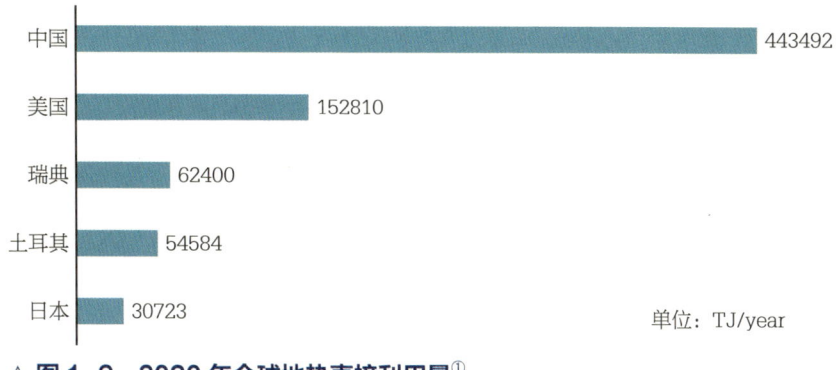

```
中国    ████████████████████████ 443492
美国    ████████ 152810
瑞典    ███ 62400
土耳其  ██ 54584
日本    █ 30723
```
单位：TJ/year

△ 图1-9　2020年全球地热直接利用量[①]

国际能源署预测，到2035年和2040年，全球地热直接利用装机容量将分别达到500GW和650GW。

1.3.3　中深层地热能供暖

1.3.3.1　中深层地热供暖的原理

中深层地热供暖就是以一个或多个地热井的热水为热源向建筑群供暖，在供暖的同时满足生活热水以及工业生产用热的要求，根据热水的温度和开采情况可以附加其他调峰系统，如传统的锅炉和热泵等。中深层地热供暖技术可以分为水热型供暖技术和地埋管供暖技术。目前普遍采用水热型地热资源直接利用的形式，结合电驱动热泵技术。传统的中深层地热供暖主要是通过打造深度为2~3km、孔径约200mm的地热井，提取60~80℃的高温水用于供热，地热尾水需进行100%回灌。也可以通过封闭埋管采集深层地热，通过热泵提升后进行供暖，

---

① 数据来源于世界地热大会。

041

真正实现"取热不取水"(见图1-10)。同时，可以通过梯级利用的方式，实现地热资源的综合利用。

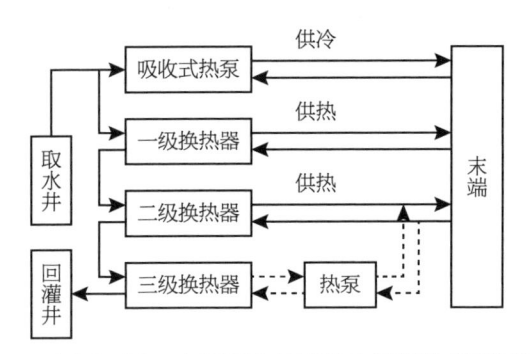

△ 图1-10 中深层水热型地热供暖技术原理示意图

中深层地埋管供暖技术是以中深层岩土体为热源，由中深层地热换热系统提取热量并通过地热热泵机组向建筑供热的技术。中深层地埋管供热系统主要包括中深层地热换热系统、地热热泵系统、建筑室内供热系统，如图1-11所示。地热换热器的埋管形式通常采用同轴套管式。目前中深层地热供暖技术的研究正处于起步阶段。

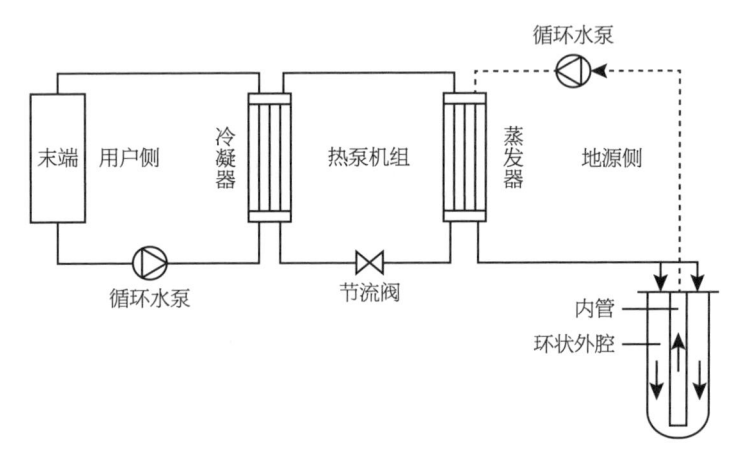

△ 图1-11 中深层地埋管供热技术原理示意图

1.3.3.2 中深层地热供暖全球发展现状

中深层供暖包括个人供暖和集中供暖，目前装机容量共计12768MW，年能源使用量为162979MJ/yr。与2015年相比，中深层供暖装机容量增加了68%，年能源使用量增加了83.8%。对全球29个国家进行调研，两种供暖方式相较，集中供暖能源占比达91%。在集中供暖方面，中国、冰岛、土耳其、法国和德国处于领先地位，在年能源使用方面，这五个领先国家占世界集中供暖能源使用量的90%。而在个人供暖领域，土耳其、俄罗斯、日本、美国和匈牙利的装机容量处于领先地位，在年能源使用方面，这五个领先国家约占世界个人供暖能源使用量的75%[①]。

（1）冰岛

冰岛地热资源以直接利用的形式为主，主要应用于供暖。1930年冰岛开始大规模利用地热能源进行供暖。地热能源利用占比从1970年的43%增加到目前的90%左右。根据规划，未来冰岛将实现100%地热供暖。在城镇和村庄大约运行有30个独立的地热集中供暖系统，另外在农村地区还有大约200个小型地热供暖系统。冰岛的不同形式地热能直接利用折合装机容量和地热能年利用量分别为1650MW和24604TW/yr用于集中供暖。

冰岛利用地热能为房屋供暖的历史最早可以追溯到1908

[①] John W. Lund and Aniko N. Toth. Direct utilization of geothermal energy 2020 worldwide review. Geothermics，2020. 90.

年，当时雷克雅未克的一个农民率先将温泉水通过管道引入自家进行房屋供暖。之后市政府在此基础上，对地热资源进行了更系统的勘探。通过借鉴石油工业的钻探技术使钻探更深，从而获得更多的热水，为更多房屋供暖。1930年，雷克雅未克修建了一条3km长的供暖管道。1943年，一条18km的供热管道投入使用。到1945年年底，供热管网已连接2850所房屋。从地热田到城镇，传输管道往往长达数十千米，大量供暖基础设施建设成本较高。为筹措更多的资金发展地热供暖，冰岛政府集中力量组织私人和公共机构，最终发展成为如今的雷克雅未克能源公司。如今，首都雷克雅未克拥有世界上最大、最复杂的地热集中供热系统。

冰岛的地热田分为低温地热田和高温地热田，划分的依据是区域的温度和地质特征。通常定义低温系统是指1km深度处储层温度低于150℃的地热田，高温系统是指1km深度处储层温度低于200℃的地热田。低温系统主要位于穿越冰岛的火山带范围之外，最大的低温系统位于冰岛西南部的火山带侧翼，较小的系统在全国都有。低温活动的热源被认为是冰岛异常炎热的地壳，地热梯度大约在50～150℃/km之间，在火山区之外。断层和裂缝由于持续不断的构造活动而保持开放，为水在系统中循环和提取热量提供了渠道，发挥了重要作用。目前，地热能提供了冰岛约2/3的一次能源供应。

冰岛的地热开发路线以水热型地热井为主，即将深层地下水抽取上来以利用其中的热量。对地热的利用，其中一个重要的技术要求是地热水的同层回灌。不同于浅表水体，其水位下降可通过降雨等形式补给，但深层地下水在抽取之后，很难完成自然补给。为了维持地热水的可持续使用，需要保证地热井水位维持在相对稳定的水平，因此抽取出的水和补进来的水量要一致。这样不仅能保证地热井使用的高效性和经济性，也防止地下水位下降可能造成的岩层水体空缺、地质破坏，以及海水侵入地下水岩层，造成地下水污染等严重后果。

（2）美国

目前，美国有 23 个地热区供暖系统，大多数都超过了 30 年的历史。总容量超过 75MW 的热能。地热区供暖系统是利用地热能源为个人和商业建筑供暖，并通过分配网络为工业供暖。地热区供暖系统大小不一，但通常服务于 0.5～50MW 的供热负荷。目前的地热区供暖系统技术通常依靠水热资源进行加热，或依靠地质交换（地热泵）进行加热和冷却（NREL[①]，2021）。

地热区供暖系统技术在美国已经使用了一个多世纪。与传统的区域供热系统相比，地热区供暖系统运营和维护费用相对较低（NREL，2021）。自 19 世纪 90 年代爱达荷州博伊西的区域供热系统建成以来，地热能就一直被用于美国的区域供暖，该系统至今仍在运行。20 世纪 80 年代，博伊西市扩展了其供热系统，现在保持着美国最大的传统区域供热系统的记

---

① NREL，美国地热协会和美能源部国家可再生能源实验室。

录，为博伊西市中心的92栋建筑提供热量[①]。美国最近安装的地热区供暖系统于2017年在加州阿尔图拉斯完成。其他的系统位于加利福尼亚州、科罗拉多州、爱达荷州、新墨西哥州、内华达州、俄勒冈州和南达科他州（图1-12）。

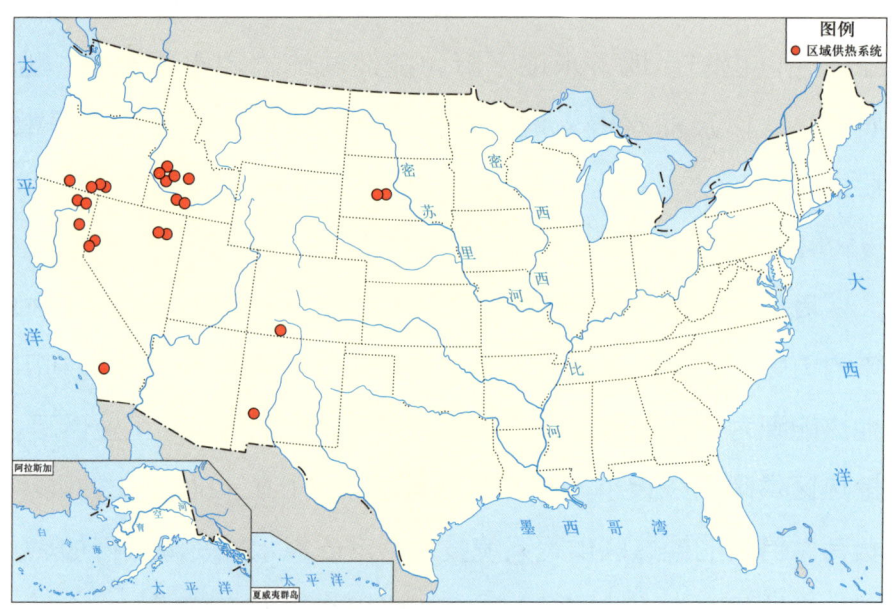

△ 图1-12 美国23个区域地热供热系统位置[②]

（3）土耳其

土耳其有460多个地热田和2000多个热水和矿泉水资源（泉水和井），其记录的温度范围为20～287℃，约有

[①] King, M. "An inside look at the largest geothermal heat system in the US." Featured article for WCPO Cincinatti. 2018.
[②] Mullane, M., M. Gleason, K. McCabe, M. Mooney, T. Reber, and K. R. Young. "An Estimate of Shallow, Low-Temperature Geothermal Resources of the United States." Presented at the 40th GRC Annual Meeting. Sacramento, California, 2016, October 23-26. NREL/CP-6A20-66461.

62000MW 的地热储能潜力。目前有 17 个集中供暖系统在运行（有些系统使用低至 40~45℃ 的水），地热可不间断地为 15 万户家庭提供供暖的同时，还能够为他们提供热水服务。土耳其不同形式地热能直接利用折合装机容量和地热能年利用量分别为：420MW 和 4635TJ/yr 用于个人供暖，1033MW 和 11402TJ/yr 用于集中供暖。

（4）法国

法国巴黎是全球仅次于冰岛的第二大低温地热能富集地区。1969 年以来，法国法兰西岛大区（大巴黎地区）由两座深水含水层利用地热能供暖，如今已为 25 万户、拥有 50 个供热网络的家庭提供地热能。就地热潜力而言，该地区是欧洲生产力最高的地区。Dogger 位于 1500~2000 米深处，是巴黎地区开采的主要含水层，这个石灰岩地质构造（已有 1.50 亿~1.75 亿年的历史）包含一个化石层，其温度在 60~80℃ 变化。Dogger 的微咸水富含矿物质盐，不宜消费，但其中所含的热量可用于为区域供热网络供电。目前在博比尼（Bobigny）已经钻了 4 个实验井，如果该项目成功，它将为法国地热能的发展开辟新的前景。法国有 72 个地方使用地热能直接供暖，个人住宅（98%）和大型建筑（2%）中共有 17.4 万台地热泵。法国中深层供暖主要包括个人空间供暖 0.6MWt 和 15.5TJ/yr；区域供暖 509.4MWt 和 5109.4TJ/yr[①]。

---

① Christian B., Virginie S., Armand P., et al. France Country Update. Proceedings, World Geothermal Congress 2020, Reykjavik, Iceland, 2021.

（5）德国

根据有利的地质条件，德国的地热区域供暖和发电站主要位于南部的莫拉斯盆地、北德盆地或上莱茵河谷沿线。截至2022年2月，德国有42个正在运营的深层地热能项目——24个在巴伐利亚州，6个在北莱茵－威斯特伐利亚州，3个在巴登－符腾堡州，3个在梅克伦堡－西波美拉尼亚州，3个在莱茵兰－法尔茨州，2个在勃兰登堡州，1个在黑森州。这些项目的总产能为343MWh。另有4个项目正在建设中，4个被列为研究项目。供热厂的数量正在持续增长，目前约占深层地热生产的68%。德国中深层供暖主要包括个人空间供暖3.34MW，35.21t/yr和区域供暖346.2MW，3634.87t/yr[①]。

卡尔斯鲁厄理工学院（Karlsr Uher Institut für Technologie）和弗劳恩霍夫协会（Fraunhofer-Gesellschaft）的联合研究表明，深层地热能在德国具有巨大市场潜力，其覆盖范围可以达到德国年热消耗量的1/4以上（超过300TWh）。德国规划到2030年中深层和深层地热资源的产能达到10TW，这有效地将供热管网中的地热供暖增加了10倍。

1.3.3.3 中深层供暖国内发展现状

截至2021年年底，中国中深层地热供暖能力达到5.3亿m²，占全国城市集中供热比重已升至5%，年利用量

---

① Weber, J., Born, H., Pester, S., Moeck, I. Geothermal Energy Use in Germany, Country Update 2015-2019, Proceedings, World Geothermal Congress 2020, Reykjavik, Iceland, 2020, 15.

320297TJ。华北地区，主要是河北、河南、山东、陕西、天津五省市，依托渤海湾盆地、南华北盆地、汾渭地堑系等沉积盆地区的丰富地热资源，在北方地区冬季清洁取暖政策支持和地热资源税的博弈下，逐渐发展成为中深层地热供暖的主要区域。

河北省中深层地热供暖能力稳居全国首位，主要分布在燕山以南、太行山以东的广大平原地区，领跑全国，打造出以"雄县模式"为代表的整县（市）推进地热供暖的示范样本。近两年，当地主管部门正收紧探采矿权、取水管理，调整地热开发和运行。

2009年8月，中国石化进入雄县，十余年来，与雄县政府携手合作，成功打造了"政企合作、市场运行、统一开发、技术先进、环境保护、百姓受益"的"雄县模式"（图1-13），把雄县创建成了中国第一个"无烟城"。"雄县模式"得到国

△ 图1-13 雄县供暖示意图

家能源局和业界广泛认同，成为"十三五"期间中国地热产业的发展亮点，引领和推进中国地热产业的快速发展。2014年2月27日，国家能源局在雄县召开全国地热能开发利用现场交流暨地热能利用工作会，充分肯定了雄县地热发展经验，决定推广"雄县模式"。

截至2021年，中国石化在雄安新区投资近8亿元，建成地热供暖能力1000多万m^2。十余年来，雄安地热开发利用带来的节能减排效果明显，累计替代标煤约120万t，累计减排CO_2、SO_2约320万t，实现了城市"无烟城"建设目标，地热能开发利用已成为雄安新区一张亮丽的城市名片。

河南省中深层地热供暖能力增速迅猛。近几年，河南省政府推动地热供暖发展的力度大，相继发布了《促进地热能供暖的指导意见》《关于进一步做好地热能供暖有关工作的通知》，地热发展环境得到较大改善，2021年中深层地热供暖能力同比增速达到20%。

山东省形成了以砂岩热储地热供暖为特色的发展方式。针对省内地热资源特点，山东省长期开展砂岩热储开发、回灌技术攻关和项目建设，主要分布在鲁西，鲁北的东营、德州、济南、菏泽等市。

天津市继续引领我国城市地热发展，是中国中深层地热供暖能力最大的城市，当之无愧的"地热之都"。天津地热开发验证了分布式能源规模化应用在建筑密集的大城市的可行性，为大中型城市规模化地热开发积累了经验。

陕西省中深层地热供暖主要集中在关中盆地，以西安－咸阳为核心，向渭南、宝鸡两翼延展，成为清洁供暖的重要替代能源。近几年，井下换热技术得到地方支持并取得长足发展，供暖能力不断提高。

此外，黑龙江、吉林、辽宁、内蒙古、新疆、甘肃、宁夏、青海、西藏、江苏、安徽、湖北等省、区也有中深层地热供暖发展。

1.3.4 其他地热能直接利用

1.3.4.1 地热在农业生产中的应用

（1）温室种植

地热农业是利用地热能进行种植，也是地热资源进行直接利用的重要组成部分之一。地热在农业中的应用范围十分广阔，农业温室种植是最典型的利用形式，利用地热能的热能对农业温室大棚进行供暖，保障冬季温室的温度，实现农作物的反季节生产和喜热植物越冬。农业温室供暖可以使用中深层地热能和浅层地热能。基于浅层地热能的农业温室供暖主要是通过地源热泵的形式，通过利用热泵加风机盘管，将浅层地热能中的低温热源提取出来，供温室大棚植物取暖使用。基于中深层地热能的农业温室供暖主要是通过地热井，将中高温地热水提取出来，通过能源站集中为农业温室大棚供暖。上述供暖方式可以实现智能控温控湿，大幅度降低能源成本。同时，利用地热能给现代农业温室大棚供暖有助于防治病虫害、缩短生长期，促进农作物的增产增收，还可用于育秧、蔬菜和花卉种植。

美国"地热温室"实现了 365 天种植，不受季节限制。科罗拉多州帕戈萨斯普林斯市位于美国西部，这里以地热闻名。在圣胡安河岸边的市区中心，有三个显眼的温室，这种网格状球顶的温室每个直径有 13 米。每个温室都能利用地热水进行加热，一座温室就相当于一个闭合回路系统，随着地热水的循环，温室内全年温度都能控制在一定范围内，这就意味着南瓜、甘蓝和甜菜在每个月都能生长。

地热能助力冰岛成为欧洲最大的香蕉生产地。冰岛拥有欧洲最大（世界最北）香蕉种植地（见图 1-14），冰岛的香蕉种植发展得益于丰富的火山资源带来的地热。冰岛拥有 20 多座活火山，其中 18 座在冰岛有人居住以来曾爆发过，喷涌的岩浆很轻松地就将地表水变为蒸汽，冰岛居民便可以利用流经高温岩石的水或者蒸汽来提高温室内部温度。不管是在只有 5 个小时白昼的冬季，还是在温度很少超过 21℃的夏季，冰岛丰富的地热能保证了温室随时都像热带地区一样温暖、潮湿，这给香蕉提供了完美的生长环境。

△ 图 1-14 冰岛地热温室大棚

温泉花卉是商河县一张响亮的名片。2010年起，我国山东济南市商河县尝试依托地热资源，大力发展以温泉设施花卉为主的花卉产业（见图1-15）。商河县拥有丰富的温泉地热资源，在高标准的智能温室里，利用地热取暖，大大降低了花卉种植提温的费用；利用潮汐灌溉系统、物联网、自动化控制系统等科技化手段，对空气、温湿度、光照等环境气象要素进行实时动态监测，确保花卉在最佳的环境中生长。多样化的科学配套设施，让花卉产业实现了规模化种植、科学化管理和标准化生产。商河县依托花卉这项美丽产业，带领越来越多的农民实现稳定就业和持续增收，让乡村走上了产业振兴的道路。

△ 图1-15 商河温泉花卉大棚

雄县创新农业科技示范园打造地热产业链。雄县创新农业科技示范园区核心区占地2000亩（1亩≈666.7平方米），是保定市2016年和2017年重点项目。2016年被保定市人民政府认定为保定市精品特色现代农业园区、保定市现代农业园区；2017年被河北省科技厅评定为河北省省级农业科技园区。园区现划分四个主要板块：中国台湾热带鱼类繁育基地、地热育苗（花卉、苗木）基地（见图1-16）、甘薯减肥增效实验基地（藻类活性细胞肥实验区）、祥和医院医疗康养基地。

△ 图1-16 雄县创新农业科技示范园地热大棚

雄县创新农业科技示范园按照"合理规划、科学开发、采灌平衡、循环利用"的原则，循环梯度利用地热发展特色农业。该园重点打造了地热产业链，实现了"一次取水、多次利用"的科学开发模式，在为开发区供暖的同时将地热循环梯度利用于热带鱼繁育、地热育苗、普通养殖、莲藕种植等农业产业化生产，为地热资源开发利用的"雄县模式"增加了新内涵。

（2）水产养殖

地热能同样可应用于发展养殖业，地热水产养殖是指利用地热水进行鱼、虾等名贵水产和动物的亲本保种和培育，延长生长期和冬季养殖。利用低温热水发展水产养殖可以产生较高的经济效益，提高水产养殖数量，如利用地热水养鱼，在28℃水温下可加速鱼的育肥，提高鱼的出产率；利用地热水养殖可以帮助喜热水生动物越冬，提高成活率，降低成本。

美国爱达荷州山区利用地热水成功养殖热带鱼。爱达荷州位于美国西北部，州内东南部山区发源的蛇河蜿蜒伸展，将北落基山脉切穿成许多峡谷，爱达荷水产养殖场位于爱达荷州双泉市西北48km处的蛇河边上，区内常年温度12.8℃，该养殖场巧妙地利用了地热资源，成功养殖热带鱼。该养殖场在海拔1158米处共打了8口地热井，井深150米，水温约为33℃。依地势高低，地热水流入阶梯形的分层鱼池。池里分别养有需氧量不同的鲇鱼、鲑鱼、鲟鱼等。热水养殖可以大大缩短多种水生物的孵化期和生长周期，而且因为少用水泵、管道、热水器、阀门等物，其能源成本极低。

天津地热温泉养殖热带鱼。瞄准名贵鱼市场的巨大商机，滨海新区茶淀镇金泰观赏鱼养殖有限公司巧妙利用当地地热温泉资源，养殖热带鱼。金泰观赏鱼养殖有限公司占地25亩，建有工厂化养殖车间5000m^2，以金龙鱼、银龙鱼、招财鱼、银鼓鱼、黄鳍鲳、蝙蝠鲳、地图鱼、鹦鹉鱼等热带观赏鱼的养殖和孵化、进出口等为主业，可年产观赏鱼3000万尾、育苗6000万尾，已成为天津地区观赏鱼养殖行业规模较大的企业之一。当地地下丰富的天然地热矿泉资源为热带鱼养殖提供了有利条件，从地下直接抽取的地热水，稍加处理就能达到热带鱼养殖的要求，完全适宜热带鱼生存。地热水养殖观赏鱼具有周期短、效益高的特点，从引进苗种到对外销售只用 3 个多月时间，利润率达 50% 以上。目前公司还从泰国、印尼等地引进了众多新品种，正在试培育阶段，成功后预计年利润将达到千万以上。

此外，将地热能用于禽类的孵化育雏是地热能在农业领域的又一种降本增效的利用形式。将地热技术应用于禽类孵化过程，有如下优点：节约养殖成本。对于大批量的生产化的孵化过程，利用地热孵化可替代电能孵化，节省电力消耗；地热孵化箱较电孵化箱购置成本低，操作及维修相对简单；提高孵化质量。地热孵化通常采用地热水，这种来自天然的热源，长期保持恒温，波动小并且慢，会为禽类胚胎提供一个贴近自然的孵化环境，同时又避免了电辐射对禽类胚胎的刺激，能够提高雏禽品质，增强抗病力，促进禽类迅速发育增重。地热资源分布广泛、绿色稳定、利用便利，这为各地进行地热孵化提供了广阔的热源；也可在进行其他的地热资源利用过程中，按照不同温度合理安排地热孵化，同时也可以结合太阳能、风能以及工业余热等其他能源，进行综合能源利用。地热孵化既不会产生环境污染，也不会产生噪声污染，比起电气孵化那种电机轰鸣声，更有益于为雏禽提供温暖安静的环境，从而提高孵化成功率。

因此，地热孵化是农业的新能源应用，它不受季节限制，孵化率比较高，管理起来很方便，并且温度恒定。很多地区的禽类的孵化，都尝试使用地热孵化，并取得了一定的成果，比如利用地热孵化鸡鸭鹅以及鹌鹑等，有的甚至可以孵化诸如孔雀之类的珍稀禽类。

综上所述，地热为开展跨季节种植和跨区域养殖提供了能源基础，利用地热资源，模拟适合动植物生长所需条件，给动植物跨季节或跨区域生长提供所需温度、湿度、光照等环境和能量。利用地热资源进行农业规模化、集约化生产模式，不会消耗过多的能源，是清洁、环保、节能的高新科技，既能够为区域提供丰富多样的四季蔬果，又不会造成资源的浪费以及环境的污染，将会为区域发展带来较高的经济效益和广泛的社会效益。

1.3.4.2 地热在工业生产中的应用

地热能在工业领域应用范围很广，工业生产中需要大量的中低温热水。在干燥、纺织、造纸、机械、木材加工、盐分析取、化学萃取、制革等行业中都有应用地热能。由于地热利用的费用低于常规能源，且质量又不次于常规能源，所以将地热能应用于工业生产可极大降低产品成本，创造巨大效益。

地热干燥是地热能工业利用的重要方式，地热脱水蔬菜及方便食品、干燥材料等是直接利用地热的地热干燥产品（见图1-17）。它是利用地热水中的热能，经过热交换器产生热风，对不同物料进行脱水，达到产品的深加工。据资料显示，有15个国家在报告中称使用地热能干燥各种谷物、蔬菜和水果。典型的使用地热能干燥的国家和主要产品：冰岛海草，美国洋葱，塞尔维亚小麦和燕麦，萨尔瓦多、墨西哥和危地马拉水果，新西兰苜蓿，墨西哥、新西兰和罗马尼亚木材。

△ 图 1-17 肯尼亚的地热蒸汽谷物干燥设备[1]

地热干燥产品有着良好的国际市场和潜在的国内市场。地热干燥后的地热尾水仍可进行其他项目的综合利用，如采暖、种植、养殖、生活用热水等。因此，地热干燥可提高中低温地热综合梯级利用的热能利用率，同时也可提高地热利用的总体效益。此外，地热干燥属于产品加工业，只要有充足的原料和稳定的市场，就可全年生产，这样可使地热在一定程度上达到全年稳定利用。根据我国大量的地热干燥实践，只要地热水温度大于 70℃，

---

[1] IRENA，Geothermal Development in Eastern Africa：Recommendations for power and direct use，International Renewable Energy Agency，Abu Dhabi，2020.

就可通过热交换器产生55℃以上的热风，用于农副产品的烘干。当地热流体的温度低于工业应用所要求的温度时，也可以通过锅炉、热泵或其他余热利用装置使地热流体温度进一步升高。当然，地热流体温度愈高，干燥项目的经济性也愈好。

应该注意的是，地热干燥作为地热梯级综合利用的一个组成部分，它不宜单独使用一口地热井，而应与其他地热利用项目共用一口地热井，形成合理的梯级综合利用系统，同时要使地热水流量和不同利用项目的规模相匹配。地热干燥产品应根据当地的原料市场、市场需求和劳动力等情况来确定。为了能形成一定的生产规模和产生较好的经济效益，地热水温不应低于80℃，流量应在50t/h以上。

虽然目前大型地热工业应用项目较少（因为需要高温地热流体作热源），但是仍然在蔬菜、水果脱水，粮食和木材干燥等许多方面有着应用前景。100℃以下地热水仍有很多适用的项目，一些城市是辣椒、大蒜等大宗出口蔬菜的生产基地，近年辣椒干、大蒜和大蒜粉在国际市场走俏，地热烘干的辣椒色泽鲜艳，大蒜粉味道浓郁，能显著提高商品品级和价值。如能在这些地区建设地热烘干设施，就可解决农民在收获旺季的燃眉之急，创造巨大的经济效益。

1.3.5 地热发电

当前主流的地热发电是把地下热能转变为机械能，然后再把机械能转化为电能的生产过程，其原理与火力发电技术相似。天然蒸汽（干蒸汽和湿蒸汽）和地下热水是把地下热能带到地面并用于发电的主要载热介质，地下的干蒸汽可直接引入汽轮发电机组发电。地下的热水可用减压闪蒸的方法，使部分热水汽化，产生蒸汽以驱动汽轮发电机发电；或利用地下热水的热量来加热低沸点的有机化合物液体（如氯乙烷、异丁烷等）使其沸腾汽化，将气体引入膨胀发电机发电。地热电站的发电方式、装机容量与经济性主要取决于地热资源的类型和品位。当前主要的地热发电方式有：干蒸汽直接发电、蒸汽闪蒸发电（又称闪蒸发电）、双工质循环（ORC）发电、全流发电[1]。

根据地下热储的不同形式，地热发电系统则可分为蒸汽型、热水型、地压型、干热岩型和岩浆型等系统。①蒸汽型：指地下储热以蒸汽为主的对流系统，蒸汽主要为 200～240℃ 干蒸汽，掺杂少量其他气体；②热水型：在地下储热以热水为主的对流系统，包括喷出地面呈现的热水和湿蒸汽，是目前利用最广的地热发电形式，热水型可分为高温（大于150℃）、中温（90～150℃）和低温（90℃以下）；③地压型：封闭在地下的高温高压热水体，溶有大量碳氢化合物；④干热岩型：地下普遍存在的无水和蒸汽的热岩石，需靠人工压裂创造裂缝，从而使得低温水吸收岩石热量后至地面发电，当前技术条件下存在较大不确定性；⑤岩浆型：在地下以熔融和半熔融状

---

[1] 张加蓉，高嵩，朱桥，等."双碳"目标背景下我国地热发电现状及技术[J].电气技术与经济，2021,(06):40-44.

态存在的岩浆，一般埋藏较深，较浅区多为火山地区，此类地热资源开发尚处于理论探讨阶段[①]。

地热发电与其他发电方式具有两方面的显著优势：一是地热发电相较于化石燃料发电，其发电过程中二氧化碳等温室气体排放量极少，属于清洁能源；二是与风能、太阳能、潮汐能等清洁能源相比，地热能可以不间断稳定提供基本负荷能力超过90%，且能源利用系数远高达73%，是风电的3～4倍，太阳能的4～5倍。

1.3.5.1 国内外地热发电的开端

意大利是世界上第一个进行地热发电的国家。1904年，拉德瑞罗地热田首次利用干蒸汽发电试验成功，并于1913年建成第一台工业用的250kW地热发电机组，成为地热发电商业化的开端。1958年，新西兰怀拉基地热田首次建成利用湿蒸汽发电的地热电站，开创了以水为主的地热资源用于商业规模的电力生产，该地热电站的总装机容量超过了190MW。1960年，美国盖瑟斯地热田建成美国的首座干蒸汽地热电站，机组容量为12.5MW，从此美国的地热发电事业发展迅速，并长期处于世界领先地位。1966年10月，日本第一家蒸汽式地热发电厂——松山地热发电厂投产，装机规模9.5MW；1967年8月，采用汽水分离方式发电的大岳发电厂也开始

---

① 王贵玲，陆川. 碳中和目标驱动下地热资源开采利用技术进展[J]. 地质与资源，2022，31（03）：412-425.

中国地热的发展与未来

运转[1][2][3]。

我国的地热发电开始于1970年，1970—1985年，以中低温地热试验发电站为主，1985年以后高温地热发电稳步发展[4]。1970年，广东丰顺建成的86kW的扩容蒸汽发电装置，标志着我国成为世界上第八个实现地热发电的国家。接着1971年在河北省怀来县试验一台双循环装置，其容量为200kW。以后又在湖南省灰汤、辽宁省熊岳等地建成了7个小型地热发电装置，其装机容量基本都小于1MW，利用的热水温度都低于100℃，属中低温地热资源发电。我国的高温地热蒸汽发电始于20世纪70年代中期，1975年启动建设的西藏羊八井地热发电工程，是我国第一个中高温地热发电站，以利用湿蒸汽为主，井口蒸汽温度为140~160℃，1977年第一台1MW高温地热发电机组试验成功，1991年羊八井地热电站装机容量达到25.1MW。在当时拉萨电力紧缺的状况下，西藏羊八井地热发电站曾担负拉萨平时供电的50%和冬季供电的60%。除羊八井之外，西藏阿里地区朗久地热电厂于1983年建厂，1985年投产2MW装机；那曲地热电厂于

---

[1] 徐之平. 世界地热能发电概况［J］. 能源研究与信息，1986,（01）：61-62.
[2] 骆超，黄丽嫦. 中低温地热发电技术研究［J］. 科学管理研究，2012, 54卷（1期）：24-28.
[3] 李前喜. 日本地热发电现状及技术进展研究［J］. 江苏科技信息，2022, 39（09）：49-53.
[4] 任湘，张振国. 中国地热发电现状与展望［J］. 新能源，1995, 17（1）：10-15.

1993年建厂，1994年投产1MW装机[1][2][3][4]。

随着能源需求的扩大和能源危机的影响，全球地热发电实现了快速发展。1965—2012年，世界范围内地热发电的年发电能力以每年约250MW的速度在增长，如图1-18。

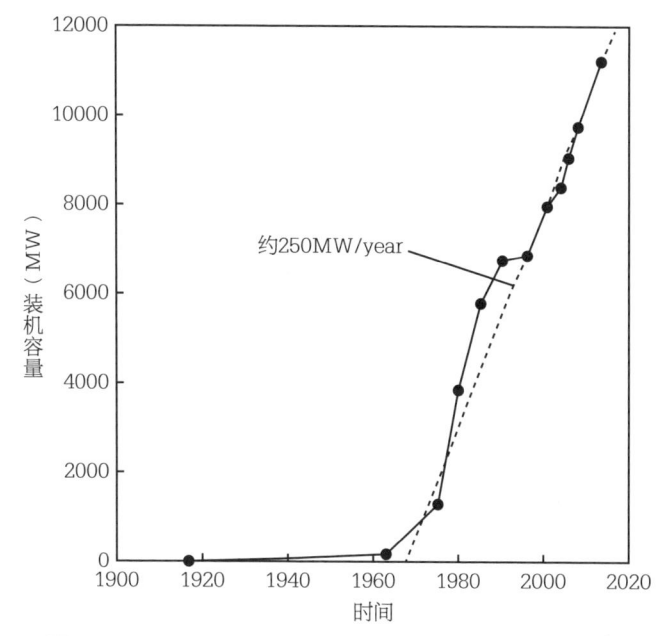

△ **图1-18 1917—2012年全球地热发电装机容量**[5]

---

[1] 刘尚贤,阳光玖,黄晓波. 中国地热发电综述[J]. 四川电力技术,1999,(05):1-6.

[2] 胡甲国,郭新锋. 我国地热能开发利用情况及发展趋势分析[J]. 太阳能,2018,(05):16-18.

[3] 王永真,杨柳,张超,等. 中国地热发电发展现状与面临的挑战[J]. 国际石油经济,2019,27(01):95-100.

[4] 郑克棪,潘小平. 中国地热发电开发现状与前景[J]. 中外能源,2009,14(2):45-48.

[5] William, E. Glassley 著,王社教,闫家泓,李峰,等译. 地热能（第二版）[M]. 北京：石油工业出版社,2017.

1.3.5.2 国外地热发电现状

（1）世界各国地热发电现状

地热发电作为地热能利用的重要方式，近年来得到了较快的发展，世界地热发电市场保持每年4%～5%的稳定增长。截至2020年，全球用于电力项目的地热钻井总数为1159口，用于电力项目的地热总投资为103.67亿美元，全球地热发电的国家有28个，地热发电装机容量达到15.95GW，装机容量较2015年增长约27%[1]。

地热能发电技术路线方面，水热型地热发电技术中，闪蒸发电系统占据主导地位，占所有系统的61.7%；利用高温地热资源的干蒸汽凝汽发电占到22.7%；利用中低温地热资源的双工质发电近年来发展很快，现已占比达14.2%；其他占比1.4%。装机数量上，双工质循环（ORC）发电机组、单级和多级闪蒸发电机组占据主导，双工质循环（ORC）发电机组数量达到286台，占46.7%，单级和多级闪蒸发电机组也占到38.7%。干热岩型地热能的开发利用正处于试验研究阶段，开展试验的有美国、法国、德国等8个国家。截至2017年底，累计建设增强型地热系统（EGS）示范工程31项，累计发电装机容量约为12.2MW[2][3][4]。

---

[1] 温柔，赵斌，王善民. 地热发电现状与展望[J]. 西藏科技，2022，(08)：19-25.
[2] 部分数据来源于自然资源部中国地质调查局，2018.
[3] 王贵玲，陆川. 碳中和目标驱动下地热资源开采利用技术进展[J]. 地质与资源，2022，31（03）：412-425.
[4] 胡斌，王愚. 浅谈地热发电技术[J]. 东方电气评论，2019，33（131）.

世界上主要的地热发电国家为美国、印度尼西亚、菲律宾、土耳其、肯尼亚、新西兰、墨西哥、意大利、冰岛、日本等。其中，美国、新西兰、意大利、菲律宾等是传统的地热发电强国，规模较大，除美国外其他国家增量平缓。印度尼西亚、肯尼亚以及土耳其是地热发电新兴国家，带动了全球地热发电装机容量的增长。2015年以来，不断有新的国家加入地热发电的行列，包括智利、洪都拉斯、克罗地亚、匈牙利等。从2020年开始的10年内，阿根廷、澳大利亚、加拿大、中国、多米尼加、厄瓜多尔、希腊、伊朗、英属蒙特塞拉特、圣基茨和尼维斯、圣卢西亚、圣文森特可能会有新的地热发电或装机容量大幅增加（见表1-3）。此外，东非裂谷带附近的坦桑尼亚、乌干达、卢旺达、马拉维等国家也在积极探索地热发电潜力。

据国际能源署可持续发展情景（SDS）发展目标，2050年全球地热装机容量将达到150GW，2100年将突破250GW，占全球能源供应的3.5%左右[1][2]。

表1-3　2015—2020年世界各国地热发电和能源生产统计
（据马冰等，2021，有修改）

国家	2015年 装机容量（MW）	2015年 能量（GWh/a）	2020年 装机容量（MW）	2020年 能量（GWh/a）	2025年预测值（MW）	自2015年增加量（MW）
美国	3098	16600	3700	18366	4313	602

---

[1] 温柔，赵斌，王善民. 地热发电现状与展望[J]. 西藏科技，2022，(08)：19-25.
[2] 赵旭，杨艳，刘雨虹，等. 全球地热产业现状与技术发展趋势[J]. 世界石油工业，2020，27（01）：53-57.

中国地热的发展与未来

续表

国家	2015年 装机容量（MW）	2015年 能量（GWh/a）	2020年 装机容量（MW）	2020年 能量（GWh/a）	2025年预测值（MW）	自2015年增加量（MW）
印度尼西亚	1340	9600	2289	15315	4362	949
菲律宾	1870	9646	1918	9893	2009	48
土耳其	397	3127	1549	8168	2600	1152
肯尼亚	594	2848	1193	9930	600	599
新西兰	1005	7000	1064	7728	200	59
墨西哥	1017	6071	1005.8	5375	1061	−11.2
意大利	916	5660	916	6100	936	0
冰岛	665	5245	755	6010	755	90
日本	519	2687	550	2409	554	31
哥斯达黎加	207	1511	262	1559	262	55
萨尔瓦多	204	1442	204	1442	284	0
尼加拉瓜	159	492	159	492	159	0
俄罗斯	82	441	82	441	96	0
危地马拉	52	237	52	237	95	0
智利	0	0	48	400	81	48
德国	27	35	43	165	43	16
洪都拉斯	0	0	35	297	35	35
中国	27	150	34.89	174.6	386	7.89
葡萄牙	29	196	33	216	43	4
法国	16	115	17	136	~25	1
克罗地亚	0	0	16.5	76	24	16.5
巴布亚新几内亚	50	432	11	97	50	−39
埃塞俄比亚	7.3	10	7.3	58	31.3	0
匈牙利	0	0	3	5.3	3	3
奥地利	1.4	3.8	1.25	2.2	2.2	−0.15

续表

国家	2015年 装机容量（MW）	2015年 能量（GWh/a）	2020年 装机容量（MW）	2020年 能量（GWh/a）	2025年预测值（MW）	自2015年增加量（MW）
比利时	0	0	0.8	2	0.2	0.8
澳大利亚	1.1	0.5	0.62	1.7	0.31	-0.48

（2）国外主要国家地热发电概况

①美洲地热发电状况

a. 美国

美国地热发电一直稳居世界第一，2008—2015年地热发电装机容量年增长率2.3%[①]。据美国地热协会和美能源部（DOE）国家可再生能源实验室（NREL）公开的数据显示，2019年美国共有93座地热发电厂，地热发电装机容量为3.7GW，相比2015年增长了7%～10%，地热发电装机容量约占全国可再生能源的2%，发电量约占全国总发电量的0.4%[②]。

地域上，加利福尼亚州和内华达州的地热发电量占美国地热发电量的90%以上，加州的盖瑟斯地热电站（The Geysers）以干蒸汽发电，装机容量1517MW，是世界最大的地热电站。内华达州的内维地热电站（Navy Geothermal Power Station）装机容量240MW，是世界第七大地热电

---

① 赵旭，杨艳，刘雨虹，等. 全球地热产业现状与技术发展趋势 [J]. 世界石油工业，2020，27（01）：53-57.
② 温柔，赵斌，王善民. 地热发电现状与展望 [J]. 西藏科技，2022，(08)：19-25.

站，其余分布在阿拉斯加、夏威夷、爱达荷、新墨西哥、俄勒冈和犹他等州。技术路线上，美国地热发电以干蒸汽发电技术和闪蒸法（含单级闪蒸、双级闪蒸和三级闪蒸）发电技术为主，21世纪以来的新增地热电站中，几乎均为双工质循环（ORC）发电技术系统。

根据一般发展场景、政策促进场景、技术革新场景三个场景对美国未来地热能发电装机进行预测：一般发展场景下，到2050年，美国地热装机的夏季净容量将从2.5GW增加到6GW；政策促进场景下，到2050年，美国地热装机的夏季净容量将增加至13GW，这一预测接近于美国能源信息署的预测；在技术革新场景下，到2050年，美国地热装机的夏季净容量将增加至60GW，其中45GW源于干热岩增强型地热系统的贡献。

b. 墨西哥

墨西哥是拉美国家中第一个利用地热能的国家。墨西哥境内有25座活火山，地热潜力巨大。墨西哥地热发电厂分布在五个地热田：塞罗普列托（Cerro Prieto）、洛斯阿苏弗勒斯（Los Azufres）、洛斯胡梅罗斯（Los Humeros）、拉斯特勒斯维尔格内斯（Las Tres Virgenes）、圣佩德罗（Domo de San Pedro）。2019年，五个地热田的总装机容量为1005.8MW，发电量约为5375GWh/a。其中，塞罗普列托是世界上最大的以水热系统为主的地热田，在此建成的塞罗普列托地热电站（Cerro Prieto Geothermal Power Station）

装机容量达820MW，是世界第二大地热电站。

墨西哥拥有大量的地热能源资源，估计未开发的常规和非常规资源在50～250（GW）。2014年颁布的《地热能法案》政策措施为地热能部署提供了特别激励措施，墨西哥政府预计到2029年，新增地热能发电将增加900MW。

②欧洲地热发电状况

目前，欧洲地热发电主要分布在冰岛、意大利和土耳其等国家。

a. 冰岛

冰岛地处北美洲板块和欧亚板块中间的大西洋中脊上，火山活动异常活跃，分布着26个温度达到250℃的高温蒸汽田，约250个温度不超过150℃的低温地热田，地热资源十分丰富。其地热开发始于20世纪60年代末，1969年在北部建成冰岛历史上第一座地热发电站——比加拉夫莱格地热电站（Bjarnarflag Geothermal Plant）。现在冰岛已经拥有5座大型地热发电站，最大的赫利舍迪地热中心站（Olkaria II Geothermal Power Station）位于冰岛的西北角，发电装机容量303MW，热力产能130MW，是世界排名第五的地热电站。冰岛一次能源的65%来自地热，地热发电总装机容量755MW，发电量占整个冰岛的27%[①]。

此外，冰岛深钻项目（IDDP）是目前世界上唯一的岩浆

---

① 罗承先. 世界地热发电开发新动向［J］. 中外能源，2016，21（05）：21-28.

型发电系统，其 IDDP-2 井深为 4500m，井底温度达 427℃，地热水处于超临界状态。世界能源委员会预测，IDDP 项目一旦成功推广，地热能将可为世界解决约 8% 的电力供应。

b. 意大利

意大利是世界上第一个进行地热发电的国家。1904 年，意大利在托斯卡纳的拉德瑞罗建设了世界上第一座干蒸汽地热电站，目前该电站的装机容量达 769MW，是世界第三大地热电站。截至 2019 年底，意大利共有 37 座发电厂，分布在 lardarello、Monteamia 和 Travale-Radicondoli 三个主要区域，地热发电装机总容量为 915.5MW 但地热仅占国家电力需求的 2.1%。2014 年底，意大利国家电公司投资 1500 万欧元，在托斯卡纳地区建设全球首座生物质能与地热能结合进行发电的电厂。这新能源发电厂拟使用生物质能，将 150℃的地热蒸汽加热到 380℃引入汽轮机发电[1][2]。

c. 土耳其

土耳其是世界上第 6 个利用地热发电的国家。自 1960 年土耳其开始地热勘探以来，共发现地热田 460 个，地热发电潜力约为 4.5GW。截至 2020 年 12 月，土耳其已建成 56 座以中高温地热发电为主的发电厂，总装机容量为 1.66GW。2005 年土耳其的地热发电装机容量在世界排名第 15 位，现已

---

[1] 温柔，赵斌，王善民. 地热发电现状与展望[J]. 西藏科技，2022,（08）：19-25.
[2] 陈焰华. 中国地热能产业发展报告（2021）[M]. 北京：中国建筑工业出版社，2022.

位居世界第四，发展突飞猛进[①]。

③亚洲地热发电状况

a. 日本

日本处于环太平洋地热带，地热资源潜力仅次于美国和印度尼西亚，居全世界第3位。日本的地热发电站主要分布在火山以及地热储藏地域，东北与九州等地区集中度较高。日本最大的地热发电设施是大分县八丁原发电站，标准发电量为11MW，国内最初商用发电的是岩手县松川地热发电站，约有50年以上的运营历史。据2019年9月的数据，日本全国地热发电站有66座，87个发电设备，设备容量合计约540MW，其中500MW的发电能力建成于20世纪，发电能力约为2472GWh，地热发电量占比仅0.27%[②]。日本政府计划在2030年发电容量扩大3倍，达到1550MW，争取地热发电比重达到1.0%至1.1%。

b. 印度尼西亚

印度尼西亚处于环太平洋地热带，地热潜力约为29GW，是仅次于美国的世界第二大地热发电国。截至2019年底，地热发电总装机容量达到2.3GW，达拉加特地热电站（Darajat Geothermal Power Station）、哇扬温杜地热电站（Wayang Windu Geothermal Power Station）、卡莫江地热电站

---

① 温柔，赵斌，王善民. 地热发电现状与展望[J]. 西藏科技，2022，(08)：19-25.
② 李前喜. 日本地热发电现状及技术进展研究[J]. 江苏科技信息，2022，39（09）：49-53.

（Kamojang Geothermal Power Station），装机容量分别位列世界第六、九、十位。印度尼西亚政府大力推广地热资源的开发和利用，计划在2025年将地热发电量提升到7000MW，占国家电力总量的5%，2030年达到10GW。尽管印度尼西亚政府努力加快地热开发的步伐，但因为回报率不高、高风险的购电协议以及环境和政策等问题使得预期目标的实现具有很高的不确定性[1][2]。

c. 菲律宾

菲律宾同处环太平洋地热带，是发达的地热发电国家，其地热装机容量曾长期位居世界第二，直到2015年被印度尼西亚超越。菲律宾的地热发电开发始于1977年，20世纪90年代地热发电装机容量飞速提升，10年间增量超过1000MW，在2000年达到1931MW，地热发电量占其国内总发电量的20%[3]。境内的马利博格地热电站（Malitbog Geothermal Power Station），装机容量233MW，是世界第八大地热电站。进入21世纪后，菲律宾的地热发电产业发展较为缓慢，逐步被印度尼西亚超越。菲律宾能源部制定了在2030年之前将现有发电量增加到1.7倍左右的目标。

④非洲地热发电状况

非洲地热资源主要分布在东非大裂谷地带，在肯尼亚、埃

---

[1] 温柔，赵斌，王善民. 地热发电现状与展望[J]. 西藏科技，2022,（08）：19-25.
[2] 陈焰华. 中国地热能产业发展报告（2021）[M]. 北京：中国建筑工业出版社，2022.
[3] 罗承先. 世界地热发电开发新动向[J]. 中外能源，2016, 21（05）：21-28.

塞俄比亚和坦桑尼亚等国。而乌干达、卢旺达、吉布提、赞比亚等国也都有兴趣开发本国地热资源，但目前由于勘探不足，潜在装机容量较难估计。

a. 肯尼亚

肯尼亚位于东非大裂谷地热带，地热资源赋存量达到10GW，开发潜力巨大。肯尼亚地热发电生产始于1981年，第一座地电厂在奥尔卡里亚地热田投入使用，装机容量15MW。2010年装机容量约209MW。2014年达到590MW。2019年肯尼亚地热发电装机容量超过冰岛，位列全球第八。2020年肯尼亚地热发电装机总容量达到1193MW，进入全球前五，成为全球地热发电装机容量增速最快的国家之一。境内的奥卡瑞地热电站（Olkaria II Geothermal Power Station），装机容量569MW，是世界第四大地热电站[1][2][3]。

肯尼亚主要开发的是位于内罗毕西北约100km的奥卡瑞地热带，除此地热资源之外，地热地带还有众多的分布。肯尼亚人口约4100万，肯尼亚政府预计未来地热资源可100%满足肯尼亚的电力需求，并计划到2030年达到5000MW[4]。

---

[1] 温柔，赵斌，王善民. 地热发电现状与展望[J]. 西藏科技，2022，(08)：19-25.
[2] 赵旭，杨艳，刘雨虹，等. 全球地热产业现状与技术发展趋势[J]. 世界石油工业，2020，27（01）：53-57.
[3] 马冰，贾凌霄，于洋，等. 世界地热能开发利用现状与展望[J]. 中国地质，2021，48（06）：1734-1747.
[4] 罗承先. 世界地热发电开发新动向[J]. 中外能源，2016，21（05）：21-28.

b. 埃塞俄比亚

位于地热活跃的东非大裂谷地区,地热发电资源较好。埃塞俄比亚自 1969 年开始对超过 15 万 km² 的埃塞大裂谷进行勘探,发现有 16 口潜在的地热井可用于发电,预计总装容量 5000MW。

⑤大洋洲新西兰地热发电状况

新西兰的地热发电多集中在怀拉基和布罗德兰兹两个地热田。该地区高温地热资源丰富,井中出的蒸汽含 80% 的水分,地热流体平均温度为 260℃,最高可达 300℃以上。怀拉基地热电站位地热田东部,是世界上第一座利用湿蒸汽发电的地热电站,1958 年建成以来已成功运行 50 多年,装机容量约 180MW,年总发电量达 1505GWh。当前新西兰地热发电的装机容量为 1032MW,年热发电量 7474GWh。新西兰 75% 的电力来自可再生能源,其中地热发电量占 18% 左右[1][2]。

1.3.5.3 国内地热发电现状

我国地热资源总量约占全球的 7.9%,资源较为丰富但分布不均,中低温地热资源分布较广,高温地热资源则主要分布在西南的西藏、四川、云南和东南的台湾地区,分别受地中海—喜马拉雅地热带和环太平洋地热带控制。受特定的地热资

---

[1] 温柔,赵斌,王善民. 地热发电现状与展望 [J]. 西藏科技,2022,(08):19-25.
[2] 陈焰华. 中国地热能产业发展报告(2021)[M]. 北京:中国建筑工业出版社,2022.

源限制，我国目前尚无干蒸汽直接发电，蒸汽扩容发电（又称闪蒸发电）、双工质循环（ORC）发电、全流发电在我国均有工程实践经验。我国地热发电产业起步早、发展慢，截至2021年底，我国地热发电已建总装机容量53.45MW，运行容量46.46MW，已停运容量5.79MW，已拆除容量1.2MW，位列全球第17位[1][2]。

中国中低温地热发电工作始于20世纪70年代。1970年5月首次在广东丰顺建成第一座设计容量为86kW的扩容法地热发电试验装置，地热水温91℃，厂用电率（地热电站自身耗电量与电站总发电量的比值）为56%。随后在河北后郝窑、湖南灰场、江西宜春、广西象州、山东招远、辽宁熊岳等地建立了地热试验电站，发电装置既有蒸汽扩容循环也有双工质循环（ORC），总装机容量1.55MW，后来因技术经济等原因多个电站相继停止运行。目前仅广东邓屋电站的3号机组仍在运行，该机组采用单级闪蒸技术，装机容量300kW，运行时间超过了30年[3][4][5]。

1977年9月，第1台1MW高温地热能发电机组在西藏

---

[1] 张加蓉，高嵩，朱桥，等."双碳"目标背景下我国地热发电现状及技术[J].电气技术与经济，2021，(06)：40-44.
[2] 周博睿.我国地热能开发利用现状与未来趋势[J].能源，2022，(02)：77-80.
[3] 骆超，黄丽嫦.中低温地热发电技术研究[J].科学管理研究，2012，54卷（1期）：24-28.
[4] 王贵玲，陆川.碳中和目标驱动下地热资源开采利用技术进展[J].地质与资源，2022，31（03）：412-425.
[5] 王永真，杨柳，张超，等.中国地热发电发展现状与面临的挑战[J].国际石油经济，2019，27（01）：95-100.

羊八井发电成功，此后羊八井地热电站历时14年建成7台3MW机组和1台3.18MW引进机组，采用闪蒸法和全流发电技术，年发电超过1亿千瓦时，其供电量曾占拉萨市电网的40%~60%，该电站持续运行至2020年，新旧机组替代工程正在进行。1983年，西藏阿里地区采用建成2台装机容量为1MW的朗久地热电站使用闪蒸技术，后由于发电量不足于1988年停运。1994年，西藏那曲建成装机容量为1MW的地热发电站，使用双工质循环（ORC）发电技术，后因为管道结垢严重于1998年停运。之后，我国地热发电长期处于停滞不前的状态[1][2]。

"十二五"期间，我国在西藏羊易、华北油田、青海省共和县、天津等地，陆续试验了一批地热发电机组。2017年，国土资源部及国家能源局共同颁布的《地热能开发利用"十三五"规划》提出"十三五"时期新增地热发电装机容量500MW。2018年10月，位于西藏自治区当雄县格达乡南部羊易地热电站一期16MW双工质循环（ORC）地热发电机组实现并网发电并顺利通过72小时满负荷试运行。这是我国首次实现100%回灌的地热电站，同时也是世界上海拔最高、国内单机容量最大的地热电站，年发电量可达1910.5 MWh，上网结算电量1677.2 MWh，二期工程也步入了实质性开发阶

---

[1] 张加蓉，高嵩，朱桥，等. "双碳"目标背景下我国地热发电现状及技术[J]. 电气技术与经济，2021，(06)：40-44.
[2] 周博睿. 我国地热能开发利用现状与未来趋势[J]. 能源，2022，(02)：77-80.

段[①②]。2020年在山西大同天镇县发现了约160℃的高温水热型资源，并于2021年初成功投产1台300kW和1台280kW模块式双工质（ORC）地热发电机组[③]。

全国其他地区零星投产的地热发电项目还有：华北油田利用伴生地热水安装1台400kW双工质螺杆膨胀动力发电机组和1台500kW有机工质汽轮机试验电站[④]；四川康定建造了1个200kW的测试发电装置；河北献县利用地热水实现280kW双工质循环（ORC）地热发电和建筑供暖两级利用[⑤]；唐山马头营干热岩试验电站280kW双工质循环（ORC）发电成功；西藏古堆地热发电工作也在积极开展。青海共和也已完成初步建设，正在积极做发电准备。我国地热发电行业呈现出加速发展的态势[⑥⑦⑧]（见图1-19，表1-4）。

---

① 温柔，赵斌，王善民. 地热发电现状与展望［J］. 西藏科技，2022，(08)：19-25.
② 王永真，杨柳，张超，蒋勃，张靖，刘宇炫，赵军. 中国地热发电发展现状与面临的挑战［J］. 国际石油经济，2019，27（01）：95-100.
③ 张加蓉，高嵩，朱桥，等. "双碳"目标背景下我国地热发电现状及技术［J］. 电气技术与经济，2021，(06)：40-44.
④ 陈焰华. 中国地热能产业发展报告（2021）［M］. 北京：中国建筑工业出版社，2022.
⑤ 张加蓉，高嵩，朱桥，等. "双碳"目标背景下我国地热发电现状及技术［J］. 电气技术与经济，2021，(06)：40-44.
⑥ 陈焰华. 中国地热能产业发展报告（2021）［M］. 北京：中国建筑工业出版社，2022.
⑦ 王贵玲，陆川. 碳中和目标驱动下地热资源开采利用技术进展［J］. 地质与资源，2022，31（03）：412-425.
⑧ 胡甲国，郭新锋. 我国地热能开发利用情况及发展趋势分析［J］. 太阳能，2018，(05)：16-18.

中国地热的发展与未来

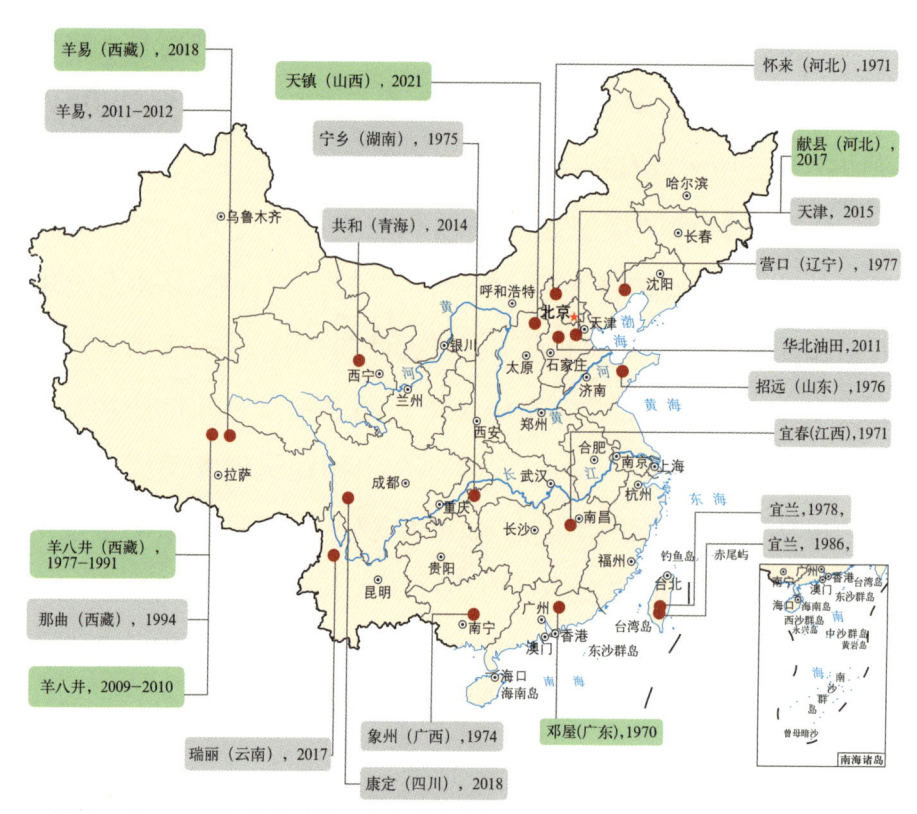

图 1-19　中国主要地热发电项目分布图

注：灰色表示已停运或拆除，绿色表示正在运行中。

表 1-4　中国主要地热发电项目参数

序号	所在地	建造年份	装机容量（MW）	发电方式	流体温度（℃）	备注
1	羊八井（西藏）	1977—1991	24.18	Flash	160	运行中
2	羊八井（西藏）	2009—2010	2	Full flow	170	运行中
3	羊易试点（西藏）	2011—2012	0.9	Full flow	105~190	—
4	羊易（西藏）	2018	16	ORC	160~170	运行中
5	那曲（西藏）	1994	1	ORC	114	—
6	天镇（山西）	2021	0.58	ORC	160	运行中

续表

序号	所在地	建造年份	装机容量（MW）	发电方式	流体温度（℃）	备注
7	宁乡（湖南）	1975	0.3	Flash	92	—
8	共和（青海）	2014	0.114	ORC	84	—
9	怀来（河北）	1971	0.2	ORC	79	—
10	献县（河北）	2017	0.28	ORC	103.5	运行中
11	天津	2015	0.09	ORC	85	—
12	营口（辽宁）	1977	0.2	ORC	90	—
13	华北油田	2011	0.9	ORC	105	—
14	招远（山东）	1976	0.3	Flash	98	—
15	宜春（江西）	1971	0.05	ORC	67	—
16	宜兰（台湾）	1978	3	Flash	—	—
17	宜兰（台湾）	1986	0.3	ORC	—	—
18	邓屋（广东）	1970	0.3	Flash	92	运行中
19	象州（广西）	1974	0.2	Flash	79	—
20	康定（四川）	2018	0.2	ORC	218	—
21	瑞丽（云南）	2017	1.2	ORC	—	—

注：ORC：有机朗肯循环；Flash：闪蒸系统；Full flow：全流发电。

1.3.5.4 探索性地热发电技术——干热岩地热发电

干热岩是内部不存在流体或仅有少量地下流体的高温岩体，温度一般在150～650℃。增强型地热系统（Enhanced Geothermal System，EGS）是利用干热岩发电的地热系统，即通过人工压裂的方法在高温岩石中形成人造裂隙，注入井将低温水输入地下，冷水通过裂缝吸收岩石热量后，以高温水、汽的形式通过生产井返回至地面发电。干热岩地热发电是近年来地热发电研究的热点，相关数据显示，我国地下 3～10km 深处干热岩资源基数相当于 860 万亿 t 标准煤；若能开采出 2%，约相当于 2016 年全国一次能源消耗总量（43.6 亿 t 标准煤）的 3900 多倍。

20 世纪 70 年代，美国率先开展了对 EGS 相关技术的研究，其他国家（德国、法国、瑞士、英国、澳大利亚及日本等）也相继投入了可观的人力和物力。中国对于 EGS 的研发起步较晚，在资源分布储层温度等级、配套钻探技术、人工压裂、环境地质评价等系统化研究方面才刚刚开始。2021 年 6 月 28 日，河北省唐山市马头营实现了第一个干热岩地热实验电站的成功发电，为 EGS 技术在中国的开展做出了探索性的尝试。截至 2021 年，世界上已有至少 20 个国家开展了 EGS 高温地热开发试验，全球已建或与开展过开发试验研究 EGS 工程达到 60 多个，表 1-5 列出了其中 18 个较为典型的 EGS 示范工程。

表 1-5　全球主要 EGS 发电项目与特点（据 Shyi-Min Lu, 2017，有修改）

序号	项目名称	国家	开发时间（年）	储层岩性	特点
1	Fenton Hill	美国	1974—1995	花岗岩	世界第一个 EGS 项目，60kW 试验发电
2	Rosemanowes	英国	1977—1991	花岗岩	为英国后来的 Eden 和 Redruth 项目奠定基础
3	Hijiori	日本	1981—1986	花岗闪长岩	日本第一个 EGS 项目，130kW 试验发电
4	Ogachi	日本	1989—2001	花岗岩	结合了 CO_2 存储和 CO_2-EGS 测试
5	Basel	瑞士	2005—2006	花岗岩	因诱发微地震被迫终止，欧盟 EGS 项目管理细则出台

第一章 地热资源与地热能概述

续表

序号	项目名称	国家	开发时间（年）	储层岩性	特点
6	Insheim	德国	2008至今	花岗岩	建立了4WMe，向商业化运营迈进
7	Landau	德国	2004至今	花岗岩	2.9MWe，3.0MWt（热功率），目标商业性发电，同时为温室供暖
8	Grob Schonebeck	德国	2007至今	砂岩、砾岩	水力压裂进行中，已安装3部共计1MWe双循环发电装置
9	Soultz	法国	1987至今	花岗岩	第一个达到商业性开发的EGS项目，1.5MWe
10	KiGam at Pohang	韩国	2010至今	花岗闪长岩	场地试验中，目标1.5MWe
11	Habanero	澳大利亚	2003至今	花岗岩	1MWe机组运行中，第一阶段目标40MWe，总目标450MWe
12	Paralana	澳大利亚	2005至今	沉积岩、变质岩	正在进行流体循环测试，目标3.75MWe
13	Newberry	美国	2009至今	石英斑岩、花岗岩	2013年完成水力压裂和流体循环测试；使用热降解分层隔离材料缩短水力压裂过程
14	The Geysers	美国	2009至今	变质砂岩	5MWe试验发电正在进行；注入城市废水提高流量；使用冷致裂法在井周制造裂缝
15	Raft River	美国	2009至今	花岗岩	2020年目标建成5MWe；使用冷致裂法在井周制造裂缝
16	Bradys Hot Spring	美国	2008至今	流纹岩、变质基底	使用现有地热井增产，目标建立2～3MWe商业性发电
17	Desert Peak	美国	2002至今	变质凝灰岩	建成1.7MWe商业性发电；采用冷致裂、剪切、化学刺激及其他水力压裂技术
18	Rittershoffen	法国	2011至今	砂岩、花岗岩	实现24MWt工业供热

△ 中国早期地热代表工程羊八井地热发电工程勘探现场

第二章
中国地热资源开发利用史

中国地热的发展与未来

中国是世界上开发利用地热资源最早的国家之一。从古老的新石器时代，到风光鼎盛的唐宋时期；从中华人民共和国成立前的零星探索，再到中华人民共和国成立后的开发热潮，地热资源的利用伴随着悠久的文明、漫长的历史更迭和人们生活习惯的发展演变，从古至今，源远流长。

中国最早的温泉利用可以追溯至6000年前，人们有意识地进行开发利用至今也已有约2000多年的历史。温泉是观光游览的胜景，引发文人墨客的无限文思。温泉具有治愈疗养的功效，使得人们充满向往、趋之若鹜，也从王孙贵族的专属享受逐渐成为人们生活休闲的一部分。关于温泉的记载见诸历代的史书、乡志、游记等之中，不胜枚举。

中华人民共和国成立以后，我国开始对地热资源的勘查和开发进行系统研究。除了重视温泉的洗浴疗养功效，系统进行医疗热矿水的研究与勘查，我国还积极在全国开展地热资源勘查。在北京、天津、河南、河北、湖北、广东等地都进行了不同规模的勘查和开发利用。短短30余年的时间将我国的地热资源开发利用推向了一个新阶段，在地热资源勘探、地热资源的形成机理研究、中低温地热资源直接利用和发电等方面取得了一批喜人成果。

2.1 历史悠久的温泉利用史

全世界对于地热的认识最早是从温泉开始，我国亦是如此。我国开发利用温泉历史悠久，是世界上开发利用温泉最早的国家之一。根据对西安华清池的考古发现，证明中国的温泉利用可追溯至6000年前，即公元前约4000—5000年的新石器时代，陕西临潼温泉的考古发现，"御温泉"是世界史上开发利用最早的温泉。中华人民共和国成立前，我国研究学者对温泉及其地质成因开展了大量的探索工作，为中华人民共和国成立之后地热资源逐步获得政府及学者的关注和开展以及深入研究奠定了基础。

2.1.1 古代温泉利用

2.1.1.1 绵延悠长的温泉利用历史

我国幅员辽阔，各地温泉广布，人们对于地热的认识最早也是从温泉开始的。从丘陵起伏的东南沿海，到西北内陆的天山山麓；从东北的大兴安岭、长白山区，到西南雄伟挺拔的青藏高原，我国几乎各省区都有为数不同的温泉出露。其中，以云南、西藏、广东、福建和我国台湾五省区最多。

我国历代关于温泉的记载最早见于先秦古籍《山海经》，

书中称地下热水源为"汤谷""温源谷"。又言"温水出崆峒，（崆峒）山在临汾南，入河，华阳北"。之后的《三秦记》《汉书·地理志》《魏土地记》和《华阳国志》等书先后都有关于温泉的记载。梁代刘昭注补《续汉书·郡国志》，对赵国的易阳、魏郡邺县的滏水、桂阳郡郴县的客岭山、益州郡滇池的黑水祠、安定郡的阴盘、牂牁郡的镡封和越巂郡的邛都等处的温泉，都根据以上诸书一一加以注明。

我们的先祖对温泉的利用历史也从未间断过。位于陕西西安临潼区的华清池又被称为"御温泉"，因其悠久的历史和绝佳的景致而闻名于世。在其周边考古发掘中，汉唐历史遗迹（文化层）之下发现了新石器时代夹砂泥陶残片，证明临潼温泉早在公元前4000—前5000年的新石器时代就已经被先人利用了。临潼温泉的考古发现，使其成为世界上利用最早的温泉，也揭开了从姜寨先民、夏、商、周、秦、汉、唐、宋、元、明、清直至近代对温泉数千年的开发利用历史。从周朝的"星辰汤"到秦始皇的"骊山汤"，从汉代的温泉宫到唐朝的华清池，一直延续至今。如今的华清宫是1959年开始大规模扩建和修复的，成为人民群众游览度假的休闲胜地。

温泉旅游和医疗保健是古代温泉开发利用的最主要形式。温泉由其泉源，泉水颜色、流动，温泉生物组成等组成了自然景观，古人又常常将温泉水体与山石、植被、建筑等景观进行设计和组合，呈现出流畅柔美、富于自然韵致的古典园林景象，一些优美的温泉景观成为地方著名景观。

通过对全国知名度比较高的303处温泉进行分析，除拥有约6000年开发利用史的西安临潼华清池温泉之外，河南汝州温泉和湖南资兴汤溪温泉的开发历史也都超过4000年。距今约3000多年的商周时期，河北、江苏、山东、江西、河南、湖北、湖南、云南、陕西、青海等地的15处温泉已先后得到开发利用。随后的秦汉、南北朝、唐、宋、明、清各朝代，都新开发了许多温泉，全国开发温泉总数已增至135处，遍及全国大多数省区（表2-1）。自然环境、社会需求、区域发展过程等是影响温泉资源空间分布变化的主要因素。含有各温泉名称的中国名温泉开发史统计简表见附表2。

表2-1 中国名温泉开发史统计简表

序号	最早开发时期	数量（个）
1	6000年前	1
2	4000年前	2
3	商周时期（2000年前）	15
4	秦汉（1800年前）	10
5	南北朝（1500年前）	12
6	唐代（1000年前）	9
7	宋代（800年前）	32
8	明代（400年前）	28
9	清代（100年前）	26
10	近代	168

2.1.1.2 代表性温泉

我国不同历史时期,各地对温泉资源均有开发利用,形成了一批各具特色的温泉。现选择代表性温泉简述如下。

①姜寨先民时期(6000年前)

陕西华清池温泉:位于西安市临潼区华清宫景区,唐华清宫是中国历史上第一个皇家园林,周、秦、汉、隋、唐等历代帝王都在此建有离宫别苑,园林风光别具一格,迷人的"骊山晚照"更是著名的"关中八景"之一(图2-1、图2-2)。

△ 图 2-1　临潼华清池温泉出口之一　　△ 图 2-2　华清池温泉铭

华清池温泉出露于骊山山前太华群片麻岩与新生界地层的交接部位,受近东西向骊山北侧断裂、北西向泾河断裂以及北东向临潼-长安断裂的控制,是沿构造发育的基岩裂隙形成的上升泉。区域共有自然和人工揭露温泉4处(1~4泉),1、2、3号泉为天然温泉,4号泉为1951年开挖的大口井。20世纪50年代初,实测四个泉的总自流量为113.63m³/h,其中1号泉(亦称贵妃泉)流量最大,达51.0m³/h。泉水温度42℃,pH值7.5,矿化度843~960mg/L,属$SO_4 \cdot Cl \cdot HCO_3$-

Na 型水。水中氟（F）含量 5.88～6.02mg/L、氡（Rn）含量 207.6～444.6Bq/L、偏硅酸（H_2SiO_3）含量 48.9～54.9mg/L，为氟、氡、偏硅酸理疗热矿水。

华清池温泉是我国开发最早的温泉，相传西周（公元前1066—前771年）时周幽王曾在此建骊宫。秦始皇以石筑室，名"神女汤泉"。汉武帝时扩建离宫，唐太宗贞观十八年（公元644年）在此修建了汤泉宫，高宗咸亨二年（公元671年）改为温泉宫。唐玄宗在位期间修建的宫殿楼阁更为豪华，天宝六年（公元747年）正式命名为华清宫，取其"温泉毖涌而自浪，华清荡邪而难老"之意。其后将温泉发展为池，因"华清宫"建在温泉上，故名为"华清池"。千百年来，唐代诗人白居易《长恨歌》中"春寒赐浴华清池，温泉水滑洗凝脂"的佳句令华清池温泉声名远播。

6000多年来，华清池温泉经周、秦、汉、唐等朝代帝王的推崇，宋、元、明、清历代官方屡次开发利用，延续至今，成为我国开发最早、利用时间最长、最具文化内涵的温泉，堪称中国沐浴文化的发祥地和中国御汤遗址博物馆。因华清池温泉而产生的诗词歌赋、书法、绘画、雕塑、建筑、歌舞、沐浴、饮食、礼仪、服饰等文化，丰富多彩，博大精深，堪称人类文化的瑰宝。华清池温泉丰富的文化内涵，成为我国历史文化不可缺少的一部分，为人类文明作出了重要贡献。

②南北朝（1500年前）

北京小汤山温泉：位于北京市城北约28km的小汤山镇，

西距昌平区政府约 13km。泉域处于北西向的南口－孙河断裂与北东向的黄庄－高丽营断裂交汇以北至山前的三角地带，其西南和东南明显受上述两断裂的控制，北部则受山前浅部常温水地下径流积极交替作用的影响，水温明显降低。泉域区面积按深度 2000m、出水温度大于 40℃圈定为 86.5km^2，涵盖了小汤山镇全部范围，成为北京山前平原区相对独立的地热田。早期有天然温泉 11 余处，出露于大、小汤山南侧，水温 21.5～50.0℃，最高温度见于小汤山温泉疗养院内的西泉和东泉，分别为 50℃和 42℃，累计泉流量约 6211m^3/d（表 2-2）。

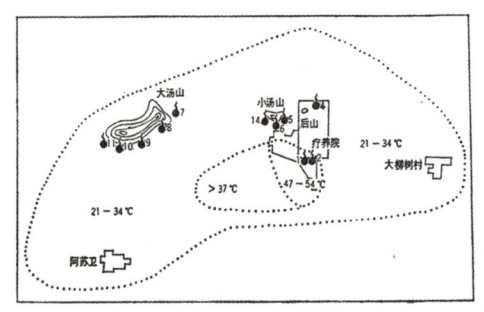

△ 图 2-3　20 世纪中期小汤山天然温泉露头分布

△ 图 2-4　小汤山东、西泉遗址

表 2-2　小汤山温泉流量统计（1956—1958 年）

泉号	水温（℃）	溢流量（m^3/d）	泉号	水温（℃）	溢流量（m^3/d）
1	50	889.92	7	21.5	86.4
2	42	889.92	8	25.5	1238.98
4	32	345.6	9	24.5	310.18
5	36	86.4	10	26	1979.42
6	33	93.83	11	30	247.36
14	36	43.2	合计		6211.21

小汤山温泉主要热储为蓟县系铁岭组和雾迷山组碳酸盐岩地层，全区分布，顶板埋藏深度由西北至东南渐增至3000m以上；其次是寒武系碳酸盐岩地层，受北西向断层控制，主要分布于大柳树、马坊以东，于家坟以南地区。《北京市小汤山镇地热资源评价报告》（2005）中地热资源评价结果显示：全区86.5km^{2}内，深度3000m以浅，储存的总热量为$1.9×10^{19}$J，相当于6.5亿t标准煤；储存地热水总量为$9.9×10^8$m^3，其中蕴含的热量为$2.1×10^{17}$J，相当于$7.1×10^6$吨标准煤。采用开采动态相关法用抛物线拟合计算，在年水位下降1.5m的条件下，得出评价区内地热资源年可开采量为$437.2×10^4$m^3（$1.2×10^4$m^3/d）。小汤山已钻成的深度76.5~3900m的82个地热井出水温度在32~83℃，平均出水温度53.2℃，属低温温热水资源。按年可采热流体量$437.2×10^4$m^{3}开采计算，年可获取$699.24×10^{12}$J的热能，折合39764t标准煤可利用的热能量。

小汤山温泉水为重碳酸钠钙，部分为重碳酸硫酸钠钙型水，pH值7.38~7.94，溶解性总固体含量在400~500mg/L之间，其中氟含量5.04~8.70mg/L，偏硅酸含量23.0~59.79mg/L，属氟、偏硅酸理疗热矿水。小汤山疗养院利用温泉水的多年医疗实践表明，小汤山温泉对皮肤病和关节炎有较好的医疗效果。综合应用理疗、体疗和药物，对风湿类、关节炎、运动系统疾病；脑血管病后遗症、神经损伤、神经炎等疾病；高血压、冠心病；气管炎、哮喘等呼吸道疾病；消化系统疾病；皮肤病、银屑病、皮炎等的治疗,多数有好转,部分有显著疗效。

小汤山温泉的利用可追溯到南北朝,距今已有 1500 多年的历史。至元代把小汤山温泉称为"圣汤",更将其辟成了皇家园林,为历代封建帝王专有的享受。明武宗曾留下"沧海隆冬也异常,小池何自暖如汤。融融一脉流古今,不为人间洗冷肠"的诗句。清代康熙五年(1666 年)曾在主泉周围修筑汉白玉围栏,康熙五十四年(1715 年)在此建汤泉行宫,乾隆年间扩建,成为帝王将相的宸游禁地,乾隆帝御笔题词"九华兮秀",慈禧太后浴池遗址至今犹存(图 2-5、图 2-6)。1900 年秋,汤泉行宫被八国联军炮火破坏成一片废墟。民国初年,袁世凯长子袁克定、军阀徐世昌、曹汝霖等相继在此建有私人别墅。

△ 图 2-5 清代小汤山浴池遗址照片　　△ 图 2-6 乾隆帝御笔题词"九华兮秀"

至 20 世纪 50 年代初,小汤山温泉的开发仍以天然温泉自流开发利用为主。1953—1956 年,在汤泉行宫旧址上圈地 460 亩,建成全国闻名的北京小汤山疗养院,使这座古老的皇家园林重获新生,成为大众的休闲、娱乐、疗养胜地。为查明小汤山温泉的资源量,于 20 世纪 50 年代中期开始在天然温泉露头区附近钻井开采,主要用于医疗用水。20 世纪 70 年代后期，逐步扩大至泉区外围钻井开采，用于供热、采暖、医疗、洗浴、娱乐、温室（养殖、种植）等领域。如今区内既建有历史悠久、久负盛名的小汤山温泉疗养院，又建有富有特色集休闲娱乐、医疗保健、大型会议于一体的九华山庄、龙脉温泉，还建有规模宏大的小汤山现代农业科技示范园、地热温室特菜基地、特种养殖场（图2-7）等，在中低温地热资源的开发利用上，走在北京市乃至全国的前列，是全国地热资源开发利用最早、规模最大、综合效益最佳的地区之一。

△ 图2-7 小汤山现代农业科技示范园外景

截至2010年，小汤山热田有地热井89口，其中开采井44口，年开采量达$438.71×10^4m^3$。为实现地热资源的可持续开发利用，从2001年开始实施地热回灌试验，2010年回灌量$169.35×10^4m^3$，灌采比达到39%，实际消耗地热水$269.36×10^4m^3$。通过实施地热回灌，增加人工补给，热田水位逐年下降的趋势得到缓解，2005—2010年水位累计下降4.11m，年均下降0.82m，其中2005—2007年水位还连续三年出现抬升，回灌效果显现。热田正逐步推进采、灌结合的开发利用的模式，争取率先成为全国采灌结合可持续开发利用温泉地热资源的示范区。

2.1.2 中华人民共和国成立前学者的科学探索

20世纪以前，我国关于各地温泉的记载多散见于地方通志或游记之中，但所载内容详略不一，许多内容可信程度无法考证。20世纪早期，随着西方地质科学和研究方法的引入，地热科学探索也迎来了初步发展。章鸿钊、李四光、谷德振等地质学家或从宏观着手，或聚焦某一区域分析，为我国后续地热能开发利用提供了积累。整体而言，中华人民共和国成立之前的研究探索主要集中在温泉分布及其成因分析，由于地热资源尚未引起政府有关部门的注意，中央地质调查所也没有专门进行过相关的工作，相关研究文献和专著十分稀少。

1908年，田北湖撰写了《温泉略志》，在参考《水经注》、地方县志等资料的基础上，梳理了我国140处温泉。

1919年，苏莘撰写了《论中国火山脉》，整理形成了当时各地区的温泉表，并记载了74处火山成因的温泉。

1920年2月，李四光在法国巴黎留法勤工俭学会上作题为《现代繁华与炭》的报告，提到了蕴藏于"地中的热"的概念。报告中明确了能源对发展的重要，指出世界上蕴藏的石油和煤的储量都终归是有限的，不能再生的，其中含有重要的化工原料，应被充分地利用起来而不应仅当作燃料烧掉。他提出要积极开展替代能源的研究和开发，并列述了多种替代能源资源，风能、太阳能、放射性元素铀元素，其中提到地热资源。他指出要注意蕴藏于"地中的热"，并将"地中的热"看作是一种能源资源，倡导其开发利用，认为地下热能的开发与利用，就像人类发现煤炭、石油可以燃烧一样，是人类历史上开辟的新能源，也是地质工作的新领域。

1926年，章鸿钊在第三届泛太平洋科学大会发表《中国温泉之分布与地质构造之关系》，1934年载于《地理学报》第二卷第三期。这是如今可追溯的我国近现代涉及"地热"方面最早的文献，但是由于年代久远，原文已经无从查证。1956年，章鸿钊先生的遗著——《中国温泉辑要》由地质出版社出版，此书乃是近代中国第一部温泉专著（见图2-8）。从书中序言可知，其原著于1926年，"举前人之所笔述者，别其省县，详其道里方向，荟萃而整齐之，借以观知温泉分布之大势"。《中国温泉辑要》当时并未出版，章鸿钊先生一直在对书稿进行补充完善，又于1943年、1949年进行增辑。

章鸿钊祖籍浙江吴兴县，是地质学家、地质教育家和地质科学史专家，于1904年留学日本，于1911年毕业于东京帝国大学地质学系，同年回国。他是我国地质事业的创始人之一，是中国科学史事业的开拓者，他从近代地质科学角度研究了中国古籍中有关古生物、矿物、岩石和地质矿产等方面的知识。他所撰写的《三灵解》《石雅》《古矿录》等著作，开我国地质科学史研究之先河，具有广泛的影响。作为中国地质学会的创立者，他出任首任会长，他是在大学讲授地质学的第一人，是我国地质界一代宗师。

在《中国温泉辑要》出版前，我国在温泉方面一直没有相关专著，各地方志所记载的内容，大多语焉不详，且来源于各类传闻，可信度并不高。《中国温泉辑要》核心在于全面收集前人的记录成果，区分省县等信息，明确其走势等特点，整理汇总形成合集，借以分析温泉分布的态势，这是近代中国第一部温泉专著。书中系统收集和整理了如《山海经》《水经注·㶟水注》《论语》《温泉赋》《温泉碑文》《汤泉记》《安宁温泉诗序》和《本草纲目》等古代典籍中的温泉记载，并与各地区通志综合对比分析，共记述温泉972处，其中温度高于50℃的有229个，涉及当时我国的26个省区。该书对所辑录温泉的自然地理情况、温泉利用和医疗价值等方面做了较为系统的描述，对于部分温泉还补充记录了附近地质情况、涌水量、物理性质、化学

△ 图 2-8 章鸿钊先生《中国温泉辑要》

性质等资料参数。今天，当我们梳理和追溯与地热有关的研究历史，某种意义上来讲，《中国温泉辑要》是近现代科学传入中国之后，我国第一本有关涉及地热的较为系统的著作。

1939年，陈炎冰著《中国温泉考》一书出版，书中根据各类古籍描述，记录了584处温泉，并对温泉给出了科学的定义，论述了温泉的成因和分布特点。陈炎冰是我国近代医疗矿泉研究的奠基人，他1928年留学日本庆应大学医学部理疗科研究温泉疗法，回国后一直从事医疗卫生和医疗矿泉的研究工作。在他的倡导下，于1959年成立了国内第一个"广东医学科学院矿泉研究室"，陈炎冰任主任。他带领研究室为广东、海南、广西等地的矿泉调查研究和开发利用做出了重要贡献，除《中国温泉考》外，还先后有《温泉的医疗作用》（1958）、《矿泉医学知识》（1984）等著作。

1940年，福建协和大学的王调馨、林文聪撰写的《福州温泉水之分析及研究》刊载于美国科学杂志，1941年由计荣森译述刊载于《地质论评》第三期第六卷。译者认为"我国之温泉虽多，然曾经如此之详细分析与研究者尚属创见"。文中详细记载了福州城东郊裂缝成因的两处天然温泉以及众多热水井的分布及其水化学测试结果。根据美国公众卫生协会的物理检定及用化学分析法对两处温泉水及八处热水井的水样进行了分析。用Sanchis法检定含氟化物，用氢氧化钠溶液加甘露密醇的滴定法检定含硼量，用改良的McClendon法检定含碘量，硫化氢为在当地所试验。分析结果包括了温度、浑浊度、颜色、气味、氮（氨性的，蛋白质的，硝酸的，亚硝酸的四种）、氧、蒸发残余、硬度、触度、酸度、氮化物、氟化物、硫化氢、矽、铁、铝、钙、镁、硫酸化物、钠、钾等28项以及含硼结果。基于分析结果对福州温泉水的洗浴功效进行了探讨，并判定福州温泉来自较深的地下，与火成岩有关（Volcanic origin），即地表水下渗遇高热岩体而变热所致。

1948年，谷德振发表《从节理发育情况讨论重庆北温泉附近之地质构造及温泉成因》。这是中华人民共和国成立前使用现代科学方法对温泉进行研究的第一篇地热文献。该文收录在1994年地震出版社出版的《谷德振文集》。

早在6000年前，古人便已开始利用温泉洗浴治疗患疾。历代古籍中不乏有关温泉游记的描述，而对温泉和地热的研究却寥寥无几。中华人民共和国成立前，我国致力于地热能研究的学者大多将目光聚焦于对温泉及其地质成因的探索，为中华人民共和国成立之后地热资源逐步获得政府及学者的关注和开展进一步研究奠定了一定基础，地热能开发利用也随之进入了一个新阶段。

2.2 中华人民共和国成立至20世纪末的发展

中华人民共和国成立以后，伴随着我国地质事业的逐步发展,国家也开始从各个方面开展地热资源的勘探和开发工作。最初由地矿部对我国热矿泉进行调查,并形成了早期的地热勘查队伍。随着"地热"这一概念从苏联引入,国外对于地热在工业、农业、发电等方面的利用使地热作为一种新的能源引起人们的注意。到20世纪60年代末的世界第一次石油危机,各国都努力寻找和开发可作为替代的新能源,时任地质部部长李四光大力倡导地热资源的开发利用,我国的地热事业发展掀起了全国性的高潮。地热,终于以能源的角色登上了我国地质事业和能源供给的舞台,并开始扮演越来越重要的角色。

2.2.1 地热事业的发展起步

（1）地质部编译室的成立

地热的认识与发展是伴随着我国地质事业的进步而前行的。中华人民共和国成立伊始,百废待兴,我国地质事业刚刚起步,地质矿产部刚刚成立,新中国建设的各项事业刚刚起步。

1950年2月,毛泽东出访苏联。1950年2月17日,毛泽东在中国驻苏联大使馆接见留学生代表时,为青年留学生任湘亲笔题写了"开发矿业"四个大字,这次题字极大地鼓舞了新中国地质人对地质事业的热情。任湘于1952年毕业于苏联莫斯科地质学院勘探系,著有《中国地热发电现状与展望》等30余部论著,参加了国家"七五""八五"地热科技攻关计划的执行,曾担任华北地热中心主任和地热专业委员会主任。他为开发地热资源,七进西藏、十赴腾冲（滇西）,足迹遍及全国各地和世界许多国家，被称为"中国地热之父"。

1950年，全国接管和重新组建了15个地质调查所和研究所，全部职工约800人。为了使当时有限的地质力量发挥出最大的效力，1950年2月，政务院财政经济委员会计划局编制了全国的年度工作计划，在东北、华北、华东、中南、西北、西南等地区组队进行野外地质工作。这是新中国成立后地质工作第一次大规模有组织的行动。

1950年5月6日，李四光冲破重重障碍，辗转回国。到北京的第三天，周恩来总理到其住所看望他，同他谈起了国际国内形势、地质工作和地质队伍组建等问题。而后，按照国家的情况和需求，李四光征询了当时全国从事地质工作的299位地质人员的意见，建议成立统一规划全国地质工作的机构——地质工作计划指导委员会。同年，南京地质学校和东北地质专科学校建立，全国各大高校地质系也开始扩大招生，当年全国地质专业招生达600多人。1950年11月，中国地质工作计划指导委员会召开扩大会议，明确提出应该集中人力物力重点解决煤、铁、石油和有色金属的资源问题。

1952年8月7日，中央人民政府地质部成立，李四光为首任部长，开始在组建机构、建立制度、规划任务、调集队伍、培训人才、生产装备等方面实施大量开创性的工作。1952年年底，地质部门调集和培训的技术人员已达1000多人。1954年，中央人民政府地质部更名为"中华人民共和国地质部"，并在六大行政区设立地质局。也就是在这一年，李四光就指示地质部对一些热矿泉进行调查，当时包括有辽宁汤岗子、北京小汤山、广东从化、福建福州等处，不过当时的目的是由卫生部牵头，仅为满足建设温泉医疗基地的需要，尚未真正将地热作为一种能源来看待。

在地质部建立的同时，地质事业的各项工作全面铺开。为了介绍国外地质科技的相关进展，同时也为了出版我国国内地质科技的新发现，推动地质事业的快速发展，地质矿产部成立了"中央人民政府地质部编译出版室"，其具体成立的时间已不可考，据文献追溯成立时间应早于1953年。现今可见的该"编译室"出版的苏联时期的地质工作的手册、书籍等多为1953年出版。

从1953年8月至12月，地质编译室共出版书籍31种，其中包括与地热水有关的《水文地质工作方法指南》（聂留波夫，谢果列夫合著）。同样在1953年,《地质知识》（今《中国地质》之前身）创刊，并于1953年12月刊出第一期，由李四光撰写了发刊词，首期刊登了6篇文章。编译室的成立以及相关杂志的创刊建立，都为后来介绍和推动地热事业的发展作出了基础性的贡献。

（2）编译室的地热学术译文

今天，我们可以追溯近现代有关地热的著述是1955年9月苏联科学家斯特鲁耶夫在《知识就是力量》上发表的《地热》一文。同年的12月，地质部编译室的汪鼎耜翻译了此文，并刊登在1955年第12期的《地质知识》上。在这篇文章中，苏联学者从科学的角度推翻了"火窖"的迷信说法，并提出来地下的热从哪里来的科学问题。但是毫无疑问的是，人们从观察火山喷发、温泉流动等自然现象中，开始推测地球的内部是处于一种熔融的状态，并且愈往地球的内部，温度便愈高。在这一重要的文献中，几乎是首次出现了中文"地热"一词。

1956年，《知识就是力量》6月发表的另外一篇文章《把地热引到暖室里》，原文作者为AA安·纽克。同年该文的中文译文发表在《地质知识》第11期上，译者同样为汪鼎耜。在这篇文章中，作者指出，在冬季的大棚中种植蔬菜，每千克蔬菜大约耗煤50kg，从发电厂出来的地热尾水正好可以用来暖化大棚中的土壤，发挥余热的作用，热水的温度在30～70℃就能满足要求。

到了1957年，李四光与苏联地热学家克拉斯科夫斯基教授和留比莫娃教授等地热专家多次书信联系，拟派遣青年人员留学苏联从事地热研究。他在信中讲道："地热学是一门新的科学，它的范围很广。我很同意您让地质力学所王庆棣在时间许可的范围内学习一些基本理论，同时也学习一些实验方法，包括使用精密仪器的各项操作。"甚至，为王庆棣到留比莫娃教授处学习地热研究和实验工作做出了详细安排。王庆棣学习完成回国后，按照李四光的指示，在房山歇息岗花岗岩体的中心负责钻探了一眼500米深的地质孔，安装了部分仪器，以监测地温与地应力之间的关系。后来，李四光又派地质部水文一大队的徐世榕赴苏联学习，学成后于1964年担任水文一大队热矿水组的首任组长。

（3）世界动力会议促进国内地热事业起步

这一年中国代表团参加了世界动力第五届大会，并接触和了解到世界范围内有关地热方面的讯息。1958年6月，第五届会议在奥地利的首都维也纳召开，共有53个国家代表参会，我国代表也应邀参会。世界动力会议是一个国际性的技术组织，成立于1924年，成立以来，共开过四次大会。

在第五届动力大会上，有一篇重要的文献介绍了"世界各国地热电站发展的现状"，倪钟焕将这篇会议论文的中文发表在1958年10月刊出的《电业技术通讯》(《中国电力》《电力技术》的前身)。据该会议论文报道，当时世界上地热发电装机容量最大的国家是意大利，8个地热电站的总装机容量达29.3万kW，仅1956年总的发电量就高达18kWh。意大利最大的发电站是拉特莱罗第三发电站，总容量达12.3kW，最大的单机容量为2.6kW，当时所有的较大的机组均是凝汽式，采用混合式凝汽器和自然通风的凉水塔。而在新西兰的魏拉开地热电站，截至1958年年底大约将有15kW的地热发电设备投入运行。此外，在意大利，据称有一个利用密闭循环的氯乙烷工作的300kW的地热电站自1948年就利用95℃的地热水开始发电，但是发电量似乎不太高，技术还不是成熟，1955年的发电量仅有16.5万kWh。在另外一些国家，如阿根廷、智利、哥伦比亚、玻利维亚、阿尔及利亚等国家也都有重要的地热显示，至于日本、墨西哥、萨尔瓦多等国家，地热的开发已处于勘探阶段。在冰岛，当时已经利用天然热水进行集中供暖。可以说，这次国际会议是我国相关人员积极了解世界能源形势与相关技术的一次盛会，首次与国际接触，开阔了视野和眼界，了解了世界各国的技术进展。

1958年12月，《电业技术通讯》上刊登了一篇重要的摘文——《新西兰正在建设利用地热的发电厂》，该文原文刊载于英国1958年8月21日的《电力时代》杂志，摘译者已不可考。在这篇文章中，作者较为详细地介绍了当年新西兰在北岛魏拉开地区开发地热进行发电的情况。

同样在这一年，地质部901队（原北京市水文地质工程地质大队，今更名为：北京市地质环境所）提交了《北京市昌平县小汤山矿泉水文地质勘测报告》。事实上，这项工作自1956年就开始了，其间进行了地质、水文地质调查和水化学采样分析，并投入勘探孔26眼，总进尺4281.33m，最深的钻孔深534m。全部工作在当时的苏联专家指导下进行，最终提交了勘测总结报告，圈定了37℃以上热水分布区面积0.6km^2，评估了可开采热水资源量。

（4）地热工作组的成立

早在1959年，在李四光的领导下，地质部地质力学研究室就建立了地热组。这是一件具有开创意义的大事，是首次围绕"地热"而专门建立的队伍。该工作组首先开展了对东部主要温泉区的调查，编制了全国热矿泉分布图，开始了对地热成因类型和水化学分带性的研究。李四光亲自指导研制了最初的钻孔温度测量仪器，并指导在京郊房山区建立了地热观测井，开始了地热研究和实验工作，地热能的利用从医疗扩大到工、农业等领域。同时我国也开始了地热发电的可行性研究。

1960年，地质科学研究院水文地质工程地质研究所谢超凡编写提交《北京附近地下天然热水形成条件及小汤山和温泉矿水成因研究1960年野外工作简报》。1961年，地质科学研究院水文地质工程地质研究所提出《小汤山矿水成因研究报告》。1962年，《北京市小汤山地区地球物理勘探成果报告》提交，主要进行了电测深物探。1963年，地质科学研究院水文地质工程地质研究所向地质部水文地质工程地质局提交拟在北京进行地热钻探、物探的设计书，提出了：①北京热水、矿水、放射性水钻孔设计：沙河、良乡、北京大学西门—西苑、地质科学院附近。②北京小汤山热水、矿水、放射性水钻探工作设计，拟对1958年报告的4处孔位加深勘探。③北京及附近热水、矿水、放射性水物探要求。同年，北京地质学院提出《北京市热水分布规律及预测（初稿）》。

1964年，地质部水文地质工程地质第一大队（北京）（原北京市水文地质工程地质大队，今更名为北京市地质环境监测所）成立热矿水组，由徐世榕任组长。翌年，该工作组就有目的性地收集北京地区钻井资料，进行地下水温度调查，发现了北郊洼里地区浅层地温异常，那里浅层地下水温度是北京地区最高，比北京年平均气温高约7℃，于是提出北京市洼里地区热矿水普查勘探设计。事实上，作为我国最早的专门从事水文地质工作的专业队伍，地质部水文地质工程地质第一大队（北京）早在成立的第二年（1956年）就成立了地质科矿泉水组，由陈国新担任组长，承担了小汤山矿泉水文地质勘测项目任务，小汤山项目结束后，小汤山热矿泉、井的水位和水质监测由长期观测站继续。

1966年，地质部水文地质工程地质第一大队热矿水组在北京北郊洼里地区布置的地热钻井热洼-1号钻探完成，但500米深的钻井增温仅约1℃。

1967年5月7日，地质部收到广东省佛山市慧宁路研究队朱长生的来信，信中建议利用广东省地下热水资源，李四光立即叫秘书通知有关部门进行调查。同年，位于北京北郊洼里地区布置的龙王塘地热钻井热洼-2号钻探完成，但760m深的钻井增温仅约1℃。也是在这一年，李四光在武汉听下面的同志汇报说沙市南面打油井的时候，突然从地下3000m深处冒出来100多度的热水，把池塘里的鱼烫死了，喷到天空掉下来的热水还有97℃，压力很大，是一种高温、高压过饱和的盐水。李四光说："有这么大的压力和这样高温的水，含碘这么高，还有其他的伴生元素，应该综合开发，综合利用。这个地区，是战略上极为重要的石油工业区。虽然有油，但我们还要注意节约用油，一定要设法把地下的热能综合地利用起来。这种高温、高压本身就是很宝贵的能量。"

值得注意的是，此次李四光的讲述中，用到了"宝贵的能量"这一论述，这再次证实了他将地热作为能源的观点。如果说之前的温泉、热矿水调查是初步了解和探索，是为了满足卫生部门的疗养需要，那么将地热作为能源来看待，并进行推动勘察工作则具有里程碑的意义。

于是1968年，广东省地质局综合大队组织普查丰顺县邓屋地下热水。1969年，地质部水文地质工程地质研究所热矿水组派安可士赴广东省丰顺县指导地热钻探和发电项目。

（5）李四光与中国地热事业的第一次热潮

某种意义上说，从20世纪50年代的国外译文介绍，参加世界动力大会，零星地开展温泉调查和普查，以及期间派学生去苏联学习，首都第一口、第二口热矿水井的施钻，我国的地热事业都还是处在热矿水资源勘查和调查的范畴。其间有一些科研院所的学者，包括像李四光这样的大科学家，还是处在理论探索的初级阶段。

1970年，世界第一次石油价格危机爆发，引发各国政府寻找和开发新能源，希望替代常规能源，中国也不能独善其身。地质部李四光部长（见图2-9）号召全国搞地热。正如恩格斯所说：社会一旦有某种需要，这种需要就会比十所大学更能把科学推向前进。经过十几年的思考和积蓄，直至世界石油危机的爆发，才真正意义地从能源角度把我国的地热事业推向了第一个春天。地热，首次在产、学、研、政界以能源的角色登上了我国地质事业和能源供给的舞台，并扮演越来越重要的角色。

如今我们回顾地热产业早期的发展，无不与李四光有着千丝万缕的关系。作为新中国地质事业奠基人和主要领导者，李

△ 图 2-9　李四光同志照片

四光在中国首先倡导研究、开发、利用地热能源，对地热研究十分重视并指导开展了诸多地热工作。当我们梳理《李四光科学论著集（第九卷·讲话辑丛）》时可以看到，仅 1970 年一年时间，李四光先后听取地质部水文一大队地热组、地质科学研究院地热组、天津地热组、北大教改分队等多单位的地热汇报达 8 次，足见他对此项工作的关心和重视。

1970 年，李四光为毛主席和中央领导编写了《天文、地质、古生物资料摘要（初稿）》一书，书中对地热资源进行了全面的论述。提出了"地球是一个庞大的热库，有源源不断的热流"的科学论断。他指出人类应向地球要热能，倡导中国开发利用地热新能源。同年，李四光听取了北京水文地质一大队汇报北京地区地热普查勘探情况后,他指出:"地热利用看来是很有用途的,要广泛地开展这项工作。目前,就是找热异常区的所在,然后看地温梯度的变化。"在李四光倡导下,全国各地普遍开展了温泉资源调查和在重点地区进行地热资源勘查,对已有温泉和地热井开展了各式各样的地热利用,包括地热发电和综合性热利用。李四光对地热开发的倡导奠定了中国地热开发的基础,开创了中国地热开发的第一次高潮。

1970年1月8日,地质部水文地质工程地质局指令直属队伍地质部水文地质工程地质第一大队组建新的热矿水组。当时处在"文化大革命"中期,第一大队工程师和技术人员百余人除6人在革委会生产组外,其余均下放机台当工人或到"五七干校"劳动,于是革委会立即确定了地质和物探的10余人选,另加2名工人抽调回队,于1月8日成立了新的热矿水组,由王延龄任组长,赵俊义和谢长芳任副组长,从事在北京的地热勘察工作。

1970年3月23日,李四光在其地质力学所寓所会议室听取地质部水文地质工程地质第一大队热矿水组汇报开展北京地热勘察工作的计划,强调断裂对地热资源的控制作用,指示做好浅井测温发现地热异常。北京城区原无温泉出露,当时最深500m的地铁勘探孔也没发现温度异常。在李四光指导下,主抓断裂控制,结合测温异常,首钻成井温度39.2℃,接着钻获温度46.2℃,第3眼井在北京火车站钻出自流热水温度达到52℃(1971)。消息惊动周总理,令卫生部研究地热疗效。北京城区地热田的发现获地质矿产部找矿二等奖和科技二等奖。

1970年9月19日，李四光在听取地质科学院地热组汇报情况后说道："目前对地热的利用，在地壳表层，主要是利用热水、热气。地热的开发和利用，在节约煤这一点上就是大事。地下是一个大热库，是人类开辟的一个新的自然能源，就像人类发现煤炭、石油可以燃烧一样重要。"10月15日，李四光再次听取地质科学研究院地热组汇报，再次提及"地下是一个大热库，是人类开辟自然能源的一个新来源，就像人类发现煤炭、石油可以燃烧一样""地下热能的开发和利用问题，这是人类历史上开辟的一个新能源，也是地质战线向地球开战的新战场"。

同年10月27—28日，已经81岁高龄的李四光亲临天津考察地热，听取天津市革委会城建组介绍，参观天津地热开发利用。他在视察中说："在天津打开一个缺口，不仅是天津的大事，也是全国的大事，中、低温的水则是大量的，具有普遍性，而且一般埋藏不太深，较易开发，因而发动群众想办法，在工农业各方面广泛加以利用就更有意义了，这样路就会越走越宽，这就是天津的做法。天津的工作有开辟道路的意义。天津在地下热水的开发利用方面起了带头作用，要从我国的实际情况出发，应该把重点放在工农业生产和人民生活的广泛利用上，这方面是大有作为的。"从天津回到北京后，他曾对他的女儿这样说："要是把地热充分利用起来，我们可以节省多少燃料！可以给人民生活造很大的福利……天津、沙市方面已经做出了不少成果，但还只不过是开端，是星星之火。"在李部长的亲自倡导下，天津市于 1970 年 12 月召开了 170 个单位一千多人参加的"天津市开发利用地下热能会战动员大会"，开展天津地热勘察和开发利用，这就是具有历史意义的"天津地热会战"。地热会战在天津市热火朝天地开展起来，在天津市区及近郊 1000km^2 的范围内，发现了王兰庄和万家码头两个地热异常区，为天津市地热勘探评价提供了基础和依据。

11 月 6 日，地质部李四光与地质院校代表谈建立地应力专业问题，同时谈了地热："地球是个庞大的热库……煤那么宝贵……子孙后代要骂我们把那么宝贵的东西都烧掉了，白白浪费掉了……煤既宝贵又讨厌，不仅把空气搞坏，还费人力、物力来运输。地热拿出来就可以发电，为什么不用？"11 月 12 日，李四光听取地质科学研究院地热组和湖北省地质局关于湖北省沙市地区地热工作的汇报，指示"湖北省沙市地区的地热工作争取纳入 1971 年度计划"，指出"侦察工作要走在前面"。11 月 19 日，地质科学研究院地热组参加天津地热会战，向李四光汇报天津地热工作，李四光指示了测温、物探等工作，并指出"随着对地下热水的大量开发，在大致摸清水层的情况下，我们还可以考虑回灌的问题"。

12 月 13 日，李四光发电报祝贺广东省丰顺县邓屋地热发电成功。电报全文："水文所广东组地热发电站热烈祝贺你们第一次利用地热发电的伟大成就，毛主席万岁，李四光。"12 月 19 日，李四光听取北京大学教改分队汇报河北省怀来县后郝窑地热工作，指示"热水是很宝贵的资源，它有一系列的用途，我们应全面地综合利用起来，不要把它浪费了"。

1970年间，全国范围内掀起了地热资源开发利用的热潮。河北省地质局留守处、天津地质队、天津地震队和地质科学研究院地热组、天津大学等组成天津地热会战指挥部，共同开展天津地热勘察和开发利用工作。中国地质科学院在水文地质工程研究所成立了热矿水研究组，支援广东省"地热会战"在丰顺县邓屋村地热发电，又支援天津"地热会战"。当时地质部系统在各省的地质局和地质队，有条件的全都响应，扩大温泉区的勘查和利用。全国的大学和研究所都积极响应，发挥知识和技术优势，无偿援助地质队伍在各地的项目。北京大学地质地理系地热组支援北京，中科院等去了青海、西藏和云南科学考察调查地热，天津大学帮助多地搞地热发电试验⋯⋯

1971年4月29日，推动中国地质事业并大力倡导勘查研究地热的伟大科学家李四光体内动脉瘤突然破裂，经抢救无效，与世长辞了。去世前他还一直惦念着开发地热资源，去世前一晚，他对女儿李林说："我对地热工作比较放心，因为大家都重视它了；我希望能看到地热工作开花。"李四光部长去世后，在他的床头发现了一张纸条（见图2-10），上面写着：

"在我们这样一个伟大的社会主义国家里，我们中国人民有志气，有力量，克服一切科学技术的困难，去打开这个无比庞大的热库，让它为人民所利用。如果我们不这样做，还是走资本主义陈腐的老路，把地球交给我们珍贵的遗产——煤炭之类内容极其丰富的财富，不管青红皂白，一概当作燃料烧掉，不到几十年，我们的后代，对我们这种愚蠢和无所作为的行径，是不会宽恕的。"

在李四光的持续关注、持续思考、不懈努力探索和大力推动下，我国的地热事业，从最初接触了解，到逐渐发现，加深认识，后来勘探首都地热井期间经历了理论—实践—理论的发展过程，凝聚了地质前辈们的心血、汗水和智慧。自1970年开始，我国地热事业迎来了第一次科学研究的热潮和勘查开发的春天[①]。

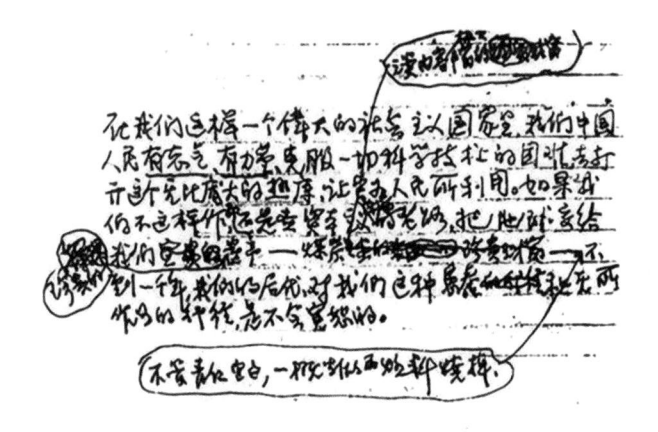

△ 图 2-10　李四光去世后在他枕下发现的纸条

2.2.2　地热发电的发展历程

（1）地热发电的早期探索

在李四光的倡导和推动下，地热作为一种能源逐渐被社会

---

① 致谢：特别感谢中国地热界郑克棪老前辈接受电话访谈和提供相关材料。

所接受，利用范围日益扩大。随着地热能的利用从医疗扩大到工业、农业领域，同时也开始了地热发电的可行性研究。我国的地热发电事业在20世纪70年代得到了快速的发展，多个省份均开展了地热发电的实践探索。

①广东丰顺实现我国首次地热发电

1968年，广东省地质综合大队组织砂钻普查丰顺县邓屋地下热水。1969年，地质部水文地质工程地质研究所热矿水研究组派安可士赴广东省丰顺县邓屋指导地热勘察钻探和发电项目。1970年响应李四光的号召，广东省成立了"地热会战小组"，许多单位合作在丰顺县邓屋地热田筹建地热试验电站。1970年12月12日，中国第一台地热发电机组在广东省丰顺县实验成功，证明了91℃的热水可用于发电。这是中国第一次成功利用地热发电，开启了我国地热资源应用的序幕。也使我国成为世界上第8个地热发电的国家。第二天李四光发去贺电（见图2-11）：

水文所广东组地热发电站：热烈祝贺你们第一次利用地热发电的伟大成就。毛主席万岁！

李四光　1970年12月13日。

②河北怀来县地热发电实现200kW发电

1970年12月10日，北京大学地质学系成立了16人的地热组，由国务院科教组领导、李四光直接指导。李四光指出

△ 图2-11 李四光部长给地质部水文所的贺电

在覆盖地区工作应注意对构造的分析，这样勘探工作就会减少盲目性。他们根据李四光的指示对河北怀来后郝窑的低温热水作了调查。1971年，由北京大学地质系、地质部地质力学研究所和地质部水文地质工程地质第一大队和张家口电厂合作的怀来县后郝窑地热发电项目，用82℃热水，出水量5000m³/d，实现200kW双工质地热发电，最高达到280kW。

③江西宜春地热发电世界最低温度地热发电

江西省地质局水文地质大队和天津大学合作，在江西省宜春县建设地热试验电站，1971年实现67℃地热水利用双工质发电技术，发电50kW，是世界迄今最低温度的地热发电。

此外，湖南省地质局水文地质工程地质队于1971—1974年在宁乡县温泉区进行地热详细勘查，钻井26眼，产出92～98℃地热水，出水量3300m³/d。利用闪蒸发电系统，于1975年建成了300kW的灰汤地热试验电站成功发电，维持供当地农村用电。一直运行到2008年因设备过于老化才停机。

1972年，西藏自治区地质局地热地质大队对羊八井地热田实施地热勘探，浅层热储产出125～160℃中高温地热湿蒸汽（热水和蒸汽的混合物）。由地质矿产部与水利电力部合作援建，1977年10月1日羊八井地热电站1000kW试验机组发电成功，成为我国第一个高温地热电站。羊八井地热发电项目获国家科技一等奖。1970年至1977年我国地热发电总装机容量2550kW，包括高温和中低温，年发电量约4550MWh。

（2）西藏高原的一颗明珠——羊八井地热电站

地热资源是西藏蕴藏的一大瑰宝，西藏自治区地热显示区拥有沸泉、喷泉、热泉、温泉百余处，最著名的当属羊八井地热田。羊八井地热田位于西藏首府拉萨西北91.8km处的当雄县羊八井镇，青藏公路和中尼公路分别从热田东部和北部通过，是我国自主勘探开发的第一个高温地热田。

20世纪70年代中期的西藏，受自然条件所限，基础建设水平相较祖国内地处于很低的状态，能源紧缺、交通不便是制约西藏当时经济社会发展的主要瓶颈，自治区首府拉萨市一个20万人口的小型城市的电力供应，依赖几个严重受季节性影响的小型水电站和各机关事业单位的自备柴油发电机，总装机约20MW，人均100W，而且自备柴油发电仅限于19—23点时段，整个城市没有一盏路灯，在夜间从空中观察拉萨这座省会城市，几乎没有一丝的光亮，人们对电力发展的期盼已近极致。

西藏自身的资源条件表现为"缺煤少油",水能资源虽然丰富但受季节性影响极大,大江大河的水能资源以当时的技术还不能利用,但西藏地处地中海—喜马拉雅地热带的重要地段,地热资源较为丰富,当时完成的第一次青藏高原科学方案提供了羊八井等地热田的初始资料。

西藏自治区政府果断决策,结合西藏的资源条件,开发西藏地热资源,开始组建勘查与开发的队伍,成立了西藏地质局地热地质大队、西藏工业电力局羊八井地热工程处;引进了各方面人才,多吉等就是那时投入到西藏地热开发中来的;组织了一批中外合作项目,中意勘查开发合作项目为羊八井地热电站的建设提供了重要支撑;研发了大量勘查开发的设备与装备,依托青岛汽轮机厂的技术,建成了国产技术发电机组。

①羊八井地热田的地热地质条件

羊八井地热田处在亚东—谷露裂谷带的中部,西北是念青唐古拉山,东南是唐山,是目前西藏发现的最大的地热显示区。该地热田内地层由前震旦至古生界变质岩系、燕山期侵入岩、喜山期侵入岩、白垩系变质岩和第四系砂砾岩组成,地表主要以第四系砂砾岩覆盖层为主。

羊八井盆地形成于更新世,为长70km、宽7～15km的第四系半地堑式断陷盆地,是由念青唐古拉山山前正断层落陷形成的。地貌上沿东南方向形成多级台地并逐渐降低,发育数个北东-南西向冲沟。盆地内地下活动频繁,水热活动强烈,并受北东-南西的当雄-羊八井-多庆错活动构造带严格控制，是地热田发育的有利地带（见图2-12）。

羊八井地表的地热活动以冒汽孔、冒汽地面等形式出现。地热田开采前期曾有大量地热显示，其中冒汽孔14处，冒汽地面5处。冒汽孔温度普遍在26～53℃，最高可达86℃，多为硫质气孔，反映了地热流体具有酸性氧化环境。冒汽地面温度一般为85～87℃，冒出气体主要为H_2S、NH_3、CH_4和H_2。羊八井地热田每天CO_2排放量大约为120～140吨。

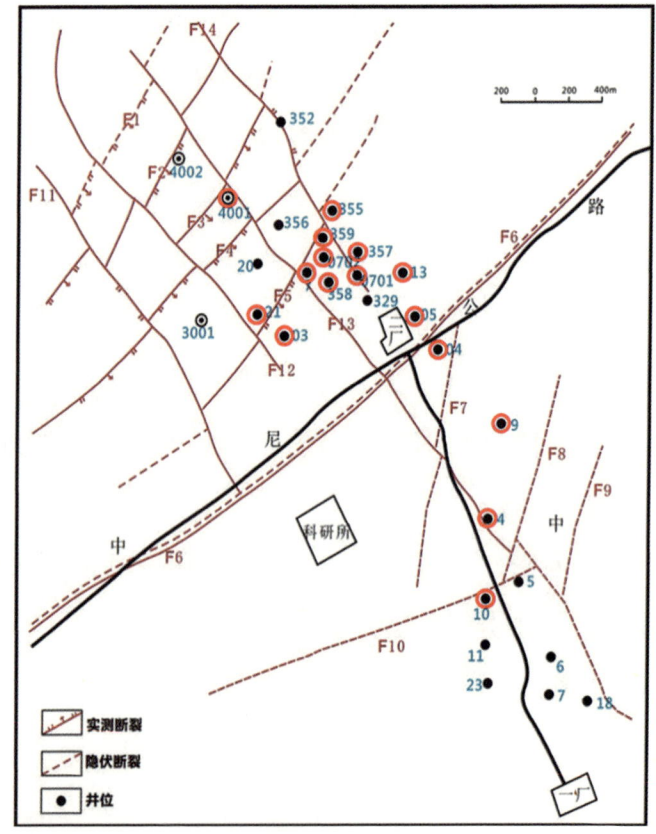

△ 图2-12　羊八井断裂构造示意图[①]

---

① 选自西藏羊八井地热开发利用文集汇编《地热志》。

羊八井地热田（见图2-13）的热储层分为浅层热储和深层热储，埋深500m以内的浅层热储是目前地热田发电所需的主要流体来源。在北区，高温流体主要赋存在花岗岩基岩裂隙和第四系砂砾岩中，热储盖层为第四系顶部黏土、含砾黏土层和胶结砂砾岩盖层，地表具有强烈的蚀变特征，主要发育高岭土和火山碎屑岩，沉积岩厚度较小。南区热储主要为中更新统的沙砾层，热流体赋存在砂砾岩孔隙中。地热流体温度、压力、流量相对都不高，温度多在170℃以下，井口工作温度125～140℃。研究区热储温度北区高于南区，并沿着F13（热沟）断裂向两侧降低。

南区砂砾岩热储由于热水中硅质、钙质胶结物析出形成自封闭盖层，热储的孔隙广泛发育，渗透性能良好，地热井大都具有自喷能力。北区浅层花岗岩中的热储，由于孔隙度较低，渗透性较差，断裂带或溶蚀孔洞就成为影响地热流体储集和运移的主要因素。热田西北部的第四系砂砾岩内地热井一般不具有自喷能力，仅有部分位于断裂发育地段的地热井可实现自喷。

热田内ZK4001、ZK4002、ZK352、ZK3001等深孔揭示了羊八井深部存在两个高温热储层，第一热储层温度高于250℃，深度在950～1330m，上覆盖层地温梯度为22.6～29.8℃/100m。第二热储层温度高于300℃，最高329.8℃（ZK4002井），深度在1400m以下，厚度约610m，上部的盖层地温梯度为48.8℃/100m。深部高温热储主要赋存于断

中国地热的发展与未来

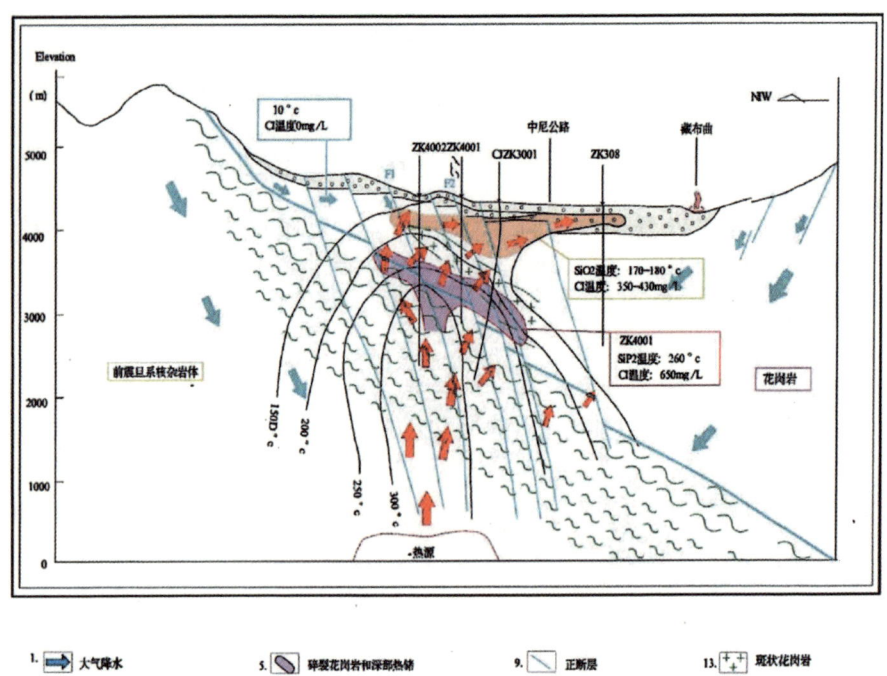

△ 图2-13 羊八井地热系统概念模式图[①]

裂破碎带及基岩裂隙中，不具有层状性质。

地热田北区温度高于南区，北区钻孔最高温度为173.5℃，南区最高温度为164℃。北区以170℃为高温中心，南区以160℃为高温中心，且北区面积也大于南区。北区钻探的ZK3001井完钻井深为2254.5m，最高温度为260℃左右；ZK4001井钻探深度为1459.09m，井口工作温度达200℃；ZK4002井在1850m处获得了329.8℃的高温流体，表明羊

---

① 选自西藏羊八井地热开发利用文集汇编《地热志》。

八井地热田北区深部发育有花岗岩高温热储。结合地表踏勘和热显示特征可知，羊八井地热田高温流体是从北区热沟附近地下深部沿断裂破碎带向上运移至浅部形成北区浅层热储，热流体再沿 F13（热沟）断裂向南区运移，并在南区第四系砂砾岩层中形成沉积岩型浅层地热储层，在 100m 以内的沉积岩层地温梯度为 35～90℃/100m。热储的高温是下部流体热传导引起的，沉积岩层顶部岩石胶结，起到了下部流体的封堵和保温作用。羊八井地热田沉积岩热储厚度不一，从几十米到三百米不等。砂砾岩沉积岩以下地热储层，温度随着深度变化较小，主要表现为水热对流传导特征，是地热田流体的主要来源。

②羊八井地热田开发背景与过程

西藏和平解放以后，经济社会的发展和人民生活水平的提高使自治区人民对电力的需求日益增加。而西藏地区虽缺少煤、石油等能源资源，却有丰富的高温地热资源。羊八井地热资源的调查评价可以追溯到 20 世纪 50 年代。1951 年开始，中国科学院西藏工作队就开始对羊八井硫黄矿和瓷土矿进行了调查（见图 2-14），认为它们与温泉有关，并报道了羊八井的热水湖。1960 年，西藏地质局拉萨地质队测定了羊八井地区部分温泉的流量及温度，对温泉分布、泉的类型以及水头喷高进行了描述。1963 年，中国科学院青藏高原科考队对西藏地热显示区进行了初步考察，并提出了开发利用羊八井地热资源的设想。

1972 年，西藏地质局第三地质大队在对羊八井硫黄矿进行钻探时，发现孔深 35m 以下存在普遍的增温现象，30～

中国地热的发展与未来

△ 图 2-14　羊八井早期勘探[①]

50m 深处的泥浆出口温度可达 40～50℃。此后，西藏地质局综合普查大队在羊八井地区进行了初步的地质调查。1974 年，该队物探组叶建中等人在地热田首次进行了电阻率法和磁法综合物探试验工作，发现在主要地热显示区反映出明显的低电阻率和平稳磁场的特征。

　　1974—1975 年，中国科学院青藏高原综合考察队地热组佟伟等人在羊八井地热田进行了较全面的地表地热调查和评价工作，进行了地热田水化学测量，首次运用地球化学温标方法计算出羊八井地热田热储的地下平衡温度为 200～220℃，计算该地热田的天然放热量为 $11×10^4$ kcal/s，对地热田的形成模式提出了初步看法，认为热源可能与壳内岩浆活动有关。

---

① 选自西藏羊八井地热开发利用文集汇编《地热志》。

1975年，西藏地质局第三地质大队在羊八井热田开始进行钻探工作，第一口地热钻井在7月1日开钻，当钻到38.89m深度时，发生了高温地热流体的强烈井喷，汽水柱飘高达100m。同年10月10日，2号孔喷出蒸汽高50m（见图2-15），证实了羊八井热储的巨大能量，揭开了羊八井地热田系统正规的地质勘查工作的序幕。

△ **图2-15 羊八井2号孔放喷远景**[①]

1975年，应西藏自治区革命委员会的邀请，水利电力部派工作组进藏考察拉萨地区能源和电力工业情况，对羊八井地热资源进行了考察研究，在给自治区革委会和水利电力部的报告中正式建议将羊八井地热发电列为国家重点科研项目，规划远景装机容量3.5×10^4 kW。

1976年，西藏地质局专门组建了以地热勘查为主要任务的地热地质大队，全面开始了羊八井地热田的勘查评价工作。同年，地质矿产部水文地质工程地质研究所也开始对地热田地质条件，流体地球化学特征及地热资源量进行调查评价，并于1982年编写提交了《西藏羊八井地热资源评价》研究报告。

1976年开始，西藏地质局地球物理探矿大队在羊八井地

---

① 选自西藏羊八井地热开发利用文集汇编《地热志》。

热田及其外围系统开展了直流电法、磁法和高精度重力测量，以 $30\Omega \cdot m$ 视电阻率极小值等值线圈定了地热田范围；地热地质大队在地热田区和外围进行地质、水文测绘、浅孔测温和采样化验等多项工作，先后施工 42 口井，总进尺 11328m，钻井最大深度达到 1726m，对这些钻井进行了综合地球物理测井及热储工程测试工作，取得了丰富的资料和数据。

1977 年 5 月，水利电力部下达了羊八井地热电厂的规划选厂和工程选厂任务，电厂规模按 $3\times10^4\sim5\times10^4\,kW$ 考虑，以适应西藏自治区拉萨地区工农业生产的发展和人民生活用电需求。1977 年 12 月 4 日，羊八井地热田第一口勘探孔（ZK316）发生强烈爆炸，形成的爆炸穴长 14m，宽 8m。

1981 年，我国与联合国开发技术合作部签订《中国地热能勘探、开发和利用》协议。1982 年，联合国专家组到羊八井进行考察，落实联合国开发计划署和意大利政府无偿援助羊八井地热开发利用事宜（见图 2-16）。

1984 年 12 月，西藏地热地质大队提交了《羊八井地热田浅层热储资源评价报告》。1986—1990 年，西藏地热地质大队又完成了《西藏地热资源区划报告》，为西藏地热资源的合理开发提供了科学依据。

1987 年，地质矿产部中南石油局第四普查大队在羊八井北区施工了 ZK352 千米深孔，探获了 202.2℃ 的高温地热资源。这一消息引起了各级政府部门和国内外专家学者的高度重视，并于 1992 年 8 月在拉萨召开了中国西藏高温地热开发利用国际研讨会。同年9月西藏地热地质大队提交了《羊八井地热田北区深部地热资源（局部）开发性勘查设计书》。

1992年11月，为扩大羊八井地热点站的装机容量，自治区政府决定开展羊八井北区深部高温地热资源的普查工作。西藏羊八井地热建设处委托西藏地热地质大队在羊八井热田北部进行深层地热资源的勘探工作。此后三年间先后开展了1∶10000比例的地形、地热地质测量，构造和水热蚀变调查，地热显示和钻孔现状调查。1993年，在羊八井北区硫黄沟钻探了第一口深井（ZK4002），井深2006.8m，测温显示该井1850m深处温度高达329.8℃，这是我国地热资源勘查中取得的重大突破。

△ 图2-16　国内外专家见证ZK4001开钻[①]

① 选自西藏羊八井地热开发利用文集汇编《地热志》。

1995年开始在羊八井北区施工了ZK4001井，1996年10月终孔，井深1459.09m。测试结果显示，深层热储井口压力为17kg/cm^2，温度约200℃。井内最高温度为251℃，在埋深1180m处。浅部热储位于240～450m，深部第一热储位于950～1200m处，流量约320t/h，估算发电潜力$1.2×10^4$kW。是国内第一，世界上也少有的高参数井。

2001—2006年，在日本JICA机构援助下，日方地热专家到羊八井同中方专家一起进行深部地热资源调查，这一时期在羊八井北区施工了ZK3001井，设计井深2500m，经过3年钻探成井深度2254.5m。该井多次引喷未成功，最终放弃了引喷。

③羊八井地热电站的建设过程

1974年，研究人员开始在羊八井进行地热发电试验，利用铁桶约束天然泉口蒸汽，向一台自制的简单单叶片汽轮机供汽，驱动一台50瓦的汽车发电机，点亮了一盏汽车灯泡，试验获得成功。实验组向自治区工业局和自治区领导进行汇报之后，自治区领导郭锡兰等于当年9月22日赴羊八井地热发电试验点观看试验。

1975年9月，中央代表团到西藏参加自治区成立10周年庆祝活动，听取了西藏电力工业部门的汇报。代表团向中央提出"把羊卓雍湖水电站列入长远规划，尽快建设羊八井地热电站"。当月23日，西藏自治区党委批复了自治区革委会生产指挥组《关于开发羊八井地热田的初步意见》，决定成立西藏羊八井地热建设机构"九·二三"工程指挥部,中科院科考队和西藏地矿局第三地质队等单位参加,统一指挥和调度工程设施,并决定将开发羊八井地热电站列为自治区重点科研项目。年底,国家计划委员会有关部门会同西藏自治区、水利电力部、中国科学院、石油部决定成立羊八井地热开发利用协调小组,揭开了羊八井地热资源开发利用的序幕。

1976年6月,由水利电力部和中国科学院联合举办的全国地热发电工作经验交流第二阶段会议在拉萨召开,西藏自治区和部有关领导,全国各地热试验电站、有关设计、制造、科研和教学单位代表、专家共80多人参加了会议。会议经过充分讨论和协商,提出了《关于羊八井地热试验电站建设中的几个问题的决定》,落实了地热生产井施工和科研任务,决定将四川内江电厂(现为内江电力修造厂)闲置的上海汽轮机厂生产的2500kW汽轮机改装成1000kW汽轮机组,用于羊八井地热试验。改造设计、加工和安装施工分别由河北电力学院、内江电厂和下花园发电厂承担。

1977年9月,改造后安装的1000kW试验机组试运行发电成功,从此翻开了羊八井地热资源开发利用第一篇,这是中国大陆上第一台1000kW地热发电机组,采用单级闪蒸发电系统,发电原理是采用闪蒸器或扩容器将两相地热流体的压力快速降低到其温度对应的饱和蒸气压以下,使其在极短时间内转化为蒸汽,此过程一般称为闪蒸过程或扩容过程;之后,再将蒸汽通入汽轮机进行膨胀,驱动发电机发电。

该机组由同年8月西藏地质局地热地质大队钻成的ZK315井供汽，最大发电出力达700kW。但因汽轮机振动过大和地热井中结垢等问题，机组时开时停。1978年11月，水利电力部专家组试制空心机械通井装置成功，解决了井内结垢问题，并通过动平衡试验消除了汽轮机振动偏大现象，使该机组能够长期稳定运行，从而获得了许多宝贵试验数据，为设计和制造较大容量地热专用汽轮发电机组成套设备创造了条件。

1978年11月，国家计划委员会发出《关于西藏羊八井地热试验电站工作进度安排会议纪要的通知》，批准该工程列入国家计划。提出在现有1000kW规模基础上，力争到1979年第3季度再安装2台3000kW机组。

1979年，西南电力设计院完成了对该电站3000kW机组热力系统和羊八井至拉萨110千伏输电线路的设计。汽轮机、发电机和扩容分离器的制造任务分别由青岛汽轮机厂、济南生建电机厂和济南锅炉厂承担。1979年10月底，西藏地热地质大队完成本期工程生产井钻探。同时，国家从水利电力部和机械部抽调部分骨干工程技术人员到"九·二三"工程筹建处工作。

1980年，中共中央书记处召开的西藏工作座谈会上提出，要充分利用水力、地热等资源，发展动力和燃料工程。在建成一期工程1000kW试验电站的基础上，为给羊八井热田的工业开发做设备、材料、工艺系统、高海拔电力输送、高海拔电气设备等方面的准备，进行了一系列的试验研究工作，拟再建设一个新的试验电站，电站的装机容量为两台3000kW机组。新建的试验电站除进行试验研究外，还承担向西藏自治区首府（拉萨）供应电力的任务。

1981年8月底，根据国务院副总理兼国家科学技术委员会主任方毅指示，国家科学技术委员会和西藏自治区人民政府在拉萨联合召开羊八井地热试验电站技术论证会。国家能源委员会、地质矿产部、水利电力部以及全国主要从事地热工作的研究单位、设计院、高等院校和中国科学院等单位70多人参加了会议。会议认为，"羊八井地热田的开发和地热试验电站的建设都具有探索性质，因此羊八井热田建设的成败不仅关系到拉萨地区的电力供应，而且对开发西藏自治区丰富的地热资源，乃至对全国地热资源的开发利用都有举足轻重的影响"。会议还围绕电站二期工程存在的主要技术问题进行了详细的分析计算和充分技术论证。

1981年11月，由四川省电力建设三公司、河北省下花园发电厂和青岛汽轮机厂联合安装了第一台3000kW汽轮发电机组，该机组采用的二级闪蒸系统，主要原理是在一级闪蒸器产生"一级蒸汽"进入汽轮机做功后，将剩余的饱和水引入第二级闪蒸器，产生压力更低的"二次蒸汽"后引入同一台混压式汽轮机低压缸做功。通过110kV高压输电线路（降压为35kV）线路送至拉萨市，拉萨居民用上了地热电。

1982年11月，机组设备制造单位青岛汽轮机厂，施工设计单位西南电力设计院，安装施工单位西藏自治区工业厅地热工程处、四川电建三公司，机组启动、调整试验单位西南电力试验研究所等几家单位协助完成第2台3000kW机组安装、调试、投运工作。同年12月，羊八井地热试验电站第二台3000kW机组竣工并网运行，装机总容量达到7000kW，占西藏全区电力装机总容量的8.4%，拉萨电网的21.1%。

1983年8月，根据中央领导的批示和国家计委、国家经委联合办公会议纪要的要求，为全面规划羊八井地热开发和合理利用，成立了西藏羊八井地热开发利用协调小组，由水利电力部归口管理。当月协调小组组长李代耕在拉萨主持召开协调小组第二次（扩大）会议，具体落实了羊八井地热开发利用的主要任务。为加快西藏电力建设步伐，开创西藏电力建设的新局面。会议决定在地热试验电站进行三期（1×3000kW）工程扩建，要求1985年8月投产发电。同时具体了落实国家计委、国家经济委员会第9号《联合办公会议纪要》关于"七·五"计划期间羊八井新装4台3000kW地热发电机组问题，做出了加快地质工作步伐，保证工程投资、外汇、物资、设备的决定，并落实了羊八井热田排水回灌、生产井及管道系统防垢和地热发电设备防腐蚀等科研项目。

1984年3月，中共中央召开的第二次西藏工作座谈会上提出："西藏的能源建设，要充分发挥当地在水利、地热、风力、太阳能等方面得天独厚的优势，实行四个并举。总的目标是在本世纪末，即从现在起，争取15年左右时间，装机容量达到50万kW，逐步实现西藏的电气化。"同年，中共中央办公厅、国务院办公厅印发《关于进一步落实援藏工程项目与有关问题的意见》,将羊八井地热电站一站扩建工程列为援藏四十三项重点工程之一。

1985年9月2日,时任国务院副总理李鹏到羊八井进行考察时为羊八井题词:"开发地热资源,进行科学试验,积累地热建设和生产经验,为西藏工农业提供电力。开展综合利用,造福西藏人民。"同年第3台3000kW机组并网发电,至此建成了羊八井地热发电一厂,装机容量达到10MW。与此同时,羊八井地热发电二厂的建设工作也被提上了日程。1985年10月,水利电力部副部长张凤祥率工作组进藏对羊八井地热二厂的建设问题同西藏自治区人民政府进行了商谈。

1986年3月28日,水利电力部下达《关于羊八井地热电站扩建工程可行性研究报告的批复》,根据西藏地质局对羊八井地热田浅层资源评估报告,决定在地热发电二厂扩建两台3000kW发电机组。羊八井地热发电二厂(北区)由国家拨专项款从美国、日本引进1台快装机,容量3180kW,作为羊八井地热发电二厂的一号机组,该汽轮发电机组由日本富士公司制造,其他电气设备和辅助设备由美国制造。

1986年9月20日,水利电力部将《关于西藏羊八井地热第二电站设计任务书》报告国家计委,本期工程建设两台3000kW国产地热发电机组,并预留扩建3000kW的余地。

1986年10月25日,水利电力部副部长姚振炎在北京听取西藏水电厅、西南电管局及电力规划设计院关于羊八井地热二分站的初步设计、概算和工程建设管理体制问题的汇报。两台3000kW机组和送出工程概算总额控制在3750万元以内，工程建设由西南电管局全面负责。同意由西南电管局会同西藏水电厅组建羊八井地热二分站工程建设处。

1987年2月11日，根据水利电力部关于《由四川省电力工业局和西藏水电厅组建羊八井地热建设处》的通知，由西藏工业电力厅西藏地热开发公司总经理顿珠佳参兼任建设处处长。同年4月2日，水利电力部副部长姚振炎在北京主持召开西藏羊八井地热开发利用协调小组第三次会议，确定加快地热资源勘探和羊八井地热电站二分站建设，提出羊八井地热开发总规模可按2.5万kW安排，并对热田回灌、接受外援和科研等工作进行了部署。1987年底、1988年2月，二厂两台3000kW机组分别投产。

1988年3月21日，能源部批复西藏羊八井地热电站二分站三期扩建工程设计任务书，建设规模为：两台3000kW地热发电机组，本期工程总投资控制在7200万元以内。

1990年7月，江泽民、丁关根和迟浩田在时任西藏自治区党政领导胡锦涛、热地、江村罗布等陪同下视察了羊八井地热电站，听取了西藏地热开发利用情况汇报后，为羊八井电站题词"开发地热资源，造福西藏人民"。

1991年2月，羊八井地热试验电厂二厂4号、5号机3000kW机组并网发电，至此建成了羊八井二站，装机容量达到15.18MW（4×3MW，1×3.18MW）。自1977年至1991

年的14年间，羊八井共投产发电机组9台（表2-3），其中包括1台1000kW机组，7台3000kW机组和1台3180kW机组，羊八井地热试验电厂装机容量最高达到25.18MW。1985年羊八井地热发电一厂的1号机停产后，装机容量变为24.18MW。

表2-3 羊八井各地热发电机组主要情况（累计发电量为截至2019年9月数据）[①]

机组	建成年份	装机容量（MW）	发电技术	累计发电量（万kWh）	制造厂家
1号机组	1977	1	单级闪蒸	1067	上海汽轮机厂
2号机组	1981	3	双级闪蒸	50052	青岛汽轮机厂
3号机组	1982	3	双级闪蒸	55378	青岛汽轮机厂
4号机组	1985	3	双级闪蒸	34206	青岛汽轮机厂
5号机组	1986	3.18	双级闪蒸	26397	日本富士公司
6号机组	1986	3	双级闪蒸	42692	青岛汽轮机厂
7号机组	1986	3	双级闪蒸	43242	青岛汽轮机厂
8号机组	1991	3	双级闪蒸	46817	青岛汽轮机厂
9号机组	1991	3	双级闪蒸	40894	青岛汽轮机厂

④羊八井地热发电关键技术与成就

羊八井地热田的勘查和开发，对我国中高温地热田的勘查和地热勘查规范的制定起到了试点和示范作用，也推动了我国地热学科的研究和发展。在长期的科研实践中也取得了许多新的认识，主要包括：在浅层热储中采用两级扩容发电方式将热

[①] 根据西藏羊八井地热开发利用文集汇编《地热志》整理。

效率由 3.5% 提高到了 6.0%；采用物理化学除垢法有效保证地热井的正常运行，采用耐腐蚀材料和涂层缓解设备的腐蚀；使用调速系统和真空系统提高机组运行的稳定性；完成多期地热回灌工程测试，一定程度上缓解热储压力衰减，同时有效减少地热发电尾水的排放。

羊八井地热电站采用了二级扩容的热力系统，充分利用当地气温气压低的特点，使热效率比单级扩容系统提高了 20%，达到了国际先进水平。根据羊八井热田水温不高的特点，改用汽、水分别输送系统，将原设计井口弃掉的蒸汽加以利用，既减少了环境污染，又提高了效率近 50%。前两项措施使全厂发电热效率达到 5.9%，接近国际上中温较高参数地热水发电热的水平。

羊八井浅层热储资源含有大量的碳酸钙，当流体沿生产井上升过程中，由于压力的下降，大量的 CO_2 析出，产生钙垢于井壁，其淀积速率很快，3~5 天就会明显影响流体的产量。在羊八井地热发电实践中探索出有效的除垢方法包括：机械通井除垢，井内注入阻垢剂等。在对材料防腐蚀的研究中，试制了不锈钢射水泵叶轮和材料挂片试验，同时根据羊八井现场挂片试验与国外地热材料防腐经验提出了选用地热发电材料的技术报告。另外，在抗腐蚀涂料的试验研究中，发现抗腐蚀涂料应用在机组的后汽缸第 3、4 级隔板有较好的防腐蚀效果。

地热回灌方面，羊八井先后进行了四期回灌工程，积累了宝贵的经验。通过回灌试验得出的认识包括：废水回灌可以消除污染保护热田环境，减缓地面沉降；热田萎缩导致南区部分生产井报废，在报废生产井进行回灌不会对热田中心区造成不良影响；在北区进行回灌对浅层热储是有利的；深孔ZK3001和ZK4001在深部是有连通性的；热田回灌和停机养汽可以有效恢复和维持热田水位；北区深层回灌有利于北区温度和压力的平稳或略微升高；南区浅层回灌会使周边浅层热储温度降低，但压力可保持或升高。

羊八井地热发电取得的成就在1978年全国科技大会上获得"地热发电（湿蒸汽直接发电）"重大贡献奖；于1986年被评为水电部科技一等奖；1987年被评为国家科技进步一等奖；1991年西藏地矿局地热地质大队也因为西藏地热勘查方面的卓越贡献被地矿部、人事部、国家计委、全国总工会联合授予"全国地质勘查功勋单位"的荣誉称号；羊八井地热勘查成果也曾获得地矿部找矿一等奖和国家科技进步二等奖。2019年，羊八井地热发电实验设施被列入第三批国家工业遗产名单。

截至2020年5月，羊八井地热电站共完成发电量34.25亿kWh（见表2-4）。1990年至1999年，羊八井地热发电量曾占到拉萨电网发电量的39.69%～63.45%。羊八井地热发电机组的陆续投产缓解了拉萨电网电能供求紧张的矛盾，提高了电网经济效益。同时，羊八井地热的开发利用，为今后西藏及全国地热能的开发利用积累了许多经验。

表 2-4　羊八井电站逐年发电量[1]

年份	发电量（万 kWh）	年份	发电量（万 kWh）
1977	4.94	1998	10422.91
1978	83.15	1999	10536.12
1979	247.84	2000	9689.072
1980	314.52	2001	10125.34
1981	163.95	2002	10131.24
1982	1123.07	2003	8679.29
1983	2936.6	2004	10975.82
1984	3398.43	2005	11543.91
1985	3633.44	2006	12614.99
1986	4954.98	2007	11584.72
1987	4373.52	2008	14364.78
1988	4268.9	2009	14195.43
1989	4766.55	2010	13591.48
1990	6059.58	2011	13737.25
1991	8632.56	2012	12575.61
1992	8607.32	2013	12433.24
1993	9744.15	2014	13169.45
1994	10851.96	2015	10549.99
1995	10291.01	2016	9076.62
1996	10780.23	2017	9413.57
1997	10475.12	2018	3915.11

[1] 根据西藏羊八井地热开发利用文集汇编《地热志》整理。

近年来，由于发电机组老化等原因，地热发电机组逐步停运，至2021年8台发电机组已全部停产。在电站运行过程中遇到的主要问题是结垢、腐蚀和回灌问题。地热水降压闪蒸过程会使生产井、扩容器中产生严重的钙垢，以往主要通过物理除垢方法，每1～2天就要用通井器对生产井进行一次除垢，这种方法可以有效去除钙垢，但是会对井壁造成一定的损伤。腐蚀主要发生在热水的循环系统和热力系统中，通过采用玻璃钢材料和不锈钢材料并在内壁涂上特质的防锈漆等措施可以有效减缓器件的腐蚀。发电过程中的尾水排放曾对藏布曲河流及下游地区造成不同程度的污染。1987年开始，羊八井地热田开始探索地热尾水回灌，先后完成了三期回灌工程，部分解决了发电尾水排放污染的问题。

随着羊八井地热田进入停产与改扩建阶段，未来羊八井地热电站也将迎来新生。2019年12月由中核坤华能源发展有限公司与国网西藏电力公司合资的"西藏羊八井地热发电有限公司"成立，并签订了合作开发羊八井地热田的投资协议。目前新一轮的地热资源评价及深部地热资源开发论证等工作正在为电站的下一阶段的发电进行准备，西藏高原上的明珠羊八井地热电站也即将迎来它的新辉煌。

（3）中低温地热发电的尝试与突破

我国发展中低温地热发电技术源于20世纪70年代国际能源危机。早在1966年，广东省水文地质队已到过梅州市各县温泉点进行勘测，发现丰顺县地热资源丰富，向省委提出报告后，要求进一步利用这一资源。他们的关注点主要集中在丰良、汤坑两镇。经过对比，他们发现丰良镇的水温虽能到达摄氏93℃，但水量却不大，而汤坑镇的温泉资源更为合适，尤其在邓屋村一带，地下分布着4条热水带，总面积为0.8km²，日地面自流量1495t，温度达91℃，每小时能抽取230m³的热水资源。

在完全没有经验借鉴的基础上，科研人员凭着汽轮机的原理设计了草图，并交由广州汽轮机厂生产制造，完成后再运送到丰顺。经过120多天的不断调整试验与改进，终于，在1970年12月12日，中国第一台地热发电机组实验成功，证明了91℃的热水可用于发电。这是中国第一次成功利用地热发电，标志着我国成为全球第八个掌握地热发电的国家，开启了我国地热资源应用的序幕。

1970年建成的丰顺地热发电站第一台发电机组采用的是闪蒸汽轮发电机组，装机容量86kW。1978年，该电站又建成了第二台试验机组，采用双工质（有机朗肯循环）发电方式，以异丁烷作为中间介质，装机容量200kW。但由于该机组是利用200kW低压船用废旧汽轮机改装叶片喷嘴的设计，不能适应新工质的特性，效率极低，在炎热的夏天出力只有100kW左右。除去厂用电80kW，实际利用功率甚少，故机组很少投入使用。1982年，丰顺地热电站又增加了一台300kW的闪蒸汽轮发电机组。由于种种原因，前两台发电机组均已停止运行，目前在运行的仅有3号闪蒸汽轮发电机。

1972年，北京大学地质地理系刊登的《我国地热开发利用简况》中谈道："当时，丰顺县电网容量约为1300kW，以水电为主，每逢冬春旱季电力很紧张，甚至县城照明也难供应，这时不得不烧木炭、柴油以应急需。但在1971—1972年冬春时节，刚刚实行不久的邓屋地热电站以30kW左右净出力向电网送电，担负起了县城照明、广播等用电，同时电站的循环冷却水与地热水的混合排水约每小时320t用于当地农田灌溉。由于水温高，有肥效，可以不施或少施花费，促稻谷早熟多产。电站的厂用电之消耗实际上完成了扬水站的功用。"好消息传遍神州大地，国内各省市科研水电、教学部门的专家和代表相继前来参观、学习。

广东丰顺地热发电的成功，在全国和国际上带来较大影响。据中科院广州能源研究所卜宪标介绍："这是国内中低温小容量热水型地热发电站中目前仅有的一座能长期持续运行的地热电站，该台机组也是国内运行时数最长的一台闪蒸汽轮发电机组。"1984年4月，中国科学院广州能源研究所向丰顺电力部门办理了移交手续，正式投入生产性运行。此后，由中科院广州能源研究所承担技术指导，经过电站和中科院广州能源研究所长期的合作和努力，地热发电站不断提高管理水平。此后30余年间，一直连续正常运行，与当地电网并网供电，为当地贫穷山区的经济发展和我国地热事业作出了贡献，是具有相当显示度的示范点。

不仅如此，丰顺地热发电站在国际上还取得了一定的知名度，建成后，它吸引了来自扎伊尔、联邦德国、泰国、日本、联合国等代表团及技术官员前来参观访问。联合国当时决定协助非洲人民开发地热资源，还通过中国政府委托西安电影制片厂为丰顺发电站拍摄纪录片。

1986年的《广东省科学技术进步奖申请书》提道："现在世界上已有近20个国家在从事地热发电的研究和应用工作，目前总装机容量预计可达480万kW。这些电站所采用的地热蒸汽温度一般都在150℃以上，机组大，经济效益高。利用100℃以下地热水进行发电研究的国家，如苏联、意大利、美国都是以采用低沸点工质的双流循环为主；而采用扩容法发电的，仅有法国在刚果科维阿布克地热区建成的一座275kW地热电站，水温为91℃。国内除西藏、云南等少部分地区具有高温地热资源，其他地热地区的地热资源大部分是低于100℃的中低温热水。自70年代以来，在如何利用100℃以下的地热水作为发电热源上进行了许多研究工作，已建成了容量为50～500kW不等的地热电站8座，但至今能长期连续运行，并移交给生产单位作为长期生产运行的仅有丰顺地热试验电站1座。"

1971年2月，由水利电力部负责，水利电力部科研所、下花园发电厂、北京电力工业局中心试验所、华北电力学院、北京大学等单位组成怀来地热发电试验组，着手建设怀来地热试验电站。1971年9月21日，怀来地热实验电站一次启动成功，初期负荷为 16kW，经多次改进后，1973 年 12 月最大出力达到 285kW。在这期间，电站累计开停机 90 余次，运行 4000 多小时，总发电量在 57 万度以上。试运行期间，电站解决了汽轮机密封和运行工艺的问题，完成了连续运行 1866 小时的测试，进行了各个项目的实验，为利用地热水发电的汽轮机设计提供了科学依据。怀来地热发电站用 82℃热水进行发电、出水量 5000m³/d，采用氯乙烷和正丁烷作为循环工质，装机容量 200kW。目前该电站已停止运行。

1971 年，在江西省宜春县温汤温泉，由江西省地质局水文地质大队和天津大学合作建设地热试验电站，1971 年实现 67℃地热水利用双工质发电技术，以氯乙烷作为循环工质，装机容量 50kW。由于氯乙烷的沸点很低（只有 12.5℃），当 67℃的热水流入蒸发器，加热器内的低沸点工质氯乙烷立即汽化，蒸汽压力立即升高，主汽门一开，蒸汽就推动汽轮发电机组发电。厂用电只需一台 7kW 工质泵，就能得到 50kW 的净电。这是全世界地热水温度最低的一座小型地热试验电站，这一成果还获得了 1978 年全国科学大会奖。但由于种种原因运行数年后该电站也停运了。

湖南宁乡县灰汤地热试验电站也是一个比较成功的电站。灰汤温泉历史悠久，据《宁乡县志》记载，2000 多年前古人就已经发现这里的温泉，附近的百姓用温泉水来沐浴治疗疥疮等皮肤病和关节疼痛，疗效很好，当地人将其奉为"圣泉"和"神水"。灰汤地热试验电站于 1975 年建成，利用 98℃

的温泉水进行发电，利用热水单级扩容热力系统，装机一台300kW汽轮发电机组。电站所发电力由省电力系统统一管理，设备的建造和维护正规，正常运行30多年后到2008年因设备老化而停运。

此后几年内，我国又陆续建成了广西象州（200kW）地热发电站、湖南宁乡（300kW）地热发电站、山东招远（200kW）地热发电站和辽宁盖县（100kW）地热发电站，但后来由于种种原因均已停产（表2-5）。20世纪70年代建成的7座中低温地热发电站目前仅有广东丰顺地热电站3号机组（300kW）尚在运行。这一时期对于中低温地热发电进行的尝试为我国地热发电积累了宝贵的经验，当时的发电系统设备几乎都是采用废旧的小发电机组改造的，地热循环管路也都是自行设计的，几乎没有进口设备。虽然总装机容量不足2MW，但都是当时科学工作者因地制宜、自主探索获得的宝贵经验，创造了利用67℃地热流体的世界最低温度发电历史。没用进口设备，没请外国专家，都是大学老师出图纸，工厂试生产，其技术是与世界同步的扩容闪蒸法和双工质循环法。此后的三四十年内，中低温地热发电技术未能继续在我国扩大应用范围，其未能持续发展的主要原因是技术上可行，但经济上不可行。

表 2-5　20 世纪我国建成的中低温地热电站[①]

省市	电站名称	装机容量（kW）	发电方式	现状
广东丰顺	丰顺地热电站	86	闪蒸	停运
		200	双工质	停运
		300	闪蒸	在运
江西宜春	温汤地热电站	50	双工质	停运
湖南宁乡	灰汤地热电站	300	闪蒸	停运
河北怀来	后郝窑地热电站	200	双工质	停运
山东招远	汤东泉地热电站	300	闪蒸	停运
辽宁盖县（今盖州市）	熊岳地热电站	200	双工质	停运
广西象州	热水村地热电站	200	闪蒸	停运

（4）辉煌之后的思考

我国地热发电产业经历了20世纪70年代短暂的辉煌，建设的多个高温地热电站与中低温地热发电站，曾经引起国际同行的关注并在国民经济建设中发挥了重要作用。但之后中国的地热发电事业进入了近30年缓慢发展的阶段，在此期间地热发电装机容量几乎没有增加，许多地热电站在经过一些试验后，因为地热流体水质较差、循环工质物性不明、系统优化设计欠佳、资金短缺和政策支持方面的问题而停运。

根据我国与其他国家地热发电产业发展的历史经验，我国地热发电工作长期发展缓慢主要受三方面因素制约，一是资源禀赋因素，二是发电技术因素，三是政策扶持因素。

---

① 根据西藏羊八井地热开发利用文集汇编《地热志》整理。

①资源分布不均，勘察程度低。在目前的技术经济条件下，全球地热发电仍然主要依靠高品质（高温）地热资源，即高温地热发电为主。而我国的地热资源分布不均，地热资源勘查程度较低，资源家底不够明晰，一定程度上制约了地热发电的发展。

我国地处环太平洋地热带与地中海—喜马拉雅地热带的交汇部位，受构造活动控制，中国高温地热资源主要分布在藏南—川西—滇西，以及我国台湾地区。有学者估算，西南地区的高温地热年可采资源量折合1800万t标准煤，发电潜力7120MW。而西藏高温地热资源量居全国之首，高于沸点的地热显示约占全国的50%。但我国进行过两次全国性地热资源调查评价，大部分地区地热资源调查精度仅为1∶1000000，分省、分盆地资源评价结果精度低。尤其是对于高温地热主要分布的西藏、云南和川西等地开展的地热资源调查评价工作程度较低，在西藏仅有羊八井、羊易等个别地区的勘察精度达到了1∶50000，多数地区资源评价精度难以支撑电站建设需求。同时，目前已知的高温地热分布区大部分处于高海拔地区，施工难度大；这些地区人口相对较少，用电需求相对较低，也在一定程度上限制了地热发电产业的发展。

中国地热资源量与美国大致相当，但地热发电装机容量仅约为美国的1%。其中一个重要原因是，与中高温地热资源丰富的美国不同，中国可勘探地热热储区间宽但品位低，以中低温地热流体为主。国际上较为成熟的适用于中高温地热的双级闪蒸发电系统、干蒸汽发电系统难以在中国大面积推广。加之地热流体赋存相态多、水质不一，且井口流体保有一定干度，致使以中低温热水型地热驱动的中低温有机朗肯循环（系统）技术经济性低。从热源特性出发，研发适合中国条件先进的中低温地热发电系统已是迫在眉睫。

②发电技术方面，存在热力循环不够完善、发电效率差异性大的问题。现有循环系统发电效率普遍偏低，发电设备生产能力与世界先进水平存在一定差距。

与光伏发电和风力发电技术不同，地热发电技术依靠干蒸汽直接驱动地热发电系统，即地热闪蒸发电系统，或低沸点工质有机朗肯循环双工质系统。现有单级闪蒸和有机朗肯循环地热发电站的发电效率大多在3%～15%，发电循环热力过程存在不可逆损失，热力循环还不够完善。因此，不管是闪蒸式还是有机朗肯循环式地热电站，即使以有限时间热效率作为对比标尺，地热发电效率也有很大差距。另外，在同一冷源参数下，地热发电效率理论上应与地热流体温度正相关，即地热流体温度越大，效率应当越高。但因缺乏统一的设计导则和优化方法，地热发电系统的热源、循环、工质协同性不足，发电效率参差不齐。当地热流体处在相同温度（150℃）时，不同单级闪蒸电站的效率差别较大，低者只有4%，高者达到14%；对于有机朗肯循环发电系统，很难找到热效率与热源温度间的规律。因此优化地热发电系统，提升系统性能仍存在很大潜力。

发电技术装备与我国地热发电产业一样经历了较长时间的缓慢发展。在长达30多年的时间里，中国地热发电界唯一能"拿出手"的项目只有羊八井地热电站。直到2015年我国才研发出500kW双工质地热发电机，而20世纪70年代与我们同等水平的奥马特（Ormat）这时已经有了3600kW的产品，现在更有了提供给西藏羊易地热电站的1.6×10^4kW的产品。我国地热发电设备的技术升级与知识产权自主化任重道远。

③政策支持方面，我国对于地热产业重视不足，对地热产业扶持力度较小，很难推动地热发电产业快速发展。

地热资源开发，特别是地热发电技术，要求高、投资风险大，需要政府加大资金投入，促进技术研发，才能推动地热资源的开发利用。许多国家针对地热能发电已经采取了实质性的支持，比如法国地热能发电上网电价补贴后可以达到26欧分/度，德国则为25.2欧分/度；根据美国有关法律，所有地热设施都能够获得26%的能源税收抵免；肯尼亚从资金、立法和电价补贴三个方面出台了促进地热产业发展的政策，到2020年肯尼亚地热发电装机占到全国发电总装机的29%，发电量占全国消费的47%。土耳其自2005年就开始对地热发电开发者提供了0.15美元/kWh的电价补贴政策，同时鼓励采用本国生产的设备，使得土耳其地热发电装机容量从2005年到2020年，15年间增长了70多倍。

而我国的地热发电很长一段时间内都没有实行电价补贴，导致无法吸引商业投资，与其他新能源产业的蓬勃发展形成鲜明对比。"十一五"期间国家首先支持风电产业，我国风电进入大发展阶段。2005 年装机容量只有 50 万 kW，之后连续 4 年翻番增长，2009 年达到 2268 万 kW。"十一五"末期我国成为与美国、欧洲并列的世界三大风电市场之一。国家"十二五"规划支持太阳能光伏发电，5 年增长了 100 倍。因为风电和光伏都享受了国家优惠政策补贴，而我国地热发电始终都没有专门统一的电价补贴政策。

目前我国地热发电上网电价多采用一事一议。例如，西藏龙源电力公司在羊八井新建的 2000kW 地热发电项目申请的 0.90 元 /kWh 电价补贴获得了批复，但羊八井地热电站作为老牌国企，仍实施"以前未拿，也不新增"的政策。西藏地区作为我国地热发电最多的地区，上网电价只有 0.25 元 /kWh。另一方面，我国从 2020 年 9 月 1 日起对地热按照从量计征方式征收地热资源税，西藏按 1 元 /m^3、四川按 3 元 /m^3、云南按 10 元 /m^3 标准征收，这也给地热发电企业带来一定的资金压力。以羊易地热电站为例，每年要缴纳 520 万元地热资源税，增大了地热发电企业的经济负担。

据统计，一个地热电站的场地开发和电站建设的初始成本约为每兆瓦 2000 万～3000 万元，我国西藏龙源电力羊易电站的每兆瓦装机容量的全部投资约在 2300 万～2400 万元之间。尽管西藏是我国地热发电最多的地区，但西藏的上网电价只有 0.25 元 /kWh，收益十分有限而且还要缴纳地热资源税，很难吸引企业进行投资。

《"十四五"可再生能源发展规划》中提出有序推动地热能发电发展，在西藏、青海、四川等地区推动高温地热能发电发展，支持干热岩与增强型地热能发电等先进技术示范。在东中部等中低温地热资源富集地区，因地制宜推进中低温地热能发电。地热作为绿色、清洁、安全、稳定的新能源，必将在中国能源结构体系调整中发挥重要作用。在经历了30余年的停滞期后，地热发电迎来了第二个春天，应在高温地热资源勘查与热储工程研究，地热发电技术设备的创新研发等方面加大投入，制定地热发电鼓励政策与风险政策，加大政策支持力度，以满足地热发电产业规模化发展需要。

2.2.3 中深层地热直接利用的发展历程

（1）石油勘探与中深层地热能发现

从20世纪60年代地质学家李四光倡导地热能利用起，在他的指导下，科研人员就先后在大庆油田、江汉油田、开滦煤矿等地开展了探索性地热研究，探讨地热异常与石油和煤的赋存关系，试图用地热异常找矿。汪集暘指出，油田地热是地热学的一门重要分支学科，地热与石油是共存于沉积盆地的两种重要资源。由于盆地热历史与油气形成密切相关，所以在油田勘探与研究中，对地热的研究也非常地重视。另一方面，由于油区在勘探与开发过程中钻凿了大量的钻孔，也为大地热流的测量与地热流体的研究与开采提供了非常重要的条件。油田的勘探以及地热研究为后期油区地热资源的开发利用打下了非常坚实的基础。

在我国众多的油区，地热是一种重要的而且普遍分布的伴生资源，石油勘探与开发部门也特别重视对地热资源的勘探与开发。中国石油的华北油田早在20世纪70年代就开始开展地热资源开发工作，将地热资源用于花卉种植、输油伴热、清洗油管等方面。大庆油田于1998年发现了地热田，自2004年开始开发利用地热资源进行供热。辽河油田自1985年就开始研究与开发利用地热资源，同时在地热开发利用方面积累了大量的先进技术。冀东油田自1991年开始开发利用地热资源，截至2019年已经建成了大约490万m^2的供暖能力。大港油田自1982年开发利用地热资源，而且已经建成"地热+"绿色发展示范项目。

随着经济技术条件的发展，20世纪70年代，中国的地热资源开发利用开始大规模开展。1995年以前，北京大学、中国科学院地质研究所、中国科学院地球物理研究所和地质矿产部五六二综合大队对全国的地热资源概况及开发利用情况进行了总结。1995—2010年，中国参加了世界地热大会，每次大会上中国都提交了国家报告，对全国的地热资源开发利用进展进行了报道。

最早对全国的地热资源情况进行总结是在1973年。截至1972年，据不完全统计，全国已经有22个省级行政区进行了地热地质方面研究和直接利用实践。在工业方面地热水已用于工厂锅炉供水、产品加热、水泥构件加工、纺织厂的印染和空气调节、制革、造纸、橡胶、菌种培养、发酵及化工提取有用物质等多种行业。在农副业方面，除已大面积使用地热水进行农田灌溉、稻谷育秧外，有不少地区将地热水用于果菜温室、培养薯苗、繁殖饲料水浮莲、孵育鸡鸭、屠宰加工等。

魏斯禹等对中国自20世纪70年代以来的地热学研究进行了总结。20世纪70年代初，北京、天津、陕西西安等大城市，为了解决取暖和工农业用热的需要，开展了找寻地下热水的勘探工作。同时在广东丰顺、河北怀来等地进行了试验性的地热电站建设工作。根据当时的统计，全国的地热温泉露头有2500多处，泉水温度大多介于40～100℃。随着工业的发展，矿山开采的不断加深，热害问题便被提上了议程。矿山地热试验研究，为防治矿山热害、改善矿井生产环境提供了非常重要的参考。大地热流是表征地球内部热状态的一个物理量，对这一物理量观测与研究，各国都非常重视。至1975年底，中国公布了华北及邻近地区第一批热流数据共18个。中国科学院地质研究所收集了石油工业部等单位的石油井的温度数据，又根据华北地区20余个钻孔测温资料，编制了华北平原300m深处的地温状况图和这一范围内的平均地温梯度图，这项工作已为中国在这方面的研究做出了良好的开端。

据张业成等关于全国地热开发利用的报道，全国已经发现了2600多个温泉露头，比20世纪70年代新增100多个。从温泉的水温数据看，低于80℃的占80%以上，其中尤以60℃以下的低温热泉分布最为广泛，80～100℃的高温热泉则主要分布在我国东南和西南的局部地区，个别100℃以上的过高温热水或蒸汽亦被发现在这些地区的个别地带。总结对中国的中低温地热资源进行了分类，主要可分为隆起山地的裂隙热水和沉降盆地的孔隙热水。隆起山地的裂隙热水，实质上是基岩裂隙水的特殊类型，其突出特点之一，就是不稳定性更大，受构造控制更为严格。沉降盆地内热储的单井生产能力主要由热储的富水性及其补给条件所决定，而水温则主要取决于热储埋藏的深浅和地温梯度的高低。总的来看，地热显示的强度和地热资源的丰富程度具有西部低、东部高、北部低、南部高的特点。依照区域性变化规律，可分为三个地热区，每个区内又分为若干地热带。中国地热分区与分带的提出为未来中国地热资源的勘查和开发提供了方向。

陈墨香根据全国的温泉数据绘制了中国温泉分布图；同时根据温泉分布和地温梯度的差异，论述了中国地热资源的分布特点；按地热资源形成和控制其分布的地质条件，对我国地热资源的类型做了划分。中国温泉分布图共包括温度大于25℃的温泉1900处，其中25~40℃为859处，40~60℃为507处，60~80℃为398处，大于80℃为136处。根据地热资源形成与控制其分布的主要地质条件，将中国地热资源分为3大类型：火山—岩浆型、断裂—深循环型和沉积盆地型。这奠定了中国地热资源分类的基础。

（2）快速起步的地热直接利用

中国的地热资源以中低温为主，所以最重要的利用方式是温泉疗养、居室供暖和农业种养殖。因为温泉中含丰富的矿物质，利用温泉洗浴对人体有益；而且在中国南方地区，冬季并不需要供暖，所以中国南方和北方地区利用温泉洗浴非常广泛。随着石化能源的短缺以及节能减排的大趋势，地热能源作为一种绿色能源逐渐被应用于居室供暖。而且，由于地热供暖后的尾水可以在岩溶地区回灌，所以地热供暖逐渐成为地热利用的主要方式。由于20世纪六七十年代，石化和电力能源比较缺乏，所以一些有温泉露头的地区尝试利用温泉进行热带鱼的养殖和利用温室的供暖进行特殊花卉的种植以及水稻育种，取得了丰富的成果。随着煤炭能源与电力能源不断丰富，继而价格降低，地热能源的利用成本相对较高，所以地热在农业中的利用越来越少。

①温泉治疗与保健

中国早在2000年以前就有利用温泉治疗疾病的记载，距今2000年的张衡的《温泉赋》中就有温泉可以治疗疾病的记载。根据医学部门的实际应用与长期观察，发现温泉对糖尿病、肺疾病、前列腺增生症和皮肤症等病症有明显的疗效。因此，利用温泉疗养已经成为中国南方和北方地区直接利用的最主要的方式。

②地热供暖

中国长江以北的广大地区每年有3~5个月的采暖时间，需要消耗大量的煤炭，因此早在20世纪60年代，北方发现地热的地区就开始试验利用地热水采暖。湖北省英山县早在

1968 年就利用 51～63℃的地热水为某医院采暖；辽宁省兴城地区在 1972 年就已经建成 15 家疗养院，利用 70℃的地热水采暖。

由于地热能源的清洁特性与技术水平的提高，利用地热采暖的规模在 20 世纪 80 年代有了大幅度扩大。截至 1981 年底，全国利用地热采暖的面积已经达到了 $39.5\times10^4\,\text{m}^2$；截至 1985 年底，已经达到了 $53.4\times10^4\,\text{m}^2$，但是从整体规模上看还是比较小。截至 1995 年，全国地热采暖面积已经超过了 $100\times10^4\,\text{m}^2$。天津地区利用地热采暖的面积最大，单个采暖项目达到了 $80\times10^4\,\text{m}^2$，利用 50 眼开采井为供热中心提供 97℃的地热水。20 世纪 90 年代是中国利用地热采暖大发展的时期，截至 1998 年，全国利用地热采暖的面积已经达到了 $700\times10^4\,\text{m}^2$ 以上。截至 2004 年，全国利用地热水采暖的面积已经超过了 $1.0\times10^7\,\text{m}^2$。截至 2010 年底，全国采暖面积增加了 2 倍，超过了 $3.0\times10^7\,\text{m}^2$（见表 2-6），其中 $1.23\times10^7\,\text{m}^2$ 在天津地区，天津地区也是全国利用地热供暖面积最大的地区。截至 2010 年末，河北省雄县的地热采暖面积已经达到了 $2\times10^6\,\text{m}^2$。

对比单位面积热负荷，可以发现 1998 年单位热负荷最高，这是因为当时利用散热器采暖，而且采暖区比较分散，热利用效率比较低。近年来，由于地板采暖逐渐在采暖中得到应用，地板采暖的热效率比普通的散热器高。在相同的室温下，地板采暖的体感舒适度也要高于散热器采暖。所以，虽然热能的总利用量没有大幅增加，但是单位面积的平热负荷逐渐降低，供暖面积却逐年增加。

表 2-6　全国利用地热水采暖面积发展统计一览表

年份	面积（m²）	能量利用（J）	单位热负荷（W/m²）
1981[a]	39.50×10^4	—	—
1985[a]	53.40×10^4	—	—
1995[b]	1.31×10^6	1.20×10^{15}	88.27
1998[c]	7.90×10^6	1.16×10^{16}	141.90
2004[d]	1.27×10^7	6.39×10^{15}	48.54
2009[e]	3.02×10^7	1.19×10^{16}	38.04
2010[f]	3.50×10^7	—	—

注：a 中国的火山、温泉和地热资源，来源于中国能源研究会地热专业委员会 1987 年的统计，第 186 页；
b 1995 年更新；
c 2000 年更新；
d 2005 年更新；
e 2010 年更新；
f 陶庆法在 2011 中国自主创新年会上发言，只公布了全国的采暖面积，未换算成热能。

③地热农业利用

中国早在北魏郦道元的《水经注》里就有"温泉灌溉数千亩谷田，一年三熟"的记载，距今已经有 1500 多年的历史。湖北省应城县（今应城市）在 1962 年就有利用地热温床育薯苗的报道。北京南磨房人民公社早在 1972 年就报道了利用 30℃的地热水保护非洲鲫鱼过冬新闻。随着农业生产的规模逐渐增大，20 世纪 70 年代是中国农业利用地热的大发展时期。据中国能源研究会地热专业委员会的统计，1981 年全国农业利用地热的面积，包括温室与种养殖，已经达到了 $7.80\times10^5\,\mathrm{m}^2$，1985 年达到了 $7.80\times10^5\,\mathrm{m}^2$。2000—2010 年，中国向世界地热大会提交的国家报告中是按农业利用地热能的量来统计的（表 2-7）。

从统计结果分析（见表 2-7），1981—1990 年，农业利用地热的规模逐年增加。虽然 1990—1998 年统计时使用的单位不同，但是从以往的研究文献可知，这一期间农业利用地热的规模也是逐年增加的。福建省农科院地热研究所在"七五"期间承担了国家重点攻关课题《地热农业综合利用研究示范》，并于 1995 年提交了项目成果，为全国地热农业的综合利用提供非常好的示范作用。1998 年以前，中国农业利用地热资源以试验活动为主，资金一般也由国家相关的科研基金为主，同时电能与煤炭能源在这一时期的价格也相对较高，所以农业利用地热的活动非常活跃，在地热温室种植蔬菜和名贵花卉、地热温室孵化和养殖鸡和鱼类等方面取得了非常丰硕的成果。1998 年以后，随着农业利用地热试验的成功，农业利用地热的规模也逐年增加。以往一些自流的地热井或者温泉也已经不再自流，需要开凿地热井来开采地热水，使农业利用地热的成本大幅上升。同时，电能与煤炭能源价格在逐年地下降，所以农业利用电能与煤炭能源的比例逐渐升高，而地热能的利用逐渐减少。但是在地热资源条件和基础设施条件好的地区仍然继续探索地热在农业方面的利用，研究方向也由地热利用的可行性转向了地热利用的节能高效方面。

表 2-7　全国农业利用地热（温室与种养殖）面积与利用热能统计一览表

年份	面积（m²）	能量利用量（J）
1981[a]	7.80×10⁵	
1985[a]	1.04×10⁶	
1990[b]	2.76×10⁶	
1992[c]	2.08×10⁶	
1998[d]		2.76×10¹⁶
2004[e]		3.10×10¹⁵
2009[f]		4.20×10¹⁵

注：a 中国的火山、温泉和地热资源，来源于中国能源研究会地热专业委员会 1987 年的统计，第 186 页；
b 1995 年更新；
c 1992 我国地热农业利用技术（上-下）；
d 2000 年更新；
e 2005 年更新；
f 2010 年更新。

（3）粗放发展导致的问题

随着地热资源开发利用规模的增大，由此引发的一系列资源、环境等问题也逐渐显现出来。20 世纪 70 年代初期，由于地热资源开发利用的规模较小，地热资源基本处于均衡状态，各方面的问题并不突出。随着开发利用规模的扩大，地热系统的平衡逐渐被破坏，地热资源亏损、热储压力下降、地热井产能下降等问题随之出现。同时，由于早期的地热开发比较分散，地热利用尾水没有集中处理措施，造成部分地热尾水直接排放至地表、沟渠或者是池塘，对周围环境造成了一定的水污染与热污染。

①地热尾水排放造成的污染问题

20 世纪 80 年代和 20 世纪 90 年代是全国地热资源开发利

用规模快速扩大的时期，引发的资源与环境问题也逐渐出现。有关学者在20世纪90年代就开始对地热开发利用引起的问题进行了总结与分析。阮宜纶等对地热开发利用程度比较早的华北地区、华南地区48眼井的情况进行调查、总结与分析。调查结果表明，由于地热水的特殊生成环境，地热水中普遍存在高氟的情况，已经超出了饮用与农灌的水质标准。部分地热水中的酚和其他重金属也出现了超标的现象，基本上都不符合饮用水的标准，部分水样甚至超过了农灌水的水质标准。由于大部分地热水都用于农业种植与养殖，没有配套集中的水处理措施，基本上直接排放，对周边的土壤、地表植被和农作物、地表水体与浅层地下水都产生了一定的影响。更需要引起注意的是，由于地热水排放引起的土壤与地下水中的氟可以通过作物的根系进入植物体内与果实中，如果人类食用氟过量的农作物产品，必定会产生一定的不良影响。为了减少污染，阮宜纶等提出了利用水生植物对地热尾水进行高氟与高砷的处理的技术与工艺，处理后的地热水可以达到农田灌溉水的水质标准。

相关学者在20世纪90年代研究表明，南方地区由于降水量大，河流流量大，对排放的地热水稀释作用明显，地热水排放到河水里可以很快被稀释，不易形成高浓度的污染性尾水。而北方地区由于降水量小，对河水的稀释作用较弱，排放到河道里的地热尾水对河水、河床及周边地下水都产生了一定的影响。同时，由于地热尾水温度高，为蚊、蝇、虫的生长与繁殖提供了有利环境，所以地热尾水排放较多的下水道、河道及沟渠中蚊、蝇、虫滋生，可能造成传染病的传播。

由于深处地层深部的还原环境，地热水中往往含有 H_2S 气体。当地热水随着开采到达地面后，由于压力大幅降低，大量的 H_2S 气体会从地热水中释放出来。少量的 H_2S 气体会给人造成不适的感觉，过量的 H_2S 气体则会造成人体中毒。所以，在利用地热水的过程中，对 H_2S 气体的含量进行监测，防止对人体及环境造成伤害也是地热资源开发利用的需要注意的重要问题。

②地热开采引起的热储压力下降问题

地热水开发产生的最普遍的问题是热储压力下降，地热水资源枯竭。相关研究表明，福建省部分地区的地热田在开发初期都是自流井，但是随着开采量的增大，许多地热井已经干枯，没有干枯的地热井也必须换深水泵来抽水。福州温泉区是福州地区地热资源比较丰富，地热资源开发利用程度比较高的地区。随着地热水开采量的大幅增加，地热井水位也出现了明显下降的趋势，局部出现了地热水降落漏斗并逐年向外扩展。相关监测数据显示，自1991年至2001年的10年间，部分地热井年平均水位已经从埋深12m波动下降至埋深24m左右，水位年平均下降1.2m左右（见图2-17）。

天津地区作为华北地区地热资源最为丰富的地区之一，地热资源勘探与开发利用程度也是华北地区最高的，地热水开采量也是华北地区最大的。其中蓟县系雾迷山组是天津地区最为重要的热储。根据近30年的连续观测资料，蓟县系雾迷山组地热井的水位已经从1985年的自流状态下降至地面以下

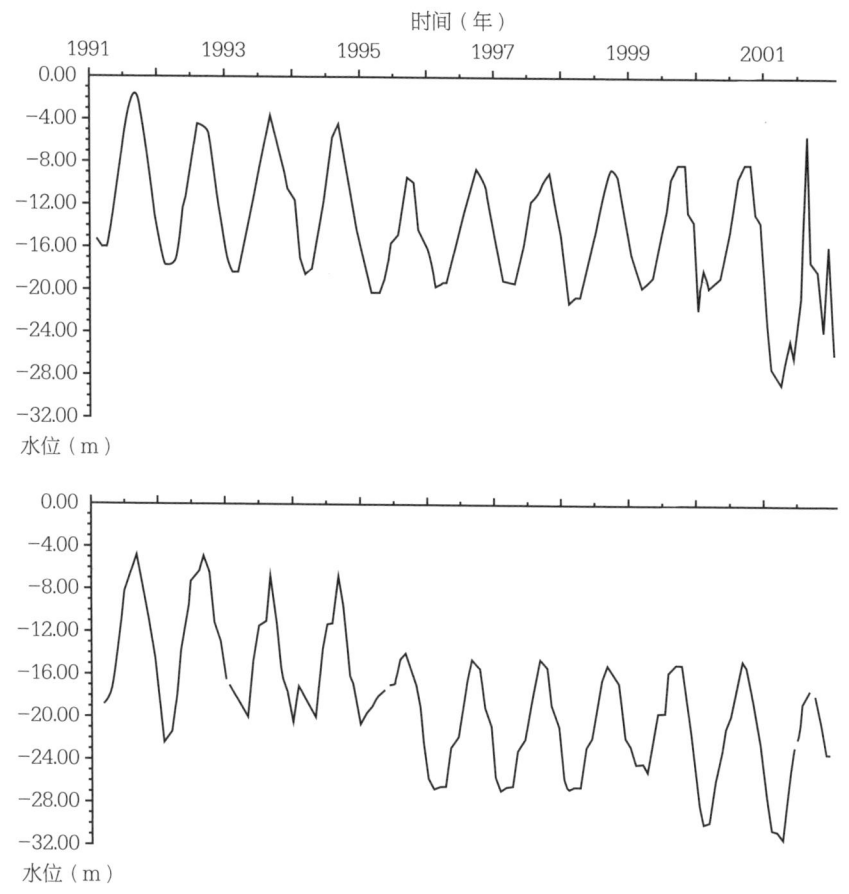

△ 图2-17 福州温泉区某基岩地热井1991—2001年水位埋深变化图[①]

150m左右，平均每年下降6m左右（见图2-18）。

西安地区的地热资源勘探始于20世纪70年代。20世纪90年代以前，地热水的开采量比较小，所以地热井水位基本上处于波动稳定的状态。但是自20世纪90年代初以来，西安地区的地热水开发程度大幅提高，地热井数由1993年的

---

① 樊秀峰，吴振祥，简文彬. 福州温泉区地下热水开采与水位动态响应研究 [J]. 中国地质灾害与防治学报，2004，15（4）：82-86.

10 眼快速增长到 2000 年的 120 眼，地热水的年开采量也于 2000 年达到了 500 万 m³。由于地热水大量开采，地热井水位开始出现明显下降的趋势。至 2000 年左右，地热井水位相对于 20 世纪 90 年代初已经下降了 30 多米（见图 2-19）。

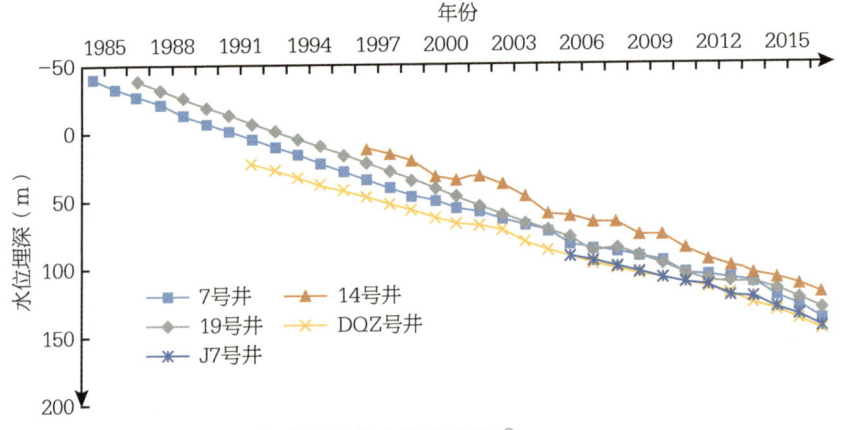

△ 图 2-18　天津地区基岩地热井水位变化图[①]

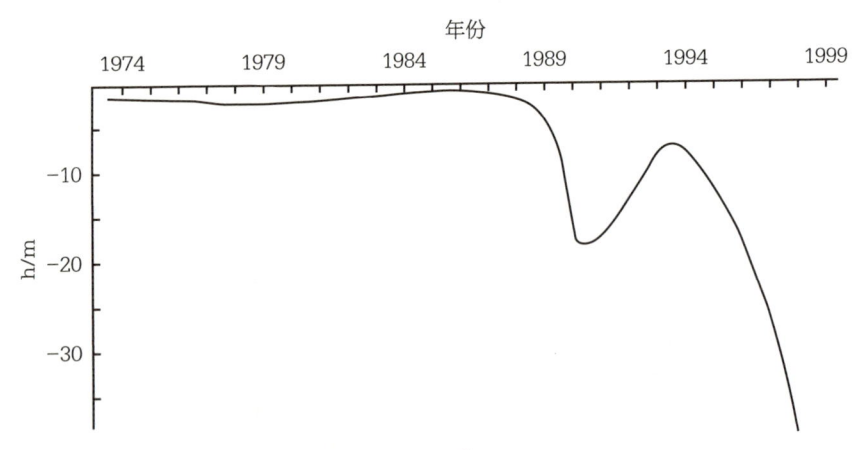

△ 图 2-19　西安地区地热井水位变化图[②]

---

① 宗振海，闫佳贤，殷肖肖，等. 天津地区雾迷山组水位降落漏斗演化特征及合理开发利用探讨 [J]. 地质调查与研究，2018，41（4）：312-317.
② 王卫东，彭建兵，张永志，等. 西安市地热水开采现状及其环境问题 [C] // 海峡两岸水土保持学术会议，2005：266-267.

2.2.4 浅层地热能利用的发展历程

我国浅层地热能方面的早期研究与国外发展顺序相似，起始于热泵技术研究，再逐步深入至热源研究，水源热泵及地埋管地源热泵的地下换热方面研究，现如今上升到精细化、智慧化、科学化发展研究与应用。目前我国已实现了从理论研究到大范围推广应用，从借鉴、引进、合作到创新突破、自主研发、规模化发展，形成了中国独有的发展模式，技术水平领先全球。

（1）20世纪50年代起步的科研工作

相对于世界上热泵技术的快速发展，我国热泵技术的研究工作起步晚于发达国家。中华人民共和国成立后，随着工业建设新高潮的到来，热泵技术也开始引入中国。20世纪50年代，我国最早探索热泵技术的是天津大学和同济大学的相关学者。目前国内已查到的关于热泵的最早的文献资料是天津大学教授吕灿仁在1957年发表《热泵及其在我国的应用前途》，文中提出"我国是大陆性季风气候，冬寒夏炎。中国气候条件决定应用热泵技术的必要性，江河湖海中存在可开发利用的能量"。次年，天津大学建立热泵试验系统并开始实验研究。自此，我国热泵技术开始了初期的理论研究工作。

20世纪60年代，我国开始在暖通空调中发展热泵研究与应用，并取得了一大批成果。1960年，同济大学吴沈钇教授发表了《简介热泵供暖并建议济南市试用热泵供暖》。1963年，原华东建筑设计院与上海冷气机厂开始研制热泵式空调器。1965年，上海冰箱厂研制成功了我国第一台制热量为3720W的CKT-3A热泵型窗式空调器。1965年，天津大学与天津冷气机厂研制成国内第一台地下水热泵空调机组。1966年，天津大学又与铁道部四方车辆研究所共同合作，进行干线客车的空气/空气热泵试验。1965年，由原哈尔滨建筑工程学院徐邦裕教授、吴元炜教授领导的科研小组，根据热泵理论首次提出应用辅助冷凝器作为恒温湿空调机组的二次加热器的新流程，这是世界首创的新流程。1966年，该科研小组与哈尔滨空调机厂共同开始研制利用制冷系统的冷凝废热作为空调二次加热的新型立柜式恒温湿热泵式空调机。

这一时期，上海为了控制过度抽取工业用地下水所引起的地面沉降，实施了地下水人工补给，即用地表水进行回灌。同时为了解决纺织厂夏季空调冷源问题，上海首先提出了储冷的"冬灌夏用"及储热的"夏灌冬用"的地下含水层储能概念，开展了地下水储能技术研究，并首先在纺织部门得到了使用。

20世纪70年代，北京和上海的纺织系统，参照1931年在上海某纺织厂采用地下水进行喷雾降温，进行国内最早采用喷淋式空气调节系统的案例。他们分别开展了利用地下水井冬夏反季节蓄冷蓄热、供暖供冷的试验研究，这是现在业内达成共识的地下换热系统的初始模型。

从1978年开始，中国制冷学会第二专业委员会连续主办全国余热制冷与热泵学术会议。至1988年，我国热泵应用与发展进入全面复苏阶段。这期间，为了充分了解国外热泵发展的现状与进展，大量出版有关著作，国内刊物积极刊登有关热泵的译文，对国外热泵产品进行测试与分析，积极参加国际学术交流。对热泵的一些基础知识、应用方式、研究推广的意义有了更进一步的了解。上海市在地下含水层蓄能技术方面研究取得突破，利用管井储能技术方法应用于夏季空调降温，冷却、洗涤和冬季采暖给温、锅炉用水等方面，在国内外居领先地位。

但这一阶段，我国民用领域的热泵受经济发展因素影响，未有较好发展，主要还是以工业应用为主，集中在三方面：一是干燥祛湿（木材干燥、茶叶干燥等），二是蒸汽喷射式热泵在工业中的应用，三是热水型热泵（游泳池、水产养殖池冬季用热泵加热等）。同时，一些国外知名热泵生产厂家开始来中国投资建厂。例如，美国开利公司是最早来中国投资的外国公司之一，于1987年率先在上海成立合资企业。

20世纪90年代，随着国家经济的快速增长，人民生活水平大幅提高，空调系统在我国突飞猛进地发展起来。在我国应用的热泵形式开始多样化，有空气/空气热泵、空气/水热泵、水/空气热泵和水/水热泵等。在这期间，国内已有国有、民营、独资、台资等不少于300家家用空调器厂家，逐步形成我国热泵空调器的完整工业体系。据不完全统计，20世纪90年代后期，全国的空调产品中，热泵型占三分之二。

中国建筑学会暖通空调委员会、中国制冷学会第五专业委员会主办的全国暖通空调制冷学术年会上也专门增设了有关热泵的专项研讨，地源热泵概念逐渐出现在我国科研工作者的视野里并得到逐步重视。水环热泵空调系统在我国得到逐步推广应用。这一时期是我国浅层地热能开发利用的基础储备期。地源热泵项目从国有投资、中美合作美方投资和美方技术，到欧洲设备厂商和材料公司进入中国，北京等发达地区开始建设示范项目。据统计，到 1999 年全国约有 100 个项目，2 万台地下水热泵机组在运行。20 世纪 90 年代初开始大量生产空气源热泵冷热水机组，20 世纪 90 年代中期开发出井地下水热泵冷热水机组，20 世纪 90 年代末又开始出现污水源热泵系统。

1994 年，清华大学研制成功国内第一台商用的地源热泵机组，并以此技术在山东成立了国内第一家民营的专门生产热泵设备的厂家，后被美国开利公司收购，带动了国内空调热泵及其相关产品公司的大规模出现，有力支撑了全国浅层地热能的全面推广和应用。

20 世纪 90 年代末，土壤耦合热泵的研究已成为国内浅层地热能行业的热门研究话题。国内的研究方向和内容主要集中在地下换热方面，在国外技术的基础上有所创新。例如：各种地下埋管换热器热工性能的实验研究；回填材料的研究；地下埋管的铺设形式及管材的研究；大地耦合热泵系统的设计与安装等问题的研究。除此之外，一些高校开展了热泵空调的计算机模拟技术研究、空气源热泵结霜特性的理论与实验研究、地下井水源热泵冷热水机组及水源问题的研究、热泵空调技术在我国应用的可行性研究等。1998年，重庆建筑大学、青岛建工学院、湖南大学、同济大学等国内多家大学开始建立了地源热泵实验台，对地源热泵技术进行研究。原北京市地质矿产勘查开发局是国内第一家开展浅层地热能研究和开发利用的地勘单位。先后成立了一批专业化的浅层地热能开发队伍，建设了北京空军招待所水源热泵项目等一批商业及示范项目，为地勘行业发展拓宽了新路径，也对国内浅层地热能行业发展起到了积极的推动作用。

地下热源是开发利用的保障，浅层地热能行业的健康发展离不开对地下资源的科学利用。20世纪90年代初，地源热泵是以地下水源为主，并逐渐开始重视地下含水层结构对出水量和换热的影响，探索回灌技术的应用，出现单井和群井系统的尝试。1998年，原北京市地质矿产勘查开发局率先开展地下水热泵系统试验示范，研究粗颗粒地层回灌及细颗粒地层储能。从简单取水到重视地下水文地质条件，再到总结地质地热问题，分析回灌地质条件的选择、水文地质条件对冷热平衡的影响。在成井工艺和抽灌试验等方面形成了初步的地质经验。这些早期浅层地热能地质学的探索和实践，奠定了后来浅层地热能开发地质理论的基础。

（2）中美两国政府合作下的浅层地热能开发

1993年年底，美国国家可再生能源实验室（NREL）副主任等一行6人，受美国能源部的委托，组成美国能源部可再生能源考察团，应中国科学院的邀请来华访问，旨在了解中国在环境保护和可再生能源领域的发展状况，探索在该领域与中国政府合作的可能性。通过访问国家相关部委、中国科学院、海南省三亚市和同中国可再生能源专家进行座谈等活动，中国高度重视清洁的可再生能源的开发利用和对节能技术的推广力度，给他们留下了深刻的印象。考察团回国后向美国能源部作了报告，他们认为中美双方在能源效率和可再生能源技术领域有着共同的兴趣和非常好的合作前景，建议中美两国政府在这一领域开展合作并以此进一步推动双方在经贸和科技领域的合作进程，增强美国企业在中国能源市场，特别是新能源和节能市场的竞争力，扩大能源产品出口。

1994年3月，国务院批准了"中国21世纪议程下的可持续能源计划"。同时，美国政府首次向中国政府提出在可再生能源领域与中国合作。1994年10月，美国能源部主管可再生能源项目的太阳能转换局局长Robert H. Annan应中国科学院的邀请，率领美国能源部代表团又一次来到中国，在李秀果教授的陪同下与国家有关部委进行了广泛的接触，并赴内蒙古深入草原3000多千米考察新能源开发情况。经过访问、考察最终确定在国家科委与美国能源部之间开展可再生能源领域的政府间合作。至此，中美两国之间的能源效率和可再生能源合作正式拉开了帷幕。

1995年2月23日，中国国家科委主任宋健与美国能源部部长Hazei O'Lary在北京签署了《能源效率和可再生能源技术的发展与利用领域合作议定书》，该议定书包含了三个可持

△ 图2-20　中国科学院院长路甬祥先生与美国可再生能源代表团的合影

续发展目标：一是通过促进中国能源资源多元化，来提高世界能源安全度，降低未来对石油的需求；二是在能源需求快速增长的同时，利用可再生能源及能源效率缓解对环境的破坏；三是提高美国工业在中国能源市场的竞争力。议定书还对双方合作的范围、合作领域、合作方式等做出了规定，后续在太阳能、风能、地热能等领域具体项目合作协议也陆续以附件的形式签署。

《中美能源效率和可再生能源技术的发展与利用领域合作议定书》签署后，两国在节能和可再生能源领域，开展了实质性的工作。作为议定书的附件，先后就太阳能、风能、能源效率、可再生能源商业化发展、可再生能源开发政策和商务前景评估等领域签署了协议。

1997年，针对中国在采暖领域所面临的大气严重污染和夏季空调耗电急剧增加的严峻形势，美国能源部向中国国家科委推荐美国先进的环保节能的土－气型地源热泵供暖、制冷技术。1997年11月8日，国家科委与美国能源部在北京签署了《关于地热能源生产与应用的合作协议书》，作为《能源效率和可再生能源技术的发展与利用领域合作议定书》的附件六这是中国第一次引进浅层地热能"土－气型地源热泵"概念。

1998年3月，在美国能源部中国事务总负责人Lee Gebert的陪同下，美国能源部助理部长的Allan R. Hoffman访华，进一步将美国土－气型地源热泵技术推介给中国科学技术部。1998年4月，北京、上海、广州、黑龙江大庆的相关专家开始了《中美两国政府合作推广美国地源热泵技术计划书》的起草工作，并于1998年8月完成初稿，分别呈送中国科技部和美国能源部。1998年11月4—5日，中美两国《能源效率和可再生能源技术的发展利用领域合作议定书》工作小组第一次工作会议在美国华盛顿联邦政府能源部举行。工作会议经过认真审查和反复磋商，通过了《中美两国政府合作推广美国土－气型地源热泵技术工作计划书》（以下简称《计划书》），决定开始执行，中美两国政府地源热泵合作项目正式启动。

《计划书》规定，美国土－气型地源热泵技术在中国的推广工作分为三个阶段进行。第一个阶段建立示范工程。中美两国政府合作分别在中国北部寒冷气候区，中部夏季酷热、冬季阴冷气候区，南部亚热带气候区，各建设一座大型示范工程，

△ 图 2-21　华盛顿工作会议后全体工作组成员的合影

为以后的推广工作树立样板。第二个阶段商业化推广。中美两国企业在两国政府的扶持下，合作在中国进行商业化推广，培育和开拓地源热泵市场。第三阶段机组本地化（后来调整为地源热泵技术的区域级应用阶段）。通过合资或合作实现土－气型地源热泵机组本地化，降低地源热泵系统造价，为大规模推广创造条件。整个推广工作采取"政府支持企业运作"的方式进行。指定北京计科地源热泵科技有限公司（以下简称北京计科公司）、上海鼎达能源公司、广州信利达公司等三家单位作为中美两国政府地源热泵合作项目的执行单位，负责计划的实施工作。

1999年4月9日由时任中国国务院总理朱镕基与当时的美国副总统戈尔共同主持的在华盛顿召开的中美环境与发展研

讨会第二次会议上，中美两国政府地源热泵合作项目再次得到确认。

1999年示范工程筹建工作正式启动。根据地方政府支持、示范意义显著、建筑物类型多样、交通方便、地源热泵系统规模宜大的原则，各执行单位从北部、中部、南部气候区推荐10多座建筑供选择。经中美双方组织中美专家多次筛选，实地考察，反复论证，最后选定北京嘉和丽园国际公寓、宁波服装厂厂房楼、广州松田学院教学主楼，分别作为北部、中部和南部气候区的示范工程。三座示范工程总建筑面积13.238万 m^2，其中北京计科公司承担的北京土－气型地源热泵示范工程嘉和丽园国际公寓规模最大，高32层，建筑面积8.8万 m^2。这三座示范工程经国家科技部和美国能源部主管部门批准正式列入中美两国政府地源热泵合作计划，并发批文予以确认。

2001年4月18日，三座示范工程中面积最大的北京示范工程——嘉和丽园国际公寓土－气型地源热泵系统竣工，其他两座也相继于2001年制冷季到来前全部完成。2001年8月28日北京示范工程落成剪彩仪式在嘉和丽园国际公寓隆重举行。北京土－气型地源热泵示范工程正式启用，标志着先进的美国地源热泵供暖制冷技术正式落户中国。

三座示范工程特别是北京示范工程建成并被媒体广泛报道后，引起了巨大反响。中国各地以及国内外同行、房地产开发商、建筑设计部门、地方政府主管官员，纷纷前来参观，一时

△ 图 2-22 嘉和丽园国际公寓落成仪式现场

应接不暇，完全起到了中美两国政府的预期效果。在这种形势下，中美两国政府适时采取措施，将推广地源热泵技术纳入国家有关计划和签订新的合作协议，促进其推广工作。

两国政府的合作从国家层面对地源热泵进行扶持和引导，对我国地源热泵初期发展起到了重要的推动作用，从专业人员到政府管理部门都逐步认识并接受了这个高效节能的系统，一些建设人员和专业设计人员开始主动学习了解这个系统。这个阶段，相关的设计及施工人员、设备集成商和生产商也逐渐被"地源热泵"这个概念所吸引。但整体来看，这一时期的我国的地源热泵技术还不完善，专业技术人员对此技术还没有完全了解透彻，并且也没有完全被市场所接受，进展速度不快，规模发展不大。所以，这个阶段被称为我国地源热泵的起步阶段。

（3）早期技术不完善存在的问题

地源热泵作为一种新型的制冷供暖方式和系统，虽然发展势头较好，但作为一个整体的系统来推广应用时，在我国地源热泵发展初期还是存在一些问题。

①盲目照搬，未因地制宜，浅层地热能地质学理论体系未形成。

地源热泵技术从美欧引进国内初期，项目建设多以设备匹配角度来为建筑解决供能问题，未考虑浅层地热能的地质资源承载力问题。多数地埋管地源热泵项目不进行热响应实验，而是以应用经验或其他地区的岩土壤热物性参数代替。而岩土壤热物性特征随地点的不同而有所差别，在一地区的测试结果可能完全不适用于另一地区。水源热泵项目则不进行地下水抽灌能力测试，甚至设计只抽不灌。有些工程组织者不了解该地区地下水情况，盲目建起地下水源热泵工程，在运行工程中却发现回灌成了大问题，因而造成工程失败。在一些工程中，设计与应用地源热泵系统时忽视了冷热的平衡问题，且缺乏必要的地下监测工作。已建设的地热泵工程都没有建立地下水、岩土的监测系统，地源热泵工程在运行过程中对地质环境的影响一无所知。造成浅层地热能不可持续利用的风险大大增加。在一定程度上会影响地源热泵的进一步推广。

②从业门槛低，项目质量不高。

地源热泵技术是跨专业结合的综合技术，需要较高的专业水平进行技术把关。而早期进入该行业的企业在此之前多从事机电、机械生产、建筑施工等，技术队伍良莠不齐，缺少专业背景，并因此引发了一些问题。从事地源热泵工程的生产、设计、安装与施工队伍中的一些技术人员，对这项技术仍然处于模糊状态。并且，地源热泵工程的运行管理也存在较多问题，地源热泵系统和传统的中央空调系统以及其他形式的供暖系统有较大的区别，特别是地下水系统有很严格的操作流程，但是，部分工程项目由系统集成商在运行，大多数交给工程项目所属单位管理。这些管理人员对地源热泵技术了解甚少，不同程度地影响运行效果。从整体上看，市场不规范，缺乏市场准入制度和科学评价体系，是制约我国地源热泵技术推广工作的最主要因素。

③设备自主生产能力不足。

早期地源热泵系统所用的机组、管材等设备材料基本依靠国外引进，20世纪90年代我国才有相关的厂家开始研究生产相关设备。而且，地埋管的室外系统建设费用高，造成系统建设成本价格昂贵，虽然地源地泵是可再生能源利用，但普通单位负担不起，更不用说在民用领域应用，这进一步制约了浅层地热能开发的推广。所以相较而言，早期价格较低的水源热泵在国内有更多的应用。

④相关标准、规范、政策欠缺，参照依据不足。

国内相关标准尚未建立，多数企业没有适宜的参考依据，无论是在系统设计、建设、后期运行的工况设置、技术指标、机组效率，还是在自动控制、应用指导等方面，都无法做到建设的标准化和系列化。从产业自身发展来看，缺乏完善的地源热泵制造标准和应用规范，工程施工质量缺少监理；从产业政策看，对地源热泵项目的建设及运营监管不严格；这些都将导致项目运行可靠性差，阻碍地源热泵技术的健康发展。

⑤缺少必要的宣传和推广活动。

虽然中美两国政府合作，共同推广应用地源热泵系统技术。但由于我国对于节约能源和保护环境的宣传教育不够，没有形成强大公共舆论和社会环境，使得社会各方对于使用节能技术和设备缺乏积极性，尤其是业主单位的主要决策人员的认知不足，直接影响此项新型能源技术的广泛使用。

从我国早期热泵发展历程来看，其特点可归纳为：第一，对新中国而言，起步较早，起点高，某些研究具有世界先进水平。第二，由于受当时工业基础薄弱、能源结构与价格的特殊性等因素的影响，热泵空调在我国的应用与发展始终很缓慢。第三，在学习外国基础上走创新之路，为我国今后的热泵研究工作的开展指明了方向。

△ 中国石化集团新星公司工程师检查先进地热设备

第三章
21世纪中国地热能的开发与利用

21世纪以来，随着生态文明建设不断推进，地热能作为清洁可再生能源受到了国家的重视，国家和地方相继出台了一系列支持地热发展的政策，地热能资源开发利用得到快速发展，直接利用规模多年位居世界第一。

伴随着我国地热能勘探、开发及利用技术的不断创新，地热能装备水平的不断提高，我国地热能产业体系已初步形成。目前，温泉开发利用迈向品牌化，浅层地热能利用快速发展，水热型地热能利用持续增长，干热岩型地热能资源勘查开发开始起步。

当前，我国能源结构转型加速，特别是在"双碳"目标背景下，中深层地热在北方地区清洁取暖开始扮演越来越重要的角色；浅层地热能在夏热冬冷地区集中供暖制冷持续发挥作用；稳定高效的地热发电普及应用后，可以助力新型电力系统构建；干热岩开发前瞻技术突破后，可以进一步优化我国能源结构，促进"双碳"战略目标实现。

3.1 温泉洗浴康养

进入21世纪以来，温泉旅游产业得到了快速的发展，具有温泉资源优势的地区，结合当地有利条件，先后建成了一批各具特色的温泉旅游度假中心、温泉旅游度假村，这一时期全国对温泉资源开发利用的规模、范围、程度、方式上了一个新的台阶。现阶段温泉旅游产业发展更加重视并发挥温泉的理疗价值，温泉利用向多元化转化，逐步提升温泉利用的品质，充分发掘可利用资源，实现科学可持续发展。

温泉康养以温泉为中心，并结合地区本土文化，形成具有当地特色的现代休闲娱乐度假区。在此基础上，充分挖掘文化公园、体育项目、疗养温泉等多元项目，实现了温泉旅游体验的全面升级。

随着中国经济的发展和人民生活水平的进一步提升，我国旅游消费观念已发生重大转变，对旅游市场的需求不断增多，向个性化、体验式方向转变，由此引发温泉企业逐步思考如何进行商业模式的创新和改变。温泉康养不断创新思路，在温泉功能及服务链条等方面不断完善，促进温泉养生向更深、更广延展。可以预见，在今后相当长的一个时期，中国温泉康养将进入产业结构性调整期，温泉产业单一的商业模式开始被多元化的商业战略所取代。具有竞争力的温泉企业将更加注重节能降耗，更加注重创新产品体系和商业盈利模式，更加注重消费者需求。

3.1.1 结合地区发展建设，形成特色品牌

"中国温泉之乡（城、都）"的命名始于2003年初，首个

向中国矿业联合会提出命名"中国温泉之乡"的地区是广东省恩平市，由广东省矿业协会推荐，报请中国矿业联合会。从2003年开始，中国矿业联合会积极推动"中国温泉之乡（城、都）"的命名工作。广东恩平作为全国首个"中国温泉之乡"，很快引起了全国各地温泉开发地区的重视。截至2009年10月，中国矿业联合会按统一的标准，已先后命名中国温泉之乡（城、都）或温泉开发利用示范区25处，促进了这些地区温泉产业的发展。广东恩平被命名为"中国温泉之乡"后，陆续开发了区域内的金山、帝都、锦江和黑坭温泉，打造了一条黄金旅游走廊，已成为全国知名的旅游目的地，带动了地区社会经济发展，有力改善了恩平市的投资环境。

2010年8月16日，国土资源部为合理开发利用地热这一清洁能源，减少CO_2排放，促进低碳经济发展，决定在全国开展"中国温泉之乡（城、都）"的命名和创建工作，明确在"地质条件清楚、地热资源丰富、开发利用合理、管理与保护制度健全，发展低碳经济、温泉（地热）文化、开发利用技术等方面突出的地区，当地地方政府可以申报中国温泉之乡（城、都）"。由此，在全国更大范围内推动了"中国温泉之乡（城、都）"的命名和创建工作。截至2022年12月底，全国共计命名72处"中国温泉之乡（城、都）"（见附录3）。

已命名的"中国温泉之乡（城、都）"所在地，是我国温泉（地热）资源较丰富、开发条件较好、利用水平较高、资源管理比较到位的地区。全国命名的72处"中国温泉之乡（城、都)",涉及地区面积 31.7304 万 km²,人口 1.3429 亿,温泉（地热水）可开采量 3077978.44m³/d,平均水温 57.45℃,热能 6665.39MW。

3.1.2 发掘可利用资源，实现可持续发展

为发展温泉洗浴，提升温泉利用量，让更多的人享受到温泉洗浴的乐趣，相关单位和温泉开发产业部门激发了许多温泉开发利用的新思路，包括：集中统一开发、泉域引水利用，对泉区外围、深部、异常区进行温泉资源勘查等，扩大了温泉洗浴地区及资源的利用量，让更多的人享受了温泉洗浴的便利。

最先实施温泉集中统一开发，建立供水厂，为域内居民提供温泉洗浴用水和生活热水的是福州温泉。福州市 20 世纪 80 年代后，温泉作为一种新兴的能源和珍贵的资源备受重视，开发利用范围从澡堂洗浴逐步扩大到水产养殖、烘干制冷、医疗保健、旅游宾馆、居民供热等多方面。福州市地热管理处和温泉供应公司实行集中供热，公司拥有优质温泉水源井 20 眼，温泉输水泵站 6 座，温泉保温调节池 6 座，总储水容量达 3900m³，温泉输水管网 60 多千米，温泉供热范围覆盖福州市中心城区 30km²，至 2009 年享受集中供热温泉用户 45000 户，连同传统澡堂、现代洗浴业、宾馆、度假村等企业年接待 722 万人次，实现了福州温泉资源利用的良性循环和可持续发展。

远距离输温泉水至居民区或新建温泉度假村用于温泉供热、洗浴是新近开发利用温泉的又一模式。如福建安溪龙门温泉自古以来当地百姓就在河漫滩上自挖坑池用于沐浴，20世纪末，安溪县委、县政府为了改变山城落后面貌，决定将龙门温泉引入城关，列入为民办实事的八大基础工程之一。该工程为当时中国温泉水输送距离最长、规模最大的地热输水工程，将温泉水经21.8km保温输水管道（φ219mm）输送至安溪县城关，使安溪县城成为"温泉城"。

泉区外围资源勘查，扩大温泉开发利用规模是不少温泉发掘开发温泉资源开发利用潜力的重要举措。经勘查发现多数温泉的天然流量都小于温泉的可开采利用量，为了有效地发掘温泉资源的潜力，各地从20世纪中期开始都先后对拟开发利用的温泉进行了不同程度的勘查，也在不同程度上扩大了对温泉资源的利用，其中最为典型的当属北京小汤山温泉。小汤山温泉早期有天然温泉11余处，出露于大、小汤山南侧，水温21.5～50.0℃，最高泉水温度见于小汤山温泉疗养院内的西泉和东泉，分别为50℃和42℃，累计泉流量约6211m³/d。受勘探技术水平的限制，早期勘探深度在200～300m以内，勘查范围也有限，不足2km²。随着当地发展温泉种植、养殖及温泉洗浴的需要，小汤山温泉的开采范围、开采深度和开采利用量日益增大。经2005年勘查评价报告确认：泉域圈定范围约86.5km²，深度3000m以浅，储存的总地热量为1.9×10^{19}J，相当于6.5亿吨标准煤的发热量；储存地热水总

量为 $9.9\times10^8\mathrm{m}^3$，采用开采动态相关法用抛物线拟合计算，在年水位下降 1.5m 的条件下，得出区内地热水年可开采量为 $437.2\times10^4\mathrm{m}^3$，温泉（地热）的开发利用范围逐步扩大至供热、采暖、医疗、洗浴、娱乐、温室（养殖、种植）等领域，成为全国对温泉资源综合开发利用最早、规模最大、效益最佳的地区之一。从 2001 年开始在一些用户实施地热回灌试验，2010 年回灌量达到 $169.35\times10^4\mathrm{m}^3$，灌采比达到 39%，实际消耗温泉（地热）水 $269.36\times10^4\mathrm{m}^3$，与泉区的天然流量接近，泉域内水位动态变化逐步回升，回灌效果显现，正逐步推进采、灌结合的开发利用的模式，有望率先成为全国采灌结合可持续开发利用温泉资源的示范区。

此外，不少有景观优势或经济优势的地区，为发展温泉旅游产业，有意推动这些地区的深部地热勘查，一旦取得成功，很快投入温泉旅游休闲度假产业的开发利用。尤其是平原地区及有景观优势和经济优势的东部各省（区），这是近年来在这些地区不断涌现出温泉休闲旅游产业的原因。比较典型的是浙江宁波象山爵溪，近海，景观优势明显，是建造温泉旅游休闲度假的理想地，但无天然温泉可利用，当地三立置业有限公司为此投资开展温泉（地热）水源勘查，地勘单位通过近三年的勘查活动，终于在其附近钻成了 2606m 的深井，获得平均水温 54℃、可开采量 $400\mathrm{m}^3/\mathrm{d}$ 的氟、硅理疗热矿水，开发单位很快即投入了开发，建成了依山傍海的海滨温泉旅游休闲度假景区并很快成为浙江沿海新的旅游热点。

3.1.3 发挥理疗价值，向多元化利用转化

温泉旅游业的发展极大地推动了各地温泉的开发，并推动了旅游业及当地经济的发展，可以说 21 世纪初是我国对温泉开发利用发展最快、利用最广的时期。但近年来，随着温泉开发的同质化现象不断突出，温泉作为矿水的特质显现不出来，温泉的理疗作用被淡化了，社会上出现的"假温泉"给优质温泉的开发带来了负面影响，出现的种种问题让广大温泉行业从业者开始思考，如何将温泉开发向理疗方向转化，针对不同质温泉的理疗价值，开发出各具特色的理疗温泉，为大众康体健身提供选择。

温泉是天然溶剂，富含多种对人体必需的微量元素和组分，多数都可用于沐浴，有的甚至可直接饮用，对人体健康有益；但有的也含有一定的对人体有害的成分，不可直接利用或须经处理才可利用。各地的温泉因形成的地质背景不同，溶入其中的组分及微量元素有很大的差别，用于沐浴、涂抹或直接饮用，对人体的作用效果也有很大的差别。

我国温泉资源分布广泛，品质各异。

按理疗矿水分类，在全国 303 处知名温泉中，主要为氟硅型理疗矿水，近 226 处，占总量的 74.5%；其次是氟硅氡型或氟硅弱氡型理疗矿水，计 69 处，占总量的 22.8%；有少量的氟硅硼理疗矿水，见于西藏、新疆地区，计 5 处，占总量的 1.7%；极少碳酸型矿水，见于浙江临安、中翔及青海药水滩等地，计 3 处，约占总量的 1.0%。

3.2 浅层地热能供暖和制冷

21世纪以来，我国浅层地热能在理论研究、技术创新、规模化发展、政策推动、产业链完善、行业建设等各环节均呈现出高速、高质量、高效益发展态势，充分展现了国人的勤劳与智慧，创建出一种具有中国特色的发展模式，引领了世界浅层地热能向前发展。

3.2.1 浅层地热能发展现状

进入21世纪，我国浅层地热能发展迅速，利用量已超过深层地热资源，年均增长率达20%。2000年，我国利用浅层地热能供暖（制冷）建筑面积仅为10万m^2。伴随绿色奥运、节能减排和应对气候变化行动，浅层地热能利用进入快速发展阶段，2004年供暖（制冷）建筑面积达767万m^2。2013年全国地源热泵总利用面积达3亿m^2，其利用浅层地热能的装机容量已超过15GWt。2014年，全国地源热泵总利用面积达3.6亿m^2，其利用浅层地热能的装机容量已超过12.85GWt。2010年以来的平均年累进增长率约28%，仍远高于世界增长速度。近年来，全国地源热泵工程应用的发展格局略有调整，沈阳减缓了之前三年的特高速增长，北京保持500万m^2的年增长速度，但国内黄河和长江中下游地区出现了高速发展。2012—2016 年中国全国地源热泵总利用面积如图 3-1 所示。截至 2017 年底，中国地源热泵装机容量达 2 万 MW，位居世界第一，年利用浅层地热能折合 1900 万吨标准煤，实现供暖（制冷）建筑面积超过 5 亿 m^2，主要分布在北京、天津、河北、辽宁、山东、湖北、江苏、上海等省市的城区，其中京津冀开发利用规模最大。

△ 图 3-1　2012—2016 年中国全国地源热泵总利用面积[①]

3.2.1.1　浅层地热能发展阶段

我国浅层地热能开发经历了探索发展阶段，后逐步转入规范发展阶段，积累了丰富的经验，也取得了丰硕的成果。

（1）探索发展期（2001—2005 年）

进入 21 世纪，我国浅层地热能步入快速发展期。项目数量及服务面积均呈大幅度增长，2006 年以前，年平均增长率

---

① 数据来源于国家能源局。

高达 150%~200%。在快速发展早期，行业的技术力量相对薄弱，行业发展以探索+实践并重的方式进行，逐步完善适宜中国国情的建设发展模式；这一时期，以市场化方式推广为主，因此，系统投资较小、开发便捷、能效较高的水源热泵系统项目占比较大。

（2）规范发展期（2006 年至今）

通过前期不断的探索与努力，我国浅层地热能行业发展积累了很多宝贵的经验，逐步意识到科学发展浅层地热能的重要性。理论研究与技术应用同步发展，政策推动与规范管理双管齐下。十几年来，我国在浅层地热能地质学理论体系、勘查评价体系建设，国家、行业及地方标准建设，新技术、方法应用，资源环境监测，设备制造等方面取得丰硕成果。市场推广飞速增长，经济效益显著。2014 年，我国浅层地热能开发利用规模已跃至世界第一位。

3.2.1.2 浅层地热能地质学的理论发展

浅层地热能具备资源的基本属性——在一定技术经济条件下可被利用；特殊性在于其可再生。任何一种资源在被利用之前，都应先进行评价，然后根据资源禀赋条件、资源量、需求程度、经济技术水平等因素对其开发利用进行规划设计。由此基于对浅层地热能科学的认知、开发利用技术的成熟以及管理的完善"规范"开发浅层地热能，在这方面，北京市的发展走在了全国的前列，并完成多项首次突破。

（1）浅层地热能地质学理论的创立

2006年4月，北京市地质矿产勘查开发局完成了国内第一份浅层地热能战略研究报告——《北京市浅层地温能开发利用现状、问题与对策战略研究报告》（京地〔2006〕18号），首次提出了浅层地热（温）能概念，明确指出浅层地热能属于资源范畴，是一种新型的可再生清洁能源，拓宽了新能源领域。该报告得到北京市政府的高度重视，同意立项开展北京浅层地热能资源地质勘查工作。

2006年9月开始，历时3年，完成了国际上首次开展的浅层地热能调查评价工作——"北京平原区浅层地温能资源地质勘查"项目，摸清了北京市平原区浅层地热能资源家底。勘查技术和评价方法居世界科学前沿领域，总体达到国际领先水平。

形成的相关研究成果包括"浅层地温能开发利用中的关键问题研究"和"北京平原区浅层地温场特征及其影响因素研究"等50余篇理论与技术研究论文也不断完善，丰富了浅层地热能的理论体系，有效指导了工程实践与应用。

在此工作的基础上，北京市地质矿产开发局联合北京市地质勘查技术院创立了浅层地热能地质学理论体系，编著了国际上首部浅层地热能资源研究专著——《北京浅层地温能资源》；开展了全国浅层地热能分布规律、开发利用条件和相关支持政策研究，编著了《中国浅层地温能资源》，为我国大力发展浅层地热能提供了重要的理论基础支撑。

首次开展了区域浅层地热能资源量计算方法研究，确定了评价计算资源量所需的参数及其测试方法和技术要求；编著了《浅层地温能资源评价》，创立了浅层地热能资源勘查评价理论体系。为我国浅层地热能资源勘查评价工作提供了有力的方法体系支撑。

《DZ/T 0225-2009 浅层地热能勘查评价规范》《GB 50366-2005 地源热泵系统工程技术规范》《DB11/T 1253-2015 地埋管地源热泵系统工程技术规范》《DB11/T 1254-2015 再生水热泵系统工程技术规范》和《省级浅层地温能调查评价工作方案编写要求》等相关规范和技术要求，建立了我国浅层地热能勘查开发标准体系，为全国开展浅层地热能资源调查评价工作提供了重要的标准支撑。

（2）开发利用关键技术研究取得重大突破

自 2005 年开始，由国土资源部及北京市财政支持，先后开展了系列关键技术的科技攻关，完成了"北京浅层地温能勘查开发关键技术研究及其工程应用"等一批项目，研究内容涉及发展战略及规划研究、资源勘查评价、开发利用、相关参数测试、地质环境监测关键技术研究、重大工程实施、科技成果转化和人才培养等 8 个方面 20 余个研究子项目。研制出浅层地热能热冷响应测试仪及测试车等技术装备，取得专利 30 余项。

浅层地热能开发利用关键技术研究取得重大突破：获得了浅层地热能热冷响应测试仪以及测试车、非洁净水板式换热器现场实验系统和再生水板式换热器的在位清洗方法等多项专利；污水源热能二次利用技术、热管蓄能、自然蓄冰等技术在北京奥运村、用友软件园和上海世博园等一系列有重大影响的工程中得到应用。其中，污水热能二次利用技术被列入北京奥运遗产目录，浅层地热能热冷响应测试车填补了国内空白。

首次基于区域新构造、地形地貌、气候条件、地质条件、水文地质条件，采用关键因子法，对全国浅层地热能资源进行了区划。对北京市平原区浅层地热能开发利用方式进行了适宜性分区，编制了北京市浅层地热能开发利用规划。

提出了浅层地热能开发环境监测方法和标准，首次采用GPRS无线远程传输技术和网络化管理方法。截至2020年，在北京已建成了包含80个监测站点的监测网。

建成了国内首个浅层地热能综合效能实验平台，实现了室外地埋管换热影响因素实验、室内空调末端选择对比实验和地下岩土体地温场变化监测实验三大功能。

（3）浅层地热能成因机理研究

首次开展了我国浅层地热能成因类型划分，将我国浅层地热能成因类型按常温层岩土体原始温度TH划分为TH$\geq$15℃、TH=15~10℃、TH=10~5℃和TH$\leq$5℃等4种类型，并开展了"浅层地热能成因机理研究"工作。

研究显示，从区域上看，常温层岩土体原始温度表现出随年均气温和大地热流密度升高而升高的趋势，而岩土体热导率、地温梯度和降雨量与常温层岩土体原始温度关系不明显。这表明常温层岩土体原始温度与年均气温和大地热流密度密切相关，即常温层岩土体原始温度与太阳能和地球内热能有关。因此，浅层地热能成因机理为在太阳能照射和地心热产生的大地热流的综合作用下，存在于地下近表层数百米内（一般小于200m）的常温层中的岩土体和地下水里的低温地热能，再生迅速、取之不竭、用之不尽、清洁环保。

3.2.1.3 浅层地热能在全国的发展

2008年12月，国土资源部下发《关于大力推进浅层地热能开发利用的通知》（国土资发〔2008〕249号），首次明确：浅层地热能是一种可再生的新型环保能源，也是一种特殊矿产资源。

至"十二五"末期，中国地质调查局已组织完成了全国336个地级以上城市的浅层地热能资源调查评价工作，为我国大力推进浅层地热能开发利用工作提供了坚实的基础。根据"十二五"中国地质调查局调查评价结果统计，我国336个主要城市浅层地热能年可开采资源量折合7亿t标准煤，可实现建筑供暖（制冷）面积320亿m^2，其中黄淮海平原和长江中下游平原地区最适宜开发利用。

从2015年我国浅层地热能开发利用情况的数据来看（见表3-1），除青海、西藏外，全国各省份均有浅层地热能开发利用情况。其中，最多的是辽宁，其次为北京。

表 3-1 我国浅层地热能开发利用情况（截至 2015 年底）[①]

省/市	北京	天津	河北	山西	内蒙古	山东	河南	陕西	甘肃
浅层地热能供暖制冷面积（万 m²）	4000	1000	2800	500	500	3000	2900	1000	400

省/市	宁夏	青海	新疆	四川	重庆	湖北	湖南	江西	安徽
浅层地热能供暖制冷面积（万 m²）	250	0	300	1000	700	1200	200	600	1800

省/市	江苏	上海	浙江	辽宁	吉林	黑龙江	广东	福建	海南
浅层地热能供暖制冷面积（万 m²）	2500	1000	2200	7000	200	300	500	100	100

省/市	云南	贵州	广西	西藏	全国合计
浅层地热能供暖制冷面积（万 m²）	150	800	2200	0	39200

2017 年 1 月，国家发展改革委、国家能源局、原国土资源部联合印发《地热能开发利用"十三五"规划》。这是地热行业首个全国规划，规划中提出，"十三五"时期，新增地热能供暖（制冷）面积 11 亿 m²，其中新增浅层地温能供暖（制冷）面积 7 亿 m²；新增水热型地热供暖面积 4 亿 m²。到 2020 年，地热供暖（制冷）面积累计达到 16 亿 m²，地热发电装机容量约 530MW，并将具体指标分解向各个省市。地热行业发展有了国家的专项规划，就有了指导方针和目标，更有了国家的支撑和保障。这是我国地热工作具有里程碑意义的新突破。

---

① 数据来源于《地热能开发利用"十三五"规划》。

"十三五"期间，我国建设了一批重大的浅层地热能开发利用项目，多源复合式地源热泵系统实现更广泛的应用，浅层地热能开发利用技术的成熟性和可靠性得到了进一步的验证和认可。北京世界园艺博览会采用深层地热 + 浅层地热 + 水蓄能 + 锅炉调峰的方式，为29万 m^2 建筑提供供热制冷服务；北京城市副中心行政办公区利用浅层地热 + 深层地热 + 水蓄能 + 辅助冷热源，通过热泵技术，率先创建"近零碳排放区"示范工程，为237万 m^2 建筑群提供夏季制冷、冬季供暖以及生活热水；北京大兴国际机场地源热泵系统作为"绿色机场"的重要组成部分，为大兴机场257万 m^2 建筑提供冷、热源；江苏南京江北新区利用长江水源和热泵技术，将实现供暖（制冷）面积1400万 m^2；此外，长江流域重点新能源示范项目——武汉滨江商务区供暖制冷项目，一期建成后可为210万 m^2 商务区提供供热制冷服务，后续扩展至440万 m^2。浅层地热能开发利用在重大工程中的示范应用进一步促进该领域的全面发展，展示了浅层地热能作为绿色清洁能源的广泛应用前景。

截至2020年年底，我国浅层地热能供暖（制冷）面积约8.1亿 m^2，装机容量大2.6万 MW，持续处于世界领先地位，应用区域重点分布于华北地区和长江中下游地区。其中，京津冀新增浅层地热供暖（制冷）面积1.5亿 m^2，充分带动了中国"十三五"期间浅层地热能利用发展。

根据相关预测，我国在热泵应用规模显著增长情景下，

2060年建筑供暖与热水供应、工业中低温用热、农业环境调控领域（均可使用浅层地热能）碳排放量将由现在的38.29亿t下降至7.48亿t，实现81%的碳减排。其中热泵减排量达20.95亿t，占总减排量的70%。

3.2.2　浅层地热能开发市场环境现状

3.2.2.1　政策法规

（1）顶层设计

2006年颁布的《中华人民共和国可再生能源法》，首次将地热能列入我国鼓励发展新能源的范畴。截至目前，国家层面出台的鼓励浅层地热能发展的政策、规划超过20项，尤其是近几年，在国际气候变化问题日益严峻背景下，政策发布更加密集。同时，也对浅层地热能的发展提出了更加科学化、精细化的管理要求。

2021年9月，国家发展和改革委员会等六部委联合发布《关于促进地热能开发利用的若干意见》提出，到2025年，地热能供暖（制冷）面积比2020年增加50%；到2035年，地热能供暖（制冷）面积力争比2025年翻一番。积极推进浅层地热能利用。在京津冀、晋鲁豫以及长江流域地区，结合供暖（制冷）需求因地制宜推进浅层地热能利用，建设浅层地热能集群化开发利用示范区；在重视传统城市区域浅层地热能利用的同时，高质量满足不断增长的南方地区供暖需求，推进云贵高寒地区地热能利用；根据各地区资源禀赋，对地表水资源丰富的长江中下游区域，积极发展地表水源热泵供暖供冷；对集中程度不高的供暖需求，在满足土壤热平衡情况下，积极采用地埋管地源热泵供暖供冷；对水文、地质条件适宜、符合地下水资源保护要求的地区，在确保同一含水层取水等量回灌，且不对地下水造成污染的前提下，积极稳妥推广地下水热泵供暖供冷。

该《意见》在肯定了浅层地热能发展的同时，也重点提出了要因地制宜，尤其是在开采地下水资源方面，更加注重资源开发与环境保护相适宜。

相较其他浅层地热能资源，易开采、成本低、效率高的地表水以及近些年纳入浅层地热能范畴的再生水资源的利用，在资源丰富地区是大力鼓励开发利用的。除了在城镇地区应用，还能够有效解决农村地区推广浅层地热能应用问题（低成本），为当前我国大力实施的乡村振兴计划作出更大贡献。

（2）地方配套政策

在地方性鼓励政策中，正向激励政策以纳入政府固定投资、配套接口费、节能项目补贴、电价补贴等形式，刺激市场发展；而税收优惠、土地使用等方面的激励手段有待进一步加强。

在这些政策中，以北京地区补贴出台最早、力度最大，如市政府固定资产投资对热泵系统给予热源和一次管网投资的30%（新建、改扩建）或工程建设投资的50%（煤改、油改）资金支持。在农村"煤改"补贴政策中，对"煤改"用户施行谷电补贴，即补贴后谷电价为 0.1 元 /kWh，每户每季限 10000kWh。这也促使北京地区的浅层地热能发展一直走在全国的前列。但很多地区，由于地方财政不足，或对社会发展的预见性不高，对浅层地热能开发建设项目，只配有较少的接口费，甚至无鼓励政策或政策落实难度大等，难以平衡资本投入问题。

3.2.2.2 产业发展潜力

（1）建筑节能需求

2016 年，国家发展改革委和国家能源局联合发布《能源生产和消费革命战略（2016—2030）》（发改基础〔2016〕2795 号），提出到 2030 年，能源消费总量控制在 60 亿 t 标准煤以内，非化石能源占一次能源消费比重达到 20% 左右。CO_2 排放 2030 年左右达到峰值并争取尽早达到峰值。到 2050 年，能源消费总量基本稳定，非化石能源占比超过一半。

2021 年，我国建筑面积总量约为 678 亿 m^2（公共建筑 + 城镇住宅 + 农村住宅），详见图 3-2，建筑运行总能耗约为 11.1 亿 t 标准煤，占社会总能耗（52.4 亿 t 标准煤）的 21%。其中，仅北方采暖建筑总面积约 162 亿 m^2，采暖能耗约 2.1 亿 t 标准煤，占社会总能耗的 4.08%。并且，随着近年来公共建筑规模的增长及平均能耗强度的增长，公共建筑的能耗已经成为我国建筑能耗中比例最大的一部分。

根据相关数据显示，空调能耗约占建筑运行能耗的 40%～60%，按 2021 年数据计算，全国空调能耗折合标准煤

4.4 亿~6.7 亿 t，产生 CO_2 排放 11.5 亿~17.3 亿 t，SO_2 排放 3300 万~5000 万 t，氮氧化物排放 1700 万~2500 万 t。

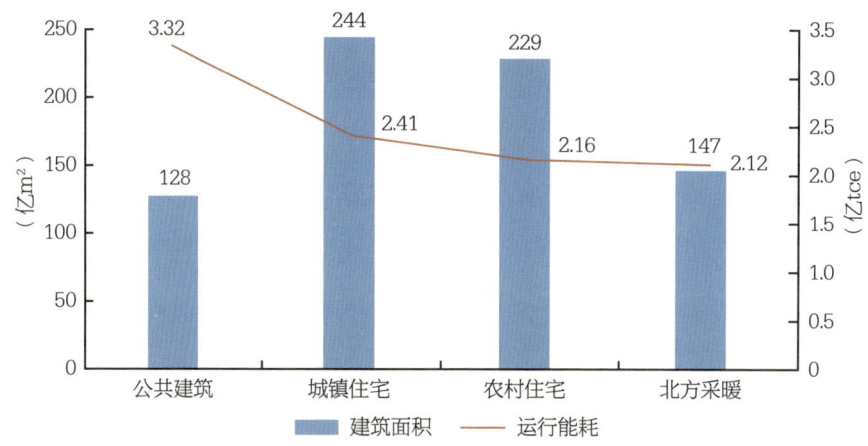

△ 图 3-2　2021 年我国建筑总面积和运行能耗[①]

2019 年，住建部在第十五届夏热冬冷地区建筑节能与墙材革新工作会议上提出，我国建筑节能低碳发展中长期的约束值和引导值为，2025 年建筑能耗总量控制在 13.5 亿 t 标准煤，2030 年为 15 亿 t 标准煤，2035 年为 16 亿 t 标准煤。

《2013—2017 年间中国 PM2.5 空气质量改善的驱动力》报告指出，中国范围内所有城市空气污染水平在 2013—2017 年从 61.8μg/m³ 降至 42μg/m³，下降了 32%。其中，燃煤锅炉整治和民用燃料清洁化分别使 PM2.5 质量浓度下降了 4.4μg/m³ 和 2.2μg/m³。清洁供暖贡献占比较大。

以北京为例，2017 年北京地热及浅层地热能开发利用总量折合标准煤 67.6 万 t，减少碳粉尘 46 万 t，减少 CO_2 168.5

---
① 数据来源于《中国建筑节能年度发展研究报告 2020》。

万 t，减少 SO_2 5 万 t，减少氮氧化物 2.5 万 t，降低 PM2.5 约 2.5~3.2μg/m³。据初步测算，每新增 1000 万平方米浅层地热能建筑应用面积，可降低北京全区域 PM2.5 质量浓度约 0.48~0.61μg/m³。特别是在集中供暖区域或供暖集中排放区，空气清洁治理尤为明显。

而随着近年来我国城镇化建设不断加快，建筑总面积也在飞速增长，如图 3-3 所示。为应对建筑节能巨大需求，浅层地热能的开发利用，成为解决建筑高效供暖、制冷的有效方式。这在实践中已得到了充分的验证，如图 3-4 所示。

2010 年以来，我国浅层地热能建筑应用面积以年均 28% 的速度递增。结合市场需求，未来有很大的发展空间。

（2）效益预测

根据中国工程院中国地热产业规划和布局战略研究项目组

△ 图3-3 我国近年来房地产开发企业竣工房屋面积[①]

---

① 数据来源于国家统计局。

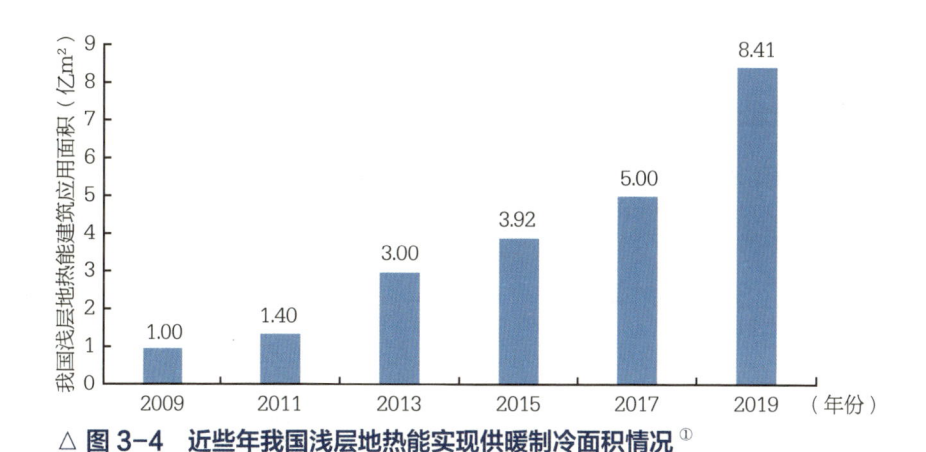

△ 图 3-4　近些年我国浅层地热能实现供暖制冷面积情况[①]

研究预测，我国地热产业资源基础雄厚，市场空间广阔，发展趋势良好，是极具发展潜力的朝阳产业。规划布局的落地实施，将有效促进产业规模发展，从而产生显著效益。

经济效益，地热产业规模发展，将为我国经济增长以及经济结构转型升级贡献新动能，推动新发展。至 2035 年，地热产业将拉动投资突破万亿元（其中浅层地热能拉动投资约 5800 亿元，中深层地热供暖拉动投资约 3200 亿元，地热发电拉动投资约 1000 亿元）。

环境效益，地热产业规模发展，将对于我国能源结构调整、节能减排、改善环境具有重要意义。至 2035 年，地热能年利用量相当于替代化石能源 2 亿 t 标准煤，约占我国能源消费总量的 3% 以上，占非化石能源比重 16% 以上，对应减排 CO_2 4.8 亿 t。

社会效益，地热产业规模发展，将带动地质勘查、建筑、

---

① 数据来源于公开发表数据。

水利等上下游产业全面发展，促进就业容量不断增加，提供数百万个就业岗位；加速相关高端装备国产化进程，助力实现"中国制造2025"；同时促进煤炭、油气等化石能源企业实现绿色转型。

3.2.2.3 行业建设

目前，浅层地热能方面的国家技术标准只有2005年发布的《地源热泵系统工程技术规范》（GB 50366-2005）一项，近期正在开展修订工作。

在行业标准制定上，2009年，原国土资源部制定了《浅层地热能勘查评价规范》（DZ/T 0225-2009）。2018—2021年，国家能源局批准了能源行业地热能40项标准，其中，浅层地热能相关标准4项。

在地方标准制定上，北京、上海、河北、山东等省市标准建设走全国前列。浅层地热能利用的标准化建设水平及系统监测水平也明显高于其他地区。

总体上，我国浅层地热能相关的标准体系尚未建立，各地方标准以推荐性标准为主，很多地区无相关地方标准可供执行，市场门槛相对较低，行业管理部门不统一，法规缺位，易发恶性竞争，致项目建设质量不高，社会认可度降低，推广难度进一步加大。因此，行业推广发展亟待建立较为完善的标准体系。

3.3 中深层地热能供暖

随着中深层地热资源勘探开发利用技术的发展，地热供暖逐渐取代温泉洗浴成为中深层地热资源利用最重要的方式。目前中深层地热能开发利用主要仍是以供暖为主，中深层地热替代常规的能源（煤、天然气）对建筑物进行供暖，是目前成为节能减排的有效途径之一，是实现国家"双碳"目标的又一个重要举措。

进入 21 世纪后，随着我国生态文明建设不断推进，大气污染治理和推进北方清洁能源供暖的力度不断增强，地热供暖的规模不断扩大，北方许多省市都开始推进中深层地热供暖工程，从河北省逐步扩展到河南、山东、天津、山西、陕西等省份。

"十四五"期间，随着国家出台一系列支持地热开发利用的政策，以及地热开发利用越来越规范化，地热开发利用技术越来越先进，回灌技术越来越成熟，自动化水平越来越高，地热利用效率越来越高，地热开发成本逐步下降，运行费用大幅下降，中深层地热供暖将成为我国可再生能源供暖的首选形式，同时将迎来一个发展黄金期。

3.3.1 中深层地热能供暖发展现状

近10年来，中国水热型地热能直接利用以城市供暖为主，以年均10%的速度增长，已连续多年位居世界首位。2000年全国水热型地热能供暖建筑面积为1100万 m^2，2015年底已达1.02亿 m^2。据不完全统计，截至2021年底，全国水热型地热能供暖建筑面积累计为5.3亿 m^2，其中河北为1.5亿 m^2，河南为8759万 m^2，山东为7325万 m^2，天津为3861万 m^2 等。

河北省中深层地热能供暖面积稳居首位。2022年，河北省中深层地热能供暖面积已经高达1.5亿 m^2，占全国的比重的28%，领跑全国。供暖区域分布在燕山以南、太行山以东的保定、石家庄、衡水、廊坊、沧州、邯郸、邢台等市的广大平原地区，部分县区甚至主要依靠地热能供暖，中深层地热能供暖在河北省扮演了重要的角色。

河南省中深层地热能开发快速发展，引领中原崛起。2022年，河南省中深层地热能供暖面积为8759万 m^2，占全国的16%。"十三五"期间，政府推动力度大，频出利好政策，充分利用北方地区冬季清洁取暖试点资金并配套地方资金，支持中深层地热能供暖发展，濮阳、开封、新乡、周口等市中深层地热能供暖面积增长迅速。

山东省砂岩地热开发促进新旧动能转换。2022年，山东省中深层地热能供暖面积达到7325万 m^2，坚持长期开展砂岩热储技术攻关和项目建设，形成了以砂岩地热能供暖为特色的地热开发方式，分布在鲁西，鲁北的东营、德州、济南、菏泽等市，成功推动了山东新旧动能转换。

天津市继续引领城市地热发展。2022 年，天津市中深层地热能供暖面积为 3861 万 m^2，支撑起了全国约 7% 的中深层地热能供暖面积，是我国利用中深层地热能供暖规模最大的城市，成为当之无愧的"地热之都"。天津地热开发验证了分布式能源规模化应用在建筑密集的大城市的可行性，为大中型城市地热开发积累了经验。

陕西水热型地热能稳步发展。陕西省地热开发较早，近年来重点推进西咸新区、渭南等地区中深层地热资源开发。中国石化基于陕西咸阳项目在联合国成功注册了全球第一个地热供暖 CDM 项目，并成功将武功县打造为陕西首个地热供暖"无烟城"。近年来，陕西省对砂岩热储回灌开展深入研究，"砂岩地热尾水经济回灌系统"获得国家发明型和实用新型技术专利。

山西省太原地热开发带动能源转型。山西省是传统煤炭生产和消费大省，地热开发较晚，基础较差。为推动能源转型，省会太原市率先开始了地热规模化开发，而后逐渐向临汾、运城等地扩展，省会城市充分展现了示范和引领作用。

3.3.2　中深层地热能供暖技术

我国自 20 世纪就开始地热利用，进入 20 世纪 70 年代，地热进入快速发展阶段,地热能供暖随着地热开发浪潮规模也逐步扩大。伴随着地热能供暖的规模化应用,在地热能供暖领域存在着一些问题,如地热利用率不高、地热尾水回灌、管材腐蚀等问题,阻碍了地热能供暖的经济高效利用。进入21世纪,通过大量工程经验总结,地热能供暖利用的一些工艺自动控制等方面有了新的突破和革新,逐步扩大了地热能供暖开发利用规模。

3.3.2.1 地热间接供暖技术

地热间接供暖技术,即地热水不直接输送至热用户散热器,而是通过换热站换热,将热量传递给供热管网循环水,温度降低后的地热水回灌。由于地热水不经过供热管网,热用户中只是循环水,因此间接供暖极大地降低了地热水对供热系统的腐蚀。同时,供热管网的循环泵由于主要是为了克服循环系统的沿程阻力,系统压力也比较稳定,在集中地热供热中宜采用间接式供热系统。但间接供热系统由于增加了换热站,循环水进入热用户的温度会比地热水的出水温度低,其工程造价比直接供暖略高。两者之间的温度差反映换热站的温度损失,在循环水被地热水加热之后可以再通过锅炉加热或热泵用于调峰。由于在地热井和热用户散热器之间多了一个换热站,因此在热力计算上比直接式供热系统复杂。

目前,中深层地热供暖企业采用的供暖技术基本均为间接供暖技术,该技术已经得到大量的工程应用。

3.3.2.2 地热梯级利用技术

地热梯级利用技术，即根据地热水不同温度的利用工艺，进行利用工艺的设计组合，使其温度从高到低均可以被有效利用，同时增加了地热利用途径，满足生产生活需要。地热梯级利用，提高了地热资源利用效率，减少资源浪费，有助于降低运行成本。

根据"品位对口，梯级利用"的用能思想，对于不同温度的地热水选择适合的利用形式。≥90℃高温地热适宜发电、采暖、工农业烘干；25~90℃的低温地热水，多用于供暖制冷、温室、养殖、旅游和疗养等；25℃以下低温地热，可利用地源热泵和水源热泵供暖、制冷。

2018年10月，京津冀地区首个地热资源梯级综合利用科研基地在河北省沧州市献县初步建成。基地实现了中低温地热经济高效发电与尾水供暖两级梯级利用，两级地热能综合利用率为75.8%。一级利用地热水除砂后发电；二级利用发电后72℃的热水，经过板式换热器和热泵为这边建筑物供暖；三级利用35℃的供暖出水，服务温室、水产养殖和温泉理疗；最后，25℃的尾水进行回灌。

通过地热梯级利用供暖，可更有效地利用地热资源，提高地热供暖的经济性和节能性。

3.3.2.3 地热回灌技术

地热回灌技术，即把经过利用的地热水，通过地热回灌井重新注回采出层段的方法，实现地热尾水回灌。回灌不仅可以解决地热废水问题，还可以改善或恢复地热储层的产热能力，保持地热储层的流体压力，维持地热田的持续开采和循环利用，使地热能成为一种可持续的清洁能源。

为了实现地热资源的可持续开发利用，避免环境污染和水位沉降，最有效的途径就是地热回灌。进入新时期，随着地热开发规模的扩大，以及国家减碳力度的持续增大，地热资源作为清洁环保的新能源，越来越得到广泛的应用，为此国家政府部门针对地热尾水明确提出了"地热尾水全部回灌"的技术要求，相关的资源管理部门也针对地热尾水制定了地热尾水回灌的行业标准，要求在地热供暖项目前期设计阶段做到"采灌平衡，以灌定采"，做到100%进行回灌，大大提升了地热回灌率。

地热回灌中，目前有两类热储类型，一种是基岩型，一种是砂岩型。基岩型热储孔隙发育较好且稳定，基本可以实现100%回灌，基岩热储也是目前开发的主要热储类型；砂岩热储回灌过程中，可能发生水敏、速敏等作用，造成热储压力降低，固体颗粒沉淀或被捕获堵塞孔隙，渗透率降低，渗流阻力增大，从而使地热回灌能力减弱，因此砂岩回灌一直为亟须解决的技术问题之一，直接影响着砂岩热储的规模化开发利用。

近些年，通过地热技术工作者的不断试验和工程实践，目前可实现砂岩热储回灌，回灌率约50%~70%，部分地区最高可达80%，在砂岩热储可持续开发利用中取得了重大突破。

3.3.2.4 "地热+"多能互补供热技术

"地热+"多能互补供热，即以某一地区地热资源禀赋和分布特征为基础，因地制宜与其他能源形成互补利用供热，以实现较高的地热使用效率。地热作为一种稳定、可再生能源，是很好的基础供热能源，"地热+"多能互补供热，可充分发挥各类能源优势，多能互补不仅可以充分利用地热，节约能源，同时可提高经济效益。发展"地热+"，是未来新能源和可再生能源的一个重要发展方向。在"地热+"多能互补中，存在多种形式能源的组合，如"地热+余热""地热+燃气锅炉""地热+太阳能""地热+空气源热泵"等。雄安新区容东片区地热供暖制冷项目，采用"地热+浅层+余热+燃气锅炉"，取代传统天然气锅炉单一热源，为容东片区提供约 1200 万 m^2 地热供暖制冷服务。

"地热+"多能互补，设计时以中深层地热为基础，多种清洁能源互补耦合利用进行设计，建立多种能源供热集成利用优化方案，实现中深层地热梯级利用，同时因地制宜集成天然气冷、热、电三联供、空气源热泵、燃气锅炉、污水余热等多种能源，实现供热项目总费用较低，CO_2 排放量最小，达到"地热+"多能互补供热方式的经济效益和环境效益的统一。

3.3.2.5 地热智能供热技术

地热智能供热技术，即以信息化、智能化为手段，实现对地热井、供热设备、管网、末端的监测，并根据供热供需关系计算分析，实现自动或半自动调节，达到智能供热的目的。智能供热，不仅实现从热源端到热用户端的整个供热系统的监控，而且实现了整个供热系统的数据搜集、过程管理和运行管理，提高了供热系统的管理效率，实现了供热系统的节能。

地热智能供热技术核心就是搭建智能化供热管理平台，由监控、仿真、室温、气象、生产调度、能管平台等组成。基于物联网、云存储计算、大数据分析监测技术，实时采集现场相关实时数据，根据天气情况和用户室温等参数，结合地热供暖项目的工艺流程，通过专项算法计算后下达调节指令，从而进行精准调控，最终实现智能供热的目的。

目前地热智能供热技术在具有规模的地热供暖企业已经大量应用，并且节能效果明显。中国石化新星公司目前中深层地热供暖项目均已采用地热智能供热技术。

3.3.2.6 中深层地热地埋管供热技术

中深层地热地埋管供热技术，是一种新型中深层地热能利用技术，即通过钻机钻到一定深度高温岩土体形成钻孔，在钻孔内安装一种密闭金属套管换热器，通过传热介质在套管换热器中循环以提取地下中深层地热能，并利用热泵向热用户供热。中深层地热地埋管及其热泵供热系统运行性能的实测研究，中深层地热地埋管在实际应用过程中有以下特点：供热季运行稳定；热源侧取热量大，占地面积小；间隙运行存在蓄热特性；长期运行持续稳定；热泵供热系统运行性能良好。但是中深层地埋管供热技术投资较高，适宜在地热供暖政策比较好（补贴高、配套费高）的区域应用。

目前，在全国供热面积中深层地热地埋管供热已超 2000 万 m^2，其主要分布在陕西省。

3.3.3 河北省雄县人才家园中深层地热供暖项目

3.3.3.1 项目概况

雄县人才家园中深层地热供暖项目，位于河北省雄安新区雄县城区鑫城小区。项目 2013 年建设完成地热供热人才家园站，并于当年 11 月 15 日正式投入供暖运营，截至 2022 年底已平稳运行 10 个供暖季，人才家园站为鑫城小区提供 32.03 万 m^2 供暖面积，供热效果良好。

该站供暖的热用户室内温度可以保持在 20℃ 左右，而且该站的地热尾水实现了同层 100% 回灌，达到了"采灌均衡"的效果。人才家园站为千家万户冬天提供了清洁供暖服务的同时，也取得了良好的社会效益和经济效益。以往冒浓烟的采暖锅炉早已不见了踪影，居民常年"沐浴"在干净清透的空气中，享受着中深层地热供暖带来的舒适和便利，这已成为雄县这座"无烟城"美好生活的生动注脚。

3.3.3.2 地质概况

雄县地质构造位置位于华北板块内，属于渤海湾盆地中的冀中坳陷内的牛驼镇凸起。

牛驼镇凸起分布的地层包括新生界第四系、新近系，中元古界蓟县系、长城系。其中第四系厚度约为 300～400m，结构较松散，有效孔隙率大，导热性差，具有良好的保温隔热作用，覆盖于新近系地层之上，构成了良好的盖层，且其下部普遍具有厚层黏土层，构成良好的隔水层。下伏的新近纪明化镇组在区内均有分布，沉积厚度 400～600m，与下伏蓟县系雾迷山组地层呈不整合接触。其中，雾迷山组是牛驼镇地热田开发利用的主力热储层。

蓟县系雾迷山组为一套富镁的巨厚碳酸盐岩建造，以韵律性明显、富含燧石、叠层石和微古植物为其特征，底部以巨厚层燧石条带白云岩底面与下伏杨庄组呈整合接触，残余厚度 800～3340m。孔隙度在 10.68% 左右；渗透率在 712.64mD 左右；岩溶裂隙发育段占地层厚度的百分比在 47.58% 左右。整体来说，雾迷山组热储层的裂隙发育程度高，孔隙性和渗透性较好，同时为地热井的开采和回灌提供了可能。

雄县位于牛驼镇凸起南部的一个高热异常区，地热田的平均热流值为 75.69MW/m^2，上部盖层地温梯度高，地温梯度在 4.39～7.22℃/100m，平均在 5.1℃/100m，下部热储层地温梯度在 1.09～2.29℃/100m，平均在 1.6℃/100m。雄县县域已开发的地热井主要集中在牛驼镇地热田背斜带的轴部地区，成井出水温度分布在 60～81℃，南部温度较高，个别地区达到 80℃左右；中部部分井温度较低，大约 60℃左右；北部地区基本在 70℃左右。目前雄县主要开发的雾迷山组热储层富水性好，成井水量基本在 80～150m^3/h，平均出水量为

115m³/h。

3.3.3.3 开发方案和地热井

根据雄县地质概况分析，本项目将蓟县系雾迷山组作为开采层位，地热井垂深在1600m左右，为防止地热开采热突破，各地热井之间保持600m的井间距。人才家园中深层地热供暖项目主要承担雄县人才家园小区的供热任务，三口地热开采井即可满足小区目前已入住32.03万m²的供暖需求，另再配两口地热回灌井，采用"三采两灌"的模式，其中包装城2井、包装城4井、包装城6井为生产井，包装城3井及包装城5井为回灌井，各个地热井的具体情况见表3-2。

表3-2 人才家园项目地热井参数

序号	井名	水温（℃）	水量（m³/h）	取水段（m）	备注
1	包装城2井	68	115	854～1580	生产井
2	包装城3井	72	120	994～1069	回灌井
3	包装城4井	67	124	913～1752	生产井
4	包装城5井	65	113	1005～1810	回灌井
5	包装城6井	68	123	960～1823	生产井

3.3.3.4 技术工艺

人才家园供热站位于鑫城物业地下一层，设计供热能力14714kW，末端既有辐射地板采暖和暖气片采暖，可供暖面积约40万m²。项目全部采用中深层地热作为热源，采用"间接换热、梯级利用"的技术路线（见图3-5）。考虑到投资的

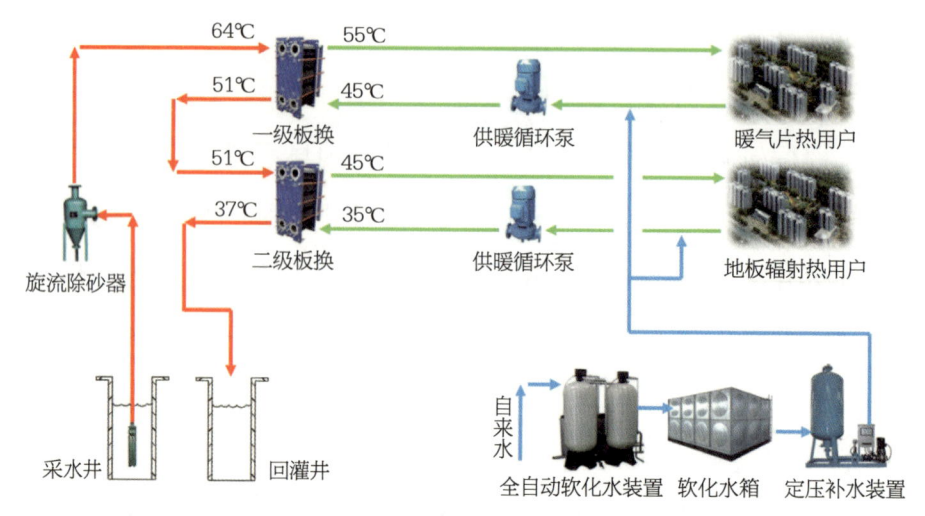

△ 图3-5　人才家园地热站供暖流程图

经济性，本项目没有增加热泵机组进行再利用。

采水井出来的地热水（64℃）经过一级板式换热器换热降温到51℃，而后这部分温度较低的地热水，经过二级板式换热器进一步换热降温到37℃左右，再回灌至原储层。取暖系统循环水经板式换热器提取地热水热量后，供给采暖用户，地板辐射采暖供回水温度为45/35℃，散热器采暖供回水温度为55/45℃。

根据鑫城小区分步建设及供暖二级管网高中低区配置，项目共设计5套间接换热供热循环系统，即人才家园高区、中区、低（东）区、低（西）区换热系统，人才家园小区内区换热循环系统。考虑二级供热循环水量损失，分别对各区供热循环系统配置补水系统。主要供热设备见表3-3。

表3-3 人才家园地热站主要设备表

序号	名称	数量	备注
1	高区换热器	2台	
2	中区换热器	2台	
3	低区（东）换热器	2台	
4	低区（西）换热器	2台	
5	内区换热器	2台	
6	高区循环泵	3台	二用一备
7	中区循环泵	3台	二用一备
8	低区（东）循环泵	3台	二用一备
9	低区（西）循环泵	3台	二用一备
10	内区循环泵	3台	二用一备
11	高区补水定压设施	1套	
12	中区补水定压设施	1套	
13	低区（东）补水定压设施	1套	
14	低区（西）补水定压设施	1套	
15	内区补水定压设施	1套	
16	地热水除砂器	5台	
17	地热水回灌分水器	1台	
18	生活热水水箱	1座	
19	高区变频调速恒压供水机组	3台	二用一备
20	中区变频调速恒压供水机组	3台	二用一备
21	低区变频调速恒压供水机组	3台	二用一备
22	地热水自动排气装置	3套	

为掌握供热期间地热井动液面、温度、流量等一次侧地热运行状况，以及二次侧供热温度、流量、压力等数据，及时判断供热系统运行是否温度合理，并根据天气变化及时调节供热

系统，确保末端用户供热效果，该项目配置了地热监测控制系统。该系统不仅能实时监测供热系统数据，查看供热站内运营状态，同时根据天气变化做出及时响应，调节系统运行状况，及时满足用户需求，力争做到供需平衡，提高地热资源利用的有效性。

3.3.3.5 运行效果

经过2020—2022年采暖运行数据来看，项目满足鑫城小区32.03万m^2冬季供暖需求，室内温度20℃以上，运行平稳。地热井出水流量100m^3/h左右，温度67℃左右，地热水回灌温度37℃左右，无压回灌率100%。

该项目使用地热能源替代化石燃料供热，运行过程中只有潜水泵和供暖循环泵消耗少量的电力，节能效果明显。项目每年可替代燃煤9400t，减排CO_2 2.47万t、SO_2 80t、氮氧化物70t。

该项目作为中深层地热能供热项目典型案例入选国家能源局《北方地区冬季清洁取暖典型案例汇编》，荣获国家能源局地热能标委会"标准化示范项目"和"地热回灌符合认证"。项目在资源类型方面，代表了蓟县系雾迷山组地热资源开发类型，对奥陶系灰岩岩溶裂隙型热储开发也有一定指导意义，这种类型的热储主要分布在中国华北地区，如沧县隆起南翼、鲁西隆起区、关中盆地北缘和冀鲁豫结合部等。在工程应用方面，是新建居民小区清洁能源供暖的典型案例，对资源条件较好、居民采暖费承受力较低的县城地区开展清洁能源供暖有一定借鉴意义。

3.4 其他地热能直接利用

地热能利用除了在居民供暖、温泉洗浴领域广泛应用，在花卉种植、辅助锅炉给水等方面也得到了充分应用，多数地热开发企业，结合市场实际需求，建成了一批其他地热能直接利用的典型项目，形成了地热多元化综合利用方式，使得地热资源的开发更加充分。

3.4.1 山东商河花卉养殖现代农业科技地热供热示范项目

商河花卉养殖现代农业科技地热供热示范项目，位于山东省商河县新兴街以南国道340以北，崔八路以西商中河以东的山东济南（商河）国家农业科技园区内（见图3-6、图3-7），是地热温室大棚供热项目。

项目建设完成于2019年，采用中深层地热为花卉温室养殖大棚提供热源，主要用热建筑有花卉温室大棚、花卉观光长廊、绿化园艺景观、花卉旅游设施以及科研办公等配套设施（见图3-8），总占地近666666.67m^2，建筑面积近20万m^2，供热大棚40余座，供热能力16.2MW。项目采用热量供应方式，运行智慧化管理，站内自动调控，结合室外天气情况，自

中国地热的发展与未来

△ 图3-6 项目地理位置

动调节棚内温度，确保花卉温度满足生产需要，是地热温室大棚供热的全国示范项目（见图3-9）。该项目入选了《"百县千项"清洁能源示范项目典型案例目录（2000）》，并在首届农村能源发展大会上发布。

（1）地质概况

商河县花卉地热项目在构造上位于华北板块（Ⅰ级）华北坳陷（Ⅱ级）济阳坳陷（Ⅲ级）区，以陵县—渤海农场断裂为界，以南属惠民凹陷（Ⅳ级），见图3-10。

△ 图 3-7　商河花卉养殖现代农业科技地热供热示范项目

△ 图 3-8　温室大棚外景图

地层自下而上为古近系东营组，新近系馆陶组、明化镇组和第四系，主要热储层为新近系馆陶组，底界埋深在 700～1600m，厚度 250～362m；新近系明化镇组和第四系为盖层，厚度为 730～1050m，馆陶组热储层地温梯度在 3.681～3.688℃/100m，热储中心温度在 48～62℃。

△ 图3-9 温室大棚内景图

本区域热储主要为砂岩孔隙型热储，地热水化学类型为CL·HCO$_3$-Mg·Ca型，矿化度1.738g/l，pH值7.3，总硬度980.03mg/l。

（2）钻井技术

新近系馆陶组热储为典型的孔隙型砂岩储层，由此规范了项目统一的井身结构和完井方式。本项目目前共钻凿6口地热井，井深为1350～1600m。地热井出水温度约为55℃，水量为90～110m³/h，以三采三灌的运行模式保证了该花卉项目的正常运行。

结合本项目所在地质构造区域，地热井的钻凿均采取二开井身结构，一开井径444.5mm，下入φ339.7mm表层套管至450m，稳定了第四系地层，防止疏松地层的坍塌；二开井径241.3mm，下入φ177.8mm技术套管至热储层底板，热储层

项目所在区域地质构造图

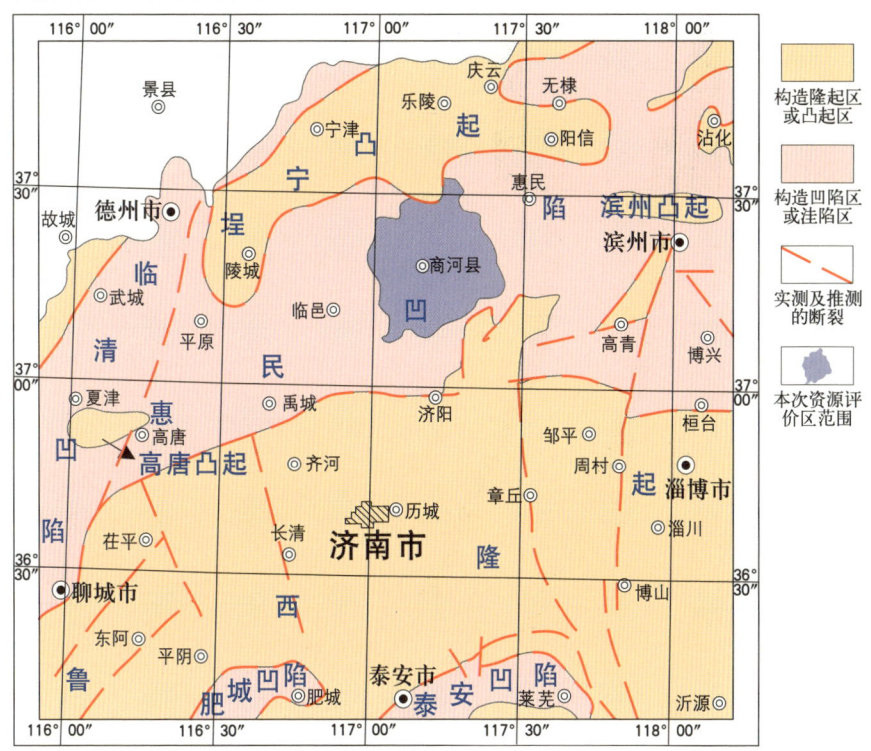

△ 图 3-10　项目所在区域地质构造图[①]

以上井段采取油井水泥封固，有效阻止了浅层低温水进入热储层降低地热井出水温度。

井身结构如图 3-11 所示。

另外，地热井全部采用滤水管完井方式，保证地层具有最大的渗流面积。井管为二级结构，采用两次下管成井的方法进行施工。将泵室管、井壁管及滤水管依照排管顺序，依次下入井内预定位置，保证了地热水的出水量，满足了砂岩储层的防砂需求。

---

① 修改自《山东省济南市商河县地热资源调查评价报告》，2007。

中国地热的发展与未来

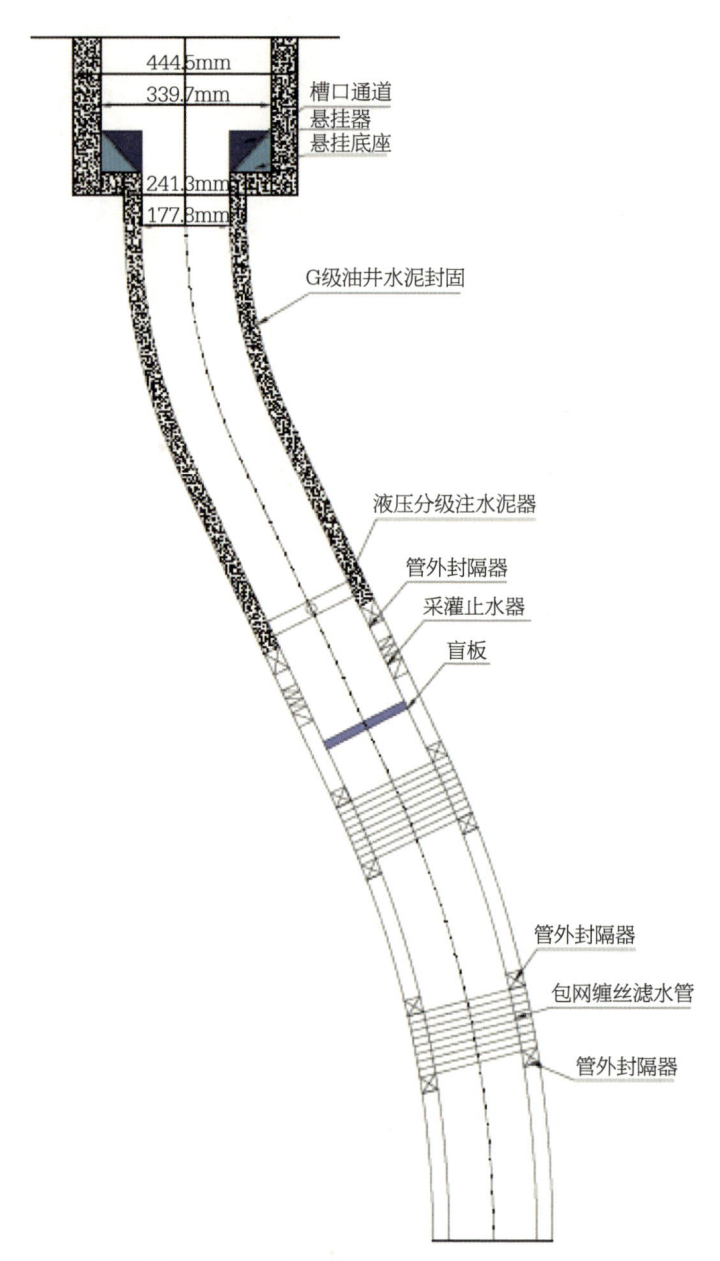

△ 图3-11 井身结构图

（3）地热工艺技术

温泉花卉地热站位于花卉大棚中央区域，占地 1200m²，生产井 3 口，回灌井 3 口，分别位于站房两侧，项目采用"间接换热、采灌均衡、梯级利用"的建设理念（见图 3-12），通过板式换热器、热泵机组、回灌水处理、真空燃气锅炉等设备，有效提取地热水热量，做到"取热不耗水"。

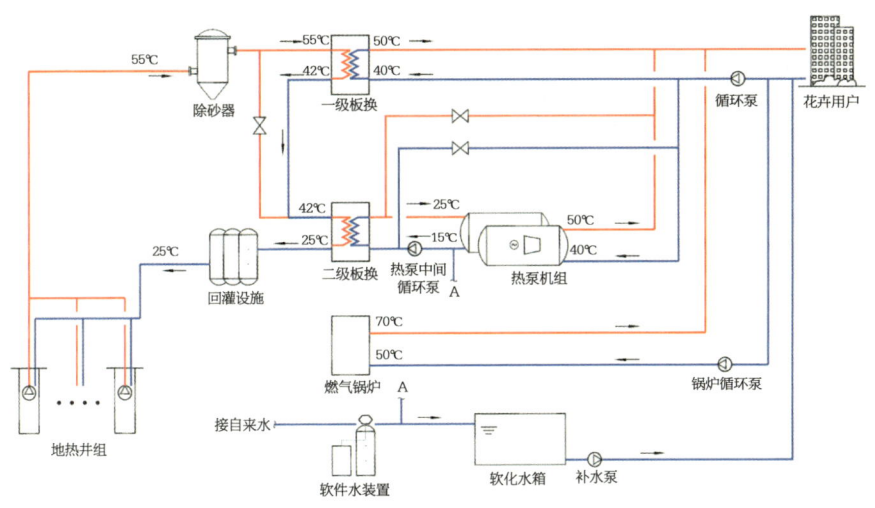

△ **图 3-12　商河县温泉花卉地热站供暖标准工艺流程图**

地热开采井提供 56℃ 的地热水经换热器换热到 42℃，结合项目用热需求及区域地热资源热储特征，再通过热泵梯级利用至 15℃，热量提取温差达到近 40℃，既做到热源的有效利用，同时又能够保证不出现热突破等情况。最终热量提取后的地热水经过滤处理后通过回灌井回灌至开采的热储层。设计工况下采暖热媒 40℃ 的回水首先经过换热器和热泵提温至 42℃，在热负荷需求较高的严寒期等时段开启燃气锅炉提温，作为辅助热源。换热站内部实景图见图 3-13。

△ 图 3-13　海峡花卉地热供热站内部图

（4）项目效益

商河区域作为农业养殖的重点区域，其果蔬养殖及其他经济类棚养植物种类繁多，同时依托地热资源，大力发展以温泉设施花卉为主的花卉产业。该项目以地热温泉养殖打造商河名片，科学有效地开发利用了商河县丰富的地热资源，项目的标杆作用既成功为当地的招商引资起到了积极作用，又对商河的生态文明建设贡献卓越。

项目通过清洁能源综合利用的开发模式，整体项目节能减排效果较好，建设完成后相比于燃煤集中供热项目，每年可节省标准煤 5.7×10^4 t，减排烟尘 82t，减排 CO_2 14×10^4 t，减排 SO_2 2100t，节能减排效果明显，为"双碳"目标实现作出了贡献。

花卉种植对温度湿度要求高，采用中深层地热作为大棚热源，如果使用天然气供暖，成本约为 75~90 元/GJ，地热的成本约为 50 元/GJ，整个项目一年可为热用户节省费用 50 万元。

3.4.2　山西省太原市地热水辅助锅炉给水项目

山西省太原市地热水辅助锅炉给水项目位于太原市，项目占地面积 4533.3m^2，总供暖面积 8.7×10^4 m^2，供热用户主要为公用建筑冬季供暖。

（1）地质概况

项目热源为西温庄地热田，该地热田位于太原市南部（见图 3-14），北部与亲贤地垒相接，南东以田庄断裂为界与清交凹陷相连，西部以汾河断裂为界与晋源凹陷毗邻，东部以田庄断裂及小店及榆次行政边界为界，面积 48.6km^2。地热田储热总量为 1.29×10^{15} kJ，地热水总储量为 3.42×10^8 m^3，地热水储热量 7.4×10^{13} kJ。地热田可开采地热水量 1.71×10^8 m^3，含热 3.7×10^{13} kJ，仅相当于热储总量的 2.84%，开发潜力很大[1]。

本项目位于山西台地中部，太原盆地西温庄隆起与清交凹陷交界处。西温庄隆起的基底总体呈现脊线走向东北、向西

---

[1] 数据摘自《太原市小店区西温庄地热田地下热水资源评价及其开发利用及保护》（2008），该报告已于 2008 年通过专家评审。

中国地热的发展与未来

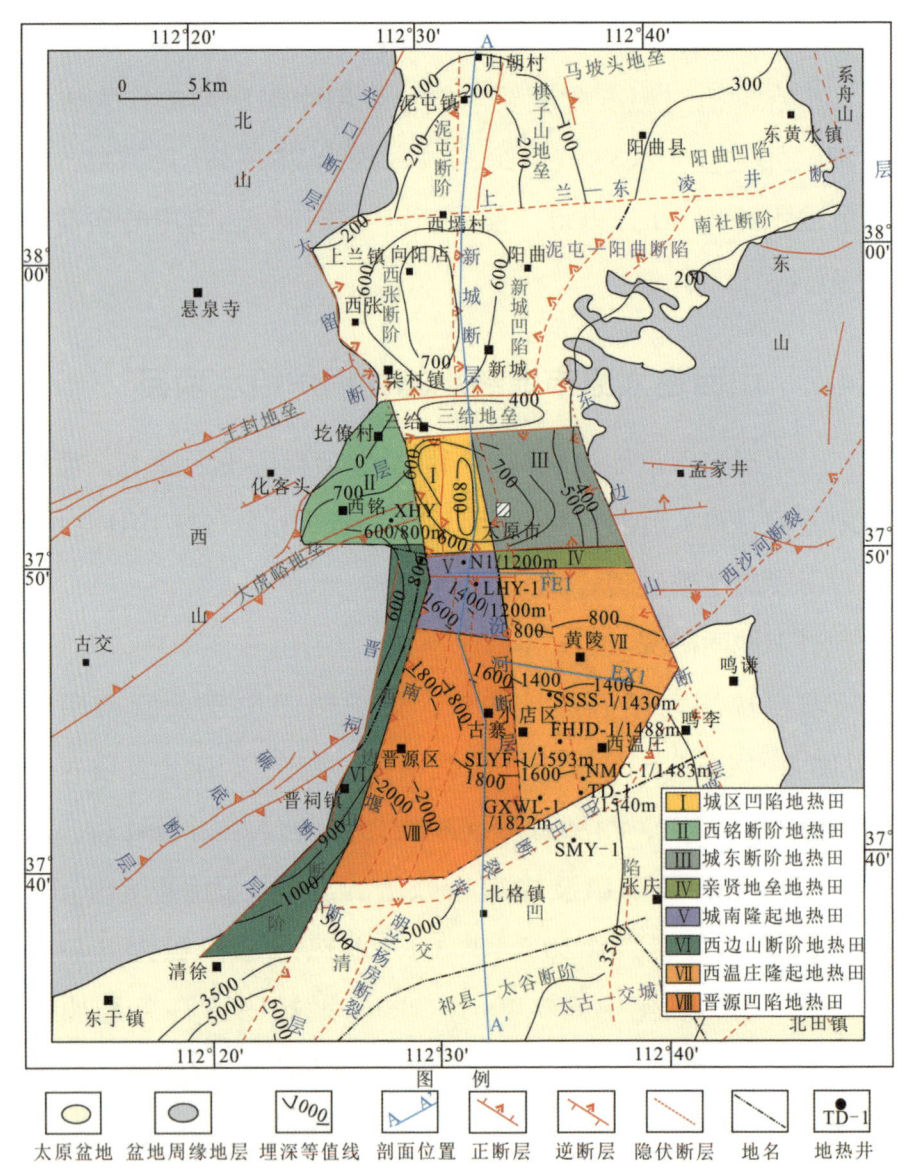

△ 图 3-14 太原盆地构造区划图[①]

---

① 源自王婷灏等《太原盆地岩溶热储地热资源评价》。

南倾伏较大的宽缓背斜构造。背斜核部位于西温庄村处。基底地层为三叠系刘家沟组砂页岩。背斜核部西侧新生界厚度600～700m，新近系发育，东侧新生界厚度200～400m，新近系发育较差。

项目钻遇奥陶系、寒武系碳酸盐岩岩溶裂隙型层状热储层。奥陶系热储层总厚度600～700m，寒武系热储层总厚度为90～120m。其中，峰峰组、上马家沟组、下马家沟组和亮甲山组为奥陶系主要热储层，凤山组、长山组为寒武系主要热储层。

奥陶系、寒武系灰岩裂缝、溶蚀孔洞较发育是主要的储水空间。地热水化学类型为SO_4^{2-}-Ca^{2+}型水，矿化度1063mg/L，总硬度737.55mg/L，pH值8.30。

（2）钻井设计

奥陶－寒武系地热储层为裂缝型灰岩储层，由此规范了统一的井身结构和完井方式。项目目前共钻凿2口地热井，地热井出水温度为65～70℃，水量为130～160m³/h，以一采一灌的运行模式保证了该项目的正常运行。

结合项目所在地质构造区域，地热井的钻凿均采取二开井身结构，一开井径444.5mm，下入φ339.7mm表层套管至450m，稳定了第四系地层，防止疏松地层的坍塌；二开井径311.1mm，下入φ244.5mm中间套管至奥陶系顶板，奥陶系顶板以上井段采取油井水泥封固，有效阻止了浅层低温水进入热储层降低地热井出水温度。

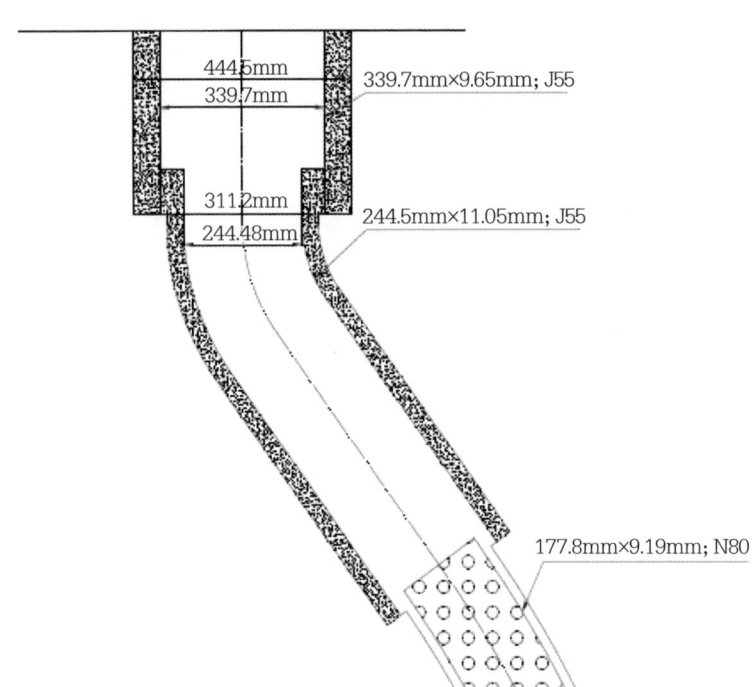

井身结构如图 3-15 所示。

△ 图 3-15　井身结构图

地热井全部采用筛管完井方式，保证地层具有较大的渗流面积。井管为三级结构，采用三次下管成井的方法进行施工。将泵室管、井壁管及筛管依照排管顺序，依次下入井内预定位置，既保证了地热水的出水量，也有效预防了灰岩热储层垮塌的风险。

（3）地热应用工艺技术

项目蒸汽站处于蒸汽用户中心，紧临中心服务区，设计供热能力4360kW，采用"一采一灌"模式，即一口开采井，一口回灌井。在非采暖期，地热井水不再进行供暖，利用地热井水与锅炉给水进行换热，提高锅炉水进入热力除氧器温度，减少锅炉蒸汽使用量。具体工艺流程（见图3-16）是：市政管网3~8℃原水进入蒸汽站中的全自动软化器，经过软化后的市政原水进入蒸汽站内第一个板式换热器，与160℃高温锅炉水水进行换热，换热后软化水水温升至40℃，高温锅炉水水温降至40℃并通过市政管网排污口排至下水道；FHJD-4地热井内65℃井水通过水泵送至5#地热站，地热水通过旋流除砂器后，进入蒸汽站第二个板式换热器内，与第一次换热后的40℃软水进行第二次换热。换热后地热井水水温降至55℃，通过加压回灌水泵送至回灌井，软水水温升至55℃，进入蒸汽站内的热力除氧器。在热力除氧器内175℃蒸汽与55℃软水发生反应，除去软水内的氧分子，防止水内氧分子与锅炉内壁发生氧化反应腐蚀锅炉内壁，同时将55℃软水温度升高

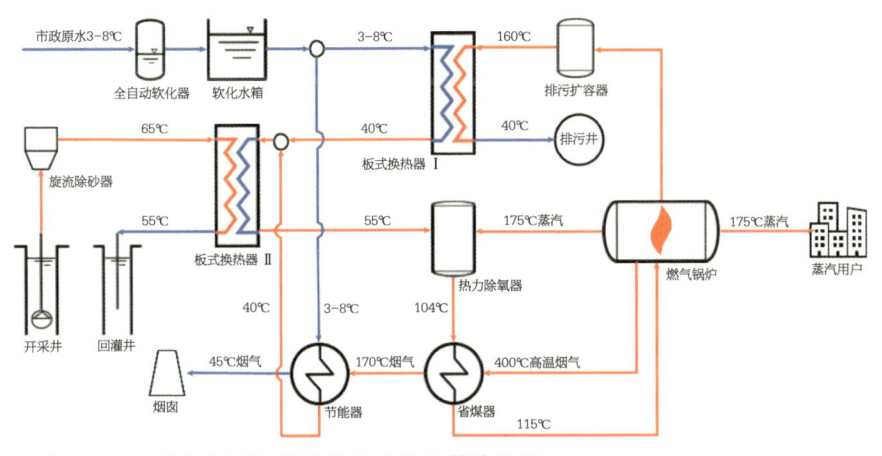

△ **图 3-16** 地热井辅助锅炉给水系统工艺流程图

至104℃。104℃除氧水从热力除氧器出来后进入省煤器，与400℃高温锅炉烟气进行换热，生成115℃除氧水进入锅炉，对锅炉进行补水。随后170℃低温烟气进入节能器与3～8℃的软化水进行换热，换热后软化水升温至40℃再次进入蒸汽站内第一个板式换热器进行后续工艺流程，170℃烟气降温至45℃随着烟囱排至大气中。燃气锅炉一部分蒸汽通过蒸汽外网输送至用汽企业，一部分蒸汽用于热力除氧器除氧分子。

在整个地热能辅助蒸汽锅炉系统中，锅炉补水水温由原来的40℃，通过增加地热井水加热锅炉的给水板，将地热水通过5#地热站引入蒸汽站水处理车间，将给水温度由40℃提高到55℃。利用地热水增加锅炉补水温度，减少了蒸汽锅炉站内除氧器的除氧自用蒸汽量，从而减少整个锅炉系统的总蒸汽用量，大大提升了能源利用率。在供暖期利用地热能对供热用户进行供暖，非采暖期利用地热井水辅助锅炉补水系统降低蒸汽用量，在整个供暖期与非供暖期，地热能都发挥着举足轻重的作用，整个流程系统不仅节约燃气资源，还减少大气污染排放，为祖国的绿水青山作出了贡献。

（4）项目效益

项目是利用地热能辅助燃气蒸汽锅炉系统实现对用汽企业供汽，天然气在整个系统中是不可再生清洁能源，而地热能作为可再生清洁能源辅助整个系统实现供汽服务，不仅降低了天然气的使用量，作为清洁能源还减少了氮化物、硫化物及碳化物在大气环境中的排放量，为我国实现"双碳"目标作出有力支撑。

本项目每年可节约蒸汽量 8260m³，减少烟尘排放 2.05×10^4t，SO_2 排放 871t，氮化物排放 758.5t，CO_2 排放 2.68×10^5t。根据当地天然气售价成本每立方米 4.5 元，每年可节约天然气费用 37170 元。因此，该项目是切切实实利用地热能来惠及民生、节约资源、保护环境的地热能辅助开发项目，对后续地热能利用及开发有很大的借鉴及推广作用。

3.5 干热岩开发前瞻研究

干热岩地热资源储量巨大，开发干热岩地热资源的主要方法是增强型地热系统。经过近 50 年的研究与开发，干热岩地热资源商业开发前景进一步明朗，越来越多的国家加入了全球干热岩勘查开发行列。目前，全球在建与投入运行发电的 EGS 工程达到 30 多个，实现运行发电的 EGS 工程超过 16 个，其中还有 5 处正在运行发电。此外，还有更多的干热岩地热开发工程尚在前期论证中。

3.5.1 干热岩地热资源概况

干热岩地热资源储量巨大，具有非常大的开发潜力。据统计，地球上可供人类开采利用的干热岩资源量是地球上所有石油、天然气和煤炭资源总量的 30 倍（MIT 2006）。蔺文静等

(2012)对我国高温干热岩的资源储量评估表明,我国地下3~10km深处干热岩资源量总计$2.52×10^{25}$J,合856万亿t标准煤,若按2%的可开采资源量计算,相当于我国2021年能源消耗总量的3200倍。汪集暘等的研究指出,我国有利的干热岩开发靶区包括青藏高原、云南西部(腾冲)、东南沿海(浙闽粤)、东北(松辽盆地)、华北(渤海湾盆地)、鄂尔多斯盆地东南缘的汾渭地堑等地区。

开发干热岩地热资源的主要方法是增强型地热系统,即通过水力压裂手段,在高温岩体内形成复杂裂隙网络的渗流通道,为载热工质(主要指水)的运移和热交换提供空间和接触面,将地下深部低孔低渗高温岩体建造成具有较高渗透性较多热交换面积的人工地热储层(见图3-17),并从中长期经济地采出相当数量的热能以供利用。随着研究的不断深入,增强

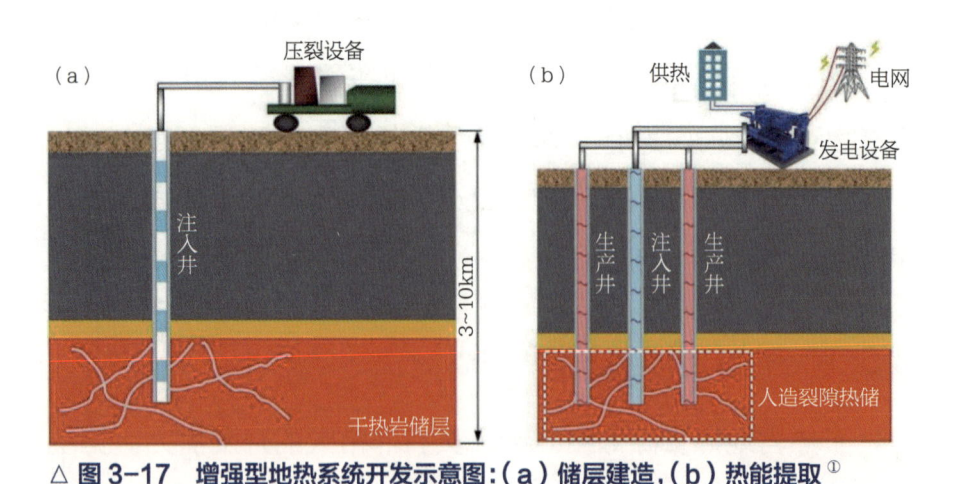

△ 图3-17 增强型地热系统开发示意图:(a)储层建造,(b)热能提取[①]

---

① 巩亮等. 增强型地热系统关键技术研究现状及发展趋势[J]. 天然气工业,2022.

型地热系统的概念也不仅仅局限于干热岩地热资源开发，在一些传统的地热储层（如温度较高的富水岩层）内也可以经过适当的改造扩容，形成增强型地热系统加以利用。

3.5.2 干热岩开发发展历程

我国干热岩地热开发研究起步较晚，早期一些科研单位和高等院校在这方面做了理论探讨并开展了有关室内试验研究。2012年国家高技术研究发展计划（"863"计划）启动了"干热岩热能开发与综合利用关键技术研究"项目。在吉林大学、天津大学、清华大学、中国科学院广州能源所、中国地质科学院水文环境地质研究所、中国科学院地质研究所及大庆油田井下分公司等单位的协作下，2015年项目执行完成。项目的实施从理论上和实验层面论证了干热岩体积压裂的工艺流程和资源开发的可行性，增强了国内科研机构与企事业单位对干热岩资源开发的兴趣和信心。此外，部分EGS单项技术研究成果为我国进行干热岩地热资源开发提供了理论支撑。

2013年，中国地质调查局发布《全国干热岩勘查与开发示范实施方案（2013—2030）》，并在多处高热流地区开展了干热岩资源勘查工作，表明国内干热岩资源调查评价与开发研究进入实质性阶段。2017年9月，青海省自然资源部门在青海共和盆地3705m深度钻的高温干热岩体，探测分布面积达3000km^2，实现了我国干热岩资源勘查重获温度超200℃大突破。调查结果表明，我国干热岩地热资源储量巨大，实现干热岩资源的安全高效开发，将在科技、经济和社会发展中具有重要的作用和战略地位。

基于上述调查成果，国家能源局等部门发布的《中国地热能发展报告（2018）》特别指出，干热岩型地热能是未来地热能发展的重要领域，亟须建设青海共和干热岩型地热能勘查和试验性开发工程。2019年开始实施"干热岩能量获取及利用关键科学问题研究"国家重点研发项目，吉林大学牵头联合11家来自高等院校、中国科学院、中国地调局、中国石化及国家电网等地热领域优势单位，旨在提升我国干热岩能量赋存、获取、传递理论研究和自主创新能力，为我国共和盆地首个干热岩示范基地（见图3-18）建设提供理论和技术支撑。最近，中国地质调查局在青海共和盆地组织实施了"干热岩资

△ 图3-18 青海共和盆地干热岩示范工程现场 [①]

① Xie, et al., Experiments and analysis of the hydraulic fracture propagation behaviors of the granite with structural planes in the Gonghe Basin. Acta Geologica Sinica-English Edition. 2021.

源调查与勘查试采示范工程"。工程第一阶段（2019—2021年）以实现干热岩试验性发电为目标，在干热岩成因机制、探测、钻探、储层建造、监测、循环连通等方面取得系列进展，成功实现干热岩试验性发电。

此外，河北省煤田地质局于2019年组织实施的干热岩勘查项目，在唐山海港经济开发区3965米深度钻获了温度为150℃的干热岩体。这是目前京津冀地区钻获埋藏较浅的干热岩，实现了我国中东部地区干热岩勘查的重大突破，这对于河北省乃至京津冀地区优化能源结构、改善大气环境、打好污染防治攻坚战，将发挥积极的支撑作用，对京津冀乃至环渤海地区干热岩勘查将具有重要的借鉴意义。

3.5.3 干热岩开发前瞻技术与挑战

根据国内外干热岩勘查、开发利用现状，结合青海共和干热岩试采科技攻坚战实践，总结归纳了推进干热岩商业化开发的底层技术、核心关键技术以及前沿和颠覆性技术（见图3-19），可以为我国接下来的干热岩勘探开发工作提供借鉴。能够预见，发展这些技术对于推动我国干热岩地热开发取得新突破，形成一批干热岩开发示范区域，支撑国家能源结构调整和"双碳目标"实现具有重要意义。

3.5.3.1 底层技术

（1）干热岩地热资源评价与选址技术

干热岩地热资源评价与选址，即以干热岩地热资源为研究

干热岩商业化开发

底层技术	核心关键技术	前沿和颠覆性技术
地热资源评价与选址	场地精细勘查与刻画技术	井下液体爆炸造缝技术
高效低成本钻井技术	高效复杂裂隙网络储层建造技术	井下原位高效换热发电技术
干热岩地热利用技术	有效微地震控制技术	CO_2等不同工质换热发电技术
	裂缝网络连通与储层表征技术	

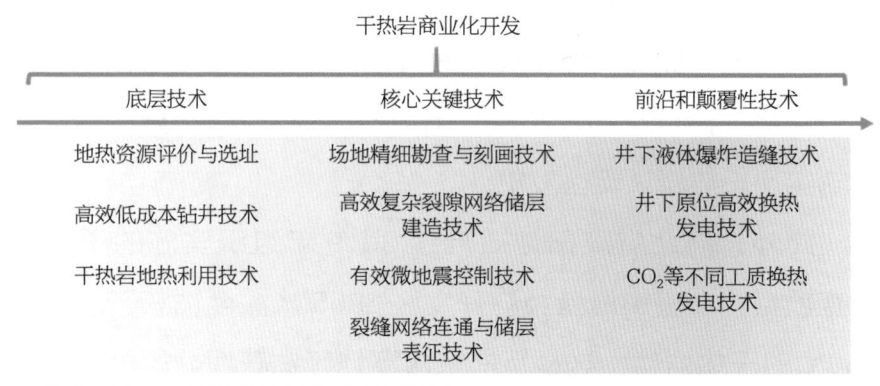

△ 图 3-19　干热岩地热开发技术结构树

对象，结合地质、地球物理和地球化学等多种方法，对具干热岩地热开发潜力的远景区开展地热地质调查和资源评价工作（如计算地温梯度，预测某深度处温度，测量地应力场，确定地质特征、岩性、构造、断裂和地震活动等），探测裂缝中流体，圈定有利区和开发靶区。2013年起始，中国地质调查局启动了我国干热岩资源潜力评价与示范靶区研究项目，重点开展了东南沿海地区干热岩勘查靶区选址与科学钻探等工作，针对福建漳州、湖南汝城、广东阳江新州、雷琼断陷盆地、海南陵水以及广东惠州黄沙洞等重点靶区开展了系统的地热地质调查、地球物理勘查等工作。2017年，青海省自然资源部门在青海共和盆地3705m深度钻获超200℃的高温干热岩体，探测分布面积达3000km^2，实现了我国干热岩资源勘查重大突破。最近，基于地质、地球物理和地球化学联合的干热岩靶区优选方法在美国FORGE场地进行了成功应用，获取了有关地下应力、原生裂隙分布特征、储层渗透性、地温梯度、岩石物性参数等重要数据，准确圈定了目标干热岩储层。我国干热岩地热资源类型丰富，主要包括：火山型（如吉林长白山、云南腾冲、黑龙江五大连池）、花岗岩型（如福建、广东、江西）、盆地型（如东北、华北、苏中）等干热岩地热资源。针对不同类型干热岩地热资源，我国靶区优选、资源量精确评价等技术相对薄弱，现有指标体系和评价方法尚不完善，对干热岩资源靶区定位技术、资源量精准评价需进一步研究。

（2）干热岩高效低成本钻井技术

干热岩高效低成本钻井，即通过研发安全高效的钻井技术体系，在增加干热岩钻井效率的同时降低干热岩钻井成本。相较于传统油气储层，干热岩埋藏深，岩体坚硬且温度高，钻进过程面临速度低、工具寿命短、井壁不稳定等难题，且钻进过程中充满不确定性，严重影响钻完井作业进度与成本。此外，干热岩钻井需要克服硬质岩层与耐磨性地层的钻进、套管柱的热膨胀、泥浆漏失和高温等问题。青海共和干热岩科技攻坚战通过现场实践，研制耐高温钻具，采用井下动力复合钻进工艺、耐240℃高温环保型清水聚合物泥浆体系和泥浆强制冷系统，初步形成了"转盘＋涡轮钻具＋孕镶金刚石钻头""转盘＋旋冲钻具＋强保径牙轮钻头""转盘＋液动冲击器＋强保径牙轮钻头"和"转盘＋螺杆＋强保径牙轮钻头"的干热岩冲击回转复合钻进工艺体系，有效降低了干热岩高温硬岩钻探风险。为了进一步提高干热岩钻井效率，目前国内外正在开始研究替代传统破岩机制的钻井技术，如气体钻井、激光钻井、化学钻井、液氮射流钻井、热机械联合钻井等。最近，美国 FORGE 场地攻克了高温硬岩大斜度水平钻井，钻井层位干热岩温度接近 200℃，表明国外已具备抗高温的随钻测控技术（定向钻井技术），为干热岩水平井分段压裂和大体积储层建造奠定了基础。相比国外钻井技术最新进展，我国高温条件下干热岩井眼轨迹控制技术（大斜度水平钻井）需要进一步研究完善，耐高温长寿命钻头、高效破岩工艺和工具需要继续攻关，高效低成本钻探技术装备需要进一步完善，进而提高钻速，缩短周期，降低钻井成本。

（3）干热岩地热高效利用技术

干热岩地热高效利用，即根据工程需求对系统热力参数进行优化，确定蒸发器最佳出口温度，按照对热能"品位"使用原则，确定冷凝器出水温度，实现最大发电效率的同时开展地热梯级利用。目前，干热岩地热利用多采用有机朗肯循环（ORC）发电，利用低沸点的流体（如正丁烷、异丁烷、氯乙烷、氨和 CO_2 等）等作为循环工质进行地热发电。有机朗肯循环发电设备相对成熟，国际上较知名的制造厂商包括美国 Ormat、意大利 Turboden 等，但国内地热发电技术相对落后。此外，现有模式换热能力有限，"直井井群""水平井""丛式井组"等不同干热岩开发模式产能效果及影响因素尚不清楚，是否能够有效增加过流面积、换热面积和改造体积利用率，这些潜在的影响干热岩高效开发的因素需要进一步研究。

3.5.3.2 核心关键技术

（1）干热岩场地精细勘查与刻画技术

干热岩场地精细勘查与刻画是地球物理探测技术的发展趋势，该技术通过地球物理勘查等手段进行深部地热探测，最终实现透明化、三维可视化、定量化勘探目标。地球物理方法适宜于查明各种断裂的方向和性质，圈定地下深部热储的位置，确定与地下热水有关的地质构造，调查火成岩体的分布、规模和性质，监测地下水和热储的水文地质变化特征及判断地下热水的分布与埋藏状况等。国外圈定干热岩靶区所利用的地球物理方法是多样化的，不局限于某种方法，而是结合各方法技术特点，在各个勘探阶段结合具体地质情况，选择适当的方法完成勘探任务。我国学者在勘探干热岩方面做了许多工作，借鉴了浅层地热勘探、石油勘探及国外干热岩勘探经验，多年来在干热岩勘探过程中也获得了许多宝贵经验，勘探方法多样化，在不同程度上取得了一定成效。然而，对于深部地热资源和相对复杂的地热系统，源、储、盖和通处于"黑箱"之中，拓展探究重、磁、电、震、测等多场源综合深部地热探测技术方法仍是国内外地热资源勘查技术领域的研究前沿。因此，构建深部地热地质结构"透明化"有效探测的地球物理勘查技术体系以及深部热储温度预测与地质地球物理建模等关键技术是当务之急。

（2）高效复杂裂隙网络储层建造技术

高效复杂裂隙网络储层建造，即使用合适的渗透率增强技术作用于渗透率极低的深部干热岩热储，建造复杂的裂隙网络储层进而使注入井和生产井之间实现有效的流体循环。目前，常用的是水力压裂、热开裂和化学刺激技术，其中水力压裂技术因快速、可控性良好而被广泛采用。水力压裂技术是通过高压流体的注入，破坏高温岩体原有的地应力场，从而激活已有裂隙并产生新裂隙，增加岩体导流和热交换能力，改善注入井和生产井的连通性。化学激发技术也受到了广泛关注，该技术主要原理是以一定的破裂压力把酸或碱溶液注入地层，以利用化学溶蚀作用达到溶解裂隙表面可溶性矿物（如方解石等）或井筒附近沉积物的效果。最近，美国FORGE场地开展了水平井分段压裂技术研发和现场测试，取得了较好的干热岩储层缝网建造效果。该项技术的进一步突破很可能是未来实现干热岩规模化开发的关键，现有储层建造技术还难以获得工业规模且经济可持续的干热岩地热能开采系统。此外，基于实验室和模型研究的新型变频压裂技术、无水压裂技术等也取得很好的实验室测试效果。

（3）高效微地震控制技术

高效微地震控制，即针对干热岩开发示范工程，通过流体注入策略控制、及时对注采策略进行验证校准、持续性的地震活动监测和施加缓解措施等实现诱发微地震控制。例如芬兰赫尔辛基阿尔托大学（Aalto University）城市校区干热岩开发项目，当红绿灯系统出现橙色警告时，会采用减少流体注入量等调整注入参数等方式，有效避免了较大的诱发地震事件。今后在高效微地震控制方面，需要深入分析干热岩水力裂缝起裂与扩展机理，通过三维地震、成像测井等高精度勘查手段精细刻画场地深部地质结构，建立多场耦合三维地质模型，实时评价诱发地震风险；建立高精度实时监测系统，实时获取诱发地震信息，指导水力压裂参数（泵注压力，排量，累积注水体积等）调整，采取压裂车缓停泵、扩大单元泵注规模、连续泵注、精准控制排量等工程措施，有助于减缓诱发地震。此外，亟待建立干热岩开采场地安全性和灾害风险评价、多学科的地震监测网络和分析技术、地震灾害风险管控红绿灯系统等技术体系。

（4）裂缝网络连通与储层表征技术

裂缝网络连通与储层表征，即对压裂过程中和结束后裂隙发育/发展情况、空间分布、连通状况、裂隙密度、裂隙走向等要素进行识别、描述，估算储层激发体积和流体分布，以辅助评价人工流体通道连通与热量交换空间大小。目前，确定干热岩储层裂隙结构最直接的方法是井下成像，即利用超声波成像、井中电视等技术获得井壁裂隙影像，统计分析裂隙张开度、发育方位的概率分布。若钻孔数量较多，可通过地质统计学方法推测裂隙三维空间结构。但受限于干热岩场地钻孔数量有限，通过地质统计学方法难以确定井筒外三维裂隙结构。干热岩储层建造过程中裂隙扩展产生微地震，因此可通过监测、反演震源点位分析裂隙发育过程和规模。部分干热岩场地（澳大利亚Cooper Basin）尝试基于电阻率测定的地球物理方法，确定储层裂隙内部结构。该方法在浅层裂隙介质中应用效果较好，但随着储层埋藏深度增加，电法勘探精度下降明显，难以获得高信噪比信息以准确分析干热岩体裂隙结构。此外，压裂过程模拟通过重塑储层建造过程中流体-应力耦合作用，可生成裂隙网络。但在地质历史时期影响裂隙发育的区域，地质条件复杂，受温度时空变化、岩层厚度不均匀性及地质时期多重应力的叠加影响，过程模拟通常只能描述高度概化条件下的裂隙发育过程，却无法完全重塑小尺度裂隙结构。所以可以看出，单一方法使用并不能很好满足干热岩储层裂缝网络表征。因此，基于测井、微地震监测、地应力观测结果，结合物理模拟和数值模拟计算，建立储层孔隙度和渗透率模型，实现高精度干热岩储层缝网成像，开发多数据融合裂隙网络精细刻画与表征方法需要进一步研究。结合青海共和现场干热岩示范工程经验，达到预期技术目标需要进一步优化交替注采、注酸溶蚀、成像定靶、精准射孔等工艺措施，攻克平面裂缝展布方向差异大、层段连通不均匀，压差高、流量低、温度扰动大的技术难题，以强化干热岩热储导流与换热效果。

3.5.3.3 前沿和颠覆性技术

（1）井下液体爆炸造缝技术

井下液体爆炸造缝，即通过将液体炸药挤入水力压裂主裂缝中并实施爆破，利用爆炸所产生的应力波冲击地层，以及高温高压的爆生气体快速膨胀发生载荷作用使地层产生微裂缝。沿地层主裂缝两壁周围将产生和形成新的微裂缝网络，并沟通更多的天然裂缝，改变地层裂缝周围的岩石基质空隙，实现更大范围的微裂缝网络区，达到改善地层渗透性的目的。目前，井下爆炸造缝技术在国内外已成功应用于油气增产领域，且取得了较好的增产效果。然而，将井下爆炸造缝技术应用于干热岩储层建造尚处于实验室探索阶段，理论模型、工艺设计及工程安全保障等方面仍不够完善，远不能实现现场工艺的真正指导。进一步妥善解决井内爆炸安全问题，避免井筒损毁是今后干热岩爆炸造缝技术成功应用的关键，一旦成功将有助于解决干热岩水力压裂泵压过高、压不开或改造区域过小的问题。

（2）井下原位高效换热发电技术

井下原位高效换热发电，指利用井下换热器直接提取岩层热量进行地热发电。目前原位换热技术包括同轴单井换热、重力热管和水平井换热等，提高热电转换效率是目前原位换热技术的主要瓶颈。通过不同压力、地层条件下裂缝水循环流动动力学过程与储层破碎带内的对流换热机理研究，突破干热岩井筒内循环换热介质流动方式的强制循环换热取热关键技术；研制兆瓦级热伏发电颠覆性技术与样机装备，实现最佳热电转换功率，构建可复制的干热岩原位高效采热与发电技术体系，有助于从根源上解决干热岩水力压裂及规模化开发诱发的微震问题。

（3）CO_2 等不同工质换热发电技术

CO_2 等不同工质换热发电，即利用 CO_2 等作为工质进行地热提取和发电。CO_2 比水容易实现超临界状态，具有良好的流动性和热交换性，在透平中比水具有更高的热效率。根据室内实验数据，超临界 CO_2 会改变岩石－流体反应的系统，作为发电循环介质，持续改善储层渗透性的同时，实现部分地质封存，同时 CO_2 循环发电机组具有设备少、机组热惯性小等特点，可以实现快速升降负荷，对于调节电网负荷波动、平衡供给侧和需求侧、实现多能源互补具有重要意义。虽然，CO_2 作为工质进行地热发电具有显著优势，但实际工程应用还存在一定的技术挑战，比如 CO_2 泄漏、管道和地面设施腐蚀等问题。

3.6 地热发电技术与展望

地热能是地球内部产生的可再生能源，资源潜力巨大。地热发电是地热能利用的重要方式，是把地下热能转变为机械能，再把机械能转化为电能的生产过程。能够把地下热能带到地面并用于发电的载热介质主要是天然蒸汽（干蒸汽和湿蒸汽）和地下热水。由于热水和蒸汽的温度、压力以及各自的水汽品质的不同，地热发电的方式也不同。地热能发电技术主要可分为干蒸汽、闪蒸发电及双循环等。

我国地热资源储量丰富，约占全球地热资源的 1/6，以中低温为主。2019 年底，我国地热直接利用装机容量为 14160MWt，居世界第一。相比之下，我国地热发电方面不是很突出。2015年我国地热发电装机容量27MWe，2020年装机容量34.89MWe，五年内增长29%，目前全球排名第19位，年度发电量174.6GWh。

地热发电的优势主要体现在：①不受气候变化、季节变动等影响，可用作基础负载的稳定电源。②地热发电利用系数在72%～76%，远高于其他可再生能源，设备系统相对简单，运营成本更低。③地热发电后排出的热水只是降低一些温度，还可以用于取暖、医疗等，实现资源的梯级利用。④地热电站为绿色能源，CO_2和环境污染物排放量少，环境价值高，取代化石能源实现节能减排。地热发电以其运行稳定、可持续利用和环保等优势具有广阔的应用前景。

3.6.1　我国21世纪地热发电情况

近年来在全球共同应对气候变化大背景下，对于地热这种清洁可再生能源的需求越来越旺盛。我国地热资源分布广泛，水热型地热资源总量折合标准煤1.25万亿t，但以中低温为主。近些年国内对于中低温地热发电的尝试又开始不断涌现。

我国有20余万口油气井，主力区块综合含水高达90%以上，大约有30%的油气井即将废弃。而油水混合物往往具备较高的温度，因此可以改造为地热井，以减小地热井建造和完井的成本和周期。"十一五"末期开始，中石油集团就开始在科技部扶持下开展油区地热资源评价和中低温地热发电试验研究，并于2010年和2016年在华北油田留北地热电站先后装机一台400kW双工质螺杆发电机组和一台500kW双工质透平发电机组，利用107~113℃的地热水完成油－热－电联产生产测试，开创了我国油田地热发电的先河。该电站采用地热综合利用模式，地热水经发电利用后再供应油田生产用热。考虑到地热水进入蒸发器会在换热管内结垢并引起腐蚀，增加了一级板式换热器，先将地热水与清水进行换热，再将清水引入发电机进行发电。两台发电机组采用不同的工质进行发电，400kW地热发电机组采用R123作为循环工质，而500kW发电机组则采用R245fa，对比研究后发现R245fa的热力性能和环保性能均优于R123。后来华北油田地热发电被列入国家"863计划"《中低温地热发电关键技术研究与示范》科研项目。遗憾的是，由于技术设备等方面原因，"863计划"在华北油田建造的中低温地热发电系统现已停产。

2010年，由上海盛合新能源科技有限公司投资建设、中国电力工程顾问集团公司华东电力设计院负责设计的50kW卡琳娜循环地热发电示范机组在台湾宜兰县清水成功并网发电。卡琳娜循环是一种以水和氨的非共沸混合液作为工质的新颖高效热力循环系统，是一种可将低能级热源用于发电的技术。卡琳娜循环系统涉及相变过程，减少了不可逆的损失。因此，卡琳娜循环系统应用在150℃以下的中低焓地热资源中，可以有效地提高余热利用效率。

青海省地热资源丰富，共和盆地则是全省地热资源富集区之一，具有地热发电潜力，但长期以来地热开发利用率却较低，利用方式也仅限于直接利用。在国家大力开发地热资源政策的支持下，中国地质大学（武汉）和青海省水文地质工程地质环境地质调查院协同工作，于2014年在共和盆地建立了青海首个试验地热发电站，期望利用区内中低温地热流体发电，为青海省能源结构优化做贡献。该试验电站采用ORC螺杆膨胀动力机发电，设计年平均净发电量为114kW。螺杆膨胀机可利用低品位地热能实现热功转换，其基本原理是用中低温地热流体对某种低沸点有机工质进行加热，工质沸腾产生蒸汽并推动转子产生动力做功。蒸汽从膨胀机排出后，进入油分离器，分离润滑油，气体进入冷凝器冷凝成液体，液体被液体泵升压，进入预热器、蒸发器，完成一轮循环。与此同时，润滑油在油分离器实现分离后，借助油泵输送至各润滑点，确保轴承等零件的润滑与降温。

2018年1月，郑州地美特新能源科技有限公司在云南省德宏自治州瑞丽市建设的分布式地热发电集装箱组项目一期工程全部四台发电设备发电试验成功，机组生产过程中设备各项参数正常，状态控制良好。瑞丽地热电站一期工程装机4台400kW地热发电机组，除去自用电，目前净发电能力可以达到1.2MW。该项目采用300～700m深的地热井提供热源，井口温度可达130℃左右。发电系统采用的全流螺杆膨胀机发电技术可直接将地热流体引入发电机，螺杆膨胀机排气温度在45℃左右，井冷凝器冷凝后混合进入冷却系统。凝汽器中的非冷凝气体则由真空泵抽出，维持系统的真空度。该电站的发电成功初步证实了全流发电技术用于中低温地热发电的可行性。此外，瑞丽地热发电站采用地美特公司采用系统化、集成化、模块化的设计思路，开创的分布式集装箱地热发电新模式，使地热发电机组占地面积显著减小，同时可以有效降低地热发电成本。

2018年10月，中国地质科学院水文地质环境地质研究所等多家单位在河北献县初步建成了京津冀地热资源梯级综合开发利用（献县）科研基地，利用蓟县系岩溶裂隙热储层地热水开展中低温地热发电与综合梯级利用研究。基地建立了装机容量280kW的地热发电站，采用ORC向心透平膨胀发电，发电系统循环工质为R245fa。其原理是工质进入蒸发器后被高温流体（地热流体）加热产生高压蒸汽，高压蒸汽进入透平膨胀做功进而带动发电机产生电能，膨胀后的低压蒸汽进入冷凝器，被冷却为低温低压的工质流体，工质流体通过增压泵升压后再次进入蒸发器完成整个循环。

目前我国已建成的中低温地热电站的统计见表3-4。

表3-4 21世纪我国新建成的中低温地热电站

所在城市	电站名称	装机容量（kW）	发电方式	现状	建成时代
河北任丘	留北地热电站	400	双工质	停运	
		500	双工质	停运	
台湾宜兰	清水地热电站	50	双工质	在运	2010年
青海共和	共和试验电站	114	双工质	试验	2000年后
云南瑞丽	瑞丽地热电站	1600	全流	在运	

续表

所在城市	电站名称	装机容量（kW）	发电方式	现状	建成时代
河北沧州	京津冀地热资源梯级综合开发利用（献县）科研基地	280	双工质	在运	
山西天镇	天镇地热试验电站	280	闪蒸	在运	
河北马头营	干热岩实验电站	200	双工质	在运	

3.6.2 技术突破

地热发电有诸多优势，但是在能源结构中所占比例不高。影响地热发电的技术问题主要有以下几个方面：①地热电站的分布、规模和发电成本受地质条件的影响很大，能够用于发电的以中高温地热能资源为主。②由于地下蒸汽和热水的温度比火电厂锅炉产生的蒸汽低得多，发电设备在较小的温差条件下运行，循环热效率比较低。③地下热水和蒸汽中含有各种杂质，化学成分复杂，会腐蚀发电设备，并引起管道结垢和堵塞。④从地下抽取地热流体，可能会出现地面下沉、噪声以及排放污染物等。因此，改进地热发电的热循环，开发高效率的设备和研究经济有效的控制腐蚀和结垢的技术是进一步发展地热发电的重要前提。

针对以上问题，地热发电的技术不断突破，不仅有把地下热能直接转化为电能的颠覆性理论突破，增强型地热系统（EGS）拓宽了热储，也有利用重力热管的取热技术。这些技术的发展不断突破传统地热发电的限制，是地热发电迅速发展的有力支撑。

3.6.2.1 中低温发电技术

（1）热伏发电技术

传统中低温地热发电，均停留在热动力发电的传统模式层面，均需要先将地热能转换机械能，再转化为电能，技术上没能实现颠覆性的突破。除了将地热能转化为机械能再转化电能这一技术外，也可利用温差热电效应，直接将地热能转化为电能，即热发电技术。地热发电技术需要解决以下两个关键技术问题。

①大尺寸高性能热电单晶制备技术

大尺寸热电单晶制备技术一直是国际热电材料学界难以攻克的重大科技难题，大尺寸热电单晶可定向切割成众多性质均一、无缺陷、高性能的热电块材，这是实现热电材料商业化应用的关键。一方面，在热电大尺寸单晶生长设备的研制中，精密控制温度和构建热场分布是关键技术难点；另一方面，创新性研发大尺寸热电单晶的生长技术，获取制备具有超高热电性能晶体的新工艺是目前国际科研界亟须解决的另一重大科技挑战，因为这直接关系到多模块热电器件协同发电、寿命和稳定性。一旦突破上述两个核心技术难点，将形成国际领先的具有完全自主知识产权的关键配套设备和热电单晶规模化工程技术。

②基于热电单晶材料的原位中低温地热发电装置创新性集成技术

将大尺寸单晶热电发电技术和中低温地热开发相结合，直接将地热能转化为电能，这种发电模式无须传统地热发电汽轮机转动等诸多环节，进而全面提升发电效率与大幅降低成本。从技术角度来看，这是地热发电模式的探索和创新，极具挑战性。须重点解决大尺寸热电单晶材料的研制、原位地热热电发电装置集成技术等关键问题，包括内嵌闭合回路冷水循环技术、闭合热储水循环技术、热电发电系统温差补偿技术（温度场恒定控制技术）、发电装置稳定持久控制技术，以实现地热规模化发电。上述集成技术可扭转我国在地热发电领域的落后局面，使我国在地热热电发电领域尤其是中低温区形成领先优势。

谢和平等首次提出了基于热电材料的中低温热伏发电技术构想。相较于传统机械涡轮发电，温差热伏发电具有体积小、重量轻、无污染、无噪声、无机械损耗、器件使用寿命长的优点。

热伏材料发电装置成套技术是实施地热发电的关键，所涉及的核心技术如图 3-20。具体包括：①建立冷端和热端之间的恒定温差，热伏材料发电的基本原理是通过材料两端温差导致电子和空穴流动产生电压和电流，恒定温差是保证发电效率的关键；②形成热量补偿、制冷补偿技术，为解决恒定温差问题提供技术支撑；③设计多级能量循环利用的蓝图，以实现梯级开发、综合利用，从高温到低温"吃干榨尽"；④研发热电发电装置的电能生产模块单位——热伏模块，为实现最大的效能转化率奠定理论技术基础，采用模块化制造和安装方式可大幅度缩短地热发电站所需的设计、制造与安装时间，分析认

中国地热的发展与未来

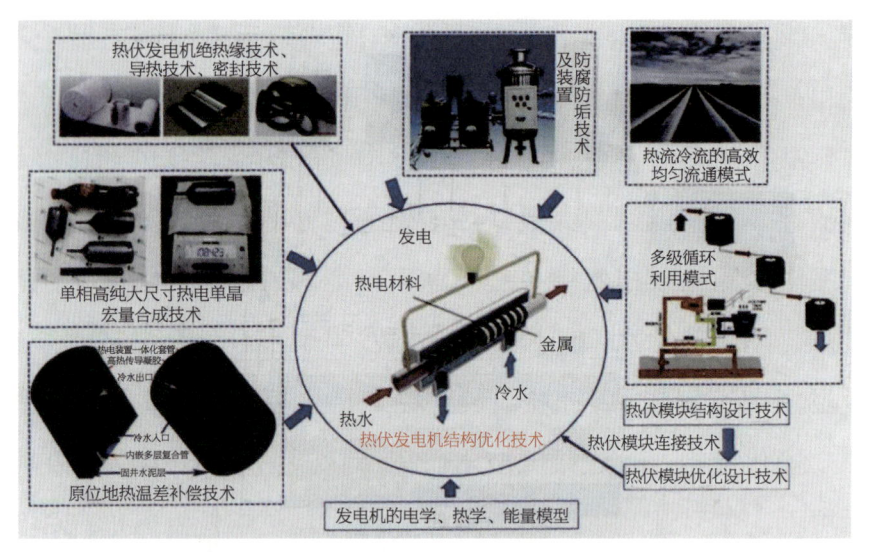

△ 图 3-20 热伏材料发电装置成套技术示意图

为，地热发电站的设计、制造、安装难以模块化是地热发电滞后于太阳能、风能发电的主要元凶之一，该集成热伏发电模块的实现及现场应用是实现规模化发展的有效举措；⑤妥善解决热伏模块热端与热水的导热设计问题、冷端与冷水的导热设计问题以及热伏模块的优化问题；⑥热伏模块设计尚应解决好冷端与热端的绝热设计问题。此外，还应综合考虑发电装置结构设计、材料的选择、绝缘绝热设计、密封设计等细节问题，最终形成综合指标最高的热伏材料发电装置。

从技术和经济的角度综合来看，热伏发电技术的主要市场是中低温地热资源，包括高温蒸汽发电后的余热资源和油田区的中低温伴生地热资源。

（2）螺杆膨胀发电技术

目前世界上大多数地热电站都采用汽轮机发电技术，其具有一定的局限性：①汽轮机适用于高温高压过热蒸汽（一般为压力大于4MPa、温度高于300℃的过热蒸汽），因此对于气液分离器的分离效果要求很高；②汽轮机工艺要求高，运行系统复杂，需要很多配套的系统和设备，占地面积很大，而地热田井场比较狭小，多山地，基本都由人工修填而成；③汽轮机结构复杂，运行、维护要求高，经常大修，需要专业检修队伍和设备；④汽轮机转速相对高，存在振动大、飞车等安全隐患，需要严格的运行条件要求，特别是叶轮结垢失去动平衡；⑤汽轮机对油质要求高，需要对油精密过滤，维修费用高。

我国研究开发出一种中低温地热水发电技术，称为螺杆膨胀发电技术。螺杆膨胀机是一种按容积变化原理工作的双轴回转式螺杆机械，主要由1对螺杆转子、缸体、轴承、同步齿轮、密封组件及联轴节等极少的零件组成，气缸呈两圆相交的"∞"字形，2个按一定传动比反向旋转又相互啮合的螺旋形阴、阳转子平行地置于气缸中。随着转子的转动，上述过程不断循环重复，实现齿间容积中气体的吸气、膨胀、排气3个连续不断的过程。从膨胀始点到终点，气体内能转换为机械能，完成了对外做功。

地热发电螺杆膨胀机具有以下特点：①对压力源品质要求较低，适用范围广，不仅适用于过热蒸汽和饱和蒸汽，也适用于汽液两相和热水，膨胀过程中对于气液两相适应性强，允许带液膨胀；②结构简单，主要部件仅2根螺杆和外壳，工作腔内无油，转子腔与轴承腔通过密封有效隔离，转子不相互接触而依靠同步齿轮驱动，可以整机模块化出厂，现场就位连接调试即可投入运行，特别适用于分布式能源发电；③直接驱动发电机，不需要减速器，运转平稳，振动小，运行时不暖机、不盘车，直接冲转启动，不会造成飞车等生产安全事故，且可以手动、自动和远程监控；④螺杆与螺杆、螺杆与机壳的相对运行能限制污垢增长，具有自洁功能，而未能去除的余垢起到减少间隙作用，减少了泄漏损失，提高了机组效率；⑤螺杆膨胀机采用新型微机调速控制装置，机组启动及带负荷操作简单。

3.6.2.2 增强型地热系统

地热电站的分布、规模和发电成本受地质条件的影响很大；能够用于发电的以中高温地热能资源为主，且地热发电适合地下水源充足、地下水流通性良好的地层。地球内部随着深度的增加，温度都会逐步增高，地热能分布极为广泛；有许多地方的地层拥有良好热源，但是受限于地下水源不足，或是地下水流通性较差，也无法用传统的方式开采地热；已经开采的地热井工作一段时间后也会逐渐枯竭。为了充分利用地下广泛分布的地热能和避免上述缺陷，"增强型地热系统"（EGS）被提出和实验。

增强型地热系统是一个闭环系统，由两个子系统组成（图3-21）。第一个子系统是地下热能采集系统，即从地下深埋的岩石中获取地热，通过深部加压致裂方法建立高渗透性的裂隙体系（人工热储），在生产井中注入冷水（或其他流体）吸收岩石裂隙中的热量，再通过生产井将产生的高温水或蒸汽抽出地面。第二个子系统是地面热能发电系统，热水采出后进入地面发电装置，用低沸点的有机朗肯循环，或用氨／水混合物的卡里纳循环，带动涡轮机发电，而冷却后的水则可被再次注入地下进行热交换循环使用。

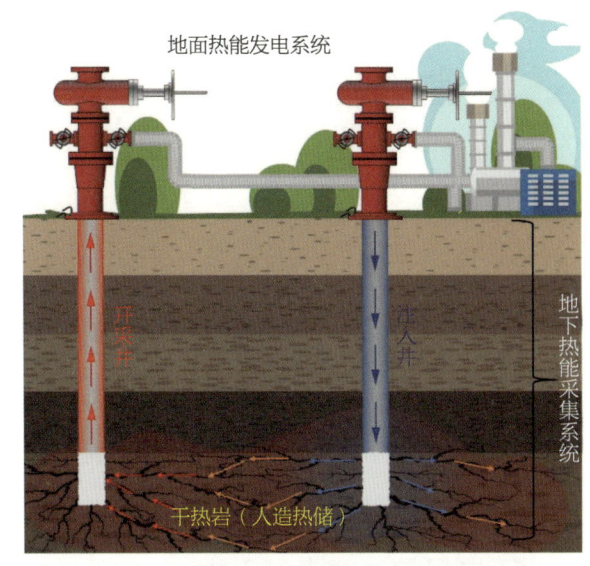

△ 图 3-21　干热岩开发增强型地热系统示意图

　　与开采可渗透岩层中地热资源的传统方法不同，增强型地热系统是通过人工建造地下热储层，从本来不具经济价值的干热岩层中采集能量，即通过高压水力压裂不渗透性高温岩层，来获得发电所需的地热流体。

　　近年来，科技和工业界在钻井、压裂、微地震监测、数值模拟等方面的技术水平都有了较大提升，但在干热岩热能开发与综合利用技术方面还面临很多瓶颈，如干热岩资源评价及靶区定位技术、人工压裂及探测评价技术、地下多场耦合作用、高温高压流体运移及高效发电技术等方面。

3.6.2.3 组合发电技术

地热发电的一个发展方向是，发挥地热供汽稳定、易调节的优势，结合其他形式的清洁能源，打造稳定可靠的清洁能源发电系统。因此，组合发电技术将地热能与太阳能、生物质能、热电发电机（Thermo-Electric Generator，TEG）、制氢、三联产以及其他直接使用形式相结合。当收获地热资源时，通常在地流体中剩余的焓可用于不同的应用。例如在 ORC 发电厂中发电的中温地热资源，其中地热盐水的出口温度足够高，足以用于热泵加热应用，将剩余的热量用于食品或农业干燥目的，或者用于水产养殖，甚至可以进行第三或第四级提取。

以地热－太阳能组合系统为例，主要包括两种组合形式。一种是联合发电的组合形式，此类组合有 3 种操作方式：①使用太阳能再加热地热发动机的工作流体；②使用太阳能进一步加热地热水或提高其中蒸汽含量；③使用地热预热太阳能电站中 ORC 的循环回流工质。前两者可以增加地热电站发电能力和热电转化效率，对单级和二级闪蒸发电系统可带来 0.23kWe/kWth 和 0.29kWe/kWth 的提升。另一种是从提高地热－太阳能整体系统效率的角度出发来设计开发地热－太阳能多级混合组合系统，该系统的出发点是利用较高品位的热能发电，用较低品位的热能来提供空间供暖、工业供暖、热水和制冷的能源需求，其实质是改良版的有多种能源的梯级利用。Al-Ali 和 Dincer 对多代太阳能－地热混合系统进行了㶲和能量分析。该系统利用温度190℃的地热热能和395℃的太阳热能为热源，结合多个能量循环（包括两个有机朗肯循环）利用多种形式的能量，能源效率从16.4%提高到78%。当从单效（仅发电）到多效时，多效梯级利用系统可以更好地利用地热能的低品位热量，显示多效联产的高效率。研究也显示此类系统的成功实施需要场地，同时具有较好的太阳能和地热资源条件，由于多种不同品位的热源同时输入，维持系统效率要更注重低品位热量的利用，对冷端散热要求也较高。我国相关领域研究人员也开展了地热－太阳能组合发电方式的研究工作。

3.6.3　不同发电系统应用情况

地热发电站与其他蒸汽轮机热力发电站相似，地热的热量加热水或其他工作流体。之后，使用工作流体来转动发电机的涡轮，从而产生电力。然后，流体被冷却并返回到热源。地热发电站分为四种类型：蒸汽发电系统、闪蒸发电系统、双工质循环发电系统和全流发电系统。

3.6.3.1　蒸汽发电系统

干蒸汽发电系统是最简单、最早期的设计。这种类型的发电站并不常见，因为地壳中可直接利用的干蒸汽的地点不易寻得。使用干蒸汽的地热能发电设施的工作原理最简单，由于直接利用高温热源，干蒸汽发电厂通常比其他类型的地热发电厂具有更高的效率。目前，全球共有63座干蒸汽地热发电站，主要集中在美国、意大利和日本等国家，装机容量约占全球地热总装机容量的 22%。

（1）工作原理

干蒸汽热电系统是地热发电厂工作原理最简单、成本最低的设计之一。其工作原理如图 3-22 所示，首先将地热井抽出的干蒸汽通过净化分离器过滤掉直径较大的固体颗粒，然后送入汽轮机进行做功发电，使用后的蒸汽被排放到冷凝器。在这里，蒸汽冷却成水，水冷却后经由管道将冷凝后的水导回深井，以便循环利用，其所用设备与常规火力发电厂相同。该发电系统主要针对参数较高的干蒸汽地热田，具有安全可靠、对环境影响小等优点，一般适用于高温地热能。

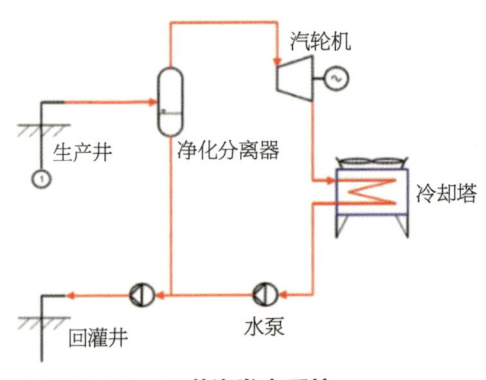

△ 图 3-22　干蒸汽发电系统

干蒸汽发电热效率较高，环境污染轻，但要求地热田的温度较高，开采难度较大，目前利用较少。但是来自地球的热蒸汽会增加涡轮叶片的腐蚀，从而增加运营费用。为提高机组的发电效率，系统中配备冷凝器，汽轮机排气可通过冷凝器内的循环冷却水降温。冷凝器采用抽气方式维持真空，可使蒸汽在汽轮机中膨胀压力较低，提高发电效率，即凝汽式汽轮机。

（2）我国应用现状

我国已实施的闪蒸发电机组包括羊八井地热电站的 2 台机

组和羊易地热电站的4台机组。闪蒸发电技术在羊易地热电站的试验应用对我国研发具有自主知识产权的地热发电装备和技术起到了积极作用，通过试验应用，主要存在两方面需要关切的问题：一是提高闪蒸发电机组单机功率问题，二是对低干度地热流体的适应性问题。在已开展的试运中，较高的地热流体干度有利于提高机组运行的稳定性，对于低干度地热流体，还需研究采取提高机组运行稳定性的措施。

3.6.3.2 闪蒸发电系统

闪蒸发电系统，又称减压扩容发电系统，通过利用不同压力下水的沸点不同的原理将低压下地热水由液态转变为气态，适用于地层中的流体为水汽混合型态，是目前最常见的地热能发电站类型。

（1）工作原理

如图3-23（a）所示，从地热井开采出具有一定压力的汽水混合物通过管道输送至闪蒸器进行降压扩容，经扩容后的水通过管道回灌至地下，扩容后的蒸汽经过除湿器除湿后经管道送入汽轮机做功，汽轮机排出的乏汽经过冷凝器冷凝后输送至回灌井回灌至地下。根据地热水通过闪蒸器的次数不同可将其分为单级闪蒸系统和二级闪蒸系统。其中二级闪蒸系统是基于单级闪蒸系统的改进，其工作原理如图3-23（b）所示，通过将扩容后的水再次送入闪蒸器进行二次闪蒸扩容，扩容产生的蒸汽送入汽轮机低压端继续做功发电。

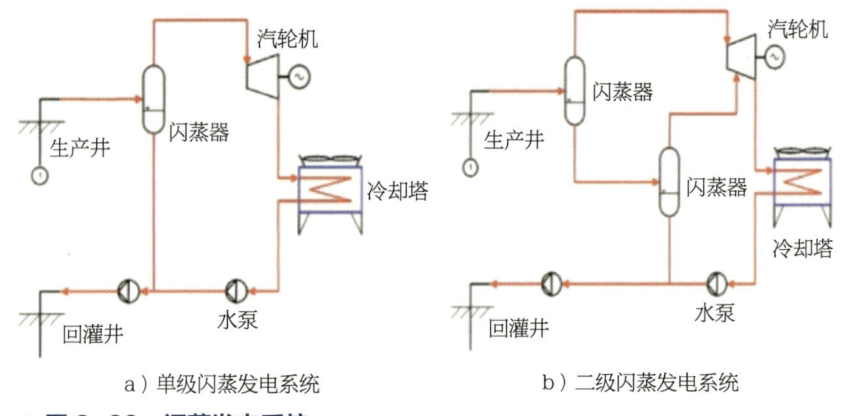

a）单级闪蒸发电系统　　　　b）二级闪蒸发电系统

△ 图 3-23　闪蒸发电系统

闪蒸式地热发电系统循环效率略低于干蒸汽发电技术，一级闪蒸系统循环效率为 12%～15%，二级闪蒸系统为 15%～20%。采用闪蒸式发电系统的地热电站设备简单，可采用混合式热交换器，但设备尺寸大、易腐蚀结垢、热效率低。由于是直接以地下热水蒸气作为载热工质，因而对于地下热水的温度、矿化度以及不凝气体含量等要求较高。

（2）我国应用现状

①单级闪蒸地热发电

我国已运行的单级闪蒸地热发电机组包括羊八井地热电站 1MW 试验机组、中国台湾清水地热电站 2×1.5MW 机组、康定地热电站 200kW 机组。

羊八井地热电站 1MW 试验机组利用地热流体温度为 140～160℃、压力为 415.032～618.135kPa、流量为 75～100/h；采用冲动凝汽式汽轮机，设计容量为 1000kW，进汽温度为 145℃，进汽压力为 415.817kPa，汽耗量为 15t/h，蒸汽干度为99%，排汽压力为7.846～9.807kPa转速为3000r/min，级数为6个压力级。发电机容量为2500kW，电压为3150V。该试验机组于1977年10月开始试运行，最大稳定出力为800kW。未达到设计出力的主要原因是地热井井下结垢使地热井热水流量减小。后经现场反复试验、摸索，1978年试制成功空心机械通井器，消除了地热井的结垢问题，机组出力稳定在1000kW，热效率约为3.5%，厂用电率为16%。至1985年该机组退役，累计运行9年时间。

中国台湾清水地热电站2×1.5MW机组于1981年正式并网发电，电站钻井为8口，采用单级闪蒸地热发电工艺，初期发电功率超过2000kW，但在长期运转后因为地热井结垢阻塞，管线锈蚀，地热出水量与发电量持续下降，至1993年，平均发电功率只剩下180kW，已无效益，于是在1993年11月关厂停止发电，累计发电运转时间为12年。

康定地热电站于2017年建成，利用地热流体温度在190～198℃，压力在78kg/cm^2，采用地热梯级利用方式，高温地热流体经发电利用后，再用于城镇供暖。发电环节采用单级闪蒸地热发电工艺，地热井产出的地热流体经旋流除砂器除砂后，进入汽水分离器，闪蒸分离出的蒸汽输送至螺杆蒸汽膨胀机发电；主机为200kW螺杆膨胀机，进气压力为5kg/cm^2，温度为150℃。主要设备包括旋流除砂器、汽水分离器、螺杆膨胀机发电机组。

由于未能并网发电，康定地热电站发电机组只是进行了现场短期实验，每次实验时间约30~40min。

②二级闪蒸地热发电

我国已运行的二级闪蒸地热发电机组均在羊八井地热电站。羊八井地热电站一站安装有3台3MW国产发电机组，分别为2#、3#、4#机组，机组分别于1981年、1982年、1985年投运。二站现有4台3MW国产机组（2#、3#、4#、5#机组）和1台1986年投运的3.18MW进口快装机组（1#机组），4台国产机组分别于1989年、1991年投运。汽轮机为两级进汽，每台汽轮机配置一、二级扩容器各1台。羊八井地热电站二级闪蒸主力机组在运行期间出现了以下几方面的问题。

一是结垢问题。羊八井地热电站存在较严重的碳酸钙结垢问题。地热井筒、集输管道、电站设备都有一定结垢。由于地热水在井筒内上升过程中随压力降低出现闪蒸汽化，生产井井筒面临严重的结垢问题。井筒内结垢若不及时清除，将导致井筒堵塞而使生产井报废。经过对生产井大量的测试研究发现，井筒结垢部位在地下20~40m内最为严重，多数井在地下40m以下基本不结垢。除井筒外，汽轮机叶片结垢问题也对生产影响较大。为保证正常生产，羊八井地热电站采取的防结垢措施包括：①自喷的地热井采用机械空心通井器定期、轮流通井除垢（一般1天1次）；②不能自喷的地热井采用深井泵升压引喷，使地热水不在井筒内发生闪蒸，抑制结垢；③对地热流体集输系统，在井口加设药泵，加入水质稳定剂；④大修或更换结垢严重的管道、设备。

二是腐蚀问题。地热流体携带的酸性气体在冷端系统遇到含氧冷却水时，腐蚀作用加剧。羊八井地热电站腐蚀严重的部位主要集中于负压系统，如汽机排气管、混合式凝汽器和射水泵及管路；其次是气封片、冷油器、阀门等。腐蚀速度最快的是射水泵叶轮、轴套和密封圈。未经处理的铸铁叶轮一般运行3~6个月就要更换，排气管和射水管路一般运行3年就要更换。主要防腐蚀措施有：①在腐蚀的主要部件上涂防腐涂层；②采用不锈钢材质的设备及部件，如不锈钢射水泵、阀门管道；③提高射水系统水的pH值，pH值由5提高到6，使其接近中性。

三是主汽压力控制问题。羊八井地热电站主蒸汽压力的调节主要依靠井口控制，地热电站内二次稳压能力不足。而且，井口调节依靠操作人员手动，造成电站主蒸汽压力稳定难度较大，曾经由于一口新钻高压井的投用，造成2号机组进汽压力和进汽量超限，叶片被打坏。

四是回灌问题。羊八井地热电站在发电过程中产生大量地热尾水，早期是直接地热尾水排放至河中，对下游和热田周边地区造成了污染。自1987年起，随着热田开发规模的扩大，开始研究通过回灌解决地表水污染和热田产能衰减的问题。

3.6.3.3 双工质循环发电系统

双工质循环发电系统不是直接使用地层中的流体来推动发电机，而是利用较低沸点的工作流体来推动涡轮发电机，此种形式的地热能发电站主要用于中低温地热发电，有逐渐增加的趋势。按照循环工质的不同又可分为有机朗肯循环系统（ORC）和卡林娜（Kalina）发电系统。

（1）工作原理

ORC 发电系统是采用低沸点有机工质，如卤代烃、氢氯氟烃、氢氟烃、烷烃、有机氧化物和环状有机化合物等，地热热源温度范围为 85～170℃。工作原理如图 3-24 所示，低沸点有机工质通过换热器与地热流体进行热量交换完成预热和蒸发，再通过汽轮机做功发电，最后通过冷凝器冷凝后经工质泵回到换热器完成循环。低沸点有机工质多数属于易燃易爆品，对设备密封性要求更高。

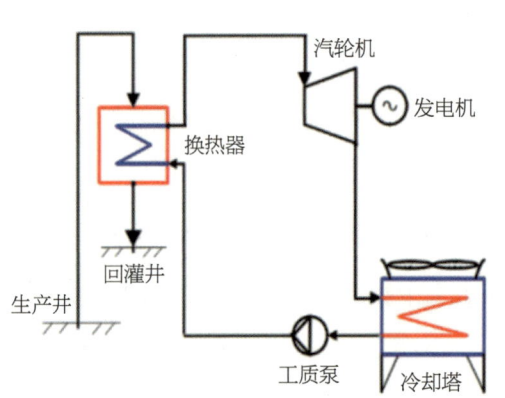

△ 图 3-24　有机朗肯循环发电系统

卡林娜循环是在传统的 ORC 双循环基础上的改进。卡林娜循环采用氨水混合物作为循环工质，在较低温度下会蒸发出氨气使得循环溶液中氨水混合物组分产生改变，导致沸点温度变化。氨水混合物在蒸发器中与地热水进行热量交换，产生气液混合物后进入分离器气液分离，分离出的饱和氨蒸汽送入汽轮机膨胀做功，驱动发电机发电；分离出来的氨水送入回热器回收热量。汽轮机排出的乏汽送入冷凝器凝结成氨水，在通过工质泵送入蒸发器进行再次循环。理论分析认为卡林娜循环比纯工质ORC循环系统性能（单位热消耗量净电能生产量）高出15%～50%。但实际运行中，由于流动阻力和泵的功耗问题，卡林娜循环并未表现出较高的性能，其优势在于单位净电能生产成本略低。

双工质循环发电系统在地热发电中应用广泛，具有设备紧凑、汽轮机尺寸小、运营成本低等优点。当地热储层温度较低时使用闪蒸发电系统投入大、效率低，双工质循环发电系统不仅可以利用85～170℃的地热流体，而且在循环过程中，由于地热流体与电力生产设备之间没有直接接触，所以可以有效防止发电设备腐蚀结垢。该发电系统能够利用中低温地热资源的低品位能源，推动汽轮机做功发电，合理利用中低温地热资源。

（2）我国应用现状

有关羊易地热电站双工质循环地热发电机组详细情况见3.6.3第一节。羊易地热电站通过采用井下加药方式，成功解决了井筒结垢问题，电站自并网发电以来运行平稳，各项性能参数达到设计指标，主要存在两方面需要关切的问题：一是工质漏损问题，二是易损件维护问题。

3.6.3.4 全流发电系统

（1）工作原理

有一种可将全部地热流体，不经汽水分离，直接导入膨胀机并参与做功发电的技术，被称作全流发电技术，该技术主要利用螺杆膨胀动力机实现发电。螺杆膨胀动力机是一种容积式发动机，相关原理在 3.6.1 中已做了详细说明。与蒸汽轮机比较，螺杆膨胀动力机组装机系统简单，对于进入机组的介质没有太多要求，纯蒸汽、蒸汽/热水混合物、热水均可以作为驱动螺杆机的动力源；允许热源参数在较大范围波动并可以保持平稳运行；螺杆粗大结实、转速低，较汽轮机转子更不易磨损，且由于螺杆的结构特点，在防结垢方面比蒸汽轮机更有优势；但受自身结构特点所限，螺杆膨胀机单机容量难以做得更大，发电效率也较透平机更低。全流发电适合小容量地热发电，可适用于中高温地热资源，其较理想的应用场景是将集装箱式螺杆膨胀机组就近布置在地热生产井附近，形成"一井一站"的分布式井口地热电站开发模式。流程示意见图 3-25。

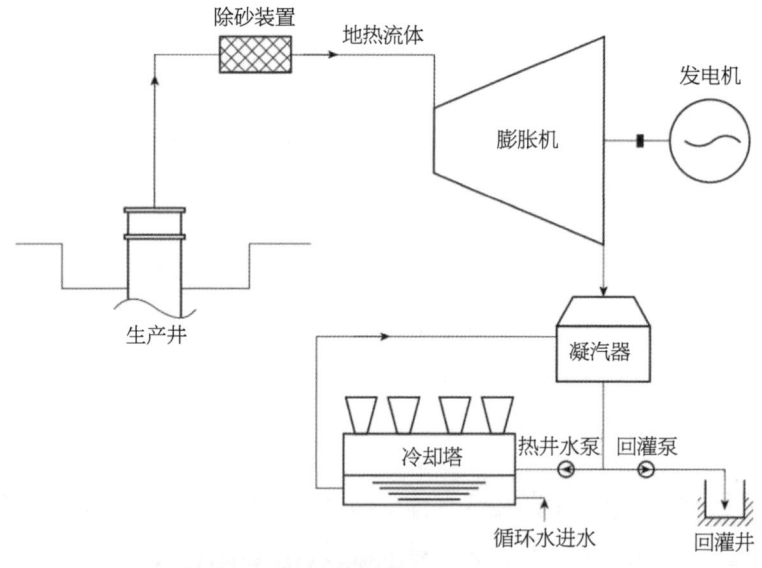

△ 图 3-25 地热全流发电流程示意图

（2）我国应用现状

全流式地热发电系统更适合于具有一定干度的地热源，这样有利于避免地热流体在进入螺杆膨胀机前扩容减压造成的损失。羊易地热电站的发电机组是我国已实施的典型的全流地热发电机组。全流高温地热发电技术在羊易地热电站的试验应用对我国研发具有自主知识产权的地热发电装备和技术起到了积极作用，通过试验应用，主要存在两方面需要关切的问题：一是提高全流地热发电机组单机功率问题，二是对低干度地热流体的适应性问题。在已开展的试运中，较高的地热流体干度有利于提高机组运行的稳定性，对于低干度地热流体，还需研究采取提高机组运行稳定性的措施。

3.6.4 典型案例

3.6.4.1 羊易地热电站

（1）建设情况

羊易地热电站位于西藏拉萨市当雄县格达乡羊易村，电站所在地的海拔高度在4560m以上，最高钻井海拔高度为4854m，规划地热发电装机容量为32MW，一期工程机组于2018年10月10日正式网发电，是目前世界上海拔最高、国内单机容量最大的地热发电机组。主要地面设施包括井口工艺装置、汽水分离站、集输管网、发电机组、回灌系统、电气系统、热工控制系统及配套附属生产设施、站外道路等。

2011年9月和2012年4月，利用已有探井，先后建成两台500kW全流螺杆膨胀机试验机组，成为羊易地热发电的先驱机组。2016年底建成1台2MW热水型螺杆膨胀机和1台2MW蒸汽型螺杆膨胀机，但大型螺杆膨胀机技术难度较大，热水型机组在调试过程中转子受水冲击开裂未能并网，2016年10月蒸汽型机组短时间并网后停机。2017年，因建设16MW双工质循环发电机组地热蒸汽管道，2台50kW全流螺杆膨胀机按计划停运。2016年4月羊易电站公司与奥玛特公司签订了热储资源咨询合同和主机设备供货合同。2017年1月，羊易地热电站一期16MW项目建设内容变更（由膨胀机发电组变更为双工质循环发电机组）得到了西藏发改委的批复，标志着16MW双工质循环地热发电机组正式落地。按照奥玛特公司的技术建议，先期对羊易地热田原有地热井进行了修井、测井、注水和群井放喷示踪试验。最终研究决定利用ZK203井（井深386m）、ZK208井（井深312.87m）作为生产井，ZK403井（井深789m）作为回灌井。两口生产井总流量约为620t/h，井底热储温度为207℃，能够支撑建设16MW高温地热发电机组。2018年9月，16MW双工质循环地热发电机组首次并网发电，同年10月，通过72小时满负荷试运行，最终于2019年2月进入满发正常运行。电站并网发电以来运行平稳，截至2021年3月，已累计发电2.74亿kWh，有力地推动了西藏自治区地热资源规模化开发利用，对完善当地电网布局，保障电力供应起到了显著作用。

（2）工艺及设备

①电站工艺

羊易地热电站生产井产出地热流体焓值在 880kJ/kg 左右，闪蒸蒸汽中不凝气体含量约为 2%，适合采用与低焓值地热资源条件较为匹配的双工质发电工艺。因此，电站采用了有机朗肯循环发电工艺，以低沸点有机工质（异戊烷）作为中间介质进行发电。地热生产井自喷生产，地热流体在井筒内上升过程中出现闪蒸，为防止井筒及地面系统结垢，设置井下加药装置——在井筒内闪蒸面以下投加了阻垢剂。产出的地热流体（压力 0.6MPa，温度 163℃）首先进入靠近井场的汽水分离站，在汽水分离器内闪蒸分离为蒸汽和卤水（压力 0.43MPa，温度 150℃），以实现稳定输送。高温地热蒸汽和卤水分别经蒸汽管道和卤水管道输送至发电机组处，均首先进入蒸发器加热有机工质产生工质蒸汽，地热蒸汽放热变为凝结水，卤水放热温度降低，经过蒸发器后地热流体温度降低至 122℃左右。受生产井高程影响，蒸发器出口的卤水压力要显著高于蒸汽压力，故设置凝结水泵给凝结水加压，让其与卤水混合进入预热器，在预热器内，地热流体进一步释放热量，温度降至 65℃左右，将处于过冷态的有机工质加热至近饱和，利用后的地热尾水再经羊易地热电站双工质循环发电机组采用直接空冷凝汽器，透平排气温度较高，且排气为过热状态。为提高热功转换效率，同时提高尾水温度防止硅垢问题，透平的排气端设有回热器，使透平排气先回灌泵加压注入回灌井。与经过工质泵加压的液态有机工质换热，回收部分热量，再进入空冷凝汽器冷凝。经回热器加热的液态工质再依次进入预热器、蒸发器，由地热流体加热实现蒸发汽化。蒸发器中产生的高温高压工质蒸汽输送至有机工质透平，推动透平发电机组做功发电。

在不凝性气体的排放方面，由于蒸发器的地热蒸汽侧压力是高于大气压的，地热不凝性气体（NCG）无须经真空泵抽吸即可排至空冷凝汽器的风机处，经大量空气稀释，实现安全达标。由于有机工质中也含有一些不凝性组分（实际采用的异戊烷纯度99%），直接冷凝汽器配置了不凝性气体排出装置（VRU），实现不凝性组分排出，并回收工质。

②主要设备

a. 井下加药装置

不同于羊八井地热电站采用的机械通井除垢方式，羊易地热电站在国内首次采用井下加药方法防止碳酸钙结垢。井下加药装置采用集成整装设备，自动控制加药量，以不锈钢软管悬挂重锤，向井筒内闪蒸点以下投加阻垢剂。在药剂选择方面，羊易地热电站先期采用进口阻垢剂，药剂使用成本约0.015元/kWh，经过与国内厂商联合研发，2020年8月成功实现药剂国产化，药剂使用成本低至约0.009元/kWh，药剂使用量在15ppm以下，阻垢效果良好，电站并网以来没有因为系统结垢而出现故障停运。

b. 汽水分离器

由于地热汽水两相流难以在复杂地形下直接输送，羊易地热电站在生产井附近设置了汽水分离站，采用国际上应用最为广泛的离心式汽水分离器，两口生产井共用 1 台。汽水分离器直径 2.8m，高度 10.5m，卤水出口处设容积 77.5m³ 的蓄水罐，起到缓冲调节作用。

c. 双工质循环地热发电机组

16MW 双工质地热发电机组由奥玛特公司成套供应，主要设备构成如表 3-5 所示。

表 3-5 双工质循环地热发电机组主要设备表

序号	名称	单位	数量	备注
1	有机工质透平	台	2	轴流式
2	高原型三相无刷发电机	台	1	含 H_2S 过滤正压送风装置
3	蒸发器	台	1	含除沫器
4	预热器	台	2	
5	回热器	台	2	
6	直接空冷凝汽器	套	2	引风式，含管道式热井
7	工质泵	台	4	
8	润滑和密封油站	套	1	
9	发电机闭式水冷系统	套	1	乙二醇防冻
10	工质不凝组分排除装置	套	1	
11	集控撬	座	1	含正压结气送风装置

机组核心设备透平发电机采用"二拖一"驱动方案，动力机采用适用于异戊烷工质的轴向排与轴流透平，运行进气压力 1.1MPa 左右，排汽压力 0.1MPa 左右，密封方式为润滑油介质密封；发电机采用高原型三相无刷、耐候保护、水冷同步发

电机。透平与发电机采用直连直驱，额定转速 1500r/min。

与透平配套的预热器和蒸发器采用管壳式换热器。蒸发器上部设有除沫器，分离工质蒸汽携带的液滴。考虑到潜在的硅垢风险，预热器设有两台，当其中一台停运清洗时，电站仍可满发。预热器和蒸发器的地热流体侧为管程，并设有可拆卸管箱端盖，便于清洗。

每台透平配备一台回热器，回热器热侧介质为气态工质，冷侧介质为液态工质，采用全焊接结构保证密封性，为降低透平排气阻力，回热器采用 X 形交叉流设计，管程换热管排数较少，壳程气体流道截面较大。

机组采用直接空冷凝汽器，无须耗水，由管束、风机、构架组成，空冷岛共安装风机 28 台（其中 2 台用于冷却发电机循环水）。凝汽器出口处设长管状热井，以有效控制工质过冷度。配套工质泵采用筒袋式多级离心泵，共设置 4 台，单台额定功率 355kW，扬程 294m，流量 407m^3/h。

机组控制系统由奥玛特公司配套提供，控制系统设备安装于两个集装箱式集控橇内，便于现场快速安装。此外为了防止硫化氢对电子元器件造成侵蚀，集控橇设置了正压过滤清净送风系统。

d. 回灌泵

根据回灌压力需要，羊易地热电站设置了回灌加压泵组。采用 3 台多级离心泵，单台额定流量 430m^3/h，扬程 158m，功率 240kW。经过实际应用，成功实现了 100% 回灌。羊易地热电站也成为我国第一个取得回灌认证的地热电站。

（3）电站运行效果及发展规划

羊易地热电站自并网发电以来运行平稳，实际运行两口生产井，流量620t/h，蒸汽量50t/h，电站热电转换效率16%，厂用电率12%，发电尾水温度不低于65℃，并实现了100%回灌，各项参数均达到了设计指标。

2018年度发电量522.2万kWh，2019年度发电量10357.6万kWh，2020年度发电量12729.0万kWh，随着机组运行管理日趋完善，年发电量逐步提高。2020年运行小时数已达8450h，连续运行时间超过110天，全年无安全、环保事故，充分体现了地热发电的稳定性和可靠性优势。

由于历史原因，羊易地热电站建设至今总投资约6.4亿元，在当前上网电价0.25元/kWh条件下尚未实现盈利，目前正在积极申办电价补贴。在落实电价补贴后，将按规划启动二期项目建设，新钻井5~10口，建设第二台16MW发电机组。

3.7 装备制造

在地热开发利用过程中，地热装备发挥着至关重要的作用，地热利用系统的运行效率、运行成本和运行寿命与地热装备息息相关。根据地热利用方式和类型不同，可以分为直接利用装备和发电装备。

3.7.1 直接利用装备

根据地热能资源利用的发展历程，用于地热能开发应用的相关装备分为常规装备和专用装备两大类。

3.7.1.1 常规装备

常规装备主要设备包括潜水泵、离心泵、除砂器、板式换热器、板式换热器机组、软化水装置、分集水器、热泵、井深仪、流量计等。

（1）潜水泵

目前地热行业常用潜水泵为QJ（R）型深井潜水泵，该型号泵根据国家标准设计，电机与水泵直联潜入水中工作，从深井提取地下水，具有结构紧凑、体积小、噪声低、无二次污染、安装使用维护方便、运行安全可靠、高效节能等优点。潜水泵在选型时除考虑常规扬程、水量等参数外，还应根据地热水水温，重点注意潜水泵的耐温。

QJ（R）型深井潜水泵是离心式，采用水润滑轴承，与电机的连接采用联轴器刚性连接。深井泵叶轮在电机带动下旋转产生离心力，使液体能量增加经泵壳的导流作用进行提水。在水泵上端设有逆止阀体，防止电泵停机时，因扬水管中倒流的水损坏工作部件。阀上有泄水孔，可将管路中的水缓缓放掉，防止冬天冻裂管路。其电机为密闭充水湿式结构，电机定子绕组采用耐水的聚乙烯绝缘，尼龙护套多层结构的电磁线。导轴承及推力轴承均采用水润滑材质。电机内部充满清水，用以冷却电机和润滑轴承。电机底部装有调压膜，用以调整由电机温升引起的机体内清水的胀缩压差。电机的上端轴上装有防砂设置，用来阻止水中泥砂进入机体内部。其管路部分用以连接电泵使其吊装在机井中，将水输送到地面上去。主要由短输水管、输水管、弯管、夹板等部件组成。短输出管是输水管路与电泵的连接过渡部件。弯管安装在井口处，以改变水流的传送方向。夹板是在深井泵的安装过程中吊装和固定输出管路。

（2）离心泵

离心泵是指靠叶轮旋转时产生的离心力来输送液体的泵，离心泵在地热供暖中主要用于一、二次侧水循环加压，是重要的常规使用设备。离心泵的基本构造是由七部分组成的，分别是：叶轮、泵体、泵轴、轴承、密封环、填料函、轴向力平衡装置。离心泵主要过流部件有吸水室、叶轮和压水室。吸水室位于叶轮的进水口前面，起到把液体引向叶轮的作用；压水室主要有螺旋形压水室（蜗壳式）、导叶和空间导叶三种形式；叶轮是泵的最重要的工作元件，是过流部件的心脏，叶轮由盖板和中间的叶片组成。

离心泵工作前，先将泵内充满液体，然后启动离心泵。叶轮快速转动，叶轮的叶片驱使液体转动，液体转动时依靠惯性向叶轮外缘流去，同时叶轮从吸入室吸进液体。在这一过程中，叶轮中的液体绕流叶片，在绕流运动中液体作用一个升力于叶片，反过来叶片以一个与此升力大小相等、方向相反的力作用于液体。这个力对液体做功，使液体得到能量而流出叶轮，这时液体的动能与压能均增大。

（3）除砂器

在地热水利用中，常常由于地质及施工方面的因素，成井后地热水中含砂量超过国家规定的工业用水含砂量标准，在日常使用过程中，水中有害的不溶性矿物质及固体颗粒，给人们生活带来危害或不便。例如：运行过程中极易造成管道、换热器阻塞、换热效果不佳、热损失增大。一般来说，地热水中含砂量超过二百万分之一时，井口就需要配置除砂器，目前地热能行业常用除砂器是旋流式除砂器。

旋流式除砂器是利用进水管安装在筒体的偏心位置，所以当水通过进水管进入设备后，首先沿筒体的圆周切线方向形成斜向下的圆周流体，水流旋体转着沿内壁在导流板的作用向下推移，当水流到达锥体接近底部后，转而沿筒体轴心向上旋转，最后经滤网进一步截留杂质后由出水管排出；杂质在流体旋转离心力和自身重力作用下，沿锥体内壁落入设备下部集污器中，锥体下部设有特殊构件防止杂质向上泛起，当积累在集污器中的杂质积累到一定程度时，只要开启手动阀门，杂物即可在水流作用下流出旋流除污器。旋流除污器集旋流除砂、沉淀除污为一体，主要用来清除地下水和地下热水以及其他水源中的固体颗粒。它改变了传统的自由沉降方式，可在不间断供水过程清除水中的沙砾，克服了其他除砂方式存在的水质二次污染的现象，提高了除砂效率，缩短了除砂周期。

（4）板式换热器

板式换热器是由许多具有一定波纹形的传热板片，按一定的间隔，通过橡胶垫片压紧组成的可拆卸的换热设备。板式换热器主要由传热板片、密封垫片、两端压板、夹紧螺栓、支架等组成。板片组装时，两组交替排列，板与板之间用黏结剂把橡胶密封板条固定好，其作用是防止流体泄漏并使两板之间形成狭窄的网形流道，换热板片压成各种波纹形，以增加换热板片面积和刚性，并能使流体在低流速成下形成湍流，以达到强化传热的效果。板上的四个角孔，形成了流体的分配管和泄集管，两种换热介质分别流入各自流道，形成逆流或并流通过每个板片进行热量的交换。

板式换热器具有体积小，占地面积少，传热效率高，组装灵活，金属消耗量低，热损失小，拆卸、清洗、检修方便等特点。缺点是密封周边较长，容易泄漏，不能承受高压。

（5）板式换热机组

板式换热机组由板式热交换器、水泵、仪表、电气设备、控制系统及必要的附属设备等组成的，以实现流体间热量交换为目的的集成装置。系统带有智能控制系统，节能控制效果、自动化程度、系统运行的安全和稳定性及所带来的维护和管理上的便利性都大大超过传统的供热方式，由于系统自动化程度的提高，换热站的运行和维护人员的数量大大减少，同时也减少了运行和维护成本。

板式换热机组主要功能有补水泵控制系统、循环泵控制系统、一次网流量调节控制系统。补水泵控制系统具有变频恒压补水功能，压力控制稳定；可定时自动切换备用泵，防止备用泵长时间不用锈蚀；具有动、静压补水压力自动控制，可设定动压和静压两个补水压力，在循环泵起动和停止时自动切换；补水箱缺水自动保护功能，在补水箱缺水时自动停泵，防止补水泵空转；超压自动泄水功能，在系统热膨胀超压时可自动打开泄压阀泄压；可控制两台补水泵同时工作，当系统初次注水时，由于补水量大，可自动控制两台泵同时运转，缩短补水时间。循环泵控制系统循环泵采用变频压力控制，根据二次网供、回水压差或供水压力自动调节循环泵的转速，保证二次网出口压力或供、回水压差稳定。二次网的变流量自动调节功能，达到自动、节能的效果。采用变频控制技术，大功率的循环泵起动和停止都由变频器控制，对供电电网无浪涌冲击，对供热管网也无压力冲击，大大降低了管道、阀门的损坏率，同时对换热站的电力变压器的容量要求也大大降低，节省投资和维护费用。一次网流量调节控制系统可根据二次网出口温度自动控制一次网流量调节阀的阀门开度，保证二次网出口温度稳定。具有户外温度补偿控制功能，根据户外温度的变化，自动调节二次网出口温度：户外温度越高，二次网出口温度越低；户外温度越低，二次网出口温度越高。

（6）软化水装置

软化水装置主要除去水中的钙、镁等离子，有效地防止水垢。软化水装置主要分手动型和自动型两种，市场主要以自动型为主。

自动型软化水装置采用离子交换原理，去除水中的Ca^{2+}、Mg^{2+}等结垢离子。当含有硬度离子的原水通过交换器内树脂层时，水中的钙、镁离子便与树脂吸附的钠离子发生置换，树脂吸附了Ca^{2+}、Mg^{2+}离子而钠离子进入水中，这样从交换器内流出的水就是去掉了硬度的软化水。由于水的硬度主要由Ca^{2+}、Mg^{2+}形成及表示，故一般采用阳离子交换树脂（软水器），将水中的Ca^{2+}、Mg^{2+}（形成水垢的主要成分）置换出来，随着树脂内Ca^{2+}、Mg^{2+}的增加，树脂去除Ca^{2+}、Mg^{2+}的效能逐渐降低。当树脂吸收一定量的Ca^{2+}、Mg^{2+}离子之后，就必须进行再生，再生过程就是用盐箱中的食盐水冲洗树脂层，把树脂上的硬度离子再置换出来，随再生废液排出罐外，树脂就又恢复了软化交换功能。

（7）分集水器

分集水器是指地暖系统中，用于连接采暖主干供水管和回水管的装置，分为分水器和集水器两部分。分水器是在水系统中，用于连接各路加热管、供水管的配水装置。集水器是在水系统中，用于连接各路加热管回水管的汇水装置。选型参数包括罐体直径、罐体长度、水处理量、材质、壁厚、进出水口径、排污口径等。

（8）热泵

热泵在地热能供暖行业中，主要作为调峰备用热源使用。热泵机组装置主要有：压缩机、冷凝器、蒸发器和膨胀阀四部分组成，通过让液态工质（制冷剂或冷媒）不断完成：蒸发（吸取热量）→压缩→冷凝（放出热量）→节流→再蒸发的热力循环过程，从而实现热量在环境和工作介质之间的转移。热泵按热源获取来源的种类可分为：水源热泵、地源热泵、空气源热泵、双源热泵（水源热泵和空气源热泵结合）。典型的空气源热泵即家用空调。热泵按压缩机类型分类主要有往复活塞式、涡旋式、滚动转子式、螺杆式、离心式等。

冬季取暖时，将换向阀转向热泵制热工作位置。于是由压缩机排出的高压制冷剂蒸汽，经换向阀后流入冷凝器，制冷剂蒸汽冷凝时放出的潜热，将流经冷凝器的供暖水加热。冷凝后的液态制冷剂，从反向流过节流装置进入蒸发器，吸收外界热量（水源、地源或空气源）而蒸发，蒸发后的蒸汽经过换向阀后被压缩机吸入，完成制热循环。夏季热泵按制冷工况运行，由压缩机排出的高压蒸汽，经换向阀进入冷凝器，向环境中排放热量（排放至水、土壤或空气中）。制冷剂蒸汽被冷凝成液体，经节流装置进入蒸发器，并在蒸发器中吸热，将循环水或室内空气冷却。蒸发后的制冷剂蒸汽，经换向阀后被压缩机吸入，这样周而复始，实现制冷循环。

现阶段，地热能供暖行业主要以水源热泵和地源热泵为主。地球表面浅层水源（深度一般在1000m以内），如地下水、地表的河流、湖泊和海洋、市政污水处理过的中水等，吸收了太阳进入地球的相当的辐射能量，并且水源的温度一般都十分稳定。水源热泵技术的工作原理就是通过输入少量高品位能源（如电能），实现低温位热能向高温位转移。水体分别作为冬季热泵供暖的热源和夏季空调的冷源，即在夏季将建筑物中的热量"取"出来，释放到水体中去，由于水源温度低，所以可以高效地带走热量，以达到夏季给建筑物室内制冷的目的；而在冬季，则是通过水源热泵机组从水源中"提取"热能，送到建筑物中采暖。地源热泵是一种利用浅层地热资源（也称地能，包括地下水、土壤或地表水等）的既可供热又可制冷的高效节能空调设备。地源热泵通过输入少量的高品位能源（如电能），实现由低温位热能向高温位热能转移。地能分别在冬季作为热泵供热的热源和夏季制冷的冷源，即在冬季，把地能中的热量取出来，提高温度后，供给室内采暖；夏季，把室内的热量取出来，释放到地能中去。

　　由于热泵是提取自然界中能量，效率高，没有任何污染物排放，是当今最清洁、最经济的能源方式。在资源越来越匮乏的今天，作为人类利用低温热能的最先进方式，热泵技术已经在全世界范围内受到广泛关注和重视。

　　（9）井深仪

　　井深仪是一款简单易用的便携式声学井深仪。用于测量封闭管道（例如检测井或小至1.27cm直径的测深管）两端的距离。其工作原理是将低频声波发送到管道中，测量从另一端返回所需的时间（另一端可以是管道堵头或水面），声速乘以该时间得到距离，也就是管道的长度。低频率声波可以有效地沿着管道前进，尤其是在转弯处能够保持向任意方向的传播。所以，该产品可应用于任何固定直径的封闭管道（包括直管和弯曲管）。井深仪主机由扬声器、麦克风、发射驱动器、信号处理器、显示屏和键盘组成，内置锂电池供电。在使用过程中需要注意，特别是对于浅井来说，声波会从井的顶部和底部多次反射。在水位为2m的井中，主机会在2m处听到反射，然后在4m处再次听到反射，然后在6m处等等，直到声波递减到可以忽略。要观察到此种情况，可通过增加最小距离看到多次反射，比如，实际水深2m时，把最小距离设置为3m，显示深度为4m。当最小距离更改为5m时，它会显示6m。为消除这种多次反射。可以在井口留一个小的缺口，以帮助消耗掉多余的声波。在地热供暖行业中，井深仪主要用于测量地热井动、静水位及管道是否畅通等检测应用中，作为一种常规检测设备使用。

（10）流量计

流量仪表又称为流量计，主要用于测量管道或明渠中流体的瞬时流量和累计流量。在地热供暖行业中，流量计作为生产的"眼睛"，可直观地检测地热井出水量、地热井回灌量、二次侧供回水流量、某阶段的瞬时流量等，对于供暖参数的调节、分析供暖问题原因等提供准确的数据支持。按目前行业内最流行的分类法划分，可分为容积式流量计、差压式流量计、电磁流量计、超声波流量计等，现阶段地热供暖行业中，常用电磁流量计和超声波流量计两种。电磁流量计的工作原理是基于法拉第电磁感应定律。在电磁流量计中，测量管内的导电介质相当于法拉第试验中的导电金属杆，上下两端的两个电磁线圈产生恒定磁场。当有导电介质流过时，则会产生感应电压。管道内部的两个电极测量产生的感应电压。测量管道通过不导电的内衬（橡胶、特氟隆等）实现与流体和测量电极的电磁隔离。超声波流量计的工作原理是超声波在流动的流体中传播时就载上流流体流速的信息，因此通过接收到的超声波就可以检测出流体的流速，从而换算成流量。根据检测的方式，可分为传播速度差法、多普勒法、波束偏移法、噪声法及相关法等不同类型的超声波流量计。超声波流量计是近十几年来随着集成电路技术迅速发展才开始应用的一种。电磁流量计、超声波流量计对于安装环境、使用工况、安装位置等有着严格的要求，在设计选型、安装施工时需重点注意，按照规范进行。

（11）变频器

在地热供暖系统中，地热井泵、换热站的加压泵，补水泵、循环水泵往往是耗能大户，采用直接启动或软启动器启动，一直工频运行能耗较大，且不能调速，往往需要用阀门进行节流控制，造成了能源浪费。若采用变频调速，虽然初期采购成本高一些，但是由于变频调速的节能特点，在当今全世界范围内能源紧缺的形势下，变频器具有较高的推广价值。

变频器是应用变频技术与微电子技术，通过改变电机工作电源频率方式来控制交流电动机的电力控制设备。变频器主要由整流（交流变直流）、滤波、再次整流（直流变交流）、制动单元、驱动单元、检测单元微处理单元等组成。通过改变电源的频率来达到改变电源电压的目的，根据电机的实际需要来提供其所需要的电源电压，进而达到节能、调速的目的。另外，变频器还有很多的保护功能，如过流、过压、过载保护等等。随着工业自动化程度的不断提高，变频器也得到了非常广泛的应用。

变频器集成了高压大功率晶体管技术和电子控制技术，得到广泛应用。变频器的作用是改变交流电机供电的频率和幅值，因而改变其运动磁场的周期，达到平滑控制电动机转速的目的。变频器的出现，使得复杂的电机传动技术大大简化：变频器＋交流鼠笼式感应电动机组合替代了大部分原先只能用直流电机完成的工作，缩小了设备体积，大幅度降低了维修率，标志着传动技术发展的新阶段。应用于风机水泵型负载时节能效果明显，例如一台 55kW 离心泵电机转速下降到工频转速的 4/5 时，其耗电量最多可下降 48.8%；当转速下降到原转速的 1/2 时，其耗电量最多可下降 87.5%。当然，这只是理想计算值，实际上由于铁损铜损及热损耗等因素，耗电量会高于上述计算值

目前我国北方供热期变为 4~5 个月，在较为暖和的月份，实际是有节能空间的，当通过降低电机转速调节流量时，可以大幅降低电机输出功率，达到节能的目的。考虑变频调速节约能源外，还需要综合考虑应用变频器的综合经济效益，应用变频器后，抵消除供水系统中的水锤效应，从而延长水泵、管路、阀门的使用寿命。采用变频调速后，生产机械在运行过程中的平均转速下降，故磨损减少，寿命延长。

近年来，我国城市建设迅猛发展，城市的局部拆迁与建设不确定因素增加，低层建筑与高层建筑交错并存，这对于供热介质——热水的参数要求差别很大，特别是出回水的压力及补水的压力，如果达不到各自用户的要求，将造成一定的社会矛盾。同时，有的开发商开发面积很大，但供热面积却是在每年增加，特别是第一年供热面积占总开发面积的比例很低。为此，供热设备应有较强的可调节性，直流调速设备由于各种原因在热力工程中不具备使用条件，只有变频器才能满足实际需求。

（12）低压配电柜

地热供暖系统低压配电系统主要柜型为 GGD 和 XL-21 两种柜型。

GGD 型交流低压配电柜适用于发电厂、变电所、厂矿企业、暖通等电力用户的交流 50Hz，额定电压 380V，额定电流 1000～3150A 的配电系统中，作为动力，照明及配电设备的电能转换、分配、控制之用。GGD 交流低压配电柜是本着安全、经济、合理、可靠的原则设计的新型低压配电柜。产品具有分断能力高，动热稳定性好，电气方案灵活、组合方便，系列性、实用性强，结构新颖，防护等级高等特点。可以作为低压成套开关设备的更新换代产品使用。GGD 型交流低压配电柜符合 IEC439《低压成套开关设备和控制设备》，GB/T7251《低压成套开关设备》等标准。

XL-21 动力柜适用于发电及工矿企业交流电压 500V 及以下的三相三线、三相四线、三相五线制系统，用作动力照明配电。XL-21 型低压动力柜，具有配电方案灵活、组合方便、实用性强、结构新颖等特点。XL-21 动力柜符合 IEC60439-1：1992 和 GB7251·1-1997 的标准。

低压电气元件选型应满足下列条件：

①低压电器的额定电压应不小于回路的工作电压，即 $U_e > U_g$。

②低压电器的额定电流应不小于回路的计算工作电流，即 $I_e \geq I_g$。

③设备的遮断电流应不小于短路电流，即 Izh ≥ Ich。

④热稳定保证值应不小于计算值。

⑤按回路起动情况选择低压电器。如，熔断器和自动空气开关就需按起动情况进行选择。

3.7.1.2 专用装备

专用常规装备主要设备包括地热水回灌过滤装置、地热水除铁装置、井下分流装置、地热井采灌复合式井口装置、气液分离器（地热水脱气罐）、混水机组、地热井水位测量仪、地热供暖自动化控制系统等。

（1）回灌过滤装置

地热回灌装置用于去除地热尾水中悬浮物及细小颗粒杂质，避免了地热尾水回灌对地层的堵塞，过滤后回灌可有效解决地热资源开采导致的地下水位下降、地热水排放到地表造成的污染问题。地热回灌流体中的固体悬浮颗粒、化学沉淀、微生物等是产生堵塞的主要原因，所以保证回灌水的质量，减少悬浮物、避免形成微生物是解决堵塞的关键。回灌过滤装置可针对不同的地质条件和水质，调整过滤装置的滤材，通过控制系统处理，达到理想的回灌效果。回灌过滤装置是地热持续开发利用的重要设备之一。

回灌设备简介：

地热水回灌装置由5个部分组成，分别是一级过滤系统、二级过滤系统、反吹气系统、加药系统和控制系统。整体采用耐腐蚀316L不锈钢制作而成。

一级过滤器为连续过滤的全自动反冲洗过滤器，整个系统为撬装设备，将过滤器和管道、电磁阀、压力表装配在一个集中式平台上，形成一个模块，方便安装和调运。一级过滤系统的作用是对地热回水进行预过滤，拦截回水中相对大的颗粒杂质。可安装大流量折叠滤芯、不锈钢楔形网滤芯和直径 $\varphi 65$ 以下的小直径非金属滤芯，各类滤芯安装固定有可靠的螺纹或橡胶圈密封措施。

二级过滤器为手动过滤器，由三个高效过滤器并联连接而成。过滤器内部预留可选择使用小流量滤芯和大流量滤芯的结构，设计采用上部活动花盘，可安装大流量滤芯或222接口直插式滤芯。每个过滤器的顶部安装有自动和手动排气阀，保证过滤器正常工作时，罐体中无气体。

气体反吹系统由气体储罐、加压泵、压力表和输送管道组组装成一个模块。可以提供反冲洗及气动阀门的压缩空气。气体反吹系统的作用是对一级过滤系统进行反吹和排渣以提高滤芯的使用寿命。

电控系统可以自动实现阀门开闭，气体反吹和清洗液进入，是整个系统的控制中枢。采用德国西门子控制系统，设备具有良好的可控性能，合理的运行操作方式，能显示出设备的各个运行参数、状态及故障信号。电气控制程序具备参数设置、自动运行、手动操作、系统报警及诊断功能，系统历史数据保存、系统通信等功能。

回灌设备特点：

通过对不同热储层物性和孔隙结构进行实际研究，针对回灌井堵塞的各种原因，根据地热尾水中所含颗粒直径特征，对应设置初效、精效模块化过滤装置进行过滤并可单独选用。一级过滤精度可达 10～25μm，二级过滤精度可达 2～5μm；采用程序控制，一级过滤可自动反冲洗；回灌设备流量 80～360m³/h 可选；多种高强度、高精度滤芯可替换；实现连续在线，稳定运行；采用快速拆装法兰，操作方便维护简单；罐体全部选用 316L 不锈钢制作，耐地热水腐蚀；设有自动排气装置。

回灌装置工艺流程：

地热水首先经过一级全自动反冲洗过滤器预过滤，再由二级精滤过滤器过滤，最终过滤精度可达到 2～50μm。一级过滤器为撬装式设备，过滤滤芯可选装大流量非金属滤芯或楔形金属缠绕丝网滤芯；二级过滤滤芯非金属材质滤芯，滤芯为耗材。地热水在经过一级过滤器过滤时逐渐在滤芯表面形成滤饼，当过滤压差、时间到达设定值或通过人机界面选择执行反冲洗时，过滤器执行反冲洗。经过一级过滤后的地热水进入二级过滤器，二级过滤根据处理流量由多个过滤筒体并联，当滤芯达到使用寿命压差时更换滤芯。

针对含砂量较高地热水可设置滤框式过滤器，一级采用滤框式滤芯，适用于含砂量高水质，可以方便清洗更换滤框；二级采用大通量折叠滤芯，筒体固定花盘开排砂孔，方便排砂。

（2）地热水除铁装置

含铁的地热水在我国分布甚广，其含铁浓度多数小于 10mg/L，少数在 10～30mg/L 或更大。由于地层对地热水的过滤作用，一般的地热水中只含有溶解性铁的化合物。三价铁在 pH＞5 的水中溶解度极小，所以含量甚微。一般含铁的地下热水主要是含二价铁的重碳酸盐。由于重碳酸盐亚铁是强电解质，能在水中充分离解，所以水中主要是以二价铁离子 Fe^{2+} 的形式存在。地下热水中除含有重碳酸亚铁外，在 pH＜5 的酸性水中有时还可能含有硫酸亚铁。

二价铁在水中的溶解度较大，刚从地热井抽出的地热水清澈透明，但抽至地面的地热水一经与空气接触，空气中的氧随即溶入水中，并与水中的二价铁氧化生成三价铁：

$$4Fe^{2+}+O^{2-}+2H_2O=4Fe^{3+}+4OH^-$$

氧化生成的三价铁，在水中的溶解度极小，因而以黄褐色的 $Fe(OH)_3$ 形式由水中沉淀析出。所以，地热水中不含溶解氧是水中二价铁离子稳定存在的必要条件。然而，对于供暖后用作洗浴等生活热水和游泳池的地热尾水，要避免与空气接触是困难的。因此，当含二价铁离子超标的地热水与空气接触后就会氧化产生三价铁的氢氧化物而析出，黏附在光洁的卫生用具上、白瓷砖上和地板上，形成黄褐色的锈斑。如果工业上利用这种含铁的地热水去洗涤或印染，就会产生色调不鲜亮或有锈色斑点等弊病。如果将这种地热尾水回灌地下，水中的铁会堵塞地层空隙，降低地热井的出水量。为此，需要对这种含铁的地热水进行除铁。

地热水除铁，一般都用氧化方法，即用氧化剂将水中的二价铁氧化成三价铁。由于三价铁在水中的溶解度极小，因而能由水中析出，从而达到除铁的目的。

①自然氧化除铁法

可用于地热水除铁的氧化剂有多种，但以利用空气中的氧气最经济。使含铁地热水与空气接触，空气中的氧气便迅速溶于水中，其反应如下式所示：

$$4Fe^{2+}+O^{2-}+2H_2O=4Fe^{3+}+4OH^-$$

氧化生产的三价铁，经水解后，先生成氢氧化铁胶体，然后逐渐絮凝成絮状沉淀物，再用普通砂滤池过滤除去。这种方法称为自然氧化除铁法，或称曝气除铁法。自然氧化除铁法，一般能将地热水中的含铁浓度降至 0.3mg/L 以下。

②锰砂除铁法

天然锰砂除铁可以大大加快氧化反应速度，它是一种接触催化除铁工艺。天然锰砂含有高价锰的氧化物，大于正二价，能对地热水中二价铁的氧化反应起催化作用。天然锰砂不仅对地热水中二价铁的氧化反应有很强的催化作用，并且同时又能完成对水中铁质的截留分离作用，所以曝气后的含铁地热水只要经天然锰砂一次过滤，就能完成全部除铁过程。这样，除铁系统只需曝气和天然锰砂过滤两个处理过程，省去了自然氧化除铁法所需的反应过程和设备，从而使系统大为简化。

（3）井下分流装置

地热回灌井下分流装置主要应用于回灌及采灌一体地热井，装置采用一个活动阀体可在采水与回灌状态中自动切换，避免了地热水回灌对于潜水泵的冲击以及环空回灌对泵管、井壁、电缆的冲刷腐蚀，同时可降低泵管提起频率并延长地热井使用寿命。

井下分流装置静止时活动阀体靠重力堵住进水口，供水时水泵供水，水流通过下方进水口进入并顶开活动阀体封住回灌口，水由上方出水口流出实现供水，停止供水后活动阀体靠重力回落封住供水口。回灌时水从上方进入，直接从回灌口排出，完成回灌。

（4）地热井采灌复合式井口装置

地热井口装置是地热井必备的基本设施之一。随着地热流体参数的不同，地热井口装置的构造也有很大的差别。地热井专用采灌复合式井口设备满足采灌复合功能，材料具有良好的抗地热水腐蚀性能，具有较好的密封性。具有生产与回灌共用的功能，以及隔氧防腐、保护井管自然收缩不变形等特点，能进行水位测试和水压测试。

（5）地热水脱气罐

地热水脱气罐有效去除地热开发中水溶气型地热水中甲烷乙烷等轻烃组分，满足地热水脱气工艺，设有自动排气阀，具有良好的脱气效果。

地热水进入脱气罐后，水流通过倾斜分配盘上的圆孔向下流，水溶气在此过程中进行充分的分离向上通过排气阀排出。水气得到了很好的分离，为地热水的安全使用提供保障。选型参数一般包括水处理量、工作压力、材质、进出水口法兰口径、排污口径，观察法兰口径、壁厚等。

（6）混水机组

混水机组在地热供暖行业中将系统的回水和热网供求按一定的比例混入二次网供求，达到调节供求温度的目的，从而实现按实际需求供热。该机组适用于同一热网中既有高温水采暖系统又有低温水采暖系统时的低温水采暖系统，同一热网中散热片采暖系统与地暖系统并存时的地暖采暖系统。混水热交换机组具有如下优点：

①保证用户室内温度达标。用户当一次侧供水温度过低时，经板换二次换热之后，供水温度会偏低，从而使室内温度达不到要求。混水机组的混水比例在 0～100% 之间调节，能最大限度地保证二次侧供热温度。

②板式换热器本身需定期清洗，一般每年清洗一次，而混水机组无须清洗。

③板换本身阻力大，循环泵型号比混水机组水泵至少大一号。

④板换机组需补水，而混水机组无须补水。

⑤混水机组操作简单，操作人员无须专业知识。

（7）地热井水位测量仪

地热井水位变化是反馈地热井状态重要参数，目前适合地热井水位测量方法有人工测量、投入液位传感器、声波液位传感器三种,但都存在不足之处,比如人工测量由于井下空间较小,有水泵电缆盘旋泵管上,每隔一端距离有法兰连接,会受到这些因素干扰很难顺利伸入水面,可能被卡死损害测量设备,测量时间较长,需多名测量人员配合;投入液位测量地热水温度较高井下探头芯片易老化、井下电缆易老化破损影响测量精度需定期购买更换,井口维修提泵易损坏传感器及电缆;声波测量会受到水汽干扰、密封等外部因素影响测量精度,尤其动水位干扰较强,数据变化较大。

(8)地热供暖自动化控制系统

我国北方地区的冬季漫长而寒冷,暖气、地热等供暖方式已经成为人们冬季室内御寒的主要手段。传统供热模式的换热站内需留有人员看守,对供热需求人工进行调整,但无法对温度变化及实际供暖需求做出快速响应,供暖效果不理想,存在供热效率低、供热不平衡、能量浪费、热网波动严重等问题,浪费大量能耗和人工成本,不适用于目前城市供热发展趋势。自动化控制系统替代传统供热模式采用自动化控制技术的供热模式,完全解决了这一问题,通过自动化控制现场设备实时对温度进行调控,保证终端热用户有一个舒适的生活、工作环境,也可以最大限度地节约能源,同时也要实现在换热站的无人值守的情况下中控室可以远程调度每个热力站的参数,保证整个热网的热力平衡,供热系统可以安全可靠地运行,实现热网热量的计量、能耗统计。通过以下两点进行说明:

①自控化控制系统特点

西门子S7-1200 PLC+ET200SP系统，该系统稳定性高，功能性、扩展性强，程序代码内聚度高，结构清晰，可维护性高，有利于后续迭代开发，完全满足换热站需求。

②自动控制系统控制策略

a. 系统通过设定分时段控制或者室外温度变化，调节开采井井泵频率控制转速。

b. 系统通过设定二次回水温度，对供热温度进行补偿。

c. 系统通过PID调控循环泵，恒定二次供回水压差，以保证末端度用户暖需求。

d. 系统根据二次回水压力值进行频率控制补水泵进行实时补水。

e. 管网流量、供回水温度、上传热力公司平台，进行热力分析。

3.7.2 发电装备

地热发电是地热资源高效利用的重要方式。地热发电应用中，随着可获取的高温干蒸汽地热资源越来越稀缺，可以兼容干蒸汽、汽水混合物和地热水等地热流体的ORC（有机朗肯循环）发电已逐步成为主要形式。

ORC循环采用了工质和热源的双循环模式，因此ORC发电也常常被业界称为双循环发电（Binary）。由于ORC发电技术与中低温地热资源匹配度高，近年来该技术已成为国际与国内地热发电项目的主要技术路线。

随着全球地热开发的持续深入和技术的不断突破，ORC发电技术正越来越多地被用于地热发电项目中，在汽水混合型、水热型和干热岩型地热发电项目中占据着重要位置。截至目前，全球地热ORC装机量已达4000MW，其中前三位用于地热的ORC装备制造厂商已占据全球总装机量约90%的市场，分别是：①美国ORMAT（74.86%）；②中国TICA-EXERGY（11.22%）；③美国TAS（3.63%）。

ORC原理与传统蒸汽发电类似，但推动核心动力设备的介质不是水，而是低沸点的有机工质。液相有机工质在预热器、蒸发器内吸收地热流体热量后蒸发为带压工质蒸汽；工质蒸汽通过管道进入膨胀机做工，膨胀机带动发电机产生电能；回热器回收透平出口处工质乏汽中的高温热量，用于加热进预热器之前的液体工质；经过回热器换热之后的工质乏汽进入冷凝器被冷凝成液态；工质泵将液态有机工质加压送至回热器与工质乏汽换热，之后进入预热器，完成整个ORC（有机朗肯）循环（见图3-26）。

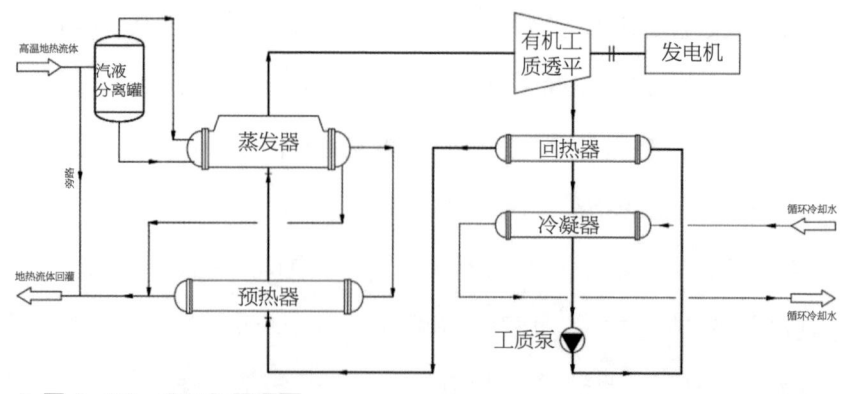

△ 图3-26　ORC原理图

ORC发电设备的核心部件包括换热器（蒸发器、冷凝器、预热器、回热器）、膨胀机、发电机、工质泵和电控柜等，介质为有机工质。下面将介绍ORC主要设备。

（1）换热器

换热器承担着能量输入、转移的功能，是地热发电机组的重要设备。在ORC中，换热器包括蒸发器、冷凝器、预热器、回热器等，其选取根据不同的应用场景有所不同，其中，蒸发器与冷凝器是必需设备。

在ORC发电系统中，满液管壳式换热器由于换热系数高、工质充注量大、制造工艺成熟的优点受到广泛的应用。其结构如图3-27所示。

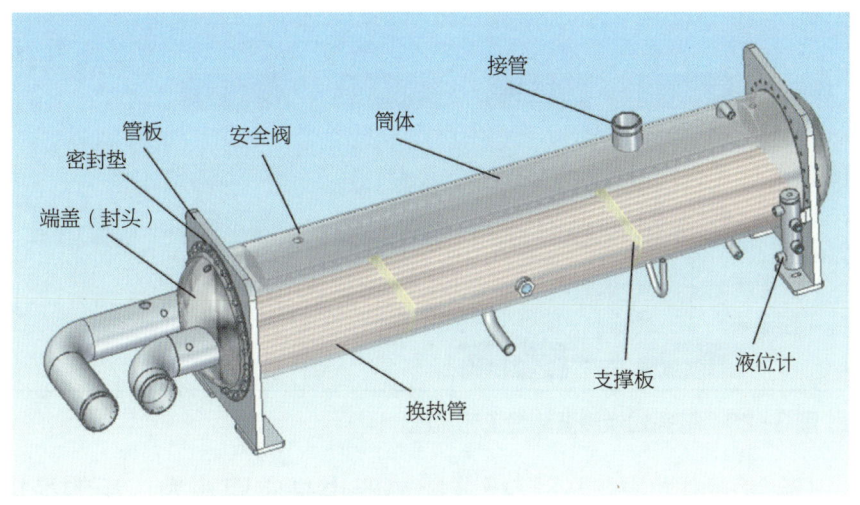

△ 图3-27 满液管壳式换热器结构示意图

在满液管壳式换热器中，热源/冷源通过管程，工质通过壳程，换热管被浸泡在工质中。在结构上，满液管壳式换热器结构简单紧凑，且管内清洗方便，可更换换热管。但它也具有壳程清洗困难、承受温差载荷能力较差的缺点。在换热方面，满液管壳式蒸发器换热系数高，有机工质充注量大。

管壳式换热器主要部件包括封头、管板、换热管、换热管支撑板、筒体安全阀等。如要达到更好的换热效果，可在蒸发器底部中设置预热段及均液段，内含折流板、均液板等，可使进入蒸发器的有机工质充分预热，且被均匀加热。管壳式换热器的设计加工制造已相对成熟，目前国内主流的ORC厂家蒸发器普遍采用管壳式换热器，具体工艺流程如图3-28所示。

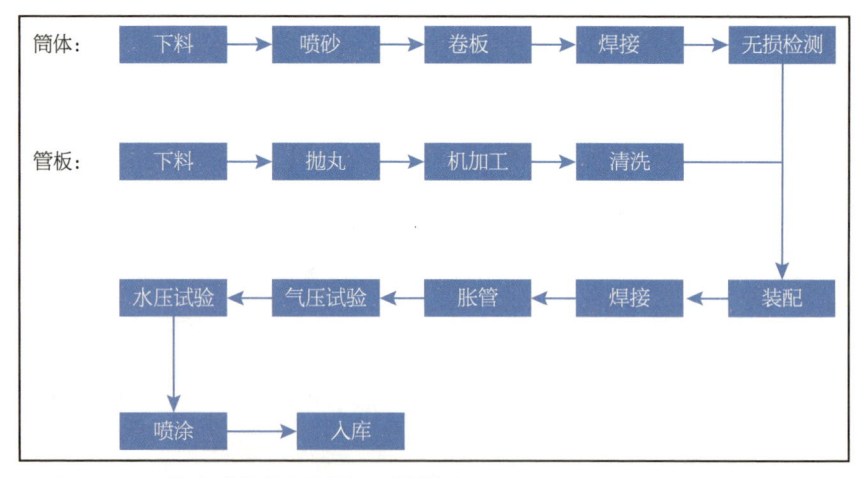

△ 图3-28 管壳式换热器制造工艺流程

除管壳式换热器外，板式换热器也是应用较为广泛的换热器之一。其优点在于结构紧凑，占用空间小，传热系数高，端部温差小等。但相比管壳式换热器，它具有处理量较小、操作压力低、密封周边长等缺点。由于ORC机组工质的相变特性及对运行稳定性的要求，板式换热器在ORC领域的应用较少。对于一些有空间限制要求，而且介质相对清洁的场合，有部分ORC厂家选用板式换热器作为换热设备。

（2）膨胀机

膨胀机是地热发电机组的核心设备，也是区分不同ORC技术路线的主要参考物。根据膨胀机的不同原理，可将其分为速度型的透平膨胀机和容积式的螺杆膨胀机。

透平膨胀机有如下特点：

1）单机功率较大，可以从几百kW到几十MW；

2）等熵膨胀效率约为80%~85%；

3）做功过程中流体须保持单一气相，否则会产生液击，损坏透平叶片；

4）进入膨胀机的流体必须保持干净清洁，否则容易腐蚀或磨损叶轮叶片。

螺杆膨胀机的主要特点：

1）单机功率较小，一般为几千瓦到几百千瓦；

2）等熵膨胀效率约为65%~75%；

3）做功过程中流体可以汽水两相存在，无须考虑液击问题。

通过以上两类膨胀机的特点比较可知：透平膨胀机功率大、等熵膨胀效率高，适应于大功率、单一相态高流体流量的发电场景。螺杆膨胀机适合小功率、进入膨胀机可为非单一相态流体的发电场景。在当今ORC发电的功率趋大，且使用了低沸点纯有机工质的情景下，透平式膨胀机已成为地热发电的主流装备。

对于透平式膨胀机，依据其结构不同总体上又可分轴流式透平和径流式透平，其中径流式又分径向向心式和径向离心式透平，轴流式和径向离心式是目前中大型透平的主要形式。利用过热蒸汽膨胀的轴流式透平是火电、核电等热力发电厂的主要驱动装置，具有悠久的应用历史。与火电、核电等发电常用的蒸汽朗肯循环（SRC）技术相比，使用有机工质的轴流式透平 ORC 也有一定的历史，但此类 ORC 透平由于其悬臂结构的限制，通常其叶片级数最多在 3 级左右，因此在大功率的 ORC 机组应用上受到了一定的限制。径向离心透平设计图见图 3-29。

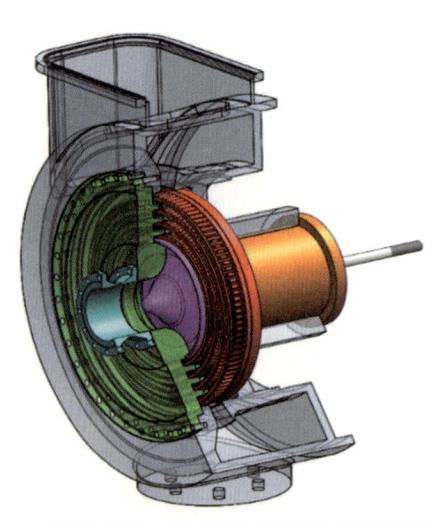

△ 图 3-29　径向离心透平（ROT）设计图

根据透平机械原理，同样边界条件下增加级数可以提高透平效率。对于轴流式透平，由于每级膨胀都需一个叶轮，如果要增加级数，必须增加叶轮数量。轴流式 ORC 透平叶轮采用悬臂式布置，叶轮数量越多，轴系转子动力学性能越差，最多只能做到 3 个叶轮，即 3 级透平，因此透平效率受到了限制。而对于径向离心透平（ROT），在同一轮盘上可以多级布置，最高可以做到单轮盘 9 级，因而大大提高了透平效率。原理详见图 3-30。

轴流透平　　　　　　　　　　径向离心透平

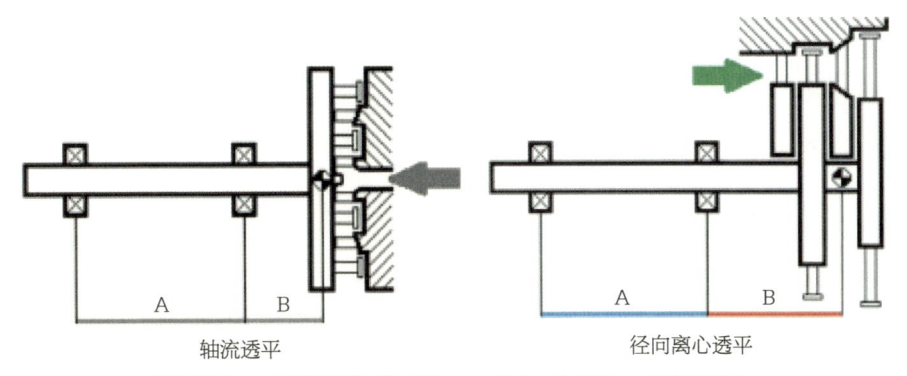

（轴流透平：B间距随级数增加而加大；径向离心透平：B间距固定）

△ 图 3-30　结构示意图

在全球已经商业化运行的大型 ORC 地热电站中，膨胀机普遍采用透平膨胀机，其中最具代表性的是轴流式透平（ORMAT 为代表）和径向离心式透平（TICA-EXERGY 专利产品）。小型的 ORC 地热电站，或具有科研示范性质的 ORC 地热电站，膨胀机多采用径向向心式透平，也有少数地热电站采用了螺杆膨胀机。

（3）有机工质

有机工质的选择是 ORC 设计的起点，在过往的设计中，有机工质的选择较为单一，多数为五氟丙烷（R245fa），主要是因为其有着热工性能好、不爆不燃等显著优点，但五氟丙烷采购成本高和适用温度区间较窄等问题使其在地热应用上受到了一定的限制。随着膨胀机技术进步，工质的选择种类得到极大扩充，在全球大型地热电站中，R245fa 已较少使用。更多的烷烃类有机工质因为出色的物理特性和较高的性价比已被逐渐使用。截至目前，正戊烷、异戊烷、环戊烷、正己烷等可用于地热 ORC 发电的工质已多达十几种。设备厂家在挑选何种有机物做工质时主要考虑其安全性、热动力特性以及性价比。

（1）安全性。一般来说，无毒且不可燃的有机工质是最安全的，但完全符合此条件的工质较少。在密封较好及地热发电机组户外布置的情况下，工质不易聚集达到燃爆浓度，可使用可燃工质。

（2）热动力特性。对于 ORC 系统，为避免透平出现液击现象，应使用干工质或绝热工质。为防止有机工质凝结并保证循环，工质沸点要低于 ORC 系统最低工作温度，工质临界温度要高于蒸发温度。为避免空气进入到冷凝器中，工质冷凝压力要大于 100kPa。在蒸发温度及冷凝温度一定的条件下，有机工质汽化潜热越大，相变过程中吸收的热量越多，透平输出功越大。有机工质密度越大，输出相同功率所需体积流量越小，设备尺寸也相应减小。因此，要选择汽化潜热大、密度大的工质。

（3）性价比。作为 ORC 系统运行的主要工作介质，在大型地热电站中工质的充注量通常达上百吨，如果选择 R245fa（五氟丙烷）或环保工质 R1233zd 这类价格较高的工质，初始工质投资就可能达到千万，不利于商业开发。另外在系统运行过程中，无论设备的密封性有多好，每年仍需要少量的工质补充，因此选择性价比高的工质，可以降低运行成本。ORC 设备常用的有机工质详见表 3-6。

表 3-6 ORC 设备常用的有机工质

	有机工质	临界温度℃	临界压力 bar	最低温度℃	最高温度℃	可燃性	不稳定性	GVP
线性烷烃	丙烷	96.7	42.5	−188	376.9	4	0	4-6
	异丁烷	135	36.3	−159	301.9	4	0	
	丁烷	152	38	−138	301.9	4	0	
	新戊烷	161	32	−16.6	276.9	4	0	
	异戊烷	187	33.8	−161	226.9	4	0	
	戊烷	197	33.7	−130	326.9	4	0	
	异己烷	225	30.4	−154	276.9	3	0	
	己烷	235	30.3	−95.3	326.9	4	0	
	庚烷	267	27.4	−90.6	326.9	3	0	
	辛烷	296	25	−56.8	326.9	3	0	4-6
	癸烷	345	21	−29.7	401.9	2	0	
	十二烷	385	18.2	−9.55	426.9	2	0	
环烷醇制冷剂	环戊烷	239	45.7	−93.4	326.9	3	0	
	环己烷	280	40.8	6.32	426.9	3	0	
	甲醇	240	82.2	175.6	620	3	0	
	R134a	101	40.6	169.9	455	0	1	1430
	R245a	154	36.5	171.1	440	1	0	1030
	R1233zd	166.45	36.237	−78	276.85	0	0	1

可燃性、不稳定性：0-4，无害—最高有害

（4）发电机

发电机将来自透平的机械能转化成电能，其频率通常取决于电网，在 ORC 领域，热源具有可变和可调节性，从而使膨胀机具有不同的最佳适配转速。大型机组一般使用低速发电

机，也可使用齿轮变速箱连接透平与发电机。当转速较高时，齿轮箱损耗较高，可采用直连方式，如频率高于电网，可使用AC/DC+DC/AC功率调节系统校正频率。

另外，在ORC发电应用中，根据不同的场景会分别采用同步发电机和异步发电机。异步发电机需要接入电网取得励磁电流，为了提高功率因数或者独立发电时，发电机外接合适的电容来提供这部分无功电流。而同步发电机有励磁装置和励磁调节装置，不需要电网来励磁，并网冲击电流小，具有单独运行可调节电压及功率因数较高等优势，在大中型地热发电项目中得到广泛使用。

（5）工质泵

工质泵提供了将冷凝器中的液态工质输送到蒸发器中，使系统中的工质不断循环地作用。ORC系统中多采用变频式离心泵，根据泵中叶轮的数量，可将其分为单级、多级泵。根据泵轴方向，也可分为立式、卧式泵（见图3-31、图3-32）等，普通离心泵的叶轮轴通过联轴器与电机轴连接，一起旋转。除此之外，在ORC发电中也有应用屏蔽泵，其叶轮和电机转子被固定在一根轴上，电机转子和定子被屏蔽套隔离开，转子在泵送介质中运转，动力通过磁场传递。因此，在屏蔽泵中只有静密封，取消了传统离心泵中的旋转轴密封，可以做到零泄漏。

由于离心工质泵在化工石油行业已得到广泛应用，技术已十分成熟，可直接选型使用。选型时，需要注意工质与泵密封

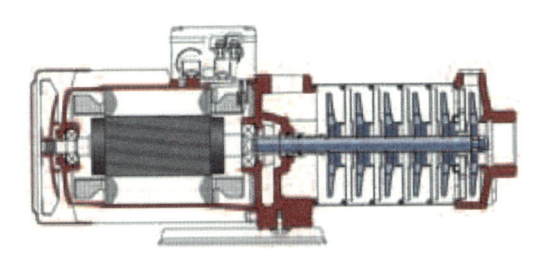

△ 图 3-31　立式多级泵（左）与卧式多级泵（右）结构示意图

△ 图 3-32　立式泵（左）与卧式泵（右）实物图

材料的兼容性。同时也需关注其汽蚀余量，结合发电装置的冷凝器、工质泵的安装高度与冷凝器出口压力考虑，防止泵出现汽蚀。此外，由于泵的耗功直接由 ORC 发电机组内部提供，因此，为保证整套装置对外输出的发电功率，工质泵的效率也是需要考虑的关键参数。

（6）电控系统

一般来说，ORC 的电气及控制仪表包括以下部件：

控制仪表——液位计、热电阻、压力变送器、速度传感器、压力开关、流量开关等。

电气设备——工质泵、油泵、油加热器、发电机等。

阀门——调节阀、膨胀机进口阀、旁通阀、电磁阀等。

在 ORC 机组中，各设备的进出口通常设温度、压力测点，以监控设备运行状态。此外，也需要对换热器液位、润滑油状态等进行监测及反馈调节，并设置报警及停机参数，防止机组在不利工况下运行，造成损失。热源/冷源流量控制可通过调节阀或压力开关、流量开关等实现，工质循环流量及换热器液位可通过工质泵频率调节。以上仪表或设备的信号可通过 PLC 采集、监控、调节。由于 ORC 系统在应用领域、规模、运行条件、设备等方面极为多样化，不同配置的机组具有不同的动态行为，需适配不同的控制逻辑。

与多数设备不同的是，每一套 ORC 发电系统都是根据电站现场资源、环境等不同情况而专门设计的，发电性能和运行长期可靠稳定是至关重要的质量指标。在应用中，可根据项目现场的实际情况，如占地、热源情况、梯级利用需求等设计出针对该项目独一无二的 ORC 机组控制系统。

在以上地热发电的主要设备中，换热器、工质泵、发电机及电控设备等已在各类工业中得到广泛应用，技术较为成熟，多数已实现国产化制造，可以满足 ORC 地热发电系统的需要。对于换热器来说，国产换热器厂家如双良、中圣、恒辉等都具备制造大型特种换热设备的能力和资质，其产品均在 ORC 系统中有所应用。对于工质泵，虽其成本在整个 ORC 机组中所占比重较小，但可靠性要求很高，目前一般采用合资品牌（基本在国内都有生产基地）。目前 ORC 行业中采用较多的工质泵有帝国、苏尔寿、海密蒂克、格兰富等国外品牌。对于发电机，中车、卧龙等国产品牌均适配于 ORC 机组，且已有工程上的实际应用。虽然如此，ORC 在国内地热发电行业的应用发展依然存在一些技术装备上的制约瓶颈，其中最主要的就是 ORC 发电机组的核心动力设备——大型 ORC 膨胀机制造。目前，在国内较为成熟的是螺杆膨胀机，国内厂家如开山、江西华电等已有 ORC 螺杆膨胀机地热发电的应用案例，但该类型膨胀机仅适用于规模较小的发电系统，且效率较低。大功率兆瓦级高效透平膨胀机，尤其是能效较高的多级透平膨胀机，大部分依然依赖进口。由于上述因素，国内地热发电成套 ORC 发电系统普遍存在装机容量偏低，且单机容量较小的问题。如表 3-7 所示，多数为千瓦级电站，目前大多已停运或拆除。唯一尚在运行的大型（3MW 以上）ORC 地热电站——16MW 的羊易地热电站采用了国外进口设备。

总体来说，国内现有地热电站在规模上与国际地热热点地区动辄数十兆瓦的规模电站相比仍有较大差距，ORC 国产化技术水平相对较弱，关键装备制造业发展较为缓慢。值得指出的是，南京天加能源科技有限公司 2019 年并购了全球地热 ORC 装备制造排名第二的意大利艾赛杰（EXERGY）公司，由此掌握了大功率 ORC 及高效多级离心透平设计制造技术，并逐步实现了大型地热 ORC 设备的完全国产化，使大功率地热 ORC 装备不再依赖国外进口。先进技术装备"中国制造"和 ORC 地热发电系统"中国方案"的实现给国内大型地热发电站的建设和发展带来了良好的机会。

表 3-7　国内地热电站[①]

地点	名称	投产年份	地热温度 /℃	装机容量 /MW	发电技术	运行状态
广东省梅州市	丰顺地热电站	1978	92	0.20	ORC	停运
		2014		0.35	ORC	运行
江西省宜春市	温汤地热电站	1971	60～92	0.05	ORC	拆除
河北省张家口市	怀米地热电站	1971	79	0.20	ORC	拆除
辽宁省营口市	熊岳地热电站	1977	90	0.10	ORC	拆除
台湾省宜兰县	土汤地热电站	1985	226	3.0	ORC	停运
西藏自治区那曲地区	那曲地热电站	1993	95～114	1.00	ORC	停运
河北省	华北油田地热电站	2011	85	0.40	ORC	停运
西藏自治区拉萨市	羊易地热电站	2018	134	16.00	ORC	运行

① 李健，等. 地热发电技术及其关键影响因素综述［J］. 热力发电，2022。

续表

地点	名称	投产年份	地热温度/℃	装机容量/MW	发电技术	运行状态
河北省沧州市	献县地热电站	2018	95	0.28	ORC	运行
山西省大同市	山西高温地热示范电站	2021	173	0.28	ORC	运行
河北省唐山市	马头营干热岩实验电站	2021	100	0.28	ORC	停运

△ 地热能助力雄安新区建设蓝绿交织水城共融生态城

第四章 新时代新征程地热能的未来

4.1　地热能开发利用的新时代

党的十九大以来，我国将生态文明建设作为构建人类命运共同体的重要内容，加快推进建设人与自然和谐共生的现代化社会。面对全球气候变暖，我国积极实施应对战略，为全球气候治理作出表率。2020年中国向国际社会作出了"2030年前实现碳达峰、2060年前实现碳中和"的郑重承诺。2022年，习近平总书记在中共中央政治局第三十六次集体学习时强调"要加快发展有规模有效益的风能、太阳能、生物质能、地热能、海洋能、氢能等新能源"。党的二十大报告提出能源消费总量和强度"双控"转向碳排放总量和强度"双控"，更加鲜明地突出鼓励和推动可再生能源发展的政策导向。"十四五"时期，是我国进入以降碳为重点战略方向，促进经济社会发展全面绿色转型，实现高质量发展的关键时期，一系列有利于推动地热能产业发展、有利于可再生能源发展、有利于全面绿色转型发展的政策陆续出台。

4.1.1　地热能开发利用专项规划

《地热能开发利用"十三五"规划》。2017年国家发改委等三部委发布了我国首部地热能开发利用五年规划《地热能开发利用"十三五"规划》(发改能源〔2017〕158号),《规划》首次详细明确了我国地热产业发展的具体目标、重点任务和重大项目布局等,提出"十三五"时期,新增地热能供暖(制冷)面积11亿m^2;新增地热发电装机容量500MW;按照"集中式与分散式相结合"的方式推进水热型地热供暖,在南方地区整体推进浅层地热能供暖(制冷)项目建设。"十三五"期间,我国地热能年利用总量相当于替代$7×10^7$t标准煤,减排CO_2达1.7亿t。《地热能开发利用"十三五"规划》发布以来,有力推进了我国地热产业规模化健康发展。此后,2017年12月国家发改委等十部委印发《北方地区冬季清洁取暖规划(2017—2021年)》。2018年1月国家发改委等六部委联合印发《关于加快浅层地热能开发利用促进北方采暖地区燃煤减量替代的通知》。2018年6月国务院印发的《打赢蓝天保卫战三年行动计划》等政策,都将地热能作为可再生能源的重要利用方式之一,加大推广应用力度,这意味着经过前期实践论证,地热供暖已经成为清洁取暖的有力途径。

"十三五"期间,在《地热能开发利用"十三五"规划》统筹引导下,京津冀地区成为地热产业发展主阵地,新增浅层地热供暖(制冷)面积约1.5亿m^2,占全国浅层地热供暖(制冷)面积的1/5。河北省"十三五"时期,地热供暖面积稳居全国首位,其拥有的"雄县模式"为"十三五"时期地热产业规模化发展创造了样板。天津市"十三五"期间,继续引领城市地热发展，成为我国利用中深层地热供暖规模最大的城市，充分验证了分布式能源规模化应用在建筑密集的城市地区的可行性。河南省"十三五"期间，充分利用北方地区冬季清洁取暖试点城市补助资金并配套地方资金，支持地热供暖发展，濮阳、开封、新乡、周口等地区地热供暖面积迅速增长。陕西省中深层地热能稳步发展，重点推进西咸新区、渭南等地区中深层地热能开发利用，并成功将武功县打造成西部地区首个地热供暖"无烟城"。截至2020年底，我国中深层地热能供暖面积累计达5.82亿 m^2，中国浅层地热能供暖（制冷）面积约8.1亿 m^2，地热直接利用量居全球首位。

《"十四五"可再生能源发展规划》。2022年6月，国家发展改革委等九部门印发《"十四五"可再生能源发展规划》（发改能源〔2021〕1445号），《规划》在可再生能源总量、可再生能源发电、可再生能源电力消纳和非电利用等四个方面提出目标。其中，在优化发展方式、大规模开发可再生能源任务中，提出积极推进地热能规模化开发。积极推进中深层地热能供暖制冷，全面推进浅层地热能开发，有序推动地热能发电发展在中深层地热供暖制冷方面，提出积极推进中深层地热能供暖制冷，结合资源情况和市场需求，在北方地区大力推进中深层地热能供暖，因地制宜选择"取热不耗水、完全同层回灌"或"密封式、井下换热"技术；探索新型管理技术和市场运营模式，鼓励采取地热区块整体开发方式，推广"地热能+"多能互补的供暖形式；推动中深层地热能供暖集中规划、统一开发，鼓励开展地热能与旅游业、种养殖业及工业等产业的综合利用；加强中深层地热能制冷研究，积极探索东南沿海中深层地热能制冷技术应用。在浅层地热能开发方面，提出全面推进浅层地热能开发，重点在具有供暖制冷双需求的华北平原、长江经济带等地区，优先发展土壤源热泵，积极发展再生水源热泵，适度发展地表水源热泵，扩大浅层地热能开发利用规模。在地热能发电方面，提出有序推动地热能发电发展，在西藏、青海、四川等地区推动高温地热能发电发展，支持干热岩与增强型地热能发电等先进技术示范；在东中部等中低温地热资源富集地区，因地制宜推进中低温地热能发电；支持地热能发电与其他可再生能源一体化发展。《规划》还明确了地热能规模化开发的重点区域在华北平原、汾渭平原、松辽平原、鄂尔多斯盆地等地区。

在国家层面高端规划的引领下，各省市相关部门加大了地热支持力度，将地热能开发利用列入省级规划。以河北、山西、贵州、四川等地热能开发利用起步较早的省份为例，相关部门陆续颁布了地热能开发利用规划支持地热能有序、高效、可持续开发利用。

河北省自然资源厅印发《河北省地热资源勘查开发"十四五"规划》(冀自然资发〔2022〕38号)，提出到2025年，建立起适应生态文明建设要求的地热资源管理和保护机制。基岩热储勘查力度加强，勘查程度逐步提高，探明地热储量稳步增加。开发利用布局优化，大型矿山占比逐年提高，开发利用规模逐步提升。平原区地热供暖项目全部实施尾水回灌，建立地热规模化开发利用示范区，形成全省地热资源勘查、开发和保护新格局。矿业权出让管理制度不断完善，地热资源备案管理制度有效落实，预警监测体系不断完善，地热资源信息化管理水平提升。

山西省发改委印发了《山西省地热能产业发展实施方案（2023—2025）》，在总结全省地热能资源禀赋特征、产业发展现状的基础上，结合各地区资源特征、用能需求，提出"十四五"时期山西省地热能发展目标，包括全省地热能开发利用规模持续扩大、地热能发展体制机制更加完善、地热能全产业链发展格局基本形成及地热能科技创新水平大幅提升。

黑龙江省印发了《黑龙江省地热能供暖专项规划》（黑建科〔2020〕17号），《规划》以"取热不取水"为总纲，遵循"科学勘察、因地制宜，清洁高效、持续利用，政府引导、市场运作"的原则，规划黑龙江省地热能供暖发展的适宜性分区和中深层地埋管地热能供暖的示范区，有利于破解当前难题，促进我省地热能可持续开发利用，创造良好的社会效益和环境效益，推动生态文明建设和绿色高质量发展。《规划》提出到2025年底，全省各地地热能供暖示范作用将得到有效发挥，供暖建筑面积大幅增加，地热能资源保护和利用效率进一步提高，供暖能源结构进一步改善。

四川省发展和改革委员会、四川省能源局印发《四川省"十四五"地热资源开发利用规划》(川发改能源〔2022〕730号)。《规划》提出发展目标到2025年，地热产业发展取得新进展，地热资源进一步探明，高温地热勘探、地热钻井、油气井热能开发、地热发电等关键技术和装备研发制造取得显著进展，高温地热资源综合开发利用示范初见成效，推动多能互补综合利用试点示范，政策措施与管理体系更加完备，地热产业链趋于完善。到2035年，我省地热资源开发利用规模化效益凸显，浅层地热能应用面积达到2000万m^2，水热型地热资源利用量达5000万m^3以上，建成川西水、风、光、地热等可再生能源多能互补基地，温泉开发质效大幅提升，关键技术研究和装备研发制造水平跻身全国前列。

贵州省能源局印发了《贵州省地热能产业发展"十四五"规划》(黔能源发〔2021〕5号)。《规划》围绕地热产业、开发利用、市场主体和科技创新制定发展目标，提出到"十四五"末，全省地热能供暖（制冷）面积将累计达到2500万平方米。产业竞争力、影响力、渗透力和辐射力不断增强，产业增加值突破80亿元，形成完整的地热能上、中、下游产业链体系和适合省情的管理制度及激励政策措施。

此外，北京市印发的《北京市"十四五"时期能源发展规划》、天津市印发的《天津市矿产资源规划（2021—2025年）》、山东省印发的《山东省可再生能源发展"十四五"规划》、甘肃省印发的《甘肃省"十四五"能源发展规划》等相关"十四五"规划，重点提出了地热能作为可再生能源发展的发展方向和发展目标，将为"十四五"时期我国可再生能源发展提速贡献新的地热力量。

4.1.2 地热能开发利用重点政策

4.1.2.1 《关于促进地热能开发利用的若干意见》

2021年国家能源局发布《关于促进地热能开发利用的若干意见》（国能发新能规〔2021〕43号），提出到2025年，各地基本建立起完善规范的地热能开发利用管理流程，全国地热能开发利用信息统计和监测体系基本完善，地热能供暖（制冷）面积比2020年增加50%，在资源条件好的地区建设一批地热能发电示范项目，全国地热能发电装机容量比2020年翻一番；到2035年，地热能供暖（制冷）面积及地热能发电装机容量力争比2025年翻一番。《意见》还提出了深化地热资源勘查工作、积极推进浅层地热能利用、稳妥推进中深层地热能供暖、鼓励地方建设地热能高质量发展示范区、稳妥推进地热能发电示范项目建设等5项重点任务；统筹规划浅层地热能项目资源开发布局、规范地热能开发利用项目备案或登记管理、简化地热能开发利用项目前期手续、加强对地热能开发利用项目的监督检查、加强对地热能开发利用项目的信息化管理等5项规范管理范围；做好规划衔接、营造有利政策环境、明确职责分工等3项保障措施。

《关于促进地热能开发利用的若干意见》发布后，河北省、山西省、上海市等省市陆续发布相关的《实施意见》和《指导意见》。河北省发改委、自然资源厅等部门联合印发了《关于促进全省地热能开发利用的实施意见》，山西省人民政府办公厅印发了《关于全面推动地热能产业高质量发展的指导意见》，上海市发展委等七部门联合印发了《上海市促进地热能开发利用的实施意见》。

4.1.2.2 《关于因地制宜做好可再生能源供暖相关工作的通知》

2021年国家能源局发布《关于因地制宜做好可再生能源供暖相关工作的通知》（国能发新能〔2021〕3号），旨在深入贯彻落实实现双碳目标，利用可再生能源供暖应对气候变化、合理控制能源消费总量和完成非化石能源利用目标。《通知》提出了做好城市更新、城镇新区、产业园（区）规划建设过程中的可再生能源供暖与城市发展规划衔接工作，提出应做好可再生能源供暖与乡村振兴战略规划的衔接，提出了地热能开发利用范围及经营模式、技术要求等内容，对北方地区冬季地热供暖发挥了积极作用。

4.1.2.3 《关于完整准确全面贯彻新发展理念做好碳达峰碳中和工作的意见》和《关于印发2030年前碳达峰行动方案的通知》

2021年中共中央、国务院发布《关于完整准确全面贯彻新发展理念做好碳达峰碳中和工作的意见》和《关于印发

2030年前碳达峰行动方案的通知》，提出积极发展非化石能源，大力发展风能、太阳能、生物质能、海洋能、地热能等，不断提高非化石能源消费比重；在加快优化建筑用能结构，提出因地制宜推行热泵、生物质能、地热能、太阳能等清洁低碳供暖。随后，北京、山东、河北、河南、广东等17个省市自治区陆续发布了碳达峰实施方案，其中地热能开发利用被多地政府提及，结合国家层面释放地热发展利好政策，双碳战略下地热能作为可再生能源，在非化石利用和实现双碳目标中占有更重要分量。

在国家政策的指引和鼓励下，各省级相继出台地热能开发利用政策助力地热产业快速发展。

北京市浅层地热能开发利用起步较早，2019年北京市发改委等部门印发了《关于进一步加快热泵系统应用推动清洁供暖的实施意见》，加大浅层地热能开发利用政策支持力度，提出以优化能源结构、推动本市能源高质量发展为目标，重点加强民用建筑、燃煤替代等清洁供热重点领域的资金支持，对新建、改扩建热泵系统、余热热泵系统项目热源和一次管网投资，给予30%的资金支持；既有燃煤、燃油供暖锅炉实施热泵系统改造的项目，以整村实施的农村地区煤改浅层地源热泵项目，以社区统一实施的城镇地区煤改浅层地源热泵项目，按照工程建设投资的50%给予资金支持；对地热能供暖系统热源及一次管网投资给予50%的资金支持。该《意见》还提出简化审批程序，对于申请30%市政府固定资产投资支持的热泵系统项目，由所在区发展改革部门核准，市发展改革委审批资金申请报告；对于申请50%及以上市政府固定资产投资支持的项目，由市发展改革委审批项目建议书；新建主体项目核准或备案文件中明确配套采用热泵系统供暖的，不再单独办理热泵项目核准手续，市发展改革委直接审批资金申请报告；对于由项目建设单位利用自有资金建设，不申请市政府固定资产投资支持的热泵、地热项目，由区发展改革部门核准。

此前，2006年北京市发展和改革委员会、规划委部门联合制定了《关于发展热泵系统的指导意见》，随后又陆续发布了《关于发展热泵系统的指导意见有关问题的补充通知》《关于地源热泵项目的申报程序及有关管理要求的说明》和《北京市平原区浅层地温资源评价及利用规划》等政策，极大地推动了北京市浅层地热能开发利用，为全国地热能开发利用政策制定树立了良好的榜样。

河北省《关于促进全省地热能开发利用的实施意见》（冀发改能源〔2022〕239号）要求进一步规范和简化管理流程，深入开展地热资源勘查等，有效保障地热能的清洁开发和永续利用。此后，河北省持续细化地热能开发利用管理流程，针对全省地热开发利用项目总量进行摸底，河北省发改委印发了《关于地热能开发利用项目备案有关事项的通知》（冀发改能源〔2022〕710号），要求按照地热项目分类进行备案，通过三级审核完成地热项目备案。在公布的地热能存量项目备案第一批和第二批名单中，公布准予备案的地热项目438个，不予备案的地热项目91个。河北省自然资源厅印发了《关于印发河北省地热资源勘查开发"十四五"规划的通知》，明确了河北省地热开发利用方向，明确了开采规划区块设置要求，明确了地热开发利用的管控措施，为河北省建立地热规模化开发利用示范区，形成全省地热资源勘查、开发和保护新格局。至此，作为全国地热能供暖能力最大的省份，河北省从资源勘查、开发、利用进行了全流程管理，进一步保障了地热项目规范运行，初步摸清全省范围内地热项目底数，为河北省地热产业高质量发展打下坚实基础。

山西省地热产业目前处于起步阶段，为实现高质量起步，山西省相关主管部门印发了一系列规范、指导地热产业发展的政策文件。山西省人民政府办公厅印发的《关于全面推动地热能产业高质量发展的指导意见》（晋政办发〔2022〕68号）明确提出了编制地热能利用系列规划，研究制定地热能地方标准和技术规程，有序推进地热矿业权分类出让，规范实施项目备案、取水和采矿许可，建立健全项目信息平台和联合监管机制等5项重点环节；提出了地热资源调查评价，推行地热能供暖制冷在创建零碳建筑、乡村振兴、建设低碳城市和绿色矿业中应用，激发地热能产业存量资源，强化地热产业链建设等8项任务；提出了地热能开发利用基本要素保障、税费支持、降低地热矿业权出让基准价标准、奖励科技创新等4项支持政策。随后，山西省发改委印发了《关于全面推广地热能在公共建筑应用的通知》（晋发改能源发〔2022〕165号）和《山西省地热能产业发展实施方案（2023—2025）》；山西省自然资源厅印发了《关于做好自然资源工作促进地热能产业高质量发展的通知》（晋自然资函〔2022〕749号）和《关于印发山西省地热能分级分类利用指南（试行）的通知》（晋自然资函〔2022〕750号），从地热资源开发、地热能分级分类、地热能应用等地热能开发利用关键流程进行了规范和指导，为山西省地热产业高质量发展做好顶层设计。

上海市发改委印发了《上海市促进地热能开发利用的实施意见》（沪发改规范〔2023〕2号），提出因地制宜重点推进浅层地热能开发利用，重点以五个新城、临港新片区、长三角生态绿色一体化发展区、崇明世界级生态岛浅层地热能开发利用区域开展示范应用，深化地热资源勘查和监测，推动技术创新和产业链发展，完善浅层地热能项目扶持政策等4项重点任务，提出了建立地热项目备案登记制度、地源热泵系统应用分区管控、规范取水管理、提升技术服务质量和加强项目监督管理等5项管理措施。该《意见》的印发将促进上海市地热能开发利用从分散管理向综合管理转变，从点状开发向统筹规划转变，从低门槛向规范高质转变，从重建轻管向建管并重转变。

此外，地热产业发展较早的陕西省、天津市、河南省早些时间分别印发了《关于发展地热能供热的实施意见》（陕建发

〔2018〕2号）、《天津市地热资源管理实施办法的通知》（津规自发〔201〕4号）、《关于印发河南省促进地热能供暖的指导意见的通知》（豫发改能源〔2019〕451号）等政策文件，有效地加强了地热能开发利用的统筹指导，促进了本地区地热能规模化开发利用。

4.1.3 地热产业发展模式布局

4.1.3.1 产业运行模式：龙头企业带动，示范工程先行

我国的地热直接利用规模虽然位居全球首位，但利用效率还比较粗放，地热发电利用水平还比较低，地热资源利用总体处于发展初期。市场环境不够完善，管理体制还需要优化。这一时期通过示范工程的建设和运行，在实践中探索出合适的发展道路是现实选择。我国的地热产业发展非常有必要做出这方面的尝试。

中国石化是我国地热资源开发的代表企业。地热业务遍布河北、天津、河南、陕西、山西、山东等16个省市，已在22个县（市）供暖超百万平方米。截至2022年年底，中国石化的地热能年供暖能力达8334万 m^2，已成为国内地热开发利用规模最大的企业。在京津冀协同发展进程中，中国石化在地热利用方面创建了著名的地热利用"雄县"模式，产生了强烈的示范效应。目前龙头企业加示范工程的产业运作模式在我国已经初见成效，今后应予以大力推广。通过政策与体制机制的逐渐完善，鼓励多元投资主体进入地热资源开发领域，实现地

热产业升级和可持续发展。

4.1.3.2 产业发展布局：做好浅层、中深层及干热岩开发利用统筹布局

基于技术经济与资源条件的约束，未来我国地热能产业发展应该实施"三步走"战略。近期应重点发展中低温资源能源化利用，加大地热供热（制冷）发展力度；中期发展重点应考虑高温、中低温水热发电，积累地热发电技术；远期目标是干热岩利用与发电。这一战略目标与资源开发技术路线基本匹配。在此基础上，需要谋划好地热开发产业的区域战略布局。

在浅层地热能布局方面，近几年传统的北方城镇冬季供暖地区供暖压力较大，燃煤供暖比重较高，导致了严重的环境污染问题，特别是在京津冀地区。与此同时，近几年南方气候异常现象频发，时常遭遇雨雪冰冻极端天气，供暖需求呼声强烈。考虑到上述因素，传统的供暖区域将有可能发生拓展。我国 336 个地级以上城市 80% 以上的土地面积适宜利用浅层地温能，因此在近中期地热布局方面应重点考虑南北方的地热供暖和制冷。

在地热发电布局方面，西部的西藏、云南和四川等是中深层地热发电及干热岩发电重点地区。对于地处上述地区、具备地热资源基础且电力需求增长较快的中小城市，可考虑提前布局地热发电，重点推进配套设施建设。此外，从全国的地热整体布局看，各省均有地热资源分布，且 31 个省份均有不同程

度开展浅层地热能的开发利用，应因地制宜，稳步发展。随着国家地热能开发利用方面的规划陆续出台，省级地热能发展规划及利用也将全面启动。在遵循资源开发路线多元化思路的基础上，各地地热产业全面推进将是未来地热产业布局的一大特点。

4.1.4 地热企业典型

当今，国际国内传统能源企业逐步涉足新能源业务，积极寻求能源转型发展，并根据各自优势结合新能源业务特点制订发展规划，在新能源各业务领域加速布局。在国家能源结构调整的大背景下，传统能源企业和部分传统产业也争相投入地热产业的发展中来。目前中国地热产业的市场化程度较高，已经呈现出充分竞争的格局，基本形成了三个梯队，第一是以中国石化和中国石油为代表的油气央企，第二是以沣西能源和济南热力为代表的地方国企，第三是以海利丰和陆特能源为代表的民营企业。随着国家对地热产业扶持力度的不断加强，地热产业的市场竞争形势将日趋激烈。

4.1.4.1 油气央企

自从我国提出"双碳"目标以来，油气行业作为高耗能、高排放行业的典型代表，面临着巨大的节能减碳压力。目前，以中国石油、中国石化、中国海油为代表的传统油气企业正在不约而同地顺应国家能源转型大势，优化能源利用结构，加快推进节能减排，实现绿色低碳发展，积极参与地热、生物质能、风能、太阳能等非化石能源的产业化、规模化开发，提高新型清洁能源的供应比重。

地热能的开发与油气的开发关系尤为密切，油气央企拥有的先进技术、丰富资料、成熟经验和高端装备都可以直接运用到地热能的开发利用上，并且从地热资源的分布来看，我国的中低温地热资源大多分布在含油气盆地内，几乎所有油田都拥有开发潜力较大的地热资源。同时，油田老区块大量的废弃井也可重新利用改造为地热井，从而大幅降低地热能开发的投资成本和风险。因此，油气央企开发地热具有得天独厚的优势，在国家推进能源革命和低碳转型的宏观背景下，油气央企转型拓展地热能业务可谓顺理成章。

（1）中国石油化工集团公司（简称"中国石化"）

中国石化自20世纪90年代开始大规模探索地热能的开发利用，统筹内部上下游一体化力量，按照"地热+"思路，大力推进地热产业发展。中国石化将旗下的中国石化集团新星石油有限责任公司（以下简称"新星公司"）定位为以"地热+"为主营业务的新能源专业公司。

近年来，新星公司积极贯彻党和国家能源安全战略部署，主动融入"碳达峰、碳中和"战略，认真落实中国石化"一基两翼三新"[①]产业格局，积极构建"以地热为引领，以氢能为方向，以风电光伏为支撑"的"热氢风光"新能源产

---

① 以能源资源为基础，以洁净能源和合成材料为两翼，以新能源、新经济、新领域为重要增长点。

业体系，着力打造中国石化绿色能源示范企业。新星公司承担着国家地热能源开发利用研究及应用技术推广中心、能源行业地热能专业标准化技术委员会、中冰地热技术研发合作中心、中国石化地热资源开发利用重点实验室等"四个平台"建设及支撑工作，先后荣获了"中国节能减排领军企业""多能源综合利用奖""首都文明单位""中国石化绿色企业"等荣誉。

多年来，中国石化不断推动地热能规模化、效益化发展，创新形成以地热勘探技术、钻井技术、自动化控制技术、梯级利用技术、回灌技术、清洁能源集成技术为一体的六大核心技术体系。目前，中国石化拥有 1 个地热重点实验室，100 余项技术专利，地热供暖面积占全国中深层供暖面积的 30%。2022 年供暖季，中国石化投入运行 700 余座换热站，供暖能力近 8500 万 m^2，预计年可减排 CO_2 $4.2 \times 10^6 t$。

2009 年，中国石化新星公司在河北雄县打造了第一座地热供暖"无烟城"，创建了"雄县模式"，即"政府主导、市场运作、统一开发、技术先进、环境保护、百姓受益"，成为可复制的地热开发利用的样板工程。截至 2022 年年底，中国石化在雄安新区已供暖 800 万平方米，全面覆盖雄县、容城城区，造福 7 万余户居民。雄县地热能开发案例被国际可再生能源机构列入全球推广项目名录。中国石化开创的"雄县模式"已经成为地热界的典范，可推广、可复制，行业引领作用明显。

（2）中国石油天然气集团有限公司（简称"中国石油"）

中国石油高度重视新能源业务发展，确定了"清洁替代、战略接替和绿色转型"三步走战略，积极打造油气为主、多能互补的发展格局，努力构建"油气热电氢"五大能源平台。中国石油《地热业务"十四五"发展规划》进一步明确"十四五"期间将在清洁替代、对外供能两个方向积极开拓发展地热产业，打造京津冀清洁供暖示范、东北用能替代示范和长三角采暖制冷示范"三大示范区"，受益人口达 350 万，年替代标准煤 4×10^6 t，年减排 CO_2 千万吨。

中国石油矿权区内 4000m 以浅的地热资源总量达 1.08 万亿吨标煤，占国内地热资源总量的 86%。此外，15 家油田年采出水超过 10 亿立方米，余热资源量近 180 万吨标煤，这是中国石油坚持地热产业高质量发展的"底气"。中国石油已经在华北、辽河、大庆、冀东、大港等油田实施了一系列地热能开发利用项目，取得了显著的经济和社会效益。从 1976 年冀中石油会战的高温高产热水井，到 2022 年全年新建地热供暖面积 1006 万 m^2，累计建成地热供暖面积近 2500 万 m^2。几十年来，中国石油地热产业发展迈出了高质量发展坚实步伐，迈入了规模化发展新阶段。

截至目前，中国石油已经形成五大核心关键技术和四大地热工程建设实施能力。其中，地热地球物理勘查技术、高温钻完井技术达到国际先进水平，砂岩经济回灌技术、废弃井改造为地热井技术、中深层水热型地热供暖技术已经达到国内领先水平。冀东、辽河、华北等油田的多个大型地热供暖项目已经实现砂岩地层无压回灌；油田采出水余热利用技术已在大庆、华北等油田推广应用。

（3）中国海洋石油集团有限公司

中国海油已经成立了海油发展清洁能源公司，该公司将重点探索分布式能源、地热能、氢能等清洁能源的开发和利用。目前中国海油在河北省邢台市任县实施了城区深层地热集中供热项目，完成了家和小院等6个小区的集中供热工程建设，新增供暖面积56万 m^2，实现了向地热能开发利用的一次积极探索和大胆迈进。

2022年6月，中国海油正式发布《中国海油"碳达峰、碳中和"行动方案》，按照行动方案，中国海油将实施清洁替代、低碳跨越、绿色发展"三步走"策略，力争于2028年实现碳达峰，于2050年实现碳中和，非化石能源产量占比超过传统油气产量占比，成为实现我国"双碳"目标和保障国家能源安全的中坚力量。

4.1.4.2　地方国企

当前北方城市采暖供热主要来自热电联产和各类燃煤、燃气锅炉生产的热力，烧煤比重仍高达70%～80%，过程中会排放大量 CO_2 和 SO_2 等污染物。随着燃煤和燃气价格的不断上涨，采用传统锅炉供热的运行维护成本也在不断上升。在相当一部分地区，地方国企承担着冬季供暖的社会责任，尽快实现供暖运行的节能减排和降本增效成为地方国企亟须解决的问题。在此背景下，加快地热资源的开发利用已经成为地方国企拓展新能源业务、寻找效益增长点的突破口。地方国企利用地热资源进行冬季供暖，不仅助力企业实现节能减排、绿色开发的目标，还能降低运行成本并带来可观的经济收益，提升企业的品牌效益和社会形象。

（1）陕西延长石油（集团）有限责任公司

作为陕西省能源化工骨干企业，延长石油积极发挥国资国企先锋作用，积极推进技术研发和成果转化。近年来开展了西化小区中深层地热能清洁供暖先导试验研究项目，依托已有成熟的油气田勘探地质理论和开发工程技术，成功研发"地热能＋清洁能源综合供应系统"，在中深层地热能清洁能源的开发利用方面取得了阶段性成果。同时，延长石油燃气集团不断创新发展新模式，积极推进"光伏＋地热＋储能"综合能源示范项目建设，着力提高能源生产效率，切实推动能源更清洁更低碳发展，努力为美丽绿色生活充电赋能。未来，延长石油将重点推进氢能、光伏、风电、地热、生物质、配售电、碳资产、综合储能等新能源产业，以及化工新材料、精细化学品等产业布局，助力延长石油产业调整转型和绿色低碳高质量发展。

（2）陕西西咸新区沣西新城能源发展有限公司

陕西西咸新区沣西新城能源发展有限公司始终秉承绿色发展理念，创新应用中深层地热能无干扰清洁供热技术，已经成为西咸新区能源结构调整、破解清洁供热难题的首选途径。该公司建成的全国最大规模中深层地热能无干扰清洁供热技术项目，可为中国西部科技创新港 159 万 m² 的建筑供热、供冷、供生活热水。目前，中深层地热能无干扰清洁供热技术已成功推广到北京、河南、河北等地，累计供热面积约 2500 万 m²，为多个区域实现节能降碳、绿色发展作出了积极贡献。"十四五"期间，沣西能源公司将继续加强技术研发力度，统筹应用中深层地热能、光伏、冰蓄冷、水蓄热、智能电网等先进能源技术，重构能源供需平衡，推动能源产业链式变革，探索构建新型城镇区域降低碳排放的最优能源模式，为国家实现"双碳"目标贡献力量。

（3）济南热力集团有限公司

济南热力集团有限公司是集热力生产、供应与服务，能源技术开发、咨询与应用，能源设施建设与维修于一体的综合性大型企业。济南热力集团充分利用商河县得天独厚的地热资源条件，以实现该地区无煤化为目标，形成以"地热+"清洁能源与可再生能源集成利用的现代化供暖模式，推动清洁取暖向农村覆盖。除了商河县，济南市的济阳县、高新区、章丘区部分区域都发现了地热资源，济南热力集团将开发突破单一模式，在这些地区建设地热能供暖项目。济南热力集团已与山东省地矿局下属的地矿新能源有限公司合资成立山东德和地热开发有限公司，该公司先后在济南片区、商河县、郓城县开发建设地热供暖项目，现有地热供暖项目 233 万 m²。

4.1.4.3 民企参与

为全面推动地热能产业高质量发展，在国家对地热产业持续的政策引导下，不少地方政府也相继出台了支持和鼓励政策，包括矿权出让、取水费用和税费的优惠减免以及多种形式的补贴奖励等，大幅降低了地热行业的准入门槛，充分激发了地热产业的市场活力。在此环境下，越来越多的民营企业陆续投入到地热相关行业中去。民营企业的投入持续增长，不断取得规模和效益双突破，成为推动地热能产业发展的重要力量。此外，围绕市场竞争需求，民营企业在钻探设备及技术、水地源热泵机组、配套设备及材料方面的创新投入持续增长、引领作用不断增强。

（1）山东海利丰清洁能源股份有限公司

山东海利丰清洁能源股份有限公司作为全国最早将地源热泵技术产业化的企业之一，公司已发展壮大为集地热能、生物质能、工业余热等清洁能源产品研制、设计施工、运营管理和节能服务于一体的国家高新技术企业。海利丰以技术创新为第一驱动力，储备了地源热泵、高温热泵、地热梯级利用、地热尾水回灌、余热回收利用等多种核心技术。海利丰综合运用多种清洁能源技术实施供暖制冷项目 300 余项，项目面积达 2000 余万 m^2，广泛分布于上海、北京、山东、江苏、河南、河北、新疆、内蒙古等十几个省（市、自治区）。未来，海利丰将围绕热泵生产制造、清洁能源项目工程、供暖制冷运营服务和区域能源投资开发四大业务板块，全面开拓全国清洁能源市场，打造卓越的清洁能源企业。

(2) 山东明合地热能源开发有限公司

山东明合地热能源开发有限公司致力于深层地热能技术开发与应用，集地热能应用产品研发制造、工程设计施工、项目运营管理和售后服务为一体，既是地热能系统集成企业，又是地热能项目运营管理的节能服务公司。公司坚持创新发展，在东营市的地热开发利用方面发挥了有力的推动作用，同时在深层地热砂岩回灌方面也有重要的技术突破和贡献，为深层地热能的开发开创了可持续发展的绿色低碳的广阔空间。公司利用中深层地热能为城市居民小区和乡镇社区提供集中供热，为公用建筑、商用建筑提供冬季供热；为花卉、蔬菜大棚及养殖等设施提供冬季供热服务；为温泉、洗浴等企业提供地热水及供热服务。

(3) 浙江陆特能源科技股份有限公司

浙江陆特能源科技股份有限公司是一家地热能综合开发利用全产业、全商业模式的开放式公司，在浅层地热能开发利用领域居于行业龙头的地位。陆特能源凭借多年行业经验及先进科研技术，综合利用地热能为公共基础设施项目提供绿色建筑建设服务，助力城市集中供热供冷、农业温湿控制、能源互联网等领域，实现建筑低能耗甚至近零能耗运作。陆特能源已在全国20多个省市，通过EPC工程总承模式实施地源热泵类项目300余个，并在山东、广东、河南、湖南等省以PPP特许经营权模式投资发展多个"地热+"多能互补区域能源类项目，累计签约的特许经营权面积已超过6000万 m²。

4.1.5 地热国际合作

4.1.5.1 技术合作

中国与国际原子能机构（IAEA）在地热能方面合作起始于20世纪90年代，其技术主要是核技术与同位素技术应用于地热资源勘查和评价、地热储层示踪等。

中美之间的地热能产业技术合作，主要集中于深层地热能开发利用、干热岩的开采技术及增强型地热系统技术。中美国家实验室和高校针对干热岩热能开发利用管技术开展了有效的国际合作。吉林大学与美国犹他大学，借助美国能源部的"FORGE计划"，即国际干热岩科学研究平台，结合本校承担的国家重点研发计划项目，围绕"干热岩储层建造与地热能可持续开发"开展国际合作研究，主要研究内容包括干热岩裂隙网络建造技术、裂隙网络反演理论与方法、储层维护与地热能可持续开发三方面。通过一系列技术攻关，项目总体进展顺利，在以下方面取得了新的研究成果。

（1）**干热岩裂隙网络建造技术**。构建了室内高温高压干热岩水力压裂-热刺激联合作用实验平台，实验温度上限为180℃，流体注入压可达100MPa，开展了高温高压条件下裂缝起裂与扩展的大型物模实验，揭示了干热岩裂缝破裂及扩展机理，基于实验结果提出了相对可控的水平井分段压裂方案，该方案应用于 FORGE 场地取得良好压裂效果。

（2）**裂隙网络反演理论与方法**。提出了参数降维及微地震约束下示踪试验数据反演算法，开发裂隙网络地球物理－化学示踪联合反演程序，定量表征储层裂隙网络空间结构。与传统仅依托于示踪数据的反演方法相比，预测流量、示踪剂浓度、试采试验阶段温度的精度分别提升 61.1%、60.4% 和 40%，且裂隙结构解释结果与大地电磁监测结果相比具有更高的契合度，提高了深部储层人工裂隙刻画精度，为干热岩型地热资源开发提供重要支撑。

（3）**储层维护与地热能可持续开发**。研发了去质子化的四元共聚物（D-CAAS）以及荧光硅垢防垢剂（PEIE-AA-E100），可防止地热系统运行过程中钙垢和硅垢生成，有望成为解决地热系统堵塞问题的高效解堵剂。定量研究了犹他州西南部罗斯福温泉系统开采的水－热耦合过程，通过对深井生产前温度测井数据的匹配，确定了控制流动和热量输送的参数，经过 30 多年的生产，在注入井和生产井之间产生了显著的压降和热突破，为区域地热系统的开发提供新的思路。

在合作中，美方合作单位提供了干热岩示范场地的现场研究平台，在 Milford 干热岩示范场地现场开展了水平井钻井、测井、水力压裂、微震监测、单井和对井示踪流动试验工作，为中方单位提供现场压裂和示踪试验测试数据。中方团队通过开展室内高温高压干热岩水力压裂实验，揭示了 Milford 场地热刺激和水力压裂条件下的裂缝起裂和扩展机理，建立了高温高压干热岩储层人工建造储层的热-流-固耦合数值模型，形成了有效的大体积干热岩裂隙网络建造方法。双方团队发挥各自优势，实现干热岩储层建造与岩体裂隙表征研究的突破，本次合作推进了我国大尺度复杂条件下人工地热储层裂隙网络建造理论、多场耦合作用机理以及数值仿真技术的发展，为我国青海共和盆地干热岩示范场地建设提供了理论支撑。

此外，我国在干热岩领域一直致力于开展广泛的国际交流，提升国际影响力，先后与意大利国家研究委员会地球科学和地球资源研究所（CNR-IGG）、俄罗斯科学院远东分院火山学与地震学研究所、西班牙拉科鲁尼亚大学签署了合作协议或备忘录。

在地热发电领域，我国与意大利、日本均有一定的合作基础。羊八井地热田作为世界罕有的同时具有浅层-中深层水热及深层干热岩资源的优质地热田，地热资源异常丰富。羊八井地热电站是我国第一座地热电站总装机容量24.18MW，在世界地热史上具有较高的声誉和影响。西藏自治区政府专门成立了西藏地质局地热地质大队，西藏工业电力局羊八井地热工程处；引进了国内外人才，组织了一批中外合作项目，中意勘查开发合作项目为羊八井地热电站的建设提供了重要支撑；研发了大量勘查开发的设备与装备，依托青岛汽轮机厂的技术，建成了国产技术发电机组。羊八井地热田1977年9月第一台1MW试验机组发电成功，自建成地热电站以来经过30多年的运行，逐渐出现明显的开发效应，资源呈衰减趋势。为勘探羊八井地热田北部深层高温热储，使羊八井地热田持续开发利用，在日本国际协力机构的援助下，羊八井地热田钻探了一个调查井（CJZK3001），对羊八井地热资源进行了调查，进一步丰富和完善了评价北部深层高温热储的依据。

4.1.5.2 人才交流

随着地热能开发利用近年来在国际能源领域占比越来越高，地热开发技术也面临着升级迭代，国内外地热人才交流频繁。自1980年以来，冰岛地热培训项目已经从中国招收了91名研究员进行为期6个月的地热培训，这些研究员成为最重要的地热专业人员，其中一些人在不同方面和不同地区发挥着领导作用。国际水文地质研究所的地热领域专家多次与俄罗斯、冰岛等国外学者交流研究成果，合作地质调查和科学研究的地热项目，为国内地热勘探开发利用提供了专业支持。

中华人民共和国教育部和国家外国专家局联合实施了《关于2017年度新建高等学校学科创新引智基地立项的通知》。"111计划"旨在推进中国高等学校建设世界一流大学的进程，该项目从2006年起由教育部、国家外国专家局联合实施，瞄准国际学科发展前沿，以国家重点学科为基础，从世界范围排名前100位的著名大学及研究机构的优势学科队伍中，引进、汇聚1000余名优秀人才，形成高水平的研究队伍，建设100个左右世界一流的学科创新引智基地。2017年共有50所高校的学科创新引智基地入选该计划。

中国石油大学北京石油工程学院李根生院士和黄中伟教授为项目负责人的"深部地热资源开发基础研究学科创新引智基地（111 计划）"获得立项批准，建设周期为 5 年，每年度支持经费不低于 180 万元。该基地依托中国石油大学（北京）石油与天然气工程一级学科、油气资源与探测国家重点实验室和油气钻井技术国家工程实验室科研平台，联合英国帝国理工学院、美国犹他大学、俄克拉荷马大学、科罗拉多矿业学院、德国弗莱贝格矿业大学、亥姆霍兹环境研究中心、法国巴黎高等师范学院等 4 个国家 11 个学术团队，计划引进 17 位地热能源领域的专家学者，借鉴其在地热资源的前期开发经验，针对我国深部地热资源进行钻完井工程、流动传热、一体化设计等内容开展研究。通过该基地建设，可望推动我校石油与天然气工程学科的创新发展、提升在相关领域的国际影响力，提高我国深部地热相关技术的自主创新能力，促进节能减排和低碳发展，改善生态环境。

4.1.5.3 产业合作

（1）中国—欧洲合作

在中深层水热型地热能利用方面，中国与冰岛建立了长期稳定的合作关系。中国石化新星公司和冰岛极地绿色能源公司于 2006 年签约开展地热能开发合作。中冰两国合资合作在市场商业模式、地热能开发技术、地热项目碳资产计算方法、"地热+清洁能源集成"等方面取得可喜成果。双方合资项目为国际合资合作开发地热能提供了成功案例，具有良好的借鉴推广作用。在"双碳"战略目标的大背景下，两国的合资公司正在不断扩大合作项目的业务规模，推进碳资产上市交易。

在干热岩地热能开采方面，是以向法国和德国学习为主。中德于2016年成立了国际地热能研究中心，设在中国科学院地质与地球物理研究所，每两年召开一次双边学术研讨会。中英之间，开展了引智计划，开展了深度的学术交流。中瑞之间开展中深层地源热泵技术交流。

中国和芬兰之间开展了热泵技术设备方面的合作。2018年8月，万江新能源股份有限公司与芬兰奥林集团在清洁取暖领域的合作形式进行了深入交流，签订战略合作协议，在周口地区地热清洁供热项目方面开展深层次、多方位的技术与设备方面合作。2019年1月23日，国家能源局发布2019年第1号公告文件，将"周口地区地热清洁取暖项目"列入首批中国－芬兰能源合作示范项目。2022年2月8日，国家能源局发布2022年第1号公告，经过中芬联合专家组评审和复核，"周口地区地热清洁取暖项目"继续执行。围绕周口地区地热清洁取暖项目，双方主要在以下几方面开展合作：

①地热能开发利用、可再生能源间的互补利用、多热源联网等专有技术合作；

②引进轻便高效、适用于新建及改造大型物业区域供热项目的地源热泵、蓄热罐和换热机组等设备；

③打造中芬地热能清洁取暖示范工程，共建地热能供热实验室及技术展示和培训基地；

④形成2~3套能源生产利用可靠性较高的集中供热解决方案，以期降低能源利用成本，提高技术研发的竞争力和集中供热项目的盈利能力。

目前万江新能源拟引进芬兰奥林先进高效热泵设备的地热清洁供暖项目已与业主单位完成签约，项目总供暖面积20万平方米，位于周口市城乡一体化示范区，双方正在沟通确定设备技术参数，该项目计划于年底前完工。该示范项目建成运行后，将成为双方共同打造的首个中芬地热能清洁取暖示范点，后续万江新能源将紧紧抓住周口市入选国家清洁取暖试点城市的契机，加快推进周口地区供热项目签约进度，推广放大该示范点的示范效应，促进双方合作再上新台阶。双方将携手在周口市打造中芬企业清洁供暖设备及技术应用合作示范基地，促进芬兰先进节能技术、清洁供暖技术在周口地区的应用推广，加快清洁供热产业升级，促进经济社会绿色低碳发展。

该项目的开展对于加深中国与芬兰能源领域合作、落实国家"一带一路"倡议、促进未来实现可持续发展意义深远。

（2）中国—非洲合作

中石油长城钻探公司早期在肯尼亚成功施工了超过百口高温地热井，后期与中国其他企业共同在肯尼亚投资建厂开展地热发电项目。

4.1.6 地热科学普及

在2016年召开的全国科技创新大会上，习近平总书记指出："科技创新、科学普及是实现创新发展的两翼，要把科学普及放在与科技创新同等重要的位置。"《全民科学素质行动规划纲要（2021—2035年）》提出，大力加强科普基地建设。深化全国科普教育基地创建活动，构建动态管理和长效激励机制。鼓励和支持各行业各部门建立科普教育、研学等基地，提高科普服务能力。2022年，中国科协认定了首批1274个单位为2021—2025年度全国科普教育基地。随着"双碳"战略实施，地热产业发展日益受到重视，地热科普提上了日程。

4.1.6.1　国内地热科普基地

云南腾冲火山地热国家地质公园，位于滇西腾冲县，以数量众多、类型齐全、景观奇特的火山、地热资源为主体，集地质地貌、民族文化及生物多样性特征于一体，可开展科考科普、生态旅游和文化旅游等活动。腾冲地热资源极为丰富，全区发现有64个地热活动区，温泉群达80余处，水温高达93.36℃，可供地热发电。

世界地热博览园，位于北京市丰台区王佐镇南宫村，整个园区占地面积53.3万 m^2，由地热科普展览中心、温泉特种水产养殖中心、温泉垂钓中心、温泉种植采摘基地和地热康体中心等组成。园内种植养殖用水均为从地下2980m深的地热水中抽取的温泉，水温达70℃。南宫村温泉井深2980m、日出水量2700t，出水温度72℃，富含多种对人体有益的矿物质和微量元素。在这里地热能采用梯级利用方式：高温水用于冬季取暖，净化后的中温水用于宾馆、娱乐城、温泉水世界和村民家庭康体健身、游泳和洗浴，低温水再经过处理用于特种水产养殖和垂钓，最后的凉水用于农业园区的灌溉。

4.1.6.2 地热科普具体实践

4.1.6.2.1 中国石化是中国地热产业发展的领军企业，多年来在中低温地热直接利用方面走在前列，累计建成清洁供暖面积 8500 万 m^2，占全国地热供暖面积的 30% 以上，每年可替代标煤 161.5 万 t，减排二氧化碳 420 万 t。

（1）**中国石化新星地热发展历程展厅**。位于雄安新区，由中国石化新星公司于 2023 年 3 月建成，展厅由序章、历程、未来等三部分组成，占地面积 130m^2。其中，序章部分以展览主题、地热能开发的意义、李四光先生关于地热能开发的思路为主要内容，简要阐述地热开发的重要意义；历程部分划分为"敢为人先的探索之路、自强不息的实践成果、为民造福的家国情怀"三个板块，讲述"中国石化新星地热"的发展历程、取得成果和社会贡献；未来部分围绕"十四五"规划关键指标和地热产业"六个突破"，描绘了公司"热氢风光"新能源产业发展的宏阔前景。

展厅是中国石化新星公司作为中国石化以"地热+"为主营业务的新能源专业公司深耕地热能开发利用领域 25 年的真实记录，是中国石化新星公司矢志践行"敢为人先、自强不息、为民造福"新星精神的生动写照，更是展示中国石化地热产业发展成果的重要窗口。

（2）**地热科普公益展**。2022 年 7 月，中国石化与中国科协携手，由新星公司与中国科技馆联合策划实施，成功举办"拥抱双碳 共赢未来"地热科普公益展（图 4-1），接待 40 余万公众参观体验，有力践行了央企开展科学普及的社会责任。展览分为地心热涌、产业热浪、低碳热潮三个展区，分别介绍地热产生、地热应用以及未来发展。其中，地心热涌：主要介绍地球结构、地热成因、地热览胜等科普知识，采用了包括地心之旅 VR 体验、火山喷发、间歇喷泉等互动方式展现；产业热浪：主要介绍地热资源分布、"同层回灌"技术、地热能开发及利用等科普知识，采用包括地热梯级利用、地热能应用场景沙盘等互动展品的形式展现；低碳热潮：主要介绍地热能优势、科学家精神、地热发展大事记、中国石化新能源产业

△ 图 4-1 "拥抱'双碳'共赢未来"——中国石化地热科普公益展中的地热供暖沙盘

方向等科普知识，采用了环保树小游戏、低碳生活等互动展品形式展现。该展览历时5个月，取得了显著成效。

一是展示了央企履行科普社会责任良好形象。展览以习近平总书记视察胜利油田重要指示精神为指导，将践行"双碳"战略作为策展出发点，深化贯彻落实《关于新时代进一步加强科学技术普及工作的意见》，有效发挥了央企在履行科普社会责任中的作用，展示了中国石化践行绿色发展理念负责任央企良好形象。展览因其首创性、互动性、创新性强等特点获得"2022年度全国科普日优秀活动"荣誉称号。

二是向公众普及了低碳生活理念。展览对地热能成因、我国地热产业现状和地热能助力"双碳"目标的发展趋势等进行深入浅出的阐释，能源转型的形势下地热能发展的广阔前景进行了展望，综合运用多媒体技术、机电一体化技术等展示方式，实现了展览与各年龄段观众深度互动，普及了地热科学知识的同时，起到了渗透低碳生活理念的良好效果。

三是助力地热产业高质量发展。作为国内首次举办针对地热产业的科普展，接待观众超过40万人次。展览通过"学习强国"学习平台、数字科技馆、中国石化内外部媒体矩阵等平台得到有力传播，新华社、央视新闻、人民网、北京电视台等主流媒体对展览进行了宣传报道，提升了地热清洁能源的影响力，助力地热产业高质量发展。

中国科学技术馆在新能源展厅设置了地热能科普展品。展品完整演示了干热岩地热能的开采过程。高温岩体发电是从地面钻竖井到岩体，形成一个注水井，并在适当部位加压，使加压点周围产生宽几毫米、长数百米的裂缝，向裂缝中注水后，水吸收岩体热量升温到 200～300℃，在裂缝的另一端打一口喷汽井，即开采井，热水便会伴随蒸汽喷出，用于地热发电装置发电。该项地热科普展示地热能利用原理，通过注水和释能互动展品的体验，传播地热能科学知识，引发对地热清洁能源的理解和思考。

  浅层地热能开发利用技术科普示范基地。浅层地热能开发利用技术科普示范基地位于河北省廊坊市广阳区廊万路四号，是依托河北省地球物理勘查院（河北省浅层地热能研究中心）建立的国内首家以推广浅层地热能开发利用技术为主要科普内容的科普示范基地。基地总占地面积 3500m^2，设有技术演示馆、地源热泵系统设备馆、科技创新馆、科普大讲堂四个主要场馆。基地目前主要以开放参观科研场所、举办科普讲座、组织参观考察、邀请专家宣讲和开设互动课题研究等形式进行浅层地热能相关知识的科普推广工作。基地主要采用"体验"+"互动"的模式，将科技成果进行科普化转化，同时充分利用"地球日""科技周""科普日""浅层地热能科普活动日"等契机，开展诸如"浅层地热能之旅""地源热泵技术讲坛""地源热泵技术体验""科普考察""科普进社区、进学校、进企业"以及微信公众号、抖音直播等一系列群众喜闻乐见的科普活动。

4.2 地热能开发利用面临的挑战

4.2.1 地热能开发利用技术研发需求

(1) 国家重大需求

"碳中和"是当今世界人类应对气候变化的共同愿景和努力方向。实现"碳中和"的路径是三端发力,即在能源生产端,大力发展非碳能源,主要有太阳能、风能、地热能、水能和核能;在能源利用端,努力实现非碳能源替代和节能;在固碳端,通过人为努力,提高生态系统固碳能力,同时,实施 CO_2 地质利用和封存。地热能作为一种非碳清洁能源,因为稳定、连续的优势,对实现"碳达峰"和"碳中和"的发展目标具有不可替代的重要作用。在生产端既可以发电,也可以供热,还可以配合电网提供储能服务,平抑其他可再生能源电力的不稳定性;在利用端,可以替代电力供应热力,也可以与电力结合实现节电。因此,地热能的开发利用受到各国的高度重视。

(2) 我国地热产业现状

在刚刚过去的 10 年,我国地热能产业取得了前所未有的新进展,主要体现在地热直接利用上。东北、华北浅层地源热泵规模化应用，华北京津冀鲁豫地区以及陕西等地区中深层地热供暖规模化应用，特别是华北大型岩溶热储中深层水热型地热能的规模化供暖；长江中下游城市地表水体的地源热泵空调；等等。这些进展使我国在地热能直接利用方面发挥了引领作用。地热直接利用总量持续保持世界第一的位置，年用量相当于供暖面积 14 亿 m^2，占世界总量的 38%，成为世界地热能大国。

综上所述，地热能从资源和开发利用技术上讲，都与过去差别很大了。为了体现地热储能的重要性，我们把它单列为一类新的地热能资源类型。如表 4-1 中所列，这个分类是在国家能源行业地热能标准基础上补充地热储能汇总的。根据中国地质调查局 2018 年的数据，全国地级市以上城市浅层地热能可采资源量为 7 亿 t 标准煤当量；中深层地热能可采资源量为 19 亿 t 标准煤当量，两者之和为 26 亿 t 标准煤当量。26 亿 t 标准煤超过 2020 年全国一次能耗（48 亿 t）的一半，可见替代能力之大，而这里面目前还没有包括地表水体地热能。

表 4-1　地热能资源类型及其利用方向一览表

资源类型	埋藏深度（m）	赋存介质	利用方向
浅层地热能	<200	土体或水体	空调
中深层地热能	200～3000	水、岩石或岩浆	供暖、康养
深层地热能	>3000	水、岩石或岩浆	发电、供暖
地热储能	0～3000	土体或水体	发电、供暖

注：1：浅层地热能包括地表水体的热量，一般 <25℃；
　　2：温度 >150℃为高温资源，150～90℃为中温资源，<90℃为低温资源。

21世纪的近20年以来，我国地热直接利用产业发展迅速，增长速度和热利用总量实现了指数增长。浅层地热能供暖面积呈现每年16%的增长，中深层地热能供暖量也持续增加。地热能对于我国能源转型，即非碳基能源的贡献比例为5%，同风电、光伏等其他非碳基能源相比，占比量虽然较少但基本处于同数量级。

在国家"十四五"地热能产业发展规划中，明确了规模化有效益、因地制宜开发利用地热能的战略方向。实现地热能产业高质量和可持续发展，使我国在从地热大国走向地热强国的道路上不断前进，为碳中和作出更大贡献，是地热界的使命。到"十四五"末，我国地热能供暖面积比2020年（14亿m^2）增加50%，达到21亿m^2；到2035年，达到42亿m^2。2035年也是深层地热能工程化技术达到成熟和逐步走向商业化应用的阶段。预计地热能开发利用产业将会以更快的速度发展。

4.2.2 地热产业发展技术瓶颈仍未突破

地热能开发利用并不是轻而易举就可以实现的，要稳扎稳打，循序渐进。地热能与水力能、太阳能、风能、核能一样是非碳基能源，对我国实现碳中和目标具有重要意义。因此，在地热资源开发利用研究过程中要踏踏实实做好关键科学问题与技术问题的攻关。一旦瓶颈问题得以解决，地热资源的开发利用将为我国节能减排和新一轮能源结构调整作出重大贡献。

（1）地热资源评价数据基础较差，勘查程度较低

①数据基础较差：大地热流是区域地热资源潜力评价的必要参数，而我国大地热流测点数量总体不足（虽然中美两国国土面积相当，但美国已经公开发表17000多个大地热流数据，而目前公开发表的中国大陆地区热流数据仅1230个），同时已有大地热流测点分布还存在严重的不均衡问题（东部地区如大庆、胜利等油区测点较为集中，而西部地区大地热流测点非常稀疏，数据基础差，造成藏南等高热流区构造认识不清）。

②勘查程度较低：在前期完成的全国性地热资源评价中仅对少数地热田进行了系统勘查，分省、分盆地资源评价结果精度较低。我国还未建立适用于不同复杂地质条件下的地热资源靶区定量评价方法和参数体系。

（2）复杂条件下深部地热资源勘探技术水平有待提升

一是专门针对地热勘探的地震部署较少，且地震采集、处理及解释设备对外依赖度高。高精度三维地震勘探方法虽然对解决深部构造特征、地层展布等复杂难题有较大帮助，但其成本高、耗时长、环境影响大、供暖城区实施困难的特点限制了其在地热勘探中的应用。二是非震勘探的精确度不足且存在多解性问题。目前以电磁探测为主的非震技术具有低成本、易施工、高效率、噪声小等优点，但对于2000m以深的地质目标识别和评价精度有待提高，多种物探解释成果随机性大，制约了深层优质地热资源勘探和评价。三是适用于干热岩型

地热能的勘探技术尚不成熟。常规物探方法和测井数据解释难以适应高温热储的特殊条件，导致干热岩体地质参数尤其是温度和天然裂缝发育情况获取困难，无法开展更为深入的研究工作。

（3）干热岩热储改造相关研究刚刚起步

干热岩热储改造相关研究在国内处于起步阶段，存在一系列问题，包括：高硬地层裂缝起裂、扩展与支撑难度大；分段压裂工具和压裂液体系抗温能力不适应；形成复杂缝网及循环换热通道困难等。全流程技术思路及工艺方案的制订还需逐步探索。

（4）地热发电技术与国外先进水平存在差距

我国自20世纪70年代起，中低温地热水发电已具备一定水平，创造了67℃世界最低温度发电的实例。但是，近30年来，由于缺少市场需求，技术没有持续扩大应用，与世界先进水平差距逐步拉大。目前仅存的发电项目大都采用进口发电设备与工艺。

4.2.3 地热能开发利用技术发展方向

在国家"十四五"地热能科技发展规划中，对于需解决的关键科技问题，聚焦在复杂地质体中流体循环及其传热效率。技术发展重点方向主要有：

（1）**浅层地热能规模化技术能力显著提升**。未来方向是复杂地质条件下土壤回热与多源互补技术；埋管周期性冷热负荷作用下热－流－力耦合理论及盾构能源隧道规模化施工工艺。

（2）**中深层开发规模化技术能力显著提升**。未来方向是水热型地热资源勘查评价精度、钻井成井工艺改进、地热尾水回灌技术等关键技术与装备制造研究；采灌优化技术；地埋管换热器与岩土多物理场耦合传热优化模型。

（3）**深层地热能勘查取得突破，开发利用技术取得初步成效**。未来方向是资源预测与钻探靠区优选、钻井工艺技术、岩体压裂及水－岩高效换热等关键技术研究、用于评价深部岩体连通性及其换热面积的新型示踪剂研发、储层裂隙网络中多场耦合的能量传递与转换机理的揭示等。突破高温钻井技术与装备瓶颈，支撑高温地热能开发；攻关中低温地热能发电关键技术；开展中深层含水层储能和浅层岩土储能关键技术研究，实现余热废热的地热储能。突破高温岩体探测、压裂及效果评价等关键技术，研发单井采热技术与装备、增强地热系统以及地面综合梯级热利用技术，开发高温岩体压裂－采热－用热一体化优化设计平台，开展高温地热能开发利用工程示范。

（4）**中深层地热储能技术正在受到业界重视**。未来方向是通过人工改造储层以及与其他可再生能源相融合，实现多能互补集成技术的提升与应用。推广含水层储能、岩土储能等跨季节地下储热技术利用，因地制宜推广集地热能发电、供热（冷）、热泵于一体的地热综合梯级利用技术。

（5）**建立干热岩开发新模式**。欧美等发达国家通过政府引导开展了关键技术研发和大量工程实践，皆在推动干热岩地热资源的商业化开发。美国 FORGE 计划的实施，有望填补 EGS 现今面临的重要科学认识空白，突破限制 EGS 产业化开发的挑战性技术，最终形成可复制、具有商业推广潜力的干热岩地热工程开发模式。然而，我国干热岩开发起步较晚，在技术水平、工程实践和研发资金投入等方面均较为滞后，前沿技术、知识产权方面受到一定制约，特别是大体积水力压裂（如水平井分段压裂）等储层建造与控制技术尚不成熟，干热岩开发示范工程建设相对落后，迫切需要紧跟国际前沿开展相关研究和更多的工程示范。除技术突破外，我国今后在干热岩地热开发方面同时应注意以下问题。

（1）**电热并举**。西部发电，三北供暖。中国西部因青藏高原特殊的地质条件，地热温度高，很多地方4000米深度以浅可获得200℃的干热岩体。如青海共和盆地，距西宁两小时车程，交通便利，电网条件也非常好；这个地方是清洁能源走廊，有黄河龙羊峡水电站，有风电、有太阳能光伏和光热发电。如共和盆地实现规模化干热岩开发，将对水－风－光发电形成良性互补。风能和太阳能受气候条件和昼夜交替影响，水力发电也受季节的影响。干热岩地热能发电灵活随时可启用，对电网可以起到调峰的作用，所以在经济计算上干热岩的发电的价格要高、可以按调峰电价考虑。华北平原如河北马头营，180℃的干热岩体要到5000多米的深度才可以获得，钻探和压裂的成本高，发电效益低。开发干热岩可为居民区供暖、工厂或生态农业所用，可减少化石燃料的使用，有效地解决大气污染和雾霾问题。我国的东北和西北也是一样，中低温沉积盆地底部干热岩经过储层改造，进行供暖是一个很好的化石燃料替代选项。此外，我国三北（华北、东北和西北）地区的冬季供暖是一个几万亿的产业，中低温干热岩地热供暖具有巨大的经济和环境效益。

（2）**产－学－研结合发展模式**。中深层地热能（含干热岩）开发是一个技术密集型系统，对其工程开发需要先从机理分析和可行性上着手。然而，由于地下深部储层工况的复杂性和地面设备的不稳定性，机理研究往往与实际应用脱节，因此需与先导试验项目密切结合、互相指导，开展产－学－研结合发展模式，在不断往复中提高认知、突破关键技术，提升中深层地热能的经济开发和应用价值，加快我国能源结构调整和转型，构建清洁低碳、安全高效的能源体系，为我国实现"双碳"目标助力。

（3）**国家增加研发和示范经费投入**。世界范围内，干热岩开发的 EGS 仍处于初级阶段，工程研发周期长投资风险大，政府支持关键技术开发及集成示范研究，是最终实现干热岩资源可持续商业化开发的必经之路。在吸取国外干热岩示范场地建设经验的基础上，结合我国实际场地和技术条件，设立更多国家级研发项目，尽快建设更多干热岩开发利用工程示范基地，如西部高温干热花岗岩和三北中低温沉积盆地底部碳酸盐岩和火山岩地热供暖示范基地等。

4.2.4 地热产业发展政策支持力度仍需加大

中国地热能资源丰富，但资源探明率和利用程度较低，地热能发展也存在不充分、不协调的深层次问题，亟待解决。经过几十年的建设，中国地热能行业管理体制和政策正不断完善，法律框架基本建立，管理制度初步形成，政策措施陆续完善。但目前仍存在支持政策不充分、管理体制不健全的问题，明显制约了我国地热能调查评价与开发利用的快速发展。世界上地热开发利用程度较高的国家，如美国、冰岛、法国、印度尼西亚、菲律宾、意大利、新西兰等，其地热能依托支持政策取得的发展与进步为我国提供了有益经验借鉴。

（1）**法律层面保障地热产业良性发展**。发达国家普遍通过立法来确立地热能法律属性，明确管理权责主体，理顺政府管理体制机制。例如，美国的《1967年加州地热法案》《1970年联邦地热蒸汽法案》明确了地热能法律属性及其所有权问题；冰岛政府制定《地下资源研究和利用法》《自然资源保护法》和《能源法》等一系列法律，理顺了地热能开发利用管理体制机制，较好地保障了地热能产业发展。

（2）**政府引导与政策引领地热产业有序发展**。冰岛、美国、日本、德国等国均出台包括税收抵免在内的税收优惠政策，对地热能开发利用项目给予一定比例的财政补贴。美国《地热能源研究、开发与示范法》等法律规定，对符合当地利用条件的地热能等可再生能源项目提供贷款担保。扶持政策对地热能产业的有序、健康、快速发展起到显著的推进作用，如美国地热能发电装机容量多年位居世界第一，冰岛利用地热能供暖占全国供暖建筑面积的90%以上。

（3）**加大科研投入支持地热技术更新换代**。世界地热能发展典型国家均重视科技创新，通过加大科研经费投入、设立重大科技研发计划、组织联合研发团队等方式，持续推动地热能勘探开发利用颠覆性技术攻关，助力地热能产业提质增效。2013年欧盟推出"地平线2020（Horizon2020）"计划，投入8360万欧元资助11项地热能研究项目，推动地热能增强型地热系统等前沿科技和关键技术攻关。2015年，美国政府提供1.4亿美元设立FORGE项目，在水热型地热能勘探开发利用技术、增强型地热系统等方面开展了一系列攻关，有力促进了地热能勘探开发利用技术的进步和产业发展。

（4）**国际合作交流助推地热产业快速进步**。发展中国家也高度重视地热能产业发展，通过吸引国外资金和先进技术开发利用本国地热能。例如，肯尼亚奥卡利亚（Olkaria）地热田，通过广泛吸引包括中国、冰岛在内的国际合作和技术援助，实现对埋深为2200米的330℃水热型地热能的开发利用，为肯尼亚地热能发展打下了良好基础。菲律宾地热产业较为成功的秘诀之一在于，通过对外合作引进国外先进技术发展本国的地热产业。2020年，菲律宾进一步加大引资力度，出台政策允许外来投资者在投资额大于5000万美元的大型地热勘探、开发和利用项目中拥有全部所有权。

4.2.5 地热产业市场化推动有待加强

"十二五"以来，中央和地方政府出台了一些财政和价格鼓励政策，对加快地热能开发利用及促进北方地区清洁供暖具有积极的引导作用，但管理体制与支持政策不完善，执行不到位、不充分，对地热能开发的市场化推动作用有待加强。

（1）**地热资源在相关法律法规中的一体化管理机制尚不明晰**。地热管理涉及自然资源、水利、能源等部委，国家层面管理分工尚不明确，管理体制有待理顺。具体到地方，管理主体不明造成有关规定"一地一策"、政出多门，各地地热管理存在不同程度的混乱现象。地热能是一种能源矿产，已在《可再生能源法》《矿产资源法》等法律中予以明确。在地热能的开发利用中，水是重要载体，因此还受《中华人民共和国水法》约束。能源管理部门负责协调发改、规划与自然资源、水利、住建、财政等相关部门推动地热能产业的规划、价格和财税政策制定工作；自然资源主管部门负责地热探矿权、采矿权（以下简称矿业权）审批；水行政主管部门负责地热水取水权审批。从长远来看，既然我国已经将地热能源作为绿色清洁能源纳入"十四五规划"大力发展，就应当制定一部关于地热水勘探、开发、利用、保护和管理方面的法律法规。一方面可以规范地热水资源在开发、利用上无法可依的状况；另一方面也能更好地保护和管理地热水资源，让地热水资源为社会创造效益。

（2）**地热能相关的财税法律规定可操作性差**。目前关于地热能财税支持方面的法律法规缺乏实施条款和落实细则，对优惠税率和补贴力度等激励政策没有统一明确的标准，出台的政策"落地难"。资源税税额标准偏低，不能真实反映能源消耗带来的社会成本，缺少体现可再生能源性质的地热能"取热不耗水"税收激励政策。对地热产业化水平的支持力度不够，促进地热产业发展，应充分发挥市场作用，进一步放开城镇供暖行业的市场准入，鼓励社会资本进入地热供暖领域，利用政府和社会资本合作（PPP）模式建设运营地热供暖项目，保障合理的投资回报，充分调动社会资本参与地热供暖项目建设的积极性。支持专业化、品牌化地热供暖企业通过兼并、收购、重组等方式合并小、散、弱地热供暖企业，提高地热供暖产业的专业化水平。

（3）**对地热能开发利用的优惠力度不足**。按照可再生能源电价附加政策要求，对地热能发电商业化运行项目给予电价补贴政策，但目前具体开发和利用的优惠政策却不多。现有地热能优惠政策细化支持措施还存在缺陷，主要体现在土地使用、设备制造和产品消费的配套政策仍不明确。目前各省市地方政府出台了一些优惠政策，但是政策优惠力度不大，且这些政策是根据地方财政现状出台的，政策的连贯性也得不到保证。因此，从国家层面上需要加强地热行业的政策研究和制定，形成完整的针对地热的财税优惠政策体系。针对地热供暖项目初始投资高、利润较低、短期内企业难以快速收回资金的特点，企业要想可持续滚动发展，需要政府在税收减免、投资补贴、加速折旧、协调金融机构发放低息贷款等方面加大扶持力度。高温地热发电主要在西藏、青海等地区，投资较大，建议在地热发电产业发展初期，参照风电、光伏等可再生能源初期国家的财政、税收和金融等综合支持政策，研究制定合理的上网电价和补贴电价，推动地热发电产业的发展。

（4）补贴模式不科学，支持方式有待完善。补贴模式单一，采用事前补贴和生产环节补贴，补贴效果大打折扣；直接补贴方式居多，缺乏市场化手段；补贴发放不及时、不到位，补贴资金领取周期过长。政府主管部门应尽快建立地热能供暖的定价机制和补偿机制，根据各种技术的应用水平和条件，核定地热能利用供暖的指导价格（或补贴标准），特别是已具备规模化应用条件的水热型地热，供热价格应充分考虑地热能供暖的运营成本低，但建设成本高的特点，同时也要考虑将地热供暖项目热力管网建设和改造费用纳入城市基础配套费，按常规能源供热管网建设的收费标准收取等。在充分保障地热企业正常运营及合理的利润空间的基础上，采用详细的可执行的定价机制和补偿机制，才能提高企业投资地热的热情，从而促进地热产业快速的发展。

4.2.6 地热产业发展关键环节

为推动地热能开发利用的持续高质量发展，使其在能源生产和消费革命中发挥更加重要的作用，针对我国地热能开发利用发展历程中存在的突出问题与矛盾，应加大法律、政策、管理等支持力度，精心培育地热产业，促进地热能高效稳定可持续开发利用。

（1）**厘清地热管理体系**。建议进一步明确国家能源局为地热能行业主管部门，对全国范围地热能的开发利用实施统一管理。国家能源局牵头制订地热产业规划，指导全国各地科学有序、规模利用地热。地方能源主管部门根据全国规划要求，编制本地"地热专项规划"，设立发展目标，并纳入区域或城市总体规划。各有关部门应协同配合，形成合力，出台保障措施并抓好落实，将地热能利用专项规划纳入国土空间规划体系，明确地热能开发利用总体目标和基本思路，落实情况列入地区生态文明建设指标考核体系，作为节能减排考核体系加分项。

（2）**建立全国统一的地热法律制度**。目前地热资源其他相关规定主要包含于《中华人民共和国可再生能源法》的配套法规规章中。依据当前我国目前法律体系，建议国家相关部委尽快制定国家层面的地热开发利用管理的法律法规，厘清相关部门权责。形成统一规范的管理行政体系，出台配套法规、技术标准、发展规划等。出台专门的配套法规规章应主要涉及财政预算、地热资源勘探、开发利用规划、地热采矿许可证办理、地热水取水许可证办理、地热资源补偿费征收与管理、市场供应价格、环境保护措施、奖励与处罚等方面。配套法规应具有可操作性，主要应明确主管部门、部门权利与义务、主管领导权利与义务、激励措施、项目、期限、拨款额度、处罚，从而使各项法律法规能真正落实。

（3）**政府主导地热数据库建设**。建立政府主导的地热能资源勘查开发利用全产业链的数据汇交、共享与服务制度，形成全国地热能资源开发利用大数据平台，主要包括地热能资源基础数据、开发利用动态和效率监测数据及产业网络信息管理系统等，为地热能资源调查评价与科学开发利用提供支撑。

（4）**加大地热勘查力度，进一步摸清资源家底**。中国地质情况复杂，断裂构造极为发育，且分布具有不均一性，地热田大都与断裂有关，即使是浅部的第三系地热开采也受到各种断裂构造的困扰，导致地热资源勘探风险高。目前对于深部构造的勘查方法有重磁电震等方法，由于工作成本高，总体勘探程度较低，资料的可靠程度也会比较差。除了京津冀、山东、陕西等地的地热产业较为发达，绝大多数地区由于经济相对落后以及资金、技术力量缺乏，地热勘查开发缓慢。许多地热蕴藏丰富的地区至今未能查清资源家底。鉴于此，政府应承担前期勘探开发工作，加大资源普查力度，加大基础勘探工作投入，补充高精度勘查工作量，从而对资源总量有一个全面的认识，为地热资源开发提供翔实的数据基础。

（5）**政府主导，加大地热勘查资金投入**。中国高温地热资源分布家底不清，给地热产业发展带来了很大的不确定性。针对高温地热资源家底不清问题，首先需要政府通过设立"地热资源勘查基金"等形式，利用公共资金开展高温地热资源勘探，摸清高温地热资源分布情况。同时，由于地热勘探成本高、风险大，一旦出现钻探地热井失败的项目，会造成开发商几百万甚至上千万的投资损失，严重影响地热开发企业的经济效益和开发积极性。建议可由政府承担一部分勘探风险，对钻凿失败的勘探井给予一定的钻井成本补贴，切实降低企业勘探风险，鼓励社会资本积极进行地热勘探开发。

（6）**攻关地热利用核心技术及关键装备，全力支持地热科技创新**。聚焦关键核心技术研发，持续加大科技攻关力度地热产业要发挥后发优势，与风电、太阳能、水电以及化石能源形成有效协同，助力国家能源安全和能源低碳转型。目前，地热产业在资源评价、井筒工艺、地热开发利用方面均取得重要进展，发展了一批新技术，产业链运行体系初步形成。但无论是产业链上游的资源勘探，还是下游的终端利用环节，还都不同程度存在技术"短板"。以最具代表性的地热回灌技术为例，由于作业人员对回灌机理认识不清，技术应用不到位，全国地热井回灌率仅为20%～30%，不回灌的地热水对环境带来损害。近年，一些高校已开设相关专业，培养地热开发利用专业人才，针对地热开发利用的各类研发机构逐渐成立。科研立项进一步跟进，出现了一批重大技术进步获奖项目。国内外高校和科研机构在深层钻井和干热岩研究方面开展有效合作，助推中国地热科技研发与国际并行发展。地热产业发展要迈上新台阶，需要政府、企业、行业协会等共同发力，全力支持地热科技创新。此外，中央财政和地方财政应设立地热能资源调查和科技创新重大专项资金，加大对地热能勘探开发利用核心关键技术研发的投入力度，加强地热能专用设备和特种技术的研发。

（7）建立政府专项基金，推进地热供暖的广泛应用。 我国地热资源储量丰富、分布广泛，经过近 30 年的发展，地热供暖技术日趋成熟。地热供暖是世界上许多国家新能源利用的一种常规方式，清洁环保、节能低耗，符合国家发展循环经济、促进新能源利用的目标。在当前能源紧缺的情况下，我国北方一些城市如北京、天津、西安等，既是全国最大（或较大）的能源消耗城市，同时又是中低温地热资源最丰富的城市。在这些城市（地区）因地制宜开发地热资源用于供暖，既可发挥地热供暖清洁环保、节能低耗的优势，又可缓解冬季供暖高峰时期的能源紧张，预期社会效益和经济效益十分明显。为加快我国地热供暖产业化、商业化的步伐，促进地方经济发展，国家尽快建立政府专项基金，推进地热供暖的广泛应用。政府专项基金不同于民间基金和商业性风险投资，它充分体现了国家的政策性、引导性，从而吸引地方政府、企业参与合理开发利用本地区地热资源。基金不以营利为目的，而是通过推动合理开发、循环利用地热资源，促进当地经济增长作为回报。

（8）先行先试培育地热能高质量发展示范区。一是建立雄安新区地热能区域性高效开发利用示范区。根据雄安新区规划建设创造"雄安质量"的目标要求，将地热能利用的"雄安模式"打造成中国高质量发展样板。二是建设北京城市副中心浅层地热能集群化利用示范区。统筹地下地上空间规划建设，建设分布式、互补型的大型浅层地热能开发利用能源站系统，形成集群化利用示范区，满足北京城市副中心大型建筑集合体供暖（制冷）需要，助力绿色低碳城市建设。三是建设共和干热岩型地热能勘查和试验性开发工程。面向未来地热能发展需要，瞄准干热岩型地热能科技前沿，以青海共和盆地为试验区，实施战略科技攻坚，大力推进干热岩型地热能资源勘查开发的理论、技术、工程与装备研发，力争早日实现干热岩型地热能资源勘查开发重大突破。四是建设地热能特色小镇示范区。以江苏如东小洋口地区等为示范区，建设以地热能为基础的梯级开发利用的清洁能源高效利用特色小镇。充分体现"吃干榨尽"热能的高效利用理念，形成供热、制冷、发电、浴疗、温泉休闲、养老、高效现代渔业和农业、花卉烘干加工等清洁能源产业集群，为加快发展由清洁能源支撑的绿色产业体系提供示范。

（9）出台相关金融政策支持地热能开发利用。鼓励各级政府和发改委、财政、自然资源、水行政、住房和城乡建设、生态环境、能源主管部门等出台有利于地热能开发利用的财政、金融政策等。研究利用现有渠道对地热能供暖项目给予财政支持；鼓励和支持企业加强技术创新，共同营造有利于地热能开发利用的政策环境。在地热能产业发展初期，应参照风电、光伏等可再生能源的财政、税收和金融等支持政策，对水热型和干热岩型地热能勘探开发利用给予大力支持。将地热能开发利用纳入可再生能源基金补贴范围内，并按照可再生能源绿色证书制度发放绿证配额。落实地热能开发利用企业及相关设备和材料制造企业的相关增值税、房产税、城镇土地使用税优惠政策。研究制定地热能替代化石能源供热、制冷、发电的财政补贴政策，以热（冷）量、电量为单位进行补贴。试点推广特许经营权。为吸引社会力量、金融资本参与地热能勘查评价，推进地热能产业规模化开发和规范发展，开展地热能开发特许经营权试点，参与基础性公益性地热能勘查并将勘查评价数据统一纳入国家地热能大数据管理平台的企业，可优先获得地热能资源特许经营资格（采矿权）。

（10）出台相关措施支持鼓励矿业权办理。加强地热矿业权建设管理，制定积极、可预期的地热管理政策。保证企业的基本权益，促进行业健康可持续发展。充分发挥地热在碳中和目标中的作用。为补充公共资金投入，政府积极鼓励私人开发商进行地热勘探开发，并为开发商提供矿权。例如，我国高温地热资源发电目前主要集中在西藏，但西藏矿权管理流程尚未理顺。2018年，西藏自治区对10个地热田的探矿权进行拍卖，一些企业通过竞价方式取得了7个地热田的探矿权。然而，与内地地热资源开发利用大省相比，西藏自治区还没有出台扶持地热产业发展的政策和法规文件。建议可从出台地热矿权专项管理办法入手，明确地热能探矿权和采矿权设置、批准和转让管理规定，规范地热行业秩序。

（11）**出台积极的地热发电产业政策**。地热发电是地热利用的重要组成部分，我国地热发电产业尚处于发展初期，为促进地热发电产业发展，应充分借鉴国外的成功经验，从立法层面支持并出台电价补贴政策。目前，风电、太阳能发电已经发展起来，已进入去补贴化阶段。在其成长过程中，金融财税支持政策非常重要，这对地热产业发展具有重要借鉴意义。地热发电装机总量最大的美国，自20世纪70年代以来，先后制定出台可再生能源配额、税费减免、贷款担保等地热扶持政策；地热产业规模增长最快的土耳其，制定了较高的标杆电价和使用国产设备补贴。

目前，中国实行地热发电上网电价参照煤电价格的政策，发电项目较难盈利，企业投资普遍采取谨慎态度，这是"十三五"地热发电目标未能较好完成的重要原因之一。此外，我国地热发电产业非但没有税费减免，反而面临征收地热资源税。根据2019年《中华人民共和国资源税法》及各省（市）资源税具体适用税率，我国从2020年9月1日起对地热按照从量计征方式征收地热资源税，西藏按1元/m^3、四川按3元/m^3、云南按10元/m^3标准征收，这对地热发电产业负面影响巨大。以羊易地热电站为例，每年要缴纳520万元地热资源税，增大了地热发电企业负担。地热发电项目只取热不取水，征收矿产资源税不合理，建议通过立法对完全回灌的地热发电项目免征矿产资源税，以促进我国地热发电产业健康可持续发展。其次，明确地热发电标杆电价。根据研究，在发展中国家，对于可再生能源产业，引用标杆电价机制比没有标杆电价能吸引到4倍以上的投资。中国地热发电产业亟待出台电价补贴政策，以激发开发商的热情，带动产业发展。

（12）加大地热开发利用标准的推广和实施。目前，国内已经初步建立地热能开发利用标准体系，包括通用基础、地热资源勘查与评价、地热钻完井工程、地热供暖与制冷、地热发电和采出水综合利用及资源保护等门类。2017—2020年，能源行业共制定地热能专业标准57项，其中基础通用专业4项、地热资源勘查与评价13项、钻完井工程18项、地热发电4项、地热供暖与制冷7项、采出水综合利用及资源保护11项。地热产业由小到大、由弱到强需要有标准的护航和指引。这些标准的实施，可以有效规避地热资源开发利用过程中的各类不规范现象，使地热开发利用有标准可依。

（13）重视发挥地热专业协会（委员会）的作用。地热专业协会（委员会）是联系政府、企业的专业性社会团体，在政府与企（事）业之间、企（事）业与企（事）业起着桥梁和纽带的作用，对沟通行业内部信息、组织相关的经验交流、开展专业技术咨询，推动地热产业发展发挥着积极作用，是我国地热产业发展可以信赖和利用的力量。在未来的发展中，应加强地热协会（委员会）的建设，支持协会（委员会）的活动，增强其凝聚力和社会影响力，为发展我国的地热事业发挥更大的作用。

4.3　地热能开发利用的新征程

近年来中国社会经济平稳发展，城乡居民可支配收入呈现持续上升势头，社会公众的生活方式也逐步与国际接轨，对清洁能源的需求也日益提高。目前，国内地热供暖发展处于上升阶段，在未来，地热能行业发展具有无限可能。

根据中国地质调查局、国家能源局新能源和可再生能源司等机构于2018年8月发布的《中国地热能发展报告》，在"政产学研"的共同努力下，中国地热能产业逐步完成从无到有、从粗放到有序的过渡，技术开发与装备能力逐渐与国际一流水平接轨，终端应用体系的建设方面不断取得新的突破。从总体上来看，地热能产业体系的建设已经完成奠基性工作，浅层、水热和干热岩三种地热能的勘查开发都出现了体系化的趋势。

在政策引导和市场需求推动下，我国地热能资源开发利用得到较快发展，直接利用规模多年位居世界第一。随着地热能下游市场蓬勃发展，我国地热能行业持续增长，2014—2021年我国地热能行业市场规模由298.54亿元增长至739.68亿元，CAGR为13.84%。在"双碳"背景下，作为可再生能源的地热能发展将迎来大有可为的战略机遇期。国家能源局于2021年在《关于促进地热能开发利用的若干意见》中明确提出了地热今后五年的发展目标，地热供暖和发电规模均较之前有大幅提升。2020年全国地热供暖制冷面积大致在14亿m^2。按照《意见》规划，到2025年预期达到21亿m^2，到2035年要达到42亿m^2。2020年全国地热装机容量为50MW，按照规划，到2025年预期达到100MW，到2035年达到200MW。这表明地热能产业在经济产出方面具有重要意义，同时也说明地热能开发利用进入了健康、稳定、规范的新时期，质量和效率将成为该产业发展的重点。中国科学院院士汪集暘就曾指出："地热能产业发展过程中应坚持因地制宜、循序渐进、高质量发展的原则，加快推进地热能由单一、粗放、低效的传统产业增长方式，转变为多元、集约、高效的现代产业发展方式。"在地热能产业发展过程中，要坚决杜绝那种靠堆资源、攒人力、拉人脉等粗放式的发展观念，用新发展理念武装相关人员的头脑，立足中国地热能产业发展现实情况的内在规律，结合具体的外在环境，逐步完成整体意义上的产业高质量经济发展模式构建。总之，地热能产业随着蓬勃壮大，必然会走上科学规范、智能互联、大胆创新、看齐国际的高质量发展道路，成为具有国际竞争力的优势产业。

4.3.1 产业发展布局更加精准

根据《地热能开发利用"十三五"规划》,未来的地热能产业发展离不开政策与市场的双轮驱动,在具体的发展上则要突出清洁高效、持续可靠、因地设策、可持续发展等原则。这表明,决策层在地热能产业发展上的考虑是宏观的、系统的、全方位的,因此地热能产业的发展应当顺应决策层的规划,走系统集成发展之路,切不可"头痛医头,脚痛医脚"。在技术路线上,根据地热能的类型进行开发路线设计,有序解决技术难题;在整体布局上,根据地热资源的区域分布情况进行精心谋划,重点有限发展中低温地热资源的转化利用,逐步攻克干热岩发电这一重点难题;在政策推动上,加强调控引导,进行区域产业布局及产业集群的规划,形成国家、地方、基层多级配套的整体发展体系。

基于技术经济与资源条件的约束,未来我国地热能产业发展实施"三步走"战略。近期重点发展中低温资源能源化利用,加大地热供热(制冷)发展力度;中期发展重点应考虑高温、中低温水热发电;远期目标是干热岩利用与发电。

4.3.1.1 继续加大资源勘探力度,拓展中低温地热清洁供暖范围

"十三五"期间,中国地质调查局已完成了全国地热资源的基础调查工作,基本明确了浅层地热能的分布,划定了中深层地热资源异常区。各省地质矿产主管部门也积极投

入，在部分区域开展了地热资源详查，并围绕部分地热异常区开展了预可行性乃至可行性勘查工作。以雄安新区为代表的局部地区，通过物探、钻井工作量的投入，地热资源认识基本清晰，以雄县为代表的地热开发区内的资源认识达到储量级。"十四五"期间，随着地热能发展需求的增加，前期勘查划定的地热异常区将会获得更多的勘查投入，资源认识更加清晰。在地热异常区资源逐步被发现和利用的同时，伴随勘查、钻井技术和设备的进步，非地热异常区地热资源勘查开发也将受到更多关注，尤其是一些大型沉积盆地和有经济基础的大型城镇区隐伏地热资源的勘查和开发，将不局限在地热异常或者埋藏较浅的区域。按地热增温率计算，在一定深度内都有可能获得所期望的地热资源，尤其是在深部具有强渗透储层分布的条件下，获得优质水热型地热资源的概率更高。因此，继续加大地热资源普查和勘查力度，将有更多非地热异常区优质地热资源的勘查发现，也将进一步拓展地热资源的利用思路，为地热产业奠定更加坚实的资源基础。

4.3.1.2 系统推进浅层地热供暖制冷，重视在夏热冬冷地区推广

在浅层地热能布局方面，近几年传统的北方城镇冬季供暖地区供暖压力较大，燃煤供暖比重较高，导致了严重的环境污染问题，特别是在京津冀地区。与此同时，近几年南方气候异常现象频发，时常遭遇雨雪冰冻极端天气，供暖需求呼声强

烈。考虑到上述因素，传统的供热区域将有可能发生拓展。我国336个地级以上城市80%以上的土地面积适宜利用浅层地热能，因此在近中期地热布局方面应重点考虑南北方的地热供暖和制冷。

浅层地热能不仅包括土壤中的地热能，而且地表水、城市污水也是地热能的重要资源。可以按照"宜土则土，宜水则水"的思路，因地制宜地在全国推广地源热泵项目，带动浅层地热开发利用。地源热泵项目的最大优势，是项目能效比高于普通空调和空气源热泵，而且后期运行费用较低。夏热冬冷地区是我国区域经济发展的重要区域，具有丰富的浅层可开采资源量，推广使用地源热泵技术具有得天独厚的条件。浅层地热能可同时满足供暖、制冷与生活用水需求，一次性解决"夏热"与"冬冷"问题。采用因地制宜、个性化方案的原则推广夏热冬冷地区浅层地热能开发，在前期示范项目的基础上，依托长江、珠江、洞庭湖流域等丰富的资源优势，依靠技术创新、系统集成，在夏热冬冷地区的沿江大城市（武汉、南京、长沙等）大力发展地表水源冷热双供项目。在夏热冬冷地区开发利用地热能，与将长江经济带建成绿色低碳经济廊道发展目标高度契合，是贯彻能源革命战略和提升发展质量的创新之举。今后一个时期，夏热冬冷地区浅层地热供暖制冷将成为国家区域经济发展的重要支点，也是提升人民生活质量的重要标志，对于长江中下游地区经济社会发展有重要意义。

4.3.1.3 由地热供暖向地热发电延伸，助力我国新型电力结构发展

随着地热供暖技术越来越成熟，技术标准体系越来越健全，地热人才队伍越来越完备，中低温地热发电的关键技术、核心设备制造等综合实力不断增强，地热能开发利用将由地热供暖向地热发电高端业务发展。地热发电主要是利用地下热能的蒸汽发电，此过程不会产生任何碳排放，还可以摆脱距离传输的制约，使地热电能供应给更多地区。

据世界能源协会（WEA）发布的《联合国世界能源评价报告》，地热发电的世界平均利用效率可达72%，地热资源的直接利用效率为27%。地热发电在所有可再生能源发电中年利用小时数最高，全年90%以上的时间都可用于发电。相比风电、太阳能等其他可再生能源，地热发电具有很高的利用效率。21世纪以来，中国频发极端天气，雨雪冰冻现象造成局部地区电力供应紧张，极寒天气对电力供应提出了新要求，确保区域电力供应稳定，成为电力产业今后重要发展目标之一。再考虑碳达峰、碳中和目标下非化石能源所占比例持续提升的现实要求，电力供应稳定的重要性进一步凸显。目前，各地区电力供应已经实现多元化，兼顾发展绿色电力与电力供应稳定双重目标，发展地热发电具有现实意义。在地热、风力、水力以及太阳能资源同时具备的地区，各种发电方式协同发展，可有效提升供应稳定性。

《关于促进地热能开发利用的若干意见》中提出，到

中国地热的发展与未来

2025 年全国地热能发电装机容量比 2020 年翻一番。基于羊八井和羊易电站建设的基础上，在西藏、川西、滇西等高温地热资源丰富的地区打造地热资源综合开发利用示范工程，聚焦"一线两带"，地中海－喜马拉雅山地热带东段地区、青藏铁路沿线和川藏铁路沿线的地热资源详勘和推进地热发电项目建设，通过地热发电和产业化利用，助力清洁能源发电快速发展。目前，应以滇藏地区作为地热发电的突破口，这两个地区富集高温地热资源，适合现有技术水平地热发电。据现有资料，西藏地热能发电潜力在 3000MW 以上，地热资源主要用于发电。羊八井地热电站是中国最大的地热电站，也是世界唯一利用第四系浅层热储进行工业发电的电站，电站装机约 27MW，在拉萨电网中的负荷占比曾高达 60%，20 世纪 70 年代至今，累计发电 30 亿 kWh 时。羊易地热电站是世界海拔最高（4650m）、完全实现 100% 回灌的地热电站，年发电量可达 1.9 亿 kWh。云南地处欧亚板块与印度洋板块的碰撞带及其影响区内，是中国大陆新近地史时期构造活动最活跃、最强烈的地区之一，地热异常十分显著，温泉／泉群数量约占全国已知温泉数的 28%，居全国各省区之冠。平均大地热流值比中国大陆代表性平均值高出约 10%。滇西腾冲、瑞丽等地位于滇藏地热带欧亚板块与印度洋板块的缝合带附近，岩浆活动极为频繁，成就高温地热田。腾冲地热田推算热储温度为 230℃，具有很大的发电潜力。目前，腾冲地热开发的重点在各种非电利用。一方面是电力供应相对充分，另一方面地方政府倾向于发挥地热在旅游中的作用以拉动经济。腾冲地热旅游产品形式多样，经营者直接利用喷气孔、冒气地面、沸泉、沸喷泉、水热爆炸和间歇喷泉等高温地热景观开发当地旅游业，为地方带来了可观的收入。从资源分布看，云南东部煤炭资源相对丰富，但水力、地热资源较为贫乏。西部水力、地热资源丰富，但缺乏煤炭和天然气资源，由于没有地热电站，仅靠水力发电易造成枯水季节缺电，若有地热电站辅助供电，可以大大缓解和预防地区电力紧张。

此外，《意见》鼓励有条件的地方建设中低温和干热岩地热能发电工程，探索干热岩发电，重点在青海地区开展干热岩地热发电项目，通过建立地热发电示范基地，推进深部干热岩资源勘察发现和干热岩发电关键技术成熟，引领我国干热岩资源开发利用。可以考虑先在华北、江苏、福建、广东等地区建设若干中低温地热发电示范工程，形成以点带面发展模式。如前所述，20世纪70—80年代，中国地热利用水平曾与国际同步。当前，中国经济社会发展水平已具备了支撑地热发电的软硬件条件，在重点地区重新突破中低温地热发电技术，完全具有理论上的可能。2011年，中国地质调查局对大陆3～10km干热岩资源估算显示，地热资源基数约合856万亿t标准煤。其中，深度3.5～7.5km、温度150～250℃的干热岩储量巨大，约合200万亿t标煤。即使仅有2%的储量得到开发，也将获得巨大能量。"十三五"期间，中国地质调查局在青海共和盆地恰卜恰地区施工干热岩探井 4 口，取得了干热岩勘探的突破。从远期看，干热岩发电应作为储备电力工程，可先从青海突破并与青海光伏项目呼应，构建立足青海的西北绿色电力网络。

4.3.1.4　推进地热产业链多向延伸，发展梯级利用和"地热+"多能互补综合能源模式

（1）**大力推广地热资源集约化利用，纵向延伸地热产业链**。地热梯级利用技术是一项系统工程。为解决地热尾水排放温度高、资源利用率低与环境热污染等问题，更加合理、充分地利用地热资源，未来应大力推广地热资源梯级利用技术（见图 4-2）。地热水利用尽可能利用其作为资源和能源的特点，

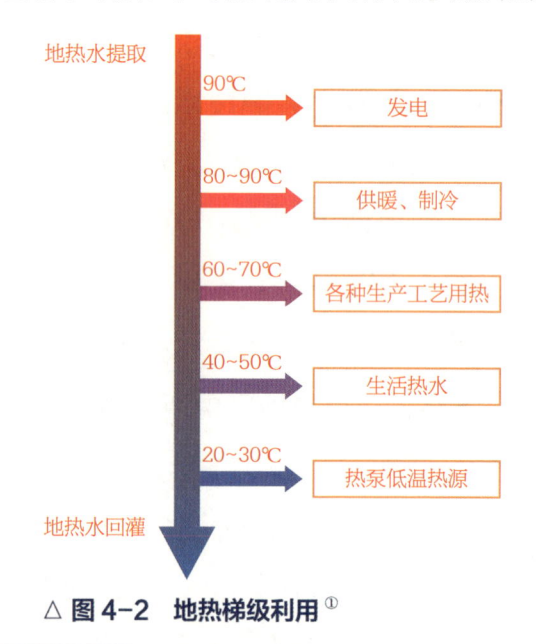

△ 图 4-2　地热梯级利用[①]

---

① 图片源自中国工程院重点咨询项目《中国地热产业规划和布局战略研究（二期）》总结报告。

克服单一的利用方式，一次采热、多次利用，根据不同温度分级高效梯级利用每一级温度，减少地热能的品位损失，最大限度地实现能量的温度匹配、梯级利用、品位对口，提高地热资源利用效率，用最大能效为不同使用功能提供热量。

（2）倡导"地热+"，开展多能集成综合能源示范项目，横向延伸地热产业链。中国科学院院士汪集暘在谈到如何加快规模化开发，实现我国地热产业高质量发展时，曾提出充分发挥"地热+"的模式，与太阳能、风能等可再生能源互补联动。"地热能+"通常指地热与其他可再生能源互补综合利用，用于联合供热或者发电，可实现较高的能源使用效率。该系统可将各种形式的能量储存于地下并按需求取出加以利用，是地热开发利用的一种新途径。此前，2021年国家能源局发布的《关于因地制宜做好可再生能源供暖工作的通知》就曾提出，支持建设可再生能源与其他供暖方式相结合的互补供暖体系。在有条件的地区发展地表水源、土壤源、地下水源供暖制冷等。鼓励利用油田采出水开展地热能供暖、地下水资源与所含矿物质资源综合利用等。河北省也在《关于促进全省地热能开发利用的实施意见》中倡导"地热能+"模式，推广地热能与太阳能等其他可再生能源形成多能互补的能源供给方式。例如，雄安新区就通过区域地热资源储备和政策优势的结合打造了"地热能+"的"雄安模式"，开辟了地热能产业发展的区域化道路。

对新城镇、新产业园等新增用能市场和现有产业园区、大型公用建筑、居民区等集中用能区域，因地制宜实施多种清洁能源协同开发。一方面，地热、太阳能、风能、生物质能等清洁能源各自具有优劣势，通过协同开发，可以取长补短，降低成本，并实现较高的能源使用效率，进而提升相对于传统化石能源的竞争力；另一方面，地热作为稳定清洁的可再生能源，可与已经做到清洁利用的传统化石能源共同供能，享受传统化石能源产业发展相对成熟的系统配套、相对高效的开发利用技术、相对先进的运营管理水平、相对优越的政策支持力度，积累经验并提升管理水平，从而借势加速新能源产业快速发展。"地热能 +"作为未来新能源和可再生能源的一个发展方向，其规模化利用必将在"双碳"目标实现中发挥越来越大的作用。

4.3.1.5 加强国际地热开发利用合作，推动共建"一带一路"高质量发展

21 世纪以来，开放型经济新体制建设不断取得突破，经济发展与全球接轨的态势日益明显。在地热能产业高质量发展模式的构建过程中，必须有国际视野而不能仅仅局限于国内市场。应当认识到，在地热能产业发展方面，美国、日本、冰岛等国家具有先发优势，我们应当立足全球市场进行赶超，争取形成地热资源技术、成套设备、综合解决方案的对外输出，形成一种全球化的竞争力。这也要求与地热有关的各方在思路和行动上保持一致，通过产、学、研、用多方的配合不断提高地热产业的全球市场份额。

国家正着力推进"一带一路"能源合作，实现了同俄罗斯、蒙古、越南、老挝、缅甸等周边国家电网互联互通，与巴基斯坦、英国、阿根廷的核电合作项目取得积极进展，能源装备、技术、标准、服务走出去的步伐不断加快。"一带一路"沿线国家地热资源丰富。土耳其、印度尼西亚、肯尼亚等"一带一路"沿线国家均位于全球高温地热带上，高温地热资源丰富。未来应加强与"一带一路"沿线国家地热开发利用方面的交流合作，助力国家"一带一路"建设。

4.3.2 科技创新驱动更加强劲

在国家"十四五"规划中，创新是关键词，而科技创新更是提高社会生产力的战略支撑点。根据美国、英国、德国、日本等国家产业发展的经验，产业结构调整的重点在于高技术化和知识化。目前中国地热能产业链还相对简单，核心技术装备与发达国家差距明显，要提高中国地热能资源开发水平、打造产业竞争力，引入科技创新手段并推动产业管理模式现代化是必由之路。将科技创新放在突出位置，整合政策、技术、资本、人力资源等不同维度的生产要素，以原创性技术、颠覆性技术、瓶颈性技术为依托，推动地热能开发利用实现精准投入、高速增长。

从优势的一面来看，地热能资源勘测、干热岩无干扰取热、地热能直接利用、地热能发电、地热泵等行业关键技术受到相关科研院所与企业的高度重视，技术原理及实践运用的探索不断取得新的突破。同时，随着人工智能、5G、移动互联网等先进技术的发展进步，"能源互联网"正在成为电力市场新的关键词，地热能产业的应用场景日益多元化，为产业的整体发展带来了新的机遇。在此基础上，地热能源的生产、应用都将以智能化的方式予以推进，从而形成能源市场上的重要力量。从局限的一面来看，地热能领域的技术发展与风电、光伏太阳能等相比并无明显优势，诸如勘探钻井、砂岩回灌、行业高端设备制造等关键技术的研发进度还不能完全满足行业发展需求，尤其是在一些关键性的技术设备上，国内企业的竞争力比之国外竞争对手仍然存在较大差距。如果在技术发展上被"卡脖子"，地热能产业的发展必然会受到限制，需要积极对标国际经验，以中低温发电、高效换热、梯级综合利用、防腐防垢、保温和砂岩经济回灌等技术为切入点构建行业技术体系，进一步推进核心设备的自主产权。

同时，目前我国地热产业发展过程中暴露的很多问题与人才的缺乏有很大关系，人才是产业发展的第一资源，创新驱动实质上是人才驱动。未来还将深入实施人才优先发展战略，加速建立我国地热人才培养体系，为地热快速健康发展提供人才保证和智力支持，提升自主创新能力和核心竞争力。坚持把人才资源开发放在产业发展最优先的位置，加快培育地热产业专业化队伍，建立科学有效的地热专业人才形成机制，为地热产业大突破、大跨越提供支撑。

此外，我国信息化发展速度迅猛，对"四个现代化"同步发展的加速倍增作用凸显，尤其是与工业化的融合发展正步入深化应用、变革创新、引领转型的新阶段，加快了我国新型工业化的进程。2016年，机械、船舶、汽车、轨道交通装备等行业数字化设计工具普及率超过85％，工业企业互联网化指数达到32.7，数字化生产设备联网率达到38.2％。在制造业智能化以及互联网与制造业的融合发展方面取得较大进展，网络协同制造、个性化定制、服务型制造等模式以及工业云、工业大数据、工业电子商务等新业态不断涌现。因此，从产业发展融合的角度出发，将大数据、人工智能、5G、移动互联网、区块链等前沿技术与地热能产业发展结合起来，按照集成化设计、模块化建设、数字化交付、智能化运营的模式，推动各种资源的优化、智能化配置，使科技创新真正成为地热能产业发展的第一引擎，助力我国地热产业高端化，提升产业整体水平。

4.3.3 法规建设和监督管理更加深入

地热能产业是新能源事业的有机组成部分，其可持续发展需要充分考虑绿色环保这一要点。以水资源、生态资源的合力开发保护为前提，避免地下水、土壤、地质等因为地热能产业的发展而受到不必要的破坏。因此在法律法规和技术规范方面将会不断优化完善，发挥政府在产业发展中的引导和监督作用。

法律规范方面，地热能开发利用主要以《中华人民共和国矿产资源法》《中华人民共和国可再生能源法》《中华人民共和国水法》等作为法律依据。这能够为地热能产业的发展提供法制化的支撑。但是，这方面还存在一些不容回避的矛盾。例如，从法律意义上来看，"地下水"和"地热"的概念界定仍然处于相对模糊状态，这就会在一定程度上影响地热能资源开发的法理依据。标准规范方面，国内已经初步建立地热能开发利用标准体系，包括通用基础、地热资源勘查与评价、地热钻完井工程、地热供暖与制冷、地热发电和采出水综合利用及资源保护等门类。在国家能源局的指导下，国家地热能研究中心组织编写完成了《地热能应用技术导则》《中深层地热发电示范项目》及《地热供暖示范项目》评价标准、《国家可再生能源供热指导意见》等系列文件材料。开发了包括地热资源开发利用信息平台和地热资源基础数据库系统、地热资源利用动态监测系统、地热开发项目信息管理系统、地热能利用效率监测系统，地热产业网络发布系统在内的全国地热资源开发利用综合信息系统。但在实践中，地热能资源开发的管理方面还存在着制度文件内容弹性大、处置随意性突出、政策落实不到位等问题，其结果则是地热能开发具有一定的无序性。另外，随着产业逐步扩大，越来越多企业纷纷进入地热市场，地热行业出现良莠不齐的情况，部分中小企业的粗放化运营与不规范操作，已成为制约地热能行业进一步发展的重要因素。根据有关地质部门的勘测，由于地热能资源的无序开发，一些地区已经出现了地下水水位持续下降的问题，个别地方甚至达到每年下降 2m 左右的程度。所以，逐步加强地热能开发的法律体系建设，全面提高执法水平，严格落实主体责任、行业监管责任，对产业的整体可持续发展是十分必要的。

4.3.4 财政扶持力度更加显著

除了在政策、法律法规等层面进行刚性的制度约束外，更要注重绿色环保型的产业发展理念，以绿色产业、绿色经济、绿色金融为平台框架，在我国产业化程度还不高的当下，对地热能发电、地热能供暖等提供专项的财政资金补贴，对地热能资源勘探、技术研发、特殊项目示范、信息平台建设等予以适度扶持能够有效提振市场的积极性，从而加强市场在地热能产业发展中的资源配置作用，准确衡量政府、企业、员工、社会、环境在这一领域的投入产出比，逐步从有效供给向高效供给过渡。

在全球经济形势趋紧、传统经济发展模式受限、国内消费不振等因素的作用下，新能源行业的发展得到了中央层面的高度重视。在习近平总书记"绿水青山就是金山银山"治理观念的影响下，北京、河北、浙江、江苏、河南等地区各级政府纷纷指定推动地热能产业事业发展的政策法规，为地热产业的发展提供了有利的政策条件。值得注意的是，中国地热能产业的发展还处于成长期，政府的相关管理也处于摸索阶段，地热政策需要随着地热产业的发展保持更新和完善，顺应地热产业发展潮流，指导地热产业发展方向，逐步解决发展过程中出现的问题。

4.3.5　积极社会效益更加突出

地热能产业发展不仅要追求经济利益，更要着眼于社会利益。换言之，地热能产业高质量发展的目标体系中，既要涵盖收入、增长率等量化指标，也要有居民福祉等定性指标。如果不能满足社会公众对清洁型能源的消费需求，不能帮助广大居民享受由此带来的生活福利，地热能产业高质量发展就失去了落脚点。

2021年中央一号文件《中共中央 国务院关于全面推进乡村振兴加快农业农村现代化的意见》发布，文件指出，"加强乡村公共基础设施建设。继续把公共基础设施建设的重点放在农村，着力推进往村覆盖、往户延伸"。加快补齐农村基础设施短板，推动农村基础设施提档升级，是乡村振兴战略的重要一环。乡村振兴的目标是提升全体乡村居民生活水平，实现途径之一是优化人居环境，提升冬季供暖与夏季制冷水平，实现生活质量提升与绿色发展相统一。在各级政府的高度重视和大力推进下，到2021年底，北方地区清洁取暖面积达156亿m^2，农村地区清洁取暖率达到70%。京津冀及周边地区、汾渭平原累计完成散煤治理2700万户左右，替代散煤超过6000万t，基本完成平原地区冬季取暖散煤替代。地热供暖也在这一进程中发挥重要作用。

总之，地热能开发利用的高质量发展将着眼长远的可持续性，以科学发展理念为指导，以地热能资源的储量分布情况为基础，根据不同地区、不同发展情况等统筹规划，形成短期、中期、长期优序配置的总体发展规划。以公平原则、持续原则、共同原则为指引，在政策法规、财政扶持制度及其与社会经济的协调方面形成协同，走出符合我国国情的地热高发展道路，让相关企业能够更好地服务于社会和人民，让社会公众都能从地热能开发利用经济发展中获益。

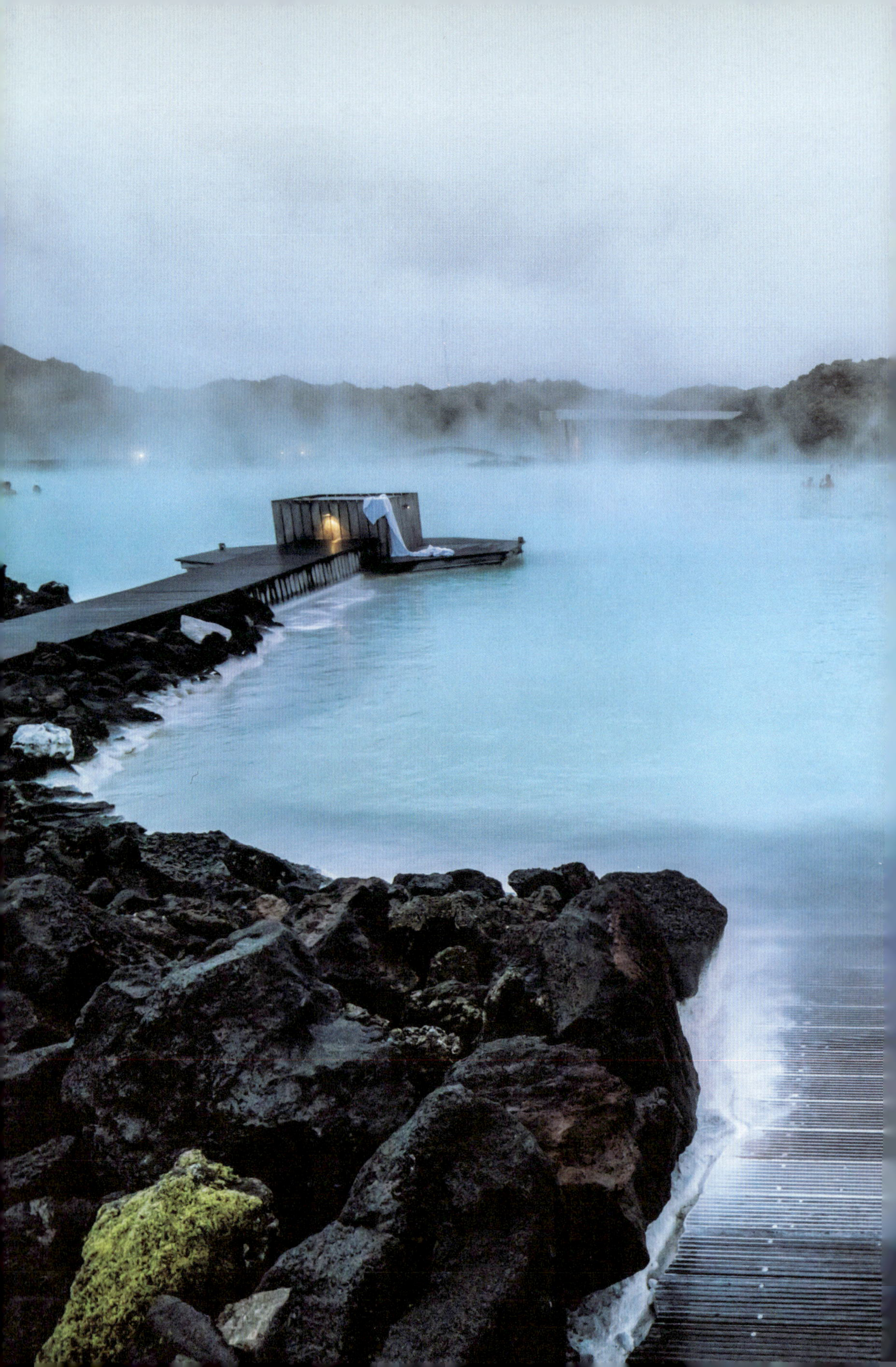

参考文献

A.A.安托纽克著. 汪鼎耜, 译, 把地热引到暖室里 [J]. 地质知识, 1956, (11): 21-21.

北京大学地质地理系. 我国地热开发利用简况 [J]. 勘察技术资料, 1973, (5): 10-22.

北京大学地质地理系地热组、怀来地热发电组. 地热 [M]. 北京: 科学出版社, 1972.

宾德智、李继江、石小林, 等. 中国温泉之乡 [M]. 北京: 地质出版社, 2021.

卜宪标, 冉运敏, 王令宝, 等. 单井地热供暖关键因素分析 [J]. 浙江大学学报(工学版), 2019, 53 (5): 957-964.

蔡正敏, 姜天生, 李刚, 等. 螺杆膨胀机发电技术在印尼地热开发中的应用 [J]. 能源与节能, 2019, (6): 66-70.

曹锐, 多吉, 李玉彬, 等. 我国中深层地热资源赋存特征、发展现状及展望 [J]. 工程科学学报, 2022, 44 (10): 1623-1631.

曾毅, 黄小波, 边巴, 等. 西藏羊八井地热开发利用文集汇编——地热志 [M]. 北京: 2019.

陈东银, 龙有本, 李晓毛, 等. 昆明安宁温泉治疗前列腺增生症 3086 例 [J]. 中华理疗杂志, 2001, 24 (1): 55-56.

陈墨香, 汪集旸, 邓孝. 中国地热资源——形成特点和潜力评价 [M]. 北京: 科学出版社, 1994.

陈墨香. 中国地热研究的回顾和展望 [J]. 地球物理学报, 1994, 37 (A01): 320-338.

陈焰华. 中国地热能产业发展报告 (2021) [M]. 北京: 中国建筑工业出版社, 2022.

陈毓川、王登红, 等. 中国矿产地质志(水气矿产)系列 [M]. 北京: 地质出版社, 2021.

初滨. 我国地热农业利用技术 (上) [J]. 农村实用科技, 1992 (4): 25-27.

初滨. 中国地热农业利用技术（下）[J]. 农村实用科技, 1992, 000（005）: 25-27.

初滨. 北京小汤山的地热温室[J]. 可再生能源, 1984, (03): 28.

崔国栋, 任韶然, 裘智超, 等. 低渗废弃气藏注超临界 CO_2 采热发电技术及经济性分析[J]. 石油学报, 2022, 43（1）: 156-166.

崔节荣. 温泉旅游与健康[J]. 韶关学院学报. 2011（12）.

戴宝华. 我国地热资源开发利用与战略布局思考[J]. 石油石化绿色低碳, 2017, 2（01）: 6-12.

翟丽娟. 中深层 U 型对接井"取热不取水"技术研究[J]. 中国煤炭地质, 2020, 32: 12-15+65.

翟云天, 姜林梅. "温泉综合疗法"治疗糖尿病 52 例观察[J]. 中医药研究, 1997（2）: 25-26.

丁雁生, 陈力, 谢燮, 等. 低渗透油气田"层内爆炸"增产技术研究[J]. 石油勘探与开发, 2001, 28（2）: 90-96.

董晓新. 温泉水体操治疗 60 例关节型银屑病强直性脊柱炎的疗效观察[J]. 医学信息, 2011, 24（10）: 3119-3120.

多吉, 王贵玲, 郑克棪. 中国地热资源开发利用战略研究[M]. 北京: 科学出版社 2017.

樊秀峰, 吴振祥, 简文彬. 福州温泉区地下热水开采与水位动态响应研究[J]. 中国地质灾害与防治学报, 2004, 15（4）: 82-86.

冯波, 许佳男, 许天福, 等. 化学刺激技术在干热岩储层改造中的应用与最新进展[J]. 地球科学与环境学报, 2019, 41（5）: 577-591.

甘浩男, 王贵玲, 蔺文静, 等. 中国干热岩资源主要赋存类型与成因模式[J]. 科技导报, 2015, 33（19）: 22-27.

宫昊, 罗佐县, 梁海军. 新时期我国地热产业发展战略研究[J]. 当代石油石化, 2019, (12): 1-7.

巩亮, 韩东旭, 陈峥, 等. 增强型地热系统关键技术研究现状及发展趋势[J]. 天然气工业, 2022, 42（7）: 135-159.

谷雪曦, 王惠民. 肯尼亚地热发电快速发展之路及对中国地热发电的启示[J]. 中外能源, 2022, 27（02）: 24-30.

关锌. 地热资源经济评价方法与应用研究［D］. 北京：中国地质大学，2013.

关锌. 借鉴国外经验，促进我国地热产业政策发展［J］. 水文地质工程地质，2011,（02），139-143.

郭清海，何瞳，庄亚芹，等，化学刺激法提高花岗岩类岩石裂隙渗透性的实验研究［J］. 地学前缘，2020, 27（1）：159-169.

郭世先，葛本伟，陈辉，等. 温泉与健康. 中国地理学会2004年学术年会暨海峡两岸地理学术研讨会论文摘要集［C］. 2004.

郭义民，程云雷，韩振杰，等. 洛阳地热［M］. 北京：地质出版社，2020.

郭义民，等. 洛阳地热［M］，北京：地质出版社，2020.

郭玉平. 地热资源开发利用环境问题及保护措施［J］. 冶金管理，2019,（23）：136-137.

何小芊，龚胜生. 中国古代温泉资源分布及其空间演化［J］. 热带地理，2013, 33（04）.

胡斌，王愚. 浅谈地热发电技术［J］. 东方电气评论，2019, 33（131）.

胡甲国，郭新锋. 我国地热能开发利用情况及发展趋势分析［J］. 太阳能，2018,（05）：16-18.

黄璜，刘然，李茜，等. 地热能多级利用技术综述［J］. 热力发电，2021, 50（9）：1-10.

黄坚. 上海地区地下水源热泵系统适用性研究［J］. 上海国土资源，2017,（3）：53-56, 61.

黄江北，严鹏，卢文波，等. 高温条件下炮孔围岩爆炸冲击损伤特性研究［J］. 岩石力学与工程学报，2020, 39（11）：2244-2253.

黄文博，曹文炅，李庭樑，等. 干热岩热能重力热管采热系统数值模拟研究与经济性分析［J］. 化工学报，2021, 72（3）：1302-1313.

江洪. 英山县地热农业利用综述［J］. 地热能，1996：8-11.

蒋方明，黄文博，曹文炅. 干热岩热能的热管开采方案及其技术可行性研究［J］. 新能源进展，2017, 5（6）：426-434.

解经宇，王丹，李宁，等. 干热岩压裂建造人工热储发展现状及建议［J］. 地质科技通报，2022, 41（3）：321-329.

康琳，吕文斌，王来宾，等. 河北省平原区地热资源形成机制［J］. 信息记录材料，2017，18（8）：174-175.

康民强，朱启华. 激光破岩在干热岩地热能开发中的应用探讨［J］. 中外能源，2022，27（10）：20-25.

可再生能源蓄能技术在低能耗建筑的应用课题组. 中国地源热泵发展研究报告［M］. 中国建筑工业出版社，2013.

孔彦龙，陈超凡，邵亥冰，等. 深井换热技术原理及其换热量评估［J］. 地球物理学报，2017，60（12）：4741-4752.

雷海燕，李惟毅，李兆力. 地热温室供热节能技术的研究［J］. 河北工业大学学报，2004，33（6）：98-101.

雷海燕，李惟毅. 地热温室蓄热技术［J］. 农业机械学报，2005，36（9），83-85.

李德威，王焰新. 干热岩地热能研究与开发的若干重大问题［J］. 地球科学，2015，40（11）：1858-1869.

李根生，武晓光，宋先知，等. 干热岩地热资源开采技术现状与挑战［J］. 石油科学通报，2022，7（03）：343-364.

李前喜. 日本地热发电现状及技术进展研究［J］. 江苏科技信息，2022，39（09）：49-53.

李胜涛，张森琦，贾小丰，等. 干热岩勘查开发工程场地选址评价指标体系研究［J］. 中国地质调查，2018，5（2）：64-72.

李庭樑，岑继文，黄文博，等. 超长重力热管传热性能实验研究［J］. 化工学报，2020，71（3）：997-1008.

李秀果. 美国土—气型地源热泵技术在中国的推广［J］. 节能与环保，2002，（12）：20-23.

廖志杰. 腾冲火山和地热［J］. 地质论评，1999，45（S1）：934-939.

廖志杰. 中国的火山、温泉和地热资源［M］. 北京：科学普及出版社，1990.

蔺文静，刘志明，马峰，等. 我国陆区干热岩资源潜力估算［J］. 地球学报，2012，33（05）：807-811.

蔺文静，王贵玲，邵景力，等. 我国干热岩资源分布及勘探：进展与启示［J］. 地质学报，2021，95（5）：1366-1381.

中国地热的发展与未来

刘德民，韦梅华，孙明行，等. 干热岩控热构造系统厘定与类型划分[J]. 地球科学，2022，47（10）：3723-3735.

刘杰，宋美钰，田光辉. 天津地热资源开发利用现状及可持续开发利用建议[J]. 地质调查与研究，2012，35（1）：7.

刘久荣，王树芳，林沛，等. 大型岩溶地热田可持续开发利用研究——以雄县地热田为例[J]. 中国科技成果，2018：32-34.

刘尚贤，阳光玖，黄晓波. 中国地热发电综述[J]. 四川电力技术，1999，（05）：1-6.

刘长印，孙志宇，张汝生，等. 水平井层内爆炸裂缝体模拟研究[J]. 油气井测试，2014，23（6）：4-8.

卢予北. 可再生能源的新成员——浅层地温能[J]. 探矿工程（岩土钻掘工程），2008，35（4）：1-4.

陆川，王贵玲. 干热岩研究现状与展望[J]. 科技导报，2015，33（19）：13-21.

栾英波，郑桂森，卫万顺. 浅层地温能资源开发利用发展综述[J]. 地质与勘探，2013，49（2）：21-24.

罗承先. 世界地热发电开发新动向[J]. 中外能源，2016，21（05）：21-28.

罗佐县，梁海军，许萍，等. 我国地热产业发展机遇、挑战及对策分析[J]. 当代石油石化，2018，26（03）：35-42.

骆超，黄丽嫦. 中低温地热发电技术研究[J]. 科学管理研究，2012，54卷（1期）：24-28.

马冰，贾凌霄，于洋，等. 世界地热能开发利用现状与展望[J]. 中国地质，2021，48（06）：1734-1747.

毛翔，国殿斌，罗璐，等. 世界干热岩地热资源开发进展与地质背景分析[J]. 地质论评，2019，65（6）：11.

倪钟焕. 世界各国地热电站发展的现状[J]. 电业技术通讯，1959,（19）：51.

庞菊梅. 牛驼镇地热田岩溶热储对规模化采灌的响应机理研究[D]. 中国科学院大学，2018.

钱午巧，高仕强，林天明. 地热在农业上的综合利用[J]. 可再生能源，1987（01）：15.

任湘，张振国. 中国地热发电现状与展望[J]. 新能源，1995，17（1）：

10-15.

申建梅，张古彬. 地热开发利用过程中的环境效应及环境保护［J］. 地球学报：中国地质科学院院报，1998：402-408.

司亚平. 地热水水质特点及对农业生产的影响［J］. 农业新技术，2001，19（001）：38-39.

斯特鲁耶夫. 汪鼎耜，译. 地热［J］. 地质知识，1955，（12）：13-18.

孙荟晶，孙世梅. 热管技术在可再生能源利用中的研究与探索［J］. 现代化工，2007，（S2）：517-520.

唐旭海，邵祖亮，许婧環，等. 高温－液氮循环处理下花岗岩损伤劣化机制［J］. 隧道与地下工程灾害防治，2022，4（1）：18-28.

唐志伟，王景甫，张宏宇. 地热能利用技术［M］. 北京：化学工业出版社，2017.

汪集暘. 地热学向何处去［J］. 地球科学进展，1992，（3）：1-8.

汪集暘，胡圣标，庞忠和，等，中国大陆干热岩地热资源潜力评估［J］. 科技导报，2012，30（32）：25-31.

汪集暘. 油田地热研究若干问题（详细摘要）［C］// 寸丹集——庆贺刘光鼎院士工作50周年学术论文集. 1998：393.

汪集暘，邱楠生，胡圣标，等. 中国油田地热研究的进展和发展趋势［J］. 地学前缘，2017，24（3）：1-12.

王秉忱，田廷山，赵继昌，等. 我国地温资源开发与地源热泵技术应用、发展及存在问题［J］. 地热能，2009，（1）：5.

王贵玲，陆川. 碳中和目标驱动下地热资源开采利用技术进展［J］. 地质与资源，2022，31（3）：412-425.

王贵玲，蔺文静. 我国主要水热型地热系统形成机制与成因模式［J］. 地质学报，2020，94（7）：1923-1937.

王贵玲，刘彦广，朱喜，等. 中国地热资源现状及发展趋势［J］. 地学前缘，2020，27（1）：1-9.

王贵玲，陆川. 碳中和目标驱动下地热资源开采利用技术进展［J］. 地质与资源，2022，31（03）：412-425+341.

王贵玲，张薇，梁继运，等. 中国地热资源潜力评价［J］. 地球学报，2017，38（04）：449-450+134+451-459.

王立民、安可士，中国矿泉［M］．天津：天津科学技术出版社，1993．

王树芳，刘久荣，林沛，等．岩溶热储回灌实验与示踪试验研究［J］．水文地质工程地质，2013，（6）：129-133．

王树芳．水热过程示踪与模拟及地热资源优化开采——以华北牛驼镇地热田为例［D］．中国科学院研究生院，2011．

王婉丽，王贵玲，朱喜，等．中国省会城市浅层地热能开发利用条件及潜力评价［J］．中国地质，2017，44（6）：12．

王卫东，彭建兵，张永志，等．西安市地热水开采现状及其环境问题［C］//海峡两岸水土保持学术会议．中国科学院；台湾中兴大学，2005：266-267．

王霞．温泉天国——日本［J］．日语知识，2008（04）．

王效峰．唐代"温汤"考论［J］．乾陵文化研究，2011．

王琰，李郡，李丽等．河北省平原区基岩热储资源特征分析［J］．信息记录材料，2017，18（5）：65-66．

王永真，杨柳，张超，等．中国地热发电发展现状与面临的挑战［J］．国际石油经济，2019，27（01）：95-100．

卫魏，易辉．我国地热资源开发利用情况——尤以西藏地热为例［J］．西藏科技，2022，（06）：14-19．

魏斯禹，佟伟，汪集旸，等．中国的地热学研究［J］．地球物理学报，1979，22（4）：383-386．

温柔，赵斌，王善民．地热发电现状与展望［J］．西藏科技，2022，（8）：19-25．

文冬光，宋健，刁玉杰，等．深部水文地质研究的机遇与挑战［J］．地学前缘，2022，29（3）：11-24．

邬小波．地下含水层储能和地下水源热泵系统中地下水回路与回灌技术现状［J］．暖通空调，2004，（34）1：20-22．

吴晋军．低渗油层层内深度爆炸技术作用机理及工艺试验研究［J］．西安石油大学学报（自然科学版），2011，26（1）：48-51．

谢和平，昂然，李碧雄，等．基于热伏材料中低温地热发电原理与技术构想［J］．工程科学与技术，2018，50（02）：1-12．

徐世光，郭远生．地热学基础［M］．北京：科学出版社，2009．

徐伟.《中国地源热泵发展研究报告》(摘选)——国际国内地源热泵技术发展[J]. 建设科技, 2010, (18): 5.

徐玉艳, 曾奇兵, 张爱华. 温泉泡浴改善亚健康人群的元素代谢[A]. 中国毒理学会第九次全国毒理学大会论文集[C]. 2019.

徐之平. 世界地热能发电概况[J]. 能源研究与信息, 1986, (01): 61-62.

许天福, 胡子旭, 李胜涛, 等. 增强型地热系统: 国际研究进展与我国研究现状[J]. 地质学报, 2018, 92 (9): 1936-1947.

许天福, 袁益龙, 姜振蛟, 等. 干热岩资源和增强型地热工程: 国际经验和我国展望[J]. 吉林大学学报(地球科学版), 2016, 46 (4): 1139-1152.

许天福, 张延军, 曾昭发, 等. 增强型地热系统(干热岩)开发技术进展[J]. 科技导报, 2012, 30 (32): 42-45.

许新立. 温泉如何洗凝脂——基于女性需求特点的温泉设计构想[J]. 旅游时代. 2008, (10).

闫家泓, 王社教, 姚艳华. 油区地热资源评价与开发利用实践[M]. 北京: 石油工业出版社, 2022: 8-11.

杨树彪, 周念清. 中国地源热泵发展历程分析[J] 上海国土资源, 2017(3).

杨冶, 姜志海, 岳建华, 等. 干热岩勘探过程中地球物理方法技术应用探讨[J]. 地球物理学进展, 2019, 34 (4): 1556-1567.

尹欣欣, 蒋长胜, 翟鸿宇, 等. 全球干热岩资源开发诱发地震活动和灾害风险管控[J]. 地球物理学报, 2021, 64 (11): 3817-3836.

余毅, 马艺媛. 中国干热岩资源赋存类型与开发利用[J]. 自然资源情报, 2022, 5: 36-42.

云南省志温泉志编纂委员会. 中华人民共和国地方志丛书——云南省志卷二十五. 温泉志[M]. 昆明: 云南人民出版社, 1999.

张阿根, 魏子新. 上海地面沉降研究的过去、现在和未来. 全国地面沉降学术研讨会论文集[C]. 2002.

张保建, 李燕燕, 高俊, 等. 河北省马头营干热岩的成因机制及其示范意义[J]. 地质学报, 2020, 94 (7): 2036-2051.

张朝锋, 郭文, 王晓鹏. 中国地热资源类型和特征探讨[J]. 地下水, 2018, 40 (4): 1-5.

张二勇. 干热岩资源调查与勘查试采示范工程简介［J］. 中国地质，2022，49：350.

张桂迎，李金永，贾稳芝，等. 华北油田留北潜山地热开发综合利用先导试验［J］. 石油石化节能与减排，2013，3（06）：38-42.

张加蓉，高嵩，朱桥，等."双碳"目标背景下我国地热发电现状及技术［J］. 电气技术与经济，2021,（06）：40-44.

张杰，谢经轩. 多分支井增强型地热开发系统设计及产能评价［J］. 天然气工业，2021，41（03）：179-188.

张凯. 干热岩钻井技术难点探讨［J］. 中国煤炭地质，2020，32：104-107.

张森琦，李旭峰，宋健，等. 共和盆地壳内部分熔融层存在的地球物理证据与干热岩资源区域性热源分析［J］. 地球科学，2021，46（4）：1416-1436.

张云，高亮，刘现川，等. 唐山马头营干热岩M-1井钻井工艺技术［J］. 地质与勘探，2022，58（1）：176-186.

张智佳，廖忠友，余化平，等. 峨眉山氡温泉疗养因子医疗康复作用的初探［J］. 西南国防医药，2009，19（2）：216-217.

赵贵福，尉亮，李百祥，等. 从青海共和—贵德盆地地热勘查成果探讨干热岩综合地球物理勘查技术［J］. 甘肃地质，2016，25（2）：62-67.

赵旭，杨艳，刘雨虹，等. 全球地热产业现状与技术发展趋势［J］. 世界石油工业，2020，27（01）：53-57.

赵阳升，万志军，张渊，等. 岩石热破裂与渗透性相关规律的试验研究［J］. 岩石力学与工程学报，2010，29（10）：1970-1976.

郑克棪，潘小平. 中国地热发电开发现状与前景［J］. 中外能源，2009，14（2）：45-48.

郑克棪. 中国地热利用：虽已享誉世界 但仍大有可为［J］. 中国电业，2020,（10）：23-25.

中国节能协会热泵专业委员会.《热泵助力碳中和白皮书（2021）》［M］. 2021.

中国科学院青藏高原综合科学考察队. 青藏高原横断山区科学考察丛书——腾冲地热［M］. 北京：科学出版社，1989.

中国石化集团新星石油有限责任公司.《中国石化新星地热产业发展报告

(2021版)》[M]. 北京: 中国石化出版社, 2021.

周博睿. 我国地热能开发利用现状与未来趋势[J]. 能源, 2022, (02): 77-80.

周申晋. 谈谈温泉的医疗作用[J]. 科技简报, 1981, (02).

庄宇. 日本的温泉理疗研究[C]. 科学开发中国地热资源——科学开发中国地热资源高层研讨会论文集中国能源研究会地热专业委员会议论文集, 2018.

宗振海, 闫佳贤, 殷肖肖, 等. 天津地区雾迷山组水位降落漏斗演化特征及合理开发利用探讨[J]. 地质调查与研究, 2018, 41(4): 312-317.

Adams, B. M., Kuehn, T. H., Bielicki, J. M., et al., On the importance of the thermosiphon effect in CPG (CO_2 plume geothermal) power systems [J]. Energy, 2014, 69. 409-418.

AL-ALI M, DINCER I. Energetic and exergetic studies of a multigenerational solar-geothermal system [J]. Applied Thermal Engineering, 2014, 71(1): 16-23.

ANDERSON A, REZAIE B. Geothermal technology: Trends and potential role in a sustainable future [J]. Applied Energy, 2019, 248: 18-34.

ARMIT R J, AILLERES L, BETTS P G, et al., High-heat geodynamic setting during the Palaeozoic evolution of the Mount Painter Province, SA, Australia: evidence from combined field structural geology and potential-field inversions. Geophysical Journal International [J]. 2014. 199: 253-275.

BAHADORI A, ZENDEHBOUDI S, ZAHEDI G. A review of geothermal energy resources in Australia: current status and prospects. Renewable and Sustainable Energy Reviews [J]. 2013. 21: 29-34.

BEARDSMORE G. The influence of basement on surface heat flow in the Cooper Basin. EXPLORATION GEOPHYSICS [J]. 2004, 35: 223-235.

BERTANI R. Geothermal power generation in the world 2010—2014 update report [J]. Geothermics, 2016, 60: 31-43.

BU X, MA W, LI H. Geothermal energy production utilizing

abandoned oil and gas wells [J]. Renewable energy, 2012, 41: 80-85.

CARDEMIL J M, CORTÉS F, DÍAZ A, et al., Thermodynamic evaluation of solar-geothermal hybrid power plants in nor [3.6-24] them Chile [J]. Energy Conversion and Management, 2016, 123: 348-361.

Chen, Y., Huang, L., Optimal design of 3D borehole seismic arrays for microearthquake monitoring in anisotropic media during stimulations in the EGS collab project [J]. Geothermics, 2019, 79: 61-66.

Chen, Z., Xu, G., Zhou, J., et al., Fracture network volume fracturing technology in high-temperature hard formation of hot dry rock. Acta Geologica Sinica-English Edition [J]. 2021, 95: 1828-1834.

Chen, Z., Zhao, F., Sun, F., et al., Hydraulic fracturing-induced seismicity at the hot dry rock site of the Gonghe Basin in China [J].Acta Geologica Sinica-English Edition, 2021, 95: 1835-1843.

Chugunova, T., Corpel, V., Gomez, J. P., Explicit fracture network modelling: from multiple point statistics to dynamic simulation [J]. Mathematical Geosciences, 2017, 49 (4): 541-553.

Daniela, M. C., Daniel, D., Pritam, Y., et al., Characterization of the shallow structure of El Tatio geothermal field in the Central Andes, Chile using transient electromagnetics [J]. Journal of Volcanology and Geothermal Research, 2021, 412: 107-198.

Donald Brown. The US hot dry rock program-20 years of experience in reservoir testing. Proceedings of World Geothermal Congress, Italy, 1995, 2607-2611.

Dorn, C., Linde, N., Le Borgne, T., et al., Inferring transport characteristics in a fractured rock aquifer by combining single-hole ground-penetrating radar reflection monitoring and tracer test data [J]. Water Resources Research, 2012, 48: 1-18.

Einar Gunnlaugsson, Gretar Ívarsson and Jakob S. Friðriksson. 85 Years of Successful District Heating in Reykjavík, Iceland. Proceedings World Geothermal Congress 2015, 2015.

Fagan, W. F., Swain, A., Banerjee, A., et al., Quantifying interdependencies in Geyser Eruptions at the Upper Geyser Basin, Yellowstone National Park. Journal of Geophysical Research-Solid Earth, 2022: 127.

Follin, S., Hartley, L., Rhén, I., et al., A methodology to constrain the parameters of a hydrogeological discrete fracture network model for sparsely fractured crystalline rock, exemplified by data from the proposed high-level nuclear waste repository site at Forsmark, Sweden [J]. Hydrogeology Journal, 2014, 22(2), 313-331.

GERARD A, GENTER A, KOHL T, et al. The deep EGS (Enhanced Geothermal System) project at Soultz-sous-Forêts (Alsace, France). Geothermics[J]. 2006, 35: 473-483.

HARLE P, KUSHNIR A R L, AICHHOLZER C, et al. Heat flow density estimates in the Upper Rhine Graben using laboratory measurements of thermal conductivity on sedimentary rocks. Geothermal Energy [J]. 2019. 7.

HOOIJKAAS G R, GENTER A, DEZAYES C Deep-seated geology of the granite intrusions at the Soultz EGS site based on data from 5 km-deep boreholes. Geothermics [J]. 2006, 35: 484-506.

Hu, Z. X., Xu, T. F., Moore, J. et al., Investigation of the effect of different injection schemes on fracture network patterns in hot dry rocks-A numerical case study of the FORGE EGS site in Utah [J]. Journal of Natural Gas Science and Engineering, 2022, 97: 104-346.

HUTTRER G W. Geothermal Power Generation in the World 2015—2020 Update Report: Proceedings World Geothermal Congress 2020+1 [C]. Reykjavik, Iceland, 2021.

HUTTRER G W. The status of world geothermal power generation 1995—2000 [J]. Geothermics, 2001, 30 (1): 1-27.

IRENA. Renewable energy statistics 2022 [R]. Abu Dhabi: International Renewable Energy Agency, 2022.

IRENA, Geothermal Development in Eastern Africa:

Recommendations for power and direct use, International Renewable Energy Agency, 2020.

Jeong, H., Jeon, B., Choi, S., et al., Fracturing behavior around a blasthole in a brittle material under blasting loading [J]. International Journal of Impact Engineering, 2020, 140: 103-562.

John W. Lund and Aniko N. Toth. Direct utilization of geothermal energy 2020 worldwide review. Geothermics, 2020: 90.

Joseph, M., John, M., Kristine, P., et al., The Utah frontier observatory for research in geothermal energy (FORGE): A laboratory for characterizing, creating and sustaining enhanced geothermal systems [J]. Proceedings, 45th Workshop on Geothermal Reservoir Engineering, Stanford University, Stanford, California, 2020: 10-12.

Joseph, M., John, M., Rick, A., et al., The Utah frontier observatory for research in geothermal energy (FORGE): An international laboratory for enhanced geothermal system technology development [J]. Proceedings, 44th Workshop on Geothermal Reservoir Engineering, Stanford University, Stanford, California, 2019: 11-13.

KELKAR S, WOLDEGABRIEL G, REHFELDT K Lessons learned from the pioneering hot dry rock project at Fenton Hill, USA. Geothermics [J]. 2016, 63: 5-14.

King, M. "An inside look at the largest geothermal heat system in the US." Featured article for WCPO Cincinatti, 2018.

Kraal, K. O., Ayling, B. F., Blake, K., et al., Linkages between hydrothermal alteration, natural fractures, and permeability: Integration of borehole data for reservoir characterization at the Fallon FORGE EGS site, Nevada, USA. Geothermics, 2021, 89: 101-946.

KUNAN P, RAVIER G, DALMAIS E, et al. Thermodynamic and Kinetic Modelling of Scales Formation at the Soultz-sous-Forêts Geothermal Power Plant. Geosciences [J]. 2021, 11.

Lu, S. M., A global review of enhanced geothermal system (EGS) [J].

Renewable & Sustainable Energy Reviews, 2018, 81: 2902-2921.

LUND J W, TOTH A N. Direct utilization of geothermal energy 2020 worldwide review [J]. Geothermics, 2021, 90: 101-915.

MAHMOODPOUR S, SINGH M, TURAN A, et al. Hydro-Thermal Modeling for Geothermal Energy Extraction from Soultz-sous-Forêts, France. Geosciences [J]. 2021, 11.

Makoye, M. D., Egidio, A., Gylfi, P., et al., Regional thermal anomalies derived from magnetic spectral analysis and 3D gravity inversion: Implications for potential geothermal sites in Tanzania [J]. Geothermics, 2022, 103: 102-431.

MARSHALL V J. Petrological, geochemical and geochronological characterisation of heat-producing granites. Heat Producing Granite [J]. 2014.

Mokhtari, H., Hadiannasab, H., Mostafavi, M., Determination of optimum geothermal Rankine cycle parameters utilizing coaxial heat exchanger [J]. Energy, 2016, 102: 260-275.

Pan X. Research and Progress of Geothermal Reinjection in Beijing, China [C] // Proceedings World Geothermal Congress 2010: 1-5.

Pandey, S. N., Vishal, V., Chaudhuri, A., Geothermal reservoir modeling in a coupled thermo-hydro-mechanical-chemical approach: A review. Earth-Science Reviews, 2018, 185: 1157-1169.

POWELL K M, RASHID K, ELLINGWOOD K, et al. Hybrid concentrated solar thermal power systems: A review [J]. Renewable and Sustainable Energy Reviews, 2017, 80: 215-237.

Prospects of Industrialized Development of Geothermal Resources in China-Country Update Report for 2000—2004 [C] // Proceedings World Geothermal Congress 2005, Antalya, Turkey, 2005, 24-29: 1-10.

Pruess, K., Enhanced geothermal systems (EGS) using CO_2 as working fluid: A novel approach for generating renewable energy with simultaneous sequestration of carbon [J]. Geothermics, 2006, 35: 351-367.

Rathnaweera, T. D., Wu, W., Ji, Y. L., Understanding injection-induced seismicity in enhanced geothermal systems: From the coupled thermo-hydro-mechanical-chemical process to anthropogenic earthquake prediction [J]. Earth-Science Reviews, 2020, 205: 103-182.

Rossi, E., Jamali, S. O., Saar, M., et al., Field test of a combined thermo-mechanical drilling technology mode I: thermal spallation drilling [J]. Journal of Petroleum Science and Engineering, 2020.

ROTH J, LITTKE R Down under and under Cover-The Tectonic and Thermal History of the Cooper and Central Eromanga Basins (Central Eastern Australia). Geosciences [J]. 2022, 12.

RUBIO-MAYA C, DÍAZ V A, MARTÍNEZ E P, et al. Cascade utilization of low and medium enthalpy geothermal resources-A review [J]. Renewable and Sustainable Energy Reviews, 2015, 52: 689-716.

Ryokichi Hashizume. Study of hot dry rock geothermal power plant in the kansai area. Proceedings of World Geothermal Congress, Italy, 1995, 2685-2690.

SIEGEL C, SCHRANK C E, BRYAN S E, et al. Heat-producing crust regulation of subsurface temperatures: A stochastic model re-evaluation of the geothermal potential in southwestern Queensland, Australia. Geothermics [J]. 2014, 51: 182-200.

Simmons, S. F., Allis, R. G., Kirby, S. M., et al., Interpretation of hydrothermal conditions, production-injection induced effects, and evidence for enhanced geothermal system type heat exchange in response to >30 years of production at Roosevelt Hot Springs [J]. Utah, USA. Geosphere, 2021, 17 (6): 1997-2026.

TABAK J. Solar and geothermal energy [M]. Infobase Publishing, 2009.

TIAN T, DONG Y, ZHANG W, et al. Rapid Development of China's Geothermal Industry——China National Report of the 2020 World Geothermal Conference: Proceedings World Geothermal Congress 2020+1

[C]. Reykjavik, Iceland, 2021.

TOMAROV G V, SHIPKOV A A. World geothermal congress WGC-2015 [J]. Thermal Engineering, 2016. 63 (8): 601-604.

Tony Meixner, Helen Gibson, Ray Seikel, Kurt Stüewe, Des FitzGerald, Nick Horspool, and Richard Lane. Stochastic Temperature, Heat Flow and Geothermal Gradient Modelling Direct from a 3D Map of the Cooper Basin Region, Central Australia. Proceedings World Geothermal Congress 2010 Bali, Indonesia, 2010. 25-29 April 2010.

VIDAL J, GENTER A Overview of naturally permeable fractured reservoirs in the central and southern Upper Rhine Graben: Insights from geothermal wells. Geothermics [J]. 2018. 74: 57-73.

WANG Ji-Yang, CHEN Mo-Xiang, XIONG Liang-Ping, et al. GEOTHERMAL RESOURCES AND DEVELOPMENT IN CHINA [C] // Proceedings World Geothermal Congress 1995. 18-31, 1995, Florence, Italy: 75-80.

Wang, Y. J., Jiang, J. Y., Darkwa, J., et al., Experimental study of thermal fracturing of hot dry rock irradiated by moving laser beam: temperature, efficiency and porosity [J]. Renewable Energy, 2020, 160: 803-816.

Weber, J., Born, H., Pester, S., Moeck, I. Geothermal Energy Use in Germany, Country Update 2015-2019, Proceedings, World Geothermal Congress 2020, Reykjavik, Iceland, 2020, 15.

Wu, X. G., Huang, Z. W., Zhao, H. Q., et al. A transient fluid-thermo structural coupling study of high-velocity LN2 jet impingement on rocks [J]. International Journal of Rock Mechanics and Mining Sciences, 2019.

Xie, J., Li, L., Wen, D., et al., Experiments and analysis of the hydraulic fracture propagation behaviors of the granite with structural planes in the Gonghe Basin [J]. Acta Geologica Sinica-English Edition, 2021, 95, 1816-1827.

Xing, P., Damjanac, B., Moore, J., et al. Flowback test analyses at the Utah Frontier Observatory for Research in Geothermal Energy (FORGE) site. Rock Mechanics and Rock Engineering, 2022, 55: 3023–3040.

Xing, P., Mclennan, J., Moore, J., Minimum in-situ stress measurement using temperature signatures [J]. Geothermics, 2022, 98: 102–282.

Xing, P., Wray, A., Arteaga, E. I., et al. In-situ stresses and fractures inferred from image logs at Utah FORGE [J]. Proceedings, 47th Workshop on Geothermal Reservoir Engineering, Stanford University, Stanford, California, 2022, February. 7–9.

Xu, T. F., Moore, J., Jiang, Z., The special issue on hot dry rock resource exploration and enhanced geothermal engineering [J]. Acta Geologica Sinica–English Edition, 2021, 95: I–IV.

Xu, T. F., Yuan, Y., Jia X., et al. Prospects of power generation from an enhanced geothermal system by water circulation through two horizontal wells: A case study in the Gonghe Basin, Qinghai Province, China [J]. Energy, 2018, 148: 196–207.

Yari, M., Exergetic analysis of various types of geothermal power plants [J]. Renewable Energy, 2010, 35: 112–121.

Yoshinao Hori. Project with multi-layer fracturing method for HDR geothermal power (outline and future plan). Proceedings of World Geothermal Congress, Italy, 1995, 2691–2693.

Yuan, Y., Xu, T. F., Moore, J. et al., Coupled thermo-hydro-mechanical modeling of hydro-shearing stimulation in an enhanced geothermal system in the Raft River geothermal field, USA [J]. Rock Mechanics and Rock Engineering, 2020, 53: 5371–5388.

ZARROUK S J, MOON H. Efficiency of geothermal power plants: A worldwide review [J]. Geothermics, 2014, 51: 142–153.

Zhang Zhen-guo, Wang Ji-yang, Ren Xiang et al.. THE STATE-OF-THE-ART AND FUTURE DEVELOPMENT OF GEOTHERMAL

ENERGY IN CHINA COUNTRY UPDATE REPORT FOR THE PERIOD 1996—2000 [C] // Proceedings World Geothermal Congress 2000, May 28-June 10, 2000, Kyushu-Tohoku, Japan: 505-507.

Zhong, C., Xu, T. F., Yuan, Y., et al. The feasibility of clean power generation from a novel dual-vertical-well enhanced geothermal system (EGS): A case study in the Gonghe Basin, China. Journal of Cleaner Production [J]. 2022, 344: 109-131.

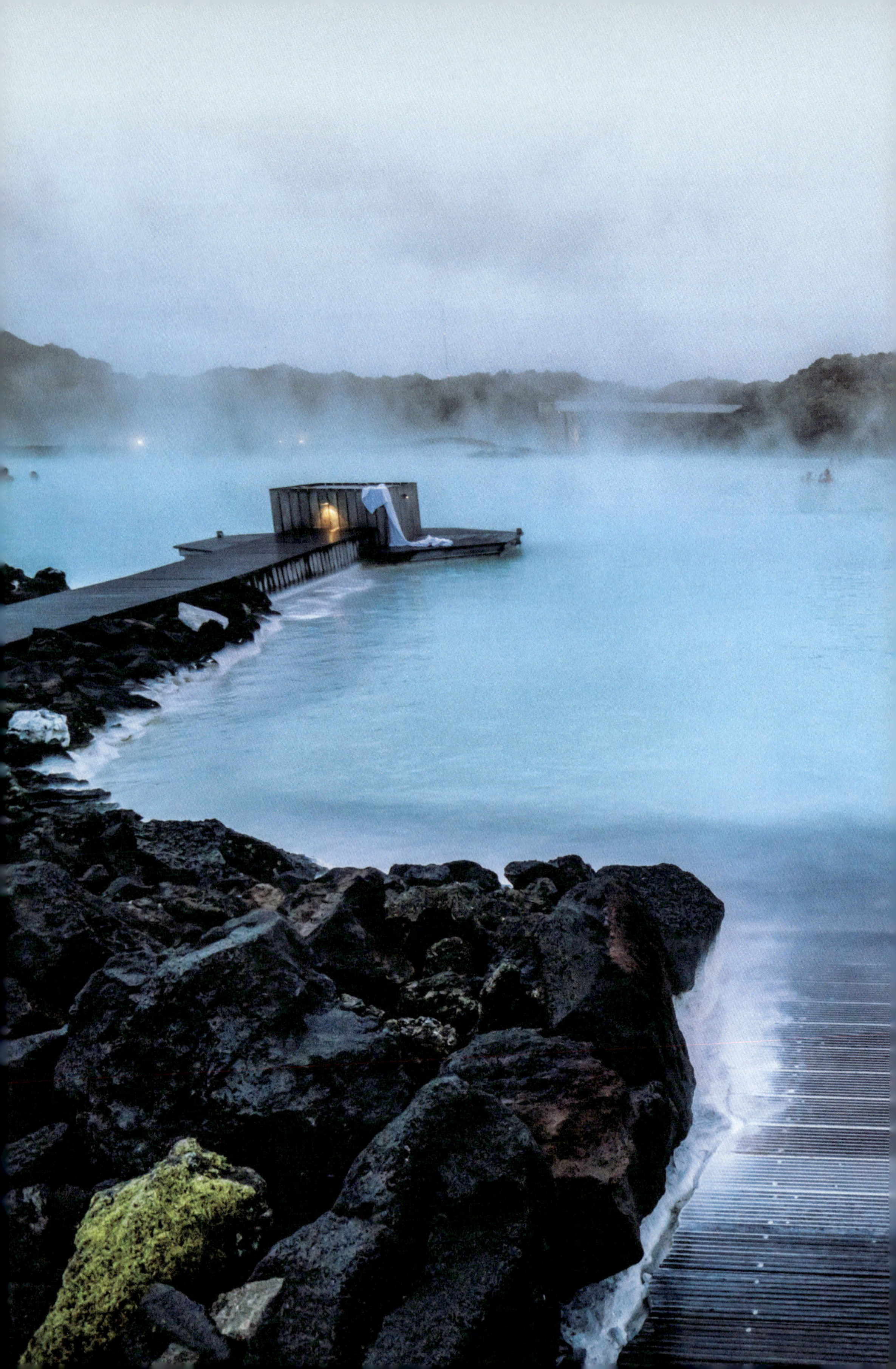

附录

附录1　地热能常用术语

1　地热能及主要类型术语

地热能

赋存于地球内部岩土体、流体和岩浆体中，能够为人类开发和利用的热能。

地热资源

地热能、地热流体及其有用组分。

水热型地热资源

赋存于天然地下水及其蒸汽中的地热资源。

干热岩

指不含或仅含少量流体，温度高于180℃，其热能在当前技术经济条件下可以利用的岩体。

浅层地热能

从地表至地下200m深度范围内，储存于水体、土体、岩石中的温度低于25℃，采用热泵技术可提取用于建筑物供热或制冷等的地热能。

2 地热现象术语

温泉

地下热水的天然露头。理论上把水温高于当地年平均气温的泉水称为温泉，实践上把水温高于 25℃的泉水称为温泉。

沸泉

泉口水温达到或超过当地沸点的泉。

间歇泉

间歇性喷射热水和地热蒸汽的温泉。

喷气孔

排出地热蒸汽的天然孔洞。

冒汽地面

地热蒸汽在接近地表时以蒸汽和微小液滴形式从松散沉积物的孔隙中逸出地面的区域。

泉华

地热流体在温泉口及地面流动过程中因矿物过饱和而结晶沉淀出的化学沉积物。

硫华

地热蒸汽中的硫化氢在大气中被氧化后析出的淡黄色自然硫。

盐华

地热蒸汽中硫化氢与岩石发生化学反应的产物，或者地热蒸汽随风运移并在土壤表层发生化学反应的产物。

水热爆炸

饱和状态或过热状态的地热水，因压力骤然下降产生突发性气化（或沸腾），体积急剧膨胀并突破上覆松散地层出露地表的地热现象。

水热蚀变

高温地热区内围岩与地热流体发生化学反应产生新物质组分的过程。

3　地热地质要素术语

热储

埋藏于地下、具有有效孔隙和渗透性的地层、岩体，其中储存的地热流体可供开发利用。

层状热储

有效孔隙和渗透性呈层状分布的热储。大型沉积盆地中的热水含水层属于此类热储。

地热田

在目前技术经济条件下可以开采的深度内，具有开发利用价值的地热能及地热流体的地域。一般包括水源、热源、热储、通道和盖层等要素，具有有关联的热储结构，可用地质、物化探方法加以圈定。

热源

地热储的热能补给源。常见的热源有来自壳内放射性元素的衰变热、地球深部的传导热、来自深大断裂的对流热、来自幔源的岩浆热以及壳内的构造变形热等。

盖层

覆盖在热储之上的弱透水和低热导率的岩层。盖层是相对于热储而言的。对于大型沉积盆地，通常将覆盖在结晶基底热储上的沉积地层统称为盖层，这个盖层中也可以有热储。

恒温带

也称常温带，是指地表下某一深度处温度基本保持恒定不变的那个带（或层），有日、月、季、年之分，通常所说的恒温带系指年恒温带。

大地热流

也称大地热流密度、热流，指单位面积、单位时间内由地球内部垂向传输至地表，而后散发到大气中去的热量，单位是 mW/m^2。其所描述的是稳态热传导所传输的热量。在一维稳态条件下，热流在数值上等于岩石热导率和垂向地温梯度的乘积。

地温梯度

地温随深度变化的速率。单位为℃/100m 或℃/km。

地热异常

大地热流值、地温或地温梯度高于或低于区域平均值的地区。

岩溶热储

发育岩溶化的碳酸盐岩（石灰岩、白云岩、大理岩等）、硫酸盐岩（石膏、硬石膏、芒硝等）和卤化物岩（岩盐、钾盐、镁盐等）等构成的热储。

地热流体

包括地热水及其蒸汽，以及伴生的少量不凝结气体。

不凝结气体

也称非冷凝气体，指在地热流体降温过程中无法随着水蒸气凝结为液态的气体总称，主要组分有 CO_2、H_2S、H_2、CH_4、N_2、He、Ar 等，一般采用体积分数（%）表示其含量。

热储温度

已开采热储的实测温度或者地热系统深部代表性热储的预测温度，基于此温度可以划分地热系统类型和评价地热田的资源储量。

地热流体焓值

单位质量地热流体所含的内能，受温度、压力和蒸汽比例的控制。通常用字母 h 表示，单位为 kJ/kg。

全球地热带

地球尺度上的高温地热资源集中分布区，包括环太平洋地热带、地中海－喜马拉雅地热带、大西洋洋中脊地热带和红海－东非裂谷地热带。

地热系统

在热量和流体循环上相对独立的地质构造单元，其中的地热能聚集到可以利用的程度。它是开展地热资源成因研究的基本单元。

增强地热系统

也称工程地热系统，为利用工程技术手段开采干热岩地热能或强化开采低孔渗性热储地热能而建造的人工地热系统。

4 地热资源勘探开发与资源评价术语

地热资源勘查

为查明某一地区的地热资源而进行的探测与评价工作的总称。根据勘查工作内容，可以分为地质、地球物理、地球化学等地面调查；钻井与试验、取样测试、动态监测等钻探勘查；资源量计算、热流体质量评价、环境评价等综合评价。根据勘查工作程度，可分为调查、预可行性勘查、可行性勘查等阶段。

地热井

为开采地热资源，按一定的施工方式在地层中钻成的孔眼及其配套设施。开采时，地下热水或地热蒸汽经由地热井到达地面。地热井可以分为勘探井、探采结合井、开采井、回灌井和监测井五类。

回灌井

用于将利用后的地热尾水回注至热储层的地热井。

地热储量

在当前技术经济可行的深度内，经过勘查工作，一定程度上查明储存于热储岩石和孔隙中地热流体和热量的资源总量。

地热资源评价

在综合分析地热资源勘查成果的基础上，运用合理的方法，如平面裂隙法、地表热通量法、岩浆热量均衡法、体积法、类比法和热储模拟法等，对已经验证的、探明的、控制的和推断的地热资源进行计算和评价。

可开采量

在地热田勘查、开采和监测的基础上，考虑到可持续开发，经拟合计算允许每年合理开采的地热流体量和热量。

试井

地热井成井后的产量试验，需测定井产量、静压力、动压力、压力降、流体温度和流体品质等。

静压力

地热井在非试井或非生产条件下的储层部位的井筒流体压力。

动压力

地热井在试井或生产条件下的储层部位的井筒流体压力。

压力降

地热井在试井条件下静压力与动压力之差，相当于抽水试验的降深。

产能试验

地热井完井后通过测试取得地热流体压力、产量、温度、采灌量比及热储层的渗透性等参数的试验，包括降压试验、放喷试验和回灌试验等。

示踪试验

在回灌井中投放一定数量的示踪剂，在周围生产井中检测示踪剂的抵达时间和浓度变化情况，以探明回灌井和生产井之间的连通性、地热流体在储层孔隙裂隙中的运移特征而开展的试验。

地热回灌

经过热能利用后的地热流体通过回灌井重新注回热储的过程。

动态监测

地热资源在勘探、开采及停采阶段，连续记录水位、井口温度、井口压力、开采量、回灌量和蒸汽比例等，并定时分析地热流体化学组分和同位素值的过程。基于此判断热储温度、压力、流体化学组分含量及资源量的动态变化，为地热资源的可持续利用与管理提供依据。

热储工程

涉及热储性质的工程数据和为取得这些数据需进行的测试和研究，包括地热井井试、动态监测、热储模型和回灌等。

5 地热资源利用术语

地热能直接利用

通过地热流体的天然露头或者人工钻孔来获得其热量等，并直接用于生活生产，例如供暖、制冷、温室种植、养殖、温泉洗浴、融雪和工业干燥等。

地热供暖

以地热流体为热源，用直接或间接方式获取其热量用于房屋供暖的全过程。

温泉洗浴

利用含有一定矿物质成分且温度适宜的地热水进行洗浴。某些特殊矿物质有利于身体健康。

地源热泵系统

以岩土体、地下水和地表水为低温热源，由水源热泵机组、浅层地热能换热系统、建筑物内系统组成的供暖制冷系统。根据地热能交换方式，可分为地埋管地源热泵系统、地下水地源热泵系统和地表水地源热泵系统。

地埋管换热器

也称土壤热交换器，供传热介质与岩土体换热用的，由埋于地下的密闭循环管组构成的换热器。根据管路埋置方式，可分为水平地埋管换热器和竖直地埋管换热器。

地热发电

利用地热流体所运载的热能转换为电能的发电方式。

双工质循环

地热流体和低沸点工作介质经热交换后，由后者产生的蒸汽进入膨胀机做功的循环。

有机朗肯循环

以低沸点有机物为工作介质的朗肯循环，主要由余热锅炉（或换热器）、膨胀机、冷凝器和工质泵四大部分组成。

卡琳娜循环

一种利用氨水混合物作为工作介质的高效动力循环。

扩容器

使热水经过减压扩容及汽水分离后产生湿蒸汽的装置。

地热腐蚀

具有一定化学组分的地热流体在特定的温度、压力和流速条件下对井筒及地面设备产生损耗与破坏的过程，包括化学腐蚀和电化学腐蚀。

结垢

地热流体在井筒或地面管道运移过程中，因温度或压力降低导致部分矿物的溶解度达到过饱和状态而析出附着在井筒或管道内。常见碳酸盐、硫酸盐和二氧化硅结垢。

附录2　中国名温泉开发史统计简表

序号	最早开发时期	数量（个）	温泉名
1	6000年前	1	陕西华清池
2	4000年前	2	河南汝城、湖南资兴汤溪
3	商周时期（2000年前）	15	河北赤城周立沟、河北平山温塘、南京汤山、山东威海温泉汤、山东七里汤、江西宜春温汤、河南陕县温塘、湖北应城汤池、湖北房县大汤池、湖南宁乡灰汤、湖南汝城、云南安宁、陕西眉县汤峪、陕西合阳洽川瀵、青海大柴旦热水沟
4	秦汉（1800年前）	10	山东即墨温泉、安徽巢湖半汤、安徽芦江汤池、福州城区温泉、河南鲁山上汤、河南鲁山下汤、云南芒市法帕温泉、云南华宁象鼻温泉、陕西蓝田汤峪、甘肃武威药王泉
5	南北朝（1500年前）	12	北京小汤山、山西寺平安、山西浑源汤头、山东洪水岚汤、山东临沂汤头、江苏南京汤泉、安徽和县香泉、湖北京山汤堰畈、四川螺吉山温泉、重庆北温泉、陕西郭家湾、甘肃通渭汤池
6	唐代（1100年前）	9	北京延庆塘子庙、辽宁丹东五龙背、辽宁弓长岭温泉、辽宁兴城温泉、浙江临安湍口、福建云霄孙坑、湖北咸宁温泉、西藏墨竹工卡德仲温泉、青海兴海温泉
7	宋代（800年前）	32	河北遵化西北汤、河北阜平汤寺、内蒙古克什克腾热水塘、内蒙古宁城热水塘、辽宁鞍山汤岗子、辽宁营口熊岳、辽宁丹东东汤、辽宁凌源热水汤、山东烟台招远、安徽黄山温泉、安徽含山昭关温泉、江西九江庐山温泉、江西抚州温泉、江西奉新九仙温泉、福建闽侯双龙、福建连江贵安温泉、河南商城汤池、河南栾川汤池、湖北黄冈桐梓温泉、湖北宜昌盐池、湖北崇阳浪口、湖南慈利落马坡、广东台山康桥、广东信宜西江、广西来宾象州、广西陆川九龙、四川巴塘热坑、四川理县古尔沟、云南香格里拉天生桥、西藏拉萨日多温泉、甘肃清水汤峪、甘肃永登药王沟
8	明代（约400年前）	28	辽宁普安店安波、辽宁本溪温泉寺、辽宁鞍山千山、江苏东海温泉、山东栖霞艾山温泉、安徽岳西汤池畈、福建厦门东瑶、福建漳州芗城温泉、福建连城新水温泉、广东从化、广东佛山三水芦苞、广东茂名电白、广东东源康禾温泉、海南兰洋温泉、重庆统景、四川康定灌顶温泉、四川康定二道桥、四川喜德、贵州石阡、云南腾冲、云南宜良汤池、云南弥勒梅花温泉、云南洱源茈碧湖、云南洱源下山口、西藏桑日沃卡温泉、青海贵德扎仓寺温泉、青海贵德曲奶温泉、青海海晏西海温泉

附 录

续表

序号	最早开发时期	数量（个）	温泉名
9	清代（100年前）	26	河北围场山湾子、河北隆化七家镇、河北隆化茅坝温泉、内蒙古阿尔山、内蒙古汉旗热水汤、浙江承天温泉、安徽舒城西汤池、江西修水白岭、福建永泰城关、福建永定下洋温泉、台湾省北投温泉、台湾省乌来温泉、台湾省关子岭温泉、台湾省屏东四重溪温泉、湖北英山西汤河、湖北英山东汤河、湖北英山北汤河、湖南石门热水溪、广西玉林博白、海南官塘、重庆南温泉、贵州息烽温泉、云南施甸娲女温泉、新疆塔合曼温泉、新疆水磨沟温泉、新疆沙湾金沟河温泉
10	近代	168	北京古北口、河北（后郝窑、平泉党坝）、山西（奇村、夏县）、辽宁（庄河步云山、鞍山仙人咀、本溪汤沟、丹东椅圈、阜新东梁）、吉林（天池、抚松大营）、江苏（镇江韦岗）、浙江（武义溪里、宁海森林、遂昌红星萍、沸水）、山东（宝泉汤、呼雷汤、大英汤、文登汤、乳山小汤、临沂铜井）、江西（石城九寨、庐山西海、安远虎岗、资溪法永、武功山嵘源、寻乌灵石、会昌热水塘、全南南迳、宁都仙人井、遂川汤湖、龙南汤湖）、福建（闽清斜洋、厦门杏林湾、南靖汤坑、龙海角美、安溪龙门、德化塔兜、德化蕉溪、长汀河田、清流高赖）、台湾（新北阳明山、宜兰礁溪、台中谷关、台东知本、绿岛朝日）、河南（鲁山中汤、鲁山温汤、鲁山神汤）、湖北（咸宁五洪山、黄冈三里畈）、湖南（桑植汤溪浴、慈利江垭、宜章麦子桥、宜章用口、宜章一六镇、郴州天堂、郴州龙女、郴州悦来、隆回魏源、隆回高州、桃源热水坑）、广东（增城派潭、珠海海泉湾、南雄龙华山、韶关曲江枫湾、韶关曲江曹溪、曲江经纬伦、乳源青岗、乳源温汤、仁化丰源、广东中山、恩平帝都、恩平锦江、恩平金山、江门古兜、清远清新、英德横石塘、清远银盏、阳西咸水矿、阳东新州、惠民阳群峰、惠东平海、龙门赖屋、龙门明信、龙门地派、龙门永汉、潮州东山湖、海丰莲花山、陆河汤沥、新兴龙山、新兴金水台、丰顺邓屋、丰顺鹿湖、兴宁叶南、五华转水热矿泥温泉、紫金九合、和平南湖、和平汤湖坝、和平汤溪、东源叶源、河源高哺岗、兴宁鸿源、深圳水底山）、广西（玉林梨村、桂林龙胜、全州炎井、贺州温泉、桂林丹霞）、海南（九曲江、万宁兴隆、保亭七仙岭、三亚半岭、三亚南田）、重庆（东温泉、桥口坝、西温泉）、四川（海螺沟、甘孜茹布查卡、凉山竹核、攀枝花红格、筠连巡司）、贵州（思南、黄平浪洞、遵义枫香、剑河久格里吉、开阳马岔河、绥阳汇善谷、开阳白马峪）、云南（施甸石瓢、龙陵邦腊掌、陇川麻栗坝、芒市树洞、瑞丽棒蚌、禄丰罗次、牛街三营、玉溪映月潭、泸沽湖永宁、华宁、大理下关、寻甸塘子）、西藏（当雄羊八井、当雄羊易、那曲谷露、山南古堆、昂仁搭各加、阿里曲普、日喀则亚东康布、日喀则拉孜锡钦、昌都曲孜卡、阿里郎久、谢通门查布、拉萨当雄曲玛多）、甘肃（武山洛门、天水温泉峡）、青海（湟中药水滩、同仁兰采、同仁曲库乎）、新疆（塔什库尔于塔合曼、福海阿拉善、博格达尔、塔城乌苏南山、铁列克温泉、阿尔先温泉、鄂托克赛尔温泉、昭苏夏塔温泉）。

417

附录3 中国温泉之乡（城、都）命名地统计表

排序	命名地	称号	命名时间	命名单位
1	广东恩平	中国温泉之乡	2003.03.21	中国矿业联合会2011.12.30 由原国土资源部统一命名
2	黑龙江林甸	中国温泉之乡	2004.06.23	
3	海南琼海	中国温泉之乡	2005.08.30	
4	北京小汤山	中国温泉之乡	2005.11.01	
5	湖南郴州	中国温泉之城	2005.11.01	
6	广东清远	中国温泉之城	2006.01.17	
7	陕西咸阳	中国温泉之城	2006.02.27	
8	河北雄县	中国温泉之乡	2006.03.10	
9	湖北咸宁	中国温泉之城	2006.09.26	
10	山东威海	中国温泉之乡	2006.12.22	
11	湖北应城	中国温泉之乡	2006.12.28	
12	重庆巴南	中国温泉之乡	2007.10.25	
13	河北霸州	中国温泉之乡	2007.12.20	
14	河北固安	中国温泉之乡	2007.12.25	
15	江苏东海	中国温泉之乡	2007.12.28	
16	江苏南京汤山	中国温泉之乡	2008.01.18	
17	广东阳江	中国温泉之乡	2008.01.25	
18	陕西临潼	中国温泉之乡	2008.05.07	

续表

排序	命名地	称号	命名时间	命名单位
19	福建永泰	中国温泉之乡	2008.05.20	中国矿业联合会 2011.12.30 由国土资源部统一命名
20	福建连江	中国温泉之乡	2008.07.10	
21	山东临沂	中国温泉之城	2008.08.08	
22	天津东丽湖	中国温泉之乡	2008.12.25	
23	贵州石阡	中国温泉之乡	2009.02.20	
24	贵州思南	中国温泉之乡	2009.07.06	
25	安徽合肥	中国温泉之乡	2009.10.16	
26	重庆市	中国温泉之都	2010.12.29	国土资源部
27	天津市	中国温泉之都		
28	福州市	中国温泉之都		
29	辽宁弓长岭	中国温泉之城		
30	辽宁兴城	中国温泉之城		
31	云南洱源城	中国温泉之城		
32	内蒙古克什克腾	中国温泉之乡		
33	江苏汤泉	中国温泉之乡		
34	江西明月山	中国温泉之乡		
35	广东龙门	中国温泉之乡		
36	四川广元	中国温泉之乡	2012.11.22	国土资源部
37	天津团泊新城	中国温泉之城		
38	天津京津新城	中国温泉之城		
39	山东聊城	中国温泉之城		
40	山东东营	中国温泉之城		
41	辽宁本溪	中国温泉之城		
42	辽宁丹东	中国温泉之城		

中国地热的发展与未来

续表

排序	命名地	称号	命名时间	命名单位
43	江苏扬州	中国温泉之城	2012.11.22	国土资源部
44	河北保定	中国温泉之城		
45	福建连城	中国温泉之城		
46	浙江武义	中国温泉之城		
47	福建云霄	中国温泉之乡		
48	河南鲁山	中国温泉之乡		
49	广东和平	中国温泉之乡		
50	湖北英山	中国温泉之乡		
51	湖南慈利	中国温泉之乡		
52	广东新兴	中国温泉之乡		
53	内蒙古阿尔山	中国温泉之乡		
54	甘肃清水	中国温泉之乡		
55	河北永清	中国温泉之乡		
56	新疆温泉县	中国温泉之乡		
57	广东丰顺	中国温泉之城	2014.12.11	中国矿业联合会
58	山东济南	中国温泉之都		
59	河北献县	中国温泉之城		
60	福建厦门	中国温泉之都		
61	福建漳州	中国温泉之城		
62	湖南汝城	中国温泉之乡	2015.01.30	中国矿业联合会
63	湖南宜章	中国温泉之乡	2015.09.23	中国矿业联合会
64	山东高青	中国温泉之城	2016.05.06	中国矿业联合会
65	福建闽清	中国温泉之乡	2016.08.01	中国矿业联合会
66	广东曲江	中国温泉之乡	2016.12.27	中国矿业联合会

续表

排序	命名地	称号	命名时间	命名单位
67	河北隆化	中国温泉之乡	2018.01.30	中国矿业联合会
68	陕西太白山	中国温泉之乡	2018.09.29	中国矿业联合会
69	江苏如东小样口	中国温泉之乡	2020.02.12	中国矿业联合会
70	江西石城	中国温泉之城	2020.12.25	中国矿业联合会
71	河北遵化	中国温泉之乡	2022.03.17	中国矿业联合会
72	广西贺州	中国温泉之城	2022.12.15	中国矿业联合会

老科学家学术成长资料采集工程丛书

一生一事一方舟
顾方舟传

汤国星 刘静 ◎ 著

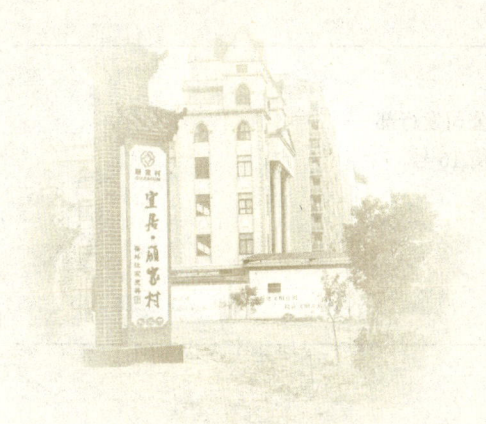

中国科学技术出版社
·北京·

图书在版编目（CIP）数据

一生一事一方舟：顾方舟传 / 汤国星，刘静著. —
北京：中国科学技术出版社，2023.3
（老科学家学术成长资料采集工程丛书）
ISBN 978-7-5236-0039-9

Ⅰ. ①—… Ⅱ. ①汤… ②刘… Ⅲ. ①顾方舟—传记
Ⅳ. ① K826.2

中国国家版本馆 CIP 数据核字（2023）第 036089 号

责任编辑	彭慧元
责任校对	焦　宁
责任印制	李晓霖
版式设计	中文天地

出　　版	中国科学技术出版社
发　　行	中国科学技术出版社有限公司发行部
地　　址	北京市海淀区中关村南大街 16 号
邮　　编	100081
发行电话	010-62173865
传　　真	010-62173081
网　　址	http://www.cspbooks.com.cn
开　　本	787mm×1092mm　1/16
字　　数	322 千字
印　　张	21
彩　　插	2
版　　次	2023 年 3 月第 1 版
印　　次	2023 年 3 月第 1 次印刷
印　　刷	北京顶佳世纪印刷有限公司
书　　号	ISBN 978-7-5236-0039-9 / K・352
定　　价	118.00 元

（凡购买本社图书，如有缺页、倒页、脱页者，本社发行部负责调换）

老科学家学术成长资料采集工程
领导小组专家委员会

主　任：韩启德

委　员：（以姓氏拼音为序）

　　　　陈佳洱　　方　新　　傅志寰　　李静海　　刘　旭
　　　　齐　让　　王礼恒　　徐延豪　　赵沁平

老科学家学术成长资料采集工程
丛书组织机构

特邀顾问（以姓氏拼音为序）

　　　　樊洪业　　方　新　　谢克昌

编 委 会

主　编：老科学家学术成长资料采集工程领导小组办公室

编　委：（以姓氏拼音为序）

　　　　定宜庄　　董庆九　　郭　哲　　胡化凯　　胡宗刚
　　　　刘晓堪　　吕瑞花　　潘晓山　　秦德继　　申金升
　　　　王扬宗　　吴善超　　熊卫民　　姚　力　　张大庆
　　　　张　剑　　张　藜　　周德进

编委会办公室

主　任：孟令耘　　杨志宏

副主任：宋维嘉　　韩　颖

成　员：（以姓氏拼音为序）

　　　　高文静　　李　梅　　刘如溪　　罗兴波　　马　丽
　　　　王传超　　余　君　　张佳静

老科学家学术成长资料采集工程简介

老科学家学术成长资料采集工程（以下简称"采集工程"）是根据国务院领导同志的指示精神，由国家科教领导小组于2010年正式启动，中国科协牵头，联合中组部、教育部、科技部、工信部、财政部、文化部、国资委、解放军总政治部、中国科学院、中国工程院、国家自然科学基金委员会等11部委共同实施的一项抢救性工程，旨在通过实物采集、口述访谈、录音录像等方法，把反映老科学家学术成长历程的关键事件、重要节点、师承关系等各方面的资料保存下来，为深入研究科技人才成长规律，宣传优秀科技人物提供第一手资料和原始素材。

采集工程是一项开创性工作。为确保采集工作规范科学，启动之初即成立了由中国科协主要领导任组长、12个部委分管领导任成员的领导小组，负责采集工程的宏观指导和重要政策措施制定，同时成立领导小组专家委员会负责采集原则确定、采集名单审定和学术咨询，委托科学史学者承担学术指导与组织工作，建立专门的馆藏基地确保采集资料的永久性收藏和提供使用，并研究制定了《采集工作流程》《采集工作规范》等一系列基础文件，作为采集人员的工作指南。截至2021年8月，采集工程已启动592位科学家的学术成长资料采集项目，获得实物原件资料132922件、数字化资料318092件、视频资料443783分钟、音频资料527093分钟，具有重要的史料价值。

采集工程的成果目前主要有三种体现形式,一是建设"中国科学家博物馆网络版",提供学术研究和弘扬科学精神、宣传科学家之用;二是编辑制作科学家专题资料片系列,以视频形式播出;三是研究撰写客观反映老科学家学术成长经历的研究报告,以学术传记的形式,与中国科学院、中国工程院联合出版。随着采集工程的不断拓展和深入,将有更多形式的采集成果问世,为社会公众了解老科学家的感人事迹,探索科技人才成长规律,研究中国科技事业的发展历程提供客观翔实的史料支撑。

总序一

中国科学技术协会主席　韩启德

老科学家是共和国建设的重要参与者，也是新中国科技发展历史的亲历者和见证者，他们的学术成长历程生动反映了近现代中国科技事业与科技教育的进展，本身就是新中国科技发展历史的重要组成部分。针对近年来老科学家相继辞世、学术成长资料大量散失的突出问题，中国科协于2009年向国务院提出抢救老科学家学术成长资料的建议，受到国务院领导同志的高度重视和充分肯定，并明确责成中国科协牵头，联合相关部门共同组织实施。根据国务院批复的《老科学家学术成长资料采集工程实施方案》，中国科协联合中组部、教育部、科技部、工业和信息化部、财政部、文化部、国资委、解放军总政治部、中国科学院、中国工程院、国家自然科学基金委员会等11部委共同组成领导小组，从2010年开始组织实施老科学家学术成长资料采集工程。

老科学家学术成长资料采集是一项系统工程，通过文献与口述资料的搜集和整理、录音录像、实物采集等形式，把反映老科学家求学历程、师承关系、科研活动、学术成就等学术成长中关键节点和重要事件的口述资料、实物资料和音像资料完整系统地保存下来，对于充实新中国科技发展的历史文献，理清我国科技界学术传承脉络，探索我国科技发展规律和科技人才成长规律，弘扬我国科技工作者求真务实、无私奉献的精神，在全社会营造爱科学、学科学、用科学的良好氛围,是一件很有意义的事情。采集工程把重点放在年龄在80岁以上、学术成长经历丰富的两院院士,以及虽然不是两院院士、但在我国科技事业发展中作出突出贡献的老科技工作者,充分体现了党和国家对老科学家的关心和爱护。

自2010年启动实施以来,采集工程以对历史负责、对国家负责、对科技事业负责的精神,开展了一系列工作,获得大量反映老科学家学术成长历程的文字资料、实物资料和音视频资料,其中有一些资料具有很高的史料价值和学术价值,弥足珍贵。

以传记丛书的形式把采集工程的成果展现给社会公众,是采集工程的目标之一,也是社会各界的共同期待。在我看来,这些传记丛书大都是在充分挖掘档案和书信等各种文献资料、与口述访谈相互印证校核、严密考证的基础之上形成的,内中还有许多很有价值的照片、手稿影印件等珍贵图片,基本做到了图文并茂,语言生动,既体现了历史的鲜活,又立体化地刻画了人物,较好地实现了真实性、专业性、可读性的有机统一。通过这套传记丛书,学者能够获得更加丰富扎实的文献依据,公众能够更加系统深入地了解老一辈科学家的成就、贡献、经历和品格,青少年可以更真实地了解科学家、了解科技活动,进而充分激发对科学家职业的浓厚兴趣。

借此机会,向所有接受采集的老科学家及其亲属朋友,向参与采集工程的工作人员和单位,表示衷心感谢。真诚希望这套丛书能够得到学术界的认可和读者的喜爱,希望采集工程能够得到更广泛的关注和支持。我期待并相信,随着时间的流逝,采集工程的成果将以更加丰富多样的形式呈现给社会公众,采集工程的意义也将越来越彰显于天下。

是为序。

总序二

中国科学院院长　白春礼

由国家科教领导小组直接启动，中国科学技术协会和中国科学院等12个部门和单位共同组织实施的老科学家学术成长资料采集工程，是国务院交办的一项重要任务，也是中国科技界的一件大事。值此采集工程传记丛书出版之际，我向采集工程的顺利实施表示热烈祝贺，向参与采集工程的老科学家和工作人员表示衷心感谢！

按照国务院批准实施的《老科学家学术成长资料采集工程实施方案》，开展这一工作的主要目的就是要通过录音录像、实物采集等多种方式，把反映老科学家学术成长历史的重要资料保存下来，丰富新中国科技发展的历史资料，推动形成新中国的学术传统，激发科技工作者的创新热情和创造活力，在全社会营造爱科学、学科学、用科学的良好氛围。通过实施采集工程，系统搜集、整理反映这些老科学家学术成长历程的关键事件、重要节点、学术传承关系等的各类文献、实物和音视频资料，并结合不同时期的社会发展和国际相关学科领域的发展背景加以梳理和研究，不仅有利于深入了解新中国科学发展的进程特别是老科学家所在学科的发展脉络，而且有利于发现老科学家成长成才中的关键人物、关键事件、关键因素，探索和把握高层次人才培养规律和创新人才成长规律，更有利于理清我国科技界学术传承脉络，深入了解我国科学传统的形成过程，在全社会范围内宣传弘扬老科学家的科学思想、卓越贡献和高尚品质，推动社会主义科学文化和创新文化建设。从这个意义上说，采集工程不仅是一项文化工程，更是一项严肃认真的学术建设工作。

中国科学院是科技事业的国家队，也是凝聚和团结广大院士的大家庭。早在1955年，中国科学院选举产生了第一批学部委员，1993年国务院决定中国科学院学部委员改称中国科学院院士。半个多世纪以来，从学部委员到院士，经历了一个艰难的制度化进程，在我国科学事业发展史上书写了浓墨重彩的一笔。在目前已接受采集的老科学家中，有很大一部分即是上个世纪80、90年代当选的中国科学院学部委员、院士，其中既有学科领域的奠基人和开拓者，也有作出过重大科学成就的著名科学家，更有毕生在专门学科领域默默耕耘的一流学者。作为声誉卓著的学术带头人，他们以发展科技、服务国家、造福人民为己任，求真务实、开拓创新，为我国经济建设、社会发展、科技进步和国家安全作出了重要贡献；作为杰出的科学教育家，他们着力培养、大力提携青年人才，在弘扬科学精神、倡树科学理念方面书写了可歌可泣的光辉篇章。他们的学术成就和成长经历既是新中国科技发展的一个缩影，也是国家和社会的宝贵财富。通过采集工程为老科学家树碑立传，不仅对老科学家们的成就和贡献是一份肯定和安慰，也使我们多年的夙愿得偿！

鲁迅说过，"跨过那站着的前人"。过去的辉煌历史是老一辈科学家铸就的，新的历史篇章需要我们来谱写。衷心希望广大科技工作者能够通过"采集工程"的这套老科学家传记丛书和院士丛书等类似著作，深入具体地了解和学习老一辈科学家学术成长历程中的感人事迹和优秀品质；继承和弘扬老一辈科学家求真务实、勇于创新的科学精神，不畏艰险、勇攀高峰的探索精神，团结协作、淡泊名利的团队精神，报效祖国、服务社会的奉献精神，在推动科技发展和创新型国家建设的广阔道路上取得更辉煌的成绩。

总序三

中国工程院院长 周 济

由中国科协联合相关部门共同组织实施的老科学家学术成长资料采集工程，是一项经国务院批准开展的弘扬老一辈科技专家崇高精神、加强科学道德建设的重要工作，也是我国科技界的共同责任。中国工程院作为采集工程领导小组的成员单位，能够直接参与此项工作，深感责任重大、意义非凡。

在新的历史时期，科学技术作为第一生产力，已经日益成为经济社会发展的主要驱动力。科技工作者作为先进生产力的开拓者和先进文化的传播者，在推动科学技术进步和科技事业发展方面发挥着关键的决定的作用。

新中国成立以来，特别是改革开放30多年来，我们国家的工程科技取得了伟大的历史性成就，为祖国的现代化事业作出了巨大的历史性贡献。两弹一星、三峡工程、高速铁路、载人航天、杂交水稻、载人深潜、超级计算机……一项项重大工程为社会主义事业的蓬勃发展和祖国富强书写了浓墨重彩的篇章。

这些伟大的重大工程成就，凝聚和倾注了以钱学森、朱光亚、周光召、侯祥麟、袁隆平等为代表的一代又一代科技专家们的心血和智慧。他们克服重重困难，攻克无数技术难关，潜心开展科技研究，致力推动创新发展，为实现我国工程科技水平大幅提升和国家综合实力显著增强作出了杰出贡献。他们热爱祖国，忠于人民，自觉把个人事业融入到国家建设大局之中，为实现国家富强而不断奋斗；他们求真务实，勇于创新，用科技为中华民族的伟大复兴铸就了辉煌；他们治学严谨，鞠躬尽瘁，具有崇高的科学精神和科学道德，是我们后代学习的楷模。科学家们的一生是一本珍贵的教科书，他们坚定的理想信念和淡泊名利的崇高品格是中华民族自强不息精神的宝贵财富，永远值得后人铭记和敬仰。

通过实施采集工程，把反映老科学家学术成长经历的重要文字资料、实物资料和音像资料保存下来，把他们卓越的技术成就和可贵的精神品质记录下来，并编辑出版他们的学术传记，对于进一步宣传他们为我国科技发展和民族进步作出的不朽功勋，引导青年科技工作者学习继承他们的可贵精神和优秀品质，不断攀登世界科技高峰，推动在全社会弘扬科学精神，营造爱科学、讲科学、学科学、用科学的良好氛围，无疑有着十分重要的意义。

中国工程院是我国工程科技界的最高荣誉性、咨询性学术机构，集中了一大批成就卓著、德高望重的老科技专家。以各种形式把他们的学术成长经历留存下来，为后人提供启迪，为社会提供借鉴，为共和国的科技发展留下一份珍贵资料。这是我们的愿望和责任，也是科技界和全社会的共同期待。

周济

顾方舟

2011年12月采集小组成员陪同顾方舟（右2）重返昆明

采集小组在顾方舟曾就读的翰香小学走访

序

2000年7月11日，国家召开"消灭脊髓灰质炎证实报告签字仪式"，宣布我国已消灭脊髓灰质炎（以下称脊灰）。我们的老所长、老院长顾方舟参加了签字仪式，与国家消灭脊髓灰质炎证实委员会的各位委员在报告上庄严地签上了自己的名字。他说："我十分荣幸参加今天这个签字仪式，我参与我国消灭脊灰工作已有42年，今天终于看到了中国成为无脊灰的国家，内心十分激动。"顾方舟实现了40年前周恩来总理视察中国医学科学院医学生物学研究所时对总理的承诺——让全国7岁以下的孩子都使用这个疫苗。

中国消灭脊灰是对人类的伟大贡献，在这一系统工程中，各级政府、卫生防疫部门以及社会各有关方面认真贯彻落实免疫工作部署，攻克难题。顾方舟及其团队研制的脊灰活疫苗起到了关键作用，顾方舟等老一辈科学家所做出的杰出贡献永载史册！

顾方舟自幼受到良好的家庭教育和名校师长的教诲，学习成绩优异，学生时代就树立了坚定的信仰，不惧危险毅然参加了中国共产党，他是新中国首批留学苏联的学子，是我党培养的优秀科学家、优秀病毒学家，他一生都在实践他的理想，为国家建立了卓越的功勋，被国家授予"人民科学家"的荣誉称号。

1964年，我毕业于中国医学科学院卫生技术学校，后被分配到位于云南昆明的医学生物学研究所，在疫苗室工作。顾方舟时任研究所副所长，他的妻子李以莞任疫苗室的组长（室主任），我有幸在顾方舟所长的带领下参与脊灰疫苗的研制和生产，成为团队中的一员。

新中国成立后，根据中苏两国的有关合作协议，我国卫生部派出顾方舟、董德祥等人赴苏联考察学习脊灰疫苗的生产技术，在决定我国预防脊灰是走死疫苗路线还是活疫苗路线的关键问题上，顾方舟等人果断决策走活疫苗路线，上书中央并被采纳，为我国最终消灭脊灰确定了正确的方向，也为后面的研发铺平了道路。

20世纪60年代，当时的研究室没有空调和无菌设备，无菌室消毒全靠甲醛和苯酚熏蒸、紫外灯照射，即使是炎热的夏季工作人员仍需要带双层口罩、穿着厚厚的无菌服在无菌室里操作，一次常常需要3~4个小时，工作结束时工作人员从里到外浑身都被汗水浸透，残余的甲醛和臭氧刺激呼吸道但又不能咳嗽。顾方舟以身作则，坚持在生产第一线，和职工们一起进入无菌室工作，及时发现问题、解决疑难、积累经验、找出规律，不断完善生产、检定等各项工作规程，液体疫苗生产产量不断提高。以此液体疫苗为基础，又研发出利于儿童服用的糖丸制剂疫苗，满足了全国儿童的免疫所需。

顾方舟所长和蔼可亲、平易近人，他宛如兄长，十分关心职工的生活和学习，大家都亲切地称他为顾大夫。20世纪60年代后期，顾方舟被下放到猿猴饲养室工作，他依然认真对待工作，还语重心长地对我说"小杜啊，我们搞疫苗生产离不开猴子，可以说猴子是我们的同盟军，离开猴子我们将一事无成，要善待（实验）动物啊！"顾方舟的话对我产生了潜移默化的影响，我始终以他为榜样，两年后我参加了捕猴队，走进了西双版纳的原始森林。每当我遇到困难，耳边就响起顾方舟的教诲，为了千百万儿童免受脊灰病毒的威胁，吃这点苦又算得了什么！此后我积极参与利用世界银行贷款进行脊灰疫苗技改项目，在工作中得到了成长和锻炼。

顾方舟曾谦虚地说"一生只做了一件事"，但他在担任中国医学科学院院长、北京协和医学院院校长期间只争朝夕，努力弥补"文化大革命"对医学科学研究和科研队伍造成的损失，为国家培养了许多优秀医学科学家、医学教育家。在担任北京市科协主席期间更是老骥伏枥、壮心不已，为祖国的医学事业继续贡献自己的经验和智慧。

  顾方舟是我国脊灰疫苗生产的拓荒者、是科技攻关的先驱，他带领我们研究所研发的脊灰疫苗护佑了中国几代儿童的生命和健康，使中国进入了无脊灰时代，他不愧为人民的科学家。我也常常为自己能参与脊灰疫苗生产而感到无比自豪！

  顾方舟学术成长资料采集小组承担了顾方舟学术成长相关资料的采集工作，前后多次采访我和研究所的老同事。他们采用了大量的档案文献和图片以及众多当事人的采访资料，全面完整地介绍了顾方舟一生的奋斗和贡献。细读本书，从字里行间感到顾方舟是一位有信仰、有理想、有毅力的优秀共产党员，是一位有热血、有温度、有情怀的老知识分子，我仿佛又看到了生活在我们身边的老所长。我认为本书是老所长带领我们艰苦奋斗的真实记录，是难得的史料作品。我衷心感谢他们。

  我根据亲身经历，写下与顾方舟同在医学生物学研究所一起生产脊灰疫苗时工作的这些回忆，以此纪念我们十分怀念的老所长！

  是为序！

2023 年 3 月

目 录

老科学家学术成长资料采集工程简介

总序一 ……………………………………………………… 韩启德

总序二 ……………………………………………………… 白春礼

总序三 ……………………………………………………… 周　济

序 ………………………………………………………………… 杜星辰

导　言 ……………………………………………………………… 1

| **第一章** | **求学路漫漫** …………………………………… 9

　　故乡鄞县 ………………………………………………………… 9
　　四岁失怙 ………………………………………………………… 11
　　翰香小学 ………………………………………………………… 15
　　母亲天津开业 …………………………………………………… 21
　　天津私立竞存小学 ……………………………………………… 23

河北昌黎汇文中学 ………………………………… 25
天津工商学院附属中学 ……………………………… 29

第二章 | 北医学子 ……………………………………… 39

走进北医 …………………………………………… 39
钟情公共卫生 ……………………………………… 44
汇入洪流 …………………………………………… 49
革命摇篮什邡院 …………………………………… 53
入党 ………………………………………………… 61

第三章 | 从大连到苏联 …………………………………… 67

在大连卫生研究所 ………………………………… 67
周总理设宴践行 …………………………………… 75
过三关 ……………………………………………… 78

第四章 | 堪当大任 ………………………………………… 88

国家急需的"副博士" ……………………………… 88
29 岁当主任 ………………………………………… 93
临危受命 …………………………………………… 97

第五章 | 力挽狂澜 ………………………………………… 102

受任于危难之际 …………………………………… 102
随沈院长昆明建站 ………………………………… 105
北上取"真"经 …………………………………… 111
持"宝"回国 ……………………………………… 123

第六章 | 花落中国 ………………………………………… 128

第一批脊灰活疫苗试制成功 ……………………… 128

抱来儿子做试验······130

| 第七章 | 转战大西南······134

　　一语重千钧······134
　　身先士卒······138
　　举家迁昆明······146
　　周总理两次救急······154
　　安全标准——60亿人份无事故的保障······159
　　一粒糖丸定乾坤······163

| 第八章 | 再攀高峰······169

　　转行······169
　　建病毒室······171
　　研发试剂盒······176
　　再攀新高峰······182

| 第九章 | 任院校长······187

　　人才是立院之本······187
　　伯乐与千里马······191
　　八年制医大必须办好······196
　　和谐高效的领导班子······199

| 第十章 | 解放思想开拓前进······203

　　改革先从院校机关开始······204
　　创办科技开发公司······208
　　开拓中日医学合作的新局面······210
　　敢要资本主义的"苗"······213

第十一章 | 破冰之旅 217

　　轰动台湾 217
　　校友情　师生情 220
　　"龙头"登场 221
　　缘医搭桥 223
　　宝岛不虚行 226

第十二章 | 大师风范 233

　　实至名归 233
　　中国免疫学会理事长 235
　　中国生物医学工程学会理事长 238
　　科协主席 242
　　严师高徒 248
　　美满姻缘 254
　　青史永存 260

结　语 266

附录一　顾方舟年表 272

附录二　顾方舟主要论著目录 286

参考文献 292

后　记 294

图片目录

图 1-1　鄞县顾家村 …………………………………………………… 10
图 1-2　顾家村村口的牌楼 …………………………………………… 10
图 1-3　顾家村依河而建的民居 ……………………………………… 11
图 1-4　顾方舟的父亲顾国光与母亲周瑶琴 ………………………… 12
图 1-5　顾方舟的父亲与二叔顾国华 ………………………………… 12
图 1-6　全家福 ………………………………………………………… 13
图 1-7　顾方舟母亲周瑶琴 …………………………………………… 14
图 1-8　20 世纪 30 年代的翰香小学 ………………………………… 15
图 1-9　今日翰香小学 ………………………………………………… 16
图 1-10　火灾后在"飞盖园"旧址上新建的鄞县私立翰香小学球场全景 … 16
图 1-11　鄞县私立翰香小学教学楼 …………………………………… 17
图 1-12　民国时期翰香小学各学科的教科书 ………………………… 18
图 1-13　1934 年杭州广济产科学校第十四届毕业生合影 ………… 20
图 1-14　1935 年周瑶琴获由两位部长签署的助产士证书 ………… 20
图 1-15　顾氏三兄弟天津合影 ………………………………………… 21
图 1-16　1935 年 6 月，由天津市市长商震签发的周瑶琴助产士开业执照 … 21
图 1-17　今日的天津岳阳道小学，其前身为建于 1911 年的私立竞存小校 ……………………………………………………………… 24
图 1-18　河北昌黎汇文中学的早年标志建筑贵贞楼 ………………… 26
图 1-19　汇文中学第二任校长徐维廉 ………………………………… 26
图 1-20　抗战胜利后徐维廉校长带领师生从四川返回昌黎的途中 … 27
图 1-21　汇文中学早年的教学楼三号楼 ……………………………… 28
图 1-22　原天津工商学院附属中学主楼旧址 ………………………… 30
图 1-23　原天津工商学院附属中学校歌 ……………………………… 31

图 1-24	原天津工商学院附属中学校旗、校训	32
图 1-25	2019 年按原样修建的天津实验中学	33
图 1-26	2019 年按原样修建的天津实验中学大门	34
图 1-27	顾方舟与哥哥顾方乔在工商附中校园	35
图 1-28	顾方舟与哥哥顾方乔在工商附中楼前	35
图 1-29	1944 年工商附中的毕业纪念册	36
图 1-30	1944 年毕业纪念册中顾方舟的照片和留言内页	37
图 1-31	高中毕业前，顾方舟、顾方乔与恩师合影留念	38
图 2-1	北京大学医学院附属医院病房楼	40
图 2-2	1945 年大学时期的顾方舟	41
图 2-3	1947 年，顾方舟在西单背阴胡同北大医院与同学合影	42
图 2-4	1948 年，顾方舟在西单背阴胡同北大医院课后与同班同学合影	43
图 2-5	兰雅谷医生	44
图 2-6	华美医院	45
图 2-7	公共卫生学家兰安生	46
图 2-8	1948 年，顾方舟在西单背阴胡同北大医院与同班同学合影	47
图 2-9	1949 年，顾方舟在北京医院儿科实习时与患儿合影	47
图 2-10	1949 年，顾方舟与北医同学排练枪毙汉奸的话剧	49
图 2-11	1949 年，顾方舟在西单背阴胡同北大医院检查室前与同学合影	51
图 2-12	顾方舟在北京大学医学院与同学们出游时合影	54
图 2-13	1947 年，顾方舟与同学们出游途中合影	54
图 2-14	1997 年，为纪念什邡院暨北医医疗队活动五十周年，顾方舟与当年的医疗队成员合影	55
图 2-15	1947 年 5 月 20 日，长庚社剧团成员于中南海运料门前合影	57
图 2-16	"长庚社"演出大型话剧"卫生局长"	58
图 2-17	1947 年，顾方舟与长庚社剧团的部分成员合影	58
图 2-18	大学时代的李以莞	60
图 2-19	1949 年，顾方舟在北京医院实习时与同学合影（一）	61
图 2-20	1949 年，顾方舟在北京医院实习时与同学合影（二）	62
图 2-21	顾方舟在北京大学医学院与同学们合影	65

图 2-22	1949 年，顾方舟与母亲周瑶琴、三叔顾国梁、顾方乔和顾方奎于天津合影留念	66
图 3-1	1949 年 11 月实习时在北京医院屋顶上的师生们合影	68
图 3-2	20 世纪 50 年代的大连卫生研究所	69
图 3-3	1951 年，顾方舟在大连卫生研究所	70
图 3-4	顾方舟母亲周瑶琴在大连任幼儿园主任	71
图 3-5	1956 年 1 月，周瑶琴即将离开大连卫生研究所时，与幼儿园的同事们合影留念	72
图 3-6	1951 年 8 月 9 日，顾方舟与李以莞的结婚照	74
图 3-7	1951 年 8 月 9 日，母子媳的三人合影	74
图 3-8	1951 年，俄语学习小组师生合影	80
图 3-9	1953 年，以钱三强为团长的中国科学院代表团访问苏联，在苏联基辅市乌克兰诗人谢甫琴柯博物馆参观	82
图 3-10	1952 年 5 月 1 日，中苏同学一起参加"五一"国际劳动节游行	83
图 3-11	1952 年 5 月 1 日，顾方舟在莫斯科红场留影	84
图 3-12	20 世纪 50 年代，顾方舟在苏联旅行时，摄于列宁像前	84
图 3-13	在苏联留学期间	84
图 3-14	顾方舟的导师列夫科维奇	85
图 3-15	苏联医学科学院病毒所所长丘马可夫教授	86
图 3-16	1952 年，顾方舟留苏期间将镜下观察乙型脑炎小白鼠大脑组织病理变化的与学习时的照片，精心制作在一张相纸上寄给远方的妻子	87
图 4-1	1953 年，顾方舟与苏联同学的合影	89
图 4-2	1952 年，顾方舟在苏联医学科学院病毒研究所脑炎室与同室的研究生同学一起做试验	90
图 4-3	1955 年，顾方舟毕业前与导师列夫科维奇教授及病毒所脑炎研究室的同事们合影留念	91
图 4-4	1956 年 6 月 14 日，参加全国十二年科学规划医学组的专家们合影	96
图 4-5	谢少文教授	99
图 4-6	1990 年，与院党委书记钱昌年看望谢少文教授	100

图 5-1	中央卫生研究院旧址	102
图 5-2	沈其震	106
图 5-3	沈其震与中央卫生研究院的青年才俊们	107
图 5-4	建设中的猴园	108
图 5-5	捕猴队员在林间小憩	109
图 5-6	捕猴队员正在搭建陷阱	110
图 5-7	1959年3月，顾方舟在苏联疫苗与血清研究所考察学习	112
图 5-8	顾方舟在病房询问患者	113
图 5-9	1959年3月，顾方舟在莫斯科考察脊髓灰质炎灭活疫苗时与病毒所的新老朋友合影	114
图 5-10	索尔克在为儿子注射疫苗	115
图 5-11	乔纳斯·索尔克与艾伯特·布鲁斯·塞宾	116
图 5-12	1949—1951年，索尔克日复一日做着相同的事情	117
图 5-13	塞宾	117
图 5-14	塞宾疫苗的试用	119
图 5-15	听到试验成功的消息，一家商店橱窗上面写着"Thank You, Dr.Salk"	121
图 5-16	共同理想，相濡以沫	124
图 6-1	20世纪60年代的北京生物制品研究所	128
图 6-2	1961年，顾方舟与爱子顾烈东	130
图 6-3	1961年，李以莞怀抱长子顾烈东在人民大会堂前留影	131
图 7-1	20世纪50年代，沈其震与白希清接待外宾	135
图 7-2	1965年，因抗美援越的战备需要，将花红洞改建成防空洞	136
图 7-3	1965年，赵玫做细胞病变检查	138
图 7-4	"三年困难时期"职工们走山间小路下山背粮	139
图 7-5	1963年冬，顾方舟与职工们一道拉碾子修路	139
图 7-6	建所初期，职工们自己动手修建水塔解决供水问题	140
图 7-7	顾方舟观察猴脑病理切片	141
图 7-8	1964年，检定人员为猴子做体征检查	141
图 7-9	1966年，病理组职工合影	142
图 7-10	1966年，检定组成员合影	143
图 7-11	1965年，疫苗室组培组成员合影	144

图 7-12	1966 年，疫苗室供应组职工合影	144
图 7-13	20 世纪 60 年代初建成的火车箱式职工宿舍	145
图 7-14	20 世纪 60 年代建所初期，生物所子弟小学学生们进行课外活动	145
图 7-15	1963 年冬，为节省国家经费，职工们积极参加基建劳动	147
图 7-16	"文革"中生物所文艺演出队	147
图 7-17	1965 年，生物所男女篮球队员合影	148
图 7-18	1964 年春，靳冰阁、路新书等所领导与医科院卫校在生物所的实习生们	149
图 7-19	1986 年，图书馆同仁合影	150
图 7-20	1967 年，顾方舟全家与来访的姨妈合影	151
图 7-21	20 世纪 60 年代初，为改善生活，生物所职工们开荒修田，种植蔬菜	151
图 7-22	1959 年年底，生物所疫苗生产大楼建成时职工合影留念	152
图 7-23	1970 年年底，顾方舟与生物所"五七战士"合影	153
图 7-24	昆明市政府授予医学生物学研究所"花园式单位"	154
图 7-25	"文革"中工宣队和军代表与部分职工在后楼前合影	155
图 7-26	"文革"中工宣队与疫苗组职工合影	155
图 7-27	1968 年，顾方舟、李以莞与佩戴着硕大纪念章的两个孩子在疫苗生产楼前合影	156
图 7-28	医学生物学研究所前所长郭仁在做毒种选育与纯化	157
图 7-29	医学生物学研究所前副所长董德祥教授与疫苗室主任姜述德教授检查细胞生长情况	158
图 7-30	脊灰活疫苗残余致麻痹力测定——猴脑内注射疫苗	159
图 7-31	猴肾细胞消化检测	160
图 7-32	1964 年，董德祥教授在做猴肾细胞培养观察	160
图 7-33	1968 年，时任疫苗生产组组长的李以莞，在显微镜下计数猴肾细胞产量	161
图 7-34	1999 年 9 月，顾方舟与世卫组织专家在广西督导消灭脊髓灰质炎进展，给小儿喂服糖丸活疫苗	161
图 7-35	1968 年，生物所自行加工生产脊髓灰质炎减毒活疫苗糖丸	163

图 7-36	1964年冬，中国医学科学院黄乎副院长一行到医学生物学研究所里检查工作时与全所职工合影	165
图 7-37	供应全国的脊髓灰质炎活疫苗成品	166
图 7-38	董德祥在做脊灰病毒试验观察	167
图 8-1	20世纪70年代初，顾方舟与中国医学科学院科研处的同事合影	170
图 8-2	1976年，顾方舟访问美国时在我国驻美联络处前留影	171
图 8-3	顾方舟与病毒室同事和学生合影	173
图 8-4	1991年国家"七五"攻关课题"脊髓灰质炎单克隆抗体诊断试剂盒"成果鉴定会	178
图 8-5	顾方舟课题组向国家行政管理和审评机构提交的报告	179
图 8-6	"脊髓灰质炎单克隆抗体诊断试剂盒的制备和应用"的查新报告	180
图 8-7	"脊髓灰质炎单克隆抗体诊断试剂盒的制备和应用"的检索咨询报告书	180
图 8-8	中华人民共和国消灭脊髓灰质炎证实报告	180
图 8-9	2000年7月11日，在卫生部举行的中国消灭脊髓灰质炎证实报告签字仪式上，顾方舟庄重地签下了自己的名字	181
图 8-10	2000年7月11日，参加中国消灭脊髓灰质炎证实报告签字仪式的代表合影	181
图 9-1	中国医学科学院北京协和医学院正门	188
图 9-2	任命顾方舟为中国医学科学院院长证书	188
图 9-3	北京东单三条九号院	189
图 9-4	1986年，顾方舟在办公室工作	189
图 9-5	1987年，顾方舟在办公室	192
图 9-6	吴清玉与外国专家同台手术	193
图 9-7	中国工程院院士、生物化学教授刘德培	194
图 9-8	中国科学院院士、医学分子遗传学家沈岩	196
图 9-9	1992年7月，在协和医科大学毕业典礼上顾方舟院校长向1984级毕业生授予医学博士学位	197
图 9-10	协和医科大学临床八年制1979级的四位优秀毕业生	198
图 9-11	协和医科大学临床八年制1979级毕业典礼后合影	199

图 9-12	1988 年，顾方舟与美国中华医学基金会（CMB）主席索耶博士讨论病毒性肝炎医学研究资助项目 ·················· 200
图 10-1	1985 年，顾方舟在院校党代会上投票 ·················· 203
图 10-2	1985 年 6 月 27 日，顾方舟任院校长时召开的中国协和医科大学教育研讨会 ·················· 204
图 10-3	中国医学科学院浙江分院于 1987 年 12 月成立 ·················· 206
图 10-4	1987 年，顾方舟在中国医学科学院黑龙江分院 ·················· 207
图 10-5	1991 年，顾方舟与林士笑老书记、陈妙兰副院长会见日本友好人士柏木正一先生一行 ·················· 210
图 10-6	1984 年，顾方舟应邀访问日本熊本大学医学部 ·················· 211
图 10-7	1984 年，顾方舟率中国医学科学院代表团访问日本北兵库内科、整形外科中心 ·················· 212
图 10-8	1983 年，顾方舟应邀访问瑞典 Uppsala 大学 ·················· 214
图 10-9	1987 年，顾方舟在香山饭店与苏联老师丘马科夫院士合影 ·················· 214
图 10-10	1988 年，顾方舟、戴玉华、汤兰芳与外宾合影 ·················· 215
图 10-11	1992 年，顾方舟、方圻在多伦多大学医学院心脏研究中心主任刘宗正教授实验室 ·················· 215
图 10-12	1980 年，顾方舟在伦敦北郊的海格特公墓拜谒马克思墓 ·················· 216
图 11-1	1990 年 11 月，顾方舟访问台湾时的新闻报纸剪辑 ·················· 218
图 11-2	1990 年 11 月，顾方舟应台湾医学会邀请参加该会第 83 届年会 ·················· 219
图 11-3	1993 年 6 月，顾方舟二次访台，拜会老协和医学院微生物学教授、第一任台湾"卫生署署长"颜春辉先生与前台大医学院院长林国信先生 ·················· 219
图 11-4	1990 年 11 月，谢博生秘书长夫妇陪同顾方舟夫妇访问高雄私立高雄医学院，受到谢献臣院长等人热烈欢迎 ·················· 221
图 11-5	1990 年 11 月，顾方舟夫妇访问台大医学院及台湾医学会后，与林国信理事长、医学会前任理事长魏火曜、杨思标教授合影留念 ·················· 222
图 11-6	1990 年 11 月，谢博生秘书长夫妇陪同顾方舟夫妇参观桃园医院，受到庄哲彦院长等热烈欢迎 ·················· 227

图 11-7	1990 年 11 月，顾方舟夫妇由杨思标教授夫妇陪同参观台北故宫博物院 ··· 228
图 11-8	1991 年 10 月，原台大医院院长、台湾医学会理事长林国信夫妇应邀来访。会面后，林国信向顾方舟院校长赠送林夫人陈秀慧手书的条幅 ··· 229
图 11-9	1991 年，顾方舟与来访的台南私立高雄医学院谢献臣院长，在北京协和医学院三号楼前合影留念 ··························· 231
图 11-10	1993 年 6 月，顾方舟随中华医学会代表团再次访台 ········· 232
图 12-1	1988 年，顾方舟获英国皇家内科学院院士证书 ················ 233
图 12-2	1989 年 5 月，顾方舟与中山大学医学院彭文伟校长被澳大利亚坎伯兰卫生科学院授予名誉院士称号 ························· 234
图 12-3	1991 年，顾方舟获第三世界科学院院士证书 ··················· 234
图 12-4	2002 年 10 月，顾方舟出席在印度新德里召开的第三世界科学院第 13 届院士大会及第 8 次学术大会 ···················· 235
图 12-5	中国免疫学会组织工作会议合影 ···································· 236
图 12-6	黄家驷院校长，中国科学院院士 ···································· 238
图 12-7	顾方舟在北京远东国际生物医学工程学会学术大会上与周培源院士交谈 ··· 239
图 12-8	《中国生物医学工程学报》中文版 ································ 240
图 12-9	《中国生物医学工程学报》英文版 ································ 240
图 12-10	《中国心脏起搏与电生理杂志》 ···································· 241
图 12-11	《中国血液流变学杂志》 ··· 241
图 12-12	1991 年 11 月 13 日，北京市科协四届一次全委会上顾方舟当选为北京市科协主席 ··· 242
图 12-13	1993 年 5 月 1 日，顾方舟参加成果展示交易会 ··············· 243
图 12-14	1992 年 10 月，顾方舟出席由北京市科协举办的人类基因治疗国际会议 ··· 243
图 12-15	2003 年 7 月 29 日，顾方舟出席北京科协成立 40 周年座谈会 ··· 244
图 12-16	在全国政协会上，顾方舟与中国科学院院长周光召合影 ······ 245
图 12-17	1996 年，政协"碘缺乏考察团"至延安 ·························· 246
图 12-18	北京老科学技术工作者总会召开第三届四次理事会暨科普工作会议 ·· 247

图 12-19　顾方舟与协和医大学生合影 ………………………………………… 248
图 12-20　顾方舟与第一个研究生刘阳的合影 ………………………………… 250
图 12-21　刘阳为老师八十寿辰从美国发来的贺信 …………………………… 250
图 12-22　顾方舟与协和医科大学临床八年制学生亲切交谈 ………………… 251
图 12-23　1996 年，顾方舟在研究生彭小忠博士论文答辩会上 ……………… 252
图 12-24　毕业季顾方舟与学生唐七义和王树蕙教授合影留念 ……………… 252
图 12-25　彭小忠教授在指导研究生做科研 …………………………………… 253
图 12-26　相爱一生，顾方舟与李以莞摄于 1997 年 …………………………… 255
图 12-27　1981 年 6 月，顾方舟与爱女顾晓曼 ………………………………… 256
图 12-28　2001 年金婚之际，顾方舟夫妇与爱女合影留念 …………………… 257
图 12-29　圣诞节之夜，顾方舟夫妇与爱女合影留念 ………………………… 258
图 12-30　1990 年，顾方舟与长孙顾博在天安门前 …………………………… 258
图 12-31　顾方舟与老伴和女儿、孙子、孙女在北京怀柔宽沟 ……………… 259
图 12-32　2005 年，顾方舟与次子顾烈南、儿媳杨文红、孙女顾远方、
　　　　　孙子顾博合影 ………………………………………………………… 259
图 12-33　2006 年，在八十寿辰的纪念画册上，顾方舟写给女儿的赠言 …… 260
图 12-34　顾方舟遗体告别仪式在八宝山殡仪馆兰厅举行 …………………… 261
图 12-35　中华预防医学会和中国医学科学院在北京联合举办顾方舟教
　　　　　授追思会 ……………………………………………………………… 262
图 12-36　2020 年 1 月 2 日，"顾方舟精神研讨会"在宁波隆重举行 ……… 263
图 12-37　"为了祖国的花朵——人民科学家顾方舟纪念展"在宁波逸
　　　　　仙楼隆重举办 ………………………………………………………… 263
图 12-38　纪念展上，顾晓曼给翰香小学的学生们讲父亲的故事 …………… 263
图 12-39　荣膺"人民科学家"国家荣誉称号与勋章 ………………………… 264
图 12-40　顾晓曼代父亲领取了"2019 年度感动中国"奖杯 ………………… 265
图 12-41　人民科学家顾方舟 …………………………………………………… 265

后记 -1　　1984 年，顾方舟回家乡时的合影 ………………………………… 295

导 言

2020年，肆虐全球的新冠病毒让世人倍加期待新冠疫苗，也让世人了解了研发病毒疫苗是一项高风险、高投入、耗时久的工作。这不禁让人联想到那颗带颜色的"糖丸"，想起于2019年1月2日离世的"糖丸爷爷"顾方舟。

60年前，在一穷二白的条件下，顾方舟是领导我国大规模生产脊髓灰质炎病毒活疫苗的首席科学家。今天，我们用科学史的方法，探究顾方舟的学术成长之路，无疑具有深刻的现实意义。

2014年6月，我们承接了老院长顾方舟学术成长资料采集任务。老院长一生成就斐然，但谦逊低调，虽相识几十年，他的家世、求学经历，可圈可点的学术成就，大多都是在访谈中、档案里获得的。

一个医学大家的成长，一般以优良的基础教育为起点，顾方舟也是如此，这得益于他有一位了不起的母亲。顾方舟四岁失怙，寡母失夫不矢志，毅然以助产士为业，节衣缩食，供儿子从小上最好的学校，为儿子树立目标考最好的医学院，希望儿子做一名不低头求人的好医生。

顾方舟在完成基础教育后，考进了北京大学医学院。虽然因战争原因他无缘协和医学院，但是北医的老师们大多是协和转来的，并且他考上协和改良式的六年制小班。顾方舟在这里受到原协和教授严镜清的影响，立志做"大医生",献身于公共卫生事业。应当说,与同代人相比顾方舟受到了最好的教育。

顾方舟的学术生涯起点,缘于他的志向——做"大医生"。顾方舟的病毒学研究应当是从大连卫生研究所开始的,随后的四年留学生涯,他跨入了神经病毒学研究的前沿。回国后适逢脊髓灰质炎的爆发,他成为科研攻关的最佳人选,这让他在而立之年即成为我国脊髓灰质炎疫苗研发的领军人。

在大致脉络确定以后,我们开始了资料的收集,为编写资料长编和年表做准备。我们围绕顾方舟的学术成长经历这一主线,重点采集有关他的家庭背景、求学经历、师承关系、科学研究等关键节点和重要事件。具体内容为四大类:档案资料、口述资料、实物资料、音像资料。

为了真实反映顾方舟青少年时期的学习成长情况,对他上过的三所小学、两所中学都进行了走访或资料查询,并在对他影响至深的天津工商学院附中做了多次访问,在天津档案馆查询了相关档案。天津档案馆不仅更加丰富了天津工商学院附中的资料,还获得了曾多次查无所获的中华人民共和国成立前天津私立浙江小学、天津私立竞存小学的宝贵资料,还原了当年的情景,帮助我们了解到顾方舟为什么在天津转读小学。

北京大学医学院(以下简称北医)是顾方舟职业生涯和人生志向的重要历史节点。我们多次访问北医校史馆,仔细研读了北医校史,特别对顾方舟在北医时期的北医校史,按时间线列出大事记,并将大量文史档案资料相互对照佐证,以求客观真实准确。

为了获得脊髓灰质炎研究的第一手资料,我们查阅了中国医学科学院档案室和昆明医学生物所档案室里尘封多年的档案,仔细研读,重要资料进行拍摄或复印,并将大部分资料制作成了电子文档。

经过对大量资料的梳理形成了资料长编和年表的基础,我们心中的脉络愈加清晰了。

访谈是研究报告写作的第一手资料,也是我们采集小组最重视的基础工作之一。我们根据顾方舟不同时期的亲朋好友关系,一一查阅资料,有针对性地拟定了几十份访谈提纲。

对老院长顾方舟进行访谈时，他身体尚好，头脑清晰，十分健谈，收获颇丰。他的夫人李以莞教授记忆超群，凡是亲历的事情都能娓娓道来，年头月份随口即出，且十分准确，令我们惊喜——许多无法确定的时间迎刃而解；令我们惊奇——我们的年龄小老人家几十岁，记忆力却自叹不如。

老院长自苏联留学回国后，先后在中国医学科学院流研所、病毒所、生物所、医科院机关工作。虽然时间跨度很大，同事也基本都退休了，我们还是尽最大的可能去找寻。当然重中之重是脊髓灰质炎疫苗的研发历程，为此我们数次去昆明生物所。我们访谈的老同志有陈统球、姜述德、尹芳、杨志和、赵玫、王志华、杜星辰、陈妙兰、卢耀增、薛则亮、罗玲、王荣金、成哲中、孙月英、王树蕙、吴钟浩、黄华新、彭小忠、吴俊等。所有访谈，我们都进行了录音录像。我们计划在本项采集工作完成之后，进一步对现有资料加以整理，使之成为我国脊髓灰质炎科学研究的历史档案。

沿着老院长学习、生活、工作过的足迹进行走访，与其说是资料的收集，不如说是一种体验。身临其境，自然感悟良多。走进宁波瀚香小学老校区，立即感到教学楼的古朴典雅气度不凡。在二楼的陈列室里，我们仔细看了当年教材课本展柜，这所小学开设课程之多、教材之精美，引起我们的关注。民国时期的小学有初小高小之分，一般课程就是国文（语文）和算术，以解决识字和基本计算问题。瀚香小学与众不同的是六年一贯制，毕业生的目标是宁波最好的效实中学。而当时的国人能够高小毕业，其学历已高人一等了。瀚香小学还特别强调素质教育，除国文、算术之外，还设有英语、美术、音乐、珠算、自然、常识、历史、体育等，所聘教师均为大学生。普通小学是请不起这么多老师的，更何况都是大学毕业生。

顾方舟辗转三校后上的天津工商学院附中，该校在天津著名的五大道之一马场道上巍峨耸立，至今依然是天津外国语大学最美的建筑群。在学校的校史馆里，陈列的当年的各种物品都相当精致、美轮美奂。学校乐团的乐器数量种类相当有规模，体育比赛获奖的奖杯、奖状琳琅满目。

这些名校有一个共同的特点，特别重视音乐、艺术、体育和礼仪教育。从这里走出的学生，自然超凡脱俗。从顾方舟青少年时代的照片可以看到，一所所名校给他留下的印迹：能歌善舞，多才多艺，温文尔雅，透着绅士风度。

为长者写传的困难，莫过于许多事件人物已淹没在历史长河之中了。随着要厘清研究报告的一些细节，许多原本以为不是问题的事情成为问题，特别是在老院长病重和突然去世之后，虽然我们千方百计努力，查找核实等工作愈加困难。

首先，1971年顾方舟获得"解放"调回北京，自此到他任院校长间隔了13年。待初稿完成后，忽然意识到有13年的时间空白，而且是在一个非常重要的历史变革节点上。我们决定补上这段空白。档案资料记载这13年里，顾方舟先后担任过首都医院（即北京协和医院）副院长、基础医学组负责人、中国医学科学院科研处处长、卫生部西北医疗队敦煌中队队长和中国医学科学院副院长。据此，我们遍访了他的同事。期间他在不同时期的任职，我们全都查清并写入了年表。由于时间已久，琐事有一些，但能够"上书"的东西寥寥。在苦恼中我们觉得，在当时的历史条件里，让一个科学家搞行政工作，他能有什么成就来"上书"的？不写也罢！

其二，有失有得。在一筹莫展的时候，我们发现在1976年6月，顾方舟赴美国考察肿瘤免疫疗法，数年后他开始"脊灰"病毒杂交瘤技术研究。联想到1975年杂交瘤技术诞生并轰动全球生物界，年富力强且钟情科研的顾方舟怎么会无动于衷呢？进一步的挖掘发现，在"文革"刚刚结束，一切尚未正常的时候，在距离他做行政工作很近的医科院基础所，他悄悄地建立了病毒学研究室，开展脊髓灰质炎单克隆抗体试剂盒的研制，最终研发成功并推向全国，为实现我国对世卫组织承诺2000年前消灭脊髓灰质炎再立新功。

其三，以往的宣传报道，对顾方舟的"政绩"宣传寥寥，老院长自己也很少谈及。但是，他毕竟是在拨乱反正的历史阶段，有十年担任院校长，不写肯定是缺憾。好比老舵手掌舵过了激流险滩之后，传给新舵手顺风顺水扬帆远航，总不能忘却老舵手劈波斩浪的时光吧？于是，我们以档案资料为基础，访谈方方面面的老同志之后，用了两个章节的篇幅，记录了老院长顾方舟的"政绩"。

其四，传记应当涵盖家世。几次采访，老院长对家世讲述不多，可能是因为四岁失怙，少小离家，知之甚少。在宁波甬上名人文化研究院沙力院长和黄江伟院长的帮助下，我们到了宁波郊区顾方舟祖籍顾家村，找到了顾方舟外婆家的前王后周村，并对顾方舟多位亲属作了实地采访，大致厘清了许多疑惑不解的问题，包括老院长不愿提及的苦衷。

最后，令我们感到安慰的是李以莞教授，她老人家给予我们多方面的支持，并且不止一次对稿件做了很高的评价，让我们有了信心，也算是对许多缺憾的一些慰藉吧。

经过推倒重来式的修改，老院长顾方舟的传记终于写完了。全文以时间为序，共计十二章。期望通过这些文字，能够对他的性格形成、价值取向、科研思维、成功奥秘进行"揭秘"。

第一章的时间跨度比较大，主要是受能够挖掘到的资料所限，许多内容一带而过。主要围绕在家道中落的不幸环境下，伟大的母亲给顾方舟撑起了茁壮成长的天空，提供了绝大多数家庭给予不了的优质教育条件。在最佳的教育氛围中，一位品学兼优、多才多艺、阳光向上、积极进取的有为青年脱颖而出。

第二章集中反映顾方舟大学的学习生活，专业确立和思想变化。一路名校走进北医的顾方舟，超凡脱俗、卓尔不群。在严镜清先生的影响下，立志做"大医生"选择公共卫生，决心在有限的人生中实现让更多人摆脱疾病痛苦的理想。与此同时，在进步思潮影响下，他走出象牙塔，融入革命的洪流，1948年秘密加入中国共产党。

第三章介绍他大学毕业到大连工作，随后幸运地成为新中国第一批苏联留学生。在顾方舟的积极争取下，改变学校原来的安排，进入苏联医学科学院病毒研究所，学习国家急需的医学病毒学。此间，他不仅以优异的成绩完成学业，而且以他的人格魅力架起友谊的桥梁，为后来我国脊髓灰质炎减毒活疫苗的引进发挥了关键作用。

第四章为学成归来的顾方舟，被安排到我国乙型脑炎攻关的最前沿。时势造英雄。29岁的他担任国家级研究单位的室主任，主持国家项目，带出了一支能征善战的青年突击队，并受崔义田副部长亲自点将，率队出征上海，首战告捷。

第五章以"力挽狂澜"命名有几层含义。第一，在国家危难之际挺身而出；第二，更难能可贵，当时在卫生部已经确定走死疫苗技术路线的前提下，肩负学习完成生产死疫苗任务的顾方舟，毅然上书卫生部和医科院党委否定死疫苗的方案，大胆提出走活疫苗的技术路线，完全没有考虑如果建言失败，自己将承担何等的政治风险；第三，顾方舟积极利用自己与老师的师生情谊，顺利得到无比珍贵的赛宾活疫苗毒株，为我国活疫苗的生产奠定了基础。如果没有这层师生关系，或者顾方舟不积极主动，即使延迟半年，由于中苏关系巨变，一切都可能化为泡影。

第六章在一穷二白的条件下，顾方舟和他的年轻团队，凭着一腔青春热血，成功地生产出中国第一批脊灰活疫苗。而且在第一期临床检测时，顾方舟毅然让儿子做第一例受试者。这种国家利益高于一切的家国情怀，应当永载史册，鞭策后人，使其精神发扬光大。安全有效的脊灰活疫苗落地中国，应当说是一个了不起的创举。同时，本着尊重原创的科学精神，客观反映，实事求是。

第七章转战大西南是一个战略举措。疫苗基地守在北京搞，最终将陷于无米之炊的境地。如果转移成功，则有望大规模生产，实现彻底消灭脊灰病毒的宏愿。但是，云南昆明花红洞的基本条件不具备，考察组专家持否定意见，已经到了是上马还是下马的历史关头。又是顾方舟以国家利益至上的家国情怀，毅然挑起历史重担，经过数年努力终于将"糖丸"大规模生产，惠及我国城乡的所有儿童。期间道路不通，水电不保，忍饥挨饿，忠于职守的历程，可歌可泣，彪炳史册！

第八章再攀高峰，顾方舟先是靠边站，继而升级为"苏修特务"。1971年，终于得到"解放"并调回北京，但由此转行。先是搞科研管理，后担任中国医学科学院副院长、院长。顾方舟在紧张繁忙的行政管理工作之余，依然钟情科学研究，他筹建病毒室，抓住杂交瘤这个新兴技术，在众多疾病的基础研究方面均有建树。特别在脊髓灰质炎诊断试剂盒的研发上，顾方舟为我国彻底消灭脊髓灰质炎再立新功。与此同时，他再次向攻克肿瘤的医学高峰攀登，在肿瘤免疫学、肿瘤临床学、肿瘤药物学上均有不菲的成就。顾方舟敢于啃硬骨头的进取精神，依然是今天医学科学工作者的一面旗帜。

第九章、第十章主要讲述顾方舟在院校长任上几方面的片段。他是在非正常换届的情况下，担任医科院、协和医学院院校长和党委书记的。在那个特殊的历史阶段，一方面"文革"后亟须整顿调整，另一方面改革开放泥沙俱下。胆小了，裹足不前遭人唾弃；胆大了，越过雷池万劫不复。应当说顾方舟交了合格答卷，带领院校越过了激流险滩。

第十一章破冰之旅意义不凡。从现有资料看，顾方舟是最早访问中国台湾的大陆高级干部，肩负特殊使命。由于顾方舟是"单刀赴会"，面对台湾各路诸侯，纵横捭阖，应付自如，尽显大陆"龙头"风采。称其为"破冰之旅"，绝非过誉之词。

第十二章从几个不同的侧面，力图反映顾方舟的学者风范与高尚情操。"两会会长"彰显出全国学科带头人的风采；作为社会兼职的科协主席，顾方舟仍然干得风生水起；受历史所限，顾方舟的研究生人数不多，但是少而精，可谓严师高徒；人们羡慕他的美满姻缘，殊不知，一切缘于他的赤子之情与精心营造；巨星陨落，举国同悲。从追悼会到追思会，从国家勋章到感动中国，顾方舟将青史永存。

通过以上章节，期望能够将老院长顾方舟学术成长和学术成就，真实全面地展现出来。再现我国消灭脊髓灰质炎波澜壮阔的历史画面，继而对中国防疫史上这段不可磨灭的印迹留下翔实准确的资料，以供后来者研究借鉴、继承和发扬。这是我们小组数年的努力方向。

中国消灭脊髓灰质炎的科学研究，可能在科学史的长河中仅为浪花一朵，但在民族精神的历史星空中，永远熠熠生辉，照亮我们攻坚克难的历史征途！

第一章
求学路漫漫

故乡鄞县

1926年6月16日，顾方舟出生在上海，他的故乡在杭州湾的那一头——浙江鄞县（今宁波市鄞州区）。

鄞县是我国古老的建制县。秦始皇灭楚之后即设置鄞县，那一年是公元前222年，距今已有2200多年。2018年2月，宁波市考古所根据考古发现，今宁波市奉化区西坞街道白杜村城山南侧，为秦汉时期至隋代的古鄞县县治所在。

江山代有才人出，各领风骚数百年。

鄞县的兴盛缘于一个天才的到来。公元1047年，即北宋庆历七年，27岁的王安石在扬州淮南节度判官位子上转任京官之际，为了有职有权施展政治抱负，他放弃"馆职京城"的机会，主动要求到地方工作，于是王安石成为鄞县建县以来最年轻的知县，当然也是他独立主政的开端。王安石主政鄞县不足四年，然"治绩大举，民称其德"，一个富有谋略、精明强干的青年才俊已经蜚声朝野了。

鄞县可谓是王安石维新变法的试验田，举凡青苗法、农田水利法、免役法、市易法、方田均税法以及保甲法，皆来自鄞县经验。鄞县作为"首善之区"，既成为"浙东学派"发端的沃土，又成为儒商巨贾的摇篮。

自王安石治鄞兴学始，文化教育日益兴盛，鄞县从蛮荒僻壤，逐渐成为科举强县。

富国强兵是王安石变法的目标，而实现政治宏愿必须改变"积贫积弱"的现状。自任鄞县县令开始，王安石积极鼓励中小商人自主经营，鄞县成为孕育务实为本的儒商文化摇篮，一代代有文化、有品位

图1-1 鄞县顾家村（今宁波市鄞州区姜山镇）

图1-2 顾家村村口的牌楼

的儒商巨贾层出不穷，凡水旱码头皆有实力雄厚的宁波帮。

　　文明积淀与资本积累，让宁波帮成为中国近代最大的商帮。他们创造了百余个中国"第一"：第一艘商业轮船、第一家机器轧花厂、第一家商业银行、第一家日用化工厂、第一批保险公司、第一家由华人开设的证交所、第一家信托公司、第一家味精厂、第一家灯泡厂等。他们对清末上海、天津、武汉的崛起与"第二次世界大战"后中国香港的繁荣都作出了巨大贡献。

　　如上的"第一"们，已被岁月的风霜蛀蚀了，但宁波帮营造的许多楼堂馆所依然矗立，成为许多城市珍视的历史遗存。当人们徜徉在上海、天

津、武汉等地的古街小巷，时时被西洋风韵中国元素的建筑所吸引，驻足流连，合影留念。无不惊叹其美轮美奂的设计，感慨其精雕细刻的做工。其实这不是拜洋人所赐，而是宁波营造商的心血之作。比如，武汉江滩最华美最具代表性的建筑，几乎都出自宁波的营造商们。中国最美大学之一的武汉大学，其营造商是鄞县沈祝三的汉协盛营造厂。"上海大世界"，其营造商是鄞县人倪绍生的森茂营造厂，而倪绍生则将"上海大世界"最恢宏的"大舞台"，交给了他的同乡好友、鄞县有名的顾姓营造商，即本文传主顾方舟的祖父。

图1-3　顾家村依河而建的民居

四 岁 失 怙

大约在1923年，顾方舟的父亲顾国光凭借东吴大学的金字招牌顺利考进了上海海关。1928年，顾国光奉调到北方最大的码头海关——天津关。在上海和天津的那几年是顾家最幸福的时光。父亲、母亲与他们兄弟四人顾方乔、顾方舟、顾方奎、顾方方和小叔顾国梁，七口之家其乐融融，住洋房，有电灯电话。顾方舟印象中的父亲是一位绅士，身着挺括的西装，漆黑的皮鞋一尘不染，这种气质也影响了顾方舟一生。顾方舟回忆道，那时家里生活优裕，孩子们想吃啥穿啥，妈妈一般都能满足，从不让孩子们失望。我们与父亲度过了一段快乐的童年时光，这一切，缘于父亲属于"金领"阶层，海关是令人艳羡的"金饭碗"机构。

天有不测风云。美好安定的日子，在顾方舟4岁那年戛然而止——父

第一章　求学路漫漫

亲在天津去世。

顾国光的工作，有时是内勤，有时是外勤。做内勤便是一些协助申报、办理手续的工作；做外勤便是上船检查。这怎么看都是一份令人羡慕的工作——穿着整洁笔挺的制服，眼前是蓝天碧海悠悠白云，耳旁是海鸟愉悦的鸣叫和货轮快乐的鸣笛。谁想，1930年春夏之交的一天，顾国光登上一艘来自非洲的货轮做例行检查时，不幸被一只酷似蚊子的小虫叮咬，因此身染重病。起初顾国光只是觉得叮咬处有点痒，几个月后突然发烧了，寻常的药吃下去怎么也不退

图1-4 顾方舟的父亲顾国光与母亲周瑶琴（20世纪20年代摄）

烧。顾国光夫妇从小医院辗转到大医院，才得知是可怕的黑热病缠身，罪魁祸首就是当初叮咬过他的叫作白蛉的吸血昆虫。

黑热病又称内脏利什曼病，是杜氏利什曼原虫所引起的慢性地方性传染病。传染源是患者和病犬（癞皮狗），传播媒介白蛉是一种与蚊子类似的吸血昆虫。原虫主要寄生在患者的血液、肝、脾、骨髓和淋巴结中。14世纪，黑热病曾肆虐欧洲，短短五年间导致欧洲三分之一的人口死亡。在中国，黑热病一度位居死因的第二位，可见其凶险。

惊慌不已的周瑶琴，赶紧将重病的丈夫送到了北京协和医院，期盼那里能挽救丈夫的生命。可惜顾国光已病入膏肓，名医也回天乏术，他撇下了年轻的妻子、四个年幼的孩子，还有依靠他的弟弟顾国梁撒手人寰。

图1-5 顾方舟的父亲与二叔顾国华（站立者）

顾国光英年早逝，顾家的天仿佛塌

了一般。孤立无援的周瑶琴，带着四个年幼的儿子和小叔子，离开天津返回故乡，投奔鄞县洞桥镇前王后周村的娘家。

在江浙地区，女人婚后如果家庭发生变故，一般依靠娘家兄弟。舅舅被称为"老娘舅"，家中有了纠纷，主要请"老娘舅"来调停裁决。舅舅还有管教外甥的责任，民间戏言：舅舅打外甥——白挨。

顾方舟外婆家并不富裕，田地不多，全家主要靠毕业于武岭学校[①]的顾方舟的大表哥教书为业。顾方舟一家六口到来，吃饭的人口陡增，但表哥表嫂热情接待，把最好的房子腾出来安顿他们，外婆家撑起了顾家的天。慈眉善目的外婆、嫁到同村的姨妈，都给予他们无微不至的关怀照拂，让他们的愁绪得以安宁。

顾方舟记得比较清楚的一件事是：当时宁波流行霍乱，一个邻居得霍乱死了，灵堂就设在家里，与他们一墙之隔。四五岁的顾方舟不知深浅，到处跑，可能是进过那家灵堂，受到感染得了霍乱。当时霍乱死亡率很高，又没有有效的治疗办法。外婆背他到宁波康宁医院治疗[②]，折腾了不少日子，好歹保住了性命。顾方舟一生感念外婆的恩情。常说：我们兄弟能够长大成人全依仗外婆，她是我们全家的恩人。

图1-6 全家福（摄于1930年4月，左起：顾方舟、顾方乔、母亲周瑶琴、顾方方、父亲顾国光、小叔顾国梁）

[①] 武岭学校在浙江省奉化市溪口镇武岭门内右侧。1929年蒋介石创办。占地90余亩，有建筑40余幢。中华人民共和国成立后，曾改作宁波地区医院。1988年5月复名"武岭中学"。

[②] 宁波市康宁医院前身为镇海同义医院，1919年由民间募捐创立的以西医产科为特色的医院，现在是一所三级乙等精神病专科公立医院。

第一章　求学路漫漫

图1-7 顾方舟母亲周瑶琴（1898—1967）

女本柔弱，为母则刚。光阴荏苒，转瞬一年。在这一年里，母亲周瑶琴思虑最多的是：路在哪里？怎么让孩子们有个好的前程？怎么撑起这个家！顶梁柱折了，天不能塌！

在那个年月，摊上这等事的弱女子大多选择改嫁，但周瑶琴明白自己改嫁了，孩子们的前程就完了，只有自己去工作这条路可走！可凭小学教员的薪水，怎么养活这么一大家子人？又怎么实现与丈夫立下的让孩子们上大学的宏愿呢？联想到自己生育孩子时的不菲开销，颇有主见的周瑶琴想，何不以助产士为业呢？

世间事说起容易做起来难。那时随着西风渐进，经济发达地区的助产士与医生一样是需要从业资格的，必须经过三年专业学习，而且还有年龄限制。好在天无绝人之路，顾国光生前在海关参加了保险，去世后海关给了遗属大约400块现大洋。当年警察月薪不过十几块钱，这笔保险金着实不菲。有这笔钱保底，周瑶琴做出了关系顾家命运的两个决定：送大儿子顾方乔上宁波最好的学校翰香小学，自己报考杭州广济产科专门学校[①]。当然报考时瞒报了年龄，也未提及自己是四个孩子的妈妈。

周瑶琴考虑到拖着一家六口长期依靠娘家也不是办法，特别是三儿子方方发烧烧坏了脑子，需要长期放在娘家抚养。思来想去，周瑶琴拿出多年的积蓄，为娘家买了二三十亩地，以保障全家不至于挨饿，对儿子方方也是一种安置。没想到，因为这些土地，十几年后竟让娘家"戴了几十年的地主帽子"，而且侄子竟遭杀身大祸。每每忆及，恍如一场噩梦！

[①] 杭州广济产科专门学校前身为广济医院医科学堂，1906年梅藤更将广济医院与广济医校划分为两部，并正式定名为广济学堂，分医学堂、药学堂和产科学堂。三学堂后又分别改称医学专门学校、药学专门学校和产科专门学校。

翰 香 小 学

  1931 年，周瑶琴在宁波城里租了房子，送大儿子顾方乔上了宁波最好的翰香小学，并请母亲过来帮助带孩子，自己备战杭州广济产科专门学校的考试。顾方舟依稀记得，他们住的地方叫同仁堂弄，里面有一个大杂院，住在那里的人家境都不富裕。他们一家人在那个大杂院里租了一间房，街坊四邻都是普通老百姓。那时江北岸比较繁华，哥哥常带他去那里玩，具体玩什么就记不清楚了。

  1932 年，妈妈顺利地考上了杭州广济产科专门学校，临行前又把顾方舟送进了翰香小学。

图 1-8　20 世纪 30 年代的翰香小学

  翰香小学历史悠久，迄今已跨越两个世纪。原本是鄞县城厢南门湖滨镇仓基（今海曙区月湖街道太阳社区）的举人陈愈守，为振兴家族，于清同治九年（1870 年）出资创办翰香学塾，其名取自"文翰振其香"之意。光绪三十一年（1905 年）改办翰香小学堂。1924 年学校被大火焚毁后，由陈愈

第一章　求学路漫漫　15

守的长孙陈圣佐购得宁波十景之一的"飞盖园"① 重建翰香校舍。

为建成最高品质的校舍，所用材料不惜重金从国外进口。瓦片为橙红色的机制板瓦，每块板瓦上都有编码，上有小孔供铁丝连接。木料为方形洋松和刻有棱线的洋松板。水泥的大量运用，坚固耐久。全部玻璃门窗，敞亮通风。1933年5月，民国教育部部长王世杰，颁给捐资兴学一等奖章②。

图1-9 今日翰香小学

图1-10 火灾后在"飞盖园"旧址上新建的鄞县私立翰香小学球场全景

---

① 飞盖园系明代鄞县大学士宰相余有丁的宅邸，曾为宁波十景之一。有《日湖竹枝词》为证："名园遥拟日湖头，飞盖曾随公子游。会说内祠先相国，不知太傅本风流。"1926年，陈圣佐购飞盖园旧址建校舍，并在后院建一仿古园林，保留了当年余相国府飞盖园的两眼水池。园的左右曾是日湖支脉，花木极盛。

② 宁波市翰香小学编写:《翰香小学校史》，第17页，未刊行。

图 1-11 鄞县私立翰香小学教学楼（已列为宁波市的文保建筑）

"30年代，我就读于翰香小学，它是一所著名的学校，有一流的教师，一流的校舍，一流的教学质量。学校以'恒勤'为校训，注重文言文和英文学习，也重视音体美教学和社会劳动。音体美的老师都是专科毕业的，来自福建音专、上海美专、体专。当时在浙东地区找不到第二所这样的学校了。但学费昂贵，每学期缴18块银圆，也可以说是一所贵族学校。"[1]

"翰香小学设施是全区最好的，教室宽敞，课桌椅质量好，特别是仪器设备齐全。学校设有室内乒乓房，两个操场和一个篮球场。在后花园有音乐室，离教学楼比较远，不影响上课。教师宿舍也比较大，条件好。学校的环境优美，体育成绩一直在市、区里名列前茅。"[2]

在小学里设有虚拟市长，下设银行、邮局、法院等部门，是浙东学校中首创的，在全国也是少有的。那时翰香学生只要小学毕业，钱庄、银行抢着要[3]。

"为培养学生的自治管理能力，学校设有虚拟的法院、邮政局等。徐开垒[4]当过律师，我当过邮政局局长。学生的来信先到邮政局，再由邮政

---

[1] 访宁波市原教育局督导任奕山，见：宁波市翰香小学编写，《翰香小学校史》，第59页，未刊行。

[2] 访老校友徐步云，见：宁波市翰香小学编写，《翰香小学校史》，第60页，未刊行。

[3] 访老校友李炯，见：宁波市翰香小学编写，《翰香小学校史》，第61页，未刊行。

[4] 徐开垒（1922-2012），男，浙江宁波人。著名编辑、记者、作家。

图1-12 民国时期翰香小学各学科的教科书

局分发给学生，我为群众服务的思想就是从翰香小学培养起来的。我是寄宿生，独立能力强，读书认真，从来不缺课，学习成绩很好，考进效实（宁波最好的中学）也一直保持优秀。"[1]

民国十九年（1930年）学校建成藏书楼，古今书籍五千余卷，内有珍本《四库全书》《万有文库》等，地方人士也可阅览。中华人民共和国成立前"翰香"在当地无人不晓，素有"中学效实，小学翰香"之美誉。蔡元培、马寅初等著名学者都曾来校演讲。现在的中科院院士，有好几位毕业于翰香小学。顾方舟入学时，正是翰香小学的鼎盛时期。

家道中落的孩子最敏感。虽然顾方舟唱歌演戏的启蒙、漂亮的行楷训练源自翰香小学，但三年里留下更多的是酸涩。尝遍了孤儿寡母留守儿童的种种痛楚，受够了嫌贫爱富者的白眼。

一次，学校安排学生排练戏剧，本来形象俊朗的顾方舟应当出演正面的角色，但是偏偏安排他扮演乞丐，因为觉得他们家会有乞丐的服装。小方舟回家跟外婆诉说，外婆听后勃然大怒气红了脸，但是生气归生气，为了孩子能够在学校待下去，外婆不得不按学校的要求，拆了一件破袍子，连夜给他改制戏服。穿上戏服那一刻，自然引起了有钱人家的同学的讥笑嘲讽，倔强的小方舟感到无比的愤怒和委屈，可哪里有他倾诉的地方啊！此情此景，顾方舟暮年之后依然历历在目[2]。

---

[1] 访老校友包叔钧，见：宁波市翰香小学编写，《翰香小学校史》，第63页，未刊行。
[2] 顾方舟访谈，北京，2015年3月3日。资料存于采集工程数据库。

不但小孩子如此，连一些老师们也戴着有色眼镜看小方舟。

一次，老师布置写毛笔字。小方舟的字写得不错，又写的认真，写出来自有一番气象。他得意地将写字本交给老师，期盼着老师的表扬。谁想老师看了之后，扶了扶眼镜，看着他沉默了半晌，说："你回到座位，重写一遍。"小方舟愣住了，过了好一会儿，他才突然明白：老师不相信这字是他写的呀！

老师的话像沉重的鞭子一样，抽在小方舟的心上。他一言不发，回到座位，蘸了墨水，再次一笔一画地写了起来。他的世界就像塌了一般，这还是为人师表的老师吗？墨水落在纸上晕开，像一滴滴泪浸润着他的心。

写好后，他昂首挺胸地交给了老师。老师也许有些愧疚，也许仍是不屑，收了作业后就不再言语了。小方舟看了，没有一点胜利后的喜悦，心里空落落的[①]。

小方舟也遇到过好老师。一次音乐考试，考试内容是唱一首学过的歌曲。一位男生先唱，结果全班都笑了，调都不知跑到哪里去了。在全班的哄笑中，这位同学红着脸唱完了歌。

看到这个情形，小方舟心里想：自己唱的本来就比他好很多，这些天又勤奋练习了很久，一定得高分！轮到他时，带着自信的小方舟，走到老师跟前开始唱歌。清脆的歌声如欢腾的泉水一般，卷着浪花奔跑着，同学们听着，也情不自禁地鼓起了掌。

然而公布成绩时，小方舟却懵了，那位五音不全的孩子得了高分，自己却拿了低分！

敏感的小方舟立刻意识到，这是因为自己家贫被老师看不起。小方舟难受到了极点，他感到愤怒和绝望。这个世界，难道一点公平都不讲了么？令他稍感欣慰的是，另一位熟识小方舟的音乐老师，特地关注了他的分数。这位老师吃惊地发现，小方舟竟然得了低分，立即向打分的老师询问怎么回事。在她的仗义执言下，打分的老师才勉强给小方舟调高了分数。这位正直的老师的关爱，如同黑暗中的一缕光，让小方舟得到了些许

[①] 顾方舟访谈，北京，2015 年 3 月 3 日。资料存于采集工程数据库。

慰藉[1]。

　　盼望着，盼望着，妈妈回到身边的日子终于到了。1935年2月，周瑶琴怀揣着由内政部长、政务代理部长和卫生署长亲自签署的助产士证书，回到了宁波，她具有了独立开业的资格。

图1-13　1934年杭州广济产科学校第十四届毕业生合影（周瑶琴前排右2）

图1-14　1935年周瑶琴获由两位部长签署的助产士证书

---

[1] 顾方舟访谈，北京，2015年3月3日。资料存于采集工程数据库。

母亲天津开业

周瑶琴毕业后并没有选择在宁波开业，这位颇有主见的母亲选择了天津，那个北方最早开埠，此时已经十分繁华的地方。她和丈夫曾在那里生活过数年，并不陌生；那里宁波老乡多，丈夫的故旧多，必要时能够得到帮助；那里人口众多，产妇也多，活计不愁。

为了创业，周瑶琴独自一人坐上津浦列车直奔天津。因为人熟地熟，进展颇为顺利，凭借助产士证书，申办了由天津市市长商震签发的《助产士开业执照》。随后她返回宁波，将顾方舟和顾方乔、顾方奎接到天津，顾方方和顾国梁留在了故乡由母亲照料。

20世纪30年代的天津，正处于工业兴旺繁荣的黄金时代。天津已成为全国纺织业、面粉业、化学工业等领域的中心。城中新楼林立，街道车水马龙，一派繁华景象。

哪里有码头，哪里就有宁波帮。天津的宁波人，早在清中叶

图1-15 顾氏三兄弟天津合影（左起：顾方舟、顾方奎、顾方乔）

图1-16 1935年6月，由天津市市长商震签发的周瑶琴助产士开业执照

第一章 求学路漫漫

就经营航运业，他们代清廷南粮北运及民间的南北货运，天津开埠后更得到进一步发展。民国时期，在天津商业中心劝业场一带，不少名店都是宁波商人开的。一批实力雄厚的宁波商人，分别在天津开设钱庄、金店、绸缎庄、五金商号、洋行、房产公司、轮船公司，还代理洋人在天津经营的猪鬃、皮毛、山货、棉花等进出口业务，成了洋人在天津的买办。为了在异地更好地生存，宁波人非常重视乡情。"宁波帮"的家眷，成为周瑶琴助产医院的主要服务对象。在宁波同乡的帮扶下，周瑶琴凭借勤奋、热情、专业水准高，很快远近闻名，越来越多的产妇找她接生，她请来妹妹一起工作。

在顾方舟印象中，他们家最初住在一个叫三德里（属和平区）的地方，是母亲租的一间楼房，也是母亲待客的地方。类似正规医院的大柜子、小柜子、箱子等都没有，迎面可见的就是天津市市长商震签发的《助产士开业执照》。母亲的工作非常辛苦，人家什么时候叫都得去，大多时候都是晚上甚至半夜。接生的所有工作都是母亲一个人做，如产前准备消毒包、产后的复诊等，如果孩子生下来身体有什么小毛病也得管。当然，如果有大问题超出了助产士职责范围，周瑶琴也尽最大努力细心呵护，或请教医生后自行处置，或亲自找来医生处置。顾方舟说有两位医生是他们家的恩人，至今不忘。

> 我父亲有位姓钟的朋友，是位老先生，也是一位医生。看我们一家孤儿寡母的讨生活不易，不时地给予帮助，还曾把房子租给我们。另一位难忘的恩人叫丁懋英[①]，有名的妇产科医生，丁大夫对我母亲帮忙很大。我母亲不是医生，类似难产等问题，助产士是没有资格处理的，母亲就求丁大夫帮忙。
>
> 给母亲介绍产妇的好心人就更多了，他们大多是老乡。宁波人

[①] 丁懋英（1891-1969），女，上海人。上海著名的孟河中医丁甘仁之女。民国初年来天津，入读严氏女学，得严之助，赴英国留学习医。学成归国，1923年入严氏任董事长的天津公立女医院（水阁医院），任院长。1935年在英租界伦敦路（今成都道）创立天津女医院，自行开业行医。1945年日本投降后，在联合国救济总署、国民政府行政院救济总署华北国际救济会工作。曾担任天津女青年会董事。中华人民共和国成立后，经香港转赴美国，1969年病逝于美国。

到全国、到海外，都是靠同乡，都是老乡帮老乡。有一句话，老乡见老乡，两眼泪汪汪。在旧社会谋生的苦，没有经历过的人根本体会不到[①]。

我们当时住在英租界，我母亲作为一个妇女，在社会上挂牌接生，依靠宁波老乡介绍接生工作，勉强维持生活。接生的工作往往都是在晚上，一有人来叫就马上得起来。没有人帮忙，所有接生用具都是每次接生回来后她自己清洁。清洁后包上，放到笼屉里消毒，以备下回用。现在想想，真不知道我母亲怎么过来的。这样的生活到了后来也很难维持了，我母亲身体也不行了。每当母亲半夜出去我们总为她担心，总想帮助母亲做点事情，但是母亲总是说：你要争气，以后你大了要学医。她跟我哥也是这么嘱咐的。所以，我们从小就觉得，我们要努力念书，我们要当医生，否则对不起母亲。我们在外边受了欺负和委屈从不给母亲说，怕她担心难过，我从小就对屈辱的事儿特别能忍耐[②]。

天津私立竞存小学

1935年夏秋之交，顾方舟的母亲把顾方舟送入宁波同乡所办的天津市私立浙江小学读四年级。学校前身为浙江旅津公立两等小学堂，建于清宣统二年（1910年），校址起初在北门里户部街浙江会馆内[③]。后迁往法租界海大道（今大沽北路）西。学生以浙江籍为主，外省子弟酌收。顾方舟在这里仅念数月，便转到竞存小学去了。

为什么不在同乡办的学校读书了呢？缘由是新学校更好，周瑶琴希望

---

① 顾方舟访谈，北京，2015年3月3日。资料存于采集工程数据库。
② 同①。
③ 浙江会馆，位于北门里户部街，成立于清光绪十二年（1886年），由长芦盐运使严信厚、铁路总办张振勋、泰来洋行买办王铭槐等发起。会馆占地4667平方米，有楼房40间，砖瓦房91间，灰房30间，罩棚1座。会馆设有中学、小学，有义园、义地、疗养院等。1956年4月停办。

在力所能及的条件下,给孩子提供更好的学习条件,使其上好中学,铺平当医生的路!

天津私立竞存小学校创建于1911年。1933年时,校址在日租界芙蓉街(今和平区河北路)。学校起点高,级制有初级、高级、复式。现名为岳阳道小学,位于和平区武昌路,是重点小学。1994年,中国香港爱国人士邵逸夫先生捐款,市、区投资拨地,在著名的"五大道"之一的大理道,建起了著名的逸夫教学楼。

在天津市档案馆,我们查阅到一份日期是1935年5月22日致天津市教育局的公函,内容是"天津市私立竞存小学校因陆汉昭校长病故,学校董事会拟聘请罗玉燕为新校长",落款的七位董事为张伯苓[①]、齐璧亭[②]、

图1-17 今日的天津岳阳道小学,其前身为建于1911年的私立竞存小校

---

① 张伯苓(1876-1951),原名寿春,字伯苓,天津人,中国现代职业教育家,私立南开系列学校创办者。西方戏剧以及奥运会的最早倡导者,被誉为"中国奥运第一人"。张伯苓早年毕业于天津北洋水师学堂,后获得上海圣约翰大学、美国哥伦比亚大学名誉博士。

② 齐璧亭(1884-1968)直隶宁津(今属山东)人。毕业于国立北洋大学师范科。后留学日本、美国,并获美国哥伦比亚大学教育学院硕士学位。1926年回国,曾任直隶第一女子师范学校校长,国立西北师范学院系主任、教授,河北省立师范学院院长。中华人民共和国成立后,历任河北省第一、二、三届政协副主席、民革河北省委副主任委员。

方药雨[1]、丁懋英（见上一章）、马桐轩（不详）、喻传鉴[2]、李琴湘[3]，除一人网上查不到，其他人士都是当年天津赫赫有名的人物，可见竞存小学实力雄厚。

在天津市档案馆，我们还查阅到一份"天津市私立竞存小学校高年级毕业考试表"。考试分上下午进行，一共考8天，科目有作文、劳作、书法、美术、地理、音乐、公民、体育、珠算、国语、历史、自然、英文、算术，共计14门。在当年一个小学校开出这么多门课程，可谓是德智体美劳全面发展了，一般的学校恐怕连这么多的师资都凑不齐。

河北昌黎汇文中学

1938年秋，顾方舟考入"津东第一校"——河北昌黎汇文中学。这里有他的哥哥顾方乔，还有同乡、后来的医学博士改行当音乐家的楼乾贵[4]，他们仨都是在天津读完小学，考入这所名校的。

1910年建校的昌黎汇文中学，前身是美国基督教会创办的成美学馆，1922年更名为汇文中学。以"朴、诚、勤、敏"的"昌汇精神"，高质量的教学水准，成为享誉华北的"津东第一校"。杰出校友有中国科学院院士孟昭英、马杏垣、李季伦，中国工程院院士孙燕，一级教授顾方舟，青年数学家石根华，原国家对外经贸部部长石广生，第二炮兵司令员杨国梁

---

[1] 方药雨（1869-1954），浙江定海人。古钱币收藏家，与南浔张叔驯并驾齐驱，时人号曰"北方南张"。

[2] 喻传鉴（1888-1966），浙江嵊州市人，是南开中学第一届学生，南开中学教务长，重庆南开中学校长，新中国成立后曾任第三、四届政协委员，民盟中央委员。

[3] 李琴湘（1871-1948），又名李金藻，祖籍浙江余姚，生于天津。1903年入日本弘文学院师范科，毕业后在直隶省学务处工作。1921年任江西省教育厅厅长，1929年任河北省教育厅主任秘书，1935年任河北省第一图书馆长、天津市教育局局长。1936年任河北省政府委员兼教育厅厅长。

[4] 楼乾贵（1923-2014），浙江宁波人，国家一级演员。2003年获中国音乐最高奖"金钟奖终身荣誉勋章"，被公认为中国声乐界的一代宗师。

图1-18 河北昌黎汇文中学的早年标志建筑贵贞楼

上将，著名男高音歌唱家楼乾贵等。

那时，昌黎是个交通闭塞的小县城，为什么大城市的孩子，甚至日本、韩国的孩子，千里迢迢到这里求学呢？一是管理体制，二是学校有一批懂教育、愿意为教育献身的真正的教育家。昌黎汇文中学成功的办学经验与教师的献身精神，非常值得我们今天借鉴与传承。

早在1927年，学校就按照欧美的做法，实行董事会领导下的校长负责制。董事会由社会贤达、知名人士组成。董事会成员不参与学校的管理，其主要职责是筹款筹物维系学校的正常运转。昌黎一中至今还存有当时董事会活动的记录，几位显赫人物的事迹值得后人缅怀。

校长徐维廉，不仅是董事会成员，还兼任广济医院（今秦皇岛市第二医院）的董事长。他原名徐万良，1884年10月4日出生于辽宁省绥中县永安堡村。1917年，徐维廉从燕京大学毕业留校任教，后被保送到美国密歇根大学深造。1925年获得硕士学位后回国，矢志投身家乡的教育事业。

徐维廉接任昌黎汇文中学校长后，在完善工读方案、注重实际教育的基础上，千方百计地扩建校舍，增添设备。1928年，他借到美国参加美以美会[①]总会之机，在大洋彼岸广

图1-19 汇文中学第二任校长徐维廉（原名徐万良）

---

① 美以美会（The Methodist Episcopal Church）是1844-1939年在美国北方的卫理公会所使用的宗派名称。该会属于基督新教的一个较大的宗派——卫斯理宗。从清末到民国，教会在中国创办了14所大学，其中美以美会就创办了两所。

为呼吁，厚募基金。回国后，他根据国民政府教育部关于《宗教团体兴办教育事业办法》的有关规定，成立以昌黎新中罐头食品有限公司经理杨扶青为董事长，昌黎社会名流李连瀛、石志仁、史享五等任董事的学校董事会，通过董事会及各种渠道，在社会上广泛开展募捐办学活动。从1930年起，他陆续用从国内外募捐的资金，为学校购地扩院，增建设施使学校的面貌大为改观，设施和设备日趋完善。学校在1931年到河北省教育厅立案，改建为河北省私立昌黎汇文中学。

图1-20 抗战胜利后徐维廉校长带领师生从四川返回昌黎的途中

同年，为便于日益增多的本校高中毕业生升学，徐维廉亲赴母校磋商，敦请燕京大学在昌黎汇文中学特设考场。在此前后，他重视学生的德、智、体全面发展，注重学校文体活动的开展，学校专门投资上万元，购地开辟了现代式的体育运动场。后来，为把私立昌黎汇文中学建成天津以东"最完美、最有价值"的学校，徐维廉还搞起"大昌汇"运动，希冀把昌黎汇文中学扩建成昌黎汇文学院或汇文大学。但他的这一努力，因抗日战争的爆发而中断。

还有一位为汇文中学发展倾注了大量心血的董事汪华堂。他是中国民族工商业的佼佼者、昌黎县实业界的代表人物。他自己虽然没什么文化，但对教育事业一往情深。他在私立汇文中学出资设立了汪华堂奖学金。在汇文中学遇到困难时，他慷慨捐款捐物，甚至不惜卖掉自己在京津的房产。

当年学校招生全靠社会口碑、亲友介绍，大都是慕名而来。有的要经

第一章 求学路漫漫

过考试，有的则做简单的面试，但都要找保人，填写保证书。那时的汇文中学有着精干的教师队伍、先进的教学设施、励精图治的校长，还有考入大学的校友影响力。当时燕京大学曾和汇文中学有协议，给予汇文中学优先录取的照顾，所以汇文中学每年考入燕京大学的学生居多。虽说是私立学校，昌黎汇文中学有一个很重要的承诺，对品学兼优但家庭经济困难的学生，给予减免学费的照顾。因此，这所私立中学吸引了不少品学兼优的学生，在这里圆了他们上中学上大学的梦。

昌黎距天津300多里，母亲周瑶琴为什么把两个儿子都送进昌黎汇文中学？除了经济因素和慕其"津东第一校"的教育水准外，更重要的是周瑶琴希望儿子将来考上燕京大学的医预班，最终考上鼎鼎大名的北京协和医学院。顾方舟和同乡好友楼乾贵，虽然高中毕业后都考上了医学院，可惜太平洋战争爆发协和医学院关门了。然而世事难料，顾方舟后来竟当上了协和医学院院长，冥冥中还是了了与协和的缘分。

从天津卫到昌黎，顾方舟没有感到小地方的闭塞，反而觉得校舍俨然，管理到位，老师素质高，特别是英语教得好，口音纯正。大多数的老师都给他留下了很好的印象。学校有一个很好的图书馆，是顾方舟喜欢去的地方。开始是老师鼓励他们去图书馆查参考资料，后来变成了主动去查资料。图书馆大量的文学名著如饕餮大餐，让顾方舟流连忘返，甚至一度做起了文学梦。若不是眼前时时浮现出母亲疲惫的身影，不敢忤逆了母亲，他真不想当医生，想做一名像鲁迅一样的文学家，他对世界有数不清的期盼与诉求要表达。

除了文学，顾方舟最喜欢体育，尤其喜欢篮球、网球。汇文中学有两个网球场，顾方舟是那里的常客，常常是汗流浃背，得胜而归。有一位体育老师，不仅运动水平超群，而且对他的思想也有很大的影响。他经

图1-21 汇文中学早年的教学楼三号楼

常对学生说：以后要想有出息，就得有强健的体魄，必须要把我这个课上好。他没有讲什么打倒日本帝国主义，可是言下之意同学们也都明白，都非常喜欢这个体育老师。

可能是长子的缘故，哥哥顾方乔学习极其刻苦，几乎门门优秀。"在初中的时候，我不像哥哥那样用功，他念书念得好，净争第一名、第二名。我不去争第一、第二，我就是玩体育，我喜欢体育。初中在昌黎那几年，篮球、网球都给我打下了很好的基础"。[1]

由于学习优秀以及昌黎汇文中学与燕京大学的特殊关系，顾方舟初中毕业顺利考入燕京大学附属中学的高中。

> 那时候我母亲咬着牙，把孩子送出去上学，我跟我哥住在燕京大学对面的蔚秀园。我们在附属中学刚念了半年，"太平洋战争"就爆发了。日本兵把燕京大学封了门，把教授、学生们都赶出去了。我们的中学也一样，我们被赶回天津的家了。那个时候，我上高一，看到日本兵也很害怕。那时候就明白了什么叫亡国奴。一路上过的卡口，都是日本兵端着枪站岗，过去的话一定得拿出所谓的良民证，还得给日本兵鞠躬才能放行。日本占领的时候，中国人受尽屈辱。[2]

一家人回到天津后，顾方舟转入一所公立高中继续读书。

天津工商学院附属中学

那时天津的高中大致分两种，一种为公立高中，为国民政府所办；一种为教会高中，由西方各国的教会所办。民国10年（1921年），美国教育家孟禄来华考察时，曾毫不客气地指出中国教育，中学最差！

---

[1] 顾方舟访谈，北京，2015年3月3日。资料存于采集工程数据库。

[2] 同[1]。

一路名校走来的顾方舟，第一天走进那所公立中学，一上午的课没有听完就绝望了：教材质量之差、教师水平之落伍、学生素质之低不可想象。他问自己：这就是以后要学习三年的地方吗？从这里还能够考上协和吗？

一回到家，顾方舟就把学校的情况——告诉了母亲。一通竹筒倒豆子后，他突然内疚起来：母亲负担已经如此沉重，自己怎么可以再向母亲要求太多？教会学校虽然好，但学费那么昂贵，母亲怎么吃得消呢！"那我们不去这个学校！"没等顾方舟理清思绪，母亲就咬牙下了决定，"再穷也要好好读书！我们上法国人办的教会学校！"①

两个月后，顾方舟经过考试走进了法国教会学校——天津工商学院附属中学（现在的天津实验中学）（以下简称工商附中）。顾方舟明白没有母亲投亲靠友打通关系、左支右绌筹措学费，自己连考试的机会

图1-22　原天津工商学院附属中学主楼旧址（现为天津外国语学院主楼）

也没有，今后唯有珍惜机会、努力学习，才能对得起母亲。

这所法国教会学校位于天津五大道之一的马场道。从洋楼鳞次栉比的大街上一眼望去，学校的楼宇显得卓尔不群。罗马风格的主楼坐南朝北宏伟壮观，正面临马场道，主门厅居于正中。三层的混合结构，立面富于变化。首层大块蘑菇石墙面，正中设凸字形大平台，下作四组塔司干双柱组成的门廊；两侧顶部为曼塞尔式红瓦坡顶，中部为法国孟莎结构穹顶；前后各设大圆钟一座，用巴洛克式券罩保护，拱券形门洞。一层为弧券窗，二、三层为矩形窗。建筑庄重而不失典雅，由法国永和营造公司设计，1926年建成投入使用。

---

① 顾方舟访谈，北京，2015年3月3日。资料存于采集工程数据库。

1923年，法国天主教会献县教区耶稣会，在天津创办了中国第二所天主教大学——天津工商大学（主楼旧址位于天津市河西区马场道117号，1970年改为天津外国语学院，即现在的天津外国语大学主楼。2013年5月，被国务院批准为全国重点文物保护单位）。为保证生源的质量，学校专门设立了预科。1931年奉民国教育部指令，改预科为附属高级中学。1933年，根据教育部指令，易大学为学院，并正式立案于教育部。学院附属的高、初中部，先后立案于1933年和1936年。

主楼虽属大学部，但因不同凡响的建筑装饰，也是顾方舟常常踯躅流连的地方。一至三层主要是教室、备课室及办公室，由封闭式外廊连接。西翼是教堂，设有单独入口。室内装修考究，门厅、大厅、内廊均采用彩色马赛克图案，地面、教室、办公室为人字地板。钢筋混凝土楼梯装带铁护角，木扶手为黑漆方铁花饰透孔栏杆。特别引人注目的是正厅内的利玛窦①、南怀仁②画像，仿佛时刻在注视着来往的人。墙壁正中悬挂着的利

图1-23 原天津工商学院附属中学校歌

---

① 利玛窦（1552–1610），意大利天主教耶稣会传教士、学者。明朝万历年间来到中国传教，是天主教在中国传教的最早开拓者之一，也是第一位阅读中国文学并对中国典籍进行钻研的西方学者。他通过"西方僧侣"的身份，"汉语著述"的方式传播天主教教义，并广交中国官员和社会名流，传播西方天文、数学、地理等科学技术知识，他的著述不仅对中西交流作出了重要贡献，对日本和朝鲜等国接受西方文明也产生了重要影响。

② 南怀仁（1623–1688），比利时籍清代天文学家、科学家。1623年10月9日出生于比利时首都布鲁塞尔，1641年9月29日入耶稣会，1658年来华，是清初最有影响的来华传教士之一，为近代西方科学知识在中国的传播做出了重要贡献。他是康熙皇帝的科学启蒙老师，精通天文历法、擅长铸炮，是当时国家天文台（钦天监）业务上的最高负责人，官至工部侍郎，正二品。著有《康熙永年历法》《坤舆图说》《西方要记》等。

玛窦绘制的巨幅《坤舆万国全图》①，更让人驻足遐思。校内的北疆博物馆也是顾方舟喜欢去的地方。北疆博物馆是我国为数不多的集动物、植物、地质、古生物、古人类等多学科的综合性博物馆，重点收藏中国西北、华北、东北地区及世界范围内具有代表性、典型性的自然科学标本。馆藏标本达40万件，居全国同类博物馆之首，在国际上占有重要地位。北疆博物馆是桑志华②一手创建起来的。虽然当时是一所专门的科学研究机构，但由于和工商学院同在一个大院里，互通互补，犹如一体。

图 1-24 原天津工商学院附属中学校旗、校训

工商附中由于前身为工商学院预科，根据工商学院专业性很强的特点，工商附中为学生补习法文、数学等专业知识，同时淘汰达不到要求的学生，保证为工商学院本科输送优秀人才。课程分为主要课程、次要课程和普通课程。考试分平时记分、星期考、月考和期末考。对各门功课通过日、周、月和学期的口试、会试和笔试等严格考核，成绩寄给学生家长并

---

① 《坤舆万国全图》是国内现存最早的、第一幅出现美洲的世界地图，作者为太仆寺少卿李之藻和意大利天主教耶稣会传教士利玛窦。《坤舆万国全图》与我们今天的世界地图已经很接近了，并且考虑到中国人的接受度，把中国尽量放在了世界中间。该图对于中国地理的描绘是极其详尽的，李之藻增补了大量关于中国的地理信息，对于中国省份、重要的城市都有详细标注，地图还描绘了中国主要的山川、河流，例如黄河、长江，详细表现了其发源地、流经的省份。另外，世界著名河流也有提及。

② 桑志华（1876—1952），法国著名的地质学家、古生物学家、考古学家。1914年，以法国天主教耶稣会神甫的身份来到中国，从事田野考察和考古调查工作25年，足迹遍及中国北方各省，行程5万多千米，采集地质、古生物标本达几十万件，创建了北疆博物馆。1923年夏天，他和德日进从天津出发，联袂北上，发现和发掘了水洞沟遗址，使之成为中国最早发现、发掘和进行系统研究的旧石器时代晚期文化遗址，对中国的史前考古作出了重大贡献。桑志华著有《中国东北的山区造林》《华北（黄河及北直隶湾其他支流流域）十年查探记》《桑干河草原旅行记》。与他人合著了《华北及蒙古人种学上的探险记》《北疆博物馆的鸟类及北疆博物馆收藏的树木标本》。桑志华1914年来华，1938年回国，1952年在法国逝世。

图 1-25　2019 年按原样修建的天津实验中学（原天津工商学院附属中学）

作为升班与否的依据。

　　学校管得严，主要是对学生学习的高标准、严要求，这也是工商附中能成为津门名校的重要原因。怎么个严法呢？这要从工商附中的三宗宝说起，即记过、得零、星期考。其中以星期考最有特色，而其他两件"宝"都和"考"有密切关联。星期考是一项教学制度。全校学生每星期都有一门功课要考试。但是，考哪一门，学生不知道。等考试卷子发下来，才知道今天考什么。这就促使学生要经常复习，努力把各门功课都牢记在心，不然考不及格是难免的。星期考在学期成绩中占相当比例，而学业成绩直接决定升留级，弄不好还可能被开除，所以大家对星期考都很重视。

　　为使成绩能反映学生的真实水平，考场纪律十分严格，力求杜绝作弊行为。每逢考试，除监考老师严格监考外，还组织有经验的教务人员，巡视各考场，有时会突然进入考场检查。如有学生作小抄、传条，都会被查出。查出作弊行为之后，立即张贴布告，绝对没商量。考试纪律严，又能认真贯彻，始终如一地进行。在学生中就形成考好了光荣、作弊可耻的观念。

　　学校对学生课堂纪律要求也很严格。每位教师都有所任班级的学生座

第一章　求学路漫漫　　33

图 1-26　2019 年按原样修建的天津实验中学大门（原天津工商学院附属中学）

次表，课上谁违反纪律，就依据座次表或当面告诫，或做符号，扣操行分。学生管理部门（当时称训育科）的职员也有各班座次表，而且是中英文的姓名对照表（因为有些职员是外籍教师）。他们经常在走廊巡视各教室。每个教室后面都有一扇带玻璃窗的门，巡视中透过窗户发现学生违反课堂纪律，就对照座次表扣对应学生的操行分。到学期末，操行不及格的就要被留级或开除。

工商附中的学生崇尚读书蔚然成风。在校园里，特别是小树林里，清晨、傍晚都有学生在背课文、背英文单词。成绩优异者受到师生尊重。高年级学生以用英文原版教材为荣，当时多门理科教材采用的是国外原版，如范氏大代数、三S平面几何、韦氏物理等。学生上学不用书包，而用一种专门的带子把书、笔记本捆好，这种做法成为工商附中的一种时尚。这样，书是英文的还是中文翻译的一看便知。学校图书馆藏书也很丰富，乌木盒装的《二十四史》，装满《万有文库》《世界文库》的书柜就占了一面墙。图书馆在一座小二楼上，面积不很大，阅读者、借书者川流不息。图书馆管理人员都有深厚的文化修养，其中有一位姓郑的先生精于书写蝇头小楷，他的一幅作品就挂在墙上，吸引许多学生驻足观赏。

学校对学生日常生活的管理也十分严格，制定有多项制度。例如，上课铃一响，学校就关上大门了。迟到的学生进校后，要先到训育科填写一张红色的迟到上课证，持证才能进课堂听课。这种做法使学生明白迟到的严重性和教师授课的严肃性。训育科办公室有各种颜色的卡片，它们是不同用途的"证"。学生的一些活动，要根据相关制度领证才能去做。如住校生要会见到校探视的亲友，需持会客证才能到一间专门的房子会面。

图1-27 顾方舟（左）与哥哥顾方乔在工商附中校园

图1-28 顾方舟（右）与哥哥顾方乔在工商附中楼前

工商附中管理如此严格，学校会不会死气沉沉、学生都很呆板呢？非也。上课时虽然一片肃然景象，下课后却是吵吵嚷嚷，生龙活虎的。这是因为体育活动开展得好，形成了传统。学校一年四季都有重大比赛：春夏季是排球、垒球赛，秋冬季是篮球、足球赛；班级赛、年级赛；选拔校队与外校比赛。此外，还有乒乓球赛，迎新年越野长跑，每学期都举办全校运动会。学校的体操队也很有名气。这几大赛事，把全校体育活动带动起来了。学校有几位在全天津知名度很高的体育教师，体育组负责组织全校体育活动，指导学生课外体育锻炼。学校体育设备好，足球场、篮球场、排球场、单、双杠及体育器械联合架。学生在课外可以借用各种球类、体操垫、垒球手套及护具。放学后，体育器械室门前非常拥挤，借球活动的学生比比皆是。当时学校除体育活动外，还参与工商学院合办的管弦乐团（在全市知名度较高）、话剧团、京剧社等学生文艺社团。

学校考试虽多，要求也高，但学生们并不感到压力很大。不少人功课好也很会玩，积极参加各项社团活动，学习生活都很愉快[①]。

由于是大学的附中，工商附中的一些课程是由大学教授亲自担纲。比如化学课，采用的是原版课本布莱特和科南特（Black and Conant）合著的 *Practical Chemistry*，任课教师是庆沃会和伍克潜。庆沃会早年留学法国，是工商学院的应用化学教授。伍克潜北洋大学毕业，是工商学院的分析化学教授。化学实验仪器，俩人一套，共同使用，非常方便。化学实验讲义是伍克潜老师所编，同学们化学试验做完后要交实验报告，用以考核成绩。实验室由郝杰管理员专门负责管理，井井有条。

英语阅读课主要采用刘荣恩老师所编的 *Senior English Readings*，内容艰深，文章多选自当代英语书刊、杂志、英语文摘等。语法课除英籍教师白克德（Boycoff）自编的 *The English Sentence, Its Grammar* 外，还采用 Tanner 所著的原版 *Correct English* 等。任课教师除刘荣恩、白克德外，还有大学的老师李世麟和王冠立等。此外，学校还自编有 *Supplementary English Readings* 多种，包括英语散文、书信、会话等，供同学课外自行阅读。为鼓励同学学好英语，每年附中的高中部，都要举行英语背诵比赛。高中各年级班组选出同学参加，聘请学院院长、教授等担任评委，根

图 1-29 1944 年工商附中的毕业纪念册

[①] 天津实验中学：《天涯桃李报春晖——天津市实验中学八十五周年校庆纪念文集》。2008年，第 52 页，未刊行。

据发音、语调和姿势等表现，评定成绩、选出优胜者，给予奖励。由此可见，学校对英语学习的重视，因此学生英语学习得比较扎实，英语基础很好[①]。

工商附中的教学水平高，学生的学习成绩在天津市名列前茅。顾方舟毕业的1944年，工商附中在天津市学生成绩竞赛中荣膺榜首。

在工商附中的三年，有两位老师给顾方舟的印象特别深。

一位是教历史的，我特同情那个老师。他干瘦干瘦的，看起来家境很困难。他历史教

图1-30　1944年毕业纪念册中顾方舟的照片和留言内页

得特别好，他教历史是讲故事，讲故事就把历史都给带出来了，所以我非常喜欢历史课。另外一位是语文老师，那个老师很怪，他教语文同时唱昆曲，玩票友。有一次他在附中的大礼堂举办了一个昆曲晚会，唱《霸王别姬》。他演霸王项羽，我们另外一个同学也是一个昆曲迷，演虞姬，师生两个人唱。那时候为什么我喜欢语文呢？就是因为这个老师，他一跟你讲《霸王别姬》，把戏词都给你讲，同学们听得特别带劲。所以，我觉得中学里头有几个好老师，对我影响比较深。其实我学医，那是我母亲的意思，要我自己选的话，我去学文科。

由于喜欢体育和语文，顾方舟结识了许多志同道合的终生好友。"高中有一个姓卞的同学，我记得很清楚，他现在已经不在了，他叫卞学

[①] 天津实验中学：《天涯桃李报春晖——天津市实验中学八十五周年校庆纪念文集》。2008年，第59页，未刊行。

图 1-31　高中毕业前，顾方舟（右1）、顾方乔与恩师合影留念

镇①。我们俩特要好，他也喜欢体育和语文，我们俩经常在礼拜天的时候，一起扔铅球、搞体育运动。"②

---

① 卞学镇（1924-2001），1949年辅仁大学经济系毕业。后入中国人民大学贸易统计专修科，毕业后任职于粮食部。1980年，筹建南京粮食学院，任教授和系主任。曾任江苏省政协委员。
② 顾方舟访谈，北京，2015年3月3日。资料存于采集工程数据库。

第二章
北医学子

走 进 北 医

　　1944年9月，顾方舟考上了北京大学医学院（以下简称北医）。这是中国人创办的第一所国立医学院，也是辛亥革命后中国知识分子向西方学习的产物。

　　辛亥革命成功的第二年，1912年夏天全国教育会议在北京举行。会后，中华民国教育总长范源濂，邀请教育会会员、从日本留学归来正在筹建浙江省医学专门学校的杭州人汤尔和[①]到家中商议，希望他能在北京办一所国立医学校。汤尔和当即表示同意，但基于京师大学堂医学馆的教训，提出了不搞中西合璧，要办就办一所专门教授西方医学的学校。

　　1912年9月，中华民国教育部电召汤尔和到京，筹划创立医学校事宜。10月16日，中华民国教育部任命汤尔和为北京医学专门学校校长，10月

[①] 汤尔和（1878-1940），杭州人，早年曾在杭州府中学堂读师范，1902年协助其师在沪创办《新世报》。留学日本，毕业于金泽医专（现为金泽大学）。后留学德国，获柏林大学医学博士学位。归国后任两级师范校医、北京医专校长。1922年后，历任教育总长、内务总长、财政总长。1937年抗战爆发后投靠日本，沦为汉奸，任伪议政委员会委员长、华北政务委员会常委兼教育总署督办等职。1940年，因肺癌病死于北平。

图 2-1　北京大学医学院附属医院病房楼

26日颁发校章，此后10月26日这一天即成为该校的校庆日。政府提供的校舍在和平门外八角琉璃井，是原京师大学堂医学馆的旧址①。

学校初创时，条件极为简陋。"当时学校有旧屋数十间，旧显微镜一架，中国旧医书数十种"，首批学生72人，教职工9人。教员均系与汤尔和先后从日本留学归来的医学生，即周颂声、葛成勋、陈魏、孙柳溪、朱其辉等，其余为校役。1913年8月，学校聘请汤尔和在日本留学时的老师石川喜直为解剖学教授，这是学校的第一位教授。民国时期战乱频仍，政权更迭如走马灯，在大部分时间内，统治者无暇顾及医学教育，医学教育几乎处于自发状态。然而，凭着爱国之情，教职员工们在薪水常常拖欠的情况下，坚持简陋从教，使学校逐步得到了发展。

民国时期国内许多医学院存在过"德日派"和"英美派"的门派之争。北医创建初期，教员都是日本留学生，他们按照日本方法组建学校，学制仿效日本，教科书源自日本。而日本的医学校在明治维新以后几十年间，完全照搬德国的医学教育制度，连教学用语都用德文。到了20世纪

---

① 1903年，清朝政府在京师大学堂设立医学实业馆，第二年改称医学馆，迁到由兴胜寺庙宇改建的馆舍，1907年停办。

20年代，北京医专派遣学生公费留学都选择德国。这些学生回国后，按德国的教学方法教学。所以在1912—1942年，北医是"德日派"教员一统天下，外文也是学德文和日文。当然，这一时期德国和日本的医学科学在世界上是占有一定地位的。1941年底，著名的北京协和医学院被日寇占领，该校一批教授转来任教。虽然协和医学院转来的教授人数比较少，对"德日派"并未构成多大威胁，但他们带来的英美（主要是美国）医学教育的先进方法和先进的管理理念，给学生们留下了极为深刻的印象。1945年日本投降后，协和医学院尚未复校，原协和医学院留在北平的教授，基本上都被北医聘任。加之日本人回国，"英美派"教授就成了教学的主要力量。此时英美等国的医学水平迅速发展，教学方式灵活，管理方法先进，有一套非常严密的制度，迫使一些原"德日派"的老师转聘到其他医学院校和医疗单位工作[①]。

这一时期，北医各学科汇集了一大批卓有成就的国内外知名学者，他们代表了当时我国医药卫生各学科的最高水平，其中主体来自协和。基础学科有：组织学马文昭教授，神经解剖学臧玉诠教授，解剖学刘其端教授，免疫学陶善敏教授、颜春晖教授，细菌学谢少文教授、方亮教授，生物化学刘思职教授、张昌颖教授，医学史学李涛教授，寄生虫学冯兰洲教授，病理学胡正详教授、秦光煜教授，药理学李钜教授，生理学沈海淇教授，公共卫生学林宗扬教授、严镜清教授等。临床学科有：传染病学吴朝仁教授，热带病学钟惠澜教授，肾脏病学王叔咸教授，胃肠疾病学陈国桢教授，心脏病学马万森教授，脑外科学关颂韬教授，泌尿外科学谢元甫教授，骨科学孟继懋教

图2-2 1945年大学时期的顾方舟

---

① 罗卓夫，孙敬尧：《北京医科大学的八十年》。北京：北京医科大学－中国协和医科大学联合出版社，1992年，第63页。

授、陈景云教授，胸腔外科学王大同教授，肿瘤外科学司徒展教授，妇产科学林巧稚教授，儿科学诸福棠教授，皮肤花柳病学胡传揆教授，神经精神病学许英魁教授，眼科学毕华德教授、刘家琦教授，耳鼻喉科学刘瑞华教授、张庆松教授、徐荫祥教授，放射科学谢志光教授，口腔医学毛均教授、钟之奇教授、胡郁斌教授等①。

顾方舟正是在这个时期考入北医的。北医受协和医学院的影响进行教学改革，学制上设有大小班。大班四年制，小班六年制。可能是成绩优秀的原因，顾方舟被分到了小班，而且使他发生"弃医""从卫"转变的老师也是协和的。

在北京西单商场的后身，有一条东西走向的街道叫背阴胡同，中华人民共和国成立前北医有个医院就在那里，现在已经踪迹皆无。北医临床前的一些基础课在这里上。比如解剖学、病理学、药理学、公共卫生学等，教授这些基础课的老师，大多来自协和医学院。

遵从母亲的嘱咐，顾方舟在北医的学习还是很努力的。医学生的第一关往往是解剖学。近距离接触尸体，即使男生也往往心有恐惧，就算不害怕也是不愿意接触的，尤其还有刺鼻的福尔马林味。可是解剖学是基础中的基础，像骨骼肌肉的位置形态不清楚，无论如何也是当不好大夫的。顾方舟很快

图2-3 1947年，顾方舟（右1）在西单背阴胡同北大医院与同学合影

① 罗卓夫，孙敬尧：《北京医科大学的八十年》。北京：北京医科大学－中国协和医科大学联合出版社，1992年，第40页。

就进入角色，表现出很强的动手能力，所以同学们曾说他适合搞外科，会成为一名出色的外科大夫。

那时解剖所用的尸体都是花钱买来的。学校经费拮据，上解剖课时，一具尸体是四个学生用，从肌肉、血管到神经，统统都要解剖，全部都要按教程搞清楚，还要经过多次考试才能过关。因此，既要勤学苦练，还必须死记硬背，牢牢记住，如

图2-4 1948年，顾方舟（二排右1）在西单背阴胡同北大医院课后与同班同学合影

果似是而非，老师会当场让你下不来台的。四肢的骨骼，肱骨、尺骨、股骨等还比较好记，颅骨就难了。颅骨上有好多窟窿，每个窟窿都有专门的名字，这都得记下来。为了考得好，顾方舟从解剖室借来头骨。利用晚上熄灯后的时间，他抱着头骨在被窝里头摸，默记位置数窟窿，直至滚瓜烂熟。解剖学就是这样，不容许发挥的。

与解剖学同时开课的还有生理学。顾方舟记得这门课的教授叫复原武，是个日本人，所以从心里反感他，不愿意上他的课。这位老师不会中文，用日语给同学上课。同学们能不能听懂他也不管，有的同学跟得上讲课进度，有的则不行。顾方舟回忆说：现在想起来那时候真有点太偏激了，我学的是一门科学，所以应该把这门课学好，如果顺便把日文学好也是不错的事情。他至今还记得青蛙心脏的日语发音。

第二章　北医学子

钟情公共卫生

在基础学科里，顾方舟最喜欢上严镜清教授[①]的公共卫生学课，严先生把他领进预防医学的大门并影响了他的一生。

严镜清教授讲课宁波口音浓重，别的同学听起来费劲，顾方舟听着却备感亲切，引发"文学青年"顾方舟浓浓的乡情与缕缕乡愁；严教授挂在嘴边上的老师兰安生先生[②]，一位黄头发宁波人的故事，与他心灵深处忧国忧民的情结产生了强烈的共鸣。

顾方舟对兰安生这个名字是陌生的，但兰安生的父亲兰雅谷院长和华美医院（现为宁波市第二医院），顾方舟既熟悉又亲切，脑海里立即浮现起姚江边上那古朴雅致的华美医院华美楼。

华美医院始建于1843年，最初由美国人玛高温在佑圣观（即现在宁波市第二医院五号楼附近）创办。经过玛高温、白保罗两任院长，兰雅谷接任院长时医院已初具规模。兰雅谷先生是加拿大人，毕业于美国密歇根

图2-5 兰雅谷（J.S. Grant, 1861—1927）医生

[①] 严镜清（1905-2005），浙江宁波人，公共卫生学家，国内遗体捐献项目发起人之一。1932年毕业于北平协和医学院，获美国纽约州立大学医学博士学位。1935年入美国哈佛大学公共卫生学院学习，1936年获公共卫生学硕士学位，同年回国。1949年2月参加革命，2003年入党。曾任北平大学医学院、中央大学医学院教授。新中国成立后，历任北京市卫生局首任局长、中央医药卫生委员会副主任、中国红十字总会理事、农工党第九届中央常委、第五、第六届全国政协委员。早年从事公共卫生学的教学和研究工作，对城市卫生管理经验尤其丰富。

[②] 兰安生（1890-1962），国际著名公共卫生学家。出生于中国宁波，16岁回加拿大念高中。1913年考入密歇根大学医学院。1918年进入洛克菲勒基金会国际卫生部，1920年在约翰霍普金斯医学院获得公共卫生硕士学位。1921年，受洛克菲勒基金会指派来北京协和医学院任公共卫生学教授并任首任系主任。1937年回国，在中国工作16年。

图 2-6　华美医院

大学医学院，1889 年受教会派遣来到宁波，担任华美医院第三任院长。他在担任华美医院院长的同时，1902—1915 年兼任宁波海关的检疫官。因为医院病床有限，他有时甚至把病人带回自己家中救治，把自己的床铺让给病人。为改善医院条件，1915 年他将 14 年来担任宁波海关港口检疫官的酬金全部捐给医院，用于扩大病房和新建手术室。

尽管兰雅谷先生及宁波民众慷慨解囊扩建住院楼，但与巨大的医疗需求相比仍捉襟见肘，于是建造医院新大楼的想法开始萌芽。

1920 年 6 月 20 日是兰雅谷先生六十大寿和来华三十周年纪念日，宁波百姓为他办了一个盛大的生日宴会，他收到社会各界人士的贺礼 500 余份，扣除庆生费用后，余下的 2026 块银圆，悉数捐给了医院，用于购置 X 线机及华美楼建设。参照当时的物价，一般的房子用几十块银圆就能买到，2026 块银圆在当时无疑是一笔巨资。

1923 年，华美医院从宁波效实学会购得北门内一块十一亩七分六厘的空地，作为新大楼用地。随后，经过商议市政筹备处以造一段马路为条件，将城墙基地让给医院作建造大楼之用。同年 7 月，兰雅谷院长与任莘耕医生共同发起社会募捐，所得款项用以建造华美医院大楼。

1926 年底，由兰雅谷先生主持了华美楼奠基。当年来宁波的汤默思医生（即第四任院长）承担起了这座住院大楼的设计、筹建工作。华美医院是一座现代化意义上的医院，拥有中央供热系统、管道系统，具有防火功能的钢筋混凝土建筑，1930 年落成，成为宁波的地标式建筑。遗憾的是兰雅谷先生没有看到新大楼的落成，他因肺炎在 1927 年病逝。

第二章　北医学子　45

兰雅谷先生投身宁波医疗事业38年，深受百姓爱戴。1928年，在他逝世一周年的时候，宁波市民自发组织纪念活动。在宁波二院珍藏的一张老照片上可以看到，当时有190多人依次排列，或坐或站，在尚未完全竣工的华美楼前参加纪念活动，照片上写着"宁波华美医院故院长兰公雅谷逝世周年纪念摄"。今天，这座矗立在姚江边上的华美楼已历经近百年风雨，作为浙江省历史文物保护建筑，保存完好，风采依然。

如果说兰雅谷在宁波闻名遐迩，他的儿子兰安生则享誉全球。1890年，即兰雅谷先生来华的第二年，儿子兰安生在宁波出生了。从小这个黄头发孩子的玩伴都是黑头发的孩子，兰安生讲的宁波话极其"纯正"，除肤白金发外与当地孩童别无二致。在宁波读完小学、初中后，兰安生16岁那年回加拿大读高中。兰安生于1913年考入密歇根大学医学院，1918年进入洛克菲勒基金会国际卫生部，1920年在约翰斯·霍普金斯大学获得公共卫生硕士学位。1921年，兰安生受洛克菲勒基金会指派，出任北京协和医学院公共卫生学首任系主任、教授，在中国医学教育史上，首次专门为医学生讲授公共卫生学课程，开启了中国预防医学之门，留下了不朽的名言——"1盎司的预防，胜过1磅的治疗（1磅等于16盎司）。"在他的启迪和感召下，一批中国公共卫生事业的优秀人才培养出来了。

在北医求学时期，对顾方舟影响最大的严镜清教授就是兰安生的高足与"信徒"。

1932年，严镜清从北平协和医学院毕业。他拥有"远东医学最高学府"协和八年制的金字招牌，本可以过着"上等华人"的优裕日子，但是在兰安生教授的影响下，他毅然放弃"金饭碗"，于1935年考入美国哈佛大学公共卫生学院。严镜清在1936年获得公共卫生学硕士学位后，立即回国从事中国的公共卫生事业。他除了在协和

图2-7 公共卫生学家兰安生（1890—1962）

图 2-8 1948 年，顾方舟（二排右 4）在西单背阴胡同北大医院与同班同学合影

医学院公共卫生系担任教师外，还积极投身兰安生先生创建的北平市东城区第一卫生事务所与河北定县农村卫生实验示范区的建设。这两项工作，不仅在中国而且在世界都产生过重要影响。据悉，今天在全球具有影响力的社区卫生理念，即首创于兰安生先生建立的北京市东城区第一卫生事务所[①]。河北定县农村卫生实验示范区的建设，更于 20 世纪 20 年代兴起，由梁

图 2-9 1949 年，顾方舟在北京医院儿科实习时与患儿合影

---

① 1923 年，北京协和医学院聘请兰安生担任公共卫生学教授，开启了中国预防医学的教学与实验活动。1925 年，兰安生得到京师警察厅的同意，划定北京市东城内一区为实验基地，正式成立"京师警察厅试办公共卫生事务所"。1928 年以后，改称"北平市卫生局第一卫生事务所"，辖区服务人口由最初的 5 万人增加到 10 万多人。

第二章 北医学子

漱溟①、晏阳初②、陶行知③等倡导的轰轰烈烈的乡村教育运动④密切相连。每每回忆起当年在第一卫生事务所和定县乡下的往事，严镜清先生都会情不自禁地激动，也每每在顾方舟的心头荡起阵阵涟漪。

顾方舟的一个同班同学，曾跟着教公共卫生的日本老师到河北一个煤矿做公共卫生调查。回校后，他一边跟同学讲矿工们惨不忍睹的卫生境遇，一边忍不住失声痛哭，顾方舟听后泪水也跟着夺眶而出。顾方舟明白，在中国这样一个医生稀少的国度，只有大力推进公共卫生事业，才能够惠及更多的国民，才能够发挥更加积极的作用。

要当"大医生"的目标，在顾方舟的心底日益清晰起来。他的理想得到了严先生的赞许与支持。

---

① 梁漱溟（1893-1988），蒙古族，原籍广西桂林，生于北京。中国著名的思想家、哲学家、教育家、社会活动家、国学大师、爱国民主人士，现代新儒家的早期代表人物之一，有"中国最后一位大儒家"之称。梁漱溟受泰州学派的影响，在中国发起过乡村建设运动，并取得可以借鉴的经验。一生著述颇丰，存有《中国文化要义》《东西文化及其哲学》《唯识述义》《中国人》《读书与做人》《人心与人生》等。

② 晏阳初（1890-1990），四川巴中人，中国平民教育家和乡村建设家。晏阳初主张通过办平民学校对民众首先是农民，先教识字，再实施生计、文艺、卫生和公民"四大教育"，培养知识力、生产力、强健力和团结力，以造就"新民"，并主张在农村实现政治、教育、经济、自卫、卫生和礼俗"六大整体建设"，从而达到强国救国的目的。著有《平民教育的真义》《农村运动的使命》等。

③ 陶行知（1891-1946），安徽歙县人，中国人民教育家、思想家，伟大的民主主义战士，中国人民救国会和中国民主同盟的主要领导人之一。陶行知致力于宣传新式教育，并针对中国落后的情况进行了具体分析，极力倡导平民教育。他曾说：中国以农立国，人民十有八九住在乡下。平民教育就是到民间去的运动，就是到乡下去的运动。只有农民的教育水平提高了，中国的整体水平才会有发展。陶行知放弃了优越的生活与各种名誉，甚至是自身的前途，特意到乡下去实践。1926年起，发表了《中华教育改进社改造全国乡村教育宣言》。1945年，当选中国民主同盟中央常委兼教育委员会主任委员。

④ 乡村教育运动是20世纪20年代在中国兴起的社会运动，旨在从教育农民着手以改进乡村生活和推进乡村建设。中国近代农村饱受天灾人祸，农村经济处于崩溃破产的边缘，有的教育工作者就提倡"到乡村去""到民间去"，不但造成了一定舆论，而且也见诸行动。此后，关于"复兴农村""建设农村"的呼声就成为当时中国的一种社会思潮。

汇 入 洪 流

来北平上大学后，顾方舟的心绪更加压抑，亡国奴的阴影如影随形，不知道国家和自己的出路究竟在哪里。苦闷中他以岳飞的《满江红》排解愁肠，他高昂的歌声也深刻地影响着同学们，成为那代北医同学的永久记忆。

经过一年的煎熬，1945年8月15日，顾方舟终于等到了日本投降的这一天！他像大多数同学一样，期盼着在政府领导下，开始国家与个人的美好生活。然而一盆盆冷水兜头盖脸而来，浇灭了他的全部憧憬，国民党政府的正统地位，在顾方舟心里开始坍塌……

日寇投降后，国民党接收官员进校办的第一件事是宣布甄别审查：收复区内的所有公立大专院校均为"伪大学"，教员是"伪教员"，所有的毕业生和在校生均为"伪学生"，不承认他们的学历和学籍。已毕业的学生，全部要经过2至3个月的集训。通过思想上和学籍上的甄别审查发给合格证明以后，各机关、医院才可录用。对在校的学生，要经过甄审考试，按成绩编入适当班级。为此，当局在1945年12月中旬，将北平各公立大学统一编为"北平临时大学补习班"，并派国民党华北特务头子陈雪屏任班主任督导执行[①]。

国民党的甄审办法是一种侮辱，激起了广大青年学生的强烈愤慨与

图2-10　1949年，顾方舟（前排端枪者）与北医同学排练枪毙汉奸的话剧

---

① 罗卓夫，孙敬尧：《北京医科大学的八十年》。北京：北京医科大学－中国协和医科大学联合出版社，1992年，第45页。

抵制。顾方舟参与了进步学生的罢课和请愿活动,并与受蒙蔽的学生展开激烈的辩论,他一针见血地指出:"国民党政府在日寇侵略面前实行不抵抗主义,失地辱国,丢下人民而不顾。如今日本投降了,却又歧视沦陷区人民,以甄审名义迫害沦陷区的学生,怎能让人心服?"经过北平各大专院校学生和毕业的医生们强烈抵制,国民党当局被迫让步,取消了甄审,只要求每个学生写一篇《三民主义》研读报告和《国父遗嘱》或蒋介石所著的《中国之命运》的批注。同学们看到斗争有了进展,便由几个同学凑写了一篇,然后大家各抄一份交差了事①。

反甄审斗争从1945年10月延续到1946年6月,长达8个月之久。切莫小看这8个月,北医乃至北平的大中专学生的思想由此发生巨变,"左""右"分明的阵营开始形成,并且继续分化。洪流之中的顾方舟也从不谙世事、遵循正统,向"左倾"转变。

1946年3月底,在北京大学医学院中国共产党地下党员黄仕琦、李振平等的筹划下,串联了十四位同班同学,于4月10日前后组织了以壁报形式的社团——萤火壁报社,并向校方进行了登记。他们在壁报发刊辞中提出:"要为争取和平、民主、自由尽绵薄之力。"每期壁报都是在吴绥先家抄好,再贴到附属医院,先后有"柳絮飘飘论英雄""纵眼看战场""中山公园音乐堂事件真相"等。壁报社还组织大家学习进步书刊,如艾思奇的《大众哲学》、薛慕桥的《经济学》、郭沫若的《甲申三百年祭》等。后来"萤火社"改出"时与潮"壁报,多为大字报形式,刊出对解放战争形势的分析和宋庆龄、蔡廷锴等民主人士呼吁和平的宣言。这些文章与国民党当局的陈词滥调截然不同,让同学们耳目一新,仿佛引领大家走进了一个新世界。在壁报的影响下,进步同学也纷纷办起壁报来。在当时产生过比较大影响的壁报还有"鲁风""黎明""新生""穗""冬青""点滴"等。其中"点滴"是由高天祥、李崇培(李丛培)、顾方舟、李天霖主办的。② "穗"的核心人物是1944级的蒋惠中,他后来是顾方舟在第二届北医学生党支部的上线联

---

① 罗卓夫,孙敬尧:《北京医科大学的八十年》。北京:北京医科大学-中国协和医科大学联合出版社,1992年,第46页。

② 《纪实》编写组:《解放战争时期北京大学医学院学生运动纪实》。北京:北京医科大学出版社,1999年,第100页。

系人①。

这些壁报对揭露国民党的反动统治、介绍共产党的政策和解放区的真实情况、团结教育广大同学，发挥了积极的作用。进步同学的壁报义正词严，拥有正义的制高点，广受好评。顾方舟等进步同学，从此旗帜鲜明地加入了与国民党当局斗争的行列②。

图 2-11　1949 年，顾方舟（前排右 2）在西单背阴胡同北大医院检查室前与同学合影

1946 年年底震惊全国的"沈崇事件"，再次将包括顾方舟在内的北医的学生推到了风口浪尖之上。这年 12 月 24 日晚 8 时多，北京大学先修班女生沈崇在去平安电影院途中，被两个游荡的美国兵拖至东单广场一个黑暗角落施暴。事发后，北京大学女同学会反应最早最强烈。她们首先集会抗议，并倡议召开全校学生代表会研究下一步行动③。

12 月 30 日一早，北京大学医学院接到北京大学院系联合会关于举行"抗议美军暴行"示威游行的通知。于是，学生自治会召集广大师生，在附属医院阶梯教室举行关于"沈崇事件"的全院大会，听取学生自治会副主席李天霖汇报参加北京大学院系联合会的情况，讲述美军强暴沈崇的事实真相。同时，李天霖以悲愤的心情叙说了头天晚上发生在沙滩北楼礼堂，反动学生阻止抗议活动的闹剧。与会的师生被激怒了，

---

① 《纪实》编写组：《解放战争时期北京大学医学院学生运动纪实》。北京：北京医科大学出版社，1999 年，第 5 页。
② 同①，第 101 页。
③ 同①，第 53 页。

纷纷发言主张参加北京大学院系联合会组织的抗议示威游行，立即准备标语、横幅。仓促间还组织了一个由附属医院医生、护士组成的临时救护队。游行队伍直奔沙滩，与各大中学校以及从城外赶来的清华、燕京大学学生汇合。下午一点半，抗议美军暴行大游行从沙滩北大广场出发，沿途不少市民和中学生陆续加入，游行队伍由开始时约五百人增至万余人。游行队伍直奔设在协和医学院的"北平军事调处执行部"，同学们一路高喊"严惩凶犯""美军滚出中国去""反对政府媚外""中央社是造谣社"等口号，并向市民散发"告北平同学书""告北平市父老书"。游行队伍到达协和医院东门军调部时大门紧锁，同学们用英语高喊："Get out, U.S Army, We hate you!" "Get home, U.S. Army, Go home!"。队伍在东单广场沈崇遭难处集合，举行抗议大会，向围观的广大市民展开宣传①。

驻华美军在中国境内横行霸道、殴打、枪杀、轧死、强奸等暴行屡屡发生。仅平、津、沪、青、宁五市，从1945年8月至1946年11月就发生美军暴行3800余起，死伤人数达330人以上。"沈崇事件"成为导火索，将人们心中隐忍许久的愤怒引爆了。尽管国民党当局为美军百般开脱，并组织反动学生阻挠抗议集会，动手砸会场、撕标语、追打筹备会的同学及未开会的代表。但是，在全国人民强烈抗议下，1947年1月17日，美国军事法庭被迫对"强奸案"主犯皮尔逊、帮凶普利查德审判。抗暴运动使广大进步同学得到了锻炼，增强了斗争的勇气，顾方舟直到晚年对此事仍然记忆犹新②。此后医学院左右两派学生力量的对比发生了很大的变化，进步力量日益成长壮大，国民党三青团的力量日趋萎缩，有些被骗参加三青团的同学也觉醒了，投入爱国民主学运的洪流中来了③。

---

① 《纪实》编写组：《解放战争时期北京大学医学院学生运动纪实》。北京：北京医科大学出版社，1999年，第55页。

② 顾方舟访谈，北京，2015年3月6日。资料存于采集工程数据库。

③ 同①，第56页。

革命摇篮什邡院

什邡院是京西的一个小村庄，在公主坟南边一点，紧邻当时的国民党华北"剿匪"总部。1947年4月的一天，方亮[①]在平津快车上偶遇一位叫刘昌言的农场主，言及他的农场在什坊院村，一直想在村里办一个诊所为附近老乡看病。此时已是中共地下党员的方亮，回校后立即向支部反映。随即，支部的王光超、王锦江、方亮和彭瑞聪商议决定，每人先从工资中取5%作活动经费，并约好一些北大医院医生及部分高年级同学义诊。1947年6月2日下午，他们在农场的一个大厅里办起了门诊部，取名什坊院保健院。每周四下午及周日全天，师生轮流来为附近农民义诊。大家骑车带饭，天亮出城，天黑回城，每次能诊治一百多人。转眼间到了暑假，参加这项活动的师生累计达到四五百人。地下党支部便决定，利用它作为党培养干部联系中间同学的基地。此后，在连续的三个假期中，每个假期都有30多名同学搬到什坊院住，如同夏令营一般。他们除了为农民治病外，地下党支部还组织同学学习进步书刊，如艾思奇的《大众哲学》《社会发展史》、毛泽东的《中国革命和中国共产党》《目前形势和我们的任务》《新民主主义论》以及《土地法大纲》《冀东行》《论知识分子》等，并且进行资本主义的腐朽性和社会主义优越性的讨论[②]。

在国民党"剿匪"总部的眼皮子底下，中共地下党办起了共产党的"党校"。同学们白天为农民治病，晚上地下党支部组织同学学习进步书

[①] 方亮，1913年10月生于朝鲜，1935年毕业于首尔延世大学医学院，其间因从事抗日活动被捕入狱。1936年，在协和医学院内科实习；1937年转入协和医学院细菌学及免疫学系任助教、研究员；1943年在北京大学医学院微生物教研组及医院检验科任教，并从事抗日活动。1946年，开始参加九三学社的活动；1947年加入中国共产党，同年发起创建什坊院保健院；1949年当选中华全国青联常务理事并兼任技术青年部副部长。1950年后，当选九三学社第一、二届中央理事会理事并兼任副秘书长。1952年，担任抗美援朝反细菌战检验队副队长，获中朝两国颁发的勋章。1959年开始任第三至第七届全国政协委员。1986年以多抗甲素的研究与开发获国家发明奖。

[②] 罗卓夫，孙敬尧：《北京医科大学的八十年》。北京：北京医科大学－中国协和医科大学联合出版社，1992年，第58页。

图 2-12 顾方舟（前排右 1）在北京大学医学院与同学们出游时合影

图 2-13 1947 年，顾方舟（后排中）与同学们出游途中合影

刊。每当夜幕降临，同学们聚在煤油灯下读书讨论，讨论最热烈的是人生观问题。由此涉及广泛的话题：人为什么活着？为什么人民解放军的纪律是铁的纪律？共产党是一个什么性质的政党？这个党是由什么样的人组成的？什么是正确的恋爱观、婚姻观等。这些问题的学习和讨论，对他们这些渴望进步的学生来说，无疑具有强烈的吸引力。通过这段和进步同学一起生活、学习的经历，顾方舟感到自己的人生观从一个云雾迷漫的峡谷中走了出来，看到了灿烂的天空。他初步懂得了一个人应该为人民的幸福而活着而战斗。懂得了人类社会必然会从资本主义社会发展到社会主义和共产主义社会，懂得了共产党的先驱们、先烈们的光荣和伟大。什坊院保健院的生活结束后，顾方舟开始寻找党组织，希望成为其中的一员①。

在什邡院，顾方舟和同学们除了送医送药，还参加了多项农村卫生调查及入户调查。调查的人口一万余人，2000余户，分散在附近的一二十个村庄。他们了解到这一地区是甲状腺肿的高发区，疥疮病人也不少，另外

图 2-14　1997年，为纪念什邡院暨北医医疗队活动五十周年，顾方舟（右3）与当年的医疗队成员合影

---

① 顾方舟：革命人生观的启蒙教育。见：《纪实》编写组，《解放战争时期北京大学医学院学生运动纪实》。北京：北京医科大学出版社，1999年，第185页。

还进行了婴儿死亡回顾调查，发现婴儿的死亡率高得惊人。与此同时，同学们看到这个地区多是佃农，生活十分贫穷。冬天一家人只有一床破烂不堪的棉被，夏天孩子们多是赤身裸体。广大劳苦农民的悲惨境遇，引起了顾方舟的极大同情，根据在什邡院秘密学到的理论，他觉得只有跟着共产党走，改变现行的社会制度，老百姓才能脱离苦难，国家才有希望，这是唯一的出路。

促使顾方舟彻底倾向共产党的另一个关键因素是国民党的贪污腐败和悍然发动内战。本来日本投降，八年战争结束，人民期盼的和平美好的生活应当开始。可是老百姓盼来的国民党接收大员，接收敌伪财产时趁机中饱私囊，大发国难之财。而老百姓则跌入深渊，百业萧条、物价飞涨、民不聊生。不仅如此，国民党不顾全国人民的和平意愿与民主呼声，悍然发动内战，妄图独裁统治。面对国民党的倒行逆施，顾方舟看在眼里，恨在心头。

1947年5月4日前后，北大各系、级，联合组织了五四运动纪念周活动。邀请北大民主教授许德珩[①]、樊弘[②]、王铁崖[③]、钱端升[④]、楼邦

[①] 许德珩（1890-1990），江西德化（今江西省九江县）人。著名爱国人士、政治活动家、教育家、学者，九三学社创始人和杰出领导者。五四运动时是著名学生领袖，起草《五四宣言》。1920年赴法国勤工俭学，毕业于里昂大学，后入巴黎大学，师从居里夫人研究放射性物理学。1927年回国，曾任武汉第四中山大学教授、国民革命军总政治部秘书长、代主任。新中国成立后，曾任水产部长、全国政协副主席、全国人大常委会副委员长。

[②] 樊弘（1900-1988），我国著名的经济学家、教育家、一级教授。1946-1948年在北京大学经济学系任教授。解放战争时期，积极支持进步学生"反饥饿、反内战、反迫害"的民主爱国运动。1950年2月加入中国共产党，是北京大学第一位由中共中央直接批准入党的教授。新中国成立后任全国政协委员、北京市人大代表、北京市政协委员、九三学社中央委员、外国经济学说研究会名誉理事、北京市经济学总理事等。

[③] 王铁崖（1913-2003），出生于福建省福州市。先后就读于复旦大学、清华大学，1937年赴英国伦敦政治经济学院留学，攻修国际法学。著名的国际法学家，北京大学、北京政法学院教授，曾任北京大学国际法研究所所长。

[④] 钱端升（1900-1990），生于上海，中国著名法学家、政治学家、社会活动家。17岁考入清华大学，19岁被选送美国留学，24岁获美国哈佛大学博士学位。回国后，相继在清华大学、北京大学、中央大学、西南联合大学等校任教。新中国成立后，任北京大学校务委员会委员、法学院院长。1952年院系调整，受命筹建北京政法学院并出任首任院长。1954年参与第一部《中华人民共和国宪法》的起草工作。长期致力于发展新中国的法学教育和法学研究事业，对中国立法工作和社会主义民主法制建设作出了巨大贡献。

彦[1]等演讲，他们抚今追昔，对国事感到痛心，觉得科学和民主两个任务不仅没有实现，反而被法西斯专政所代替。北平地下党学委决定配合自上海开始的全国"反饥饿、反内战、反迫害"运动。北大医学院由学生自治会出面，参与了声势浩大的"五二○"大游行。在北平各校15000余人的游行队伍中，由北医学生、教师、护士组成的救护队格外引人注目，他们带着药品和担架游行[2]。

大游行胜利结束后，顾方舟和同学们扛着担架返回学校，大家斗志昂扬、意犹未尽。以高天祥、李崇培（李从培）、顾方舟、翁永庆为主的一些同学，聚在中南海运料门北医学生宿舍的操场上商议组建剧团。大家一致赞同寓意深刻的"长庚社"作为剧团名。太白金星黄昏在西方出现时古人称之为"长庚"，待转到东方天快亮时则叫"启明"，"长庚"意喻曙光在前。

图2-15　1947年5月20日，长庚社剧团成员于中南海运料门前合影（顾方舟后排左2）

---

[1]　楼邦彦（1912-1979），浙江鄞县人。1936年毕业于清华大学政治系，同年留学英国。曾任西南联合大学副教授，武汉大学、中央大学、北京大学教授。中华人民共和国成立后，历任北京大学、北京政法学院教授，北京市司法局副局长，九三学社社员，第二届全国政协委员。长期从事司法行政和政法教学，专于行政法和宪法，著有《中华人民共和国宪法知识讲座》等。

[2]　罗卓夫，孙敬尧：《北京医科大学的八十年》。北京：北京医科大学-中国协和医科大学联合出版社，1992年，第56页。

图 2-16 "长庚社"演出大型话剧"卫生局长"

"长庚社"的剧本基本都是社员集体创作的。一次演出前,大家连夜研究剧情,由李崇培通宵达旦执笔创作,且边排边练,第二天在演出的路上还在对台词。尽管时间仓促,由于大家全力以赴,效果往往超出预期。比如上演的大型话剧"卫生局长",其主题是揭露知识分子在国民党统治下备受压迫剥削,而那些贪官污吏却过着荒淫无耻的腐朽生活。在北大四院国会街礼堂演出,几百人的礼堂座无虚席。演出后掌声不绝,甚至有的同学跑上台祝贺成功。作为台柱子,顾方舟的精彩表演给观众留下了深刻的印象。

"长庚社"约有 30 位同学,每位社员都很积极,各尽所长。高天祥任导演,李崇培为编剧。有近 20 名演员,但排在演员第一位的就是顾方舟,知名的演员还有后来的北京市卫生局局长孙衍庆。

图 2-17 1947 年,顾方舟(后排右 1)与长庚社剧团的部分成员合影

"长庚社"很快就成为北医规模较大，影响力很强的剧团。他们所演的多是活报剧[①]，灵活而富有战斗力，主题明确且富有感染力。三五个演员，一点简单的道具，演出地点有时在学校里，有时就在马路边，只要有观众，随处可演。"长庚社"演得比较出名的剧目有：反内战的"放下你的鞭子"、揭露国民党勾结日本鬼子欺压老百姓打击共产党的"凯旋"等。当时国民党要召开所谓国民大会，颁布宪法，为了讽刺国民党假行宪真独裁的本质，同学们迅速编演了活报剧"国大与行宪"，揭露当时国民党大肆宣扬"行宪"实质。主角蒋介石由顾方舟担纲，他具有正宗宁波口音的优势，加之对角色拿捏把握的准确，举手投足惟妙惟肖，在观众的哄堂爆笑中产生了极佳的效果。

在国民党大肆鼓吹"一个党一个领袖"的社会背景下，这类演出随时都会遭到国民党特务和反动学生的阻挠破坏，甚至有被捕入狱的风险。为了人多势众，每次游行或演出时，"长庚社"的同学们能去的都会去，没有演出任务的同学，随着队伍配合呼口号、唱歌，许多社外的同学也前来助阵。大家面对群众甚至警察，积极做宣传、争取的工作，真正地成了一支战斗队[②]。

1947年7月，北医北系学生党组织建立了党的外围群众组织——民主进步青年联合会，简称"民进"。组建"民进"的目的是团结同学共同进步，进一步做好革命工作。发展会员的要求是：有进步要求的医学院同学，承认会章，经一名会员介绍，即可参加。"民进"为秘密组织，由二三人组成一个小组，定期或不定期召开小组会，学习革命理论，积极参加学生运动。党支部要求党员把自己周围的积极分子先发展为"民进"成员，然后在其具备党员条件时进一步发展为党员，顾方舟是"民进"的第一批成员[③]。

加入"民进"以后，顾方舟更加积极参加学生运动并且次次冲锋在

---

① 活报剧是以应时性、时事性为特征的戏剧类型。这类剧目能及时反映时事以达到宣传的目的，就像"活的报纸"。中国从20世纪20年代开始出现活报剧演出，在战争时期更为流行。

② 《纪实》编写组：《解放战争时期北京大学医学院学生运动纪实》。北京：北京医科大学出版社，1999年，第104页。

③ 同②，第17页。

前。1948年春天，国民党为了维持其摇摇欲坠的统治，变本加厉地迫害进步学生。4月9日凌晨，数十名暴徒闯入北平师范学院学生宿舍，毒打正在酣睡的学生自治会的学生，并抓走了8名学生，此事成为"四月风暴"的导火索。当天，北平各大专院校学生6000余人，聚集在新华门国民党北平行辕前抗议师院血案。在新华门前，顾方舟面对荷枪实弹的国民党大兵，不断以其特有的高亢声音，带头高呼"不放人就冲进去！"，群情激愤，给当局施加了巨大压力。斗争一直持续到深夜，迫使当局最终释放了全部8名被捕学生。

在激情澎湃的日日夜夜，经过血与火的洗礼，顾方舟与"民进"中的一位女生相识相恋了。她叫李以莞，出生北京，家世显赫。其祖父李景铭为清末进士，后赴日留学深造。1909年，李景铭于早稻田大学政治经济科毕业回国后，官至财政部次长等要职。其父早年远涉重洋，到科学技术最发达的美国学习经济学，回国后任民国时期北京一家著名银行的经理。李以莞家住北京西单北大街西侧的胡同里，那是一座有39间房的大宅门，是三进三出的四合院。李以莞能够投身革命，抛头露脸上街游行，同学们的影响起了决定作用，当然顾方舟更是"功不可没"。

北平和平解放后，根据团中央的规定，学生党的外围组织成员，在1949年5月全国团代会时，全部转为中国新民主主义青年团团员。李以莞成为北医的第一批团员，而顾方舟在一年前已经加入了中国共产党。至此，"民进"也完成了自己的历史使命。

图2-18 大学时代的李以莞

入　党

　　1948年在国统区参加共产党，是有掉脑袋风险的。1948年3月，国民党政府颁布了杀气腾腾的《特种刑事法庭组织条例》《戡乱时期危害国家治罪条例》。根据条例，国民党可任意逮捕革命者和进步人士并处以极刑。但为了民族的解放，一大批富有正义感的青年知识分子毅然决然地加入了中国共产党。清华大学地学系主任冯景兰的长子冯钟广、汤用彤的儿子汤一介、华罗庚的长女华顺、晏阳初的儿子晏福民……这一年，顾方舟也入党了。

　　顾方舟入党的牵头人应当说是他的弟弟顾方奎，他当时在北京著名的汇文中学读高中，已经秘密加入中共地下党。顾方奎的校友也是他的"同志"张硕文[①]，在北京大学理学院读书。秋季的一天，顾方奎似乎漫不经心地对哥哥说："我的校友张硕文，现在在你们理学院念书，他想和你谈谈。"顾方舟说："好呀。"顾方奎接着说："那这个星期天的上午，在北平图书馆（现址文津街，为国家图书馆古籍部）的××地方有一张长椅，你手里拿一张报纸，坐在那看报，来找你的人手里拿着一本杂志。你们见面后，姓

图 2-19　1949 年，顾方舟（后排右 1）在北京医院实习时与同学合影（一）

---

　　① 张硕文，中华人民共和国成立后曾任水电部电力科学研究院院长、党组书记、教授级高级工程师。

名对上了就可以放心地谈了。"机敏的顾方舟立即就明白是怎么回事,知道不便细问,只是内心激动——这一天终于来临了。

到了约定时间,顾方舟准时坐在了那张长椅上装作读报。不一会儿,一个戴眼镜、拿着一本杂志的男青年走过来,径直坐在了顾方舟的旁边。他轻声地说:"你是顾方舟?我是张硕文。"顾方舟马上说:"我是顾方舟。"第一次见面,谈话时间不长。张硕文环顾四下无人,迅速塞给顾方舟一本《党章》,说:"你先好好看看这个。"然后约定了下次见面的时间地点,二人就分手了。再见面时张硕文问:"你看完了《党章》觉得怎么样?"顾方舟回答:"挺好的。"接着张硕文直截了当地说:"根据我们对你的了解(他没提顾方奎,也没有直接说发展顾方舟入党),你的预备期是三个月。"顾方舟当时心想:《党章》规定预备期是一年,怎么是三个月?但顾方舟没有说,只是默默地记下了这一天:1948年10月12日,因为三个月后他就是中国共产党正式党员了!①

顾方舟确实达到了党员的条件,不久后的一天,北医地下党的另一支部也要发展他入党。有一天,北医同学陈宁庆②来找顾方舟,张口第一句话就说:"小顾你考不考虑加入我们共产党?"顾方舟先是一愣,随即缓过神来,淡淡地说:"你别提这事儿,别提这事儿。"陈宁庆觉得莫名其妙,平时积极上进冲锋在前的顾方舟,今天怎么扭扭捏捏起来了?

北医的地下党分南系北系。1946年7月,结束西南联大回到北京大学学习的学生有743人,其中地下党员根据本人志愿和工作需要回到各校。回平津的党员关系

图2-20 1949年,顾方舟(前排左2)在北京医院实习时与同学合影(二)

---

① 顾方舟访谈,北京,2015年3月3日。资料存于采集工程数据库。
② 陈宁庆(1923-),江苏丹阳人,医学微生物学家,我国空气生物学、反生物战医学研究专业的开拓者。

由南方局先后转交南京局和上海局领导,成为平津地区南系地下党组织。而此前平津沦陷时期,由中共晋察冀分局(后改为晋察冀中央局、又名中共中央华北局)城工部发展和领导的地下党组织,成为北系地下党组织。按照周恩来副主席"平行组织,单线联系,转地不转关系"指示,南北系平行发展,除上级领导外,下面不发生横向联系。

陈宁庆属于南系的地下党,自然不知道顾方舟的真实身份。其实,北系的地下党基层组织也不知道顾方舟的庐山真面目,原因是他的上线张硕文颇不一般。

张硕文本是有钱的阔少,据说他家有条出海钓鱼的船,换一根缆绳就需一万美元。然而在日寇铁蹄下的日子度日如年,他天天问自己:我们中国人为什么要当亡国奴?中国的出路在哪里?1945年暑假,应同学之邀,他怀着猎奇与憧憬之心,去了中共晋察冀分局城工部所在地河北省阜平县。一个暑假,他的思想发生天翻地覆的变化,去时的北大物理系学生,回来成了中共党员,担任了北大理学院学生会副主席。可能是经验不足或是少爷脾气,出头露面多了以后被人盯上了,班上右翼学生说他拿八路军津贴。

1946年10月的一天,地下党的同志紧急约见张硕文:"硕文,你上名单了,赶紧转移。"根据"开辟第二战线"的战略部署,党组织派他去台湾,任务是"爬上岸,站住脚,将来有大作用"。张硕文凭借较为"过硬"的关系,北京大学物理系学历,加上一封英文求职信,谋得了中国台湾铁路车务科调度一职,每月薪水60法币。半年后,台湾爆发了震惊全国的"二二八事件"。在那种形势下,外地人在当地做地下工作十分困难。1947年5月,北京大学学生运动风起云涌。上级来信"亟需党员干部,速回"。他辗转多地回到北平,成为北京大学南北系地下党组织的联系人[①]。根据地下党单线联系的规矩,顾方舟入党后的联系人只是张硕文,以后才转到第二届北医北系学生党支部。

1948年底,北平城外的清华大学、燕京大学解放了。城工部指示北

---

① 北大"地下党"老校友:去干一件天翻地覆的事。《北京日报》,2012年6月26日。

大党组织团结师生、保护校产、反对南迁、搜集情报；对重点地方进行调查，对文化文物单位，对医院、仓库、监狱的地形、建筑、警卫等情况，对国民党驻军的防区、兵力部署、军事设施、工事、武器装备、交通等情况，设法了解清楚，绘制成图。这些对解放军进城，以及新中国成立后的城市接管起到重要作用。张硕文是迎接解放的中心区指挥部成员[1]。

北平解放前夕，国民党特务已经先后罗织了三批"进步学生"黑名单。第一批名单在报上公布后立即实施抓捕，第二批没有公布名单而秘密逮捕。由于地下党的消息灵通，绝大部分地下党同学都提前神秘"消失"了。抓捕第二批北医地下党同学的时候，顾方舟正和一群同学在国会街，筹备演出反内战的活报剧。他发现从不缺席的同学突然没了，又听说国民党在抓人，内心不免有些忐忑。但他想着组织上没有让他撤到解放区去，让他留在北平发挥作用，他一定要按组织的安排做好工作[2]。

北医地下党的主要任务是护校和组织医疗队。

护校任务分两部分，一是保护学校财产免遭国民党的破坏，他们秘密组织起了护校队。为了安全起见，顾方舟与同学们先将住在中南海宿舍的同学，动员搬到府右街的一栋楼里，那个楼很结实，大家叫它石头楼。二是积极主动向专家教授宣传共产党的方针政策，动员他们留下来建设新中国。这项工作非常有成效，北医的专家教授没有跟着国民党到中国台湾的。

组织医疗队是北医地下党的重要任务。为了准备解放北平的战场救护，顾方舟他们整天忙着组织医疗队的训练，收集急救用具和药品。一旦解放北平的战役打响，他们将立即投入战场的急救。

一天，顾方舟的地下党联系人刘凤贞同学找他布置任务："找校长签这单子，要纱布和消毒棉花。"顾方舟二话不说，装起单子就朝校长室奔去。见了校长，顾方舟说："校长您好，我是××班的学生顾方舟，为了应对可能发生的战伤，我们同学需要这些纱布和消毒棉，希望您批准。"说着递上了单子。校长看了单子就签了字说："你们到庶务处去领吧（庶务处是学校管物资的部门）。"顾方舟领到了东西，别提多高兴了。

---

[1] 北大"地下党"老校友：去干一件天翻地覆的事.《北京日报》，2012年6月26日。
[2] 顾方舟访谈，北京，2015年3月3日。资料存于采集工程数据库。

后来回想起这段往事,顾方舟感到很庆幸:"我遇到了一位进步校长。如果赶上国民党的嫡系,不但领不到东西,还很可能身陷囹圄。"后来,顾方舟还听说他曾经上了国民党的第三批黑名单,只是国民党那时已经来不及抓"进步学生"了[①]。

解放军的炮声不时从城外传来,许多人面临着艰难的抉择。一天晚上,李以莞被叫回家,见到一家人围坐一起默默无语。原来,两个妹妹即将跟随已是航空机械工程师的丈夫飞赴台湾,她们希望姐姐能够同行。李以莞虽然心有不舍,但一口回绝了:我不走!其时,李以莞已经与顾方舟

图 2-21　顾方舟(三排左 4)在北京大学医学院与同学们合影

---

① 顾方舟访谈,北京,2015 年 3 月 3 日。资料存于采集工程数据库。

"私订终身",满腔热情地盼望着解放,准备为美好的新中国贡献自己的全部力量。第二天一早,李以莞与妹妹告别后返回学校。没想到,与两个妹妹的分别竟整整四十年。

图 2-22 1949 年,顾方舟(后左)与母亲周瑶琴、三叔顾国梁(左1)、顾方乔(右1)和顾方奎于天津合影留念

1949 年 2 月 3 日,解放军举行了隆重的入城式,悬挂着毛主席、朱总司令肖像的装甲车和炮队、骑兵、步兵阵列,分别从永定门、西直门浩浩荡荡开入市区。市民从四面八方赶来,夹道欢迎解放军入城。欢呼声、锣鼓声,响彻云霄。入城式后的第二天,中共北平市委在北大四院国会街礼堂,隆重召开全市地下党员会师大会。全市 3376 名地下党员中,有 2000 多名地下党员代表出席了盛会。林彪、聂荣臻、薄一波、彭真、叶剑英、李葆华、刘仁等领导出席大会。林彪首先讲话,他的第一句话是:北平地下党从今天开始,从地下转到地上了!话音刚落,全场立刻沸腾了起来。那一天,那一刻,顾方舟终生难忘……

历史掀开了新的一页,崭新的生活开始了。

第三章
从大连到苏联

在大连卫生研究所

1950年7月,顾方舟他们成为中华人民共和国成立后的第二届大学毕业生,全部由国家分配工作。在那斗志昂扬激情似火的年代,"好儿女志在四方,祖国的需要就是我最大的志愿",成为那个时代大学生的口号。虽然鲜有不服从分配的事情发生,但是个人专业特长与择业,仍然是同学们常常讨论的话题。

那时,每年的医学毕业生凤毛麟角,远远不能满足社会需求,可比今天的博士金贵得多。这些曾经做过医生梦的大学生们,几乎没有悬念都可以穿上白大褂当医生,但不是所有人都可以成为外科医生。顾方舟是公认的做外科医生的料。

一天饭后,宿舍的同学们又聊起了毕业分配。你一言我一语很是热闹,唯有顾方舟不插言。有人把他带入了话题:"小顾,你是想做外科医生吧?看你那双手,打针、做实验那么灵巧,学校一定会分配你做外科医生!"

"我才不做外科医生呢,当医生一年才能救几个病人?我要研究公共卫生。我做这个，一年能拯救成千上万的人呢。一盎司的预防，胜过一磅的治疗！"① 顾方舟回答。

顿时全屋哑然，面面相觑、鸦雀无声。

有的同学觉得，一向聪明的顾方舟，怎么大事上这么糊涂？不知道做公共卫生是个一辈子吃力不讨好的苦差事吗？有的同学忽然想起以前他说过的同样话，不禁感慨：顾方舟真是忧国忧民，言行一致，不愧是共产党员！

沉默中，一位同学出

图3-1 1949年11月实习时在北京医院屋顶上的师生们合影（左3顾方舟）

来打破尴尬：燕雀岂知鸿鹄之志？很快，人去楼空。同学们基本上各随所愿，而且大部分留在了首都北京，日后许多人成了著名的医学家。例如国际著名神经外科学家王忠诚②、毛泽东专职保健医生徐涛、北京协和医院胸外科主任徐乐天、卫生部北京生物制品研究所所长章以浩等。

1950年夏初，顾方舟大学毕业留在实习的北京医院小儿科工作。当年9月，组织调他到大连卫生研究所。

大连卫生研究所的前身是1925年成立的"满铁卫生试验所"，1927年更名为"满铁卫生研究所"。1938年，满铁卫生研究所被侵华日军的731

---

① 顾方舟访谈，北京，2015年3月6日。资料存于采集工程数据库。
② 王忠诚（1925-2012），山东烟台人，世界著名神经外科专家、中国神经外科事业的开拓者和创始人之一。1994年当选中国工程院院士，2009年1月荣获2008年度"国家最高科学技术奖"。在神经外科诊断、治疗、科研、教学、预防及流行病学调研方面，进行了系统研究和实践，取得了突出成就，在脑干肿瘤、脑动脉瘤、脑血管畸形、脊髓内肿瘤等方面，都有独到之处和重大贡献。

图 3-2　20 世纪 50 年代的大连卫生研究所

部队接管后，对外称大连卫生研究所，实际上成为日军细菌战体系的一个重要组成部分，不仅从事细菌实验、细菌研制、细菌生产，而且秘密进行人体实验。

抗战胜利后，大连卫生研究所被东北的苏联红军接管。

1947 年 1 月，中共旅大地委和东北人民政府委派廖鉴亭担任大连卫生研究所所长。中华人民共和国成立后，大连卫生研究所改为中央卫生部领导，更名为中央卫生部大连生物制品研究所。1956 年，卫生部根据全国设立的六大行政区，规划设立长春（东北区）、北京（华北区）、兰州（西北区）、成都（西南区）、武汉（中南区）、上海（华东区）六大生物制品研究所，大连生物制品研究所建制被撤销。主体部分于次年迁往成都，接收昆明生物制品研究所、上海生物制品研究所的一部分和原川西卫生试验所的一部分，合并成立成都生物制品研究所；魏曦副所长带领部分人员奉调北京，并入中央卫生部流行病学微生物学研究所；一部分并入长春生物制品研究所；血清室王成怀主任带领原血清室部分人员，迁往兰州生物制品研究所。

第三章　从大连到苏联

图3-3 1951年，顾方舟在大连卫生研究所

顾方舟调到大连时，大连卫生研究所已经直属中央卫生部，主要工作从制造战场急救所需的破伤风血清、气性坏疽血清、类毒素等产品，转入预防传染病的疫苗研究与生产，其中尤以鼠疫和天花为重，是中华人民共和国成立初期我国东北地区重要的天花疫苗生产基地，每年能生产四千万人份的疫苗。组织上将顾方舟分配在噬菌体科，主要跟随苏联专家葛罗别兹女士，学习研究痢疾噬菌体。葛罗别兹是苏联援华的技术专家，她在莫斯科是主持噬菌体研究的。噬菌体是吃细菌的一种病毒，噬菌体种类很多，每一种细菌都有自己的噬菌体，当时主要是用噬菌体来研究细菌和细菌的分类。葛罗别兹来华后主要是研究痢疾的噬菌体，把痢疾噬菌体置于瓶子中培养，培养生长后就可以把痢疾菌分解了，实际上是把痢疾菌给破坏了，理论上具有治疗痢疾的作用。

组织上安排顾方舟跟随葛罗别兹学习。葛罗别兹不懂中文，顾方舟又不懂俄文，他们的交流只能用英语。当时研究所里有懂英文的，懂日文的，可是没有懂俄文的。顾方舟自觉地学起了俄文，后来研究所里举办俄语学习班他也参加了。葛罗别兹女士从苏联带来一本书，是关于生物制品的生产和制造的，顾方舟觉得有用就想试着把它翻译出来。书是俄文的，他就买了一本《俄英大词典》。那时候他刚刚走出校门，没有接触过生物制品技术，一边翻译一边跟苏联专家请教。

葛罗别兹女士不解地问他："你这是干什么？"顾方舟说："我想翻译您带来的这本书。"葛罗别兹女士又问："你会俄文？"顾方舟说："我不会俄文。我懂一点英文，借助俄英词典翻。"葛罗别兹女士明白了，笑着说："你真是个有心人。"

顾方舟在研究所繁忙而愉快地工作着，国家给的工资也有富余，唯独时刻惦记母亲。母亲守寡二十多年，千辛万苦把他们兄弟养大，还都念了大学，家里的担子该自己挑了。他决定不再让母亲做辛苦的助产士，接母亲来大连亲自奉养。

母亲很快就来到大连与儿子团聚，她盼望这一天很久了。尽管她已过天命之年，但是让她坐在家里吃闲饭，老人家无论如何也不接受。

研究所给周瑶琴安排了一个相对轻松的工作——大连卫生研究所幼儿园主任。周瑶琴和婴儿打了半辈子交道，如今照顾小孩得心应手。她慈祥、耐心、博爱，让孩子们感受到温暖和幸福，孩子们对她充满敬爱。因工作成绩优异，周瑶琴还被选为大连市优秀工作者。

图 3-4　顾方舟母亲周瑶琴在大连任幼儿园主任

顾方舟在大连生活了大半年，他感到每一天都活得充实而愉快。白天在实验室紧张忙碌收获满满，晚上回到家和母亲有说不完的话。谈起他的终身大事，他告诉母亲，未婚妻李以莞分配到了中朝边界的战地医院，在抢救抗美援朝志愿军战士的第一线。于是，老人家又为没过门的儿媳妇担起心来。

1951年夏天，顾方舟被派到中朝边境小城安东（今丹东），试图用噬菌体制剂控制部队的痢疾流行。痢疾就是拉肚子，当时没有好的治疗办法，也没有有效的药物，研究所派顾方舟带着制剂去试试防治功效。

安东坐落在鸭绿江边，江那边就是朝鲜，连接两国的是一座横跨鸭绿江的钢铁大桥。顾方舟背着几箱噬菌体制剂，紧急赶赴安东的部队医院。他住在部队里，除了分发制剂，空闲的时候部队首长还让顾方舟给战士们讲讲课。什么是痢疾，为什么拉肚子，噬菌体干什么用，等等。可能是顾方舟讲解得不够深入浅出，望着战士们懵懂的眼神，他觉得大多数战士没有听懂。正在他忙着观察噬菌体制剂治疗痢疾的效果，做好进一步痢疾防治科普宣讲时，所里来电报让他立即返回大连。顾方舟感到丈二和尚摸不着头脑：这才几天啊，工作还没有完全展开呢？此时，未婚妻李以莞正在志愿军东北军区司令部后方医院管理局，先后在第五、第九、第十一医院工作。本来顾方舟还打算"公私兼顾"去看看她，但是军令难违，便匆匆

第三章　从大连到苏联

图 3-5　1956 年 1 月，周瑶琴即将离开大连卫生研究所时，与幼儿园的同事们合影留念

打道回府[①]。

　　战争将一切常规打乱，安东没有往大连去的客车。部队同志就给他出主意："你跟车站那边说，哪有去大连的车，不论什么车你都要上去"。顾方舟照此办理，跳上一列开往大连的货车。前面车厢是装货的，后面有节列车员的车厢，人家就给他安置在那，就这么连夜赶回了大连。

　　到了大连，他先回了趟家，问母亲："什么事，我刚到安东，怎么又把我调回来了？家里有什么事吗？"母亲一无所知。他看着家里平平安安的，心里不禁琢磨，难道是我犯了什么错？

　　怀着忐忑心情又赶往所里，一到所里就有同志高兴地对他说："恭喜你小顾，所里选派你到苏联学习了。"那时候能够被选派到苏联学习是所有年轻人的梦想，被选中的人用万里挑一形容绝不为过。顾方舟有点懵，以为是同事开他的玩笑，没有停步，赶紧找所领导销差报到。顾方舟还没开口汇报工作，廖鉴亭所长就笑眯眯地说："小顾，祝贺你被选为留学生

---

① 顾方舟访谈，北京，2015 年 3 月 6 日。资料存于采集工程数据库。

了!"此时此刻,顾方舟才相信这是真的,以前他还从没有想过。

廖鉴亭所长是大连卫生研究所第一任所长,于1947年受中共旅大地委的指派接收了研究所。他是四川人,十四岁参加中国工农红军,经历过长征,学历不高但工作能力很强。来卫生研究所前,曾担任过359旅的卫生科科长。他还在1948年写过一本名为《破伤风》的红色医疗文献,是一位部队里培养起来的业务干部。他心肠好,很会体贴人,不论谁有困难他都积极主动帮助解决,顾方舟母亲的工作就是廖所长亲自安排的,研究所里上上下下都很尊重他。

廖所长喜欢年轻的大学生,特别是见到了顾方舟,就像见到了宝贝疙瘩。廖所长还告诉顾方舟,这批由中国政府选派到苏联留学的科技人员一共是375人,来自全国各行各业,医学方面只有30名。廖所长详细问了顾方舟有没有什么困难,有没有需要组织上帮助解决的问题。顾方舟一再说没有,家里一切都好。

一阵关照后,廖所长就摆出了思考已久的问题。他笑眯眯地对顾方舟说:"小顾啊,去苏联前,把婚结了吧!"此时顾方舟不知道怎么回答领导:自己与李以莞相识相恋多年,也早过了法定的结婚年龄,原本打算两人工作都稳定下来结婚,可现在要去苏联留学,一去就是四年,还怎么结婚?另外,即使想结婚,找婚房、置办家当、操办酒席、邀请亲友,哪一样是说结就结得了的呢?再说留学在即,日子以日为计,时间上也不允许啊!面对家长般的领导,顾方舟把种种顾虑一股脑都倒了出来。

望着顾方舟的窘相,廖所长哈哈一笑,他像早有准备似的,大手一挥道:"这好办!"随即叫来了总务科长,当着顾方舟的面,廖所长说:"咱们的小顾要去苏联啦,所里要帮帮忙,让他走之前把婚给结了,这事就交给你办了!"接着又对科长仔细地布置了一番,然后对顾方舟说:"这事你就别操心了,钱、人所里都给解决!你就好好准备去苏联的事,到了那边就代表我们所、我们国家了,给我们好好长长脸!"[①]

在顾方舟眼中的天大困难,廖所长弹指间就解决了。真的赶在动身前的8月8日,而且是在北京,把顾方舟的终身大事办得圆圆满满。廖所长

---

① 顾方舟访谈,北京,2015年3月6日。资料存于采集工程数据库。

的关怀，像春风一般吹进顾方舟的心田：我一定要拼命学习，才能对得起所长的关爱，才能有脸见江东父老！

时间太仓促了，婚前连结婚照也没拍一张。8月9日一早，新婚夫妇和母亲一同前往照相馆。先拍新婚照，然后是小夫妻与母亲的合影。照相馆得知顾方舟是第一批苏联留学生后，以最好的质量、最快的速度，完成整个冲洗放大制作，提前把照片交给了他们。在两张照片的背面，顾方舟都写有留言。在三人照片背面的留言，依依惜别之情溢于言表：

我们于1951年8月8日在北京结婚，此照摄于8月9日。9月13日我就赴苏联留学，离京前我们俩人互勉："我们要在祖国的伟大建设工作中来培养我们的爱情。"

图3-6　1951年8月9日，顾方舟与李以莞的结婚照（照片背面的留言是他们的爱情宣言）

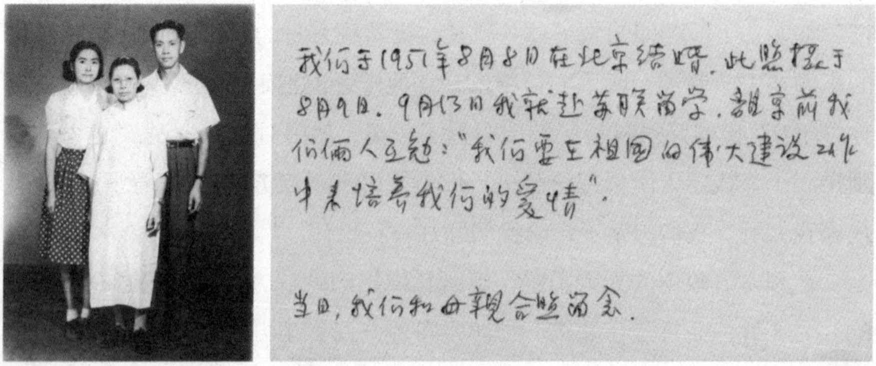

图3-7　1951年8月9日，母子媳的三人合影

老所长原本给顾方舟安排了一个"蜜月",谁知婚后才几天赴苏的通知就到了。1951年9月13日,顾方舟乘专列踏上留学之路。随后婆媳俩一同坐火车返回大连。出国前大家以为每年至少可以回家过年,但后来因为抗美援朝战争之故,四年的探亲假全部取消。大连只剩下了婆媳俩,每个周末,李以莞会带着礼物准时来看婆婆,婆婆也会准备好饭菜等着媳妇,婆媳俩过上一个幸福的礼拜天。整整四年,婆媳这样的生活令知情者羡慕不已。要强的李以莞还报考了大连医学院,工作之余努力学习。婆婆看在眼里,喜在心头,愈加关照着儿媳妇。

周总理设宴践行

中华人民共和国成立后,党中央很快意识到,现有人才水平和人才储备,与日新月异的发展需求相差甚远,党中央做出了向苏联大量派遣留学人员,全面系统深入地学习苏联社会主义建设经验和先进科学技术的战略决策。留学工作被提高到关系国家未来发展的战略高度。这项工作由周恩来总理亲自主抓,并设立了由聂荣臻(代表国家科委)、李富春(代表中央组织部)、陆定一(代表中央宣传部)组成的留学生领导小组。

在国务院的领导下,外交部、教育部、国家计委、国家科委等部委细致分工、密切配合,保障整个工作高效有序地进行。留学人员的选拔采取"严格选拔,宁少毋滥"的方针,选出"学习和工作中一贯表现工作积极、思想进步、品质优良、纪律性强、有钻研精神及培养前途者"。

1951年7月,375名优秀青年云集北京。在他们当中,既有战功卓著的红军将领,也有意气风发的高中学生;既有踌躇满志的年轻干部,也有经验丰富的技术人员。他们当中年龄最大的已经四十多岁了,而年龄最小的还不到二十岁。《人民日报》不无骄傲地描述道:"此次留学生中大部分是具有长期革命斗争历史的革命知识分子。"

国家为留学生们量身配备了堪称奢侈的全套装备,男生的服装庄重体面，女生的服装漂亮高雅。光是服装，就有棉大衣、西服、领带、中山装、衬衣、睡衣、毛衣、工作服、皮鞋、皮帽，以及女生不同季节的裙装。从春夏秋冬的服装，到鸡毛蒜皮的小物件，一应俱全，还有每月800卢布的生活费。有了这些，五六年中几乎不用再添置任何东西了，就是自己的母亲来给打点行装，恐怕也不会考虑得如此周到。所有这一切，都是国家从拮据的国库中，免费为他们置办的。提起这沉甸甸的皮箱，顾方舟他们感受到祖国对他们寄托着无限的希望，感受到自己肩上沉甸甸的历史重任[①]。

留学生们在燕京大学集中，来自不同部门的领导给他们讲形势、讲政策、讲任务，临近出国还宣布了一件令所有人都兴奋的消息：周总理要在北京饭店宴请大家，亲自为留学生们践行！

北京饭店是北京当时最高级、最著名的大饭店。大宴会厅灯火通明、金碧辉煌，大家对号入座后，周总理即席发表了热情洋溢的讲话。将祖国人民的全部期待归结为十六个字："责任重大，任务艰巨，努力学习，为国争光。"

他语重心长地说："你们每一个人出去学习花的钱，等于60位农民一年的收入，所以你们一定要好好学习。"见大家一脸的严肃，他又笑了笑，"争取考5分，如果考4分在党支部要受批评，考3分的话自己背着铺盖卷回来。"

周总理在顾方舟心中就像一座高峰，崇拜已久。今天他就在眼前，而且举办国宴为他们践行，让他心潮澎湃！他灵光一闪站起身来，跟身边的同伴说："我们去给周总理敬酒怎么样？"

顾方舟的提议正合大家心意，立马站起来端着酒杯向周总理走去。来到周总理身边，顾方舟朝周总理鞠了一躬，此前想好的祝酒词突然一句也想不起来了，半天才磕磕巴巴说道："周总理，我们给您敬酒！"周总理看出了他的紧张，微笑着像拉家常一样问他："你是学什么的呀？"顾方舟激动地答道："我是学医的。"

---

① 顾方舟访谈，北京，2015年3月6日。资料存于采集工程数据库。

因为太紧张，后来周总理又问了什么，他怎么回答的，顾方舟记不清了。虽然对话没有记清，但是周总理说的要努力学习、回报国家，顾方舟牢牢记在心底，记了一辈子。在以后坎坷的岁月里，始终是他砥砺前行的动力源泉。

更让顾方舟终生难忘的是，9月13日，日理万机的周总理亲自前往车站送行。这天，前门火车站不长的月台上，375名留学生排列得整整齐齐，如同即将上战场的士兵，气宇轩昂、整装待发。周总理检阅了队伍，与他们挥手告别。

经过七天七夜的长途颠簸，留学生们终于抵达苏联首都莫斯科。莫斯科的大街笔直宽阔，两侧的林荫大道古树参天，街头随处可见的雕塑，极其精美，寓意深刻。

顾方舟被分配到莫斯科第一医学院。为什么分配在这个学校，在这里学习什么，顾方舟茫然，其实领导也不清楚。

在燕京大学集中的时候，是定了学习方向的。学什么自己填报，但是大家以为是到苏联上大学。顾方舟报的是病毒学，因为噬菌体属于病毒，他觉得自己有一些基础，而且对国家很有用。到了莫斯科才知道，他们是读研究生不是上大学。他们基本是大学毕业，可是对于读研究生没有什么概念，什么叫研究生也不清楚。研究生专业明确，不像念大学什么都一起学。莫斯科第一医学院当时没有病毒学科，相近的是细菌科或者叫微生物科，有一门课是微生物学。顾方舟了解之后，觉得这里不适合他学病毒学。几番周折，顾方舟打听到有一个专门的病毒学研究机构——苏联医学科学院病毒研究所，他决心去那里！顾方舟的申请得到了批准，苏联医学科学院病毒研究所安排他在脑炎研究室，跟随苏联著名脑炎病毒专家列夫科维奇教授主攻乙型脑炎。乙型脑炎，也称为日本脑炎，是在日本首先发现的，通过蚊子传播，在我国流行季节发病率高，危害严重。

过 三 关

一 过语言关

由于是派送的第一批留学生,两边政府都经验不足,没有对留学生进行系统的语言培训。一旦进入教室语言问题就暴露出来了:比学不会更严重的是听不懂。即使像顾方舟这样有英语基础,又跟随过苏联专家一段时间,还上过几天俄语培训班的人,依然是一头雾水。一堂课下来,一片茫然,一动不动地望着黑板发呆,笔记本上只留下零零落落、前后不搭的几个单词。那些一丁点俄语基础都没有的同学就更懵了。

一位曾在莫斯科第一医师进修学院学习的留学生,在回忆文章中写道:

> 第一天在教室里上课,老师在黑板上连写带说。我不知其他同学能听懂多少,反正我是一个字都没听懂。一堂课快结束时,老师在黑板上写了两个俄文单词后就走了。我们几个听课的还呆坐着没有反应。左等不来右等不来,回宿舍赶紧查字典,原来黑板上写的是"下课"。

在苏联,大学授课是没有现成教科书的。讲课时,老师只有在必要的时候,比如说描述公式才在黑板上写板书,其他时间都是口述讲义。考试的时候,一般也会围绕平时讲课的内容。因此,课堂上的记录成为获得核心知识的最重要途径。每天顾方舟怀着紧张的心情走进课堂,盼望能比前一天多听懂一点。可是每天都是一样的两眼发直,每天的笔记都是一样的残缺不齐,每天走出教室都是一样的天昏地暗、头昏脑涨。

与课堂一样,语言不通发生的生活笑话比比皆是。比如顾方舟走进食堂,他根本看不懂每天的菜单,只好胡乱指一通,结果是想吃的没点上,不想要的却端了上来。乘公交车，他看不懂站名又不知怎么问路，只好一站一站地数以免出错，可是往往不是没有到站就是坐过了。还有一些啼笑皆非的故事，成为那段历史的记忆：与顾方舟住同一宿舍的一位同学，为了应对考试，一天到晚憋在屋子里头背单词。为了背下俄文单词土豆，他就反复叨念这一个词，门外的苏联学生莫名其妙，心想"这屋怎么老说土豆？好吃？中国没有？"更可笑的是一位同学出去买面包，可是俄文数字很难记，更不用说是几块几毛了，他一边排队一边嘟念，到售货员跟前他却忘了，只好又回去记再重新排队。回来一说，把大家伙乐翻了天。顾方舟笑着给他出主意："你下回上街把要买的东西写在纸上嘛。"这位同学再上街一定先做"功课"，写好纸条。

面对语言这一关，顾方舟迎难而上。他买了一本俄汉词典，再加上可随身携带的背单词卡片，进入了疯狂的俄语闯关之中。

那一段时间，简直比战争年代的饥寒困苦还要艰难很多。他每天要花大量的时间背单词，不论走路、吃饭、去卫生间、乘车，但凡清醒的时刻，他都一头扎进了俄语的汪洋大海奋力搏击。好在俄语不像英语还有音标问题，只要音记准了，词就能写下来，可能还不认识。上课时，他把听不懂的都记下来，一堂课能够记满好几页。下课后，他就拿着笔记本与字典、讲义一一对照，一小时的课程往往要再花上半天才能搞明白。他感觉自己像一个冲锋陷阵的战士，一旦冲过语言这片沼泽地，前面就会是坚实的土地了。

1951年，在苏联疗养和考察的林伯渠[①]，在接触了大量留学生后，向周恩来建议："以后若再派学生去苏联，须先在国内进行预备教育六个月或再多一些时间，首先教会俄文会话。"这为后来留苏预备部的成立奠定了基础。对顾方舟这样的第一批留苏生，政府帮他们组成了俄语学习小组。顾方舟和在莫斯科的沈渔邨、邹贤华、王锦江组成了一个小组，由一位苏

---

① 林伯渠（1886-1960），湖南安福（今临澧县）人。早年加入同盟会。1921年加入中国共产党。曾参加南昌起义、长征等重要革命活动，任陕甘宁边区政府主席。中华人民共和成立后，任中央人民政府委员会秘书长，全国人民代表大会常务委员会委员和第一、第二届副委员长。林伯渠同志是著名的无产阶级革命家、教育家，是党和国家重要领导人之一，与董必武、徐特立、谢觉哉、吴玉章并称"延安五老"。

图 3-8 1951 年，俄语学习小组师生合影（左起顾方舟、沈渔邨、俄语教师、邹贤华、王锦江）

联女教师辅导俄语。他们一起读书、一起背单词，互相鼓励，让枯燥的语言学习有趣了许多。顾方舟经过刻苦顽强的努力，对这种语法复杂、发音很难的语言渐渐有感觉了。

  第一批留学生到莫斯科一年后，恰逢中华人民共和国成立三周年的国庆节。同学们在莫斯科大学礼堂，参加了隆重庆祝国庆三周年晚会。活动由莫斯科大学的学生组织，事先准备了好多节目。晚会前，他们突然提出主持人要有一个中国学生。当时有人说让顾方舟主持，他就上台去主持了。顾方舟当时想：不就是照着单子念吗？其实那天登台表演的不仅仅是莫斯科大学的学生，还有苏联的功勋歌唱家、音乐家，是比较正式的活动。晚会结束的时候，他们说顾方舟主持得挺成功，还说中国留学生能够主持一台晚会很不容易。顾方舟的俄文辅导老师在台下特别高兴，一个劲地说这是她的学生。

  渐渐地，顾方舟俄语好的名声在外了。国内有代表团来苏联访问不时要顾方舟去做翻译，他为了提升语言能力也经常去做志愿者。1953 年 4 月，著名核物理学家钱三强率中国科学院代表团访问苏联，顾方舟以翻译身份随团参观访问。这次随团中，顾方舟接触了一大批享誉国内外的大家：有著名数学家华罗庚、著名建筑学家梁思成、著名植物学家吴征镒、中国近代天文学奠基人张钰哲、著名语言学家吕叔湘……大师们的学养与人格魅力让他获益匪浅，更加坚定了他科学报国的决心。

二 过生活关

留学生到苏联不仅张口说话是难题，三顿饭同样是难事。北方的同学习惯吃馒头，南方的同学喜欢吃米饭，可这里三顿饭都是面包。据说胃是有记忆的，改变一种饮食并且适应它非常困难，尤其是吃惯了中餐的人。在那个年代，能出国留学算是破天荒了，肚子不饿已经达标了，即使胃抗议也只能够忍着。

按计划，留学生每年可以休探亲假回国过年。终于挨到了年底，苏联人也开始准备圣诞节了，此时留学生们只有一个念头就是早点回国。单身的惦记着父母亲友，有小家庭的惦记着爱人孩子，盘算着买点什么东西带回去。总之，过年团聚是中国人不变的传统，何况是在异国他乡。

可是与留学生愿望相反的消息传来，张闻天大使说："你们第一批留学生这四年甭回国了。让你们多接触接触苏联老百姓。你们放假的时候，可以到集体农庄去或者到休养所去，多接触接触当地的老百姓。"

顾方舟家里不仅有老母亲眼巴巴地等着他，还有新婚的妻子翘首以盼，他也多次写信给李以莞，计划着美好的新年、美好的久别重逢。

毕竟留学生大多数是经过火与血洗礼的共产党员，以服从为天职。尤其是体谅国家还处于抗美援朝的战争中，小家必须服从大家。后来，顾方舟回忆说：现在想起来张闻天大使说得也对，要学习苏联，不接触老百姓，光学点书本知识哪行，必须跟当地老百姓多接触多了解，好处是多方面的。后来我们四年都没回家[①]。

---

① 顾方舟访谈，北京，2015 年 3 月 6 日。资料存于采集工程数据库。

图 3-9 1953 年,以钱三强为团长的中国科学院代表团访问苏联,在苏联基辅市乌克兰诗人谢甫琴柯博物馆参观(右 3 顾方舟)

大使馆给他们安排从莫斯科到伏尔加河流域等地的集体农庄、休养所参观休假。

按苏联规定,凡是国家的工作人员都有休假。休假可以凭休假的证,去了休养所以后免费,所以休养所里不完全是老同志,什么人都有。留学第一年,留学生们去了不少地方,接触了当地老百姓,逐渐开始融入苏联社会。当时中苏关系很好,留学生们跟休养所的人们在一块儿聊天。顾方舟尽自己所能,回答苏联人各种各样的问题,语言得到提升,苏联的国情也了解了许多,还提高了交际能力。

顾方舟印象特别深的是苏联人很开朗、很开放、很热情。虽然平时觉得他们很懒,但是到关键的时候,他们特别能吃苦,做起事情严肃认真。

顾方舟感觉到苏联老百姓对中国是有感情的。人民之间的感情与政治无关,一旦交了朋友很难改变。即使中苏关系破裂后,顾方舟到莫斯科考察脊髓灰质炎疫苗时,他的老同学们,包括新的朋友,也都热情接待他,给了他很多的帮助。

顾方舟有一个比他高一年级的同学叫米隆诺娃，因为她在病毒研究所是管理学生的，所以两人熟识。几十年来，直到她去世，他们一直保持着书信往来。有一年，顾方舟还请他们全家到中国旅游，从北京到昆明转了一大圈。后来她女儿写信来说："你们的友谊让我非常感动，我母亲和你们中国留学生，保持友谊这么长时间，我希望以后继续母亲的传统，和你们保持来往。"她每年都会给顾方舟寄贺年卡。

闲暇之余，顾方舟也和朋友们四处参观。乌克兰饭店、交通部大楼、彼得格勒饭店、起义广场上的"高知楼"和锅炉广场上的"艺术家楼"……这一座座标志性建筑，让顾方舟感受到了社会主义工业强国的魅力，对祖国的未来充满了信心。

"五一"劳动节是全世界劳动人民共同的节日，这时又恰逢苏联的春天，处处充满了活力。顾方舟喜欢去红场，加入劳动节游行。阳光暖融融地洒在地上，广场上到处是欢庆的人群，欢声笑语伴着悠扬的手风琴声，他和广场上的人们挽着胳膊，一起跳起欢乐的舞蹈，有说不出的舒心愉悦。

图3-10　1952年5月1日，中苏同学一起参加"五一"国际劳动节游行（中立者顾方舟）

第三章　从大连到苏联

图 3-11　1952 年 5 月 1 日，顾方舟在莫斯科红场留影

图 3-12　20 世纪 50 年代，顾方舟在苏联旅行时，摄于列宁像前

图 3-13　在苏联留学期间（右起钱信忠、潘世征、顾方舟、唐素恩）

顾方舟加入了中国留苏同学总会，仿佛回到了大学时代。中国留苏同学总会的前身是中国留苏同学会，李鹏于 1948 年建立。1951 年，新中国派出三百多名留学生抵达苏联，留学生队伍空前壮大。中国留苏同学会改组为中国留苏同学总会，钱信忠被选举为首任会长。从此，我国在苏联的留学生有了统一的组织。

三过专业关

苏联医学科学院,创建于伟大的卫国战争时期,是苏联医学科学的最高领导机构,旗下的病毒研究所赫赫有名,也是许多中国留学生梦开始的地方。很多中国留学生在这里学习深造,点石成金,成为大师级的学者:比如后来的中国科学院院士、著名生化学家戚正武,中国工程院院士、著名病毒学家侯云德,中国科学院院士、著名肿瘤学家吴旻,中国工程院院士、中国现代精神病学奠基人沈渔邨等。

著名女化学家李振肃毕业于北京大学药学系,是顾方舟的同级校友,她也幸运地成为第一批赴苏留学人员。她曾回忆道:

图3-14 顾方舟的导师列夫科维奇

> 那时学习真是分秒必争!一天学习十几个小时,能够在两节课中间休息的十分钟内,伏在桌子上打个盹,随即又继续全神贯注,认真地捕捉老师讲的每一句话。彼得格勒夜长昼短,常在昏暗的早晨就进了实验室,晚上干到十一二点是常事。晚上从实验室出来再回住处吃晚饭,睡觉就很晚了。设了两个闹钟早晨叫醒我,有一次实在太困了,两个闹钟都响过,但在按住闹钟后一下又睡着了。不过猛地又惊醒了,赶快跳起来去上课,居然没迟到。

这也像是顾方舟的一段写实。他在脑炎研究室列夫科维奇教授指导下做的"乙型脑炎的免疫机理和发病机理"课题,涉及面比较大,一般研究生是不选择做这么大题目的。可是顾方舟觉得这个课题实用性比较强,加之列夫科维奇教授的支持,他就全力以赴地做了起来。在差不多三年的时

图 3-15 苏联医学科学院病毒所所长丘马可夫教授

间里,他像上了发条的钟,除了睡觉,几乎没日没夜地干,仅实验用的小白鼠,他就亲手用掉了几千只。

除了实验室,顾方舟去的最多的地方就是苏联医学科学院的图书馆。与享誉世界的苏联国立列宁图书馆(现名俄罗斯国立图书馆)相比,这是个不出名的小图书馆,不仅建筑面积小,藏书量也差着数量级。在顾方舟眼里这个图书馆却是一座宝库:一本本医学书,犹如一座储存量巨大的金矿,无尽的知识等待他去挖掘。每当他找到了一部心仪的书籍,满目的俄文不再枯燥乏味,似乎是丰盛的大餐,让他全身都充满了食欲。为了能在图书馆有一席之地,每天早上天还漆黑一片的时候,他便早早起床,拿起一块黄油面包便匆匆赶往图书馆。偶尔去迟了,没了座位,他便站在高高的书架边,一站就是一整天[1]。顾方舟没有把论文仅仅作为课题,他想早一天攻克这种传染病,因为他心疼这个特殊的易感人群——孩子。罹患儿童轻则嗜睡,重则陷入昏迷,而且死亡率较高,即使抢救过来也会留下影

---

[1] 顾方舟访谈,北京,2015 年 3 月 6 日。资料存于采集工程数据库。

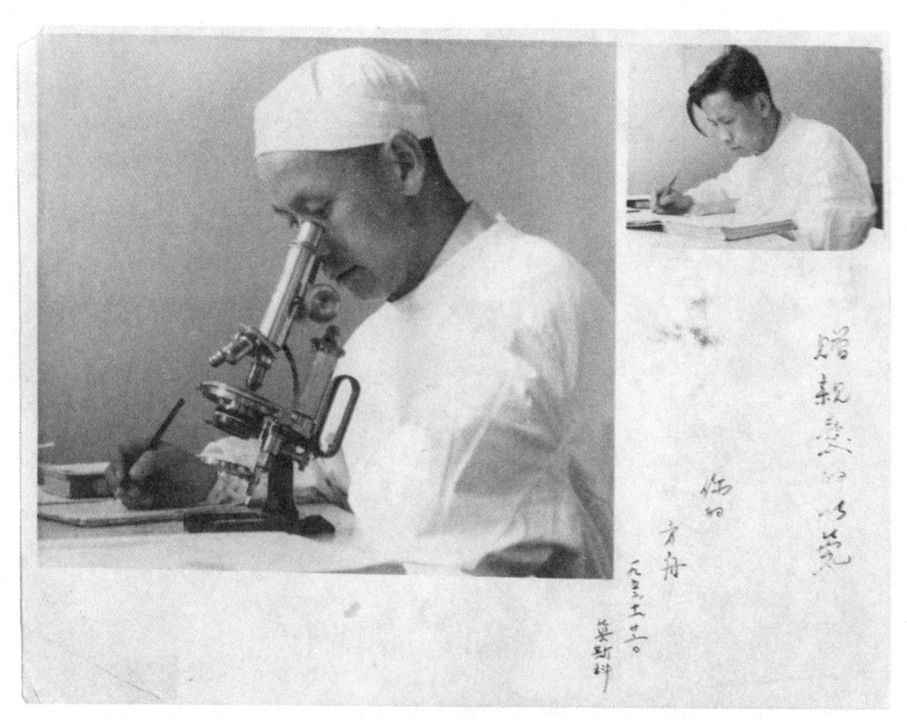

图 3-16　1952 年，顾方舟留苏期间将镜下观察乙型脑炎小白鼠大脑组织病理变化的与学习时的照片，精心制作在一张相纸上寄给远方的妻子

响智力的后遗症。

顾方舟每天的工作是围绕乙型脑炎病毒展开的：研究病毒的特性、在人体的活动规律、如何杀灭病毒……穿上实验服，他仿佛披上了战袍，似乎世界就是显微镜下的那片天地。一天，他特地请来照相师，将他工作时的情景记录下来：洁白整洁的实验服，白色圆形的实验帽，一只手操作着显微镜，另一只手拿着笔认真地记录着；双眼凝视着显微镜的镜筒，神情专注、投入，嘴角浮出陶醉的微笑。

照片洗出后，他兴奋地将照片寄给了远在大连的妻子。他和以莞已经好几年没见面了，他把两张照片合在一张上并深情地写上：赠亲爱的以莞，你的方舟。照片带着顾方舟对爱人浓浓的爱意，飞越千山万水送到李以莞手中。

第三章　从大连到苏联

第四章
堪当大任

国家急需的"副博士"

中华人民共和国成立以后，经过轰轰烈烈的爱国卫生运动，尤其是四大抗生素在我国实现了工业化生产后，长期肆虐中国的烈性传染病、五大寄生虫病，得到有效控制，细菌性疾病大大减少。但是，脑炎、肝炎、麻疹、小儿肺炎、小儿麻痹等病毒性疾病，在全国各地的流行却有上升的趋势，国家急需医学病毒学领域的高层次人才。

1955年5月，经过四年的努力，顾方舟完成了副博士毕业论文——"乙型脑炎的免疫机理和发病机理"。论文答辩顺利通过，顾方舟获得了副博士学位。这是苏联时代的高等教育学历制度，相当于世界各国的博士。我国教育部曾规定"获得苏联及东欧国家副博士学位人员回国工作后，评聘专业技术职务的任职条件，与国内获得博士学位人员相同"。

副博士学位对顾方舟而言是一种荣誉，对国家而言则是达到了国家急需人才的标准，因为这标志着顾方舟掌握了国家在医学病毒学领域急需的三项高端技术：①熟练地掌握了医学病毒学通常的研究方法；②深入探究了病毒对大脑侵害的发病机理；③熟练地掌握了医学病毒学组织培养

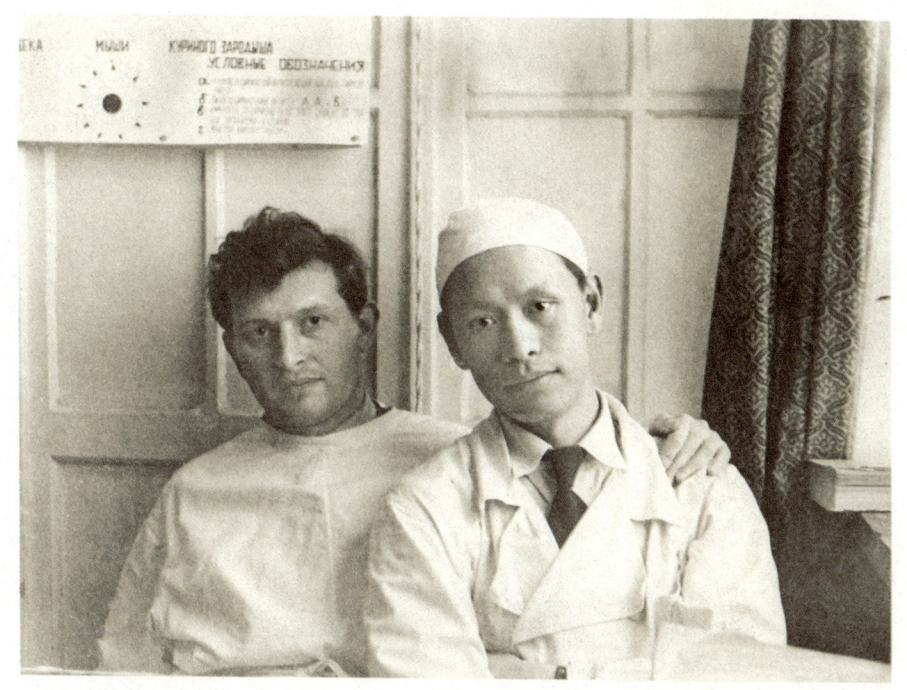

图 4-1 1953 年，顾方舟与苏联同学的合影

技术。

这为顾方舟以后在脊髓灰质炎（以下简称脊灰）的攻关上，奠定了坚实的理论与实践基础，成为我国脊灰研究不可多得的人才。

首先，医学病毒学对于顾方舟来说，始自大连卫生研究所的噬菌体科。1950 年 9 月，他大学毕业就分配到这个科室，跟随苏联女专家葛罗别兹学习噬菌体。由此，顾方舟对病毒学产生了浓厚的兴趣。留学后，顾方舟在导师的指导下，先从看论文查资料起步。他每个星期都要抽出一定的时间，到苏联医学科学院的图书馆去查文献。那时不能进行计算机检索，没有复印机、扫描仪，所有有用的资料全部靠手抄写。当时，苏联和其他国家所有关于乙型脑炎已经发表的论文，顾方舟一篇不落地全部认真地读过并做了笔记，还写了一篇不错的论文综述。后来他回忆四年的研究生过程，实际上是训练和培养他如何做科学研究。即你选择了一个题目，通过这个题目来训练你怎么样去看文献、收集文献，把文献里面的要点摘录下来，在脑子里形成一个印象。比如乙型脑炎，过去的人做过哪些工作，已

第四章 堪当大任

图4-2 1952年,顾方舟(前排右1)在苏联医学科学院病毒研究所脑炎室与同室的研究生同学一起做试验(后排左1 C.德罗兹多夫,曾任俄罗斯医学科学院脊髓灰质炎及脑炎研究所所长)

经解决了哪些问题,还有什么问题没有结果。必须对这些问题有深入的了解,还要提出问题,还要有解决问题的想法。然后自己设计实验,一步一步来证明自己的想法,最后得出结论,完成这么一个程序就叫作科学研究。几乎所有的研究项目,大体都要经过如此的"轮回"。这是顾方舟留苏的第一个收获——懂得了医学病毒学研究的普遍规律。

第二,顾方舟在导师列夫科维奇教授指导下,对病毒引起脑炎的发病机理进行了比较深入的研究。顾方舟的副博士毕业论文是"乙型脑炎的免疫机理和发病机理",其核心是病毒如何侵害大脑的。

大脑具有一道免受侵害的天然防线叫血脑屏障,它是19世纪末德国细菌学家Ehrlich发现的。他曾经不经意间发现注入机体的染料可以将全身所有器官染色,却唯独不能将大脑染色。后来他的学生Goldman继续了这个实验,发现将染料注入脑髓液中,只有大脑被染色而其他器官不被染色,由此Goldman提出了血脑屏障的概念。后来的研究发现,血脑

图 4-3　1955 年，顾方舟（二排左 1）毕业前与导师列夫科维奇教授（二排左 2）及病毒所脑炎研究室的同事们合影留念

屏障实际上是几种细胞紧密结合的产物，而它的功能就是保护整个脑组织，除了氧气、二氧化碳、葡萄糖这类必需品，绝大多数物质都无法透过这层屏障。这道天然屏障使得脆弱敏感的大脑免受伤害，维持了中枢神经相对稳定的状态，给予人类无限的保护。以后的科学家们又做过如下的实验：向鸡胚注入谷氨酸后，发现谷氨酸能迅速进入鸡胚的脑组织，但在成年鸡脑中则很难进入。初生儿脑毛细血管的通透性远较成年人为高，得重症黄疸后，胆汁色素很快透入中枢神经系统，并破坏基底神经节形成核黄疸。而成年人黄疸患者的中枢神经系统，则不受胆汁色素的污染。上述发现说明血脑屏障结构功能的完善，是随动物个体发育的完善而形成的。直到 20 世纪 60 年代后，使用电子显微镜的研究才揭示了血脑屏障的解剖学基础。

然而上述发现，彼时的顾方舟是不知晓的，所以他写毕业论文时遇到了同样的问题。顾方舟晚年说：

我研究的是乙型脑炎的发病机理，这个题目我自己选的有点太大了，因为这个问题不是一两项研究就能够说明的。所谓发病机理，就是乙型脑炎受到病毒的感染以后，怎么能够使得脑细胞和脊髓的细胞发生病理变化。针对这个问题我临毕业答辩的时候，一部分人对我的结论不是太理解。我认为乙型脑炎发病的原因是病毒侵犯大脑，侵犯了脊髓，所以发病。但是它怎么到的大脑，因为病毒从血液到大脑当中有一个屏障——血脑屏障，它阻碍各种各样的病原体进入神经系统，病毒是怎么进去的呢？可见它有一个机理，我的论文里没有完全解决这个问题。我在研究脊髓灰质炎（以下简称脊灰）的时候同样遇到了这个问题，脊髓灰质炎是脊髓灰质炎病毒进入脊髓，破坏了脊髓的前角运动细胞，使得孩子瘫痪或者使得大脑某部分受损，那它是怎么进去的呢？有的人说是从血液进去的，有的人说是从神经进去的[①]。

血脑屏障至今仍然是科学家研究的热门课题。虽然论文"选的有点太大"，但对顾方舟以后的脊灰研究意义重大：同样是病毒侵害了大脑，同样是受侵害的群体大多是儿童，同样终极解决方法是疫苗免疫。要知道当年的中国，就病毒侵害大脑的研究程度上，如顾方舟者属凤毛麟角。

第三，顾方舟留学带回来的组织培养技术，在脊灰的研究上发挥了至为关键的作用。

1949年，美国微生物学家恩德斯（1897—1985）用人类胚胎的组织（流产的），成功培养出小儿麻痹症病毒，从而开辟了组织培养各种病毒的新纪元，并在战胜脊髓灰质炎中取得突破性的进展。这种病毒也可在其他类型的组织碎片上培养出来，而病毒一经培养成功，就很容易对它进行深入研究，这为探索小儿麻痹疫苗开辟了道路，因此美国在脊灰疫苗的研发上世界领先。

组织培养作为一项崭新的技术，顾方舟在苏联医学科学院病毒研究所学会了。过去为什么研究脊灰难呢？在自然界里，只有人类对脊灰病毒敏

---

① 顾方舟访谈，北京，2015年3月6日。资料存于采集工程数据库。

感，其他的动物都不敏感，只能够感染，感染后就结束了。后来在一百多年以前，有科学家发现了灵长类里的猩猩可以感染这个病毒。但总不能全用猩猩作研究吧？哪有那么多猩猩供研究啊。有了组织培养技术，脊灰病毒可在体外繁殖培养，可以方便地进行各种各样的研究试验。①

29 岁当主任

1955 年 9 月，29 岁的顾方舟回国后，国家安排他到卫生部直属的流行病学研究所任脑炎室副主任，继续从事乙型脑炎的研究。流行病学研究所位于北京昌平县（现为昌平区）的小汤山，离县城还有几十里地，是国家为应对朝鲜战争的细菌战于 1953 年紧急兴建的。建所之初，这里就汇集了一批国内顶尖学者，如陈文贵、魏曦、王善源等最早的学部委员（即后来的中国科学院院士）。因流行病学研究所属保密单位，加之防疫需要远离人群，所以研究所位置偏僻。研究所建在一片农田之上，四周围以高高的灰墙，远看仿佛一座城堡。研究所大门口日夜有两位解放军站岗，对外通信地址使用代码"昌平流字 5 号"，外界看来十分神秘。

顾方舟所在的脑炎研究室，所内称作"二室"，主要研究方向是乙型脑炎的发病机制。组织上给他配备了三个实习研究员、一个技术员（夫人李以莞）以及几个工友，他第一次拥有了自己的科研团队，同时他也展露出科研团队杰出的领军人物应具备的素质。

每个人的能力禀赋不一，如何形成具有攻坚克难能力的研发队伍，领军者必须有知人善任的本领，能够用人所长、避其所短。顾方舟似乎天生具有这种本领。医学病毒学研究离不开筛选、分离、提纯、组织培养等一条龙程序，由于病毒非常小、非常敏感，哪怕一支试管刷洗不干净都会导致整个试验的失败。孙月英回忆：

---

① 顾方舟访谈，北京，2015 年 3 月 6 日。资料存于采集工程数据库。

每当实验结果不满意，顾方舟从来不发火或指责批评，而是亲自一步步回顾寻找失败的原因，搞清楚究竟哪个环节出了问题，包括实验步骤、实验动物、高压消毒、试管洗刷等。虽然顾方舟要求很严，但从来不是以领导身份说话，而且真诚地希望大家在自己的岗位上精益求精，能够有所成就，所以我打心眼佩服他[1]。

在国外学到了技术并不意味着就能在国内继续开展，因为当时国内条件极为简陋。所谓组织培养就是把细胞在体外培养来研究病毒，可是体外做细胞培养需要一个成分，就是胎牛的血清。血清是从胎牛的血液里面分离出来，然后加在培养液里培养细胞。国外已经商品化了，但是中国没有这个商品。那个时候研究所在乡下，离昌平县城很远。他就带着实验室的人，骑着自行车，背着采血设备，到昌平县找有关部门介绍情况寻求帮助，人家建议他们到屠宰场去试试。实验用的牛血清不是什么牛血都可以用，只有小牛血，甚至胎牛的血才可以用。所谓胎牛，就是还怀在母牛肚子里的小牛。顾方舟他们等到小牛刚生下来的时候采血，不能像老外那样把孕牛杀了，再把胎牛拿出来采血，把大牛杀了，小牛也杀了，就取一点胎牛血，那成本太高了。顾方舟跟屠宰场领导说：以后什么时候有牛要生产了，请您提前通知我们到您那去采血。这么搞科研，今天的青年科技工作者们可能觉得匪夷所思，但是当年他们必须那么做，而且从未影响过实验，也从不以此为苦。按当时流行的话说：有条件要上，没有条件创造条件也要上。每当屠宰场电话通知来了，大家争先恐后抢着去采血。他们骑上自行车乐呵呵去，再骑着自行车乐呵呵回，尽管风尘仆仆汗流浃背[2]。

那是一个激情燃烧的岁月，全国人民意气风发蓬勃向上，早日摆脱贫穷落后的局面成为全体中国人的共同愿景。

1956年1月14日，周恩来总理在全国知识分子工作会议上，代表党中央向全国人民发出"向科学进军"的号召。当月31日，国务院召开了制订国家第一个科技发展远景规划的动员大会，国务院各有关部门、中国

---

[1] 孙月英访谈，北京，2019年12月11日。资料存于采集工程数据库。
[2] 顾方舟访谈，北京，2015年3月6日。存地同上。

科学院、高等学校的领导和科技人员参加了大会。来自各个领域的几百名优秀的科学与教育工作者参与规划的制订工作，其中一部分人是在中华人民共和国成立后返回祖国的优秀科学家。据中央文献研究室"周恩来研究组"的材料记载，参加《十二年科技远景规划》的一共有23个单位787人。顾方舟是其中之一，亲历了永载史册的历史，提升了自身的格局，为肩负更高的使命得到了历练。

1956年3月，国务院成立了科学规划委员会。周恩来总理说："这个远景规划的出发点，是按照需要和可能，把世界科学的最先进成就尽可能迅速地介绍到我国来，把我国科学事业方面最短缺而又最急需的门类，尽可能迅速地补足起来，根据世界科学已有的成就来安排和规划我们的科学研究工作，争取在第三个五年计划期末，使我国最急需的科学部门能够接近世界先进水平。"

因为缺乏可借鉴的资料，参加规划工作的科学家们对规划怎么做意见不一。有主张以任务来规划的，也有主张以学科来规划的，争论很激烈。后来，负责规划委办公室日常工作的杜润生，结合我国当时的实际，提出以任务为经、以学科为纬，经纬结合的科学规划方法，后来称为"任务带学科"，得到了大家的认可。

实践表明，"十二年科技规划"的制定和实施，不仅对中国科学技术的发展起到了重要的推动作用，而且对中国科研机构的设置和布局、高等院校学科及专业的调整、科技队伍的培养方向和使用方式、科技管理的体系和方法、科技体制的形成都起到了决定性的作用。全国科研机构从1956年的381个，增至1962年的1296个，人员由1.8万余人增至6.8万余人，主要学科和技术领域几乎都设置了专门的研究机构，中国已经有了一支门类和学科比较齐全的科研队伍。

1962年，国家科委对"十二年科技规划"的执行情况，用量化的分析方法做过一次广泛的调查，结果有50项任务基本达到原定的目标。这意味着"十二年科技规划"的目标，提前5年基本完成了。现代科学的几乎

图 4-4　1956 年 6 月 14 日，参加全国十二年科学规划医学组的专家们合影（前排左起：徐科、诸福棠、沈其震、李振翔、朱丽霞、林巧稚、许迪、XXX、白希清、李河民、顾方舟；中排左起：薛公卓、薛愚、吴阶平、容独山、张为申、钟惠澜、邹贤华、后排左起：杨简、魏曦、张孝骞、吴征镒、黄家驷、王锦江等）

所有领域，我们都跨进了大门[①]。

制定一个史无前例而且门类众多的全面发展规划，对所有参与者都是巨大的挑战。不过，当时中国有两个有利条件：一是有来自社会主义阵营国家，如苏联和东欧国家专家的帮助；二是更重要的我们有人才的基础。比如中国医学科学院拥有远东医学最高学府——协和医学院的一大批专家，他们不仅在协和经历八年制的洗礼，并且在世界最著名的医学机构学习工作过。如黄家驷、林巧稚、吴阶平、张孝骞，以及沈其震、张为申等中国医药学界的著名专家学者。

肩负着中国专家与苏联专家沟通重任的顾方舟，在正确理解一方意见并准确翻译成另一方语言的同时，自身不断地受到启迪，常常被大师们精妙绝伦的意见思路所折服，眼界大开，阅历大增，为他后来组织领导全国脊灰疫苗攻关组、创办昆明医学生物所，以及担任医学科学院科研处长、院长大有裨益。

---

① 孙英兰：中国科技史上的第一个规划. 《瞭望》，2009 年第 27 期，第 21-24 页。

临危受命

1957年5月，苏联医学科学院病毒研究所病毒学教授索柯洛夫，应解放军军事医学科学院的邀请，到军事医学科学院办班讲学。因顾方舟在苏联留学时给索柯洛夫教授留下良好印象，所以他点名顾方舟做他的专职翻译和助手。那时既通晓俄语又精通病毒学的人才稀少，因此顾方舟被借调到军事医学科学院去工作。军事医学科学院那时在上海，于1958年后搬迁到北京。

临近出发的一天，所办公室通知他赶紧到卫生部去，崔义田副部长亲自找他谈话。顾方舟急忙赶到卫生部。崔副部长看着这位一表人才的青年才俊喜爱有加，但一脸严肃地说："先放下脑炎的研究，专职搞脊髓灰质炎的防控。"顾方舟讲述当时的情景：

> 当时咱们年轻，没见过大部长。我说，崔部长您的意思是让我一辈子搞这个事儿？他说对，让你一辈子搞这个，要解决脊髓灰质炎的问题。我说好，领导既然交给我这个任务，我就努力干。所以我是带着使命到的上海。①

由部长亲自召见并直接下达脊髓灰质炎的防控任务，可见这种传染病在中国蔓延的严重程度！

中华人民共和国成立后，对传染病的防控取得了世界瞩目的成绩，但对脊髓灰质炎却束手无策。脊髓灰质炎俗称小儿麻痹，罹患儿童非死即残，而且在全国呈蔓延趋势。脊灰与以往细菌性传染病不同的是来势汹汹、后患无穷，患儿多终身残疾，而且无医药可治。比如，病毒将腰椎脊髓破坏了，轻则腿瘸了，重则瘫痪；如果病毒侵犯颈椎，手就不能动了；

---

① 顾方舟访谈，北京，2015年3月6日。资料存于采集工程数据库。

更严重的是侵犯延髓，病毒破坏了呼吸中枢神经，患儿会因无法自主呼吸死亡。脊髓灰质炎是继 20 世纪初我国东北三省发生鼠疫以来，危害程度最大、流行范围最广的传染病。

我国最早的脊髓灰质炎记录开始于 1882 年，到 1938 年已有 14 个省市有散发病例报告。1953 年，卫生部将此病列为法定报告传染病，自此疫情报告日趋增多，发病地区不断扩大。1955 年，江苏南通地区和山东青岛市发生流行，发病率分别为 32.1/10 万及 37.6/10 万。此后流行报告不断，1959 年南宁市的发病率竟高达 150.6/10 万。因其非死即残无药可治，在流行地区造成相当程度的恐慌。南宁的夏季酷热难忍，但家长们纷纷把孩子关在屋里，并且紧闭门窗，只要不得小儿麻痹，长痱子甚至热得虚脱也顾不得了。

挑起了崔部长下达的千钧重任，顾方舟去上海前，向领导提出要带一个实验组去上海，因为他们这个团队已经做过脊灰病毒的流行病调查工作，他想利用上海比较好的实验条件，进一步展开脊灰病毒学的研究。没想到，原本是顾方舟的一个设想，但他带着团队在上海真的干成了一件大事。

表 4-1　1955—1959 年 9 个城市脊髓灰质炎发病率

年	城市	发病率（1/10 万）
1955	南通	32.1
1955	青岛	37.6
1957	上海	36.2
1958	济南	53.9
1959	上海	29.9
1959	南宁	150.6
1959	柳州	58.3
1959	昆明	61.6
1959	青岛	53.9

资料来源：《新中国预防医学历史经验》，第三卷，1998 年，137 页。

作为诊断病例，我国第一例"脊髓灰质炎"病例报告是协和医学院谢少文教授[①]于1930年提出的。后来又有一些报告，均为散发的临床病例，但没有病原学的证明。1953年，第一次"脊灰"流行发生在江苏南通市，临床诊断为麻痹型"脊灰"的患者达到2607例，发病率达32.1/10万，但是也没有分离病毒。"脊灰"病毒有Ⅰ、Ⅱ、Ⅲ三个血清型，不清楚南通这次流行是哪个型病毒引起的。"脊灰"临床诊断有15%的误诊，因为有些疾病与"脊灰"无关，如各种损伤、急性骨炎、横贯性骨髓炎、多发性神经炎、格林-巴利综合征等的症状，与"脊灰"十分相似。因此，为开展"脊灰"的流行病学、病原学和血清学研究以及实验诊断，必须建立分离病毒和定型的方法。

图4-5 谢少文教授

1957年，中国医学科学院病毒系也开展了脊灰的研究。在"病毒系1958年完成的工作情况"中有如下的表述：

> 脊髓灰质炎在我国日渐增加，很多地区已有临床报告，带病毒者的报告极少。为了确证本病在我国的流行情况，我们查了国内17个地区脊髓灰质炎病人的粪便，从北京、上海、天津、青岛、南京、南通、武汉、呼和浩特、乌鲁木齐、南昌、湘潭、银川等十二处病人的粪便中，分离出脊髓灰质炎病毒，此证明本病在我国确实流行极为广泛，为预防本病提供了必要的资料。同时在病人粪便中还分离得到很多不能鉴定的细胞致病病毒，有的地方如天津、南京，甚至分离率高达60%，这些病毒是属于肠道病毒或其他病毒现仍在鉴定中，这些病

---

① 谢少文（1903-1995），中国医学微生物学、免疫学的开拓者和医学教育家。20世纪30年代，在世界上首先采用鸡胚培养立克次氏体。20世纪40年代，他在细菌培养和鉴定方面的研究成果，在中国被应用了40余年。在60余年的科学研究工作同时，他还致力于教学工作，培养了几代医学科研、教学和临床人才。

毒与疾病有何关系仍须深入研究①。

1957年夏天，上海发生"脊灰"流行。顾方舟一边忙着军事医学科学院的工作，一边带领他的团队紧急行动起来，已经熟练掌控的组织培养法有了用武之地。因为只有用组织培养技术，才能够在体外培养"脊灰"病毒的细胞，才能够开展"脊灰"病毒的分离与定型。顾方舟团队，从传染病医院和儿童医院临床确诊和疑似"脊灰"的住院患儿中，收集到726份粪便标本，取其中344份标本分离病毒。在344份标本中，有281份标本确诊为脊灰，63份为非脊灰，属于乙型脑炎或脑膜炎等。他们用猴肾单层上皮细胞培养法分离出病毒140株。经过定型，确定"脊灰"病毒的有116株，其余24株病毒不能用型特异免疫血清鉴定。在116株病毒中，I

图4-6 1990年，与院党委书记钱昌年（右1）看望谢少文教授

---

① "1957年国内几个地区脊髓灰质炎的分离和鉴定"，档案全宗号8，案卷号29。存于中国医学科学院档案室。

型97株，占83.6%；Ⅱ型15株，占12.9%；Ⅲ型4株，占3.5%。与此同时，他们还研究了"脊灰"病毒分离率与临床症状以及取标本日期和粪便悬液接种量之间的关系。

这项研究，不仅标志着"脊灰"病毒的分离与定型方法在我国成功建立，而且第一次用病毒学和血清学方法，证实我国的"脊灰"流行以Ⅰ型为主。

这一年，是顾方舟留学归来的第三年，也是收获满满的一年。

第五章
力挽狂澜

受任于危难之际

1958年8月，顾方舟结束了上海的工作，他没有回北京昌平的流研所，而是直接到南纬路2号的中国医学科学院病毒学系报到，上级任命他为病毒学系脊髓灰质炎研究室主任。

图 5-1 中央卫生研究院旧址

中华人民共和国成立前，南纬路 2 号院曾是民国中央卫生实验院北平分院。1945 年抗战胜利后，中央卫生实验院由重庆迁回南京，并在兰州、北平、沈阳设立分院。那时国力衰微，内战又起，建"北平分院"好说，建房却难。于是吴宪[①]、黄祯祥[②]等人就"废物"利用，将杂草丛生的先农坛院落修整后，凭着满腔热情办起了"北平分院"。

1950 年，中央卫生实验院自南京迁至北京，与原"北平分院"合并，组建成中央卫生研究院。院址就在"北平分院"旧址——今天的南纬路 2 号先农坛内。设立五个系：营养学系、微生物学系、药物学系、寄生虫学系和卫生工程学系，还有资料和病理两个研究室及一个中医研究所。

这里虽然是一片老旧的平房大院，但汇集了一批中国医药学界的精英。其中就有原"北平分院"院长、后来的中国医学科学院（中央卫生研究院 1956 年更名为中国医学科学院）病毒学系主任黄祯祥。

1943 年，黄祯祥在美国发表了"西方马脑炎病毒在组织培养上滴定和中和作用的进一步研究"，论文一经发表立即引起国际病毒界同行的关注。这项新技术把病毒培养从实验动物和鸡胚的动物水平，提高到体外组织培养的细胞水平。正是这项技术的建立，拓宽了病毒学家的思路，世界上许多国家的病毒学者采用或改良了这一技术，成功地发现了许多病毒性疾病的病原，分离出许多新病毒。1954 年，美国著名病毒学家 E. 恩德斯获

[①] 吴宪（1893-1959），福建福州人。生物化学家、营养学家、医学教育家。中央研究院第一届院士、亚拉巴马大学客座教授。1911 年，吴宪考入北京清华留美预备学校。1912 年，赴美入麻省理工学院攻读造船工程，后改习化学，1916 年获理学士学位后留校任助教。1917 年，被哈佛大学医学院生物化学录取为研究生，1919 年获博士学位。1920 年回国，在北京协和医学院生物化学系任教，成为协和医学院第一位华人系主任。1946 年，任中央卫生实验院北平分院院长兼营养研究所所长。1947 年，应联合国教科文组织的邀请，去英国出席第 17 届国际生理学会议。1949 年，应聘为亚拉巴马大学客座教授。1952 年秋因患心脏病辞职。吴宪在临床生物化学方面多有贡献。他与奥托·福林一同提出的血液分析系统方法，是当时临床生物化学方面最重要的贡献。他首创用钨酸除去血液样品中所有的蛋白质；最先提出蛋白质变性理论；提出符合中国实际情况的改变国民营养的膳食方案，并使用标记的抗原研究免疫化学；培养了中国第一代的生物化学家和营养学家。

[②] 黄祯祥（1910-1987），福建厦门人。1934 年毕业于北平协和医学院，获医学博士学位。1980 年当选为中国科学院院士。中华人民共和国成立后历任中国医学科学院病毒学系主任、病毒学研究所教授、名誉所长。他首创病毒体外培养法新技术，为现代病毒学奠定了基础，被称为"在医学病毒学的发展史上第二次技术革命"。

得诺贝尔奖,就是在采用了黄祯祥这一技术的基础上取得的成果。迄今为止,世界上还没有更先进的病毒体外培养方法,仍广泛应用于病毒性疾病的疫苗研制、诊断试剂的生产和基因工程等高科技领域。世界上许多国家采用这种技术分离了诸如流行性出血热、麻疹、脊髓灰质炎病毒,以及在全球引起震动的艾滋病病毒。

顾方舟来到病毒学系,主任黄祯祥很欣赏这个身材高大、一表人才的年轻人,顾方舟也对这位著名的病毒学家尊重有加,两位归国精英从未有门户之见,炙热的报国情怀与冲天的干劲,使中国医学科学院病毒学系成为国内医学病毒学界的翘楚。

中国医学科学院病毒学系脊髓灰质炎研究室为新成立科室,此前只是一个小组——脊髓灰质炎组。顾方舟担任主任一职,真可谓"奉命于危难之间"。

从"1958年北京市托儿所内健康人带脊髓灰质炎病毒率及带病毒变动情况调查"中可见,首都北京的疫情已经相当严重:本调查证明在流行季节北京市托儿所内健康人带病毒率很高,有病例发生的托儿所内带病毒率高达20%—40%,无病例发生的为10%,证明脊髓灰质炎病毒在北京市儿童集体中广泛散播[①]。

最让顾方舟感到心情特别沉重的是,一天一位中年妇女背着身染脊灰病毒的儿子费尽周折找到他,把他当作唯一的救星,求他救救自己的孩子:"顾大夫,你把我的孩子治好吧,他以后还得走路,参加国家建设呢。"顾方舟说:"同志,抱歉,我们对这个病还没有治愈的办法。唯一的可行的方法是到医院去整形、矫正,恢复部分的功能,完全恢复到正常已经不可能。"那位母亲的脸色立刻暗淡下来,呆坐在走廊的长椅上一言不发。后来打扫卫生的工友告诉顾方舟,那个家长很晚才走。顾方舟知道病毒已经破坏了支配孩子大腿的脊髓前角的运动细胞,这个细胞被破坏了,孩子就恢复不了了。如果轻的话可以治疗,可是想恢复到正常已经不可能。

顾方舟理解患儿母亲的无奈与绝望,更忧心那个患儿一生将面对病残

---

① "血研所、劳卫所、皮研所、抗研所、儿研所、病毒所等1958年科研工作总结",档案全宗号8,案卷号29。存于中国医学科学院档案室。

的苦难，根除此病已成为他的使命。

面对前所未有的巨大压力，没有一丁点儿可资借鉴的经验，顾方舟只有那支在流研所组建，经过上海初战脊髓灰质炎的队伍，他必须依靠这支队伍攻坚克难，啃下这根硬骨头。他从振奋精神，提升士气着手。他在实验室的墙上，贴上了醒目的标语："为了祖国的花朵！"无论是走进实验室，还是在试验进程中，抬头就会看到这七个醒目的大字。激励振奋，不容懈怠。

不仅如此，顾方舟还专门请来大家认识的北京防疫站的苏建池，给大家讲述亲身经历脊灰病患儿的家庭遭遇。他的孩子不幸罹患小儿麻痹，作为一名搞防疫的知识分子，苏建池对孩子寄予无限的希望，无论如何也不曾料到病毒会落到自己孩子的头上！原本聪明活泼的孩子，一次发烧之后便瘫痪在床，生活不能自理，从全家的希望，变成全家永久的负担。孩子患病后的种种不幸，没有亲身经历，难以体会身心疲惫的痛楚。讲着讲着苏建池不禁潸然泪下，听者也禁不住唏嘘起来。

从此，这支年轻的团队像上了发条，不知疲倦地行动起来。大家拼命也要早一天把疫苗搞出来！因为早一天就意味着少一些这样的孩子，避免一些家庭跌入绝望的深渊。在这种精神激励下，大家加班加点到什么程度呢？消化细胞时需要在37℃环境下摇，摇以后吸去上清液再离心，然后再往管子里面加培养液让它生长。摇瓶子的人困得拿着塞子摇，猛地惊醒过来，赶紧盖上盖子继续摇，疲劳到这种程度[①]。

随沈院长昆明建站

20世纪50年代，中国和苏联有过十年的蜜月期，应当说"苏联老大哥"对中国是有过帮助的。比如与南纬路一街之隔的北纬路上，著名的友

[①] 孙月英访谈，北京，2019年12月11日。资料存于采集工程数据库。

图 5-2　沈其震（1906—1983）

谊医院，就是当年中苏友谊的硕果。在友谊医院西墙外的西经路上，有一座三层红楼大院，曾经是中央卫生研究院的苏联专家住宅楼。

根据"1958—1962 年中苏两国共同进行和苏联帮助中国进行的重大科学技术研究项目"第 13、15 两款约定，决定在我国产猴地区与苏方共同组织猿猴生物站，以供应生产脊髓灰质炎疫苗及进行放射遗传学和其他实验生物学等研究之用。

中国云南具有亚热带的地域优势，可以大量饲养用于医学试验的恒河猴、种植热带亚热带药用植物，中方任务的承接单位是中国医学科学院。

1958 年 8 月 1 日，中国医学科学院收到卫生部文件：顷接国务院科学规划委员会电话通知："关于筹建猿猴生物站问题，因属于中苏合作 122 项之内，已统一批准不另行单独下达任务，即可着手筹建"等语，故我部决定责成中国医学科学院立即着手筹建工作，所需经费由本部计划财务司在国务院批准的一百万元内拨发，如此项经费实在不足以同时完成药用植物研究所、云南实验猿猴生物站及成都生物制品所猴园三项建设之用，则应首先解决前两项，并希望年内建成。具体筹建事项及经费分配，责成中国医学科学院与有关单位洽商解决[①]。

1958 年 8 月，中国医学科学院副院长沈其震率领工作组，赴云南开辟猿猴生物站和药用植物试验场。随行者除了中国医学科学院基建处负责人姚浩然外，另一员大将就是顾方舟。此刻，卫生部和中国医学科学院已将脊灰疫苗的研发生产列入紧急上马的项目。因生产脊灰疫苗需要大量的猴肾细胞，故决定利用猿猴生物站的恒河猴资源，在建实验猿猴生物站的同时，立即开始筹建脊灰死疫苗生产基地，对外名称仍是实验猿猴生物站。

顾方舟是第一次与沈其震这位富有传奇色彩的领导近距离接触。论资

---

① （58）卫科研钱字第 45 号。存于中国医学科学院生物医学研究所档案室。

图 5-3 沈其震与中央卫生研究院的青年才俊们

历，沈院长曾任新四军卫生部部长，在政界人脉广泛，每逢大事从容不迫遇难呈祥；论学术，他是东京帝国大学医学院的医学博士，北京协和医学院生理学研究的前辈，并且多才多艺，通晓多国语言。中华人民共和国成立前夕是中共创办的第一所正规大学大连大学医学院院长。1952年11月，周恩来总理任命他为中央卫生研究院院长，1956年任更名后的中国医学科学院院长。沈院长以其独有的人脉关系、非凡的领导艺术、隽永的人格魅力，在"北平分院"的两排日式平房、被称为工字厅的破旧实验室的基础上，完成了中华人民共和国卫生系统第一支国家队的创建。一批批青年才俊，从国内到海外，如百川归海一般，齐聚先农坛、齐聚沈院长麾下，大踏步向科学进军。

一路上，顾方舟向沈院长详细汇报了病毒学系脊灰研究室的工作，并提出了自己对脊灰防控的想法。沈院长的领导艺术最闪光之处是知人善任，办大学成功在此，办研究院成功亦于此。他从顾方舟缜密的研发思路，到切合实际的研究成果，惊喜地发现这是一个不可多得的领军人才。正可谓千军易得一将难求，沈院长决定将研制脊灰疫苗的领导重任交给顾方舟，内定他率领一个小组赴苏联学习取经。

第五章　力挽狂澜

云南省委推荐猿猴生物站站址——花红洞，沈院长独具慧眼，对花红洞非常认可，很快就确定昆明市西北方向的玉案山花红洞为猿猴生物站站址，规划面积两百余亩。花红洞是个四面环山的小盆地，风景优美，交通方便，距昆明市区15公里，与已经规划待建的中国科学院昆明动物研究所毗邻。随后，药用植物试验场场址也确定了下来——西双版纳州首府景洪。

1958年底，中国医学科学院抽调京内外单位的8名干部，由邱志成带队在花红洞成立了筹备组，边设计边施工，确保按期完工。为达到实验用5000只恒河猴的规模，设收购组和捕猴队。在边建边工作的情况下，实验猿猴生物站初步配置各类人员250名，技术人员由中国医学科学院配备，行政干部由云南省负责调配[①]。

猴园与疫苗生产基地的蓝图，由昆明的设计单位承担，按照生产脊灰死疫苗所需规划的19栋楼房，共计13700平方米的设计图，数月间即告完成，随之基建工程全面铺开。110万元资金也在各级政府的大力支持下全

图5-4 建设中的猴园

---

① （58）卫科研字第97号。存于中国医学科学院生物医学研究所档案室。

部到位，力争 1960 年年底完成死疫苗生产基地的基建任务。

为完成 5000 只恒河猴的任务，经批准捕猴队开进山区捕猴。当时云南没有会捕猴的人，队员们大多来自广西，他们背井离乡来到昆明，在茫茫的原始森林中寻找猴子的踪迹，踏遍了西双版纳、思茅、大理永平的崇山峻岭，每次在大山里一待就是四五个月，风餐露宿，异常艰苦。

图 5-5　捕猴队员在林间小憩（右 2 为陆生玕）

猴子是何等的灵活，岂能随便束手就擒？捕猴队员除了靠经验判断猴子的踪迹外，他们还有一手绝活就是学猴子叫，把猴群引至附近。找到猴群后，天不亮就要把猴群围住，因为天一亮猴子就开始活动了。捕猴队十几个人，一人一个山头，用他们特殊的联络方式，把猴子稳定在一定的区域。然后在中心区域的平地，找一些拇指粗细比较直的树枝，用绳索捆绑成一个捕猴的大木笼，在木笼里撒些苞谷粒。这个木笼不能一天搭好，只能每天搭一点，让猴子感觉不到环境的变化。捕猴队员在木笼附近再搭一个隐蔽棚，人坐在隐蔽棚里面观察猴子来吃食的情况。为了等猴子来吃食，经常要等上十多天，天不亮就来等，天黑了才能离开。最先进入木笼里吃食的是猴王，这时还不能捕，等猴王吃完出来，猴群会分批进去吃。这时躲在隐避棚的人就可以拉动绳索，迅速把大木笼的天窗关上，里面的猴子只好束手就擒了。每次只关最后的一批，因为此时围观的猴子最少。一群猴子可以关三四次，总共可以捉到大约 30 只猴子。其他猴子知道上当了就不会再来，捕猴队员们又要寻找新的猴群了。

捕猴不仅生活艰苦，还会在深山密林里经历着一次次的生死考验。热带雨林里，有数不清的叫不出名字的虫子，其中最可怕的是一种旱蚂蟥，

第五章　力挽狂澜

图 5-6 捕猴队员正在搭建陷阱（右 1 为陆生玕）

它们会无声无息地爬到人身上吸血，等发现的时候，已经在流血了，如不及时处理，会血流不止直至危及生命。

除了虫子，遇上熊、老虎等猛兽也是经常的事。一次，陆生玕遇到了一头熊，他被迫朝熊开了一枪，但没有伤到熊的要害，熊猛地朝陆生玕扑过来，幸好农朝邦比较有经验，在另一个方向开了一枪，熊才换了个方向冲过去。一群人凭着胆量和经验，终于把老熊打死。

热带雨林，河流密布，竹筏子是必备的交通工具，但简陋的竹筏子安全性得不到保证。在普洱捕猴的任务中，毕福林同志因竹筏子不稳翻入江中，献出了宝贵的生命，年仅 22 岁[①]。

花红洞的基建工程紧锣密鼓地推进，为什么要紧急上马死疫苗的基建工程呢？因为据可靠的资料，美国发明了脊灰的死疫苗，并通过了美国食品药品监督管理局（FDA）的批准，已经上市销售，欧美的一些国家开始使用该疫苗预防脊灰。

美国率先成功发明脊灰疫苗，可能应归功于富兰克林·罗斯福总统。

---

① 陆生玕访谈，昆明，2018 年 8 月 9 日。资料存于采集工程数据库。

1921年夏天，他在一次游泳之后染上了脊髓灰质炎，造成下肢瘫痪，终身与轮椅为伴。1938年，作为总统的罗斯福，主持建立了美国小儿麻痹症基金会，用于救治脊灰患者，并加大脊灰疫苗研发的力度。在充裕的基金支持下，索尔克医生[①]用了近9年的时间，于1953年成功研制出第一个脊灰疫苗。他先后在自己、妻子和孩子身上进行了接种实验，结果他们体内都出现了相应的抗体，并且没有罹患脊髓灰质炎。1954年，美国组织了一次在180万学龄儿童中的免疫接种试验，以考核死疫苗的流行病学效果，结果证明死疫苗的安全性与流行病学效果良好，因此美国食品药品监督管理局（FDA）批准上市销售。这是人类继天花疫苗、白喉疫苗和流感疫苗后，疫苗研究的又一次重大突破。这种疫苗是一种灭活疫苗（IPV），俗称死疫苗，即把病毒杀死，保留其免疫原性制备成注射使用的疫苗。索尔克疫苗保护儿童免受脊髓灰质炎侵害的有效率在80%—90%。由此，索尔克发明的这种疫苗，成为各国对脊髓灰质炎防治的希望。

北上取"真"经

1959年3月，春寒料峭。奉卫生部和中国医学科学院委派，顾方舟启程前往苏联，学习脊灰死疫苗的生产技术。作为带头人，与他同行的有中国医学科学院病毒学系的董德祥、卫生部北京生物制品研究所的闻仲权、卫生部成都生物制品研究所的蒋竞武。为保证任务圆满完成，行前每个人的任务分工明确：董德祥重点学习疫苗检定，闻仲权重点学习病毒培养，蒋竞武重点学习细胞组织培养，顾方舟总负责。他们要在短期内学习掌握全套的脊灰死疫苗生产技术。抵达莫斯科后，苏联保健部把他们安排在俄罗斯联邦疫苗与血清研究所，该研究所正在研制脊灰死疫苗。

[①] 乔纳斯·索尔克（1914-1995），世界著名的免疫学家、病毒学家、脊髓灰质炎疫苗的研制者。1948年，他承担美国小儿麻痹基金会项目，开始研究脊髓灰质炎病毒，并致力于疫苗开发，于1955年发布疫苗研制成功的消息。

图 5-7　1959 年 3 月，顾方舟在苏联疫苗与血清研究所考察学习（后排左 1 顾方舟、后排左 3 闻仲权、后排左 4 董德祥、前排中蒋竞武）

　　故地重游，顾方舟明显感觉阵阵寒意，不仅仅是身体上的，更多的是心理上的。从 1950 年 2 月签署《中苏友好同盟互助条约》之后，我国与苏联成为同盟国。尤其是斯大林去世赫鲁晓夫上台后，赫鲁晓夫为稳固其国内地位迫切需要中国支持，对我国的援助力度加大，两国关系升温。但是在 1956 年苏共 20 次代表大会上，由于赫鲁晓夫提出了"三和"理论，即"和平共处""和平竞赛""和平过渡"，尤其是他抛出《关于个人迷信及其后果》的"秘密报告"，全盘否定斯大林，揭露苏共和国际共产主义运动的负面情况。随之受到苏共二十大的影响，1956 年当年就发生了波兹南事件和匈牙利事件，死伤上千人。从此中苏龃龉不断，蜜月期结束。特别是 1958 年的长波电台与联合舰队建设谈判失败，1959 年停止对中国核项目的援助，以及在中印边境自卫反击战时苏方发表所谓中立声明，两国关系降至冰点。

　　在两国关系即将发生根本变化的前夕，顾方舟紧紧地抓住了历史机遇——最后一年的窗口期。一年后的 1960 年 7 月 16 日，苏联政府单方面撕毁了同我国签订的 600 个合同，撤走全部在华专家，带走了全部图纸、计划和资料，并停止供应我国建设急需的重要设备，大量减少成套设备和各种设备中关键部件的供应，使我国 250 多个企业和事业单位的建设处于停顿、半停顿状态，导致我国的经济建设遭受重大损失。顾方舟和他的同行们，忍辱负重展现出炽热的报国情怀。

一天，俄罗斯联邦疫苗与血清研究所所长Solovee，专门到实验室找顾方舟说：顾，我有个事情要跟你说一说，有些你们所了解的情况，你们看到的资料是保密的。顾方舟想这个研究所真怪了，事先怎么不告诉我？顾方舟就问他：请问哪些是该保密，哪些是可以不保密的？顾方舟年轻，说话很直接，把Solovee给问住了，一时哑口无言。聪慧的顾方舟马上回过神来，机智地说：我明白，我明白。化解了一时的尴尬，并在以后的交往中特别注意说话的方式，把握好尺度，一切以大局为重。顾方舟首先搞清楚了死疫苗的关键技术与生产工艺，并且发现了死疫苗不适合我国的国情，无法在中国发展利用，大胆地提出了与上级领导安排相悖的意见。

历时十年，美国以举国之力攻克的脊灰死疫苗，研发难度是非常大的，因为它是病毒的缘故。比如，全球预防艾滋病病毒的疫苗研发超过了40年，至今没有一针见效的疫苗。而人类最普通的流感疫苗的研发时间就更长了，至今也没有研究出十分可靠的疫苗。病毒是非常小的微生物，实际上是比细菌还要小得多的微生物。它主要的构成是核酸和蛋白，核酸是核心，外面包着一层蛋白，也有的病毒单纯就是核酸没有蛋白。这个核酸

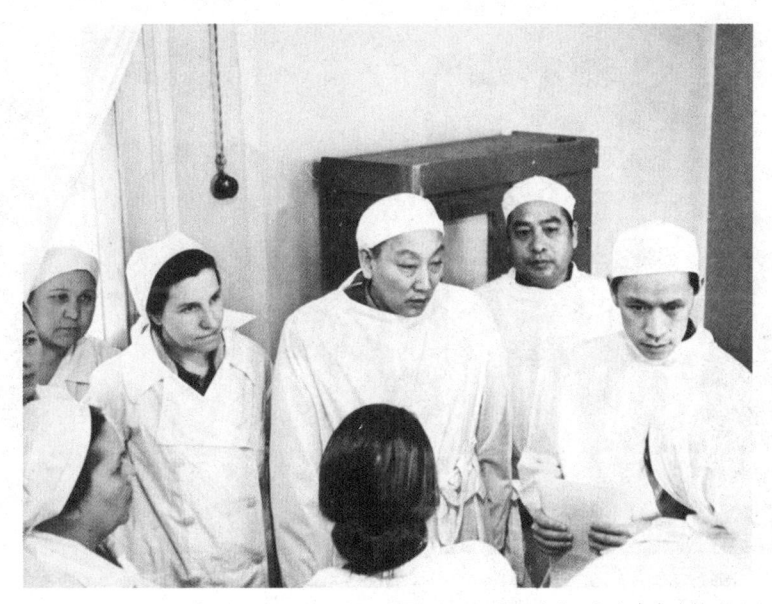

图 5-8　顾方舟（右1）在病房询问患者

有两种，一种叫核糖核酸（RNA），另一种叫脱氧核糖核酸（DNA）。因为核酸的结构不同，病毒有特定的感染对象。像脊灰病毒，它的核酸就针对脊髓前角细胞，所以它进入人体以后，就破坏脊髓前角的运动细胞，脊髓前角细胞支配人体的上肢、下肢运动。所以要想预防脊灰病毒的侵入，就要针对这个病毒的核酸，用主动免疫方式进行预防，使身体获得免疫力，阻断脊灰病毒的入侵。

死疫苗的原理搞清楚容易，但研发则很艰难。顾方舟他们跟苏方人员一起工作，逐渐弄清了死疫苗的生产流程：生产死疫苗，首先需要培养脊灰病毒，病毒培养出来后，用福尔马林把它灭活保留其免疫原性，然后经过一系列处理得到的疫苗就是死疫苗。在生产过程中需要一种特制的培养液（199培养基），这种培养液中有几十种氨基酸、无机盐、有机化合物等成分，非常复杂也十分昂贵。

顾方舟他们是带着任务学习，目的是回国后能够快速复制生产。然而在弄清楚生产工艺流程后，顾方舟敏锐地发现死疫苗不适合中国国情。因为工艺复杂，实施烦琐，尤其是昂贵的价格无法满足全国的大规模需求！

第一，死疫苗注射一针需要几十块钱，需注射三针，间隔一段时间还

图5-9 1959年3月，顾方舟在莫斯科考察脊髓灰质炎灭活疫苗时与病毒所的新老朋友合影（前排右3蒋竞武，二排左1顾方舟、右4董德祥、右1闻仲权）

得补第四针。新生儿及七岁以下的易感儿童都要打，中国需要注射疫苗的孩子上亿，国家承担不起如此巨大的经费开支。第二，给儿童注射涉及安全等各方面问题，国家需要培训庞大的专业防疫队伍，这也不符合国情。第三，从专业技术上分析，死疫苗虽然能降低发病率，但控制脊灰流行的效果不甚满意，其中最主要的原因是死疫苗只能产生体液免疫，而肠道对脊灰病毒仍然敏感，所以不能阻止野脊灰病毒在人群中的传播。在脊灰的防御上，第一道防线在肠道，第二道防线在血液。因为病毒是先经口进入肠道繁殖，再由淋巴管进入血液，然后到达神经组织。如果疫苗质量差、注射次数不够、血液中抗体维持时间短，那么仍有可能被感染，进而引起病毒流行。这种情况已被美国、匈牙利、加拿大、以色列等国的观察所证实。

顾方舟明白，死疫苗技术学会了也无用。正当他苦闷进退维谷之际，机遇不期而遇。一天，顾方舟巧遇在病毒研究所时的苏联同学，故友相见有说不完的话。从老同学口中他获悉，在索尔克研究灭活疫苗之前，美国已有三个研究组在研究减毒活疫苗，三组研究的方法是不同的。柯普洛斯基[1] 采用啮齿动物传代适应的方法，柯克斯[2] 则从鸡胚适应开始，而塞宾[3] 则用组织培养技术作为减毒的手段。前两人所得的脊灰减毒病毒的弱毒性质不稳定，而塞宾的三个型的脊灰病毒的毒力最低。1953—1956年，塞宾用了9000只猴、150只黑猩猩进行了这项研究，最后做出一小批试用疫苗。他

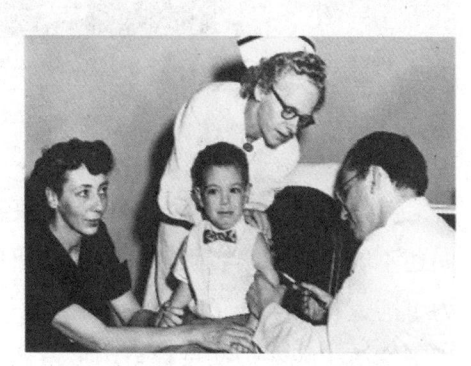

图5-10　索尔克在为儿子注射疫苗（左1是索尔克的妻子）

---

[1] 希拉里·柯普洛斯基（1916-2013），波兰和美国病毒学家和免疫学家，进行了脊灰病毒减毒方面的研究工作，并取得了重要成果。

[2] 柯克斯（1907-1986），美国细菌学家。1942年加入莱德勒实验室担任主任进行病毒研究，1961年宣布制成口服脊髓灰质炎疫苗。

[3] 艾伯特·布鲁斯·塞宾（1906-1993），美国医学研究者，又译萨宾。出生于俄国，1922年随父母移居美国。在脊灰病毒减毒方面取得重大成果，获美国国家科学奖章和总统自由勋章。

先在 133 名成人志愿者身上试用成功，然后分送给世界知名的脊灰实验室寻求合作。当时，美国一些病毒学家，对活疫苗的安全性高度怀疑。尤其是活疫苗使用后，其毒力会不会出现返祖现象颇有争议。为此，美国 FDA 迟迟不批准塞宾进行临床试验，塞宾的研究工作只得到此为止。

老同学还告诉顾方舟，苏联和美国有一个技术协定，双方共同研究脊灰活疫苗，也叫减毒活疫苗。顾方舟眼前一亮，自己曾经工作过的研究所正在搞脊灰活疫苗，那我一定要把脊灰活疫苗的事情搞明白。

如同虚构的故事，第二个机遇再次垂爱顾方舟：顾方舟在苏联的时候，恰逢莫斯科召开国际脊灰疫苗的学术会议，顾方舟也参加了大会。世界各国知名学者聚集，病毒学家们辩论起来都不留情面，有意见在会上就讲。专家们分为两派，一派主张用死疫苗，另一派主张用活疫苗，两派争论得非常激烈。

图 5-11 乔纳斯·索尔克（左）与艾伯特·布鲁斯·塞宾

主张用死疫苗的学者，认为活疫苗对人到底有没有害处，检验的时间还不够，有的学者强调活疫苗之所以不能在美国使用，是因为它的毒力可能返祖。给孩子吃了以后，会不会通过排泄物传播，会不会传染给周围的孩子呢？传播过程当中疫苗病毒会不会毒力恢复，是争论最尖锐的一个问题。假如毒力恢复了就太危险了，根本不能用。主张用活疫苗的学者则说，活疫苗使用没问题，而且肠道都可以免疫，所以免疫非常彻底。

两派学者都提出了自己的论据，但在当时不可能有明确的结论：一定是死疫苗好或者一定是活疫苗好。顾方舟当时在会上一边听他们辩论，一边琢磨：返祖现象到底是理论问题，还是现实问题呢？

毒力返祖就是病毒通过排泄物，从一个孩子传染到另外的孩子，在另外的孩子身上恢复到原来的状态。疫苗吃了不安全这是个大问题，会议上大家所争论的焦点就是这个：活疫苗敢不敢用？

这次莫斯科国际会议，虽然没有达成统一的共识，但是两种

图 5-12　1949—1951 年，索尔克日复一日做着相同的事情

疫苗的安全性问题引起了专家们的高度重视，两种疫苗的优点和缺陷也展示无余。在欧洲和美国是用死疫苗，而且取得了相当好的效果。但对活疫苗的使用争论很大，无法形成一致的观点。顾方舟已经清醒地意识到在中国无法开展死疫苗工作，而活疫苗成本低廉，易于推广普及，符合国情，从情感上已经倾向于活疫苗，他最关心的是如何防止其弊端的发生。

顾方舟会下积极与曾经的苏联老师和同学探讨活疫苗存在的问题，试图得到解决办法。苏联老师、同学的意见也不统一。有的同学说苏联开始也用死疫苗，也是害怕活疫苗的毒力返祖问题。后来干脆说：顾，这个事儿我们也在观察，也在考虑，你回去以后，自己去研究决定吧，我们不好给你出什么主意。但是顾方舟曾经的老师丘马可夫教授是极力主张用活疫苗的。这坚定了顾方舟选择活疫苗的决心[①]。

会后顾方舟抱着厚厚的会议论文，反复推敲琢磨，终于下定决心建议国家选择活疫苗的技术路线。他大胆秉笔直书，上报卫生部领导，明确提出中国应当搞活疫苗，否定了已经上马的死疫苗方案，在中

图 5-13　塞宾

---

① 顾方舟访谈，北京，2015 年 3 月 6 日。资料存于采集工程数据库。

第五章　力挽狂澜　　*117*

国现代防疫史上留下了闪光的一页①。

在中国医学科学院科研处1959年10月第30号卷宗上，我们发现了顾方舟用漂亮的行楷书写的报告"小儿麻痹减毒活疫苗的目前状况和将来的前景"。从报告落款的日期上看，当时顾方舟还在苏联。全文以清晰缜密的思路、科学准确的分析方法，为中国消灭脊髓灰质炎描绘出翔实可行的技术路线图，这应当是我国确定与研发脊髓灰质炎减毒活疫苗的第一份科学文献。在此辑录若干片段，以纪念那段不应忘却的历史：

自索尔克氏发明小儿麻痹灭活疫苗以来，世界上已有1亿以上小儿接种了这种疫苗，经过大规模的调查研究，证明索尔克灭活疫苗是安全的。但是，索尔克灭活疫苗有许多重大的缺点：

（1）自从大规模使用索尔克灭活疫苗以来，世界学者最关心的问题是灭活疫苗所引起的免疫力能够维持多久。根据苏联某些学者的观察，抗体水平在第3次注射后10个月就开始下降。

（2）注射疫苗后有相当大一部分小儿不出现中和抗体。据塞宾氏的材料，注射灭活疫苗后5至8个月检查，有40%—53%小儿血液中无Ⅰ、Ⅲ型抗体；捷克现有材料也说明，在14万小儿接种灭活疫苗8个月后，发现有36%—38%小儿血中无Ⅰ型及Ⅲ型抗体。

（3）灭活疫苗只能引起一种中和抗体的体液免疫，不能使肠道组织产生抵抗力，因此灭活疫苗引起的免疫不能减少轻型患者及隐性感染，换言之它不能阻止小儿麻痹病毒在人群中的传播。

（4）灭活疫苗的制造方法异常复杂，所需各项材料如胰酶、乳蛋白水解物、199培养基、除菌石棉滤纸等都需依靠进口，而且价格非常昂贵。此外，制造灭活疫苗所需猴子数量很大，据计算，100万人份疫苗所需猴子数量1500只。因此，灭活疫苗的成本很高，同时我国也没有如此众多的猴子供灭活疫苗制造之用。

（5）灭活疫苗使用方法是注射，而且要3次，在7个月内才能完

---

① 摘自"小儿麻痹减毒活疫苗的目前状况和将来的前景"，档案全宗号8，案卷号29。存于中国医学科学院档案室。

成一个预防免疫注射。加之这种疫苗产生的免疫力时间维持不长，一个孩子在7岁之前要注射6次，这个方法显然不适宜大规模预防接种之用。

由于上述原因，虽然索尔克发明了灭活疫苗，但许多学者并没有中断小儿麻痹减毒活疫苗的研究，其中成绩最显著的是塞宾和卡普罗夫斯基。在6—7年中，他们二人最后用组织培养蚀斑的方法，获得三型高度减毒的小儿麻痹毒株。

图 5-14 塞宾疫苗的试用

塞宾毒株名称：Ⅰ型 $-LS_C$ 2ab；Ⅱ型 $-P_{712}.ch.2ab$；Ⅲ型 $-Leon\ 12a1b$。

卡普罗夫斯基毒株名称：Ⅰ型 $-Wistar-Chat,\ Pool13$；Ⅱ型 $-Wistar-Pool1$；Ⅲ型 $-Wistar-Fox,\ Pool13$。

由于目前大多数人认为塞宾氏的减毒株，较卡普罗夫斯基氏的稳定，故下面着重介绍塞宾氏三株减毒株的目前情况。

塞宾氏提出的对小儿麻痹减毒活疫苗株的要求：①大量病毒（$10^{6-7}TCD_{50}$）注射到低级猴及猩猩的脑内（视丘部），不应引起动物发生麻痹。大量病毒（$10^{6-10-7}TCD_{50}$）直接注射到低级猴的脊髓前角后，只在个别情况下引起动物发生轻度的、部分的麻痹，注射到猩猩的脊髓前角则不应引起麻痹，亦不应引起病理变化；②口服后三型病毒，应在肠道中旺盛的繁殖并能使肠道产生相应的抵抗力；③口服后不得引起毒血症；④能引起抗体产生程度不等的中和抗体；⑤减毒株在人肠道中繁殖后不应恢复其原有的嗜神经性。

这几种病毒对猴脑组织的嗜神经性，已经可以说低到非常低的程度，即使注射 $3.6×10^7—4.3×10^7TCD_{50}$ 病毒到猴脑内也不引起麻痹。

这三株病毒对猴脊髓的嗜神经性也很低，用 LS_C 2ab 株注射了 105

只猴子，其中有 16 只猴子试验发生麻痹，其中 13 只是注射了 $10^{7.0}$-$10^{7.4}$ TCD$_{50}$ 发生的，13 只中有 7 只是轻度的局部的麻痹。Ⅱ 型 P$_{712}$.ch.2ab 株、Ⅲ 型 Leon 12a1b 株对猴的脊髓嗜神经性也很低。

目前大家对于小儿麻痹减毒活疫苗的优越性都是承认的，但对它的安全性有人还抱着若干疑虑，下面就着重讨论一下关于小儿麻痹活疫苗的安全问题。

小儿麻痹活疫苗对服用者本身的安全性，已经有很多著者证明了，就是活毒疫苗的反对者也予以承认，现在问题主要在于小儿麻痹减弱株能否在人肠道中繁殖之后，恢复原来很强的嗜神经性，是否对周围人群有害。

我们先看一下塞宾氏的试验。

28 名成人志愿者服用了 LS$_C$ 2ab 株后由粪便中分出病毒，然后将病毒培养液注射到猴的脑内。20 名志愿者，第 6—7 天的粪便病毒培养液，注射了 80 只猴子，只有一只猴子在 22 天后有一只手臂发生轻度麻痹，但脊髓中未发现病变。有一名志愿者的第 28 天粪便病毒培养液，注射了 8 只猴子，有 2 只发生了麻痹。这个结果表示 LS$_C$ 2ab 株经肠道繁殖后，对猴脑组织的嗜神经性有少许增强。但总的看来，28 份材料，注射的 120 只猴中只有 3 只发生麻痹，7 只可疑。这说明这株病毒减毒的程度仍是很高的，由对猴脊髓的嗜神经性也可看出这点来，Ⅱ 型及 Ⅲ 型的减毒株的结果与 Ⅰ 型相似，Ⅱ 型 P$_{712}$. ch. 2ab 的减毒程度比 Ⅰ 型更高些，而 Ⅲ 型 Leon 12 a1b 的减毒程度比 Ⅰ 型低些。

荷兰 Veilinde 氏，1958 年也研究了这个问题，证明了塞宾的结果。

关于小儿麻痹减毒活疫苗的免疫性问题。一般来讲一种疫苗的免疫性表现在两个方面，一方面是血液内液体免疫如中和抗体的增长，另一方面是组织免疫力以及这两种免疫力的持续时间。

服用小儿麻痹减毒活疫苗后的抗体产生问题有很多材料，塞宾曾用过 8—10 株不同减毒株，给 133 名成人服用，卡普罗夫斯基曾用活疫苗免疫过几百名小儿，结果证明减毒株在人肠道繁殖之后，即随之以抗体产生。但抗体的水平，因人及不同毒株而有不同。

根据捷克的报告，没有抗体的小儿在服用活疫苗后，有95%小儿获得了抗体。这个结果，显然比任何用索尔克灭活疫苗免疫后所得的结果为佳，尤其是Ⅰ型抗体的增长，比灭活疫苗要好得多。

活疫苗所引起的抗体水平能维持多久呢？据卡普罗夫斯基的报告，他观察了11个人口服TN株后4½—5½年抗体的水平一直不变，塞宾观察了1½年，抗体水平维持得和服后一个月相似。

但问题不在于血中抗体水平高低，而是在于服疫苗后肠道能否获得抵抗力的问题。

塞宾指出服活疫苗后抗体水平与肠道的抵抗力二者之间毫无关系，血中抗体水平很低的人，但肠道却有很好的抵抗力。肠道抵抗力的持续时间，据塞宾的观察可以到2年，现在正继续观察中。

小儿麻痹减毒活疫苗有一个很明显的特点，这个特点是任何灭活疫苗所没有的，活疫苗在小儿服用之后，可以传播给周围未免疫的小儿，使这些小儿也获得免疫。

有一个育婴堂内133名3岁以下小儿，在该地区用活疫苗之前有抗体的儿童仅占26%，但使用活疫苗后一年，虽然这个育婴堂没有进行活疫苗口服接种，但儿童的抗体的情况却起了很大的变化，阳性儿童增到72%，原因是在这期间由外面送进几名服过活疫苗的小儿，致使疫苗株在这个育婴堂中广泛传播。捷克的材料证明有40%的儿童，可由接触而获得免疫。

根据以上所述，小儿麻痹活疫苗在使用时必须扩及全部敏感儿童，最好包括成人在内，大规模地、全面地施行预防接种，可使绝大部分居民获得免

图5-15 听到试验成功的消息，一家商店橱窗上面写着"Thank You，Dr.Salk"

第五章 力挽狂澜　121

疫，这样可以将小儿麻痹毒株从人群中驱逐出去，并且使减毒株无机会在人群中运转传播。

目前世界上已有600万人口服了小儿麻痹活疫苗，苏联400万、捷克14.3万、刚果32万、拉丁美洲100万、墨西哥50万、新加坡20万。

新加坡Hale教授作了一个颇有意思的试验，去年9月间新加坡开始Ⅰ型小儿麻痹的流行，后来决定利用干扰作用及交叉免疫的原理，用Ⅱ型塞宾活疫苗来制止Ⅰ型的流行，共有20万小儿服用了Ⅱ型活疫苗，新加坡共有40万10岁以下的小儿，据塞宾的报告说，Hale教授告诉他，口服Ⅱ型疫苗后，病毒即在儿童中传开，Ⅰ型流行就被中断，后来在服用者中间有几个儿童患小儿麻痹，但后来证明这是Ⅰ型引起的。

自1908年Landsteiner及Popper氏，确定小儿麻痹病毒性疾病以来已有50年了。直到1948年Enders氏等发现小儿麻痹能在非神经组织培养繁殖之后，小儿麻痹的许多问题才得到解决。1954年索尔克用组织培养的方法发明了灭活疫苗，给预防这个可怕的疾病带来莫大的希望，灭活疫苗虽然能降低麻痹型的发病率，但仍不能彻底解决这个疾病在人群的蔓延。

塞宾和他的同事经过6—7年的努力，终于找到了比灭活疫苗更有效的、使用方法简便的、经济的、制造方法简单的疫苗——减毒活疫苗，苏联学者丘马可夫教授等人，经过周密的、全面的研究，确定了这种疫苗的安全性，并首先大规模使用了这个疫苗，打消了许多人对服用这种疫苗的疑虑，为预防及消灭小儿麻痹作出了伟大的贡献。

我国近年来小儿麻痹已广泛蔓延，有些地区已经发生了大规模的爆发。根据临床病例报告，全国有十六七个省市有蔓延，每地的患者每年在200—1000名，中国医学科学院病毒系从十二个地区（北京、天津、南京、南通、上海、青岛、武汉、南昌、呼和浩特、乌鲁木齐、湘潭、银川）分离出小儿麻痹三个型的病毒。

今年某些地区流行发生比往年早，病人也比往年同期增多，这个情况值得我们注意，如果认为这个病的发病率不高，预防工作可以慢些开展，那么终会在某年某地来一个大爆发。1947年柏林市的大爆发（发病率78.8/10万）应该作为我们的前车之鉴，事实上1955年我国南通、1956年温州的大流行，已经向我们敲起了警钟。

　　小儿麻痹目前发病率虽然不高，但严重威胁着每一个家庭，减毒活疫苗对我国来讲，是解决小儿麻痹的一个多、快、好、省的办法，只要我们掌握了这个武器，在党的领导下，充分发动群众，就可以在短期内使这病在我国绝迹！

中国医学科学院病毒系　顾方舟
1959年6月30日

持"宝"回国

　　卫生部领导突然接到顾方舟"不知深浅"的意见书后，既感惊讶也深感问题的严重性，立即打电话到苏联保健部咨询：脊髓灰质炎现在据说有两种预防办法，一个死疫苗，另一个活疫苗。你们苏联保健部采用死疫苗，还是活疫苗啊？因为各国专家分歧很大，当时苏联保健部也无法给中国卫生部一个明确的答复。于是，苏联保健部的人回答说：你们不要问我们了，你们的顾方舟就在我们这里，你去问他吧。很快，卫生部就给顾方舟重新下达了指示：顾方舟，既定的任务不变，但同时也要把活疫苗的情况搞清楚。顾方舟后来说："好，这下我既要弄通死疫苗也要搞明白活疫苗，等于是给我的任务加倍了。"[①]

　　顾方舟带着新任务来到做研究生时的实验室，虽然中苏关系不睦已尽人皆知，大家对他一如既往地热情，他们做活疫苗试验也不瞒着顾方舟。活疫苗的发明人塞宾教授与这个实验室关系熟稔。因为他的活疫苗美国

---

① 顾方舟访谈，北京，2015年3月6日。资料存于采集工程数据库。

图 5-16 共同理想，相濡以沫（摄于 1957 年）

FDA 不批准临床试验，所以应用之路就堵死了。塞宾曾在脊灰国际会议上反复跟大家讲：活疫苗经过实验检验是没有问题的。可是他拿不出有力的资料说服反方学者。当然也有另一种说法，因为死疫苗利润丰厚，生产死疫苗的公司千方百计堵死活疫苗的发展之路。

一筹莫展之际，塞宾想了个办法，他亲自写信给世界各地的脊灰实验室：你们如果愿意使用活疫苗，我免费赠送样品，请大家根据使用情况证明是否安全可靠。塞宾的倡议得到了丘马可夫教授的积极回应。丘马可夫教授认为活疫苗很有发展前景，是否存在返祖问题有待临床试验才能做出结论，而且就苏联的实际情况来说，需要注射疫苗的孩子很多，死疫苗注射过程烦琐，经费开支巨大，死疫苗苏联也是用不起的。于是双方一拍即合，合作富有成效。苏联用塞宾提供的病毒株，已经批量生产出了活疫苗。

顾方舟不可能知道塞宾与丘马可夫教授合作的细节，他想"不透露给我，我就拐弯抹角想办法弄清楚你们究竟在干啥"。一天，顾方舟和他研究生时的同学聊天，不经意地说："我也想研究这个活疫苗。"可能是这位老同学得到了丘马可夫教授的默许，很快老同学不仅送给顾方舟一批他们生产的活疫苗，而且还给了他一些塞宾提供的原始病毒株，这无疑是顾方舟梦寐以求的宝贝。

活疫苗和病毒株在室温下很快就会失效，只有尽快送回国才行。顾方舟既怕失效又担心夜长梦多，立即与大使馆联系，同时还跟同在莫斯科的钱信忠副部长汇报。钱部长立即决定找大使让顾方舟马上回国一趟。从北京到莫斯科的飞机票价格不菲，而且顾方舟还得赶紧回来，经大使特别批准，1959 年 6 月顾方舟带着样品飞回北京。刚下飞机，顾方舟没想到接机的竟是妻子李以莞。小两口来不及寒暄，小心翼翼抱着"宝贝"直到将"宝贝"放入北京生物制品研究所的冰箱里，小两口才如释重负携手回家。

在北京，卫生部专门召集病毒学界和生物制品界的专家们开会。由顾方舟汇报了苏联脊灰疫苗的情况，也谈了他自己对死疫苗、活疫苗的看法。顾方舟说：脊髓灰质炎的消灭，主要在于建立一个强有力的免疫屏障，让病毒再也进不来。能不能快速地在适龄儿童中间建立起脊髓灰质炎免疫的屏障，这是最重要的问题。当时大家都没有什么经验，能不能建立起这样一个屏障？怎么建立？同时大家也担心病毒的返祖问题。

会上，顾方舟虽然拿不出说服大家的有力数据，但是他认为死疫苗在中国行不通，活疫苗的优点又是显而易见，为什么不大胆试一试呢？更何况"我的老师给我交了底，说他们是主张走活疫苗路线的。卫生部最后研究决定，采取活疫苗的路线，这是我们中国消灭脊髓灰质炎一个具有决定性意义的措施。"[1]

顾方舟带回的苏联活疫苗，"卫生部党组研究了这个问题，最终决定接受这批疫苗并允许在我国几个城市试用"。

1959年6月，卫生部发布了"关于小儿麻痹活毒疫苗大规模试用计划（草案）"，并开展大规模接种工作[2]：

疫苗接种的组织分工：

1. 疫苗接种工作在卫生部统一领导下进行，成立小儿麻痹预防中心小组

组长：钱信忠副部长、王维尚

副组长：白希清副院长、曾毅

组员：邓启修、顾方舟、孟雨、李志中、诸福棠、薛沁冰、朱彤、张福林，北京、上海、青岛、沈阳卫生局局长、防疫站站长各一人，南宁、天津、南京、旅大（现大连）、济南各参加一名防疫站站长。

---

[1] 顾方舟访谈，北京，2015年3月6日。资料存于采集工程数据库。
[2] 关于小儿麻痹活毒疫苗大规模试用计划（草案），档案全宗号8，案卷号29。存于中国医学科学院档案室。

2. 小儿麻痹预防中心办公室

设办公室，由卫生部防疫司、中国医学科学院病毒学系、北京医学院流行病学教研组、中国医学科学院儿科研究所派人组成。

办公室主任防疫处王维尚，副主任病毒学系曾毅。

地点：北京先农坛中国医学科学院病毒学系。

在进行接种的城市中，由该市卫生局组织小儿麻痹预防小组组织此项工作，小组下分设宣传、接种、流行病学效果调查、化验诊断、病毒学调查研究及疫情报告各组。预防小组应请有经验的流行病学、病毒学、小儿传染病学、化验诊断等方面专家参加，以便讨论及确定疫苗的效果。各市小儿麻痹预防小组的组织、任务及分工另有规定，此项规定经中心组讨论，批准后执行。

小儿麻痹疫苗使用计划：

1. 使用地点

根据我国各地流行情况，建议在北京、上海（50万儿童对照城市）、洛阳、大连、青岛及南宁等市使用。由于此种疫苗原则是尽可能使该市所有对小儿麻痹敏感儿童都口服疫苗，并且服用疫苗后儿童之间可以相互传播，未服用疫苗之儿童也可获得免疫，因此不能在接种的城市中选择对照组，如有可能可以各市邻近城市作为对照，如天津、济南、旅大（现大连）、南京，为这次使用活疫苗的对照城市。

2. 使用方法

考虑到目前各地已有小儿麻痹患者发生，发病人数正在增加，故认为最好将接种分为三个阶段，首先选择几个托儿所（数百人）试用，并由北京儿科研究所或其他有关单位负责观察服用后有无反应，然后进行第一次全面免疫，用三个型混合液免疫，过3至4个月再进行第二次混合疫苗全面免疫。

3. 疫苗接种范围

根据各地临床统计以及上海、北京的人群抗体调查，小儿麻痹患者多发生在7岁以下的小儿，所以建议在2个月至7岁的小儿中普遍进行接种。

4. 接种完成期限

由于目前小儿麻痹已开始流行，故不能避免接种与发病的耦合，但如果免疫接种工作能在短期内完毕，那么耦合的机会就能减少。

小儿麻痹活毒疫苗的生产问题：

根据苏联及其他国家的经验，小儿麻痹活毒疫苗是安全有效的，目前已在大规模生产和大规模地在人群中接种，效果很好。本病近年来在我国流行有逐年增加的趋势，因此在目前流行还不是十分严重的情况下，迅速生产大量活毒疫苗，广泛接种以控制本病的流行是十分必要的。关于活毒疫苗的生产有如下两个问题：

1. 生产活毒疫苗的地点问题

暂由北京生物制品研究所负责生产。迅速投入生产准备。活毒疫苗需要量较死毒疫苗仅为 1/100，由北京生物制品研究所或两个所生产足以供应全国，而且从疫苗发展前途来看，活毒疫苗必将代替死毒疫苗，故中国医学科学院正在昆明筹建的规模巨大的死毒疫苗生产部门应重新考虑。

2. 猴子问题

为了迅速生产大量疫苗，必须立即组织和解决猴子来源问题，目前猴子不断出口，留在国内使用得不多，应与对外贸易部商讨减少出口。

成都生物制品研究所已建立猴子房，为了供应生产的急需，建议成都所做好供应猴子的工作。

——1959 年 6 月 24 日

活疫苗的技术路线终于确定下来，顾方舟如释重负。1959 年 6 月底，顾方舟乘飞机返回莫斯科，他和他的团队将工作的重点转移到活疫苗上，大家争分夺秒、不遗余力地努力学习，心中只有一个信念——让活疫苗在中国尽快落地生根，让祖国的每一支花朵不再凋零。

第六章
花落中国

第一批脊灰活疫苗试制成功

1959年9月,顾方舟一行四人回国,他们意气风发、踌躇满志,决心大干一场。卫生部"关于小儿麻痹活毒疫苗大规模试用计划(草案)"已发布三个月,北京生物制品研究所经过紧锣密鼓的准备,万事俱备,只等四员大将回来挂帅出征。

卫生部所属的几大生物制品研究所热情高涨,纷纷想在脊灰活疫苗生

图6-1 20世纪60年代的北京生物制品研究所

产上建功立业，力争把试生产的任务抢到手。卫生部根据北京生物制品研究所实力与地理位置，以及背靠中国医学科学院强大的人才技术后盾，决定第一批试生产任务交给北京生物制品研究所，并组织相关单位成立了一个阵容强大的协作组，由顾方舟当组长，北京生物制品研究所的章以浩[①]任副组长。这两位北医的老同学，为抗击脊髓灰质炎的伟大事业走到一起，配合默契，携手并肩。

北京生物制品研究所创立于1919年，是我国第一个卫生防疫和血清疫苗研究与生产的专门机构，先后研制生产出中国最早的牛痘、霍乱、伤寒、狂犬病等疫苗及白喉抗毒素等生物制品，所长汤飞凡教授享有国际声誉。

顾方舟他们虽然赶上了国内物资匮乏、国际封锁的尴尬年代，但也恰逢社会主义大协作，一方有难八方支援，为了一个共同目标共同努力的时代。为了按期保质完成中国第一批500万人份脊灰活疫苗试制任务，中国医学科学院等科研单位、成都生物制品研究所等生产单位，要人给人，要设备提供设备，一道道看似难以逾越的门槛顺利跨过。

经过一年的奋战，终于在1961年元旦前夕，生产出了中国第一批500万人份脊灰活疫苗。顾方舟从苏联带回的塞宾活疫苗病毒株，终于在中国落地生根。

减毒活疫苗生产出来并不能立即使用，必须经过严格甚至苛刻的层层检定，即使一项检定不达标都不允许出厂，因为稍有不慎贻害无穷。这是顾方舟他们面临的第二个关口，否则前功尽弃。

参考苏联的活疫苗检定流程，顾方舟带领大家制定了包括近20个检定项目及相应的标准。既要严格把控活疫苗中脊灰病毒的含量，又要绝对保证活疫苗没有其他的病毒杂菌掺入，他们得到了实验动物部门的通力支持。

试验所需的猴子基本是野外捕来的，本身就可能带有各种细菌病毒。

[①] 章以浩，1951年北京大学医学院毕业。曾任卫生部北京生物制品研究所所长、卫生部计划免疫咨询委员会主任委员、北京微生物学会理事长、中国生物制品总公司总工程师等职。1979年应世界卫生组织聘请任全球消灭天花证实委员会委员。

所以猴子在使用前，必须要隔离近一个月，需要抽血检查确定猴子没有疾病，特别是猴子可能携带的 B 病毒必须检定排除。人如果感染了 B 病毒，会罹患致死性的脑炎或上行性脑脊炎。B 病毒又称为猴疱疹病毒。B 病毒与人的单纯性疱疹病毒相近，对于恒河猴仅引起良性的疱疹样口炎，7 至 14 天可以自愈，但对人来说却能致命。

确保恒河猴无菌无病身体健康后，按严格标准进行饲养。检定所需的恒河猴均在两岁以内，以模拟近似于学龄前儿童的体征。将活疫苗注入猴子脑内、脊髓内是一项关键的毒力实验，即可检定活疫苗的单位病毒含量是否合格，又能发现不良反应。

所有关口检验合格签字通过后，还必须经过三期临床检验。临床检验是最后的一关，但必须用学龄前的儿童做试验。

抱来儿子做试验

1960 年 12 月，国产第一批 500 万人份脊灰活疫苗，圆满完成动物实验，到临床检验这最后的一关了，按计划需要进行三期临床试验。I 期临床试验主要观察疫苗对人体是否安全，有无副作用。顾方舟和同事们毫不犹豫决定自己先试用疫苗，冒着可能瘫痪的危险，顾方舟带头喝下了一小瓶疫苗溶液，一周后大家没有出现任何的异常。接下来，必须证明疫苗对小孩安全。

I 期临床试验需要十来个学龄前儿童，顾方舟说："我是组长我带头。我们家小东不到一岁，符合条件算一个，你们还有谁愿意参加？"后来实验室人的五六个

图 6-2　1961 年，顾方舟与爱子顾烈东

孩子都参加了这个试验。虽然，大家对自己的产品心里是有底的，绝不会冒冒失失拿给孩子吃，但是如果一点风险都没有还做试验干嘛？顾方舟抱孩子参加试验没有跟夫人说。后来李以莞知道了，也没埋怨顾方舟。顾方舟想：我自己的孩子不吃，让别人孩子去吃，那怎么可以！

减毒活疫苗服用方法简单利索，孩子蘸着馒头或饼干吃一次就行，既不需要打针也不需要连续多次。服后观察一个月，重点在第一周和第二周。当时正值六七月份，而脊灰的流行高峰季节是6—9月，顾方舟担心在脊灰病毒流行的季节里做安全实验，万一发生耦合怎么办？因此实验前他特别强调："事先都得给孩子做化验，看孩子做试验合不合格。做到对试验负责，对孩子负责。做第一期临床试验的孩子，首先要没有感染过脊灰病毒，血液里没有脊灰病毒抗体，只有综合抗体阴性的孩子才能够入选。另外是例行的体格检查，孩子要健康，没有疾病。"

一个月过去了，孩子们什么症状都没有，平平安安地过来了。第一期临床实验顺利通过。不久，顾方舟带着疫苗去卫生部汇报工作，他当着部长的面说：口服疫苗，我们大人没问题，小孩也没有问题，临床检验证明疫苗是安全的。

Ⅱ期临床试验是与北京市防疫站合作完成的。在2000名7岁以下小儿中试服活疫苗，重点看他们的抗体增长情况以及其他指标的变化。依然是所有参试儿童什么症状都没有。二期临床也顺利通过了。

Ⅲ期临床试验需要在更大人群范围进行，以获得可靠的评价数据和流行病统计学效果。此项试验从1961年4月开始，有11座城市的450万7岁以下小儿参与试验。这段日子里，顾方舟如履薄冰，即使万分之一的纰漏，那也会累及几百个无辜的孩子啊！

为保证计划顺利实施，中国医学科

图6-3　1961年，李以莞怀抱长子顾烈东在人民大会堂前留影

第六章　花落中国

学院病毒学系专门给各地的卫生防疫站办了培训班。为了及早控制住脊灰疫情，各地的卫生防疫站都非常积极配合。如北京防疫站很快地统计出了适龄儿童的数量，上报服用的孩子数目。根据流行病学统计常规，设对照组，即一组是服疫苗的，另一组是不服疫苗的。

顾方舟从没有主持过这么大的实验。后来他说："谁主持这个实验谁明白，真是提心吊胆，因为这个事情等于是拿孩子做试验啊。当然我和实验室的同志们心里头还是有数的。以前做过的实验都证明活疫苗没问题，而且一期临床、二期临床做了也都没有问题，三期临床也应该没有问题。如果没有这样的信心，谁敢做？责任太大了，这多亏是有卫生部领导和实验室同志们的大力支持"。

时光匆匆，弹指间快六十年了。这里辑录中国医学科学院病毒学系1960年7月11日的一份文件，再现当年真实的情景与心路历程[①]：

> 1959年3月，我们派遣了四位科学工作者去苏联学习小儿麻痹疫苗的制造。原来计划是学习死疫苗，但在学习过程中了解到活疫苗已可以实际应用，并认识到活疫苗是符合我国多快好省的精神的，因此经卫生部同意在苏联专家的帮助下，转而学习活疫苗。在苏联学习6个月后，于1959年9月回国并立即开始筹备生产。由于党的领导和大搞协作的结果（中国医学科学院、卫生部北京生物制品研究所、成都生物制品研究所、生物制品检定所），我们克服了重重的困难，在短短的半年中就生产出了500万人份的小儿麻痹减毒活疫苗，成为世界上第二大批的活疫苗。
>
> 今年4月上旬，这批活疫苗已在全国11个城市使用（北京、上海、天津、青岛、沈阳、成都、武汉、南京、南宁、昆明、济南）。为了把疫苗使用好，中国医学科学院办了专业训练班，为全国11个城市培养了专业干部，并且根据卫生部的指示，派遣干部赴各地现场协助活疫苗的使用。事实证明活疫苗受到了使用地区人民的热烈欢

[①] 小儿麻痹概况，档案全宗号8，案卷号29。存于中国医学科学院档案室。

迎。这一方面是由于党的领导做了许多动员工作，另一方面也由于该疫苗使用简便（0.1毫升水剂滴在一小块饼干或馒头片上口服）。许多地区反映这种疫苗是所有疫苗中进展最快的。许多老太太说"这是毛主席特意为小孩准备的"，有些有病的小孩家庭也坚持要吃。疫苗运到青岛市后，各单位连夜开展疫苗服用。上海市在一周内就服用了近70万人。

目前在全国11个大城市已服用了近400万人份的小儿麻痹活疫苗，证明该疫苗是安全的，在如此大量的口服活疫苗后，没有意外，亦没有严重的不良反应。

关于活疫苗的效果，由于服用才几个月，还不能对流行病学效果下定论，但从个别地区来看，流行有所控制。如青岛市，自1956年以来每年发病人数均很高，但今年4月下旬至6月中旬，发病人数仅是去年同期的1/10。北京市未服疫苗者比服疫苗者间耦合发病者高6倍。总后勤卫生部服了6000多人，今年无一例小儿麻痹发生。北京西单地区一托儿所未服疫苗者，在二周内爆发了五名小儿麻痹患者。经服疫苗后，小儿大便中分离病毒来看，疫苗毒株在小儿肠道内繁殖很好。

目前我们正在克服一切困难，在党的领导下，在今明两年内生产2亿人份的疫苗，使我国所有敏感儿童均得到免疫，我们有信心三年内在我国消灭小儿麻痹。

疫苗没有辜负顾方舟和他的同事们，质量安全可靠。统计数字表明：与1959年相比，各地发病率下降1—10倍，对照组比服疫苗组的发病率高7—20倍。实验证实保护率达到93%，降低了发病率，削平了季节高峰[1]。

---

[1] 中国医学科学院医学生物学研究所：《我与生物所的故事》。云南昆明，2018年10月，第5页，未刊行。

第七章
转战大西南

一语重千钧

　　1960年年底，卫生部决定将全国脊灰活疫苗的生产基地由北京转移到昆明，仍由顾方舟领导协作组在昆明开展大规模的脊灰活疫苗研发生产。一则解决北京没有恒河猴资源的无米之炊，二则将已经基本完成土建的原疫苗生产基地利用起来。当时正逢"三年自然灾害时期"中的最困难阶段，全国各地的基建工程纷纷下马，花红洞疫苗基地也处于不上不下的窘境。因为疫苗基地连基本的研发生产条件都不具备，比如自来水、24小时供电等。"卫生部派生物制品界老领导、老专家来昆明花红洞视察。他们看到当地的情况，都表示困难很大，主张慎重。"[①]

　　消息传到了北京。一天，沈其震院长打来长途电话找顾方舟。沈院长一改往日温文尔雅的口吻，直截了当地问："顾方舟，你要说老实话，到底能不能干？干不干得了？"顾方舟说："沈院长，困难是有的，但这些困

[①] 顾方舟：纪念医学生物学研究所建所四十周年。《中国医学科学院院报》，1998年10月21日。

图 7-1　20 世纪 50 年代，沈其震（左 1）与白希清（右 3）接待外宾

难是可以克服的。我们这些人在这儿一定干出成绩来给您汇报。"[①] 事后得知，沈院长打电话时，中国医学科学院党委书记白希清也在电话旁边。各级领导正焦灼于昆明疫苗基地去留的抉择，进退维谷。举棋不定之际，是顾方舟的回答一字千钧，天平立刻向干下去倾斜。时间证明决策是正确的，因为选对了人。顾方舟带领医学生物学研究所的同志们披荆斩棘，硬是将"不可思议"变成了现实。

钱信忠部长、沈其震院长始终关心和领导这个项目，给予强有力的支持，项目获得了国家加大力度的投资。同时，云南省人民政府、卫生厅等部门也给予了及时有力的帮助。

疫苗基地建设投资加大、快步上马的消息，极大地鼓舞着已经苦战两年的建设者们。他们一往无前，在半饥饿的状态下，用"瓜菜代粮"填充肚子，挺直腰杆努力工作。为了节省经费，职工们自己架电线修马路，没有帐篷就夜宿山洞。职工们还与工程队一道开水渠，挖山填沟，建设猴园。没有卡车拉粮食，职工们翻山越岭到市区粮店背粮食。捕猴队的同

---

① 顾方舟访谈，北京，2015 年 3 月 9 日。资料存于采集工程数据库。

第七章　转战大西南

志，成年累月生活在西双版纳的密林中，披荆斩棘风餐露宿。为了保证生产用猴，捕猴队员毕福林同志献出了自己年轻的生命。

当时地处祖国西南边陲的昆明，与内地不通火车。基建用的钢材及大型试验台等物资都是海运到越南，再经滇越铁路运到昆明。历经千辛万苦，1960年12月，医学生物学研究所19栋建筑，面积达13700平方米的生产科研办公及生活用房陆续建成，疫苗生产、检定用的各种仪器设备大部分是国产的。一条2千米长，直达所区的专用公路也修通了。

1960年，疫苗生产需要无菌消毒设备，当时的高压锅容积太小，无法满足生产要求。那时只有上海能生产高压锅，而工厂要求"以钢换锅"。后勤保障科的杨志和同志经几番努力在北京搞到了钢材。买到钢材后，又经过多地辗转，千辛万苦，历时一个多月才将钢材运到上海仪器厂，又几经周折后才成功换回高压消毒锅[①]。

为了检验生产能力，脊灰疫苗生产楼竣工后便立即投入生产。1960年11月，进行1500万人份的批量生产实验。到1961年8月，减毒活疫苗试生产成功，完成Ⅰ、Ⅱ、Ⅲ型活疫苗各1500万人份。这次批量生产是中国医学科学院医学生物所、病毒学系与卫生部生物制品检定所、北京和成都的生物制品研究所等5个单位，第二次大协作的成果。经过这二次试生产，积累了生产经验，对生产方法及检定技术

图7-2 1965年，因抗美援越的战备需要，将花红洞改建成防空洞

[①] 中国医学科学院医学生物学研究所：《我与生物所的故事》。云南昆明，2018年10月，第26页，未刊行。

作了一些改进[①]。

这一时期技术和行政干部缺乏，曾发生总务科长到北京主管部门要所长的故事。难题最后主要由中国医学科学院承担了起来，来自院直机关、血液学研究所、流行病学研究所、实验医学研究所、病毒学研究所、劳动卫生及职业病研究所、仪器所、协和医院等医学科学院所属单位以及中国药品生物制品检定所等单位的技术骨干和行政管理人员陆续调来。

1960年前后，毕业于上海、北京、昆明、武汉和中国医科大学的大学生，昆明市医士学校及中国医学科学院卫生技术学校的中专生，服从国家分配，从繁华的大城市来到昆明的山沟。还有广西壮族自治区捕猴队的技师、云南省公安第二医院医护人员、云南省体工队转业运动员、云纺工人师傅和部队复转军人，陆续来到昆明花红洞。他们有的单身，更多的是全家迁入，有的甚至还将自己父母带到昆明的大山里。

1961年9月22日，中国医学科学院医学生物学研究所（以下简称生物所）在昆明花红洞正式挂牌成立。

1961年1月10日，周恩来总理在出国访问途中视察了生物所。顾方舟在昆明再次见到周总理非常激动，他详细介绍了脊灰活疫苗的生产研发情况，当他说道："总理，我们的疫苗生产出来，给全国7岁以下的孩子都用上，就可以消灭脊髓灰质炎了！"周总理非常高兴，打趣道："这么一来，你们不就失业了吗？"顾方舟说道："不会的，这个病消灭了，我们还要研究别的病呀！"周总理赞许道："好！要有这个志气！"

顾方舟陪同周总理视察了实验室和疫苗生产车间，还到了猴园。那一天，周总理看着短短两年间不仅疫苗基地全部建成，而且疫苗生产也提前实现预期目标，非常高兴。周总理在视察结束时，高度赞扬了全所职工在党的领导下，发扬了自力更生艰苦创业的精神，勉励大家努力工作，全面完成既定的各项任务目标[②]。

周总理视察后，朱德委员长、李先念副总理、陈毅副总理等国家领导

[①] 中华人民共和国消灭脊髓灰质炎证实报告，附件2. 中国消灭脊髓灰质炎的主要活动，第52页。

[②] 顾方舟访谈，北京，2015年3月12日。资料存于采集工程数据库。

人，先后视察了这个山沟沟里的研究所。陈毅副总理来所视察时头顶贝雷帽，西装革履，风度翩翩，谈笑风生地说："我代表全国的母亲，感谢你们的工作！"杜星辰接茬说："我代表全国的儿童，感谢你们的工作！"气氛一下活跃了起来。大家想起以前未能与周总理合影的遗憾，希望能与陈毅副总理合影留念。陈毅用浓重的四川口音说道："好！"于是疫苗生产楼前留下了弥足珍贵的一刻：陈毅副总理穿着灰色大衣，两手插在口袋里。顾方舟穿着洁白的实验服站在旁边。所有人都冲着镜头开心地笑着——党的关怀，犹如滋润万物的春雨，让他们充满前行的力量①。

身先士卒

如果说在北京生产疫苗需要付出十分的努力，那么在昆明的山沟沟里无疑需要付出百倍的艰辛，尤其是在那个饿肚子的困难时期。

当时国家给行政技术人员的定量是每人每月25斤粮食，为了做长期备荒的准备，云南省号召每人再节约1斤，也就是每人每月24斤，一天才合8两粮食。在缺油少肉没有副食的情况下，每天处于饿肚子的状态。为了自救，学习南泥湾的精神，干部带头搞生产。"后来陆续调来一些人，我就带着一帮人开荒，什么都自己动手。不过好在那个时候毛主席和党中央都主张知识分子与工农相结合，正好符合这个号召。"②

今天，昆明最著名的美味佳肴是鲜美的蘑菇，可是生物所的元老们说起蘑菇来，有吐不完的苦水：

图7-3 1965年，赵玫做细胞病变检查

① 杜星辰回忆录"大历史中小人物的小故事"，2018年，未刊行。
② 顾方舟访谈，北京，2015年3月6日。资料存于采集工程数据库。

看着花红洞周边的彝族百姓，采摘山上的野蘑菇吃，饥肠辘辘的人们顿时有了主意，大家决定采蘑菇改善生活。

赵玫回忆当年的往事，令人唏嘘不已：

> 昆明有鲜蘑菇，鲜蘑菇非常好吃，我们在山里采蘑菇方便。我们几个就去采蘑菇，采回蘑菇，没有油、没有盐，就跟家在当地的职工要了点油盐。那时候昆明的同志一个月一个人只有二两半油，做蘑菇必须油多久煮才能熟透，我们也不懂。老闻（闻仲权）一卷袖子，说他会爆炒。他比我们年龄稍微大一点，卷起袖子炒。我们就捡点树枝，搭上砖烧火。炒好后，一个人吃了半盘饭，好香好香，吃完之后到下午就都中毒了，又吐又泻，因为蘑菇没熟透。为了节省粮食，我们每到星期天只吃两顿饭，早晨10点钟吃完上午饭就步行下山。

图7-4 "三年困难时期"职工们走山间小路下山背粮

图7-5 1963年冬，顾方舟（前排右1）与职工们一道拉碾子修路

第七章 转战大西南

顾院长和我们大家斜背着网兜、布袋下山,当地人还觉得很摩登。走到山下黑林铺,再搭车进城,到城里在百货大楼排队。顾院长那么忙,星期天还跟我们排队,把昆明所有的食品店都看遍了。这家卖什么,那家卖什么,里面有没有肉,是鲜肉还是咸肉,我们就这样过日子。①

当年在花红洞面临的困难,用艰苦卓绝形容绝非夸大其词。一个女同事叫薛秀卿,她原来是在汤飞凡实验室工作的。那个时候组织培养技术很新,她是搞组织培养的,生物所里需要做组织培养的,薛秀卿服从组织需要来了昆明。她有一个儿子和一个 5 个月大的女儿,由于丈夫照顾不了两个小孩,她就把 5 个月大的女儿带来了。那时候很穷,所里也很穷,什么都找不到,她煮牛奶米粉就用一个大汤勺,绑上一个棍,在伙房大灶洞里边煮。她一手搂着孩子,一手煮。孩子饿,一哭一蹬,煮好的牛奶就在火灶里打翻了。那天正好我从那经过,心疼得很,赶紧帮她把孩子抱起来,安慰她说不要紧,咱们再煮。②

在如此艰难困苦的时期,研究所能够玉汝于成,领导干部身先士卒以身作则的模范作用,成了稳定军心的压舱石。龚春梅讲述了当年的另一段故事:

图 7-6 建所初期,职工们自己动手修建水塔解决供水问题

在建所初期,交通非常不方便,一方面没有交通工具,另一方面路况很差。从我们所到筇竹寺只有一条土路,只有小车才能开上来,给大家的工作生活带来很大的不便。那个时候,职工差不多一个月才能回昆明一次,跟家人团聚。在那种

---

① 赵玫访谈,昆明,2018 年 8 月 7 日。资料存于采集工程数据库。
② 同①。

情况下，要修这条路只能靠我们的双手。顾老在工作相当繁忙的情况下，带头劳动。我们经常看到他拉着小车来回运土，在他的带领下，全所职工共同努力，用了几个月时间，修好了这条路。另外有一次，在清理冷库时，有职工用酒精时不慎引发了火灾，顾老率先冲到火海里面抢救物资，因他待的时间太长，一氧化碳中毒昏迷，被送去医院抢救。看到领导这样，很多人当时都哭了。当时粮食供应不足，每人每月定量才 24 斤，当中还有一些杂粮像蚕豆，大多数人都吃不饱。那时候顾老跟我们一样都在食堂吃饭，他谈笑风生，经常开玩笑，从来没听到他有什么怨言，他都没有觉得怎样，我们更是没有什么可抱怨的。因为国家整个都处在困难时期，我们作为这个所里的一员，更应该同甘共苦，共渡难关。①

有了上下一致，同甘共苦，共渡难关的信念，一些看似无法逾越的难关都闯了过去。

当时生物所没有冰箱，没有低温保存条件，毒种就会失去效用，之前的所有努力就白费了。经过协调毒种暂存于昆明医学院实验室，要用时提

图 7-7　顾方舟观察猴脑病理切片　　　图 7-8　1964 年，检定人员为猴子做体征检查

---

① 龚春梅访谈，昆明，2016 年 8 月 11 日。资料存于采集工程数据库。

前派人用背篓装着冰壶去取。那时黑林铺周边还都是农田没有公交车，只能靠双脚往返几十里取毒种，每周三次。刘启明吃过晚饭就背起背篓下山，走在漆黑的乡间小路为了给自己壮胆，他一路高歌，把会唱的歌翻来覆去地唱，每次摸黑回来时又渴又累又饿。此时山上的同志们已经穿着无菌服等着，毒种一到立即连夜生产。每逢此时，顾方舟的身影总在忙碌的人群中，大家看着精气神十足的顾方舟也都干劲十足，一心想快出疫苗。

疫苗批量生产出来后，低温保存又是个困难，生物所出资改造昆明市冷冻厂的一部分，租用冷冻厂的冷库保存疫苗。每批疫苗生产出来后就披星戴月装箱打包，第一时间加班加点送进冷库。码放清点后，填写登记卡，与冷库管理员交接签字完成后才能返回所里。当工作人员回到所里时，往往是早点、午餐两顿并作一顿狼吞虎咽[①]。

无菌室没有空调和洁净设备，消毒全靠紫外线灯照射，福尔马林（甲醛）、石碳酸（苯酚）、乳酸熏蒸。用来苏水液、高锰酸钾液、酒精消毒皮肤，在大铁皮酒精灯、汽油灯火焰烧灼下进行无菌操作。眼睛被空气中残余的甲

图 7-9 1966 年，病理组职工合影

[①] 中国医学科学院医学生物学研究所：《我与生物所的故事》。云南昆明，2018 年 10 月，第 82 页，未刊行。

醛、氨气刺激得泪流满面，双手被来苏水等消毒液腐蚀的脱了一层又一层的皮。室内臭氧呛得嗓子发痒，又不能咳嗽，一次操作长达四个小时。工作结束从无菌室走出来，人们的内衣裤、工作服及无菌服全被汗水浸透……①

制备合格的猴肾单层细胞供给病毒组接种病毒，才能制备疫苗。猴肾单层细胞需要在 37 摄氏度恒温室中培养，一般需 7 天左右，使细胞黏培养瓶的内壁，表面形成单层细胞，挑选合格的细胞瓶送到病毒组接种病毒。细胞瓶壁内培养需要温度稳定，我们只有搞土法恒温室，就是拿很多的电炉丝，盘在恒温室里墙边壁上、地上。挑选细胞时，显微镜要放在 37 摄氏度的恒温室里面，人在 37 摄氏度的恒温室中一般要工作两个多小时，经常是汗流浃背。由于经常停电，恒温室温度不稳定，细胞长不好，有时候成批成批地废弃。大家看在眼里，急在心上。顾方舟等负责人为此想尽了方法，操碎了心。

当时国家对疫苗的需求很大，为了完成任务，经常是夜以继日地工作。大家在实验室里穿着厚厚的无菌服，担心细胞被污染了，所以室内紫外线灯一直照着，照得好多人第二天眼睛都红肿了，还有一些同志因此引

图 7-10 1966 年，检定组成员合影

① 杜星辰回忆录"大历史中小人物的小故事"，2018 年，未刊行。

图 7-11 1965 年，疫苗室组培组成员合影

发白细胞降低[①]。

difco 的乳蛋白是培养细胞必需品，可是 difco 的乳蛋白需要进口，不仅价格贵，而且西方国家还对我国进行封锁，打破封锁只有靠自己。疫苗

图 7-12 1966 年，疫苗室供应组职工合影

① 杜星辰回忆录"大历史中小人物的小故事"，2018 年，未刊行。

室溶液组的石乃玉同志决心搞出国产的培养液来,解决疫苗生产中的瓶颈问题。乳蛋白里面有多种氨基酸,那时没有色谱仪可以进行分析,无法检测 difco 的乳蛋白的成分和比例。石乃玉凭着一股韧劲,以铁杵磨成针的毅力,反复做各种氨基酸的配比实验,终于在党的生日"七一"前搞成了,所里将其命名为"七一培养基"作为纪念。

1964 年 5 月,卫生部在北京召开脊髓灰质炎疫苗效果总结会,制定下发了由顾方舟主持编写的《脊髓灰质炎活疫苗服用方案》。

鉴于疫苗保存质量与温度控制息息相关,提出服用地区暂定为交通便利的城市、城镇、农村和流行地区;服苗对象暂定 2 月龄至 7 岁儿童,各年龄组服苗率不得低于 80%;2 月龄至 3 岁儿童要求达到 90%;在一般地区,先服 I 型,4 至 6 周后再服 II 型、III 型,第 2 年按此程序再服 1 次;暴发或流行地区,可同时服用 3 个型疫苗,每年服苗时间:南方在 12 月至次年 1 月进行,

图 7-13　20 世纪 60 年代初建成的火车箱式职工宿舍

图 7-14　20 世纪 60 年代建所初期,生物所子弟小学学生们进行课外活动

第七章　转战大西南

北方在 12 月至次年 2 月进行。

1964 年，卫生部将全国卫生防疫重点定为脊髓灰质炎疫苗等六种疫苗的接种。同年 11 月 12 日，卫生部批准了由顾方舟主持编写的《脊髓灰质炎疫苗制造及检定暂行规程》，脊灰疫苗正式投产。

从 1961 年 1500 万人份脊灰疫苗试生产成功，1962 年正式向全国供应三个型单价脊灰活疫苗各 2000 万人份，1963 年供应量达各 6000 万人份，1964 年卫生部向全国范围推广使用，生产任务一年一个台阶式地增长。

为此，顾方舟和领导班子克服困难，带领研究所向正规化进军，以便保质保量地完成国家下达的任务。医学生物学研究所先后建立了脊灰疫苗生产室、检定室、猿猴管理室、病理生理研究室、肠道病毒研究室、图书情报室、所办公室、学术秘书室、器材科、人事科、会计科等部门，到 1964 年底，全所职工人数达到 199 人。

在捕猴队和饲养室的努力下，饲养恒河猴达 3000 余只，并提供大小白鼠、家兔、豚鼠等实验动物，保证了生产、检定和科研部门的需要。

医学生物学研究所各项工作进展喜人。肠道病毒室，除从事肠道病毒、克山病病毒病因等基础研究外，还制备出各型肠道病毒（包括脊灰病毒）抗血清供全国防疫部门使用，并培训来自各省市卫生防疫部门的实验室技术人员。病理生理研究室，除完成脊灰疫苗常规病理检定外，还开展了冠心病、动脉粥样硬化等课题的研究。图书情报室艰苦奋斗，白手起家，建成科技图书馆，并为职工提供了丰富的社科书刊。广大职工爱所如家，自己动手修路，植树绿化，建球场[1]。

举家迁昆明

不畏艰苦、努力工作是顾方舟的一贯作风，但是他不认为革命者等于

---

[1] 中国医学科学院医学生物学研究所五十年所庆纪念画册：《峥嵘岁月、风雨兼程》，2008 年，未刊行。

图 7-15 1963 年冬，为节省国家经费，职工们积极参加基建劳动

苦行僧，愉快地工作、愉快地生活才是研究所应有的状态。那时全党学习毛主席著作蔚然成风，毛主席《关于正确处理人民内部矛盾的问题》中的一段话，被顾方舟常常引用："我们的目标，是想造成一个又有集中又有民主，又有纪律又有自由，又有统一意志，又有个人心情舒畅、生动活泼，那样一种政治局面，以利于社会主义革命和社会主义建设，较易于克服困难，较快地建设我国的现代工业和现代农业，党和国家较为巩固，较为能够经受风险。"房子和道路等大宗的基建工作结束以后，他和领导班子把改善职工物质生活与精神生活当作一件大事来抓，而且亲力亲为，带头做，医学生物学研究所精神面貌焕然一新，具有了向心力和凝聚力。

职工食堂、浴室、理发室、医务室先后建立。职工食堂除供应每日三餐外，还向家属提供蔬菜、副食品。所里自办了幼儿园，与中国科学院动物所合办了小学。所里还开了小商店、邮政所。所俱乐部每周放映电影，经常举办篮球、排球赛，所足球队还参加过昆明市级业余队比赛。每逢节日组织各科室参加文艺演出。在远离昆明市区的山沟沟里，医学生物学研究所自成一体，俨然成为一个

图 7-16 "文革"中生物所文艺演出队

第七章 转战大西南 *147*

图 7-17　1965 年，生物所男女篮球队员合影

大家庭，至今老同志们还都怀念那个人情味浓浓的岁月，记得顾方舟那浑厚悠扬的歌声……

新建的研究所，主力是来自五湖四海的年轻人。骨干人员大多 30 来岁，他们上有高堂父母，下有不大的孩子，工作之余想家又牵挂孩子。刚刚毕业的大学生、中专生们，大多第一次远离父母兄弟，一个人来到花红洞这个深山沟里，工作紧张时还好说，一旦闲下来或者再遇到一些困难，难免想家，情绪特别低落。顾方舟除了及时帮助他们解决实际困难之外，还把大学时办"长庚社"的热情带进昆明的山沟沟。

顾方舟每个周末都带头参加文艺晚会，既是组织者又是演员。他唱歌特别好听，有中文的还有俄文的，他浑厚激昂的歌声每每成为晚会的压轴戏，他演唱的"满江红"令老同志们记忆犹新。他是文艺活动的骨干，带领大家自编自导小剧目，还有模有样地组织了四个声部的合唱队。

顾方舟很会逗乐调动大家的情绪。一天晚会上，他郑重其事地说："今天我们搞个不用道具的比赛，看谁本事大。"大家正琢磨他葫芦里卖什么药时，顾方舟说："今天比赛项目是比耳朵活动。"话音一落，大家都想试一试，可是费尽九牛二虎之力，没有一人的耳朵能动。于是大家都认为这是不可能的事，齐声让他表演。众目睽睽之下，只见顾方舟不慌不忙地把

图 7-18　1964 年春，靳冰阁、路新书等所领导与医科院卫校在生物所的实习生们

耳朵动了起来，而且转动身体让每个人都能看清楚。全场先是全神贯注屏住呼吸，继而笑声雷动，乐得大家肚子疼。以后"返祖"项目成了文艺晚会高潮的兴奋剂，每每前仰后合笑声一片。

为了让每一个人都参与进来，一些无须才艺的节目也让顾方舟搞得高潮迭起，比如吹鸡毛。顾方舟事先准备好大公鸡毛，游戏开始后向上一抛，落到离谁最近，谁就将鸡毛再次向上吹起。动作看似简单，其实保持鸡毛不落地并不容易，往往一根鸡毛能让好多人参与其中。谁知这样一个游戏，"文革"时期竟成为顾方舟的一条罪状，说他影射伟大领袖的"谁说鸡毛不能上天？"此处旧话重提，不免令人唏嘘不已[①]。

疫苗生产上轨道之后，顾方舟着眼长远，毅然在人手紧张的情况下，采取走出去请进来的办法，抓紧人才队伍的培养，期望办出一所高水平的研究所。一些同志到了中国医学科学院病毒所（此时顾方舟还是病毒所的室主任）、中国医学科学院实研所（现在的基础医学研究所）和北京生物

---

① 杜星辰访谈，昆明，2018 年 8 月 9 日。资料存于采集工程数据库。

制品研究所等单位进修学习。同时利用各种渠道，不断请北京的专家来所里讲课、作学术报告。

与此同时，顾方舟带头并要求各个小组的负责人，每周都要做学术报告，同时鼓励大学生们参加。这些年轻的大学生刚刚走出校门，没有科研历练，更没有做过学术报告，不免畏惧，不知从何处下手。顾方舟鼓励他们把一些文献从俄文、英文翻译成中文，然后总结提炼，做成文献综述或情报信息，大胆走上讲台去讲。开始的时候，一些大学生还磕磕巴巴，几次之后就发挥自如了，后来是争着上讲台。时间长了，年轻人都觉得外语和专业水平提升了不少。之后研究所受卫生部委托，举办了多次全国性的学习班，大学生们竟成了讲课与辅导的主力，让人刮目相看。来自各地的同志纷纷表示，这个山沟沟里的研究所藏龙卧虎，不愧是中央单位，生物所的年轻人个个厉害！①

对从中专技校毕业的年轻人，顾方舟也十分重视对他们的培养，不像有些研究单位将其视为非主力人才。研究所专门为他们办夜校，一门门地补课，直到合格才能结业。后来还办起医学专业英文学习班，每个星期有两个晚上，利用食堂的场地，由所里英文好的同志自编教材并授课，学员反响都非常好。特别是从中专技校毕业的年轻人，不仅学到了医学专业知识，不少人达到看英语专业文献的水准，有的人以后考上了研究生，有的人出国深造。

研究所有一位原来在北京协和医院管图书的老先生叫钮志培，顾方舟尊敬地称他"钮先生"。全所同志跟着顾方舟都称钮志培为

图7-19　1986年，图书馆同仁合影（前排左起：周启蓉、杨明琴、钮志培、夏润祖、沈开春；后排左起：杨更、朱萍、杨兴仁、丁维、张新凤、张奕）

---

① 赵玫访谈，昆明，2018年8月7日。资料存于采集工程数据库。

钮先生，而且是全所唯一的"先生"，顾方舟仅仅被称为"顾大夫"。钮先生果然不凡，一个人操持起了图书馆。身材高大的钮先生，把装仪器设备的包装箱拆开亲手制作书架，再把包装图书用的牛皮纸裁好糊在表面粗糙的包装板上，一排排整齐划一、颜色一致的书架就

图7-20　1967年，顾方舟全家与来访的姨妈（前排右1）合影

这样矗立起来了。顾方舟和所里许多同志都参与过书架的制作。通过订购和其他各种渠道，钮先生几乎白手起家办起了一个像模像样的图书馆。钮先生会四国文字，靠一台老式美国打字机，图书馆的卡片目录由他一人完成，有德文的、日文的、中文的、英文的，每张卡片都是他自己打。虽然名义上是科技图书馆，除了比较齐全的专业书，图书馆还购进了许多文艺书，在当年交通闭塞、物资匮乏的年代，这个小小的图书馆慰藉着每位职工和家属的心田，尤其是那些刚毕业就分配到这深山里的青年学生，至今

图7-21　20世纪60年代初，为改善生活，生物所职工们开荒修田，种植蔬菜

第七章　转战大西南　*151*

图7-22 1959年年底，生物所疫苗生产大楼建成时职工合影留念

他们谈起这个图书馆都充满着无限的眷恋。

所里举办学术文献报告会，图书馆则以研究所的名义办起一份内部学术期刊——《医学生物学资料选编》，顾方舟是期刊积极的支持者和参与者。大家将自己看到的专业文献资料，搞成综述或者是译文，交到图书馆，钮先生整理并且自己刻蜡版，亲手油印并装订成册。每当职工们手捧带着墨香的期刊，看到自己的作品刊登在期刊上，一种热爱研究所、热爱疫苗事业的崇高感油然而生。这个内部期刊也成为许多同志的"育苗基地"，通过投稿，在论文的修改过程中写作水平得到提升，助力自己的论文以后在知名的专业期刊上发表[1]。

1964年2月29日，中国医学科学院任命顾方舟为医学生物学研究所副所长，总体负责脊灰疫苗生产。这几年顾方舟绝大部分时间就在昆明工作，就是总体负责疫苗生产的主持人，但是当上级的正式任命下来之后，他感觉不一样了。过去没有名分属于兼职，现在成为所里业务负责人，如果不把家搬过来，怎么稳定军心？好在一家人一条心，没有让顾方舟为难，痛痛快快从北京搬到了昆明的山沟沟。顾方舟回忆说：

我们全家一起搬过来是在1964年，走之前我老伴是在病毒研

---

[1] 杜星辰访谈，昆明，2018年8月9日。资料存于采集工程数据库。

所工作。当时也有人劝我,户口都要跟着走的,你一个人去就可以了。后来我想这不行,我一个人去,人家说你没有长期在那的打算,是不是干一段时间就回北京了?后来我跟我老伴说了这个事,我说这可是得好好考虑,这不光是业务的问题,还涉及以后再调人,人家就要看顾方舟是怎么样的态度。我说咱们得跟妈说好了,咱们全家都搬那去。那时候我也下决心了,就在昆明那扎下去,为这个事业干一辈子。我老伴特支持我,那时候我家老大才四岁,要没有老伴的支持,很难实现全家搬往云南。我妈也没有去过那么远的地方,她也特支持。我妈说孩子她带着,她非常支持我们的工作。那时候昆明还没有通火车,我们坐火车到贵阳,从贵阳坐汽车走公路进去的①。

顾方舟一家搬到所里即融入其中,全家都积极为所里做贡献。一次所里派一位青年骨干带一个小组,到吉林通化去做流行病学调查。当时这位女同志的爱人正巧也在外地出差,才两岁多的小孩无人照顾,急得她团团转。顾方舟听说后急忙赶来:"别着急,孩子放我家,让我们老太太带。"那个时候顾方舟已经有两个小孩,这位青年骨干怕给老人添麻烦,非常过意不去。等她出差回来,孩子与顾方舟一家已经培养出感情来了。20多年后,这个孩子到多伦多读博士,顾方舟到多伦多出差,还专程去看望这个孩子。

1971年,顾方舟调回北京,先后担任北京协和医院副院长、中国医学科学院副院长、院长,但与生物所的情谊依旧浓厚。他刚回到北京时,昆明的供应仍然很差,缺肉少油,出差到北京的同志都把他家当作一个

图7-23　1970年年底,顾方舟与生物所"五七战士"合影(二排左1顾方舟、左3杨志和、左4杜星辰)

---

① 顾方舟访谈,北京,2015年3月6日。资料存于采集工程数据库。

图 7-24 昆明市政府授予医学生物学研究所"花园式单位"（摄于 20 世纪 80 年代初）

"点"，购买肥膘肉炼猪油。顾方舟工作繁忙，就让他爱人李以莞帮忙买肥膘肉炼猪油，把炼好的猪油装进大塑料桶，再一桶桶带回昆明。不论哪位同志来，他都有求必应。有一年生物所的班车翻到山沟里出了重大事故，消息到了中国医学科学院，顾方舟马上从北京赶来慰问职工，妥善处理伤者，让全体员工感受到卫生部和中国医学科学院的关怀，老领导与大家依然是心连着心！

到 1966 年初，经过全体职工五六年的苦干，医学生物学研究所已经独立建成了完备的自来水、污水给排水系统和供电系统，疫苗生产量基本达到全国供需平衡的水准，职工们也安居乐业。人们春季路边采花，夏季林中捡蘑菇，风景如画的所区犹如世外桃源，被昆明市人民政府授予了"花园式单位"，人们都相信未来会更加美好。

周总理两次救急

1966 年春夏之际，从"我的第一张大字报"开始，"文革"如暴风骤

图 7-25 "文革"中工宣队和军代表与部分职工在后楼前合影

雨般袭来，搅乱了医学生物学研究所正常的工作和生活秩序，生产尤其是科研工作受到严重破坏，领导干部作为"走资派"被停职遭批斗。

顾方舟身为副所长、副书记，又因为曾在苏联留过学，被造反派当作"批修"的活靶子。他"坐过飞机"，戴过高帽子，并被发配去喂猴子。他每天穿着白大衣高筒雨靴，系着皮围裙，冲洗猴房喂动物，干得非常认真，一丝不苟。最令顾方舟痛心的是老母亲目睹他遭批斗，一病不起抑郁而终。访谈中，顾方舟提及这段经历，不禁潸然泪下。

军宣队、工宣队入驻研究所之后，为了"检验"顾方舟等知识分子思想改造是否"合格"，让他们干最苦、最累、最脏的活儿。顾方舟等人坦然以对，带头跳进粪坑掏大粪为菜田积肥。因

图 7-26 "文革"中工宣队与疫苗组职工合影

第七章 转战大西南

图 7-27 1968 年，顾方舟、李以莞与佩戴着硕大纪念章的两个孩子在疫苗生产楼前合影

此，让造反派无话可说，找不着茬儿。

"文革"前，所里冰库所用制冷剂氟利昂是通过云南省科委来购买。1967年，冷冻组报告氟利昂储备即将告罄，而此时由于制冷剂工厂停产，氟利昂无处购买。如果制冷机器不能制冷，库存的毒种、疫苗，会因温度升高而全部报废！所里急忙派器材科的杨志和同志坐飞机到北京找有关部门想办法，多次碰壁后，最终在曾经帮助生物所建冷库的马维驹同志帮助下，搞到了10多瓶氟利昂。如何将这批氟利昂运回昆明又成了天大的难题。杨志和找到造反派总部，总部回应运输问题不归他们管；到铁道部又排不上队，杨志和非常着急。回到中国医学科学院器材处时，在那里杨志和碰巧遇到已经"靠边站"的黄乎副院长、李子和主任，他跟老领导把情况一说，老领导告诉他：现在找谁也没有用，你到电报大楼直接给周总理发电报吧。

杨志和将信将疑地赶到电报大楼，填好电文稿，留下了电话。译电员一看是发给周总理的，就说："周总理那么忙，哪顾得上你这个小儿麻痹疫苗"。杨志和说："只有周总理了解我们所，不然疫苗生产就停了，全国儿童的疫苗就毁掉了，求你给我发吧。"译电员强调周总理忙不给发，杨志和坚持要发，两人争执不下。这时一位四十来岁的工作人员走过来说："你给人家发，不发是你的事，你发了管不管用和我们没关系。"电报这才发了出去。杨志和回中国医学科学院招待所等消息，他并没有抱多大希望，没想到半夜来电话了。那头自称是总理办公室秘书，在确认接电话的是杨志和后，秘书便说："你明天早晨八点钟到铁路局办公室，找某某某，由他帮你办。"听到那头电话挂了,杨志和还有点不知所措。

第二天杨志和起了个大早,急急忙忙赶到铁路局办公室。一说他叫杨志和,来找某某某,马上有人递给杨志和一张单子让他填写。氟利昂是危险品,飞机不给运,铁路除非特批也不给运。天大的难题转瞬间圆满解决,杨志和感动得几乎落下泪来。杨志和回到昆明后跟大家讲了此事,同志们说:冲着周总理对咱们生物所的关怀,无论如何也要把疫苗生产完成好,否则对不起敬爱的周总理![1]

1967年底,昆明因派系斗争导致交通中断,停电断粮,职工的生活甚至人身安全都受到威胁。为保证疫苗安全,不得不将冷库存放的疫苗毒种、部分疫苗半成品,转移到市区冷库储存。当周总理得知这一消息后,及时下令派云南省军区警卫团的战士,驻守疫苗生产楼以免受到冲击,保证了"文革"期间的疫苗生产安全。在职工和实验动物将要断粮的危急时刻,居住在花红洞附近村子的彝族百姓,直接将地里收割的粮食送到所里,帮助医学生物学研究所渡过了难关。医学生物学研究所尽管也经历了"造反""夺权"等一系列"革命"活动,但绝大多数职工晚上"抓革命"、白天"促生产",疫苗生产和供应一直没有中断。全所绝大多数职工坚守岗位,以大局为重,克服困难,团结一致,保证了疫苗生产顺利进行。生产部门到处张贴着毛主席语录"抓革命,促生产""要认真总结经验",疫苗生产楼内仍能保持良好的生产秩序,猴肾细胞单位产量不断刷新。猿猴室的动物仍然能得到较好地饲养与管理。猿猴发病率由1960—1964年的44.9%,

图7-28 医学生物学研究所前所长郭仁在做毒种选育与纯化

---

[1] 杨志和访谈,昆明,2015年1月28日。资料存于采集工程数据库。

下降到 1970 年的 17.5%。

最令顾方舟欣慰的是，一个多年急需解决的问题，竟然在"文革"乱糟糟的环境下，排除干扰得到解决。

1964 年生产的 III 型疫苗，连续 4 批未通过猴体安全试验。经研究发现，塞宾减毒株原始毒种，尤其是 III 型 Leon 12a1b 减毒性质不稳定。虽将由越南引进的塞宾型减毒种和由捷克斯洛伐克引进的 III 型 USOL 毒株用于生产，但仍达不到满意效果。1966 年，郭仁带领课题组开始了各型毒种选育及纯化的研究。虽然楼外的"革命"翻天覆地，但是在顾方舟等人的影响下，科研人员终于在 1971 年选育出了中 III 2 株，从而恢复了中断多年的 III 型疫苗生产。该减毒株在长期的使用过程中，其免疫原性、遗传稳定性良好。与此同时，课题组还先后用蚀斑法，对塞宾 I 型和 II 型毒株进行再纯化研究，所得 I 型 aca 和 II 型 bb 株，均被卫生部批准用于疫苗生产近 20 年。

1971 年 5 月，顾方舟以自己在建所以来各方面的杰出表现，为知识分子及全所职工树立了榜样，光荣地出席了中共云南省第二次代表大会，标志着他得到了"解放"。会后，医学生物学研究所正式成立党委，恢复党

图 7-29 医学生物学研究所前副所长董德祥教授与疫苗室主任姜述德教授检查细胞生长情况

组织活动。同年9月，顾方舟调离医学生物学研究所，到中国医学科学院担任领导工作。来自上海的中国医学科学院寄生虫病研究所的史宗俊同志，来医学生物学研究所主持业务工作。

1971年下半年，按中央"发挥中央、地方两个积极性"的精神，医学生物学研究所"带着任务"下放云南省归地方管理，更名为"昆明医学生物学研究所"。与此同时，原隶属于中国医学科学院药物所、位于云南西双版纳的药用植物试验站划归医学生物学研究所管理①。

安全标准——60亿人份无事故的保障

在北京，由中国医学科学院负责研发，由卫生部北京生物制品研究所负责生产，由卫生部药品生物制品检定所负责检验，基于社会主义大协作的力量，500万脊灰活疫苗安全可靠地送到了孩子们的嘴里。可是在云南昆明的山沟沟里，所有条件都与首都北京有着天壤之别，连自来水、24小时供电都无法保证。在北京是试生产，而在昆明要大规模正式生产，并且必须严格按照国家标准执行。可当时既无国家标准可循，又无国外标准做模板。在这样的情况之下，怎么保证不出现一丁点失误，生产量还要达到北京的十倍、乃至于更大的数量？顾方舟明白，制定严格的国家标准、不折不扣地执行标准，才是万无一失的保障。

为了万无一失，"没有条件也要上"。恒河猴是B病毒的天然宿主，因为该病

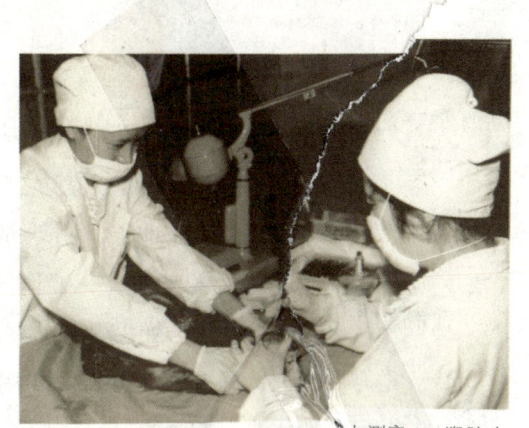

图7-30 脊灰活疫苗残余致麻痹力测定——猴脑内注射疫苗

---

① 中国医学科学院医学生物学研究所五十年所庆纪念画册：《峥嵘岁月、风雨兼程》，2008年，未刊行。

图 7-31 猴肾细胞消化检测

图 7-32 1964年，董德祥教授（左1）在做猴肾细胞培养

毒可引起被感染人致死性上行性脑脊髓炎，且无预防或治疗办法。一旦发现阳性必须销毁全部猴群，彻底消毒环境，疫苗势必停产。1965年，病理解剖发现恒河猴三叉神经根部 B 病毒可疑病灶。为进一步证实，需在幼兔肾组织培养细胞上分离病毒，并做家兔皮内皮下注射试验。研究所没有生物防护实验室，也无处送检。经领导批准在远离生产和动物区的地方，将一间砖瓦结构小屋内部围以塑料布，不设对外通风口，搭建起简陋的生物防护实验室。为保障大家安全，检定室主任赵玫独自一人在里面操作。她的丈夫高万举守在门口，用木柴烧立式高压锅，赵玫递出来的所有东西全部高压灭菌。一天，赵玫正在室里工作，忽觉心慌、眼前发黑、直冒虚汗，她觉得可能是中毒，马上趴在地上，用地面降低前心后背温度才缓过劲来，接着她又继续工作。经试验证实，猴体可疑病灶不是 B 病毒。

在制造技术上，活疫苗与死疫苗最大的不同在于疫苗的安全性检测和判定上。减毒活疫苗的安全性检定，要用恒河猴脑内及脊髓内注射后的临床及病理学变化来判定。当时，国际上既无活疫苗的标准品，也无统一的判断标准。顾方舟他们首先检查了数十只健康猴的脑及脊髓各段的组织学情况，做了上万张病理切片，发现有个别猴的个别节段的脊髓有轻度的血管周围淋巴细胞浸润。随后他们用了143只猴子，做了疫苗的脑内注射安全试验。九批疫苗中有一批，13只猴中有1只，于注射后第17天发生右下肢肌张力发软，28天观察期终了时略有恢复。病理检查发现脑桥、颈髓、胸髓各节，有轻微血管反应或细胞浸润。腰髓30个切片中，发现有血管周围细胞浸润或个别神经细胞吞噬现象，骶髓45个切片也有这种现象。顾方舟等人怀疑这是因为注射技术不熟练所致。于是再用12只猴子对这批疫苗重复做了脑内试验，这12只猴子的临床与病理组织学检查均阴性。经反复试验后，研究人员对脑内注射的技术操作制定了详细的操作规范。

图7-33 1968年，时任疫苗生产组组长的李以莞，在显微镜下计数猴肾细胞产量

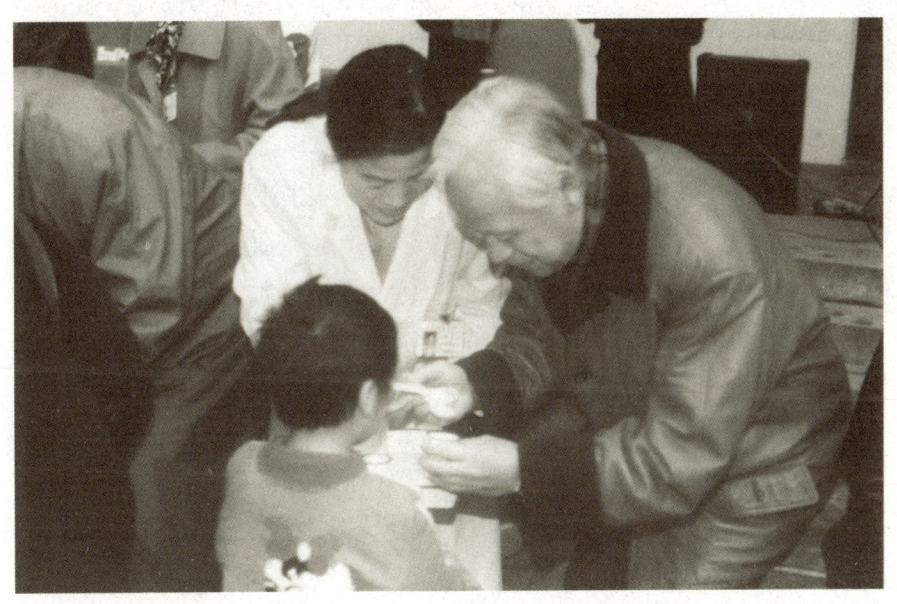

图7-34 1999年9月，顾方舟与世卫组织专家在广西督导消灭脊髓灰质炎进展，给小儿喂服糖丸活疫苗

第七章 转战大西南

在脊髓内注射共用猴子27只，麻痹平均发生率，Ⅰ、Ⅱ、Ⅲ型分别为34.2%、9.0%、10.8%。对每只猴子的脑及脊髓各段做病理切片，共计4580张，分析了病理变化与临床表现的关系。结果发现，脊髓内注射结果与操作人的技术熟练程度、针头大小、注射速度等有很大关系，即使重复试验也难以取得满意的结果，国外的相关资料中也提到这个问题。据此，顾方舟等人经研究决定放弃脊髓内注射，集中力量研究脑内试验的安全性判定标准。

脑内注射技术的要求比较高，规定一定要注射在视丘部位。开始时是由顾方舟和赵玫做。后来他们手把手地教技术员注射操作，经过培训和反复练习，技术员们达到了准确注射的要求。

顾方舟等人对脑内试验，做了大量的深入细致的研究，终于制定出活疫苗脑内试验判定标准。试验分初试和重试两种，用原倍及十倍稀释的疫苗作脑内注射，视丘两侧各注射0.5毫升，共20只猴子，观察4周时间。初试时，如有1只猴子出现特异性麻痹和另1只猴子有"脊灰"病变表现，即判为不合格；如果初试未出现肢体麻痹症状，亦无"脊灰"病理变化，或只有1只猴子有轻度病变表现，可判为合格。有四种情况可允许重试，重试后仍出现四种情况之一者，判为不合格。重试后未发现肢体麻痹或病理变化者，判为合格。

顾方舟等同志在活疫苗生产、检定以及人群中试用的基础上，制定出《中国脊灰活疫苗制造及检定规程》，1964年上报卫生部并获批准执行。

从此"脊灰"活疫苗按照"国标"，正式在中国医学科学院医学生物学研究所投入生产。《中国脊灰活疫苗制造及检定规程》是顾方舟带领的团队，根据中国国情，依靠自己的研究成果制定的"脊灰"活疫苗制造和检定规程；指导了以后近60年、60亿人份疫苗的生产与检定，并确保"亿无一失"；使我国亿万儿童享受到了充足（每年能生产1亿至2亿人份三价疫苗）、安全、价廉的"脊灰"疫苗，让我国提前跨入无"脊灰"的国家行列。

一粒糖丸定乾坤

1960年5月,顾方舟赴莫斯科参加苏联小儿麻痹研究所第四次学术会议及国际小儿麻痹活疫苗会议。会后,他给卫生部和中国医学科学院写了详细的汇报。下面是部分摘要[①]:

会议开了四天(5月17—20日),有19个国家的有关专家出席了这次会议。资本主义国家及其仆从有美国、英国、意大利、西德、瑞典、比利时、加拿大、南斯拉夫,其中有不少小儿麻痹的知名学者。如美国的塞宾、卡普罗夫斯基、梅尔尼克、福克斯、弗朗、巴亚德,瑞典的加德,加拿大的病毒学家罗迪亚等人。社会主义国家有苏联、中国、匈牙利、波兰、保加利亚、民主德国、捷克和越南,一共有73位国外来宾,会议参加者前后共有300多人。

会议听取了70篇正式报告,十几次讨论发言,会议涉及了小儿麻痹活疫苗的各个方面。如疫苗大规模使用的情况、流行病学效果、血清学及病毒学的研究、服用方法的研究、疫苗制造与鉴定、糖果疫苗、肠道病毒与活疫苗间的干扰、疫苗病毒几种性质的变化等。

会议第一天是由苏联医学科学院副院长丘

图7-35　1968年,生物所自行加工生产脊髓灰质炎减毒活疫苗糖丸

[①] "苏联莫斯科小儿麻痹研究所第四次学术会议及国际小儿麻痹活疫苗会议的汇报",档案全宗号8,案卷号29。存于中国医学科学院档案室。

马可夫院士主持会议。

第一篇报告是塞宾教授做的题目是"根绝小儿麻痹症的必要条件"。

第二篇报告是丘马可夫教授总结了苏联两年多来使用小儿麻痹活疫苗的经验。其中到1959年年底,苏联服用活疫苗人数为1500万人,1960年4月以前又有6000万人服用了活疫苗。苏联保健部已发出指令,在1960年使全国2个月到20岁的居民都服用活疫苗。

我在第一天会议上,介绍了我国小儿麻痹活疫苗的使用情况,以及三型混合疫苗的血清学效果。得知我们自己能够生产活疫苗,并且有400万人服用了我们国产疫苗之后,苏联以及与会者都很兴奋。苏联同志热情地向我们祝贺,丘马可夫教授对我们的成就表示莫大的赞许。

苏联学者们在会上介绍了他们大规模生产活疫苗的经验,尤其是糖果疫苗引起了大家的兴趣。会后我们参观了这种疫苗的糖果工厂。疫苗糖果是圆的,分为不同颜色,代表不同型别。糖果疫苗在4摄氏度可保存一个月,-20摄氏度可保存2—3个月,室温可保存3—7天。这种疫苗经血清学及病毒学的研究证明有良好的效果。苏联小儿麻痹研究所准备扩大生产糖果疫苗。

此次顾方舟到莫斯科开会,距上次学习结束回国仅仅9个月,中国的进步无疑是巨大的——从"0"起步到活疫苗生产量世界第二,这足以让顾方舟豪情满怀。苏联"老大哥"已经将液体疫苗变成了固体的,固态疫苗糖丸已经规模上市,彻底解决了运输保存问题,这也是顾方舟梦寐以求想解决的难题。当时中苏论战已经开始,想拿到糖丸疫苗配方绝无可能。

液体减毒活疫苗在使用前需要稀释、保存、低温运输等必要条件,大规模使用非常不方便。保存不当即会失效,而且时有浪费现象发生。回国后,顾方舟立即向沈其震副院长汇报固体糖丸的事情,沈院长立即通过上海市委的渠道,找到了可担此重任的上海信谊化学制药厂。

图 7-36　1964 年冬，中国医学科学院黄乎副院长一行到医学生物学研究所里检查工作时与全所职工合影（照片中有 1959 年赴苏学习脊灰疫苗生产的顾方舟、闻仲权、董德祥、蒋竞武等一百余人）

上海信谊化学制药厂，始于 1916 年德国药学博士霞飞独资开设的信谊药房。1924 年，霞飞与中国药剂师何子康合作，创办了信谊化学制药厂，成为中国历史上最早的合资药厂。1937 年，霞飞退股回国，信谊成为中国民族资本企业。同年，爱国民族资本家鲍国昌先生接任总经理，企业快速发展不断推出革命性新药品，曾被誉为"远东第一大药厂"而蜚声海内外。信谊药厂于 1954 年成为公私合营药厂。

在沈院长亲自安排下，顾方舟、董德祥、闻仲权等同志，先后与信谊药厂技术人员一道群策群力、反复试验，解决了配方、冷加工工艺、糖丸中病毒疫苗均匀度以及检测方法等技术难题。经测试，糖丸疫苗在各种温度下保存的时间明显超过液体疫苗，免疫效果与液体剂型完全一致，无任何不良反应。糖丸剂型脊灰疫苗试制成功，为活疫苗大规模使用及向边远地区推广创造了条件。

1962 年底，在北京、上海、云南三地的 315 万人中试用，1963 年向全国各大城市推广。两年的实践证明有显著的流行病学效果。例如上海市，1962 年市区以及 1963 年全市 90% 以上的 5 岁以下小儿服了 3 个型糖丸疫苗，这两年的脊髓灰质炎流行得到完全控制，市区发病率降为 1.5/10 万，

图 7-37 供应全国的脊髓灰质炎活疫苗成品

比 1959 年的 41.7/10 万下降了 96.4%[①]。

糖丸活疫苗的研制成功并在全国推广使用后，给控制脊髓灰质炎流行奠定了物质基础。

1964 年以前，由于疫苗数量与运输所限，只能在大城市使用。但是，如不向中小城市以及广大农村地区推广使用，全国的脊髓灰质炎流行就不能得到有效控制。1963 年 12 月，医学生物学研究所主动提出扩大生产的要求。经医学科学院同意并报卫生部批准，1964 年 1 月，下达了年产 6000 万人份糖丸疫苗的任务，这个产量是以往的 4 倍。

从 1964 年开始，糖丸疫苗的大规模生产，具备了使用方便，供应全国广大城乡并惠及边远山区的能力，我国开始进入了全面控制脊髓灰质炎流行的历史新阶段。但仅仅两年，1966 年"文革"开始，社会局势动荡，所幸医学生物学研究所广大职工顾全大局，不能中断疫苗生产和供应的观点是一致的。

---

① 顾方舟，预防与消灭脊髓灰质炎的历史经验，见：邓岗，《新中国预防医学历史经验》第三卷，137 页，1998 年。

据 1972—1975 年统计，4 年间向全国共分发了 3 个型疫苗各 4 亿多人份，其中 80%—90% 都用于小市镇和农村。各地对脊灰活疫苗的长期效果、不同服用方案以及与白喉、百日咳、破伤风三联疫苗联合使用都做了大量工作。据 26 个省、自治区、直辖市的不完全统计，1972—1974 年，平均年发病率比前两年有所下降的有 15 个，11 个发病率有所回升。根据上海、山西、广西等 19 个省、自治区、直辖市 1510 个县（市）1972—1975 年的统计，这四年中无病例及发病率在 1/10 万的县的数目逐年增

图 7-38　董德祥在做脊灰病毒试验观察

加，其中 122 个县已连续 3 年无病例发生。但从全国情况看，防疫工作不平衡，有些省、市发病率虽有下降，但幅度不大。有些地区发病率忽高忽低，有的则逐步上升。主要原因是局部地区出现了暴发流行，一地流行，影响全省[①]。

　　糖丸的研制成功并没有让顾方舟停止前进的脚步。因为受当时医学生物学研究所的技术设备、原材料供应和昆明交通条件的限制，在昆明生产的液体疫苗检定合格后，要冷冻空运至上海，加工成糖丸后，再发往全国各地。医学生物学研究所除支付昆明至上海的航空运费外，还要向上海信谊药厂支付加工费用（占疫苗价格的 40%）。1968 年，医学生物学研究所购置设备，在信谊化学药厂的帮助下，自行加工部分糖丸疫苗供应西南各省，并开始了多价糖丸剂型疫苗的研制。

　　1975 年，将原来的 II 型、III 型糖丸疫苗，制成 II+III 型双价混合型后，又开始研制三价混合型糖丸疫苗。试验证明，当 I、II、III 三种型别活疫

---

① 顾方舟，预防与消灭脊髓灰质炎的历史经验，见：邓岗，《新中国预防医学历史经验》第三卷，137 页，1998 年。

第七章　转战大西南　　*167*

苗同时服用，疫苗病毒在人体肠道繁殖时，Ⅱ型病毒会对Ⅰ、Ⅲ型病毒产生干扰，影响免疫效果。为此，董德祥等同志对疫苗中所含各型病毒剂量配比，与免疫效果之间的关系进行了多年的研究，终于在1985年探索出了最佳配比方案，研制出Ⅰ+Ⅱ+Ⅲ型三价糖丸疫苗，服用后免疫效果很好。

多价糖丸的检定方法在国际上没有先例，生物所的科研人员经过努力，建立了中国自己的检定方法，检定室又做了多价糖丸的病毒型别、病毒含量的检定实验。检定合格后，多价疫苗开始供应全国。

三价糖丸疫苗的研制成功，不仅解决了疫苗病毒液半成品的供应问题，同时提高了工效，降低了成本，方便了使用。1986年在全国推广应用后，为中国彻底消灭脊髓灰质炎提供了最优质、最廉价、最方便、最有效的疫苗[①]。

---

① 中国医学科学院医学生物学研究所五十年所庆纪念画册：《峥嵘岁月、风雨兼程》，2008年，未刊行。

第八章
再攀高峰

转　　行

  1971年9月，顾方舟夫妇奉调携两儿一女回到北京，可惜他的母亲已经仙逝。回到北京，他草草安顿好家，便投入紧张的工作之中。新的工作是总结中国医学科学院建院以来的成绩和收集整理全国医药卫生成就，最后编写出两本书。任务是由卫生部直接布置的，后来得知是根据周总理的"417"指示下达的。参加人员来自下放"五七干校"的原中国医学科学院领导和部分院所的科技骨干。写作班子里的著名人士有老院校长黄家驷，后来的世卫组织副总干事陈文杰，还有后来顾方舟任院校长时的领导班子成员钱昌年、陈妙兰、卢圣栋等。

  成果汇编完成之后，大部分人员留在了中国医学科学院机关，成为新成立的业务组工作人员，承担起已经撤销了的原科研处的工作，顾方舟改行做全院的科研管理工作。具有全国脊灰疫苗研发带头人和基层科研单位负责人的多年历练，顾方舟驾轻就熟迅速脱颖而出，很快成了业务组的实际负责人。

  北京协和医学院第三次复校是在1959年，新校名为中国医科大学。当

图8-1 20世纪70年代初，顾方舟（后排左3）与中国医学科学院科研处的同事合影

时的管理体制是一个班子两块牌子。与所有外国人办的学校一律停办不同的是，虽然1953年奉命停办，6年后又重新复校，依然是全国唯一的八年制医科大学。这所医学院命途多舛，1966年停课，1970年又停办了。学生不论几年级，学没学过临床医学，通通分配到基层当医生。学校的老师各显神通，有的去了在京的学校或研究所，有的去了"五七干校"，还有一部分参加学校里的"斗批改"，等待重新分配工作。

1971年8月，由中国医科大学留下的老师们组成基础医学组，划归中国医学科学院院直机关，同时原中国医科大学的名称停用。1972年11月，卫生部军管会批复同意基础医学组与首都医院（即北京协和医院）合并。1974年1月14日，卫生部又批复同意基础医学组改为临床医学研究所。期间，1973年7月，毛主席青年时期的好朋友李振翩教授访华。李振翩教授在老协和时的同事林巧稚教授、张孝骞教授，陪同周总理会见了李振翩，会见中李振翩先生特别谈到基础医学的重要性。会见结束后，周总理对陪同人员讲要加强基础医学的研究，随后中国医学科学院专门进行了传达。

1973年4月，卫生部批复同意任命顾方舟为首都医院革委会副主任（相当于副院长），工作重点是临床医学研究所和医学研究的管理。在这个岗位上他干了两年多，直到 1975 年 8 月，他调任中国医学科学院科研处处长。此时，"文革"已是强弩之末。

1976 年 6 月，顾方舟随团赴美，考察美国肿瘤免疫疗法的现状。作为曾经的科研一线人员，美国的医学科学成就令他耳目一新，尤其

图 8-2　1976 年，顾方舟访问美国时在我国驻美联络处前留影

是杂交瘤技术在医学科学领域的广泛应用，更引起了他的特别关注。

所谓杂交瘤技术是指两个或两个以上细胞合并形成一个细胞的现象，可使两个不同来源的细胞核在同一细胞中表达功能。

1975 年，Kohler 和 Milstein 将小鼠骨髓瘤细胞与免疫小鼠的脾细胞融合，获得了杂交的子代细胞，这种杂交细胞具有两个亲代细胞的特性。既能像骨瘤细胞那样在体外无限生长，又能像 B 淋巴细胞那样分泌特异性的抗体。将这种细胞克隆化，即使其成为单个细胞，再繁衍成由这个共同祖先细胞产生的一群细胞，便获得了均一的、针对单一抗原决定的抗体，即单克隆抗体。单克隆抗体有很多优点，其中最突出的是它的高度特异性。由于它是单个克隆形成的，故只与单一抗原决定簇结合。单克隆抗体技术被称为免疫学上的一场革命，自诞生以来的短短十多年间，在免疫学、临床医学、生物学等领域中已显示出它的重大作用，为许多学科的研究提供了有力的工具，为临床疾病的诊断、治疗提供了新的途径。由此，Kohler 和 Milstein 获得了 1984 年诺贝尔生理学或医学奖。

建 病 毒 室

1978 年 10 月，顾方舟担任中国医学科学院副院长，主抓全院的科研

工作。然而在"科学的春天里",在"科技人员归队""要把'文革'失去的十年夺回来"的大潮之下,曾经是多年科研一线领跑者的顾方舟,怎么甘心做"二传手"呢?尤其是杂交瘤技术开辟的璀璨前景,怎么能不令他怦然心动呢?

那时的知识分子对自己的专业,如同农村的社员一样,无论公社大田有多忙多累,也要忙里偷闲把自留地种好。本来顾方舟可以去病毒所开片"自留地",他原本是那里的室主任,口碑人际关系极佳,无奈有点远,去一趟病毒所需要一整天的工夫。毕竟要以组织上安排的工作为主业,而且要干好,干出色。于是,他将目光投向同在一个大院里的基础医学研究所,具体目标是专业相近的免疫室。

当时免疫室的主任是谢少文教授。顾方舟将想法一说,立即得到谢少文主任的支持!依今人之见,一定是顾方舟的副院长身份起作用,俗称官大一级压死人嘛。其实不然,这里是"协和"。况且这位免疫室的掌门人是中国免疫学界的泰山北斗,他能够痛快答应,一是为了国家的医学病毒学事业,二是冲着顾方舟这个人!

那时百废待兴,人才青黄不接,调一个合适的技术人员非常困难。终于,从流行病学研究所调来一位顾方舟当年的老部下,工作才得以起步。不久又有几位陆续调来,研究生也招进来了。为了工作方便,实验室对外称基础所病毒室,内部是免疫室里的病毒组。据孙月英回忆:

> 当时实验室比较紧张,免疫室将室里的四间房一次性划给了病毒组。房子有了,中国医学科学院器材处、基础医学研究所器材科,一路给他们开绿灯,好多急需的仪器设备,像显微镜、荧光显微镜、超声波仪、冰箱等,基本没有太费劲都到位了。今天看起来很平常的仪器设备,当时可都是需要"控办和指标"的,即使有钱也不行。一些常用的小物件和玻璃器皿,像小剪子、小镊子、培养皿、三角瓶、吸管等,是大家从"文革"开始就堆积在杂物间里的物品中,一件件翻捡出来,再冲洗消毒干净,基本没花钱。桌椅板凳也是从库房里,把人家不要的搬回来的。大家本着勤俭办事业的精神,像蚂蚁搬家一

图 8-3　顾方舟与病毒室同事和学生合影（由左至右：前排苏小玲、吕华、李初梅、顾方舟、孙月英、刘阳，后排沐桂藩、吴衍、徐如良）

样，迅速建成了一个有模有样的病毒实验室[1]。

顾院长一有时间就来实验室，有时候是刚刚开完会，有时候是出差回来，反正他只要有工夫就要来实验室转转，看看他布置的试验进展，问问有什么困难和问题。我记得大概是1979年1月份我刚来的时候，顾院长对我说："五一"之前，你一定要做出第一批组织培养来。因为病毒必须用组织培养才能培育出来，这是重要的前期工作。4月二十几号，我们第一批组织培养实验获得成功，顾院长看了特别满意，我心里也踏实了，终于圆满完成任务，没有辜负他的期望[2]。

有了实验室和团队，"掌门人"的眼光和格局至关重要。1981年，在实验室建立不到两年的时间里，用新兴的生物技术酶联免疫吸附法、单克隆抗体技术，在研究上有两篇重要论文相继发表，标志着顾方舟带领他的团队，再次站在了医学科学研究的前沿。虽然他离开实验室已经十五年，但

---

[1]　孙月英访谈，北京，2019年12月11日。资料存于采集工程数据库。
[2]　同[1]。

"宝刀"未老，眼光独到。

第一篇论文是1981年1月，由顾方舟领衔在《北京医学》上发表的"酶联免疫吸附法（ELISA）测定乙型脑炎病人血清中特异性IgM"[①]。这是顾方舟和他的团队在"文革"后发表的第一篇重要论文，也是借助新兴的生物学技术建立的全新方法。该方法快速、准确、简便的检测结果，改写了传统的乙型脑炎诊断方法，对防治这种严重危害青少年健康的传染病意义重大，而且它还可以应用于其他疾病的诊断，取代一批陈旧的技术。

酶联免疫吸附法的试验原理是：首先把酶分子与抗体或抗原相结合，这种结合不会改变抗体或抗原的免疫学特性，又保留了酶的活性；然后用酶标记的抗体或抗原，与吸附在固相载体上的已知抗原或抗体，发生特异性的结合；最后加入底物溶液，使其发生化学反应。如果抗原抗体发生了特异反应，则底物的颜色就会发生变化，而颜色变化的深浅，与标本中相应的抗体或抗原的含量成正比。由于这个试验中加入了酶，极大地放大了反应效果，因此酶联免疫吸附试验具有特异性和灵敏性高的特点。它是继免疫荧光和放射免疫测定法之后，发展起来的第三种免疫标记技术。与免疫荧光测定法相比，酶联试验可以目测结果，无须荧光显微镜；与放射免疫测定法相比，虽然两者都能定量和精确定位，但酶联技术的试剂稳定、安全，不需特殊设备，且操作简便。

几十年来，脊髓灰质炎病毒的分离、定型、抗体测定，都离不开活细胞，但费时、费力、费钱，尤其在基层防疫站很难开展。顾方舟和王树蕙、孙月英等人设想撇开活细胞，用酶联免疫吸附法（ELISA）做脊髓灰质炎病毒的测定。经过两年多的努力，终于将设想变成了现实。1983年6月，他们在《中国医学科学院学报》上，发表了"酶联免疫吸附法（ELISA）在Ⅲ型脊髓灰质炎病毒McAb的筛选以及抗原分析中的应用"，为脊髓灰质炎的研究建立起新的方法[②]。1985年10月，他们又在《中国医

[①] 顾方舟，孙月英，李素萍，等：酶联免疫吸附法（ELISA）测定乙型脑炎病人血清中特异性IgM，《北京医学》，1981（3）：1。

[②] 顾方舟，王树蕙，孙月英：酶联免疫吸附法（ELISA）在Ⅲ型脊髓灰质炎病毒McAb的筛选以及抗原分析中的应用，《中国医学科学院学报》，1983（6）。

学科学院学报》上发表了"应用ELISA筛选脊髓灰质炎病毒单克隆抗体及其抗原分析",此项研究的意义"具有区分脊髓灰质炎Ⅲ型野毒株与疫苗株相关病毒株的能力"。①

1981年4月,顾方舟领衔在《中国医学科学院学报》上发表了"分泌脊髓灰质炎Ⅰ型单克隆抗体的杂交瘤细胞株E55的建立(简报)"。② 这篇论文的发表,标志着他们已经将单克隆抗体技术成功地应用于"脊灰"的研究,同时也标志着"脊灰"的研究,从细胞水平进入分子水平的历史新阶段。

单克隆抗体技术之桥成功架起之后,数年间顾方舟带领团队在"脊灰"研究上不断深入,为我国成为没有"脊灰"的国度不断做出新的贡献。

继Ⅰ型单克隆抗体的杂交瘤细胞株E55建立之后的一年间,实验室又建成一系F4杂交瘤细胞,并且用这两个细胞系分泌的Ⅰ型抗体,对25株病毒的Ⅰ型抗原性作了初步的研究。在这篇完成于1982年9月的论文结尾,给读者描述了此项研究的美好前景:从我们有限的两系杂交瘤的研究中就可以看出,像脊髓灰质炎病毒这样小,只有4个多肽的核糖核酸病毒,其蛋白质外壳上所含的抗原决定簇数量一定是颇大的。用单克隆抗体不但可以揭示同型脊髓灰质炎病毒间的抗原性差异,而且对研究病毒抗原决定簇以及和结构性多肽的关系,病毒抗原性的变异以及用以鉴别野病毒株和疫苗株都有很大的价值③。在此基础上,1984年《中国医学科学院学报》第6卷第3期上,发表了后续论文:"25个分泌抗SabinⅠ型疫苗株单克隆抗体杂交瘤细胞系的建立及其在抗原分析中的应用。"④

对脊髓灰质炎病毒型内抗原差异的研究,其重要的实际用途是鉴别类

---

① 顾方舟,王树蕙,孙月英:应用ELISA筛选脊髓灰质炎病毒单克隆抗体及其抗原分析,《中国医学科学院学报》,1985,7(5):359。

② 顾方舟,沐桂藩,王幼安:分泌脊灰质炎Ⅰ型单克隆抗体的杂交瘤细胞株(E55)的建立(简报),《中国医学科学院学报》,1981,4。

③ 顾方舟,沐桂藩,王幼安:型特异和株特异的抗Ⅰ型脊灰质炎病毒的单克隆抗体,《中华医学杂志》,1983,63(2):69-72。

④ 顾方舟,沐桂藩,王幼安:25个分泌抗SabinⅠ型疫苗株单克隆抗体杂交瘤细胞系的建立及其在抗原分析中的应用,《中国医学科学院学报》,1984,6(3):157。

塞宾株（Sabin-like）与非类塞宾（Non-sabin-like）株。在20世纪50年代，对脊髓灰质炎病毒的分离鉴定工作，只要鉴别出病毒的型别就可以满足诊断的要求。但自减毒活疫苗广泛使用以来，对分离出的病毒还要鉴别是野毒株还是疫苗株。1985年，由顾方舟领衔发表的论文："用单克隆抗体对100株脊髓灰质炎Ⅰ型病毒的抗原分析"[①]，对上述问题进行了有意义的探索。本项研究的100株病毒，除4株为代表株外，其余96株脊髓灰质炎Ⅰ型病毒分离物经鉴别试验的结果，有1株病毒（于江苏省分离的）和塞宾株的抗原性完全一致，另有5株病毒分别被原判为塞宾株特异的单克隆抗体中和。

结果分析表明，在自然界中脊髓灰质炎病毒可能有抗原性变异，或者存在一种选择作用。这一问题的深入研究，对于了解脊髓灰质炎病毒的变异，疫苗株的选育，疫情的监视以及做分子水平流行病学的调查研究都非常有意义。

在病毒室成立后的六七年间，顾方舟带领大家应用新兴的生物技术，重点对脊髓灰质炎病毒抗原抗体进行了深入的基础性研究，发表重要论文十余篇，为建立脊髓灰质炎准确快速简便的检测方法奠定了坚实的基础。

研发试剂盒

1978年，世界卫生组织向各国提出要在2000年全球消灭脊髓灰质炎。据此，我国卫生部决定提前5年实现这一宏伟目标，即1995年之前在中国彻底消灭脊髓灰质炎。

预防脊髓灰质炎并非一粒糖丸即可高枕无忧。由于各地条件和技术支持的差异，虽然绝大多数地区控制良好，但地方情况参差不齐，甚至出现疫情的反弹情况。问题的彻底解决，取决于能否准确掌握计划免疫

---

① 顾方舟，沐桂藩，董德祥，等：用单克隆抗体对100株脊灰质炎Ⅰ型病毒的抗原分析，《中华预防医学杂志》，1985，19（5）：265。

后的抗体水平。比如，儿童吃下糖丸以后的抗体状况如何，达到预期水平即可有效预防脊髓灰质炎。如果某些孩子的抗体水平非常低，不足以有效抵御脊髓灰质炎的传染，很可能会发生新的流行。就如同现今面对新冠病毒一样，如果体内有足够的抗体当然无所畏惧，反之感染的概率就很大。因此，人类战胜脊灰病毒不仅需要疫苗，还需要简便快速准确的检测试剂。

20 世纪 80 年代中期，我国脊髓灰质炎的检测方法还在沿袭几十年前的细胞培养方法，技术操作复杂，周期长达 7—10 天，而且基层防疫站无法开展。因此，1995 年之前要在我国彻底消灭脊髓灰质炎任务艰巨，必须研发一种简便快速准确的检测方法，以便迅速在全国城乡推广应用。这项重要课题被卫生部列入国家"七五"规划，顾方舟率领不足十人的团队再次临危受命，第二次向消灭脊髓灰质炎病毒发起冲锋。

老百姓常说，没有金刚钻别揽瓷器活。顾方舟和他的团队有"金刚钻"吗？应当说有！自实验室建成以来，他们应用单克隆抗体技术对脊髓灰质炎病毒进行了深入研究，接连不断有重要论文发表，已经成为我国脊髓灰质炎病毒研究的权威实验室。据孙月英回忆：[①]

> 脊髓灰质炎病毒有三个型，首先要做出三个型病毒的单克隆抗体，然后才能做试剂盒。顾院长把这项工作分成三份，分别由三个人来完成。Ⅰ型由沐老师做；Ⅱ型交给一个研究生当作论文课题做，室里派一人配合；Ⅲ型由孙月英来做。分工明确，尽管中间有些磕磕碰碰不是一帆风顺，我们还是按计划把Ⅰ、Ⅱ、Ⅲ型病毒的单克隆抗体做了出来。随后顾院长组织大家讨论怎么做诊断试剂盒，怎么与生产单位北京生物制品研究所开展合作。
>
> 双方的合作，先要完成单克隆抗体的偶联血球，俗称挂血球。北京生物制品研究所挂血球经验丰富，所以以他们为主。开始的两次试验比较顺利，Ⅰ、Ⅱ、Ⅲ型都挂上了。为了保证试验的稳定性和可重

---

① 孙月英访谈，北京，2019 年 12 月 11 日。资料存于采集工程数据库。

图8-4 1991年国家"七五"攻关课题"脊髓灰质炎单克隆抗体诊断试剂盒"成果鉴定会

复性，我们又做了第三次。结果这次出了问题：Ⅰ型和Ⅲ型挂上了，Ⅱ型却挂不上，大家反复琢磨也不知道问题出在哪里，百思不得其解。无巧不成书，正巧有个外地同志来出差，他们又正好有这方面的经验，我们专程去取经，于是问题迎刃而解。

过了偶联血球关，产品拿到实验室做测试，效果特别好：一小时出结果，不仅测定速度特别快，而且结果很准确，病毒分型特别清晰。脊髓灰质炎病毒之间有交叉，比如Ⅰ型和Ⅱ型。有时候一个实验出来，Ⅱ型里面阳性，Ⅰ型里面也阳性，分不出来。用我们这个试剂盒可以准确分型，是Ⅰ型就Ⅰ型，是Ⅱ型就Ⅱ型，结果特别明确，一举成功。

生产关通过后，顾院长又提出举办试剂盒的应用培训班。他亲自讲课，要求各省市防疫站站长亲自参加，还要带做小儿麻痹防疫工作的主任前来培训。顾院长给培训班起名叫高级学习班。我们一共办了9次学习班，涉及29个省市、自治区的防疫站，有300多人参加。学习班结束后，由学员们把试剂盒带回去分发到基层去做检测。那时，有好多人还没有来过北京，大家都想来北京看看。顾院长说：我们就利用这个机会，让大家来北京看看。所以有多次学习班是在北京办的。有一次在深圳办学习班，顾院长也亲自去。他不仅亲自讲课，做实验时他也不离现场。学员做，我们也做，他要看结果是不是一样。如果不一样，他再给你试剂盒接着再做，直至完全掌握才行。顾院长说：必须完完全全学会，否则省里的站长都不会，怎么下去指导别人呢？[1]

---

[1] 孙月英访谈，北京，2019年12月11日。资料存于采集工程数据库。

1991年初，顾方舟团队饱含心血的报告——"脊髓灰质炎单克隆抗体诊断试剂盒的制备和应用"，正式提交国家行政管理和审评机构，油印的文件极富时代特征。下面辑录报告的几段文字，再现三十年前那段难忘的记忆：

> 脊髓灰质炎诊断试剂盒系用抗脊髓灰质炎Ⅰ、Ⅱ、Ⅲ型病毒单克隆抗体，分别致敏双醛化羊红细胞冻干制成。用反向被动血凝试验检测病毒，用反向被动血凝抑制试验检测血清抗体。用该试剂盒检测病毒与中和试验的符合率达80%以上，直接从粪便中检出病毒的阳性率达14%。调查服脊髓灰质炎活疫苗后儿童血清414人份，与中和试验的符合率为Ⅰ型86.47%、Ⅱ型80.95%、Ⅲ型90.34%，其特异度可达95%以上。

图8-5 顾方舟课题组向国家行政管理和审评机构提交的报告

> 用该试剂盒鉴定病毒和抗体，可摆脱组织培养条件的限制，方法简便易行，可达到快速、特异诊断的目的。
>
> 脊髓灰质炎是世界卫生组织要求在世界范围内消灭的五种疾病之一。任务重、时间紧、工作量大。目前检查脊髓灰质炎病毒和抗体的方法，主要是中和试验。这种方法操作复杂，出结果慢，大多数基层防疫单位无法应用。为寻求一个简单易行的方法，我们研制了脊髓灰质炎Ⅰ、Ⅱ、Ⅲ型单克隆抗体致敏双醛化冻干羊红细胞。结果证明使用脊髓灰质炎Ⅰ、Ⅱ、Ⅲ型诊断血球检测抗体或抗原，快速、特异、操作方法简单，便于广大基层防疫单位应用。
>
> 该试剂盒不受组织培养条件的限制，试验后一小时即可观察结果，达到快速检定的目的。试剂盒置4摄氏度保存，有效期可达两年半，室温可保存十几天。这样，既便于保存，又便于运输。因此，该试剂盒适合基层实验室的需要，为脊髓灰质炎的监测提供了一个快速、特异、简便的方法，在消灭脊髓灰质炎的工作中将显示出其实用价值。

第八章　再攀高峰

图8-6 "脊髓灰质炎单克隆抗体诊断试剂盒的制备和应用"的查新报告

图8-7 "脊髓灰质炎单克隆抗体诊断试剂盒的制备和应用"的检索咨询报告书

图8-8 中华人民共和国消灭脊髓灰质炎证实报告

在报告书的最后两页，分别是中国医学科学院医学情报研究所的"查新报告"和"检索咨询报告书"。医学情报研究所是我国医学信息研究中心和生物医学信息资源中心，该研究所出具的两份权威报告的结论中，均有如下结论："目前未见有关此课题的文献资料报道，特此证明！""未见有关反向被动血凝试验和反向被动血凝抑制试验，用于脊髓灰质炎病毒抗原和抗体检测方面的题录"。上述结论用今天流行的话语表述，即顾方舟领衔完成的这个试剂盒，具有完全独立自主的知识产权。

在我国科学家战胜脊髓灰质炎的伟大征程上，脊髓灰质炎单克隆抗体诊断试剂盒与减毒活疫苗是两个重要的里程碑。因此，研发试剂盒的科学家的名字也应当镌刻其上：

中国医学科学院基础医学研究所顾方舟、孙月英、王树蕙、苏小玲、陈鸿珊、张素梅。卫生部北京生物制品研究所端木玉明、齐明、孙文宪。

图8-9 2000年7月11日，在卫生部举行的中国消灭脊髓灰质炎证实报告签字仪式上，顾方舟庄重地签下了自己的名字

光阴荏苒，转瞬进入21世纪。2000年7月11日，见证伟大理想的时刻到了。在中华人民共和国卫生部举行了隆重的"中国消灭脊髓灰质炎证实报告签字仪式"。卫生部部长张文康、副部长王陇德、朱庆生和卫生部有关司（局）领导，参加中国消灭脊髓灰质炎证实报告签字仪式的国家证实委员会委员，证实准备委员会委员，有关专家以及国际组织和有关国家

图8-10 2000年7月11日，参加中国消灭脊髓灰质炎证实报告签字仪式的代表合影（前排左起：王克安、江载芳、朱庆生、顾方舟、张文康、侯云德、王陇德、胡善联，后排：右1祁国明、右2王钊、左2梁晓峰、左1庄辉）

第八章 再攀高峰

驻华使馆的代表出席了签字仪式。时年74岁的顾方舟作为代表，签下了自己的名字。

当年10月，经官方证实，中国本土"脊灰"野病毒的传播已被阻断，中国成为无"脊灰"的国家。

再攀新高峰

我们在论文资料收集整理中发现，顾方舟的科研视角十分开阔，绝非他的谦辞"一生一事"。除脑炎、脊髓灰质炎的研究成就斐然，在"文革"结束之后，他在肠道病毒、风疹、手足口病、出血热等研究上均有不俗的成绩，尤其对肿瘤的研究造诣颇深。他从肿瘤杂交瘤的基础研究，到乳腺癌单克隆抗体的临床应用，以及肿瘤单克隆抗体与肿瘤药物的结合上都有深入的研究。为此，在访谈孙月英老师时，专门就此请教。

年逾八旬的孙月英老师，曾经是顾方舟在流研所乙脑室、病毒所脊髓灰质炎室和基础所病毒室时期的得力科研骨干。她说，顾院长很早就想做肿瘤研究。那时他在病毒所，小儿麻痹疫苗研制刚完成，交到北京生物制品研究所去生产的时候，他就开始着手肿瘤方面的研究。孙月英记得很清楚，当时他的研究方向是白血病，还邀请了基础所的刘士廉、北京生物制品所的张永福、检定所的郑珏珏、病毒所的曾毅等人，形成多学科合作专业性很强的研究团队。他们好多人就住在病毒所里，干劲十足。当时的试验方法是用鸡胚，把白血病病毒接种到鸡胚里，然后观察鸡胚里的病毒繁殖。后来发现鸡胚本身有问题，需要选择别的方法。不久，他被派到昆明主持脊髓灰质炎疫苗大规模生产，事情就搁置了[①]。

在基础所病毒室做诊断试剂盒快结束时，顾院长就把研究重点转到肿

[①] 孙月英访谈，北京，2020年9月15日。资料存于采集工程数据库。

瘤相关研究上了。他说肿瘤是要命的疾病，也是全世界最难攻关的课题。顾院长想把单克隆抗体技术，用于肿瘤的诊断和治疗。他们做的第一个肿瘤杂交瘤的材料人骨髓瘤细胞，是从日坛医院（中国医学科学院肿瘤医院前身）孙宗棠教授那得来的[1]。

从1988年发表的那篇论文看，此项研究收获颇丰[2]。论文是以简报形式发表的，文字并不深奥：

> 目前我国制备人－人单克隆抗体的人骨髓瘤细胞株皆为从国外引进的，仅能用于科研，因此受到多方面的限制。其一是即使建立了人－人杂交瘤细胞株也不能进行商品化生产；其二是不能技术转让；其三是国外引进的细胞株其应用前景难以预料。故建立我国自己的人骨髓瘤细胞株是制备人－人单克隆抗体必不可少的重要课题。
>
> 我们取未经治疗的骨髓瘤患者的骨髓细胞，置含有20%小牛血清的1640培养基中培养，每周换液一次，四个月后见细胞集落生成，细胞生长迅速，二周后即可传代，其后4—5天传代一次，现已传20余代。
>
> 经核型分析，该细胞株的染色体数为44。将细胞置不含血清的1640培养基中培养四天后，取培养液离心除去细胞，上清液用硫酸铵沉淀后测蛋白含量，其结果提示该株不分泌抗体。目前我们正将该株细胞转变为抗8-杂氮鸟嘌呤和乌本苷的细胞株，作为亲本细胞用于人－人杂交瘤的特性研究。

有了人骨髓瘤细胞株，即可作为亲本细胞用于人－人杂交瘤的特性研究。恰巧在一个大院里的北京协和医院大夫，拿着乳腺癌病人的骨髓细胞前来合作。

协和医院拿来乳腺癌病人的骨髓，他们先是建起一个细胞株，建成后

---

[1] 孙月英访谈，北京，2020年9月15日。资料存于采集工程数据库。
[2] 顾方舟，孙月英，王树蕙，等：一株人骨瘤细胞株（KSW1）的建立（简报），《中国医学科学院学报》，1988，2。

就放入液氮罐，不定时拿出来复苏一下，让它再繁殖以保持活力，为下面做单克隆抗体研究做准备①。第一篇论文于 1989 年 11 月完成②：

> 乳腺癌在我国妇科肿瘤中仅次于子宫颈癌。以单克隆抗体为工具，探索乳腺癌的诊断和治疗问题，有重要临床价值。由于人体对鼠单克隆抗体产生明显排异反应，所以只有制备人单克隆抗体才能有效、安全地解决体内定位诊断和治疗的问题。为此，我们采用人鼠种间杂交骨髓瘤细胞 SMH-D33 与人淋巴结 B 细胞融合，制备了人单克隆抗体 CM-1 进行实验研究。
>
> 研究结果：人鼠种间杂交骨髓瘤 SMH-D33 细胞与乳腺癌病人转移淋巴结 B 细胞融合，筛选出阳性杂交瘤细胞株 CM-1，具有持续分泌抗乳腺癌人单克隆抗体的能力。组织免疫化学检测结果指出，人单克隆抗体 CM-1 仅与乳腺癌组织呈强阳性反应，所以在鉴别诊断乳腺肿物上，有重要的临床价值。

第二篇论文于 1990 年 8 月完成。不足一年的时间里，顾方舟研究团队在基础与临床应用的研究上又有了较大的进步③：

> 用乳腺癌患者术后腋下淋巴结制备的淋巴细胞与人骨髓瘤细胞系 SHM-D33 融合，获得 1 株分泌抗乳腺癌人单克隆抗体的杂交瘤细胞克隆株 CM-1。该株细胞已传代 2 年，仍能稳定分泌特异性抗体。CM-1 与被测乳腺癌呈强阳性反应，肿瘤细胞胞浆呈明显深棕色，并可见棕色颗粒，而与同一切片中的间质细胞及正常细胞均无反应，与乳腺纤维瘤、正常人肾、心、脾、肺、肠、淋巴结、甲状腺及胸腺亦无反应。经反复多次试验表明其稳定性好，对乳腺癌的特异性较高，

---

① 孙月英访谈，北京，2020 年 9 月 15 日。资料存于采集工程数据库。
② 么崇正、黄汉源、杨子义，等：抗乳腺癌人单克隆抗体用于裸鼠移植瘤显像，《肿瘤》，1991，11（4）。
③ 王树蕙、孙月英、王维刚，等：抗乳腺癌人单克隆抗体的制备及其应用的实验研究，《中国医学科学院学报》，1996，18（3）。

且分泌的抗体量及抗体滴度很高，是目前国内外较好的人单克隆抗体，可用于乳腺癌的诊断和治疗研究。

顾方舟思路开阔，在与协和医院顺利合作的同时，他派孙月英去抗生素研究所（中国医学科学院医药生物技术研究所前身）找甄永苏教授[①]，希望把平阳霉素[②]作为抗乳腺癌人单克隆抗体的治疗药物开展研究。甄永苏教授非常愿意合作。孙月英记得甄教授当时谈了三点意见：一是能不能和平阳霉素偶联上；二是能不能杀死癌细胞；三是老鼠身上的肿瘤能不能得到治疗。孙月英回忆说：我们的合作比较顺利，结果特别好，顾院长和甄永苏教授特别高兴[③]。

我们找到的这篇论文是三支国家队历时五年的杰作[④]：

用 PAP 免疫组化法分析，CM-1 与被检乳腺癌均呈阳性反应，但与乳腺纤维瘤和被检其他肿瘤组织及正常组织均无反应。CM-1 用于裸鼠移植瘤放免显像（RII）能进行肿瘤定位。CM-1-药物（平阳霉素；PYM）偶联物对裸鼠移植乳腺癌生长的抑瘤率为 95%，而同等剂量的游离药物为 58%。显示了抗乳腺癌人单抗 CM-1 的特异性及其在临床诊断和治疗乳腺癌中的光明前景。

时光匆匆，转瞬又是五年。在 2000 年的《微生物学免疫学进展》第

[①] 甄永苏，1931 年出生于广东开平，1954 年毕业于中山医学院，我国著名微生物药学和肿瘤药理学家。中国医学科学院北京协和医学院医药生物技术研究所研究员，肿瘤研究室主任。1997 年当选中国工程院院士。长期从事抗肿瘤抗生素研究，是我国早期开展该领域工作的研究者之一，有平阳霉素等众多研究成果。

[②] 平阳霉素系从浙江平阳县土壤中的放线菌培养液中分离得到的抗肿瘤抗生素。经研究与国外的博来霉素成分相近。主要抑制胸腺嘧啶核苷掺入 DNA，与 DNA 结合使之破坏。另外它也能使 DNA 单链断裂，并释放出部分游离碱基，可能因此阻止 DNA 复制。1978 年通过鉴定投产并进入临床应用，1982 年荣获国家发明奖二等奖。

[③] 孙月英访谈，北京，2020 年 9 月 15 日。资料存于采集工程数据库。

[④] 王树蕙，孙月英，苏小玲，等：抗乳腺癌人单克隆抗体 CMH-1 的制备和初步鉴定，《中国医学科学院学报》，1991，1。

28卷第1期上，顾方舟发表了有关重组人肿瘤坏死因子的重要论文。[①] 从某种意义上讲，此乃收官之作。

这一年，顾方舟七十四岁。

[①] 吴松泉，刘丽，兴安，等：重组人肿瘤坏死因子a和白细胞介素6融合基因的构建和表达，《微生物学免疫学进展》，2000，28（1）。

第九章
任院校长

人才是立院之本

经过6年副职的历练，1984年12月27日，国务院任命顾方舟为中国医学科学院院长、中国首都医科大学校长、代理党委书记。作为中华人民共和国成立后的第四任院校长，顾方舟面对着内部非正常换届、外部反精神污染的局面，没有踯躅犹豫，以求真务实稳健推进的一贯作风，挑起了中国最大的医教研联合体的党政一把手的重担。

"文革"对国家最深重的破坏是对知识分子的摧残。十年间科研单位成为"文革"的重灾区。号称国家队的中国医学科学院被搞得七零八落，全国唯一的八年制医学院复校后，竟连专职的教师队伍都凑不齐。人才成为制约院校发展的瓶颈，残酷的数字摆在顾方舟的案头：

（1）科技队伍年龄结构：总数7752人，其中35岁及以下的4520人，占58.3%；36—45岁的1141人，占14.7%；46岁及以上的2091人，占27%。36—45岁年龄段不到15%，出现断层。

（2）高级科技人员年龄结构：总数1041人，其中45岁及以下的

图9-1 中国医学科学院北京协和医学院正门

19人，占1.8%；46—50岁的202人，占19.4%；51—55岁的348人，占33.4%；56岁及以上的490，占45.3%，将近一半。

（3）学术兼职人员年龄结构：总数352人，在160个全国性专业杂志、专业学会兼任编委、理事以上职务。其中54岁及以下的75名，占21.3%；55—59岁的97名，占27.6%；60—64岁的87名，占24.7%；65岁及以上的93名，占26.4%。在一个国内外都有影响的单位，其兼职人员几乎涉及了国内所有大的医学杂志和学会，但令人担忧的是老年者竟占84%。

（4）博士生导师的年龄结构：总数73名，其中57—59岁的8名，占11%；60—64岁的21名，占28.8%；65—69岁的18名，占24.7%；70岁及以上的26名，占35.6%。

图9-2 任命顾方舟为中国医学科学院院长证书

院校科技队伍断层和老龄化的严重程度，已经到了危机四伏的状态。因为在顾方舟任内的5—10年，将分别有490名和838名高级科技人员离退休。如果彼时没有一支年富力强的接班队伍，则学科带头人断代、博士生导师缺员、院校

图9-3 北京东单三条九号院

在全国学术机构的地位与作用锐降等一系列问题将接踵而来,并形成恶性循环,逐步丧失学术优势和国家队的主体作用。

面对如此严峻的局面,顾方舟几乎逢会必讲并大声疾呼"为年轻的同志们铺一铺路"。他专门在中国医学科学院机关报上撰文:

> 人才问题,是我们院校发展战略中一个至关紧要的问题,也是多年来议论最多、感到最伤脑筋的问题。大家常说,院校的优势是人才济济,其实如果我们不能清醒地认识目前在人才问题上面临的严重情况,就可能丧失我们的优势。不用和国外的医学院校比,仅从国内几家兄弟院校的情况看,我们院校能够脱颖而出的青年科学家寥寥无几。我们首次破

图9-4 1986年,顾方舟在办公室工作

第九章 任院校长

格提拔的一位最年轻的副研究员已经40岁了，这个年龄比起国际公认的科研工作者最佳年龄36岁要大得多。我们常常听到一些同志抱怨我们这里压制人才，但是真正遇到了具体问题的时候，又觉得年轻人这也不行那也不是。俗语说，金无足赤，人无完人。一个青年科技工作者，只有让他登上科学研究的舞台之后，给他一个亮相的机会，才能显露出他的才华。而这种机会往往被陈旧的等级观念、论资排辈的思想淹没了。因此，需要我们各级领导拿出为中青年争一争的勇气，为中青年人才的脱颖而出，采取一些特殊的措施，做一点扎扎实实的工作，给年轻的同志们铺一铺路、垫一垫脚。只有这样，我们才能真正解决面临的后备人才来源不足的问题，才能使院校今后的发展有可靠的保证①。

1989年，在中国科协三届五次全委会上，顾方舟还以常委的身份，就解决我国科技人员的"人才断层"问题，提出了五点建议：

（1）改革学术职称和职务晋升制度，让年轻人脱颖而出，才留得住人。晋升要形成正常的制度，对德才兼备的中青年一定要破格提拔。

（2）离退休制度可以灵活一点，对于既有能力又有精力的老专家，可以留下来，多做一点工作，多带一批学生。

（3）研究基金的使用不要限制得过死，对于那些缺少助手的学术带头人，应该允许他们使用研究基金聘用助手。

（4）留学和进修要有目的、有计划，要使国内保持适当的研究能力。另一方面要创造条件，吸引在国外的科研人员学成回国，进一步改善回国人员和其他中青年学者的生活条件和研究条件。

（5）由于中级研究人员缺少，研究生在科研工作中发挥了重要作用，希望对招收研究生不要一刀切，应允许有的单位用科研经费培养研究生。

---

① 顾方舟：为年轻的同志们铺一铺路，《中国医学科学院院报》，1988年1月21日，北京。存于中国医学科学院档案室。

顾方舟从来都是向前看的乐观派。在全院摸底调查的基础上，他直抒己见：

虽然我们必须面对人才断层青黄不接的现状，但当下怎么利用已经成长起来的年轻人，真正发挥他们的聪明才智，不做叶公好龙的事，变被动为主动，以扭转院校人才危机的局面：

（1）派出的1243名出国留学、进修人员，已有约700人回国；

（2）已经毕业的博士、硕士研究生，分别有36名和917名，他们分别有90%和70%留在了院校；

（3）现有的557名硕士生导师，216名在中年以下；

（4）现有的正副所长、院长中，有一批优秀的双肩挑科技干部。

上述这些同志，绝大多数在55岁以下，其中半数在35岁以下。他们年富力强，业务素质较好，是未来10年院校事业发展的希望所在。但他们的专业技术职务，多在副研或讲师以下。怎么样让他们脱颖而出，充分发挥他们的青春活力，既是领导者的明智选择，也是突破现有人事管理条条框框，需要领导者承担政治风险的事情。

伯乐与千里马

在院校长顾方舟的积极倡导之下，院校实施平等竞争前提下的破格提拔工作。经院校考核或评审，对优秀中、青年科技骨干，给予破格提高工资级别或破格聘任高级专业技术职务，并从中择优推荐部级或国家级的有突出贡献的专家；在申请研究项目、参加国内外学术会议以及学会、学报等方面，有计划地培养青年人，使他们尽快成长为学科带头人；加强院校青年科学基金工作，办好青年科技论坛；强调"破格"的关键是培养，要加强对青年科技人员，特别是研究生的培养工作；制订办法，确定"突出贡献"及"破格提拔"的内涵及界限。

图 9-5　1987 年，顾方舟在办公室

院校从 1985 年起的几年间，先后有 52 名（正职 28 名，副职 24 名）有突出成绩的科技骨干，越级或不满任职年限，提前评聘高级专业职务。但是，在职务评定上历史欠账太多，以往几次评聘工作论资排辈的问题仍然十分明显，中年拖老、年轻拖跑的恶性循环状态没有得到彻底的改变。

有鉴于此，为加速中青年优秀人才的培养、选拔和任用工作，在顾方舟的领导下，总结以往高级职务评聘工作的经验，把资格评定和科技队伍建设联系在一起，将职务聘任和工作需要结合起来。在高级职务补缺指标十分紧张的情况下，根据队伍不同层次与结构，采取相应措施，实行特殊政策，重点对德才兼优、工作实绩突出的中青年科技骨干，突破正常的晋职年限，不受资历、学历限制，提前或越级评聘高级专业职务，进一步明确和规定了严格于正常晋升的评审程序和条件，以便既能打破单一的论资排辈评审方法，又能确保破格评聘的质量。

1989 年，在院校深化改革的"五十条"中特别强调：进一步重视和加强对医、教、研和管理岗位的中、青年骨干的培养，破格提拔和奖励有突出贡献的中青年干部。采取单位组织推荐、三名以上教授推荐、院校提名推荐的三者之一的方法。

1989 年，院校学委会执委会共讨论通过 45 名同志高级职务任职资格，其中有 41 名同志属于工作成绩突出、突破正常任职年限提前晋职，占总数的 91%。这批突破正常任职年限提前晋职的 41 名同志，全部属于 55 周岁以下的中青年科技骨干。其中有 4 名 50 周岁以下、4 名 40 周岁以下的中青年，分别破格评聘为高级专业职务正职和副职。阜外医院外科青年主治医师吴清玉，1987 年由奥地利进修归国后，注重临床实践能力的提升，在导师的指导下独立完成右室双出口、三尖瓣下移矫治等复杂心脏手术，手术无一例死亡；法鲁氏四联症等重症根治术一百余例，死亡率小于1%，达到国内外先进水平；同时在国内首次采用保存同种主动脉根部及所附着的二尖瓣前叶，重建肺动脉瓣及肺动脉和加宽右室流出道，治疗法鲁氏四联症合并肺动脉缺如病获得成功。吴清玉在1989年度评审工作中，经郭加强等同行专家推荐，院所两级评审组织考核，破格提拔为副主任医师[①]。

有了院校重视培养人才的大环境，有关负责同志还在机关报上发表了更加开放的建言，为全院校营造起更加宽松的氛围：推行"单位组织推荐、3名以上教授联名推荐及院校提名推荐"三者之一的方法，比去年进了一步，但还不够，建议更开放一些。实行自由报名，不受职务高低及现职聘任时间的限制，凡55岁以下的均可报名竞争研究员及相应职务，45岁以下的均可竞争高级副职；关于评议方法，近年沿用的学术委员会审议方法存在局限性，建议增加透明度，实行打擂台，报名者都应在大会上报告工作，组织有代表性的评委会，评委打分与民意测验相结合，进行公开的、平等的竞争；关于指标来源，此前没有遇到这个问题，建议将上级下达的晋升指标分解成两个部分：正常指标，占70%—80%；破格指标占20%—30%。经过一段时间试点逐步成为制度，进一步把竞争机制引入人才开发中去。首先，应该相信大多数人的自我评估能力，不会一哄而上盲目报名。据了解，上海医科大学最近一次提拔，全校只有134人报名，估计我们的情况也大同小异；其次，工作量虽然大些，但是只要组织严密，工作定会忙而有序。具体可分三步进行：学科评议、所院评议、院校评议，逐级比试择

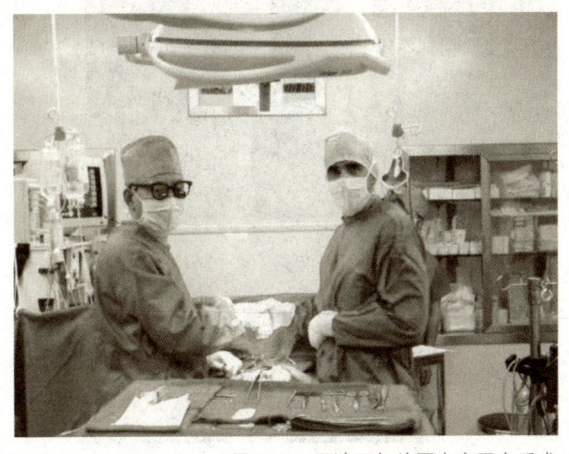

图9-6 吴清玉与外国专家同台手术

---

① 1989年度专业技术职务评聘工作基本结束近八百名同志喜获新的专业职务，《中国医学科学院院报》，1990年4月1日，北京。存于中国医学科学院档案室。

优，令人口服心服。①

在这种求贤若渴、不拘一格降人才的氛围中，大批青年才俊脱颖而出，有的还成为中国工程院院士、中国科学院院士，比较有代表性的是刘德培和沈岩。

刘德培院士是安徽阜南人，1968年11月参加工作。1975年8月，毕业于安徽省蚌埠医学院三年制医疗专业。学历属于大专，还是"工农兵学员"头衔的大专。他的勤奋和敬业精神超乎寻常，顾方舟认定他是不可多得的人才。1986年刘德培博士毕业时，同时申请了去加州大学旧金山分校留学和国家"863"项目。当时，顾方舟曾两次告诉刘德培，这两件事情如果有一件能够落实，他都将在医学界获得很好的发展。未曾料想，刘德培的两项申请均获通过。

不过好事多磨。当时这两个项目的主管部门认为，两项目不能同时进行，刘德培只能二选一。时任院校长的顾方舟力排众议说，两个项目都是难得的机会。专门组织专家讨论并最终拍板，让刘德培带着课题用国际合作的方式到国外去做。

时间和实践证明，顾方舟的决策是正确的。刘德培将国际合作项目做得非常成功，而且美方实验室的教授对他非常欣赏，在刘德培回国前给了他几万美元，让他购买仪器带回中国继续开展实验。

刘德培后来满怀感激之情地回忆道：

图9-7 中国工程院院士、生物化学教授刘德培

---

① 陈永生：未来的竞争是人才之争，《中国医学科学院院报》，1989年5月1日，北京。存于中国医学科学院档案室。

在加州大学旧金山分校做博士后期间，顾院长曾两次前来看望我，并指出我们在国际学习和交往过程中要注意的事项。在我完成博士后研究工作回国后，顾院长还专门召集会议，要我向院校班子成员汇报在加州大学旧金山分校学习和工作的情况，并在当时极其困难的条件下，落实了我进一步的研究工作。

正是凭借着回国后取得的杰出成绩，刘德培于1996年当选中国工程院院士，并在5年之后成为院校长，执掌中国医学科学院和北京协和医学院10年。

沈岩院士，用现在的话说属于纯粹的草根院士。1951年10月，他出生于军队干部家庭。父亲在"文革"中被打倒，沈岩18岁那年到陕西延安农村插队。1979年，已经28岁的沈岩返城回京，在北京市农科院畜牧兽医研究所当技工。1980年12月，以技工身份调入中国医学科学院基础医学研究所。只有初中二年级学历的沈岩，每天的工作是刷试管、打扫卫生。他一边念业余大学，一边在实验室做着简单重复的工作。老师交代的每一项工作他都会一丝不苟地完成。让他刷试管，他比别人刷得快、刷得好、刷得多。安排他做实验，他会非常认真地去查资料，而且一定要弄明白其中的原理。沈岩以"认真细致、肯动脑子、不怕挫折"的特质，打动了改写他命运的吴冠芸教授。沈岩的最高学历是1984年获得的北京市职工（业余）大学的大专学历，这在号称医学科学最高学府的协和根本不算啥，实验室里，除了教授等研究人员，依次是研究生、技术员（中专）、技工。沈岩凭着发愤图强的精神与老师的支持，连续三次在所里报考在职研究生，最终跨入了研究人员的序列。在这个岗位上，他以惊人的毅力与成就，在老师吴冠芸教授的悉心指导下，不断向科学高峰冲击，摘得一个又一个荆棘编就的花环。一个业余大学毕业的技工，能不能或者说应不应该破格提拔，争议之大是预料之中的。但在顾方舟的领导下开创的唯才是举、不拘一格降人才的氛围中，沈岩脱颖而出，从实习研究员、助理研究员、副研究员、研究员到博士生导师一步步走来，没有顾方舟、吴冠芸等一大批"伯乐"，绝对出不来这匹"千里马"。

时间和实践都证明，顾方舟的人才观是正确的。

沈岩主要从事人类遗传疾病基因识别、DNA 诊断和疾病分子机理研究。他与天津医科大学口腔医学院合作，在国际上首次发现牙齿涎磷蛋白基因突变，导致遗传性乳光牙本质；与北大医院儿科合作，在国际上首次发现 T 型钙离子通道 H 基因变异，与儿童失神癫痫发病有关；与北大医院皮肤科合作，在国际上首次发现钠离子通道 a 亚单位 SCN9A 基因突变，导致红斑肢痛症。他参与国际人类基因组计划中，中国承担的 1%（3 号染色体短臂末端）基因组测序项目，担任项目执行组成员，负责国家人类基因组北方研究中心承担任务的组织领导和计划实施。

图 9-8 中国科学院院士、医学分子遗传学家沈岩

2001 年，沈岩入选教育部长江学者奖励计划第 4 批特聘教授；2003 年，当选中国科学院院士；2005 年，获得何梁何利基金科学与技术进步奖；2007 年，获得全国五一劳动奖章；2011 年 5 月，当选为中国科学技术协会第八届全国委员会副主席；2013 年 3 月，担任第七届国家自然科学基金委员会副主任；2016 年 6 月 2 日，沈岩再次当选中国科学技术协会第九届全国委员会副主席。

八年制医大必须办好

中国首都医科大学（当时的校名）的前身是著名的北京协和医学院，

1941年因太平洋战争停办，1947年复校，1953年停止招生后停办。1959年再次复校后，不久又在"文革"中被"彻底砸烂"。1979年第三次复校时，教师队伍已经解散多年，校舍也被占用。复校开始时，学生先在北京大学读三年基础课，师资教室宿舍等利用北大的，矛盾还不突出。随着学生陆陆续续回到东单校本部学习生活，还有研究生、专科生的不断增加，问题日益凸显。加之无论是搞临床的医生，还是搞科研的研究人员，都想把在"文革"中失去的十年时间补回来，自然把教学兼职当成"副业"，而且也不是临床科研干得好，书就能够教得好，教书也是一门学问。同时，无论是教室还是宿舍食堂操场等硬件，还不如像样的中学。学生从北大到东单校本部后，感觉一落千丈，纷纷投诉反映。教职员工们也对办好医大信心不足，甚至发出停办、别误人子弟的声音。

顾方舟在做副院校长时，已经深感问题的严重性，但他与协和毕业的前任院校长黄家驷、吴阶平的观点是一致的：国家需要协和医科大学这样一所长学制、研究型、培养精英人才的学校。因此，顾方舟观点非常明确：

图9-9　1992年7月，在协和医科大学毕业典礼上顾方舟院校长向1984级毕业生授予医学博士学位

第九章　任院校长

图 9-10 协和医科大学临床八年制 1979 级的四位优秀毕业生（左起：刘刚、房芳、郑盼、廖丰）

现在没必要再讨论医科大学该不该办，以及与医学科学院分不分家的问题，而是如何加强医科大学的领导管理问题，实质上是个管理体制问题。"一套班子，两块牌子"的方针不变，目标是协同发展，相互促进，做大做强。

医科大学作为实体应当不断完善，顾方舟提出的总体思路和具体措施是：

（1）统一管理大学本科、研究生、中专教育；

（2）建立一支以基础医学部和临床医学部为中心的教师队伍，聘请其他院所的科研人员充实医大教师队伍；

（3）重点加强为教学服务的后勤管理工作，进一步协调统筹东单片区的后勤保障工作；

（4）建立统一的教学指挥系统；

（5）统一管理学生的思想政治工作；

（6）建立校长接待日，及时听取并解决学生的问题。

那时协和医科大学学生可谓天之骄子，他们入学的分数超过了北大、清华的平均分，各个聪明绝顶，英语也非常好，在出国潮的裹挟下纷纷出国留学。由于八年制医科大学学生每届只有几十人，毕业时就所剩无几，成为当时国内闻名的"留美预备队"。因此在教育部挂了号，也成为社会焦点，舆论纷纷发出质疑，甚至有人提出停办协和医科大学八年制教育、只培养研究生的声音。

怎么看待出国留学，近些年国人的观念才回归正常。可是 30 多年前顾方舟当院校长时不是这样，出国留学的学生多了就会被上纲上线。

图 9-11　协和医科大学临床八年制 1979 级毕业典礼后合影
（他们是"文革"后复校的首届毕业生）

作为一校之长，顾方舟顶住来自各方面的压力，坚决维护协和医科大学这块牌子，坚定不移地支持八年制的医学精英教育。他通过自身经历，深知毕业后在国内工作或者出国留学深造，从长远看只是个短期效益与长期效益问题。比较而言，国内更需要的是世界一流的人才、一流的技术。这方面，国内教育与发达国家是有差距的，必须承认这个事实。

近 20 多年来，我国八年制医科大学不断涌现，"海归"逐渐成为各个领域的领跑者。时间与实践再次证明顾方舟是称职的校长，称得上是有远见卓识的教育家。

和谐高效的领导班子

顾方舟给人的印象，永远是温文尔雅、平易近人，无论是一般职位时

第九章　任院校长　*199*

期还是院校长兼书记三位一体的时代,作风民主、尊重同事、从不以势压人。我们在采访与他搭班子十余年的原副院校长陈妙兰时,她对"班长"不仅称赞有加,而且接连用"留恋""怀念",追忆那段时光:

> 那一段时间,我挺留恋的,就是学术民主。当时我们有学术委员会,这个学术委员会是指导全校跟中国医学科学院的科研工作的。学术委员会有个执委会,执委会成员是中国医学科学院的院长、副院长、各个所的所长,凡是重大事情都要经过执委会讨论。那时有一个很重要的工作就是晋升。以前我们院校可以晋升不单是中层干部,副教授、教授,由我们中国医学科学院执委会讨论以后就可以批准,到卫生部备案,所以当时评聘权限是在我们中国医学科学院,在学术委员会,在执委会。评聘不仅仅是平常的晋升,还有一个很特殊的事情——破格提升。所谓破格提升,就是假如原来是助理研究员,可以不经过副研究员直接晋升研究员;假如是讲师,可以不经过副教授直

图 9-12　1988 年,顾方舟与美国中华医学基金会(CMB)主席索耶博士讨论病毒性肝炎医学研究资助项目

接晋升教授。很多现在很有成就的人,就是当时破格晋升的人。为了人才的快速成长,我们院校就打破了过去的常规,以德才来论能不能破格晋升。现在想想这是多么难做的工作啊,我们在顾院长领导下,通过执委会民主讨论都做成了。像沈岩、刘德培、张国成①等脱颖而出。我很怀念那段时间②。

顾院长除了作风民主,平易近人,另外是放手放权,让下面的干部去干,给予支持而不是指责。所以,负责具体事情的人自然工作起来就很顺手。我在班子里负责有关科研跟开发的事情,可以说他相信我也依靠我,很好地发挥了我的作用。我觉得没有什么为难的事情,因为只要是我自己努力工作,想出来一些点子,他就会很好地支持。

干工作自然需要钱,我看到好的研究项目没有钱怎么办呢?我就找顾院长说:你能不能在事业费里拨一部分钱给我?他痛痛快快答应了,一下子就拨了300万。这对开展科研工作是非常重要的,除了我们可以去申请的科研经费,我还可以利用这笔300万的经费对我自己看准的研究项目给予资助。比如,当时艾滋病的研究,中国医学科学院是一点不沾边的,都是中国预防医学科学院他们的事。但当时我们有很多教授从事这方面的研究,像协和医院的王爱霞教授、医药生物技术所的陈鸿珊教授、实验动物所的卢耀增教授等,有了这300万,我就拨出一部分钱,专门支持他们。想要搞艾滋病研究,我就给你科研经费。就是利用这笔经费逐渐把中国医学科学院的艾滋病研究工作

---

① 张国成(1952-),江苏泰兴人。1972年毕业于黄桥卫生学校。曾任中国医学科学院皮肤病研究所副所长、主任医师、硕士生导师。40多年来,他在麻风病残疾预防、麻风病防治人才的培养、麻风病防治政策倡导等诸多领域做出了突出贡献,是中国麻风病防治的领军人物。他在麻风病整复外科领域有较高的造诣,在麻风病兔眼、睑外翻、垂足、爪形指、麻风病溃疡等矫正手术上有丰富的经验。40多年来,他带领的中国麻风防治协会国家级医疗队,走遍了我国500多座麻风村,为麻风畸残者开展康复手术35800余例,赢得了广大患者的好评。曾先后荣获中国医学科学院科技进步二等奖、吴阶平医学研究一等奖、中国科协首届青年科技奖、首届马海德基金会奖、全国优秀科技工作者、全国"五一劳动奖章"、公共卫生与预防医学发展贡献奖。2014年,张国成在印度总统府领取了世界麻风病防治最高奖——"国际甘地奖",成为第二个获此殊荣的中国专家。

② 陈妙兰访谈,北京,2014年11月25日。资料存于采集工程数据库。

搞起来了。有了成果，就有了话语权，所以后来我就进入了艾滋病专家委员会，代表中国医学科学院成为副主任委员，主任委员是中国预防医学科学院的陈春明院长。我们争得了国家重大科研专项，我们的教授也有了位置，所以中国医学科学院的艾滋病工作就大张旗鼓地开展起来了。中国发现的第一例艾滋病就是协和医院王爱霞教授发现的，所以王爱霞教授见面谈起来，常常说起那个时候对她的支持。其他几位教授也常说，他们记得这段历史，说要是没有那笔资金，他们不可能开展艾滋病的研究。所以，我也常常这么想，顾院长能够支持我，拨给我这 300 万是不容易的，简直是吃偏饭了。当然，这 300 万当时用得也挺好，好多科研项目都是靠这个 300 万起家的。像刘耕陶院士[①] 搞的那个肝炎药物联苯双酯，当时也得到这笔资金的支持，后来成为治疗肝炎的挺有成效的一种药物。总的说来，顾院长的特点就是你想怎么做，他觉得合适他就支持你，从不在背后指手画脚的，所以当时我觉得工作很痛快。有一位很信任你、支持你的领导，让我觉得我必须努力工作，要是我做得不好，对不起顾院长[②] 。

[①] 刘耕陶（1932-2010），湖南双峰县人，研究员，博士生导师，中国工程院院士。1956年毕业于湖南医学院，同年到中国医学科学院药物研究所药理室工作。刘耕陶院士的主要科研成就是：a. 在我国开辟肝脏生化药理研究，先后研发成功两种治疗肝炎新药——联苯双酯和双环醇；b. 用现代科学技术方法对五味子、灵芝、丹参等中药的药理作用，进行了卓有成效的研究。

[②] 陈妙兰访谈，北京，2014 年 11 月 25 日。资料存于采集工程数据库。

第十章
解放思想开拓前进

"文革"结束，经过拨乱反正阶段，20世纪80年代初进入改革开放时期。

城市各行各业的人做过五花八门的改革尝试。主要形式，第一是首钢承包模式，并在各行各业推广。1983年2月9日，卫生部一正二副三位部长莅临中国医学科学院三条礼堂，举行了闻名全国的首都医院（即北京协和医院）承包合同签字仪式，吴阶平院校长代表中国医学科学院和首都医科大学，欧阳启旭院长代表首都医院和临床医学研究所，分别在合同书上签字，这种类似搞运动式的改革，结果可想而知；第二是经商办公司，尤其是在顾方舟担任院校长时，全国大专院校和科研机构的科工贸类公司风头炽热，作为一院之长，顾方舟头脑清醒，方向明确，措施得当，即使今天评判，依然可圈可点。

图 10-1　1985年，顾方舟在院校党代会上投票

改革先从院校机关开始

1985年3月的院校工作会议上,顾方舟代表新班子向全院校提出了改革总体方案:

(1)领导体制的改革:实行院、所长负责制。在顾方舟任院校长的数月间,完成对六个院所的领导班子的调整,各院所领导班子人数,从101人下降到89人。平均年龄从54.3岁下降到51.7岁。大专以上学历的干部,从64%上升到76%。

(2)管理体制的改革:改微观管理为宏观管理,简政放权,扩大各院所的自主权,院校主要管方向、方针、政策、计划。1985年,各院所已有权设置科室,任免科级或相应职称以下的干部。其中,协和医院、阜外医院实行了行政负责干部任命制、任期制,其他行政干部和技术干部实行聘任制,工人实行合同制;院所有权分配和使用院校

图10-2 1985年6月27日,顾方舟任院校长时召开的中国协和医科大学教育研讨会(美国哈佛医学院院长Dr.Tosteson以及英国r.Grahamm-Smith和丹麦Dr.Deckert教授特邀出席大会,介绍各自国家的医学教育情况)

拨的经费，实行了经费包干制；仪器设备方面，除某些大型精密仪器外，一律下拨经费由院所自行购置；外事方面，五个院所实行了外事经费包干制，未包干的单位也扩大了外事管理权。

（3）科研管理体制的改革。主要是加强学术管理和科技政策指导，改革科研经费的拨款制度；大力开拓技术市场，加速技术成果商品化，提高社会效益和经济效益。各院所的方向任务进一步加以明确。在此基础上，院校长批准了八个单位的改革方案。由于各院所方向、任务、性质不同，院校确定了分类管理、分类指导的原则。科研经费拨款方法，改为三级管理、分类指导的办法。

（4）教育体制的改革。医大管理体制过去不明确，现在初步建立了比较完备的管理体制：建立校务委员会和医大工作例会制度，成立了东单地区后勤领导小组，明确了行政处主要为医大后勤服务，建立了校长接待日制度，明确了各处室主管医大的工作人员。

（5）医疗工作的改革。进一步明确医疗管理工作改革的根本目的是：改进服务态度，提高医疗质量。

（6）后勤工作改革。院校和各院所普遍成立了劳动服务公司，目的是希望逐步实现后勤工作社会化。但是，由于经验不足，有的办得好一些，有的办得不太好，"向钱看"的思想比较严重，今后有待整顿。

为了推进全院校的改革开放进程，顾方舟向出席院校工作会议的各院所明确提出：

> 机关率先改革。机关改革总的原则是精简、统一、提高效能，核心问题是必须全心全意为基层服务。机关改革分为两步，第一步是放权；第二步是精简机构、定岗定员、定岗定责。会议之后，将分别征求各单位的意见，哪些权已经放了，哪些权放得还不够，哪些权还没有放。在此基础上，制订一个充分的放权计划和措施。同时希望各单位正确使用各自的自主权，做好各项工作。在放权工作完成以后进行简政，建立起一套精干的、高效率的、能更好地为基层服务的职能机构。

院校工作会议结束不到一个月，顾方舟在院校机关干部大会上，作"院校改革和今后的任务"为题的报告。报告既是新班子"亮底牌"，又是机关改革的动员令。

院校机关为什么必须改革呢？顾方舟以"六个不适应"，直奔主题，切中要害：

（1）不适应"既是行政管理机构，又是学术管理机构，还是教育管理机构"，这样一个复杂的情况。多年来的实践证明，单纯依靠行政手段管理现代科学技术工作是不行的，院里包得过多，统得过死，严重束缚了基层的积极性，限制了院所自我发展的能力。

（2）不适应"面向全国，为全国服务"的要求。

（3）不适应"全国医药科技研究中心"的要求。

（4）不适应"科技要面向经济建设""要以社会效益为一切活动的唯一标准"的要求。

图 10-3　中国医学科学院浙江分院于 1987 年 12 月成立

(5)不适应"医、研、教相结合""理论、应用、开发相结合"以及"学科与任务相结合"的要求。

(6)不适应今后"新的拨款制度""用经济方法管理科研的形势。"

顾方舟指出:

> 过去存在这些"不适应",单纯依靠行政手段进行管理,随之产生了权力集中,事务繁杂的局面。机构改革涉及面宽,比较复杂,但不能再等了,要行动。看准了的坚决改,看准一条改一条;看不准的先试点,不企图毕其功于一役。我们就按这个办法办,摸着石头过河,走一步,看一步,少出差错,避免重复。

图10-4 1987年,顾方舟在中国医学科学院黑龙江分院

顾方舟在会上宣布:

> 院校机关的改革先从器材部门开始,再是基建部门,然后是计财、行政后勤部门。后勤部门改革完成后,就是医务、科研、外事、职工教育、学报。最后是党委下属机构的改革。我们准备按照上述的指导原则,一个一个地调查研究,成熟一个解决一个。

针对试点部门,顾方舟说:

> 现在可以告诉大家,几个月来经过我们反复研究,多次与基层单位酝酿,决定撤销器材处。器材处多年来做了大量工作,成绩很大,

试剂工作搞得比较好。但是仪器方面只供不管，忙于应付订货、验货、取货，工作量大，虽然疲于奔命，结果还出差错。另外，全院近八千万元仪器设备，用得怎样？保养、维修跟不上，有的仪器坏了一放就是几个月，甚至一年、两年，浪费现象相当严重，如不加强管理，难以向人民交代。所以，决定撤销器材处，把工作分为两部分：一部分是订货工作，这项工作交协和公司，验货、提货，下放给各单位，购置仪器的申请由各院所提出；另一部分是计划工作，负责管理、审查、监督等，划归科研处管。

关于人事制度的改革，顾方舟明确指出：

今后机关工作人员实行聘任制，先从器材、行政、后勤部门开始试点。我们根据精兵简政、提高效率的原则，努力克服目前官多兵少、分工过细、机构重叠、层次太多的毛病。我们必须从实际情况出发，合理分工，合并类似和相近的职能部门，精简副职。不能因人设庙，打破照顾法，克服干部能上不能下、不犯错误不降职的封建陋习。

创办科技开发公司

科技转化全部寄托于办公司，好像"一包就灵"。与承包氛围不同的是，下面不少同志摩拳擦掌跃跃欲试，上面督促必须贯彻执行，矛盾全部集中于院校长身上。罗玲讲述了当年的情况：

那个时候中央的号召就是让你去做买卖开公司，就是让你把科技成果转化到老百姓的应用当中。不能再像过去那样，课题做完了，发表几篇论文就束之高阁。那就不叫成功，更没有产生价值，实际对国家来说是个损失。所以，胡耀邦同志（时任总书记）就说：现在是摘桃子的时期，以前你们种出桃子来了，但是没有摘下来给老百姓吃。你们现在就是要解决这个问题。那时中国科学院以及北医等大大小小单位都搞起公司来了，成为一种时尚。但办公司在中国医学科学院反响不一，有的说办不成，有的说办起来也长不了，营业执照都拿不下来，总之泄气的说法很多。最后，大主意还是要顾方舟拿，他根据国家政策还是主张办，亲自担任了董事长。①

1985年6月27日，北京协和医学科学技术开发公司召开第一次董事会。董事会由11人组成，顾方舟任董事长并主持会议，他明确开办公司的宗旨是：充分发挥院校智力与技术高度密集的优势，调动广大科技人员的积极性，通过技贸结合的方式，加强与国内外医学科学研究、教育、医疗及生产企业部门的广泛联系，为开发医学科学技术，繁荣科技市场，发展我国医药卫生事业，振兴中华做出贡献。公司实行董事会领导下的总经理负责制。公司下设科学器材、技术开发、技术交流、医学资料等业务部门，经营范围重点是开发、生产、引进、转让、交流和代购代销医学科学新技术、新成果、新产品；接受国内外的委托，承办科研、教学和医疗用品及技术设备的代购代销、代理维修和技术咨询服务，承办国内外委托的技术交流、培训、讲座及专业考察旅游；提供医学资料服务等。公司设在东单三条礼堂西侧的协和宾馆小楼里。后来随着东方广场拔地而起，这座六层红砖小楼连同协和宾馆都烟消云散了。

协和医学科学技术开发公司白手起家，以滚雪球的方式迅速发展壮大，在促进国际交流，引进国外先进医学技术方面取得了社会经济效益双丰收：

> 比如我们积极联系接待了哈佛大学麻醉学代表团，这个代表团里有世界著名的麻醉专家，通过学术交流活动，发挥了很好的示范作用；那时北京儿科研究所要建儿童外科，正处于筹建阶段。我们联系接待

---

① 罗玲访谈，北京，2020年1月9日。资料存于采集工程数据库。

的美国外科代表团，专门邀请了好几位儿童外科专家，双方一拍即合，对北京儿科研究所的儿童外科建设，发挥了非常重要的作用；当年微创技术在国内还没有开展，美国外科代表团里有我们专门邀请来的几位腹腔镜专家，通过美国专家现场的腹腔镜无创伤外科手术示范，手把手地传授，使一些医院把微创外科开展了起来。像这样实实在在的技术交流项目我们做了许多，为促进我国医学技术进步作出了贡献。我们技术交流中心所有项目的联系接待没有花国家一分钱，还为国家创收了30万美元的外汇。可惜到1989年国外交流就基本停滞了。①

开拓中日医学合作的新局面

协和医学院曾经是远东医学最高学府，这得益于博采世界各国之长。作为曾经的英美派学校，改革开放之后，在黄家驷、吴阶平院校长的亲力

图10-5　1991年，顾方舟与林士笑老书记（前排左3）、陈妙兰副院长（前排右1）会见日本友好人士柏木正一先生一行

---

① 黄华新访谈，北京，2019年5月22日。资料存于采集工程数据库。

亲为之下，与英美的老朋友恢复了关系，新朋友也与日俱增，尤其是黄家驷院校长的仪表风度、吴阶平院校长纯正的伦敦音，迷倒了不少老外，撑起了协和靓丽的风景。"西洋"风景这边独好，"东洋"这边风光无色。打破不平衡的局面是在顾方舟担任院校长之后，契机缘于"梨树会"。

抗战胜利后，解放军在东北吉林省四平市西南的梨树县一个叫梨树台的小镇，建立了一所比较大的战地医院，当年医院的负责人就是原院校党委书记林士笑。那时为了解决医院缺乏专业人员的问题，林士笑他们把日军医院的医生、护士、检验师等一整套的人员都收留了下来。从势不两立的战俘，转变为同仇敌忾的战友，第一靠的是唤醒良知与正义感，第二靠的是管教干部以身作则的榜样精神。以林士笑为首的管教干部，对日本医生嘘寒问暖关怀备至，宁肯自己吃粗粮，也要照顾他们吃大米饭的习惯，让他们真正体会到什么是平等和尊重。于是，昔日的仇敌，转变为忠诚的战友。这些日本医生跟随解放大军从东北到江南，直至全中国的解放，最后依依不舍地回国。回到日本后，他们成了中日友好的"铁杆"，为了纪念在梨树台那段难忘的日子，他们组织起名为"梨树会"的中日友好团体。这批老人，经过血与火的洗礼，回国当医生的，许多人成为日本著名

图10-6 1984年，顾方舟应邀访问日本熊本大学医学部（前坐右1为松山武敏教授。后排左起：三浦创、强伯勤、纪宝华、罗玲）

医院的院长、科主任、名医；回国当教师的，许多人成为知名专家学者。"梨树会"的负责人坂木兄弟，成为医学会的会长，其人脉遍及日本医学界的各个领域。罗玲讲述了这段中日友好交流的历史：

> 1985年，第一次赴日代表团由林士笑老书记亲自带队，梨树会全体会员聚集一堂，他们见了林士笑又是握手又是问候，不停地说老首长好！欢迎欢迎！许多人流下了眼泪，他们对林士笑非常的敬重和爱戴。这次赴日代表团人数比较多，除了院校各单位的专家教授，还有机关的科研处、教育处的管理干部，以及各医院的护士长等。日本方面看到我们来了这么多专家教授和管理干部也很高兴，带领代表团参观访问，对食宿也做了精心的安排。以后他们像回娘家一样访问中国，院校也尽可能地好好招待他们，双方建立起像亲戚一样的关系[①]。

有了这层"亲戚"关系，顾方舟率领院校代表团多次访问日本，

图10-7　1984年，顾方舟率中国医学科学院代表团访问日本北兵库内科、整形外科中心

[①] 罗玲访谈，北京，2020年1月9日。资料存于采集工程数据库。

团员有时是医护人员为主,有时是科研或教育人员为主。每次访日他都亲自带队去医学院或医院进行实地考察,所到之处问得非常仔细,把适合院校需要的医疗、科研、教育、人才培养的方方面面摸清楚了,也与日本医界人士建立了广泛的朋友关系,许多互利共赢的合作项目应运而生,比如医生、护士的进修学习、研究所的科技合作等,再由院校外事处具体联络,签订协议[①]。

日本的汉方药闻名世界,他们对我们的药用植物研究感兴趣,表示出极大的合作意愿,而我方在资金设备信息方面也急需有诚意的合作者,于是双方一拍即合。很快日本著名的大正公司与药物研究所达成"战略合作伙伴协议",大正公司出资金出设备,共同开展药用植物资源的开发利用研究。很大程度上解决了制约药物研究所发展的瓶颈问题,而且纯粹是以我方为主的,跟以日方为主是不一样的。众多合作项目,顾院长均亲力亲为,穿针引线,铺路搭桥,功不可没[②]。

敢要资本主义的"苗"

经历过"文革"的人都记得"四人帮"的"名言":宁要社会主义的草,不要资本主义的苗。根据这种荒诞的逻辑,拒绝西方国家的一切捐赠。

改革开放后,华侨华人纷纷回国探亲访友,不少爱国人士愿意为改善国内的医疗教育条件,捐赠仪器设备献一份爱心。一位名叫何方的美籍华人,在中美卫生协会的公司工作,因工作关系与顾方舟相识相熟。何方在协和医院看到检验科的设施陈旧,正巧他们公司有自动化的检验设备。通过何方的努力,公司答应无条件赠送协和医院一批检验设备。今天看来是天上掉馅饼的好事,当年可不是这样。当何方把好消息告诉顾院长之后,顾方舟却既高兴又为难,但还是要求外事处一定把事情办好,接受赠送。

---

① 罗玲访谈,北京,2020年1月9日。资料存于采集工程数据库。

② 同①。

图 10-8　1983 年，顾方舟应邀访问瑞典 Uppsala 大学

说到医院的检验设备，曾经发生过一件苦涩的故事：当时北京只有协和医院、友谊医院两家能够接待外宾，一位外国政要在其中一家医院做化验四五天不见报告，直接投诉到我国卫生部，原因是这家医院"故意拖延"出诊断报告，贻误治疗。其实这是个天大的误会。当时，即使在协和医院做生化检查，检验科还在用"第二次世界大战"时期显微镜下数数的方法，再加上细菌培养等，一个生化检测报告最快也需要一个星期的工夫，而国外自动生化检验设备已经普及，出报告既快又准，因此人家以为是"故意拖延"。

罗玲回忆当年的情况：

> 那时尽管"四人帮"已经倒台八年了，但不能跟资本家打交道的"规矩"还在。怎么合理合法接受这批赠品呢？作为卫生部的直属单位只能先给卫生部打报告，讲

图 10-9　1987 年，顾方舟在香山饭店与苏联老师丘马科夫院士合影

明理由，比如没有任何的附加条件、医院急需、仪器设备先进等，可是报告打到卫生部许久不见回音。外事处只好硬着头皮给卫生部打电话，直接请示结果。其实卫生部也不知道该如何决策。无奈之下，卫生部口头答应说：你们先做一个试点，弄好了开个口子，弄不好你们就受点批评。我们觉得改革开放就应当允许尝试。

就这样协和医院接受了何方先生捐赠的这批仪器设备。医院检验科的技术人员经过试用，别提多高兴了，直

图 10-10 1988年，顾方舟（右3）、戴玉华（左2）、汤兰芳（右1）与外宾合影

图 10-11 1992年，顾方舟（中）、方圻（左）在多伦多大学医学院心脏研究中心主任刘宗正（右）教授实验室

呼：太好使了！仅生化方面的检验就解放了40%的劳动力。后来我们总结经验，怎么让上级接受我们的意见，因为不仅我们中国医学科学院解脱了长期以来的束缚，也给广州、上海等地的大医院开辟了一条路。事后，我们将调查的情况，写了一个长长的报告，递交到卫生部，得到了正式批准。仅从这件事情看，当年的工作有多么难，一旦出事，我们必然要承担责任。当然，最大的风险和责任还是要院校长顾方舟担。难得的是，每当出现这类问题，顾方舟总是参与其中，帮助开阔思维，帮助把政策研究透，帮助掌握合适的方法[1]。

---

[1] 罗玲访谈，北京，2020年1月9日。资料存于采集工程数据库。

罗玲讲述还有一件记忆特别深刻的事情：

"文革"时中国医学科学院皮肤病研究所下放到江苏泰州，那是一个很偏僻的地方。当时北京的条件尚且如此，下放到小地方以后自然更差。顾院长说：学者自有学者的眼光，只要技术好，人家可能就非要帮助你不可，或者要跟你合作。有了顾院长这个"尚方宝剑"，我们外事处积极联系世界卫生组织去考察。世卫组织到泰州以后，皮研所把好的技术实力展现出来，把差的简陋的设备条件也让人家参观考察。考察的效果出乎意料的好，世卫组织对我国皮肤病防治的不好印象完全改观。他们说：你们业务是高水平的，但是你们的条件设备不行，那我们就帮助你们。从此，皮研所跟世卫组织建立了很好的关系，所里有多批次人员去那里学习进修，涌现出一批国内外知名的专家学者。世卫组织还支援了不少仪器设备。皮研所的事情让我们体会到，顾院长的分析和理念是对的[①]。

图 10-12 1980 年，顾方舟在伦敦北郊的海格特公墓拜谒马克思墓

---

① 罗玲访谈，北京，2020 年 1 月 9 日。资料存于采集工程数据库。

第十一章
破冰之旅

轰 动 台 湾

  1990年11月15日是海峡两岸值得纪念的日子。当日下午一时许，应台湾医学会的邀请，顾方舟携夫人以中国医学科学院院长、中国协和医科大学校长的身份，乘飞机抵达台北桃园机场，进行为期12天的访问之旅，开启了大陆官方学者赴台的破冰之旅[①]。

  顾方舟夫妇一下飞机，站在机舷旁的台湾医学会秘书长谢博生教授立即迎上前来。后来才知道，台湾医学会为顾方舟夫妇的访问煞费苦心，竟动用了"立法院"等上层关系，才得以直入飞机旁迎接，以保证"贵宾"顺利入境。

  谢博生秘书长与顾方舟院校长在北京开会时相识。他一边与顾方舟寒暄，一边面带紧张之色低声问："外面一群记者等着你，见还是不见？"顾方舟一脸坦荡道："见也无妨。"宾主双方边走边聊，到机场大厅门口时记

---

  ① 网上大陆学者访台的破冰之旅，常指应台湾著名物理学家吴大猷先生的邀请，1992年6月6日，中国科学院学部委员、著名科学家谈家祯及夫人、吴阶平及夫人、邹承鲁及夫人、张存浩及夫人、著名农业学家卢良恕及夫人、著名物理学家华中一及夫人的赴台湾访问。

图 11-1 1990 年 11 月，顾方舟访问台湾时的新闻报纸剪辑

者们的"长枪短炮"已经恭候多时了。

顾院长夫妇访台本是非官方活动，双方谁也不想大肆宣扬，岂料一下飞机就被记者堵到门口了。

十几家报纸的二十多名记者围住顾方舟，立即不容分说就采访起来，问题多以此行的目的、行程以及大陆的医疗教育科研状况等。

毕竟同根同源、血浓于水，提到大陆某某省，有记者说那是自己的故乡，还有去过大陆的记者更是热情。大家谈起两岸风情，似拉家常一般，气氛一时活跃且亲切，没有想象中的那些隔阂。

在顾院长回答记者的提问期间，谢教授已进出了两趟出入境管理处。第一次回来时，他一脸严肃对李以莞悄声说："要有心理准备。"顾方舟夫妇明白，大概在身份问题上要有点麻烦，好在早有心理准备，大不了来一次"打道回府"罢了。谢教授第二次回来时神色放松下来，喜不自禁地连声说："不用了，不用了，走吧，走吧。"

在机场出口，工作人员很客气地把护照收下告知说："公事如此，返回时将再行发还，并祝顾先生访问愉快。"行李免验，顺利进关，个中缘由，一时难解。

在记者们的簇拥和热心引导下，顾方舟夫妇很快在机场大厅见到前来迎接他们的妹妹李以玲及全家，他们已经迎候多时。以莞、以玲姊妹已分别近 40 年，相见无语凝噎，只是抱头流泪，一旁的顾方舟也不禁哽咽。这感人肺腑的场面，台湾各报第二天都刊登在显著的位置上。

由机场出口开始，台湾掀起了一场新闻热战，顾方舟自然是头号"明星"了。撇开"明星"不表，本届年会也颇不寻常。

图 11-2　1990 年 11 月，顾方舟应台湾医学会邀请参加该会第 83 届年会

台湾医学会第 83 届年会，除邀请 18 个专科和次专科医学会联合举办学术研讨会外，举办地点也由原来的台湾大学医学院，移师台北国际会议中心，并请台湾外贸协会配合举办国际医疗器材展览，创造盛大而隆重的氛围，把本届年会办成医界最具规模的"盛会"。

第 83 届年会学术研讨会，包括教育演讲、专题演讲及一般演讲，共有 437 篇论文，内容丰富，是难得的一次医学学术交流大会。

本届年会的另一大亮点是，首次以台湾医学会的名义，邀请大陆方面的中国医学科学院、中国协和医科大学的院校长顾方舟莅临大会。顾院长除了介绍大陆医学科学研究概况外，还将在 19 日与台湾医学界同仁座谈如何加强两岸医界交流，希望能借此机会，建立两岸常

图 11-3　1993 年 6 月，顾方舟二次访台，拜会老协和医学院微生物学教授、第一任台湾"卫生署署长"颜春辉先生（后右 1）与前台大医学院院长林国信先生（左 1）

第十一章　破冰之旅　219

态交流模式，因此顾方舟院校长的来访别具意义。

校友情　师生情

顾方舟来台前特别希望能与台湾的协和校友见见面叙叙旧，他专门请台湾医学会的朋友代为联络。抵达台北的当晚，这个美好愿望就实现了。为欢迎"远来的嘉宾"，台湾大学医学院特别安排了别具意义的见面礼——协和医学院在台校友为顾校长举行的欢迎晚宴。

老协和医学院在台校友目前剩下不到10人，前来聚会的有七八位，虽人数不多，但是"重量"不轻。老学长颜春晖先生，曾任"卫生署署长"；杨文达先生曾是首任"军医局"局长，多次视察金门马祖；年纪最轻的洪钧教授也已72岁，是国民党撤离大陆后的"末代学生"。顾校长与这些学长在一起，只是个"小学弟"。杨文达教授虽已88岁，但头发还有黑色，顾方舟笑着说："看起来，您比我还年轻呢。"当见到84岁的颜春晖教授时，顾方舟紧握他的手，恭敬地叫了声"老师"。

颜春晖先生是台湾省台南人，著名的公共卫生学专家。1932年，颜先生在当时的北平协和医学院毕业后赴美国留学，获纽约州立大学医学博士学位。1937年赴加拿大留学，在多伦多大学公共卫生学院专攻公共卫生学，获硕士学位。1938年，颜先生回国，先后在北平协和医学院、北平临时大学及北京大学任公共卫生学及细菌免疫学教授，并兼任中央卫生实验院研究员等职。1947年5月，台湾行政长官公署改制为省政府，颜先生奉派为首任卫生处处长。1963年，他受聘为世界卫生组织防疫顾问，先后在巴基斯坦、菲律宾及日内瓦总部服务，历时七年多。1971年3月，任台湾"行政院""卫生署署长"，兼台湾大学医学院、台北医学院及高雄医学院公共卫生学教授，并膺选为"中国妇幼卫生协会"理事长，"财团法人中国寄生虫防治会"董事长及"中国公共卫生学会"理事长等。颜先生长期致力于公共卫生学及细菌免疫学的研究，业界颇有盛名。

图 11-4　1990 年 11 月，谢博生秘书长夫妇陪同顾方舟夫妇访问高雄私立高雄医学院，受到谢献臣院长等人热烈欢迎

当年北医学子顾方舟，在微生物课上与颜先生结下了师生之谊。精力充沛的"小学弟"顾方舟，娓娓道来当年颜先生的一节微生物实验课：当时颜先生以"如何照顾实验用豚鼠"为题，提醒学生们对动物也要有爱心，这番教导顾方舟铭记在心。老师教知识也传道德，这令顾方舟四十五年后都不能忘怀。

台北美好的夜晚，道不尽的共同话题。海峡两岸的协和校友，终于实现了历史性的欢聚。台湾《民生报》记者姚淑燕以"那群在医学小塔尖上的老人"为题，报道了这次充满温情回忆的活动。

"龙头"登场

顾方舟的台湾之行，当地报纸纷纷以"大陆医界龙头"予以报道，在医学交流方面寄予厚望，各报在报道顾方舟伉俪抵台消息时，差不多都在标题上点明了这个主题，"两岸医学交流门扉开启""此行将研讨两岸医学交流方案""两岸医学交流迈开步伐！"

第十一章　破冰之旅　　*221*

顾方舟在机场回答记者提问时很诚恳地表示：医学交流的方式是两岸共同关心的问题。此次来访，一是了解台湾医学界的现状，二是希望找出两岸在学术与临床共同感兴趣的问题，洽商可能开展的合作交流事宜。下机伊始，一种沉甸甸的使命感已跃然而至。

顾方舟此次来台的正式身份是台湾医学会第83届年会的特邀嘉宾。11月16日上午是年会开幕的头一场，顾方舟应邀进行了"中国大陆医学科学研究概况"的演讲。因为是大陆"龙头"，又是这样一个题目，很为台湾医界瞩目。台北国际交流会议中心的会场内座无虚席，后来者竟有不少站着听讲。

由于两岸长期讯息不通，台湾对大陆医疗科研的水平不甚了解，尤其是大陆在肿瘤、心脑血管、呼吸系统等重大疾病的研究进展，令听众耳目大开。特别是大陆在20世纪70年代，历时5年，发动百万余医务人员，调查范围接近8亿人口，耗资人民币3亿元，完成的《恶性肿瘤地图集》，被惊为大陆学界的大手笔，令台湾医界咋舌。这本地图集出版后，引起美国癌症研究院的注意，并参考中国大陆的做法，调查美国的癌症分布。台

图11-5　1990年11月，顾方舟夫妇访问台大医学院及台湾医学会后，与林国信（前右2）理事长、医学会前任理事长魏火曜（前左2）、杨思标教授（前左1）合影留念

湾前几年也出版过两本癌症地图集，但资料仅占人群的15%，台湾医界感到代表性不足。他们认为大陆在条件艰苦的情况下，靠人工完成这样大的流行病学调查工程，确实了不起，值得借鉴。

缘医搭桥

台湾的医学教育基本承袭日美模式，无论公立还是私立，均为7年制，但只给以学士学位。因为是热门专业，所以医学院校能招到最优秀的学生，教学也很严格。毕业生除少数人留学或读研究生继续深造外，大部分人都走上了医疗岗位。

据统计，台湾人月平均收入为21000元（台币），普通医生的收入一般要高出这个数字8倍，即便是美国这样的国家，医生收入也才高出人均收入4.5倍，更不要说台湾有些医生收入高出普通人50倍。

待遇高自然趋之若鹜人满为患，台湾的医生和医院已呈人员过剩趋势。可是收入相对少的医学院校和研究所，面临的最大问题却是后继乏人，据说已经断档二三十年了。病理、生理、解剖等基础课几乎无人愿教。台医界朋友毫不避讳，直截了当说：很希望能从大陆聘请一些教基础课的老师。

给顾方舟印象深刻的是医学生物学研究所的吴成文先生。他是一位留美博士，看到了不发展基础科研的潜在危险，主动回到台湾受命领导医学生物学研究所，还吸引三十多位留学生回来一起干。目前他与荣民总院、台大医院等临床机构合作，从分子水平上开展癌症、传染病、心脑血管病的研究工作，是台湾比较有生气的一个研究机构。

顾方舟介绍了大陆的西医学习中医、中西医结合治疗各种疑难杂症，台湾的医生无法想象西医生怎么开中药方？台湾民众虽然从传统上还是喜欢用中药，但因医院无论从医疗设备还是医学人才培养上都是西医学，所以中医药在台湾基本上处于传统状态，依旧是师带徒、口传心授那套老办法。各个医学院校都不开设中医药课程，所以台湾的医生们很难理解中西医怎么结合。

所幸，近年来台湾也开始重视中医中药。国民党元老陈立夫鼎力支持，集资建起一所"中国医药学院"，但缺乏师资，希望大陆能派教师来带一带。

谢博生教授有意识地带顾方舟夫妇参观了一些基层卫生机构。彰化县鹿港镇卫生所，负责镇上两万多人的卫生保健和简单的医疗处理，与大陆乡镇卫生院很相似，只是设备更好一些。卫生所的保健项目，除有妇幼卫生、计划生育、防疫注射、疟疾、结核和寄生虫防治、中老年病防治外，还包括指导民众营养、性病防治、食品卫生、社区卫生等，并负责受理辖区内诊所、药店的开业、歇业申请，办理工厂的职业病防治并建卡，还协助在本区内开展卫生宣传、献血等活动。

顾方舟专门拍下卫生所门口的两块标语牌，上书"两个孩子恰恰好，男孩女孩一个样"颇似大陆的计划生育宣传口号。镇卫生所负责免费发放避孕药具，做一些放置宫内避孕器和男女结扎的小手术。在计划生育这一点上，两岸的主张是一致的。

对于台湾医界朋友们的期望，顾方舟做出了积极的可操作性的回应。11月17日早晨，顾方舟和厚生会会长黄明和、"立委"高资敏、阳明医学院公卫所所长蓝中孚，在来来饭店共进早餐。厚生会表示有意在北京设立办事处，顾方舟当即表示欢迎。

顾方舟介绍了大陆的医疗情况和发展：

> 大陆适度实施资产的自由化政策，一下子冒出来130多万个私人诊所，不过这些绝大多数是个体户的单人诊所，不仅以中医挂帅，还都设在乡下地区，对需要西医治疗的广大民众来说，仍有不足处。既然台湾的医疗资源已经过剩，不妨到大陆投资。
>
> 今后海峡两岸医学界接触，不应仅限于交流层面，而应提升到实质的技术层面。在可能的情形下，更希望台湾医界能前往大陆投资兴建大型医院，给民众提供一流的医疗照护。

对于厚生基金会有意在北京设立医院一事，顾方舟认为，大陆卫生部部长陈敏章对此事并未表示反对，即已代表"默许"，台湾民营机构可到大陆设立大型医院。

有意前往北京投资建设医院并已筹备多时的黄明和指出，自广州白云机场空难事件后，更加速厚生基金会在北京盖一所专为服务国人，而技术与设备水平均与台湾相当的医院，使国人在赴大陆探亲之余也能享有一流的医疗服务。对此，顾方舟表示在医师人力及学术交流上予以协助。

虽然是第一次与台湾同行交流，但是台湾医界朋友们的友好情谊和热切希望交流的愿望，使顾方舟一直保持着兴奋和愉悦。

最难忘 11 月 19 日那次"非常性"的座谈会。主办方一改往日做法，会谈期间闭门谢客，严禁记者入内采访。"两岸医学交流座谈会"，由台湾景福阁基金会出面邀集，在台大医学院举行，出席者为顾方舟和台湾医界十余位"龙头"级领导人物。这是两岸医界"龙头"首次进行高层次的实质性会谈。座谈会从下午 4 时开始到晚 7 时许散会。第二天各报以"两岸医界酝酿成立中介团体""两岸医界交流座谈达成共识""成立中介团体，媒介两岸医学交流""呼之欲出"等为标题，在显著位置报道了座谈内容。

台湾医界的朋友们是真诚的，对于一些两岸比较敏感的问题，都一一作了妥善的处理，体现了他们的诚意。在安排顾方舟夫妇的全部访台行程中，台湾医界领导人处处注意每一个细节。例如函件中的时间一律使用公元纪年，接待顾方舟的地方不悬挂令人为难的旗帜和图片，一些不合适的称谓、歌曲也都尽量避免使用。台湾"卫生署署长"张博雅女士，在三次社交场合与顾方舟夫妇见面，她都表示两岸开展学术交流没有必要受到政治的阻碍。厚生会会长黄明和先生，是一位医生出身的台湾"立法院"委员，在医界具有举足轻重的影响。他以医生身份在一次欢迎顾方舟的宴会上大声说："医学是人道美，音乐是艺术美，医学和音乐是首先沟通两岸的最好的桥梁。"

牵头出面接待顾方舟的是台湾医学会秘书长谢博生以及杨思标、吴成文教授等人，都在这一两年里来过大陆访问或参加学术会议。作为学者和学术领导人，他们已经不满足于仅仅参观访问式的浮光掠影了，强烈希望进入实质性的合作和交流。然而，台湾当局现行"共产党员不准入境""非国际会议不准赴大陆进行学术交流"等禁令，已经严重妨碍了交流的进程。在一次有十余位台湾医界资深教授参加的座谈会上，讨论的焦点最后集中到强烈责难和抨击这些背民心、悖情理的法令上来，与会的专家教授们最后决议"联合向'教育部'及大陆委员会反映，取消此种不合时宜的政策"。

对此，面对台湾记者曾单刀直入地询问对台湾现行政策的看法，顾方舟直言不讳地说：大陆每年允许几十万台湾人来大陆探亲、访友、做生意，使双方都获得了新的机会，而台湾当局对人员往来设置种种规定，不允许搞双向交流，这显然不利于双方的交流和发展。

宝岛不虚行

众所周知的原因，1949 年两岸处于敌对状态，隔海炮战从 1958 年打到 1979 年。在两岸剑拔弩张的表象下，缓和的暖流在中国改革开放后开始涌动，大陆显然是主动的一方。

1979 年新年，全国人大常委会发表了《告台湾同胞书》，倡议通过商谈结束台湾海峡军事对峙，推动两岸同胞自由往来。此文在对岸引起强烈反响，台湾民众特别是国民党退伍老兵，更加渴望回到阔别多年的家乡探亲访友。

对大陆的倡议，台湾方面一直没有做出正面回应，直到 1986 年 5 月 3 日，台湾"中华航空公司"B198 号波音 747 货机机长王锡爵，驾机由曼谷飞往香港的途中，降落在广州白云机场，此举震惊海内外。面对媒体，王锡爵的愿望是只想回家，他坦诚地对记者说："我希望海峡两岸今后常往来，可以回来看看自己的亲人。"

事发当日，大陆以民航局的名义致电华航，阐明事件性质，邀请他们尽快派人来北京商谈有关人、机、货的处理。按照台湾的"法理"，台湾方面极力避免与大陆正面接触，提出委托香港国泰航空公司或国际红十字会等与大陆交涉。大陆毫不含糊地坚持"不让第三者插手"。5月11日，大陆再次以民航局名义致电华航，重申这是纯属两个民航公司之间的业务性商谈，并不涉及政治问题。同时明确表示，如果到北京觉得不方便，也可以在他们认为方便的地方商量。

台湾方面于1986年5月13日，通过香港太古集团常务董事姚刚先生向大陆方传话，表示愿意派人与大陆方在香港商谈。时任中共中央对台工作领导小组办公室主任杨斯德，率队于5月15日上午抵达香港，随后与台方展开了四次会谈。除了强烈要求在大陆定居的王锡爵，其他人、机、物送还给台湾，这样的决定受到了海内外的普遍赞誉。台湾"党政内部"以及台湾舆论也纷纷质疑"三不"政策，提出应该允许老兵回家探亲。5月23日，华航的货机从广州飞抵香港，事件结束。

1987年2月26日，在北京市中心崇文门的"北京市台湾同胞接待办公室问讯处"悄然挂牌成立，目的是为"偷跑"回乡探亲的台胞提供各项

图11-6　1990年11月，谢博生秘书长夫妇陪同顾方舟夫妇参观桃园医院，受到庄哲彦院长（右1）等热烈欢迎

第十一章　破冰之旅

图 11-7　1990 年 11 月，顾方舟夫妇由杨思标教授夫妇陪同参观台北故宫博物院

服务。次日，上海台湾同胞接待站也赫然开张。

　　大约同期，在台北的数万老兵发起返乡探亲运动，向当局要求准许老兵回大陆探亲。5 月的母亲节，上万老兵走上街头，以"母亲节遥祝母亲"的名义，在台北孙中山纪念馆举行集会。老兵们身穿白色衬衣，正面印有鲜红色大字"想家"，后面是"妈妈我好想你"。他们一起合唱歌曲《母亲你在何方》："雁阵儿飞来飞去，白云里，经过那万里可能看仔细。雁儿呀，我想问你，我的母亲在哪里……"整个集会哭声一片，令人动容。

　　经过数月抗争，1987 年 10 月 14 日，国民党"中常会"通过了台湾居民赴大陆探亲的方案，指出"基于传统伦理及人道立场的考虑，允许民众赴大陆探亲；除现役军人及公职人员外，凡在大陆有血亲、姻亲、三等亲以内之亲属者，均可申请到大陆探亲"。

　　第二天，《人民日报》刊登了国务院有关负责人就台湾同胞到大陆探亲一事，向新华社记者发表谈话："热情欢迎台湾同胞到祖国大陆探亲旅游。保证来去自由。我们将尽力提供方便，给予照顾……"

　　同日，面对大陆的示好，台湾"内政部"宣布有关台胞赴大陆探亲的实施细则：从自 1987 年 11 月 2 日起，凡符合规定条件者均可向红十字会登记赴大陆探亲，探亲每年以一次为限，除有特殊原因外，每次停留不得超过 3 个月，须经由第三地转赴大陆探亲。

显然，在两次事件的处理当中，大陆一方积极主动，而台湾一方人为设障，更对大陆人员赴台，没有做出任何对等的回应。

祖国统一的情结，从毛泽东到邓小平一脉相承，只不过现在因为蒋经国疾病缠身，一年后（1988 年）又突然离世，加快统一的愿望愈加强烈！

缘于这一背景，顾方舟院校长的台湾之行意义非凡，他们夫妇也是最佳人选。他们抵台当日，顾夫人李以莞与妹妹李以玲相拥而泣的场景，感动了所有在场之人，其照片也登在了台湾报纸的显要位置。

李以莞女士出生书香门第，祖父李景铭是清末进士。今天在北京国子监清代进士题名石刻碑上，还能清晰地看到他的名字。李景铭思想开明，极有见识，不仅将孩子从小送进洋学堂，还把儿子送出国门留学。李以莞的父亲曾留学美国学习经济学，归国后任民国时期北京一家著名银行的经理。在北平解放前，李以莞选择了中共地下党员顾方舟，毅然留在了北平，而两个妹妹选择随夫君到了台湾。从此，一道海峡隔断了姊妹仨人的骨肉亲情。李以莞来到台湾，由于姊妹的关系，身份自然属于"血亲"，不仅仅是"大陆医学龙头"的夫人了。

李家还有一位两岸都非常认同的人物，即李以莞的五叔李耀滋。"一个国家两种制度"，就是在 1982 年 1 月 11 日，邓小平接见李耀滋时首次提出的，李耀滋为此不断向全球华人传递这一信息。彼时，李耀滋身为美国麻省理工学院航天系教授，首创麻省

图 11-8　1991 年 10 月，原台大医院院长、台湾医学会理事长林国信夫妇应邀来访。会面后，林国信向顾方舟院校长赠送林夫人陈秀慧手书的条幅

理工学院发明创新中心并担任中心主任，为中美的航空事业作出了很大贡献。1979年，李耀滋继杨振宁之后被推举为美国华人协会主席，热心促进海峡两岸统一大业和中美之间友好交往。

时势、机缘、人脉，种种因素叠加，顾方舟夫妇的首次访台，十分成功，收获满满：

第一，开启了大陆高级干部访问台湾的破冰之旅，架起了两岸医学界友好交往的桥梁；

第二，在台湾隆重的正式场合，第一次全面介绍大陆在医学临床科研教育方面的情况，阐述政策观点，宣传医教研成就；

第三，首次访问虽然短暂，但在非常友好的氛围中，达成了富有成效的合作意向：

（1）为发挥台方临床医学的优势，顾方舟明确表示支持台湾医界在北京创办医院、在北京设办事处。

（2）为发挥大陆基础医学的人才优势，台方希望引进大陆师资填补台湾基础医学教师的空缺，顾方舟给予了积极的回应。

（3）双方对于能够承认对方学历、互派交换生的问题，提出了积极的解决办法。为促进这一愿景的早日实现，双方决定先从学术杂志和资料的交换、办医学旅游等项入手。

（4）在医学科研方面，鼻咽癌、肝癌、肝炎均是两岸共有的健康威胁，有共同兴趣的题目，可加强交流并分享对方的经验和成果。

第四，连接起了两岸协和校友的亲密纽带。

第五，顾方舟访台名义上是医界的民间交流，但两岸"龙头"均有"官方"的身份，其会谈的实质无异于"官方"的会谈，台方"龙头"的讲话十分"到位"。台湾"医院行政协会"理事长、"立法委员"杨敏盛明确指出，两岸统一势所必然，由于政治家太重意识形态，可能要由比较务实的医学家来推动。

台湾多家报纸刊称顾方舟教授宝岛行收获丰硕，医界无法不为之"感

图 11-9　1991 年，顾方舟与来访的台南私立高雄医学院谢献臣院长，在北京协和医学院三号楼前合影留念

到振奋""为两岸医学交流搭起实质性桥梁"。

1990 年 11 月 26 日，顾方舟与夫人李以莞圆满结束 12 天的破冰之旅，借道新加坡回到北京。临行前，谢博生秘书长、林国信院长等到机场热情欢送，桃园机场也给予了贵宾级待遇。

一年半后的 1992 年 6 月 6 日，应台湾著名物理学家吴大猷先生的邀请，中国科学院学部委员、著名科学家谈家桢及夫人、吴阶平及夫人、邹承鲁及夫人、张存浩及夫人、著名农学家卢良恕及夫人、著名物理学家华中一及夫人赴台湾访问。

1992 年 11 月，大陆海峡两岸关系协会与台湾海峡交流基金会，就解决两会事务性商谈中如何表明坚持一个中国原则的态度问题，所达成的以口头方式表达的"海峡两岸均坚持一个中国原则"的共识，即著名的"九二共识"，成为两岸关系史上的里程碑。

1990 年的顾方舟破冰之旅，为两岸走向"九二共识"作出了重要的贡献。

时光如白驹过隙。2019 年，为实现破冰之旅做出杰出贡献的爱国者——顾方舟、谢博生先后离世，不禁令人扼腕痛惜。

第十一章　破冰之旅　*231*

图 11-10　1993 年 6 月，顾方舟随中华医学会代表团再次访台

谢博生先生是台湾彰化鹿港人，毕业于台大医学院，后获东京医科大学医学博士。1995—2001 年，任台大医学院院长，2008 年退休，专长肾脏科和内科。他生前非常重视医学人文教育，在他担任院长期间，一手促成台大医学人文博物馆。

2019 年 5 月 5 日清晨，谢博生先生因脑中风过世，享年 77 岁。家人依照他生前心愿，将遗体捐献给台大医学院，他也是该院第一位捐献遗体的院长。他的离开让许多人痛惜不舍，尤其令他的学生感怀。精神科医师沈政男，在 1987—1994 年就读台大医学系时，曾是谢博生的学生。他写道：我们都在背后称呼他 walking Harrison，也就是会走路的内科教科书。据说他把 Harrison（两千页内科学原文书）看得滚瓜烂熟，你跟他讨论个案，根本看不出他是哪一个次专科，因为他对每一个次专科都无比娴熟，他更以身教立下典范。

愿两位先贤之灵永安，愿他们未竟的事业后继有人。[①]

---

① 本文参考 1991 年 10 月 1 日、10 月 11 日、10 月 21 日、11 月 1 日、11 月 21 日中国医学科学院院报。现存于中国医学科学院档案室。

第十二章
大师风范

实 至 名 归

顾方舟的学术贡献举国皆知，其国际影响力也彰显多年。

1987年，根据英国皇家内科学院院长推荐，院士会选举，顾方舟教授当选为英国皇家内科学院荣誉院士，授衔仪式于1988年6月9日在伦敦隆重举行。荣誉院士是经过英国皇家医师学院院士委员会提名和院士选举产生，是英国皇家医师学院对医学家所授予的最高荣誉之一。英国皇家医师学院由亨利八世创建于1518年，1674年被冠以"皇家"称号，是英国历史最悠久的临床医学学术机构。其使命是为推动医学的发展、提升临床医疗水平，向政府、社会提供临床医学的权威指导。荣誉院士是英国皇家医师学院对取得重要成就的医

图12-1 1988年，顾方舟获英国皇家内科学院院士证书

图 12-2 1989 年 5 月，顾方舟与中山大学医学院彭文伟校长被澳大利亚坎伯兰卫生科学院授予名誉院士称号（左起：米勒院长、顾方舟、李以莞、彭文伟、彭文伟夫人）

学家所授予的最高荣誉之一，全球每年不超过 20 人获此殊荣。

1991 年，顾方舟因在病毒学、免疫学等方面的杰出贡献，当选第三世界科学院院士。第三世界科学院（Third World Academy of Sciences），简称为 TWAS，现称发展中国家科学院。TWAS 是由诺贝尔物理学奖获得者、巴基斯坦物理学家阿布杜斯·萨拉姆教授发起的一个非政府、非政治和非营利性的国际科学组织，致力于支持和促进发展中国家的科学研究。TWAS 成立于 1983 年 11 月，总部设在意大利北部海港城市的里雅斯特。

TWAS 院士分布在数学、物理学、化学、天文学、地学、生物学、农学、医学、工程科学、社会和经济学十大领域，是从第三世界国家的科学院、国家研究理事会、大学和研究机构以及发达国家的科学组织的著名科学家中选举产生，院士们均在各自的科学领域对第三世界国

图 12-3 1991 年，顾方舟获第三世界科学院院士证书

图 12-4 2002 年 10 月，顾方舟出席在印度新德里召开的第三世界科学院第 13 届院士大会及第 8 次学术大会（中立者为主席 Dr，Rao）

家的科学发展作出了杰出贡献。迄今为止，TWAS 共有来自 104 个国家和地区的 1221 名院士，其中中国大陆 232 名。

顾方舟还荣膺澳大利亚坎伯兰卫生科学院名誉院士（1989）、欧洲科学、艺术、文学科学院院士（1990）、国际科学联盟理事会（ICSU）国家成员（1994—1996）、何梁何利基金评选委员会委员（1994）。

顾方舟是创建中国免疫学会的首任理事长和中国生物医学工程学会的第二、第三届主任委员。我国医学界的学会会长都是该领域杰出的领军人物，因此顾方舟对"两学会"的贡献不应被忘却。

中国免疫学会理事长

1984 年 8 月，中国科协国际部筹建"中国参加国际免疫学会联合会联合委员会"，英文简称 CJCI，主席为顾方舟教授。同年 9 月，他代表中国参加了国际免疫学会联合会第二十二届理事会，中国成为正式会员国。

为了给科技人员提供学术交流的园地——学术期刊。当时国家科研经费非常紧张，办刊的费用不知何时才能下达。他和几位教授凑了几万元，终于在 1985 年 1 月，CJCI 有了自己的杂志《中国免疫学杂志》。为了解决办刊经费问题，顾方舟专程到吉林省寻求合作支持。最后，刊物确定由中国科学技术协会主管，中国免疫学会、吉林省医学期刊社主办，吉林省卫生厅每年拨 2 万元专款给予支持。

创建"中国免疫学会"一直是顾方舟的心结。1986 年 9 月，在他和谢少文、吴安然等著名免疫学家的倡议下，"中国免疫学会筹委会"成立，向国家科委和卫生部递交了"申请成立中国免疫学会、挂靠医科院"的报告。1988 年 10 月，报告得到了国家科委的批准。

中国免疫学会第一次全国代表会议筹备会，于 1989 年 3 月 31 日在北京召开，15 名来自全国各地区的代表出席了会议。顾方舟作为中国免疫学会前身组织——中国参加国际免疫学会联合会联合委员会（CJCI）主席，在会上宣读了国家科委批准中国免疫学会正式成立的"〔1988〕国科发综

图 12-5　中国免疫学会组织工作会议合影

字第 703 号文件"。至此，中国免疫学会将接续 CJCI 作为国际免疫学会联合会（IUIS）的团体会员。经过民主协商，选出了筹备组成员。顾方舟任组长，吴安然、何球藻任副组长，陈绍先、陈慰峰任秘书长。选出的 18 位筹备组成员，既有地区代表性，又有学术专科代表性。代表们讨论了筹备组的分工，并一致通过中国免疫学会挂靠在中国医学科学院的决议。代表们一致同意确定《中国免疫学杂志》为中国免疫学会会刊。筹备会还就第一次全国代表会议代表的产生办法和名额分配原则通过了决议。筹备会决定，中国免疫学会第一次全国代表会议，于 1989 年 11 月在成都市召开。

1989 年 12 月 1 日，中国免疫学会第一次全国会员代表大会在成都召开。来自全国 26 个省、市、自治区的 72 名代表，选举出了由 43 名理事组成的中国免疫学会第一届理事会，从中选出 16 人组成常务理事会，负责日常工作，并通过了学会章程。选举顾方舟为理事长，吴安然、龙振洲、何球藻、杨贵贞为副理事长，陈绍先为秘书长、陈慰峰为副秘书长。大会决定，在中国免疫学会下设 8 个专业委员会和工作委员会。

在顾方舟的积极推动下，我国免疫学学术活动空前活跃。中国免疫学会成立后的第二年，即 1991 年就开展了如下学术活动：6 月在长春召开家禽传染病防治学术研讨会；9 月在上海召开第一届临床免疫学学术年会；9—10 月在北京中国丹麦医学生物学进修生培训中心举办专题研讨班；10 月在重庆召开第一届基础免疫学学术年会；11 月在福州召开畜牧兽医生物技术研讨会。

在顾方舟的领导下，中国免疫学会发展迅速。1991 年，中国免疫学会神经免疫学分会、中国免疫学会临床免疫分会正式成立。1992 年 5 月，中国免疫学会肿瘤免疫分会正式成立。1993 年，由中国免疫学会肿瘤免疫分会和中国抗癌协会肿瘤生物治疗分会联合主办的《中国肿瘤生物治疗杂志》创刊。其他分会也纷纷建立。中国免疫学会会员规模超过美国免疫学会，成为世界第一大免疫学学会。

2012 年 10 月 18 日，中国免疫学会第八届免疫学全国学术大会于重庆国际会展中心召开。大会颁发了第三届中国免疫学终身成就奖、中国免疫学杰出学者奖和中国免疫学青年学者奖。顾方舟教授荣获第三届中国免疫学会终身成就奖。颁奖词是：

> 顾方舟主要致力于病毒学研究，特别是脊髓灰质炎病毒及其疫苗的研究。顾方舟等在我国首次用病毒学和血清学的方法，证实在我国流行的是以Ⅰ型为主的脊髓灰质炎，提出制备脊髓灰质炎活疫苗技术路线，参与建立中国医学科学院生物学研究所脊髓灰质炎活疫苗生产基地，制定了我国"脊髓灰质炎活疫苗制造及检定规程"和操作细则。他还提出适合于我国国情的免疫方案和免疫策略，促进全国实行了脊髓活疫苗的常规免疫与强化免疫策略。

中国生物医学工程学会理事长

"文革"结束，科学的春天来临。面对中国与世界拉开的巨大差距，在时任中国医学科学院黄家驷院长倡议下，生物医学工程专业学科组经国家科委正式批准成立。卫生部部长钱信忠任名誉主任委员，院长黄家驷任主任委员，清华大学校长高景德、国家科委李寿慈司长任副主任委员，由国家科委方毅主任颁发了聘书。

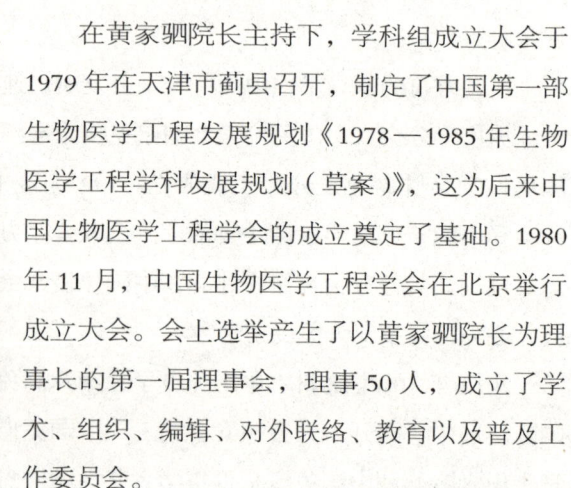

在黄家驷院长主持下，学科组成立大会于1979年在天津市蓟县召开，制定了中国第一部生物医学工程发展规划《1978—1985年生物医学工程学科发展规划（草案）》，这为后来中国生物医学工程学会的成立奠定了基础。1980年11月，中国生物医学工程学会在北京举行成立大会。会上选举产生了以黄家驷院长为理事长的第一届理事会，理事50人，成立了学术、组织、编辑、对外联络、教育以及普及工作委员会。

图12-6 黄家驷院校长，中国科学院院士（1906—1984）

1985年，在山东烟台召开了第二次全国会员代表大会，选举产生了以顾方舟为理事长的第二届理事会。1988年，在山东淄博召开了第三次全国会员代表大会，顾方舟连任学会理事长。其间，顾方舟积极推进学会的国内外技术交流与合作。1986年正式成为国际医学与生物工程联合会的团体会员，代表中国参加国际组织活动，并在国际组织中担任重要职位。

　　从1988年开始，学会每年组团参加世界医学物理和生物医学工程大会。在1988年圣安东尼奥举办的国际医学与生物工程联合会代表大会上，蒋大宗教授当选为执行委员（1988—1994年），提升了中国在医学物理与生物医学工程领域的国际地位和影响力，为今后加强该领域的国际交流与合作奠定了基础。

　　1986年，中国生物医学工程学会顺利加入国际医学和生物工程联合会，但随即台湾地区也申请加入。按当时国际医学与生物工程联合会章程，一个国家只有一个学会会员，如果台湾地区也被接纳，会造成"两个中国"的政治问题。1987年9月，在北京召开的中国生物医学工程学会第三次学术会议，顾方舟以学会名义，邀请当时的国际医学与生物工程联合会主席Nandor Richter（匈）、副主席R.M. Nerem（美）以及1979—1982

图12-7　顾方舟在北京远东国际生物医学工程学会学术大会上与周培源院士交谈

年国际医学与生物工程联合会主席 M.Saito（日）等国际友人参加。他们对中国生物医学工程在不到十年内，得到如此迅速发展留下深刻的印象，并认识到根据当前的章程，台湾地区加入国际医学与生物工程联合会可能会造成不良后果的严重性。北京会后，在一个中国的指导思想共识下，经他们斡旋，国际医学与生物工程联合会修改章程中有关会员的规定。1988年，在圣安东尼奥中国代表团第一次正式参加国际医学与生物工程联合会代表大会。会议上，经投票通过了对会章的修改，并以"一个中国"的原则，投票接纳台湾地区学会以"Taipei, China"的名义成为正式会员。

生物医学工程运用工程科学和技术推动生物和医学科学的进步，是目前全球范围内发展最快的学科之一。学会成立30余年来，在学科建设和促进产、学、研、医相结合等方面，全力引领国内生物医学工程的进步。通过组织国内外学术交流、编辑出版专业书刊、开展科普活动，传播科学精神和思想；组织会员和科技工作者为科技发展建言献策，参与国务院、国家发改委、科技部、工信部、卫计委、国家药监局、自然基金委、工程院等部委的调研、立项、评估等工作，承接政府职能的转移，促进科技发展。

图 12-8 《中国生物医学工程学报》中文版

图 12-9 《中国生物医学工程学报》英文版

图 12-10 《中国心脏起搏与电生理杂志》

图 12-11 《中国血液流变学杂志》

学会主办的学术期刊《中国生物医学工程学报》为中国生物医学工程学会会刊，创刊于 1982 年，是在著名心胸外科专家黄家驷院士积极倡导和亲自主持下创刊。学会主办的刊物还有《中国心脏起搏与电生理杂志》《中国血液流变学杂志》等。

学会以黄家驷院士的名字设立"黄家驷生物医学工程奖"，是我国生物医学工程学科最高科技奖，每两年评选一次。"黄家驷生物医学工程奖"强调生物医学与工程的融合，倡导立足本土的原始创新，鼓励临床应用为驱动的研究；授予从事生物医学工程领域研究和开发工作的组织和个人。奖项共设基础研究类、技术发明类、科技进步类。

顾方舟就任生物医学工程学会理事长期间，主编出版了颇有影响的专著《生物技术的现状与未来》[1]《医学科学与生物医学工程》[2]，彰显顾方舟的专业底蕴。

---

[1] 顾方舟，卢圣栋主编：《生物技术的现状与未来》。北京：北京医科大学－中国协和医科大学联合出版社，1990 年。

[2] 顾方舟主编：《医学科学与生物医学工程》。济南：山东教育出版社，1998 年。

目前，中国生物医学工程学会拥有 31 个分支机构（专业委员会），17个工作委员会。学会 18000 余名会员中汇聚了生物医学工程领域的老中青专业人才，其中包括中国科学院院士、中国工程院院士、长江学者、特聘教授、临床医学专家、研制和生产医疗仪器的专家和企业家等杰出人士。

科协主席

1991 年 1 月，顾方舟就任北京市科协第四届主席，此前是北京市科协第三届副主席。他是继茅以升、王大珩之后的北京市科协的第三位主席。1997 年之后，任北京市科协名誉主席。

作为北京市科协主席，顾方舟认为中国特色的科协有三大特点：一是科协的学术交流和科普工作，这是我国科技团体的传统，也是一大特色；二是参政议政，科协在政协有自己的席位，科协要通过政协以及其他渠

图 12-12　1991 年 11 月 13 日，北京市科协四届一次全委会上顾方舟当选为北京市科协主席

道，以多种方式向党和政府提供咨询建议，发挥桥梁纽带作用，反映广大科技工作者的意见和呼声；三是要围绕党和政府的重点工作，开展活动。

在他主持的科协四届一次常委会上，有常委提议：每季度由市科协组织一次座谈会，请市领导与专家学者面对面，就首都经济科技和社会发展中重大问题提出建议。顾方舟当即表示支持，并代表市科协当面向市领导提出这个建议。

在北京市科协四届一次常委会闭幕式上，市长代表市委、市政府，同意由市科协组织建立市长听取科技专家意见的"季谈会"制度。五年间，市科协在开展学术研讨的基础上，认真选题，组织科学技术专家"季谈会"12次，71位中央单位专家、53位北京市专家、12位市领导先后出席。专家提出具体建议300余条，内容涉及提高京郊农业的质量和效益、首都发展战略研究、修订北京城市总体发展规划方案、解决首都电力供应不足途径、改善城市环境、缓解水资源短缺、防灾减灾对策、科技扶贫、加快北京新技术产业开发试验区发展建设、加强科学普及和实施首都信息化工程等方面。现在"季谈会"已成为北京市科协精品活动之一。

图 12-13　1993年5月1日，顾方舟参加成果展示交易会

1992年初，市科协为贯彻小平同志南巡讲话精神，提出要在促进科技与经济结合上有所突破，在科协实施"金桥计划"。4月11日，顾方舟主持办公会议通过了

图 12-14　1992年10月，顾方舟出席由北京市科协举办的人类基因治疗国际会议

第十二章　大师风范　**243**

"实施金桥计划纲要"。1993年,根据中国科协的建议"金桥计划"更名为"金桥工程"。为此,中国科协发文向全系统介绍北京市的基本做法和经验,向全国推广。1993年5月4日,顾方舟主持办公会议审议通过了北京市科协"金桥工程"奖励办法。1994年1月12日,中国科协在全国"金桥工程"汇报会上,专请北京市副市长胡昭广同志到中南海,向国务委员宋健同志汇报北京市开展"金桥工程"的情况,宋健同志对北京市的经验给予很高评价。五年间,上报市科协的"金桥工程"项目1437项,其中受市科协奖励的451项,增加经济效益20亿元以上。

北京作物学会组织实施推广冬小麦新品种"京冬8号""金桥工程"项目,累计推广200万亩,使农民增收1亿元,荣获全国"金桥工程"优秀项目一等奖;科协搭桥的北京燕化公司大修厂的燕化乙烯改扩建化工一厂火炬气回收装置,不但每年回收火炬气获得1000万元的经济效益,还减少了环境污染,荣获全国"金桥工程"优秀项目二等奖。现在"金桥工程"已成为市科协又一精品活动。

顾方舟站在全球化的高度看待学术问题。他说,学会的功能不仅仅是促进学科发展,繁荣学术交流是首位的,但是学术里头有政治。现在讨论的环境、气候、生物多样性、生物工程、基因重组、水资源等许多问题看起来是科学,实际上是当代全球性的问题,涉及国家的经济、社会利益,

图12-15　2003年7月29日,顾方舟出席北京科协成立40周年座谈会

图 12-16　在全国政协会上，顾方舟与中国科学院院长周光召（中）合影

涉及国家的安全。顾方舟强调，科协和学会要扩大开放，要多参加国际学术团体的会议，并千方百计在国内组织高水平的国际会议。1992年10月12—14日，顾方舟参与筹备并主持了在北京召开的"人类基因治疗国际会议"，这是该会议首次在亚洲举办。18位外宾、142位国内代表出席，大会宣读论文32篇，就遗传病的基因治疗和恶性肿瘤的基因治疗进行了交流。

顾方舟任北京市科协主席的五年间，市科协多渠道开展同海外的民间科技交流，接待国际和港澳台来访科技团组934个，接待访问学者5500人次，派科技人员出国、出境访问1799人次。1994年，市科协组织首次北京市赴台湾科技团，打开了北京和台湾民间科技交流的渠道。

顾方舟常说，北京市科协身在北京，要为首都科技、经济和社会发展服务。科协要以学术交流活动为基础，以首都经济建设为中心，把学术活动和决策论证、献计献策相结合，既活跃学术气氛，又促进决策科学化民主化。第八届北京市政协决定增设北京市科学技术协会界。1992年9月，市科协主席办公会讨论政协科协界委员的推荐提名的原则。顾方舟作为全国政协委员与北京市政协的科协界委员一起积极参政议政，先后提出了"关于北京地区综合减灾对策建议""关于北京市高新技术产业开发区建设的若干问题与建议""关于京郊基层农业科技推广工作状况的考察报告"等。按照全委会的决定，北京市科协围绕贯彻国务院关于北京城市总体规划的批复精神，举办"2010年的北京"战略发展学术研讨会，56个学会进行研讨，提出123篇建议。

顾方舟特别关心京郊农村的发展，关心基层农村科技人员的工作与生活，注重发挥科协在科技扶贫中的作用。1994年，顾方舟和驻会副主席率领24个学会和厂矿科协的百余位专家，先后18次到昌平区老峪沟、房山区蒲洼乡和密云太师屯镇马场村等10个贫困乡村调研，帮助解决实际问题。

顾方舟认为科普工作是科协和学会的主要社会职能，科协要面向基层和青少年开展丰富多彩的科普活动。1995年初，市科协在顾方舟领导下，向北京市政府提出按人口数设科普经费和建立每年一次科技周的建议，两项建议均被市政府批准实施。1995年5月，北京市首届科技周以"科技是

图12-17　1996年，政协"碘缺乏考察团"至延安（右起黄人健、侯健存、陈新）

图 12-18 北京老科学技术工作者总会召开第三届四次理事会暨科普工作会议

第一生产力"为主题,组织青年学术年会、新技术新成果录像片巡展、送医下乡、科研院所和大专院校实验室开放、青少年科技博览会等科技活动2000余项,参加人数超过20多万人次。1996年,顾方舟参加了"科学·文明·健康"为主题的第二届北京科技周,本次活动参与人数达到261万人次。"每年5月举办北京科技周活动",已正式写入1998年11月北京市人大常委会通过的《北京市科学技术普及条例》。

顾方舟作为一名医务工作者,格外关心医科社团的发展。在他的关怀下,1994年成立了北京免疫学会。北京生理科学会与中国医学科学院基础医学研究所合办的《基础医学与临床》(原名《生理科学》)创刊于1981年10月,在医学界有较大影响。在市场大潮中一度因为经费问题难以为继,顾方舟千方百计为该期刊筹措经费,使刊物越办越好,受到医务工作者的喜爱。

顾方舟还曾任中国老科学技术工作者协会副会长和北京老科技工作者总会会长,任职期间他主持了令老同志们称道的《关于进一步发挥老科技工作者作用的调研报告》,体现他对科技工作者在工作和生活方面的关心。在顾方舟领导下,北京老科技工作者总会和所属的80个分会,积极组织

第十二章 大师风范

离退休老科技工作者参加科技服务、社区科普、科学健身。顾方舟还积极倡导医疗保健，提醒大家注意老年痴呆症的防治，希望老同志们心情愉悦地安度晚年。①

严师高徒

"顾院长对研究生的要求之严，在卫生部都是有名的。有一年，卫生部到中国医学科学院各院所检查研究生结题情况。转到我们病毒室，挨个检查研究生的试验记录、课题进展资料后说：你们室的研究生试验记录、课题进展做得太棒啦，整整齐齐，一清二楚，真没见过做得这么好的，不愧是院长的徒弟！"②

病毒室建立以后，顾方舟才有机会正式带研究生，此时他已经50多岁了，而且"正差"是负担繁重的行政管理工作。与他同期转行的同事们，基本上都告别了自己的专业。而顾方舟不仅劲头十足地攀登生物技术的新高峰，还要在新兴学科上为国家培养青年才俊。

图12-19 顾方舟与协和医大学生合影

① 中国医学科学院中国协和医科大学：《使命与奉献》。北京：2006年，第78页，未刊行。
② 孙月英访谈，北京，2019年12月11日。资料存于采集工程数据库。

顾方舟把在苏联留学时导师严格要求自己的方法，加上自己几十年的科研感悟，形成了一套独具特色的育才方法。比如开题报告，顾方舟要求开题报告一定要做得好，但他只是指点引导，一切要学生自己认真广泛地查阅文献，学会文献检索方法，建立起一套自主学习的习惯。做试验更是要认真细致一丝不苟，试验记录必须详细完整准确。如果是随手记在纸头上，最后也要工工整整誊写在试验记录本上，而且这个纸头也不能扔，要附在记录本上，他随时是要检查的。

做全院校的行政管理，事务繁杂千头万绪，顾方舟却从不因此在科研和教学上当"甩手掌柜"。

凡是顾院长布置的工作，他一定会亲自检查。他虽然行政工作非常忙，可实验室里依然总能见到他。他安排的事情总要看看出了什么问题没有，问问有什么困难等。有一天，顾院长来实验室，见到有个研究生不知在忙什么，就问她："你在干什么呢？交给你的工作做了吗？"那个研究生说："还没有。"顾院长询问为什么还没做？她说："我马上就做。"她没有告诉顾院长为什么没做，顾院长也没有追问只是说："那你马上做吧。"研究生以为顾院长走了，不知哪天才来，就继续忙自己的事情。谁知顾院长过了大半天，傍晚他又来了。

见到那个研究生就问："试验做好了吗？给我看看。"这件事对那个研究生触动很大，虽然顾院长一句重的批评话也没说她[①]。

曾经是美国俄亥俄州立大学医学院免疫室主任、教授的刘阳博士，是顾方舟带的第一个研究生。

当时，不大的病毒室只有他一个研究生，自然大家对他的关注就多一些。同室的沐桂藩老师总爱说：你是顾老师的第一个研究生，可不能砸牌子啊！刘阳既受到鞭策，又感到压力。但是，随着与顾老师的接触越来越多，他感受到老师不愧为大师，几句话就让他茅塞顿开。他不仅不再读死书，而且从笨手笨脚到动手能力超强，试验越做越漂亮，还参与了顾方舟领衔的"七五规划"项目。出国后，刘阳一进入试验室，立即以娴熟的技

[①] 孙月英访谈，北京，2019年12月11日。资料存于采集工程数据库。

图 12-20　顾方舟与第一个研究生刘阳的合影

图 12-21　刘阳为老师八十寿辰从美国发来的贺信

能赢得室主任的青睐。数年后，当顾老师召唤他回国时，刘阳没有犹豫就答应了，只向老师提出帮他解决一间容身之所，因为他已经有妻子、孩子。很遗憾，弟子愿意舍弃高薪福利和带花园的大房子报效国家，身为院校长的老师却不能打破论资排辈的陈规给弟子分一间小房子，师徒只能望洋兴叹。

如果说顾方舟70年前的脊灰活疫苗在中国产生了奇迹，那么他的爱徒刘阳则在当下鏖战新冠病毒中，创造了世界级的辉煌。据外电报道，美国东部时间

2020年11月23日，著名的默克公司对外公布了一项合作协议，以4.25亿美元收购昂科免疫旗下的新冠肺炎治疗药物CD24Fc，它是治疗重症和危重症新冠肺炎的新型免疫疗法，Ⅲ期临床试验表明，CD24Fc能够有效促进重症和危重症新冠肺炎患者康复，并显著降低死亡率。昂科免疫由华人科学家刘阳、郑盼两位博士创立于2000年，总部位于美国马里兰州罗克维尔。昂科免疫创始人兼董事长刘阳是美国科学促进会院士，因对癌症的免疫识别和淋巴细胞激活而著名。公司另一位创始人兼首席医学官郑盼，为耶鲁大学哲学博士，美国马里兰大学医学院终身教授，持有美国多州行医执照。当然，她也是顾方舟的学生——协和医科大学临床八年制的医学博士。

唐七义是1993年从贵州考来的。录取后，他每星期要向顾老师汇报一次工作，地点是在东单三条九号院老师的办公室。唐七义每次去时，老师都已经在办公室等他了，和大多数学生一样，有好的进展或实验结果时，唐七义汇报起来就神采飞扬，反之就有些垂头丧气。令他不解的是，老师

图12-22 顾方舟与协和医科大学临床八年制学生亲切交谈

图12-23　1996年，顾方舟在研究生彭小忠博士论文答辩会上

正好相反。当他兴高采烈汇报时，老师并没有显得特别高兴，只是问他下一步工作准备怎么去做；当他垂头丧气时，老师却微笑着鼓励他"去和组里老师，还有其他同学一起去找原因"。多年后，当唐七义自己带学生时才明白，这是何等高明的为师之道啊。

早已是美国霍华德大学医学院终身教授的唐七义，时常怀念在协和时顾老师的谆谆教导，这已经成为他在国外拼搏的动力源泉。

如今的唐七义，不仅是终身教授，还同时兼任霍华德大学生物研究安全委员会主任和少数民族研究所基因调控检测中心主任，他率领的研究团队更是成绩斐然。在DNA病毒方面，发现了多个细胞因子参与病毒基因

图12-24　毕业季顾方舟与学生唐七义和王树蕙教授（右1）合影留念

调控，并发现了病毒 RNA 剪接调控的机理；在肿瘤病毒研究上，发现并证明了卡波西氏肉瘤病毒蛋白翻译后修饰在病毒激活过程中的重要作用；在 RNA 病毒研究中，不仅研究发现了寨卡病毒蛋白的功能，而且发现该病毒可致新生儿心脏病。2020 年，面对新冠病毒（SARS-CoV-2），他率领团队第一个系统研究了该病毒全部蛋白的亚细胞定位，并用人工智能和大数据技术研究阐明了 S 蛋白的稳定性和功能。自 2000 年以来，他已在国际学术期刊上发表论文 70 余篇。2018 年，获得霍华德大学杰出科学家奖。

当他闻听老师离世的噩耗，悲痛万分，不能自已，通过多种渠道表达哀思。浓浓的师生情，让人感到人世间除了血缘，最珍贵的情感是师生之情。

彭小忠是顾方舟的最后一个研究生，也是相交最多的学生。2019 年 1 月 6 日上午，在中华预防医学会和中国医学科学院联合举办的顾方舟教授追思会上，彭小忠几次哽噎：我和顾老师的缘分开始于 1988 年。当时我刚到中国医学科学院医学生物学研究所工作，就拿到了一本顾老师编的《脊髓灰质炎》的小册子，让我去学习。后来我在北京协和医学院读博士，顾老师是我的导师。他教我最多的是怎么做人、做事、做学问。在他所有的学生里，我是跟顾老师接触最多的一个。

谈到老师的为人，彭小忠说：老师有一种特殊的严厉，就是对你取得

图 12-25　彭小忠教授在指导研究生做科研

的成绩和荣誉很少做出正面表扬。有一次我获得职务提升，顾老师就直接跟我说：没有恭喜，只是提醒你，你身上的担子更重了，要努力啊！

彭小忠这位顾方舟的关门弟子，于 2008 年获国家杰出青年科学基金项目资助；2010 年，获"协和学者"特聘教授称号；2013 年，入选国家百千万人才工程，并被授予"有突出贡献中青年专家"的荣誉称号。现在任中国医学科学院医学灵长类动物研究中心主任、中国医学科学院医学生物学研究所常务副所长。

老院长放心吧，您的学生已经挑起了承前启后的历史重担！

美 满 姻 缘

熟悉顾方舟的同事和邻居，都羡慕他婚姻美满、家庭幸福：夫妻琴瑟和谐，相濡以沫；两儿一女，从小就非常懂事，很有礼貌。

女儿顾晓曼说爸爸是个文科男。她说：

> 听妈妈说其实爸爸并不想学医，他想学的是文学，因为是奶奶想让他学医，爸爸又是孝子，我奶奶在他心里的分量和影响力非常大，他是听奶奶的话才学医的。其实骨子里面，他是个文艺青年，喜欢唱歌、跳舞。我爸跳舞挺好的，那个时候还和我跳过舞，是个很浪漫的人。我妈是个理科女，从出门就可以看出来。我爸出门要拉着我妈的手，要浪漫，表示对老伴的这种关怀。我妈走得快就把他给甩开了。我爸说：你看看我想和你亲热一下，总是遭到你的拒绝[①]。

若不是母命难违，顾方舟是要从文的。那样，中国会多一个文学家。即使从医，他那种自由奔放的文学家气质依然激情四射：结社、游行、演

[①] 顾晓曼访谈，北京，2020 年 9 月 15 日。资料存于采集工程数据库。

戏、入党、做大医生。他一生不竭的激情，是夫妻家庭快乐美满的动力源泉。他结婚的时候，没有影楼的结婚套餐照，也没有计算机编辑出来的梦幻照。但看着顾方舟 70 多年前的结婚照、夫妻合影，传递出的爱情信息，充满温馨。顾方舟在照片背面的留言，更令人终生难忘。家庭生活中的磕磕绊绊都会因之化解，爱情之树常青。

顾晓曼说：

图 12-26　相爱一生，顾方舟与李以莞摄于 1997 年

在记忆里，爸爸妈妈几乎没有红过脸、有过争吵什么的。他俩特别合拍。我爸那个人很绅士，出门吃饭的时候，帮我妈拉椅子，帮她穿衣服，对我妈真的是特别好。各种细节的地方，爸爸想得很周到，他心里总是特别惦记她、牵挂她、关心她[①]。

在一次访谈中，李以莞教授还拿出三个包包给我们看，那是顾方舟留学时送给她的礼物。快 70 年了，包包依然是那么簇新，老人家抚摸包包时洋溢出的幸福，着实让人羡慕。爱情，可让一切永恒！

顾晓曼告诉我们：

爸爸选择妈妈，妈妈选择爸爸都特别对。妈妈 6 岁的时候，我外婆

---

① 顾晓曼访谈，北京，2020 年 9 月 15 日。资料存于采集工程数据库。

图 12-27　1981 年 6 月，顾方舟与爱女顾晓曼（协和医学院九号院三号楼前）

就去世了。一个小孩子，没有妈妈了，碰到什么事也没有人去说，父亲又不能代替母亲，这可能促使她要独立、要坚强。我妈妈是长女，供四姨和六姨上的大学。我妈每个月发了工资，先把一半的钱寄给妹妹，供妹妹上学。我妈妈工作以后有好几年，生活挺困难的，虽然一个月可能挣的不算少，但是一发工资先汇出去一半。直到四姨和六姨都大学毕业，她才能把自己挣的钱用在自己的家庭上。我爸这边，几十年不断给我叔叔寄钱，而且是我妈主动的，每次去邮局汇钱都是我妈去。她有这个心胸，她觉得理所应当，从没有觉得委屈。他们俩在价值观上面，在对待彼此家人上面，从来没发生过矛盾。我爸爸留学的四年，我妈妈每逢周末就和我奶奶在一块，还拍照片寄给我爸爸让他放心，这一点，我妈妈很了不起[①]。

对于爸爸的爱，晓曼有些内疚，感到自己曾经的幼稚。这让我们从另一个侧面，看到了他们夫妻是如何对待工作与生活的：

　　小时候我放学回家忘带钥匙了，我就敲隔壁陆叔和陆婶家的门。陆叔是肿瘤医院的干部，陆婶是家庭主妇。那个时候邻里关系特别

[①] 顾晓曼访谈，北京，2020 年 9 月 15 日。资料存于采集工程数据库。

好，住的又是中国医学科学院的宿舍。一去别人家，陆婶就说：晓曼，今天就在家包饺子吃或是吃面条。我感到人家特有家庭的气氛，有烟火气，特别羡慕人家。我们家一吃饭，大人就是聊工作，什么单克隆抗体、组织细胞学等，我们孩子完全不懂他们在说什么。从小给我的印象是大人活着就是工作，吃饭只是为了肚子不饿，赶紧把饭吃完，这样就能马上去工作了。每个晚上，他们都是在家里写东西什么的。等我夜里醒来一看，灯还亮着，他们还在写。至今一想起那时，就是他们灯下写东西的画面[①]。

图12-28 2001年金婚之际，顾方舟夫妇与爱女合影留念

妈妈在美国做博士后，我爸一个人带我们三个孩子。可能是那段时间他工作困难多，特别忙，早晨、晚上都见不着他。两个哥哥比我大许多，还都住校，妈妈也不在，特别孤单，觉得家里没有温暖，加上那个时候我又处于青春叛逆期，于是给爸爸留了封信就上沈阳舅妈家去了。后来我爸特别着急，赶紧让我大哥把我接了回来[②]。

我渐渐长大了，才体会到爸爸对我毫无保留的爱。他经常出差出国，无论去哪儿都会给我买礼物。那个时候收入不高，也就是买个小娃娃之类，但每次都会给我带回礼物来。有阵子我把爸爸带回来的礼物

[①] 顾晓曼访谈，北京，2020年9月15日。资料存于采集工程数据库。
[②] 同[①]。

第十二章 大师风范

图 12-29 圣诞节之夜，顾方舟夫妇与爱女合影留念

都摆在桌上。一瞧，啊，这是爸爸去意大利买的，这是去英国买的。有一次，爸爸去澳大利亚带回很大一捧干花。澳大利亚在南半球，那里的植物和我们这里不一样，好多干花都是从来没有见过的，看的我特别入迷。我就把它放在我房间正中位置，放了好几年。印象最深的是爸爸有次去美国，他用手拎回来一辆红色自行车，是那种弯把像赛车样式的，国内很少见。我说：您腰不好，怎么拎回来的，多沉啊！他说：你前一阵不是和我说想要一辆自行车吗？我一看挺好的，所以爸爸就给你买了一辆回来①。

图 12-30 1990 年，顾方舟与长孙顾博在天安门前

爸爸工作非常忙，有时候好几天都说不上一句话。因为我睡了他还没有回来，

---

① 顾晓曼访谈，北京，2020 年 9 月 15 日。资料存于采集工程数据库。

我早上起来他已经上班去了。写字条、写信是我们家很主要的沟通方式，成了一种习惯。他可能在夜里工作完了给我写个字条，这样第二天早上我起来就能看见。有时候留言是：晓曼，麦乳精给你放桌

图 12-31 顾方舟与老伴和女儿、孙子、孙女在北京怀柔宽沟

上，你早上必须吃早点，不吃早饭会影响健康的；如果我身体不舒服了，他会嘱咐得更细：让我别忘记吃药，出门多穿衣服，爸爸的叮嘱会写满一页纸，都是满满的关爱[①]。

现在大家都讲女孩子要富养，我爸那个时候可能不知道这个说法，他的爱完全出于自发，但让我感觉到世间父女之爱的力量。长大

图 12-32　2005 年，顾方舟与次子顾烈南、儿媳杨文红、孙女顾远方、孙子顾博合影

---

① 顾晓曼访谈，北京，2020 年 9 月 15 日。资料存于采集工程数据库。

第十二章　大师风范

图 12-33　2006 年，在八十寿辰的纪念画册上，顾方舟写给女儿的赠言

以后，我不会为金钱或者物质所动，可能是小的时候见识比较多，就不太会被其他东西所困惑。出去面向社会也好，或者走向自己的人生也好，都会比较有底气，或者觉得心里有很踏实的感觉[①]。

晓曼，真羡慕你有像灯塔一样为你导航的父亲。

青史永存

国殇

2019 年 1 月 2 日，顾方舟在北京协和医院因病逝世，享年 92 岁。遵照顾方舟后事从简的遗嘱，讣告通知遗体告别仪式于 1 月 6 日，在协和医

---

① 顾晓曼访谈，北京，2020 年 9 月 15 日。资料存于采集工程数据库。

院告别室举行。

"糖丸爷爷走了"的消息，引发社会无尽的哀思，成为各大媒体头条新闻。一篇篇关于顾方舟的故事，催人泪下，撩动全国人民的心弦。

参加告别仪式的各界人士之多，超出预料。告别仪式改为1月8日在北京八宝山殡仪馆兰厅举行。

隆冬时节，万木萧疏，八宝山殡仪馆愈加肃穆庄严。兰厅大门两侧的大幅挽联"为一大事来鞠躬尽瘁，做一大事去泽被子孙"，映射出顾方舟国家利益至上的家国情怀。兰厅广场被列队整齐的人群占满，他们基本都是中国医学科学院协和医科大学各个院所的员工，许多退休的老同志也从四面八方赶来。人们佩戴白花，肃穆站立，等待着与他们的老院长、老校长做最后的告别。

上午9时，遗体告别仪式正式开始。大屏幕上滚动播放着顾方舟生前的影像。顾方舟的遗体静卧在鲜花丛中，鲜红的党旗覆于胸前。国务院副总理刘延东、国家卫生健康委副主任崔丽和院校领导王辰、李国勤、郑忠伟、张勤、张抒扬与原院校长巴德年、刘德培、曹雪涛，顾方舟的亲属、

图12-34　顾方舟遗体告别仪式在八宝山殡仪馆兰厅举行

生前好友、老同事和学生以及很多慕名而来的各界人士1000余人，依次步入告别大厅。大家胸戴白花，怀着沉痛的心情，在灵前鞠躬默哀，与亲属握手表达深切的慰问。

顾方舟逝世后，中央和国家有关部门领导发来唁电唁函，或敬献花篮、花圈，以不同的方式对顾方舟的去世表示深切哀悼。

追思

2019年1月6日上午，为表达对顾方舟的哀思，弘扬传承顾方舟爱国奉献的精神，中华预防医学会和中国医学科学院在北京联合举办顾方舟教授追思会。

来自国家卫生健康委、中华预防医学会、中国医学科学院、中国疾病预防控制中心、中国生物技术股份有限公司、中国肝炎防治基金会、中国医学科学院医学生物学研究所、北京市疾病预防控制中心、北京生物制品研究所等有关单位和机构的代表，以及顾方舟教授生前好友、同事以及学生代表等40余人参加了追思会。追思会由中华预防医学会副会长兼秘书长杨维中主持。

追思会上首先播放了世界卫生组织资深专家、原卫生部疾控司副司长

图 12-35　中华预防医学会和中国医学科学院在北京联合举办顾方舟教授追思会

邵瑞太博士，从世界卫生组织总部日内瓦发来的悼念视频。中国医学科学院院长、中国工程院副院长、国家免疫规划专家咨询委员会主任委员王辰院士，中国工程院赵铠院士，原卫生部防疫司司长戴志澄，原卫生部疾控司司长王钊，国家卫生健康委疾控局毛群安局长，药政司于竞进司长，原中国预防医学科学院院长王克安教授，中国疾病预防控制中心原主任王宇教授，中国生物技术股份有限公司杨晓明董事长，中国疾病预防控制中心副主任梁晓峰、冯子健，中国医学科学院医学生物学研究所谢忠平副所长，顾方舟的学生彭小忠等顾方舟生前好友、同事、学生代表，无限深情追思了顾方舟的一生。

2020年1月2日，由宁波市科协主办，宁波经促会等单位协办的顾方舟先生逝

图12-36 2020年1月2日，"顾方舟精神研讨会"在宁波隆重举行

图12-37 "为了祖国的花朵——人民科学家顾方舟纪念展"在宁波逸仙楼隆重举办

图12-38 纪念展上，顾晓曼给翰香小学的学生们讲父亲的故事

世一周年追思会、"顾方舟精神研讨会"和"为了祖国的花朵——人民科学家顾方舟纪念展"，于同日隆重举行。宁波市委副书记宋越舜出席并致辞，宁波经促会副会长兼秘书长黄士力出席。顾方舟的女儿顾晓曼及亲属、中

国医学科学院党委副书记王云峰、中国科协创新战略研究院以及各界代表一百多人参加了追思会。王云峰从六个方面总结了顾方舟精神：

> 一是胸怀祖国、服务民众的家国精神；二是勇攀高峰、敢为人先的创新精神；三是追求真理、严谨治学的求实精神；四是淡泊名利、潜心研究的奉献精神；五是集智攻关、团结合作的协同精神；六是敢为人先、言传身教的育人精神。

最高荣誉

2019年在庆祝中华人民共和国70华诞的盛大活动中，叶培建、吴文俊、南仁东、顾方舟、程开甲5位功勋卓著的专家学者，被授予了"人民科学家"的国家荣誉称号。

颁授仪式于9月29日上午10时，在人民大会堂隆重举行。顾方舟的女儿顾晓曼代表父亲，领取了国家荣誉称号奖章。

图 12-39　荣膺"人民科学家"国家荣誉称号与勋章

感动中国

2020年5月17日晚8时,"感动中国2019年度人物颁奖盛典",在中央电视台综合频道播出。人民科学家顾方舟以"护佑中国儿童的糖丸爷爷",获得"感动中国2019年度人物"的殊荣。顾晓曼代替父亲领取了感动中国奖杯。

图 12-40 顾晓曼代父亲领取了"2019年度感动中国"奖杯

盛典上的颁奖辞,字字句句,感天动地:

> 舍己幼,为人之幼,这不是残酷,是医者大仁。为一大事来,成一大事去。功业凝成糖丸一粒,是治病灵丹,更是拳拳赤子心。你就是一座方舟,载着新中国的孩子,渡过病毒的劫难。

图 12-41 人民科学家顾方舟

行文至此,脑海里闪出臧克家的名言:有的人活着,他已经死了;有的人死了,他还活着。

顾方舟还活着,他将在人民的心里永生!

我们相信!

结 语

研究报告截稿之际，适逢新冠病毒暴发，疫情弥漫全球。关门避疫、心无他念，唯有紧盯疫情的变化，一筹莫展。

每每，我都想大声疾呼：老院长您在哪里？黎民百姓需要您啊！

每当夜深人静，新冠疫情搅得无法入睡时常常想：如果60年前顾方舟明哲保身，谨遵上级指示走死疫苗路线，结果会是怎样？昆明基地在上马还是下马的紧要关头，如果顾方舟不咬紧牙关坚持，结果又会是怎样？可敢想吗？中国儿童数以亿计！

如果设身处地换位思维，你会斗胆上书，否定卫生部和中国医学科学院党委的决定吗？你会舍弃首都研究室主任的位子，舍弃北京户口，带着一家老小跑到大西南的穷山沟去冒险吗？你敢拿自己唯一的孩子当受试者吗？不用回答，我想每个人心中都有答案。

大师之问曾经搅动中国人的心弦，我认为老院长顾方舟够得上大师之誉，虽然他不是院士、2017年才评为一级教授。可他达到的高度，有些院士也只能望其项背。

研究报告写到"结语"，全球新冠病毒仍在肆虐，自然思索涟涟。这里，仅就老院长顾方舟的成长经历，探究他怎样成为人民科学家的心路历程，若对未来医学科学人才的成长有所启迪，吾心足矣。

一个人从牙牙学语到懵懂少年，是性格与价值观的形成期，最大的影响力来自家庭和环境。古人深谙此理，故有孟母三迁的故事。顾方舟四岁丧父，家道一落千丈，幸赖当过小学教师的母亲，才没有跌入社会的底层。妈妈知道孩子最需要什么，不惜重金将孩子送进宁波最好的小学。每天早晨上学的路上，姥姥都要谆谆教导他：为了生存母亲在拼命学习一技之长，你决不能让母亲失望，要好好学习出人头地。他没有让母亲失望，字写得好，歌唱得好，演戏也是班里不可或缺的角色。

在富人孩子成堆的地方，穷人家的孩子少不了受人白眼，遭遇不公，这让顾方舟早早就领教了世态炎凉。而在学校里受到的不公，他回家很少提及，怕大人心里难受，从小就学会了隐忍。

做了三年留守儿童，母亲在天津站稳脚跟后，立即把他们兄弟三人从宁波接到天津。先在同乡办的浙江小学就读数月，母亲就把他和哥哥转到附近最好的竞存小学，期望他们能够考进京东第一名校——河北昌黎汇文中学。三年后，哥俩如愿以偿升入理想的中学。在这所西风浓郁的校园里顾方舟如鱼得水，学校里有他喜欢的课程和老师，兴趣与课程开始交融，尤其是在身手不凡的体育老师指导下，他的多种球艺突飞猛进，第一次有了巨大的成就感，压在心底许久的阴霾也渐渐散开。

转瞬三年，顾方舟考取燕京大学附中高中，离心仪的大学仅一步之遥。可惜不到半年，太平洋战争爆发，学校关门，哥俩只好回天津，转入条件很差的国立高中，人生似乎再一次进入低谷。又是在母亲的奔走下，哥俩进入天津最好的学校——工商学院附中。

高中阶段是顾方舟思想变化最大的时期。首先是亡国奴的屈辱感不时撞上胸膛，尤其是在路口接受日本人搜身检查时就会热血偾张。其次是家庭生活窘迫，母亲辛苦万分，常常让他痛苦不堪，特别是在隆冬的寒夜母亲出门去接生，顾方舟内心似在炼狱中煎熬，常常彻夜难眠，真的不想让母亲这般辛苦。但是没有办法，只能谨记母亲的教导：一定要好好学习，将来做不低头求人的医生。访谈中，谈及母亲和这番刻骨铭心的往事，他不禁老泪纵横，不能自已。

工商附中为法国天主教传教士所办，所聘教师无论学历和学术水准均堪称一流。与一般中学不同的是，该校高中许多课程的老师就是工商学院的教授，而且严苛的教学考试制度，不达标绝对过不了关。因此自认为不用功的顾方舟，可以在大学里游刃有余地学习。法式学校科学民主氛围浓郁，文体艺术气息浪漫活跃，让顾方舟的价值观与审美能力终身受益。仅从校服的设计水准即可见一斑。顾方舟兄弟俩70多年前穿的夏季校服，即使让今天的高中生穿上，依然会风度翩翩，毫不逊色。经过母校三年洗礼，阳光向上正直谦逊的少年顾方舟脱颖而出。

1944年，在工商附中毕业同学纪念册上有这样的留言。同一页上，包括顾方舟两兄弟共有四人的留言，其中三人的留言是一位叫嘉明的同学所写，只有顾方舟是自述。从70多年前的留言中，我们可清晰地看到兄弟二人的性格特征。

  顾方乔　浙江鄞县
  是一个热情的人，但脸上常挂着一层霜色。不会交际，不会应酬，然并不腼腆。只要认为不对的，绝不客气地对你指摘。虽不大爱理人，却能热心的给你帮助。

——嘉明

  顾方舟　浙江鄞县
  我？不敢自谦自虚，更不敢自吹自擂，我不过是一个平凡的人，有着平凡的命运罢了！我希望在我平凡的工作中，寻找我那平凡的快乐！

——自述

从纪念册照片的眼神里也透出不同的性格特征。哥哥过于严肃，显得心事重重。弟弟目光炯炯直射前方，尤其是紧裹着白色围巾的头颈挺直，有一副舍我其谁的派头。这让我们想起访谈时老院长的一段话：为了母亲，哥哥永远要争第一。我其实喜欢文学，如果不是怕母亲伤心，我是不会选择学医的。

在日寇投降前夕，顾方舟考入北京大学医学院。大学六年，顾方舟思想发生了飞跃的变化。从仇日，决心科学救国，到脱离正统观念，继而彻底左转，这与同代大学生的主流思想是一致的。但要做"大医生"、拯救更多人的"大我"精神，与大多数医学生截然不同。固然有严镜清先生的影响，可能还与高中学校的熏陶有关，但更多的是他人生观价值观使然，表明青年顾方舟已经逐渐脱离"小我"，向"无我"的高峰攀登。

毛泽东曾经用鸡蛋和石头，揭示内因与外因的关系。用无论什么条件石头都孵不出鸡的道理，形象地说明了内因是决定因素，外因只是条件。因此，在脊髓灰质炎攻关的道路上，顾方舟每每做出常人不敢想或不愿意做的决定，是由其"大我"和"无我"的精神力量驱动的。这种精神力量，不应当随时光消逝而褪色或消失，使世人忘记。因此，这里再展现老院长顾方舟的几个历史片段，以示铭记。

1958年，为控制小儿麻痹疫情的蔓延，在获悉美国脊灰死疫苗即灭活疫苗上市的讯息后，国家多部委决定由中国医学科学院牵头，不惜重金在昆明投资兴建脊髓灰质炎死疫苗生产基地。随后派出由顾方舟为带头人的四人考察组，赴苏联学习考察死疫苗制备工艺。仅仅数月，顾方舟就敏锐地发现我国上马死疫苗是一条绝路：工艺复杂，价格昂贵，实施烦琐。据此，顾方舟毅然上书中国医学科学院党委、卫生部党组，大胆否定已经上马的死疫苗工程，主张走活疫苗技术路线。历史不仅证明他学识过人，更体现出顾方舟忘我无私的精神。上级党委已经决定并且启动的项目，敢公开提反对意见是要冒极大政治风险的，这不是妄言推测。

1960年年初，为解决我国数亿儿童对脊髓灰质炎疫苗的巨量需求，卫生部决定将全国脊髓灰质炎活疫苗的生产基地由北京转移到昆明。一则解决北京没有恒河猴资源的无米之炊，二则将已经基本完成土建的死疫苗生产基地利用起来。但恰逢"三年自然灾害时期"的最困难阶段。苏联专家撤离，各地基建下马，疫苗基地也处于人心惶惶不上不下的窘境。卫生部委派的专家考察组，评估论证后也不认可。因为昆明基地连自来水、24小时供电这样的基本条件都不具备。焦灼万分的中国医学科学院党委领导是在顾方舟明确承诺下，才决定加大投资坚持干下去的。试想，如果顾方舟有一丁点明哲保身，如果有一丁点顾惜北京的室主任位子，如果面对每月2两油、2两肉、23斤口粮,有一丁点畏惧的话,他都不可能向中国医学科学院党委信誓旦旦,不思其反。因为顾方舟明白昆明疫苗基地一旦下马,不仅是国家的巨额投资泡汤,疫苗在全国城乡的普及,不知要推迟多少年,不知将有多少儿童惨遭不幸,不知将有多少家庭陷入绝境。

为了祖国的花朵,顾方舟不仅自己甘当第一个受试者,还主动把自己唯一的孩子,作为国产脊髓灰质炎活疫苗的第一个临床受试儿!这需要多么大的献身精神啊!为了稳定军心,他将全家连同古稀之年的老母亲,一起搬到昆明花红洞,没有在北京留一间房和一个户口。扪心自问,有多少人能做得到呢?

1978年,顾方舟升任中国医学科学院副院长。在新老更迭人才断档的特殊历史阶段,有中华人民共和国成立前入党、留学专家、成果显赫背景者如凤毛麟角,"康庄大道"即在眼前。但他偏偏在繁忙的行政管理工作的"正差"之外,创建病毒室,去搞不知结果如何的试剂盒。万一搞不出来,白白消耗大量人力物力,不怕影响"大好前程"吗?

科学探索之路,历来荆棘密布,险关重重,必须求真务实、知行合一。为什么有的人过五关斩六将,成就斐然?有的人终生一事无成或不断"走麦城"?知行合一可谓是一把尺子、一面镜子。如果一心一意探索科学真谛、解除人民痛苦、发展生产力,就会全神贯注找问题,准确及时解决矛盾,在解决问题的过程中有所发现、有所发明、有所创造,自然硕果盈庭;反之,一事当前先打名利双收的小算盘,或旁观徘徊或挑肥拣瘦,有名利时不择手段,遇问题时避之不及,不可能在科学的探索上有所成就。

科学研究还必须有献身精神,有所牺牲才能有所成就。反之,将它作为混饭吃的活计,既浑浑噩噩又见异思迁,甚至将其视为升官发财的工具,不择手段、巧取豪夺,不仅一事无成,还会身败名裂、沦为话柄。

上述如果是科研"正道"的话,我们在顾方舟采集工程中还有如下发现:数年间,我们翻阅了大量档案资料,走访了方方面面的人士。很惊奇地发现,在全国控制和彻底消灭脊髓灰质炎的浩大工程中,没有发现顾方舟有过"失手",甚至偶尔走一步"臭棋"的事都也没有发生。无论是开始时的技术路线选择,还是后期的检测标准的制定,不仅目标全部按时实现，而且安全可靠万无一失，做到了几十年、60亿人份安全无误。环视同行，无出其右！是顾方舟老道成熟，经验丰富？还是设备先进，经费充足？抑或是待遇优厚，名利驱动？非也！

那么，顾方舟凭什么越过激流险滩，绝地逢生？是科学正道，即知行合一的科研作风，人民利益高于一切的家国情怀！

这也是人民科学家的本色，不朽的顾方舟精神！

附录一　顾方舟年表

1926 年
6 月 16 日，生于上海，祖籍浙江宁波鄞县。

1928 年
因父亲顾国光工作调动，举家迁往天津。

1930 年
父亲顾国光因在外轮执勤时感染黑热病在北平去世，时年 36 岁，留下四子一弟（顾国梁）。母亲周瑶琴带四个孩子和小叔子，回娘家宁波鄞县洞桥镇前王后周村。

1932 年
9 月，进入宁波瀚香小学读书。

1933 年
跟随外祖母在宁波生活。

1934 年

母亲周瑶琴在广济产科专门学校毕业,获助产士开业证书,在天津英租界挂牌开业。随即周瑶琴接顾方乔、顾方舟、顾方奎来天津读书,顾方方留在宁波外婆家生活。

9月,顾方舟先是在天津浙江小学就读,数月后转入天津竞存小学。

1938 年

9月,小学毕业,考入河北昌黎汇文中学。

1941 年

初中毕业后,考入北京燕京大学附属中学读高中。半年后,因太平洋战争爆发学校关闭。与哥哥回到天津,先在公立学校读书,数月后考入天津工商学院附属中学高中(现天津实验中学)。

1944 年

9月,高中毕业,考入北京大学医学院医学系,因深受公共卫生学教授严镜清影响,立志从事公共卫生事业。

1947 年

5月20日,在北京大学医学院参加由北京大学、清华大学、燕京大学等高校举行的"反内战、反饥饿"大游行。

在北京大学医学院组建"长庚社"剧团。

寒假参加地下党领导的"什坊院保健院",为附近农民义诊,同时积极参加地下党组织的读书活动,思想发生转变。

在学生自治会的活动中,结识护校学生干部李以莞。

1948 年

10月12日,经北京大学理学院张硕文介绍,秘密加入中国共产党。三个月预备期后,成为中共正式党员。

1949 年

9 月，开始在北京医院小儿科实习。

1950 年

7 月，北京大学医学院毕业，留在北京医院小儿科。

9 月，调到大连卫生研究所噬菌体科任实习研究员，协助苏联专家葛罗别兹女士工作，从此踏上医学病毒学研究之路。

1951 年

接母亲到大连赡养，不久母亲被聘为大连卫生研究所幼儿园主任，母亲因工作出色当选为大连市优秀工作者。

6 月，因辽宁丹东的部队痢疾流行，受卫生所派遣，携带痢疾噬菌体前去开展痢疾防治。其间，所领导电召他速回研究所，准备留学事宜。

8 月 8 日，在北京与李以莞结婚。所有结婚事宜，均由研究所操办。

9 月 13 日，经短暂集训，作为新中国第一批 375 名留苏学生中的一员启程赴苏。在苏联医学科学院病毒学研究所，师从著名病毒学家列夫科维奇教授，开始做"乙型脑炎"的研究课题。

1953 年

以钱三强为团长的中国科学院代表团访问苏联，奉派担任翻译，随团赴各地参观访问。

1955 年

9 月，论文《乙型脑炎的发病机理和免疫机理》顺利通过，获苏联医学科学院副博士学位。

当月回国，被任命为卫生部微生物流行病学研究所脑炎室副主任，继续研究乙型脑炎。

任卫生部微生物流行病学研究所助理研究员。

1956 年

1月，应邀参加全国十二年科学规划会议，参与制定国家远景科学规划。

1957 年

1月，参加苏联塞拉托夫国际烈性传染病学术会议。

5月，由苏联专家点名，受卫生部派遣，带领实验室团队借调到上海中国人民解放军军事医学科学院，协助苏联专家工作，开始"脊灰"研究。

夏初，上海"脊灰"流行。顾方舟带领团队紧急行动，从传染病医院和儿童医院临床确诊和疑似"脊灰"的住院患儿中，收集粪便标本，用猴肾单层上皮细胞培养法成功分离病毒。据此，我国建立起"脊灰"病毒的分离与定型方法，并且在我国第一次用病毒学和血清学方法，证实我国的"脊灰"流行以Ⅰ型为主。

1958 年

4月，作为第一作者，在《中华寄生虫病传染病杂志》第4卷上，发表论文"上海市脊髓灰质炎病毒的分离与定型"。

6月，参加苏联莫斯科脊髓灰质炎学术会议。

7月，调入中国医学科学院病毒学研究所，任脊髓灰质炎研究室主任。

1959 年

3月，受卫生部委派，作为组长与病毒所董德祥、北京生物制品所闻仲权、成都所蒋竞武，赴苏联考察学习"脊灰"灭活疫苗的生产工艺。发现该生产工艺不符合国情，大胆上书卫生部和中国医学科学院领导，提出减毒活疫苗的技术路线。

6月，顾方舟带着苏联赠送的减毒活疫苗和塞宾菌株回国，并在北京向病毒学界报告国际上"脊灰"疫苗研究情况后返回苏联。

6月，长子顾烈东出生。

9月，完成考察任务回国。

12月，经卫生部批准，中国医学科学院与北京生物制品研究所成立"脊灰"减毒活疫苗研制协作组，顾方舟任组长。

年底，被评为中国医学科学院先进工作者。

1960年

2月，我国第一批500万人份的"脊灰"减毒活疫苗试制完成，顾方舟长子顾烈东成为第一个临床受试儿童。

受中国医学科学院委派，赴昆明医学生物学研究所主持"脊灰"减毒活疫苗生产。

1961年

论文"七岁以下小儿口服三型混合脊髓灰质炎活疫苗的血清学反应"，发表于《中华医学杂志》第47卷。

1月10日，周恩来总理在出国访问归途中，由云南省委书记刘明辉陪同视察医学生物学研究所。顾方舟汇报了脊灰活疫苗工作，陪同周总理视察了细胞培养室、病毒培养室、病理室、猿猴饲养室等。

1962年

6月，赴苏联莫斯科参加第八届全苏儿科医师大会。

8月，赴苏联参加莫斯科国际第八届肿瘤学术会议。

同董德祥、闻仲权等人与上海信谊药厂合作研制糖丸活疫苗。糖丸疫苗，保存时间长，室温下可以放置1—2周。经300万儿童服用，免疫效果及流行病学效果与液体疫苗相同，从此打开了向农村推广的大门。

在《中华医学杂志》第48卷上，作为第一作者，发表"国产脊髓灰质炎口服活疫苗的病毒学、血清学及流行病学的一些研究资料"。

1963年

6月，赴苏联参加莫斯科脊髓灰质炎学术会议。

在 Chinese Medical Journal 第 82 卷上，作为第一作者，发表论文 *A Large-Scale Trial with Live Poliomyelitis Vaccine（Sabin's Strain）Prepared in China*。

1964 年

9 月，正式调入中国医学科学院医学生物学研究所，任副所长，负责"脊灰"减毒活疫苗的研究与制造。

举家迁往昆明，全身心投入"脊灰"活疫苗的研制事业。

任中国医学科学院副研究员。

1965 年

1 月，次子顾烈南出生。

3 月和 5 月间，朱德委员长、李先念副总理，先后视察医学生物学研究所，顾方舟汇报工作并陪同视察。

1967 年

8 月，"文革"期间被停职检查，做饲养员，母亲在忧郁中病逝于昆明。

1970 年

11 月，小女儿顾晓曼出生。

1971 年

5 月，出席中共云南省第二次代表大会。

9 月，调至中国医学科学院业务组。

1973 年

任中国医学科学院首都医院（现北京协和医院）副院长。

1975 年

8 月，任中国医学科学院科研处处长。

1976 年

6 月，赴美国考察美国肿瘤免疫疗法的现状。

1977 年

6 月，任卫生部西北医疗队敦煌中队队长。

1978 年

3 月，"脊髓灰质炎活疫苗的研制"，获全国科学大会奖。

7 月，任中国医学科学院副院长。

12 月 25 日，任中国医学科学院第一届学术委员会委员。

1980 年

6 月，赴联邦德国访问拜耳制药公司。

1981 年

6 月，任卫生部医学科学委员会委员。

8 月，出访巴西，考察营养卫生现状。

开始"脊灰"病毒单克隆抗体杂交瘤技术研究。

1982 年

10 月，赴美国参加中美医药卫生科技合作联合委员会第二次会议。

与王树蕙、孙月英等人共同研制成功"脊灰"单克隆抗体试剂盒。

发表论文 *Poliomyelitis in China—Special Report.Journal of Infectious Diseases*。

1983 年

6 月，赴瑞典出席国际微循环研究院成立大会，访问瑞典 Uppsaia

大学。

1984 年

3月，随国家科委代表团访问意大利、法国和德国。

6月，赴美国参加第八届世界无菌动物学术会议。

9月22日，应日本熊本大学邀请，率中国首都医科大学代表团商谈合作。

10月，应邀访问法国巴斯德研究所。

主编的《脊髓灰质炎》一书，由上海科学技术出版社出版。

12月27日，任中国医学科学院院长，中国首都医科大学校长、代理党委书记。

任中国医学科学院研究员。

1985 年

1月，参加国际免疫学会联合委员会，创办《中国免疫学杂志》。

5月，应澳大利亚西澳大学邀请，赴佩斯与该校医学院商谈交换学生事宜，随后赴悉尼坎伯兰卫生科学院商谈两院合作事宜。

6月，中国首都医科大学更名为中国协和医科大学。

1986 年

2月，应英国外交部邀请率团访问英国，了解英国医学教育和卫生服务情况。

任中国科学技术协会常务委员。

先后建立黑龙江、浙江、华西、西安、武汉分院，通过资源共享、互利互惠，使院校发展壮大。

主持与联邦德国拜耳药厂签订合作协议书，卫生部部长钱信忠出席。

4月，任北京市人民政府医药工业顾问组第二届顾问。

9月，当选北京市科学技术协会第三届委员会副主席。

9月，与谢少文、吴安然等教授共同倡议成立"中国免疫学会"，成为中国免疫学会创始人之一。

10月10日，任国家自然基金委员会学科评审组成员。

任中华医学会常务理事。

任中国生物医学工程学会理事长。

11月，率中苏友协医务工作者赴苏联访问，任团长。

1987年

3月，应邀率中国医学科学院代表团，访问联邦德国拜耳公司洽谈合作事宜。

4月，赴加拿大访问McGill大学医学院。

4月，当选北京市第九届人民代表大会代表。

与美国哈佛大学医学院、澳大利亚西澳大学医学院签订了学生交换协议，并与加拿大多伦多大学医学院等国外医学院校建立合作，拓宽了学生培养渠道，增强了国际交流。

9月7日，举办为期三天的建院30周年、建校70周年庆祝活动。大会在首都剧场举行，作主旨报告。国家领导人习仲勋、卫生部钱信忠部长等出席庆祝活动。

在北京香山饭店参加第三世界科学院年会并作报告。

访问美国加州大学旧金山分校。

访问苏联彼得格勒全苏外科研究院。

1988年

卫生部下发了"1988—1995年消灭'脊灰'的规划"。我国消灭"脊灰"纳入世界卫生组织西太区的规划。

4月，访问美国哈佛大学医学院，签订两校交换学生协议。

当选第七届全国政协委员。

5月，任国家自然科学基金委第二届学术评审组成员。

6月，获英国皇家内科科学院院士。应英国皇家内科科学院院长Hoffenberg爵士的邀请，赴英国参加外籍院士授衔仪式。

10月29日,"申请成立中国免疫学会挂靠中国医学科学院"的报告,得到国家科委批准。

赴埃及开罗参加国际生物工程学术会议。

1989年

1月,赴日本九州熊本大学医学部商谈两校合作事宜。

5月,在悉尼接受澳大利亚坎伯兰卫生研究院授予名誉院士称号。

9月,赴西德拜耳制药公司谈判双方新药开发合作。

12月1日,中国免疫学会第一次全国会员代表大会在成都召开,当选为第一届理事长。

12月,随国务院副总理宋健、卫生部部长陈敏章,赴美商讨两国科技和医疗卫生合作。

1990年

当选欧洲科学、艺术、文学科学院院士。

4月20日,任中国科协第二届科技奖评审委员会副主任委员。

9月27日,获1990年卫生部有突出贡献的中青年专家。

11月15日,访问新加坡大学。

11月15日,应台湾医学会邀请,参加该会第83届总会及台湾区医学会联合学术演讲会并做学术报告。

1991年

当选第三世界科学院院士。

10月1日,获国务院政府津贴。

11月13日,当选北京市科学技术协会第四届主席。

1992年

2月,任《当代前沿科学百科全书》编委。

与北京协和医院方圻教授一起,访问多伦多大学医学院心脏研究中心。

10月，获中国医学科学院脊髓灰质炎活疫苗项目重奖。

1993年

"脊髓灰质炎单克隆抗体诊断试剂盒"，获卫生部医药卫生科技进步奖三等奖。

1月，应邀访问韩国首尔大学、延世大学护理学院，做学术报告。

当选国际科学联盟理事会国家成员。

6月，随中华医学会访问台湾地区，做学术交流。

9月，参加卫生部举办的全国"脊灰"疫情分析会和消灭"脊灰"策略研讨会。

10月12日，出席北京市科学技术协会举办的"人类基因治疗国际会议"。

12月，离任中国医学科学院院长、中国协和医科大学校长，担任院校顾问。

1994年

10月，应邀赴摩洛哥参加国际科学联盟理事会年会。

任何梁何利基金评选委员会委员。

1995年

10月，赴泰国清迈参加国际科学联盟理事会年会。

10月，应邀出席宁波大学医学院成立大会，为该校成立的倡导者之一。

1996年

1月，任《科学》杂志编委。

10月，赴美国华盛顿参加国际科学联盟理事会年会。

1997 年

当选"全国优秀科技工作者"评选委员会委员。

1998 年

被卫生部聘为中国消灭"脊灰"证实委员会委员。

4 月，应邀访问俄罗斯医学科学院脊髓灰质炎研究所。

5 月，出席北京老科技工作者总会，任总会会长。

6 月 1 日，被聘为宁波大学医学教育顾问。

1999 年

9 月，与世界卫生组织专家前往广西，对该区消灭脊髓灰质炎工作进行督导。

2000 年

7 月 11 日，"中国消灭脊髓灰质炎证实报告签字仪式"在卫生部举行，与其他委员在中国消灭"脊灰"证实报告书上签字。

12 月 25 日，参加首届中国第三世界科学院院士扩大会议。

当选北京市人民政府专家顾问。

2001 年

7 月，获何梁何利基金 2001 年度科学与技术进步奖。

10 月，卫生部授予全国消灭脊髓灰质炎工作先进个人称号。

2002 年

10 月，赴印度新德里参加"第三世界科学院第 13 届院士大会暨第 8 次学术会议"。

10 月 23 日，受聘中国肝炎防治基金会顾问。

2003 年

1月8日，受聘中国科学技术咨询服务中心专家。

2004 年

4月，中国生物医学工程学会名誉会员。

10月，庆祝中华人民共和国成立55周年期间，在中山公园受到胡锦涛总书记接见。

2006 年

1月，参加中国医学科学院举办的"口服活疫苗（OPV）灭活死病毒（IPV）疫苗在中国"的应用策略高层专家研讨会。

2007 年

12月5日，获中国医学基金会公益事业关爱奖。

2008 年

3月18—20日，参加并主持在北京召开的北京老科学技术工作者总会第三届四次理事会暨科普工作会议。

5月29日，参加由中华国际医学交流基金会、中国生命关怀协会、北京东方生命文化研究所等主办的"2008中华肿瘤靶向治疗论坛"会议，作会议总结。

10月，受聘任宁波经济建设促进会第五届顾问。

2009 年

12月，获中国生物医学工程学会终身贡献奖。

2011 年

2月，中央电视台科教频道《大家》栏目，播放《顾方舟使命召唤》电视纪录片。

2012 年

10 月，获中国免疫学会终身成就大奖。

12 月，获中国医学科学院北京协和医学院终身成就大奖。

2013 年

10 月，获中华预防医学会"公共卫生与预防医学发展贡献奖"。

2016 年

"脊髓灰质炎系列疫苗的研制及其在中国儿童计划免疫中的应用"，荣获中国医学科学院建院 60 周年十大科技成就奖。

2017 年

被评为北京协和医学院一级教授。

2019 年

获"最美奋斗者"荣誉、"人民科学家"国家荣誉称号。

1 月 2 日，病逝于北京协和医院。

2020 年

被评为感动中国 2019 年度人物。

附录二 顾方舟主要论著目录

主要论文

[1] 顾方舟. 怎样预防小儿麻痹症 [J]. 护理杂志，1956，5：309.

[2] 顾方舟，肖继何，朱德钟，等. 上海市脊髓灰质炎病毒的分离与定型 [J]. 中华寄生虫病传染病杂志，1958，1：228.

[3] 索柯洛夫，顾方舟. 小儿麻痹的预防 [J]. 中华儿科杂志，1958，9：5.

[4] 顾方舟，王敏超，陈德惠，等. 由脊髓灰质炎及疑似脊髓灰质炎患者分离 Coxsackie 病毒的初步报告 [J]. 人民保健，1959，2：152.

[5] 顾方舟. 小儿麻痹减毒活疫苗的目前现状与前景 [J]. 生物制品通讯，1959，3：17.

[6] Ku Fang chou. Serologic response in children of 0 to 7 age to oral administration of Sabin live poliomyelitis vaccine [C]. The IVth scientific conference of the Institute of poliomyelitis and virus encephalitis and the International Symposium on the live poliovirus vaccine. May 17–20，1960.

[7] 顾方舟，毛江森，李雪东. 1960 年在我国大规模试用国产脊髓灰质炎减毒活疫苗的初步总结 [C]. 脊髓灰质炎活疫苗研究资料汇编，1961：1.

[8] 顾方舟,董德样,蒋竞武,等. 制造和检定脊髓灰质炎口服活疫苗的几点经验[C]. 脊髓灰质炎活疫苗研究资料汇编,1961:24.

[9] 顾方舟,曾毅,毛江森,等. 七岁以下小儿口服三型混合脊髓灰质炎活疫苗的血清学反应[J]. 中华医学杂志,1961,47:423.

[10] 刘宗芳,毛江森,曾毅,等. 北京市城区及郊区农村居民脊髓灰质炎中和抗体调查[J]. 中华医学杂志,1961,47:429.

[11] 王敏超,曾毅,沐桂藩,等. 1959年北京市肠道病毒的分布[C]. 脊髓灰质炎活疫苗研究资料汇编,1961:191.

[12] 毛江森,沐桂藩,龚春梅,等. 脊髓灰质炎减毒活疫苗(Sabin氏减毒株)在小儿肠道内的繁殖动态[C]. 脊髓灰质炎活疫苗研究资料汇编,1961:101.

[13] 顾方舟,毛江森,李雪东,等. 国产脊髓灰质炎活疫苗的病毒学、血清学及流行病学的一些研究资料[J]. 中华医学杂志,1962,48:312.

[14] 毛江森,刘宗芳,阚履箴,等. 小儿口服脊髓灰质炎单价活疫苗(Sabin氏减毒株)的免疫学效果[J]. 中华医学杂志,1962,48:411.

[15] 顾方舟,王敏超,曾毅,等. 1959—1961年北京市健康儿童肠道病毒分布的研究[J]. 中华儿科杂志,1963,12:16.

[16] 顾方舟,毛江森,沐桂藩. Coxsackie病毒对脊髓灰质炎活疫苗病毒在小儿肠道内繁殖的影响[J]. 中华医学杂志,1963,49:87.

[17] 顾方舟. 流行性乙型脑炎免疫机制中若干问题的研究[J]. 微生物学报,1963,9:59.

[18] Ku Fang chou, Chang Ping jui, Chen Yuan lin, et al.. A large-scale trisl with live poliovirus vaccine(Sabin's strain) prepared in Chan[J]. Chinese Medical J.,1963,82:131.

[19] 毛江森,顾方舟. 重水(D_2O)对脊髓灰白质炎减毒株及有毒株在组织培养中繁殖的影响[J]. 微生物学报,1963,9:65.

[20] 曾毅,张竞芳,顾方舟. 国产胎盘球蛋白中肠道病毒(ECHO及Coxsakie)中和抗体的测定[J]. 中华儿科杂志,1963,12:21.

[21] 曾毅，王政，顾方舟. 红血球对 ECHO 6 D'Amori 毒株和脊髓灰质炎病毒的吸附及其血凝的关系 [J]. 微生物学报，1964，10：356.

[22] 李雪东，顾方舟. 1962 年河北某镇健康居民脊髓灰质炎中和抗体的初步调查 [C]，1964 年全国脊髓灰质炎活疫苗效果总结会.

[23] 顾方舟，王政. 口服脊髓灰质炎活疫苗儿童免疫力维持时间的研究 [J]. 微生物学报，1965，11：305.

[24] 曾毅，王政，顾方舟. 不同细胞对 ECHO 6 D'Amori 毒株的血凝能力改变的影响 [J]. 微生物学报，1965，11：125.

[25] 曾毅，王政，顾方舟. 传代细胞对 ECHO 病毒的敏感性及对其血凝能力改变的影响 [J]. 微生物学报，1965，11：335.

[26] 董德祥，顾方舟，闻仲权，等. 脊髓灰质炎糖丸疫苗的效力保存试验 [J]. 生物制品通讯，1965，6：24.

[27] Ku Fang chou. Infectious Diseases 1979-Viral Diseases in China: Past achievmert and future trends [J]. J. Inf. Diseases, 1979, 140: 426.

[28] 顾方舟. 关于使用脊髓灰质炎活疫苗若干问题 [J]. 中级医刊，1979，1：1.

[29] 顾方舟，孙月英，李素萍，等. 酶联免疫吸附法（ELISA）测定乙型脑炎病人血清中特异 IgM [J]. 北京医学，1981，3：1.

[30] 顾方舟，沐桂藩，王幼安. 分泌脊髓灰质炎 I 型单克隆抗体杂交瘤细胞株（E55）的建立 [J]. 中华微生物学和免疫学杂志，1982，2：138.

[31] 顾方舟，杜文慧，孙月英，等. 乌鲁木齐市维吾尔族及汉族各年龄居民风疹血凝抑制抗体的调查 [J]. 中华流行病学杂志，1982，3：321.

[32] Ku Fang chou, Dong De xiang, Shi Ou sheng, et al.. Poliomyelitis in China Special Report [J]. J. Inf. Diseases, 1982, 146: 552.

[33] 沐桂藩，孙月英，白汉玉，等. 病毒性脑炎、脑膜炎的病原学探讨 [J]. 北京医学，1982，4：193.

[34] 顾方舟，沐桂藩，王幼安. 型特异和株特异的脊髓灰质炎 I 型病毒单克隆抗体 [J]. 中华医学杂志，1983，63（2）：69-72.

[35] 顾方舟，沐桂藩，王幼安. 25 个分泌抗 Sabin I 型疫苗株单克隆抗

体杂交瘤细胞系的建立及其在抗原分析中的应用［J］．中国医学科学院学报，1984，6（3）：157．

［36］顾方舟，沐桂藩，董德祥，等．用单克隆抗体对100株脊髓灰质炎Ⅰ型病毒的抗原分析［J］．中华预防医学杂志，1985，19（5）：265．

［37］顾方舟，王树蕙，孙月英，等．脊髓灰质炎Ⅲ型病毒RNAT1-寡核苷酸指纹图谱的比较［J］．病毒学报，1985（1）：229．

［38］顾方舟，王树蕙，孙月英．应用ELISA筛选脊髓灰质炎病毒单克隆抗体及其抗原分析［J］．中国医学科学院学报，1985，7（5）：359．

［39］沐桂藩，王幼安，顾方舟．抗肠道病毒71型单克隆抗体的制备和在抗原分析中的应用［J］．中华微生物学和免疫学杂志，1985，5：311．

［40］刘阳，沐桂藩，顾方舟．脊髓灰质炎病毒的一个高度保守与稳定的中和抗体决定簇［J］．中国微生物学与免疫学杂志，1985，5：229．

［41］Ku Fang chou, Lin Yang. Intertypic common antigen of seven types of human enteroviruses Proc［J］. CAMS and PUMC，1986，1：91．

［42］沐桂藩，吕华，顾方舟．北京市手足口病的病原学研究［J］．中国病毒学杂志，1986，2：220．

［43］刘阳，顾方舟．单克隆抗体免疫斑点试验用于脊髓灰质炎病毒定型的初步研究［J］．中国免疫学杂志，1986，2：173．

［44］Mu Gui fan, Lu Hua, Ku Fang chou, et al.. The etiology of acute hemorrhagic conjunctivitis（AHC）in Beijing Pro［J］. CAMS & PUMC. 1986，1：227．

［45］沐桂藩，王幼安，顾方舟．分泌抗肠道病毒70型单克隆抗体杂交瘤细胞系的建立［J］．中华眼科杂志，1987，23：131．

［46］李初梅，顾方舟，陈伯权．风疹病毒单克隆抗体杂交瘤及其运用．中国医学科学院学报，1987，9：125．

［47］顾方舟，沐桂藩，吕华，等．柯萨奇病毒的细胞受体单克隆抗体的制备与鉴定［J］．病毒学报，1988，4：8．

［48］Liu Yang, Mu Gui fan, Ku Fang chou. Characterization of VP1 as immunodominant antigen of enterovirus type 70 and antigenic analysis of virus strains by monoclonal antibodies［J］. Chinse medical J., 1988, 101：20.

［49］Ku Fang chou. Epidemiological and Etiological studies of Acute Hemorrhagic Conjunctivitis in China［C］. Acute Hemorrhagic Coujunctivitis. Ed.by E.Ishii e tal, University of Tokyo Press, 1989：151.

［50］徐如良，沐桂藩，吕华，等. 可溶性Hela细胞柯萨奇B组病毒受体性质的研究［J］. 中国医学科学院学报, 1990, 12：13.

［51］王树蕙，孙月英，苏小玲，等. 脊髓灰质炎单克隆抗体试剂盒的制备及应用［J］. 中华微生物学和免疫学杂志, 1992, 12：61.

［52］李以莞，顾方舟. 人基因组顺序测定蓝图———项直观探测人体本质的巨大科学工程［J］. 科技导报, 1998, 3：20.

［53］顾方舟. 中国医学科学院进展［C］. 见：路甬祥, 中国科学进展. 北京：科学出版社, 2003：161.

编著及编译

［1］顾方舟. 脊髓灰白质炎活疫苗研究资料汇编［M］. 北京：中国医学科学院情报研究室出版, 1961.

［2］顾方舟. 脊髓灰质炎预防手册［M］. 中国医学科学院医学生物学研究所, 1972, 内部资料.

［3］顾方舟等译. 医学研究入门［M］. 北京：人民卫生出版社, 1981.

［4］顾方舟，左启华，李光弼，等. 脊髓灰质炎［M］. 上海：上海科学技术出版社, 1984.

［5］顾方舟. 淋巴细胞杂交瘤技术的应用［M］. 北京：人民卫生出版社, 1985.

［6］顾方舟. 小核糖核酸病毒科［C］. 见：黄祯祥, 中国医学百科全书（病毒学）. 上海：上海科学技术出版社, 1986：57-59.

［7］顾方舟. 脊髓灰质炎［C］. 见:《新中国预防医学历史经验》编委会,

新中国预防医学历史经验. 北京：人民卫生出版社，1988：137.

［8］顾方舟，卢圣栋. 生物技术的现状与未来［M］. 北京：北京医科大学 中国协和医科大学联合出版社，1990.

［9］顾方舟. 医学科学技术发展趋势及政策［C］. 见：中共中央办公厅调研室编，新科技革命的趋势及对策. 北京：法律出版社，1991：76.

［10］顾方舟，曹逸云，董德样，等. 病毒、立克次体及衣原体疾病［M］. 北京：北京医科大学 中国协和医科大学联合出版社，1993.

［11］顾方舟. 医学科学和生物医学工程［M］. 济南：山东教育出版社，1998.

［12］顾方舟. 健康在您手中 名家演讲录续编［M］. 上海：上海科技教育出版社，2001.

参考文献

[1] 龚延明，祖慧. 鄞县进士录［M］. 杭州：浙江古籍出版社，2010.

[2] 王兰平，吴华，张巧穗. 宁波华美医院百年档案［M］. 北京：商务印书馆，2021.

[3] 顾方舟口述史：一生一事［M］. 北京：商务印书馆，2018.

[4]［美］哈尔·海尔曼著，马晶，李静译. 医学领域的名家之争［M］. 上海：上海科学技术文献出版社，2011.

[5]［美］戴维·M. 奥辛斯基著，阳曦译. 他们应当行走：美国往事之小儿麻痹症［M］. 北京：清华大学出版社，2015.

[6] 李立明. 协和精英［M］. 北京：中国协和医科大学出版社，2012.

[7]《沈其震画传》编撰委员会. 沈其震画传［M］. 北京：中国协和医科大学出版社，2006.

[8] 中国科学技术协会. 中国科学技术专家传略［M］. 北京：中国科学技术出版社，1996.

[9] 吴阶平. 中国现代医学家传［M］. 长沙：湖南科学技术出版社，1989.

[10] 幕景强. 西医往事［M］. 北京：中国协和医科大学出版社，2010.

[11] 罗卓夫，孙敬尧. 北京医科大学的八十年［M］. 北京：北京医科大学中国协和医科大学联合出版社，1992.

[12]《纪实》编写组. 解放战争时期北京大学医学院学生运动纪实［M］. 北京：北京医科大学出版社，1999.

[13]李耀滋. 有启发而自由——从中国私塾到美国发明家、企业家、院士的北京人［M］. 北京：中国青年出版社，2003.

[14]北大"地下党"老校友：去干一件天翻地覆的事［N］. 北京日报，2012年6月26日。

[15]孙英兰. 中国科技史上的第一个规划［J］. 瞭望，2009，27：21-24.

[16]顾方舟. 纪念医学生物学研究所建所四十周年［J］. 中国医学科学院院报，1998年10月21日，第二版。

[17]顾方舟. 预防与消灭脊髓灰质炎的历史经验［M］. 见：邓岗，新中国预防医学历史经验（第三卷），北京：人民卫生出版社，1998

[18]顾方舟. 为年轻的同志们铺一铺路［N］. 中国医学科学院院报，1988年1月21日.

[19]顾方舟. 八九年度专业技术职务评聘工作基本结束近八百名同志喜获新的专业职务［N］. 中国医学科学院院报，1990年4月1日.

[20]陈永生. 未来的竞争是人才之争［N］. 中国医学科学院院报，1989年5月1日。

后 记

传记初稿完成之后,并没有以往如释重负之感。作为老科学家学术成长的研究报告,似乎哪里的"研究"没有到位,但又找不到症结所在。惆怅多日,直到踏上顾方舟故乡的土地——王安石变法的试验田、浙东学派的发祥地之后,心中的块垒才逐一打开。

那天,我们冒着霏霏细雨,从宁波市区驱车个把小时来到海曙区洞桥镇前王后周村,这里是顾方舟的外婆家。顾方舟父亲病逝后,1931年年底母亲带着他们兄弟四人和小叔叔投奔了娘家,一家人在这里住了两三年。

我们下车伊始,顾方舟的表侄周根寿和他的儿子就热情地迎上前来,先是带领我们参观顾方舟一家当年居住的房子。那是一座两层砖木结构的房子,门窗的木质材料很好,至今仍然在使用。但现在房子已经不住人,杂乱地堆放农具一类的东西。从窗外望去,房间里除了杂物就是连接上下层的木楼梯。房子看起来还算结实,可以推测在一百多年前的乡间,在一片平房的村子里是相当气派的建筑。

在老屋隔壁的平房里,住着周根寿一家。房子很旧,年代大致相同,采光也不好,白天需要开灯。屋里落座后,周根寿先是拿出来一张五寸的彩色照片,说是1984年顾方舟回乡时的合影。我们一眼认出前排右边坐着的是顾院长。

周根寿告诉我们:"和表叔顾方舟并排坐在前面的是我母亲鲍莲芳。当时我母亲坚决不肯和表叔合影,一再说:我成分不好,恐怕给你带来不好的后果,影响你的前程……"

"顾方舟拉着我母亲的手,几乎流着泪说:表嫂啊,您是我们家的恩人啊,我顾方舟感激还来不及,您怎么能这样说。没关系,我不怕!"

"表叔的一番话,让我母亲流下了眼泪,那个场面我记忆犹新。"

这张30多年前的照片故事很多。站在后排中间抱小孩者是周根寿,周根寿左侧是他的弟弟周小宝,右侧是顾方舟姨家表弟王大康。照片右边是顾方舟的弟弟顾方方,当地亲友习惯称为顾阿四。

大概在1935年,顾方舟的母亲周瑶琴在天津做助产士之后,为了减轻娘家负担,她带走了三个儿子。小儿子顾方方因为发烧烧坏了脑子,不得已留在了娘家。那时娘家兄弟已经不在了,周瑶琴就把顾方方托付给了娘家侄子周盛海、鲍莲芳夫妇。为了报答娘家,周瑶琴左支右绌买了二三十亩地,指望靠这些地租,保障小儿子的生活,还能给教书为业收入微薄的

后记-1 1984年,顾方舟回家乡时的合影(前排顾方舟表嫂鲍莲芳,后排由左至右:顾方舟姨表弟王大康、抱小孩者是鲍莲芳长子周根寿,鲍莲芳次子周小宝、顾方舟弟弟顾方方)

侄子改善生活。不成想后来的时代变迁，这几十亩地竟给侄子引来了塌天大祸，一家人也跌入了社会的最底层。

农村实行人民公社化后，顾方方成了前王后周村的社员，干些力所能及的农活，吃穿日用依然靠表嫂鲍莲芳打理。即使在"运交华盖"的日子里，表嫂还是像待亲兄弟一样照料着顾方方。后来表嫂年纪大了，周根寿和王大康又先后承担起照顾的责任。

顾方舟是至孝之人。大学毕业，刚一有了工资，立即将母亲接到身边赡养，而且也同时担起接济弟弟的责任。他将母亲养老送终，同时按月接济弟弟60余年，直到顾方于2012年去世。弟弟去世后，年事已高的顾方舟又委托亲友处理后事，并刻字立碑以示纪念。

周根寿告诉我们，表叔每次回来都要专门带弟弟去饭店洗澡、理发，给他换上带来的新衣服，然后我们大家一起吃饭。

在顾方舟表弟王大康家，王大康向我们说起一件往事：顾方方身后留下3万多元余款，这是表哥多年汇款的结余，我去信问怎么归还表哥。他很快回信说：感谢你们多年来对方方的照顾，余款赠予你们，以表感激之情……

村里现任的党支部书记应孟军回忆说：当年，顾方舟是乘坐一辆"普桑"来洞桥的，这在当时算是了不起的事。但人们只知道轿车里坐的是来宁波探亲的北京"顾大夫"。其实，当时顾方舟已是中国医学科学院院长、中国协和医科大学校长，副部级干部了。

在京城做了"大官"的顾方舟，对来北京的洞桥乡亲也是古道热肠倾囊相助。原村支书王乾坤回忆：1990年9月，为给村里的企业找出路，我在王大康的陪同下来到顾方舟家。当时，顾方舟让人带着我们看了许多项目，像止血纱布、聚氨酯绑带等项目，最后因村里的企业没有承接能力而作罢。让王乾坤难忘的是，身为京城"大官"的顾方舟，没有一丁点大干部的架子。为了招待他们，特地摆了家宴，亲自下厨，做了地道的云南"汽锅鸡"，还打开一瓶尘封多年的茅台酒，真诚地款待他们。席间，大家用家乡话聊家乡事，情真意切，没有距离感。

1998年，宁波大学要成立医学院，院方想请顾方舟做顾问。起初是抱着试试看的心理，不成想顾方舟爽快地答应下来，而且提了不少很好的建议。建校不久，顾方舟专程从北京来到宁波，走遍了校园里的每一处，还与部分新生见了面。按照计划，章锁江院长代表学校，向顾方舟介绍了学校的发展规划。顾方舟说，医学是一门极其复杂的学科，不能仅仅停留在书本上，要给学生创造实践的条件，要让学生有更多的动手实践的机会。他还嘱咐道："宁波大学医学院要建附属医院，一方面解决老百姓'看病难'的问题，另一方面可以给学生提供实践的条件。"1999年，宁波市人民政府同意宁波市第三医院改制为宁波大学医学院附属医院。

顾方舟心系家乡，家乡人也时刻惦记着他。2019年元旦期间顾方舟病故，宁波市政府市委第一时间发来唁电，并派负责人专程来北京参加追悼会，向顾方舟家属转达了家乡人民的亲切问候。

在顾方舟离世的一年里，家乡的人民以不同的形式，缅怀这位离乡多年的游子。

有"宁波八宝山"之美誉的宁波同泰嘉陵，它的创建者是一个有梦想的团队。2007年，由建筑师、艺术家、文化学者组成，他们要在鄞州五乡的双峰山下，缔造出像巴黎拉雪兹神甫公墓、莫斯科新圣女公墓那样的历史文化博物馆，塑造出视死如生的人文精神。仅仅十余年间，生肖大道、金水潭、曲水流觞、观音像、怀恩楼、忠烈亭、观影长廊、上香古道等一处处别具匠心的景观建筑，全部精雕细刻完成。已故的宁波名人、甬籍院士、书法名家、抗战老兵、画家、音乐大师陆续魂归故里。特别是2015年建成的浙东抗战老兵园，荣获了"宁波十大公益项目""宁波十大文化空间"，成为宁波抗战纪念的新地标，成为省级国防教育基地。顾方舟去世后，同泰嘉陵与家属联系，要把一块最好的墓地赠予顾方舟，并在他的墓园旁建立顾方舟纪念室，常年向游人开放。"人寿百年，纸寿千载"，让顾方舟的家国情怀永驻人间。

家乡的纪念活动，在顾方舟逝世一周年的时候达到了高潮。

2020年1月2日，是顾方舟逝世一周年的纪念日。由宁波市科协主办的"甬籍人民科学家、糖丸爷爷顾方舟精神研讨会"，在宁波隆重举行。宁波各界人士与专程从北京赶来的中国医学科学院、协和医学院领导和顾方舟的女儿顾晓曼聚集一堂，共同缅怀人民科学家顾方舟，弘扬国家利益至上的顾方舟精神。

在顾方舟的家乡海曙区洞桥镇前王后周村，乡亲们以最隆重的礼节欢迎顾方舟的女儿。村口边，腰鼓队夹道迎接顾晓曼，乡亲们把桂圆蛋花汤和汤圆端到了她的面前，顾晓曼感动得热泪盈眶。晓曼说："以前常听起父亲说，汤圆是家乡最好的美食。我第一次来宁波，回到父亲的家乡，心里非常激动，也非常温暖。"在她印象里，宁波给她留下的印象就是父亲最爱吃的黄泥螺、汤圆和炸带鱼。虽然没来过宁波，但她对家乡并不陌生。她清楚地记得，父母每个月往老家汇款时，汇款单上写的那个地址和来自洞桥老家的来信。

据悉，前王后周村的文化礼堂，将增添一个书屋，是以周瑶琴命名的"瑶琴书屋"，里面放着顾晓曼和两个哥哥向家乡捐赠的父亲的藏书。而正在筹建的宁波家风馆，也将把顾方舟母亲周瑶琴所特有的家风故事收录馆内，让宁波做父母的年轻人明白育儿的真谛。

1月3日上午，"为了祖国的花朵"——甬籍"人民科学家"顾方舟纪念展启动仪式，在中山公园逸仙楼隆重举行。本次纪念展由宁波市科协主办，宁波市卫生健康委员会、中共宁波海曙区委员会、宁波经济建设促进协会协办，宁波甬上名人文化研究院承办。这个精心筹划数月的展览，分别以"一生一事""病毒肆虐""功在千秋""纪念缅怀""国家功勋""顾方舟与宁波"和"顾方舟与名人"七个篇章，通过大量珍贵的历史图片、感人故事，多角度再现了顾方舟消灭脊髓灰质炎的恢宏业绩与国家利益至上的家国情怀。顾方舟生前用过的科研仪器和"人民科学家"荣誉奖章也在纪念展上展出。

纪念展让宁波中山公园再次成为繁华的文化中心。人流中有精神矍铄的老者、风华正茂的年轻人，更多的是"祖国的花朵"。瀚香小学的孩子们几乎都来了，因为他们希望自己能够成为老学长那样的人。

徜徉于中山公园，伫立于逸仙楼前，不禁浮想联翩……

古鄞县即今宁波开埠以降，昔日的南蛮之地，其文明昌盛、经济发达，莫不始于浙东学派和王阳明。近百年来，从辛亥革命的成功，到北伐战争的胜利，宁波财阀居功至伟。今天，在改革开放的功勋薄上，更不能少了邵逸夫、包玉刚……

宁波对国家的贡献不仅是金钱，她还哺育出南开的严修、清华的蒋梦麟、协和的顾方舟等一百多位大学校长，他们启迪了无数的莘莘学子……

俱往矣，人间正道是沧桑！

是为记。

顾方舟资料采集工作小组
二〇二〇年十月

老科学家学术成长资料采集工程丛书
已出版（139种）

《卷舒开合任天真：何泽慧传》　　《此生情怀寄树草：张宏达传》
《从红壤到黄土：朱显谟传》　　　《梦里麦田是金黄：庄巧生传》
《山水人生：陈梦熊传》　　　　　《大音希声：应崇福传》
《做一辈子研究生：林为干传》　　《寻找地层深处的光：田在艺传》
《剑指苍穹：陈士橹传》　　　　　《举重若重：徐光宪传》

《情系山河：张光斗传》　　　　　《魂牵心系原子梦：钱三强传》
《金霉素·牛棚·生物固氮：沈善炯传》《往事皆烟：朱尊权传》
《胸怀大气：陶诗言传》　　　　　《智者乐水：林秉南传》
《本然化成：谢毓元传》　　　　　《远望情怀：许学彦传》
《一个共产党员的数学人生：谷超豪传》《没有盲区的天空：王越传》

《含章可贞：秦含章传》　　　　　《行有则　知无涯：罗沛霖传》
《精业济群：彭司勋传》　　　　　《为了孩子的明天：张金哲传》
《肝胆相照：吴孟超传》　　　　　《梦想成真：张树政传》
《新青胜蓝惟所盼：陆婉珍传》　　《情系梁菽：卢良恕传》
《核动力道路上的垦荒牛：彭士禄传》《笺草释木六十年：王文采传》

《探赜索隐　止于至善：蔡启瑞传》《妙手生花：张涤生传》
《碧空丹心：李敏华传》　　　　　《硅芯筑梦：王守武传》
《仁术宏愿：盛志勇传》　　　　　《云卷云舒：黄士松传》
《踏遍青山矿业新：裴荣富传》　　《让核技术接地气：陈子元传》
《求索军事医学之路：程天民传》　《论文写在大地上：徐锦堂传》

《一心向学：陈清如传》　　　　　《铃记：张兴铃传》
《许身为国最难忘：陈能宽传》　　《寻找沃土：赵其国传》

《钢锁苍龙　霸贯九州：方秦汉传》
《一丝一世界：郁铭芳传》
《宏才大略　科学人生：严东生传》

《我的气象生涯：陈学溶百岁自述》
《赤子丹心　中华之光：王大珩传》
《根深方叶茂：唐有祺传》
《大爱化作田间行：余松烈传》
《格致桃李半公卿：沈克琦传》
《躬行出真知：王守觉传》
《草原之子：李博传》

《此生只为麦穗忙：刘大钧传》
《航空报国　杏坛追梦：范绪箕传》
《聚变情怀终不改：李正武传》
《真善合美：蒋锡夔传》
《治水殆与禹同功：文伏波传》
《用生命谱写蓝色梦想：张炳炎传》
《远古生命的守望者：李星学传》

《善度事理的世纪师者：袁文伯传》
《"齿"生无悔：王翰章传》
《慢病毒疫苗的开拓者：沈荣显传》
《殚思求火种　深情寄木铎：黄祖洽传》
《合成之美：戴立信传》
《誓言无声铸重器：黄旭华传》
《水运人生：刘济舟传》
《在断了A弦的琴上奏出多复变
　　最强音：陆启铿传》

《虚怀若谷：黄维垣传》
《乐在图书山水间：常印佛传》
《碧水丹心：刘建康传》

《我的教育人生：申泮文百岁自述》
《阡陌舞者：曾德超传》
《妙手握奇珠：张丽珠传》
《追求卓越：郭慕孙传》
《走向奥维耶多：谢学锦传》
《绚丽多彩的光谱人生：黄本立传》

《探究河口　巡研海岸：陈吉余传》
《胰岛素探秘者：张友尚传》
《一个人与一个系科：于同隐传》
《究脑穷源探细胞：陈宜张传》
《星剑光芒射斗牛：赵伊君传》
《蓝天事业的垦荒人：屠基达传》

《化作春泥：吴浩青传》
《低温王国拓荒人：洪朝生传》
《苍穹大业赤子心：梁思礼传》
《仁者医心：陈灏珠传》
《神乎其经：池志强传》
《种质资源总是情：董玉琛传》
《当油气遇见光明：翟光明传》
《微纳世界中国芯：李志坚传》
《至纯至强之光：高伯龙传》

《弄潮儿向涛头立：张乾二传》
《一爆惊世建荣功：王方定传》
《轮轨丹心：沈志云传》
《继承与创新：五二三任务与青蒿素研发》

《淡泊致远　求真务实：郑维敏传》
《情系化学　返璞归真：徐晓白传》
《经纬乾坤：叶叔华传》
《山石磊落自成岩：王德滋传》
《但求深精新：陆熙炎传》
《聚焦星空：潘君骅传》

《逐梦"中国牌"心理学：周先庚传》
《情系花粉育株：胡含传》
《情系生态：孙儒泳传》
《此生惟愿济众生：韩济生传》
《谦以自牧：经福谦传》

《世事如棋　真心依旧：王世真传》
《大地情怀：刘更另传》
《一儒：石元春自传》
《玻璃丝通信终成真：赵梓森传》
《碧海青山：董海山传》

《追光：薛鸣球传》
《愿天下无甲肝：毛江森传》
《以澄净的心灵与远古对话：吴新智传》
《景行如人：徐如人传》

《材料人生：涂铭旌传》
《寻梦衣被天下：梅自强传》
《海潮逐浪　镜水周回：童秉纲口述人生》

《采数学之美为吾美：周毓麟传》
《神经药理学王国的"夸父"：金国章传》
《情系生物膜：杨福愉传》
《敬事而信：熊远著传》

《恬淡人生：夏培肃传》
《我的配角人生：钟世镇自述》
《大气人生：王文兴传》
《历尽磨难的闪光人生：傅依备传》
《思地虑粮六十载：朱兆良传》

《心瓣探微：康振黄传》
《寄情水际砂石间：李庆忠传》
《美玉如斯　沉积人生：刘宝珺传》
《铸核控核两相宜：宋家树传》
《驯火育英才　调土绿神州：徐旭常传》

《通信科教　乐在其中：李乐民传》
《力学笃行：钱令希传》
《与肿瘤相识　与衰老同行：童坦君传》

《没有勋章的功臣：杨承宗传》　　《科学人文总相宜：杨叔子传》